LE DÉPARTEMENT

DES

AFFAIRES ÉTRANGÈRES

PENDANT LA RÉVOLUTION

1787-1804

L'auteur et les éditeurs déclarent réserver leurs droits de traduction et de reproduction à l'étranger.

Ce volume a été déposé au ministère de l'intérieur (section de la librairie) en mai 1877.

PARIS. — TYPOGRAPHIE DE E. PLON ET Cⁱᵉ, 8 RUE GARANCIÈRE.

LE DÉPARTEMENT

DES

AFFAIRES ÉTRANGÈRES

PENDANT LA RÉVOLUTION

1787-1804

PAR

FRÉDÉRIC MASSON

BIBLIOTHÉCAIRE DU MINISTÈRE DES AFFAIRES ÉTRANGÈRES

PARIS

E. PLON ET Cie, IMPRIMEURS-ÉDITEURS

RUE GARANCIÈRE, 10

—

1877

Tous droits réservés

INTRODUCTION

Le livre que je présente au public, résultat de trois années de recherches et d'études, ne contient qu'une monographie bien incomplète encore et bien superficielle. J'ai tenté de raconter, d'après les documents les plus authentiques, d'après les imprimés que j'ai pu me procurer, d'après les pièces manuscrites qu'il m'a été permis de consulter, l'histoire du ministère des Affaires étrangères pendant ces quelque vingt années qui, de 1787 à 1804, forment la première période de la Révolution française. J'ai voulu disséquer chacune des fonctions, examiner chacun des hommes, retrouver jusqu'au moindre fait qui a intéressé le Département, croyant que l'histoire de la France était toute à faire, et plus particulièrement l'histoire de la France révolutionnaire; que, pour étudier cette histoire, il était nécessaire tout d'abord de reconnaître et de préciser les rouages de la machine gouvernementale; que jusqu'ici l'on n'avait voulu voir dans l'ancien régime que le Roi, dans le nouveau que les Assemblées, et, en définitive, que ces rois et ces assemblées n'avaient gouverné et régné que par l'administration.

C'est donc une contribution que j'apporte à l'histoire, à faire, de l'administration en France. Je n'ai envisagé qu'une période fort courte; je n'ai étudié que le ministère le moins administratif, si l'on peut dire, le moins chargé de détails et d'employés; je n'ai même point étendu mes visées jusqu'à chercher quels avaient été, à l'extérieur, pendant cette période, les agents du Département. Il m'a semblé que l'histoire des ambassadeurs exigeait un travail spécial, soit qu'on prit chaque légation pour en examiner les divers titulaires, soit qu'on tentât des vues d'ensemble sur chaque époque, soit qu'on se déterminât à classer simplement les agents par ordre alphabétique. Je me suis borné uniquement à l'administration centrale; l'œuvre, déjà, était assez grande, assez compliquée, et je crains bien que le lecteur ne s'aperçoive que le fardeau était trop lourd pour un débutant.

Obligé de pénétrer dans le détail des événements et de raconter par le menu la carrière de chacun des hommes qui passaient dans le ministère, pénétré de l'idée que je ne pouvais que par ce procédé donner une notion juste du mode de recrutement adopté par l'ancien régime, et du système de désorganisation favorisé par le nouveau, il est probable que, plus d'une fois, j'aurai fatigué le lecteur et diminué un intérêt qu'en un tel sujet il m'était impossible d'éveiller par des généralisations sans preuves exactes. Mes conclusions ne pouvaient sortir utilement que de l'exposé d'une infinité de faits extrêmement ténus et minces, dont chacun pourtant avait sa place nécessaire dans le raisonnement. Ce livre pourra ennuyer; mais nul du moins ne pourra contester la bonne foi de l'auteur.

L'objet de cette étude était si nouveau, c'est là une excuse que l'auteur a le droit d'invoquer, que je ne pouvais suivre aucune trace, que je ne rencontrais aucun maître, que je ne trouvais point un seul modèle. Pour l'histoire d'une ville, d'une province, d'une époque, que de cadres tout tracés par les anciens et par les modernes! que de beaux et bons livres sur qui se conformer! Ici, rien de pareil. La vie des ministres, leur généalogie, leur armorial a tenté quelques curieux de jadis. Les actes particuliers d'un secrétaire d'État, sa conduite, les orages qu'il a traversés, ont été encore matière à livres; mais le Ministère, considéré comme personne morale, existante, vivante, nul n'y a pensé, hors peut-être ce brave et honnête homme, M. Tétot, un des meilleurs esprits qui se soient rencontrés aux archives de notre Département, et dont la bienveillance guida mes premières années d'apprentissage. D'autres travaux, le *Répertoire des traités de paix* particulièrement, avaient longtemps absorbé son temps, et lorsque, ce premier livre paru, il put songer à l'histoire du Ministère, l'âge était venu, et le vieillard ne fut pas de force à résister aux souffrances du siége, aux douleurs bien autrement âpres de la défaite.

A quoi attribuer un pareil oubli, en ce temps où tout événement trouve son narrateur? Au manque d'intérêt du sujet ou à la difficulté de la mise en œuvre? Peut-être à l'un comme à l'autre. La narration sèche et précise des événements était en effet tout ce qu'il était permis de chercher. L'histoire générale échappait parfois, et parfois venait se confondre avec le récit. Les personnages, tantôt n'avaient point de rôle dans le drame révolutionnaire, et tantôt devenaient les acteurs principaux. Eux-mêmes, ces acteurs, changeaient à chaque instant, paraissaient et disparaissaient. Hors de la scène, il était interdit de les suivre. Sur la scène, il fallait rapporter toutes leurs actions et toutes leurs paroles. Comment relier ces monologues, comment rattacher les uns aux autres ces hommes, sans lien historique, sans unité politique, ballottés à la vérité par le même flot, mais n'ayant de pareil que le titre qu'ils portaient? Comment envisager d'ensemble des événements dont les uns appartenaient au Ministère et dont les autres étaient du domaine général? Où trouver l'unité d'une telle histoire?

Ce lien, la diplomatie française aurait pu peut-être le fournir; mais ce n'était point l'histoire de la diplomatie que je tentais d'écrire. D'autres l'ont fait. Pour cette période seulement, M. de Bourgoing ne travaille-t-il pas aux derniers volumes de son ouvrage? Sybel n'a-t-il pas dévoilé certains des secrets des cabinets européens? L'auteur des *Mémoires d'un homme d'État* n'a-t-il pas fourni des lumières sur quelques points particuliers? Ailleurs encore, en Prusse, en Angleterre, en Autriche, en Russie, n'apporte-t-on point des documents à l'œuvre encore confuse, difficile, presque impossible tant que certains mystères ne seront point éclaircis, à l'œuvre qu'essayera d'écrire peut-être, dans vingt ans, un historien consciencieux et patriote? Mais pour la France même, avant d'étudier les résultats, ne faut-il pas découvrir qui a conçu, préparé, amené ces résultats? Avant de raconter des faits, n'est-il pas nécessaire de dire un mot des acteurs? C'est là l'objet même de ce livre. Je n'avais donc pas le moyen de chercher constamment dans les actes diplomatiques le lien de l'administration des Affaires étrangères : c'eût été étudier la cause par l'effet, tandis que je prétendais exposer la cause, pour qu'il fût possible à d'autres plus heureux et plus habiles de déterminer les effets.

La seule unité que pût avoir cette histoire, la seule que j'aie tenté de lui donner, c'est l'unité même de ce Département des Affaires étrangères, de cette maison où depuis plus de dix années j'ai fourni ma tâche quotidienne, où je n'ai trouvé que la passion du bien public et du bonheur de la patrie, où ceux qui servent se considèrent, à bon droit, comme les gardiens de la tradition, de l'honneur, de l'intérêt de la France.

Quiconque a été grand en France, quiconque a laissé dans l'histoire une trace lumineuse, quiconque a voulu la gloire de la patrie, quiconque a cherché son agrandissement territorial ou moral, quiconque a, dans les jours de victoire, arrêté les entraînements, et, dans les jours de défaite, calmé les désespoirs, a passé par ce ministère, le ministère politique, comme on disait sous l'ancien régime.

Nul n'a été homme d'État sans avoir tenu ce portefeuille, sans s'être particulièrement inquiété de la diplomatie, sans avoir travaillé, et j'entends de sa plume et de sa sueur, aux choses diplomatiques. Nul n'a un nom dans le monde, dont un autographe ne soit venu se joindre à ces volumes conservés dans les Archives. Là est non-seulement la politique de la France, mais sa tradition même, parfois interrompue, parfois oubliée, à ce qu'il semble, mais reprise dès qu'un homme se dresse et se révèle, poursuivie alors et reliée au passé par un chaînon que rien ne peut briser, telle alors que nulle au monde n'est plus grande, ni plus glorieuse.

Or, cette tradition, qui donc en a été le gardien? qui l'a bâtie de toutes pièces et peu à peu accumulée? qui nous l'a transmise? quels en ont été les soldats et les martyrs? Ne méritent-ils pas enfin une place dans l'histoire de leur pays, ces serviteurs modestes de la France, qui ont défendu sa politique comme on défend un drapeau, et qui sont tombés plutôt que de la trahir? Ne valent-ils pas qu'on parle d'eux, ces vieillards blanchis sous le harnais administratif, ces « bouleux », comme on disait, qui, traînant la charrue de la France, ont tracé si droit son sillon à travers les peuples? N'ont-ils pas droit à l'estime de leurs concitoyens, ces hommes qui ont pensé, qui ont rédigé, qui ont écrit ces traités que le Roi signait et qui faisaient la France? Est-ce qu'un peu de la gloire de la patrie ne leur revient point, à eux obscurs qui ont fait cette gloire?

Ministres, premiers commis, commis de tout grade et de toute race, les uns sortis de la plus haute noblesse du royaume, les autres issus d'infimes familles bourgeoises, tous, quelle que fût l'origine, n'avaient qu'une passion : bien servir la France. Des ministres, on a déjà parlé et l'on parlera encore. J'ai tenté moi-même de raconter leur vie d'après les documents imprimés ou manuscrits que j'ai pu trouver; mais des autres, qui a fait mention? qui s'est inquiété de ces premiers commis et de ces employés, nos prédécesseurs et nos maîtres?

Exposer quelle était, en 1787, à l'époque où la royauté subsistait encore tout entière et telle que les siècles l'avaient constituée, l'organisation du Ministère, dire quels étaient les hommes qui conduisaient alors la politique du pays, montrer d'où ils étaient sortis, raconter quelle était leur existence, quels étaient leurs travaux et quelles leurs récompenses, prouver par leur exemple que l'administration de l'ancien régime était tout entière entre les mains du tiers état, reconstruire la vie de ces ignorés avec les confidences qu'ils ont laissées, avec des états de service plus éloquents que toutes les apologies, avec des lettres familières et des placets officiels, ne rien cacher, ne rien omettre, ni des fautes s'il s'en trouvait, ni des hontes s'il s'en rencontrait, donner toute la vérité comme un témoin impartial ou un greffier consciencieux, tel était le premier but que devait se proposer l'auteur, et ce premier but, on le reconnaîtra, ne manquait pas d'intérêt.

A coup sûr, il eût été instructif et curieux de rechercher l'origine de toutes les charges, d'en signaler les accroissements successifs, de raconter l'histoire de tous les ministres et de tous les premiers commis, de dire comment leur nombre, leur importance, leur travail et leur place avaient peu à peu grandi avec les relations politiques de la France et la monarchie même. Il eût fallu remonter jusqu'à Henri II, jusqu'à l'institution des charges de secrétaires d'État pour écrire l'histoire complète de ce Ministère; il eût fallu essayer même de retrouver dans la Chancellerie des premiers rois le mode adopté pour les négociations diplomatiques. C'eût été là un beau et noble travail, et je ne renonce point à l'entreprendre; plus tard, peut-être essayerai-je de remonter le cours des siècles, d'écrire l'histoire du Ministère politique et de la relier à ce premier volume. C'est dans ce but même que j'ai pris pour date initiale cette année 1787, où, avec la mort de M. *** ennes, commence pour le Département une phase nouvelle; mais aux jours où nous vivons, il est nécessaire de se hâter, et, redoutant pour les archives les incendies des nouveaux barbares, l'écrivain se presse de livrer immédiatement, et trop vite peut-être, son travail au public. En mai 1871, il eût suffi d'un écart d'un mètre pour qu'un obus entrât dans les Archives des Affaires étrangères et réduisît en cendres tous les papiers qu'elles renfermaient.

Mais cet essai ne contient pas seulement l'état de l'organisation du Département dans les dernières années de la monarchie. Il est plutôt encore consacré à cette période de destruction qui de 1789 s'étend presque sans intervalle jusqu'en 1799. C'était là le point qui m'avait attiré tout d'abord, celui que m'avaient fait rechercher mes études antérieures, celui que je voulais éclaircir avec cette passion qu'apportent de toutes parts, sur tous les points de la France, les rédacteurs de ces monographies locales dont l'ensemble constituera la grande enquête, l'enquête décisive sur la Révolution. Les systèmes qu'adoptent les révolutionnaires, les persécutions qu'ils font subir, le contre-coup des luttes des partis sur les relations politiques de la France, sur le Ministère particulièrement, l'intrusion graduelle des assemblées dans les fonctions du pouvoir exécutif, la diminution de celui-ci, enfin, sa suppression devant la dictature législative, voilà ce que j'ai dû raconter. Puis j'ai dû dire comment le Ministère et le pouvoir avaient été reconstitués, comment la France n'avait trouvé une politique à suivre et des hommes pour exécuter ses desseins que le jour où elle était nettement retournée à la tradition de l'ancien régime. J'ai, non pas défendu, mais exposé simplement les bases de cette tradition. J'ai, le plus souvent, cédé la parole à ceux qui l'ont retrouvée et qui nous l'ont transmise, et quand ce ne sont pas leurs paroles que j'ai citées, c'est leur esprit qui m'a inspiré.

J'avais à me défendre de toute colère, à me garder de toute déclamation, à exposer uniquement des faits, à donner des preuves, à m'abstenir du rôle de juge. Lorsque j'avais commencé ce livre, rien de ce qu'il pouvait contenir n'avait ce suprême ragoût, si désiré des auteurs contemporains : l'actualité. Si j'avais pu penser qu'un jour, de telles questions pourraient devenir des sujets de débat, je me serais abstenu. En tout cas, les circonstances présentes m'obligeaient à plus de réserve encore et plus de modération. Ai-je réussi à conserver l'une et l'autre? Je ne sais. Je ne suis point encore si blasé sur certaines horreurs, si habitué à certaines infamies, je ne suis point si vieux que ma plume ne tremble pas en racontant certains faits. Un jour, devant moi, s'est dressé le spectre des journées de septembre, cette conclusion effroyable de l'histoire du ministère sous la monarchie. J'ai eu à raconter les massacres, à dire ensuite les guillotinades. L'ai-je fait avec assez de calme? Me suis-je suffisamment abstrait de moi-même, pour qu'on ne s'aperçût ni de mes sentiments, ni de mes aspirations personnelles? Si, malgré tous mes efforts, quelques hors-d'œuvre se rencontrent dans ce livre, j'en demande pardon au lecteur, et je le supplie de retenir seulement l'ensemble des faits dont j'aurai pu tirer des conclusions.

Au reste, je ne me dissimule point combien est restreint le public auquel cet essai peut s'adresser. Qui, hors les gens de la maison, pourra s'intéresser au récit détaillé des vicissitudes du Ministère; qui, hors ceux qui y ont passé de longs jours, l'aimera assez pour parcourir sans ennui ces cinq cents pages uniquement remplies par son histoire? Ceux-là seuls qui ont usé leur vie au service de la France; qui, entrés tout jeunes dans les bureaux, en sont sortis pleins d'années, quelques-uns chargés d'honneurs, tous pauvres d'argent, écouteront peut-être sans fatigue la vie de leurs devanciers. Ils y retrouveront, appuyées sur des documents indiscutables, les légendes familières qu'ils tiennent de nos maîtres. Les jeunes gens, nouveaux dans sa carrière, y apprendront ce qu'est la tradition : ce sentiment de la hiérarchie ennobli par la passion de l'honneur professionnel. Pour quelques-uns enfin, ce livre sera comme un livre de famille, car beaucoup des hommes dont j'ai eu à parler ont laissé une postérité qui les continue et dont le nom honore et oblige en même temps ceux qui le portent.

En dehors de ce public si restreint, peut-être quelques personnes avides de vérité jetteront-elles les yeux sur ce livre. A celles-là, je dois une explication sur l'authenticité des documents que j'ai mis en œuvre. Ces documents ne sont point à proprement parler des documents historiques, comme ceux qui peuvent être communiqués aux chercheurs après un laps de temps plus ou moins long, mais des documents administratifs, par cela même réservés, et la minutieuse indication des cartons où je les ai puisés n'apprendrait rien au lecteur qui ne pourrait contrôler mes dires. C'est pourquoi, lorsque j'ai rencontré des imprimés reproduisant les assertions des manuscrits, j'ai préféré m'en rapporter aux premiers, et, dans ce cas, j'ai donné des indications bibliographiques précises[1]. Quant aux renseignements fournis par les manuscrits, j'ai préféré en général livrer les pièces *in extenso,* aimant mieux être long qu'inexact et laissant au lecteur le jugement en dernier ressort. Pour l'authenticité de ces documents, la place que j'ai l'honneur d'occuper paraîtra peut-être une garantie suffisante. Lorsque les manuscrits que j'ai consultés sont conservés dans d'autres dépôts que celui des Affaires étrangères, j'ai noté exactement la provenance.

Ce travail n'aurait point été entrepris, il n'aurait jamais vu le jour sans les encouragements que j'ai reçus au Département, de mes chefs et de mes collègues. S. E. M. le duc Decazes, ministre des Affaires étrangères, a toujours témoigné sa haute bienveillance aux efforts de cette nature; il sait mieux que personne combien il est intéressant pour le Département qu'il dirige, que la tradition soit maintenue, que le présent se sente solidaire du passé, que l'avenir même reconnaisse et accepte cette solidarité. Il sait quelles ont été sur le mode de recrutement, sur le système d'avancement, les opinions exprimées par les anciens, lui qui est un ancien dans la carrière. C'est avec confiance que j'ai osé lui présenter ce livre, certain que s'il y trouvait quelques allures jeunes et vives, il n'y rencontrerait, du moins, pas un mot qui ne fût inspiré par les grandes idées d'ordre et de hiérarchie, sans lesquelles l'office des Affaires étrangères n'a plus de raison d'être.

Qu'il me soit permis ensuite d'adresser à M. Prosper Faugère, directeur des archives et de la chancellerie, l'hommage de ma

---

[1] Néanmoins, pour ne pas multiplier outre mesure les notes, je ne cite point, en thèse générale, le *Moniteur* et le *Journal des Débats,* qui m'ont servi de base pour l'histoire de la Révolution.

profonde reconnaissance. C'est lui qui m'a permis de pousser mes recherches dans le sens où elles étaient le plus profitables pour mon livre; qui, distrayant parfois son attention des travaux considérables qui l'occupaient, a bien voulu me guider par ses conseils; c'est lui qui m'a remis entre les mains les premiers et les plus utiles documents. Qu'il me soit permis, enfin, de remercier mes collègues qui m'ont prêté l'appui de leur expérience, qui ont éclairci bien des points qui sans eux restaient obscurs. Que ce livre ne soit pas trop indigne de cette maison, où tant de bons esprits ont passé pour la gloire et le bonheur de la France; qu'il ne soit pas trop indigne des hommes éminents qui ont bien voulu m'accorder le concours de leur bienveillance et de leur amitié, qu'il ne soit pas trop indigne des braves gens dont j'ai voulu faire revivre la mémoire, c'est là le seul vœu que je forme, la seule récompense que je souhaite pour les années de travail que j'y ai consacrées.

Clos des Fées, 1874-1877.

LE DÉPARTEMENT

DES

AFFAIRES ÉTRANGÈRES

PENDANT LA RÉVOLUTION

CHAPITRE PREMIER.

LE MINISTÈRE DES AFFAIRES ÉTRANGÈRES EN 1787.

Mort de M. le comte de Vergennes. — Importance de la charge de secrétaire d'État pour les affaires étrangères. — Titres, rang, fonctions, serment. — Admission dans les Conseils. — Costume. — Attributions intérieures et extérieures. — Traitement, pensions, grâces du Roi. — Présents des souverains. — La table du ministre. — Devoirs qu'impose la grandeur de sa charge. — Permanence de la direction politique assurée d'abord par les Rois Bourbons, puis par les premiers commis. — Les premiers commis. — Leurs places, leurs droits, leurs priviléges. — Organisation intérieure du ministère. — Où il est situé. — Bureaux politiques. — Appartements du ministre. — Petit hôtel du ministre. — Dépôt des archives. — Sa construction. — Sa description. — Objets d'art. — Ce qu'ils avaient coûté. — Berthier, gouverneur des hôtels de la Guerre, de la Marine et des Affaires étrangères. — Règlement qu'il fait imprimer. — Livrées des suisses. — Les bureaux pendant les voyages du Roi. — Les commis. — La première division. — Ses attributions. — Gérard de Rayneval, sa carrière, sa famille. — Employés de son bureau : Nivelet, Montcarel, Le Bartz, Goffinet, Campy, Hardy, Étienne, Cornillot, Fournier. — Le jurisconsulte du département : Pfeffel, père et fils. — Seconde division. — Hennin, premier commis. — Sa carrière. — Sa vie. — Ses œuvres. — Son traitement. — Son entrée à l'Académie. — Ses collections. — Bernardin de Saint-Pierre. — Employés du bureau : Michel Lesseps, sa carrière. — Méroger, Tessier, Bernage, Cardonne. — Secrétariat du ministre. — Gandolphe, Geoffroy, Lemoine. — Le bureau des fonds. — Ses attributions. — Durival, premier commis. — Employés du bureau. — Le banquier du ministère. — Le dépôt des archives. — La bibliothèque. — Le garde des archives : Claude-Gérard Sémonin, sa carrière. — Employés des archives : Huet-Poisson, Crouvizier, Huet, de Mongy, Gauthier de la Peyronnie, Gamet, Moreau père. — Le bureau des interprètes, Genet ; le bureau de la marine anglaise ; le bureau géographique. — D'Anville. — Les rédacteurs d'ouvrages politiques. — Rulhière. — Rochon de Chabannes. — Gaullard de Saudray, Moreau, Le Prieur, Legendre. — Budget du ministère en 1787. — Les pensions. — Le fonds de la Suisse. — Le fonds littéraire des Affaires étrangères.

Le 13 février 1787, mourait en sa maison de Montreuil, près de Versailles, Charles Gravier, comte de Vergennes, chevalier, comte de Toulongeon, baron d'Uchon et de Saint-Eugène, seigneur de Bourdeau et autres lieux, commandeur des ordres du Roi, conseiller d'État d'épée, ministre et secrétaire d'État et des commandements et finances de Sa Majesté, ayant le Département des Affaires étrangères et chef du Conseil des finances [1]. Pendant treize années, il avait été l'inspirateur et le directeur de la politique de la France, directeur d'autant plus absolu que le Roi était plus faible et que ces premières années du règne de Louis XVI ressemblent à un temps de minorité. L'héritage que laissait M. de Vergennes était lourd. L'Europe, profondément troublée, se préparait en ce moment à une grande guerre continentale à qui la Révolution ne donna pas le temps de se développer, mais dont les causes non résolues ont dans la suite rendu possible la conclusion de traités par la République française. Un nouveau peuple venait d'entrer en scène, présenté par la France, délivré par elle, appelé par les jeunes nobles à l'insurrection. La contagion de l'insurrection venait de là et gagnait la France.

La politique extérieure n'était pas le seul objet qui dût préoccuper le premier ministre du Roi très-chrétien. Chef du Conseil des finances, en même temps que secrétaire d'État des Affaires étrangères, M. de Vergennes avait senti se creuser cet abîme de la banqueroute que Mirabeau devait, deux ans plus tard, dénoncer à la nation. Pour remédier au déficit, sans employer le moyen radical et dangereux de la convocation des États Généraux, il avait assemblé à Versailles les notables et se proposait de constituer par eux le grand comité réformateur de la France. La mort ne lui permit pas de développer ses idées. Son héritage partagé tombait à des hommes qui ne connaissaient pas ses projets, ou qui n'avaient pas la puissance nécessaire pour les mettre à exécution. Tout croula, et la monarchie française s'effondra, pour ainsi dire, sans se défendre.

[1] Il était né à Dijon le 28 décembre 1729.

Dans la succession de Vergennes, la partie la plus importante et la plus séduisante était à coup sûr celle des Affaires étrangères. Outre les avantages que la place procurait à son titulaire, n'était-elle pas en réalité la charge dirigeante, d'où sortaient les premiers ministres, qui donnait l'intimité et la confiance du Roi, celle qui permettait aux grands desseins de se faire jour? « Voici, disait d'Argenson [1], la superexcellence de ma charge de ministre des Affaires étrangères sur les autres départements. Je leur dis : Vous, vous conservez l'argent, vous la marine, vous les troupes, et moi la réputation de l'État, surtout sa réputation de probité et de bonne foi. En agissant ainsi, tout ira bien. Et, s'il est vrai que ce soit le défaut de notre Gouvernement que chacun tire à soi, ne prêchant que pour sa charge, et que sous un roi de médiocre sollicitude ce défaut puisse avoir ses dangers, je ferai comme les autres, je tirerai à ma plus grande et plus belle réputation, avec quoi je me passerai de tout le reste, troupes, vaisseaux royaux et même argent pour les affaires du dehors. »

De toutes les charges que M. de Vergennes laissait vacantes, celle de ministre des Affaires étrangères allait être la plus disputée. Si elle tombait aux mains d'un homme de génie, qui sût assurer sa prépondérance dans le Conseil, si la politique reprenait une place importante dans les préoccupations du pays, si les faits diplomatiques et militaires détournaient l'attention des citoyens et forçaient, pour ainsi dire, leur intérêt, l'écueil pouvait encore une fois être évité et le vaisseau royal remis à flot. Mais si, par faiblesse ou par sottise, le ministre politique laissait le public indifférent, si la guerre ne venait pas fouetter le patriotisme et le *loyalisme* du peuple, alors les nouvellistes et les agitateurs s'emparaient, pour les exploiter, des difficultés intérieures, et bientôt, en tenant compte de la mollesse du Roi, les tribuns surgissaient.

C'était aussi bien pour le Roi que pour le pays une question de premier ordre que le choix du successeur de M. de Vergennes. A la vérité, le ministre des Affaires étrangères trouvait dans ses bureaux un instrument admirable, supérieurement monté, mais plus propre, par sa nature même, par l'âge et l'expérience des agents qu'on y rencontrait, aux atermoiements qu'aux résistances, aux lenteurs qu'aux brusqueries. Les bureaux étaient des exécutants précieux, mais il leur fallait, si l'on peut dire, un chef d'orchestre. La pensée mère devait venir du ministre et trouvait là les metteurs en œuvre. Seul, le

---

[1] *Mémoires*, t. II, p. 301.

ministre avait l'oreille du Roi, déterminait la ligne à suivre. Il fallait qu'il connût de longue date les relations et la politique générale de la France, qu'il en eût une idée personnelle, qu'il donnât son impulsion particulière, qu'il fût au courant du fort et du faible des États. Lorsque la France avait des rois de génie, le ministre n'était qu'un premier commis; aujourd'hui que la France avait un roi d'esprit ordinaire, le ministre devenait tout-puissant. S'il ne conduisait pas le Roi et la France, s'il se laissait aller à suivre tranquillement la route que traçaient les bureaux, à exécuter fidèlement les ordres qu'inspiraient au Roi ces coteries de Cour perpétuellement divisées, il n'y avait plus de politique étrangère, plus de ministère politique, et graduellement, de ces sommets où l'avait placée la politique du grand Roi, où l'avaient maintenue malgré quelques échecs les habiletés de Louis XV, où l'avait consolidée la sagesse de Vergennes, la France descendait jusqu'au mépris de l'Europe et en arrivait par suite à mépriser elle-même son propre Gouvernement.

Ce n'est pas ici le lieu de rechercher l'origine et d'indiquer l'accroissement et les démembrements de la charge de secrétaire d'État pour les affaires étrangères, mais il est nécessaire de préciser exactement les avantages qui y étaient attachés à la date de 1787:

« On appelle secrétaire d'État, dit Guyot[1], un officier de la « Couronne qui fait au Roi le rapport des affaires d'État de son « département et qui reçoit directement de Sa Majesté ses ordres et « ses commandements, en conséquence desquels il expédie les « arrêts, les lettres patentes, les lettres closes, les mandements, les « brevets et généralement toutes les dépêches nécessaires. » Les secrétaires d'État, ajoute-t-il, ont par brevet le titre de *secrétaires d'État des commandements et finances de Sa Majesté;* néanmoins, on ne les désigne que par le titre de secrétaires d'État. Le Roi les appelle ses *amis et féaux* [2] ; le public les qualifie d'*Excellence* et de *Grandeur* [3]. Leurs offices donnent la noblesse transmissible au premier degré et même la qualité de chevalier à ceux qui n'auraient pas d'ailleurs ces prérogatives [4]. Bien qu'ainsi nommés officiers de la Couronne, les secrétaires d'État ne sont pas compris parmi les grands officiers réels de la Couronne, réduits à six par les lettres.

---

[1] Guyot, *Traité des droits, fonctions et priviléges*. Paris, 1787, in-4º, t. II, p. 212.
[2] *Ibid.*, p. 218.
[3] Denizart, *Collection de décisions relatives à la jurisprudence,* t. IV, p. 477.
[4] Guyot, t. II, p. 219.

patentes de Henri II, du 3 avril 1582, remis à huit par Henri IV, et définitivement établis à sept depuis la suppression de la charge de connétable en 1626. Néanmoins, ils prêtent à genoux, directement, serment entre les mains du Roi [1], ce qui est le caractère particulier de certains grands offices.

Les secrétaires d'État sont partagés en deux classes, suivant les conseils auxquels ils ont accès. Ceux auxquels le Roi donne entrée au Conseil d'État ou des Affaires étrangères prennent le titre de ministres d'État; et, comme le secrétaire d'État des Affaires étrangères est nécessairement admis à ce Conseil, il est considéré comme ministre né.

Ce Conseil d'État, appelé aussi *Conseil d'en haut* ou des Affaires étrangères, est celui dans lequel on s'occupe de tout ce qui a trait à la paix, à la guerre ou aux négociations. Il est présidé par le Roi et se tient ordinairement dans sa chambre les dimanche et mercredi de chaque semaine. Le secrétaire d'État des Affaires étrangères y rend compte au Roi des affaires qui se présentent, signe en commandement les arrêts rendus par le Conseil, les garde dans son dépôt et en délivre des expéditions authentiques. On est assis au Conseil d'en haut.

Les ministres, étant officiers de plume et d'épée, entrent au Conseil ainsi que chez le Roi avec leurs habits ordinaires et l'épée au côté. Le rang se règle suivant l'ordre de la réception ou la qualité des conseillers. Les cardinaux ont le pas même sur les grands officiers de la Couronne depuis la fameuse manœuvre de Dubois.

Outre ce Conseil, les secrétaires d'État ont encore à assister au Conseil des dépêches qui se tient le samedi, où seuls ils ont le droit de rapporter et où ils rapportent debout; au Conseil royal des finances qui se tient le mardi; au Conseil privé, chargé de juger les affaires contentieuses, et au Conseil de commerce.

Le ministre des Affaires étrangères n'est dispensé d'aucun des

---

[1] FORME DU SERMENT DE SECRÉTAIRE D'ESTAT.

Vous promettez et jurez à Dieu que bien et loyaument vous servirez le Roy en la charge de secrétaire d'Estat et de ses commandemens dont il vous a pourveu, que vous ne ferez aucunes expéditions contraires aux règlemens d'ordonnances de Sa Majesté et sans son exprès commandement; que vous tiendrez ses affaires secrettes et n'accepterez estat, pension, presens ny bienfaicts d'autres que de Sa Majesté si ce n'est par sa permission; que vous revelerez à Sa Majesté tout ce que vous entendrez importer à sa personne et à ses affaires et généralement ferez et accomplirez en ladite charge tout ce à quoy un bon et loyal serviteur doit faire pour son devoir en la charge dont Sa Majesté vous honore et ainsy vous le jurez et promettez.

devoirs de ses collègues les autres secrétaires d'État, car le ministère de l'Intérieur n'existant pas, les diverses provinces de France sont réparties entre les quatre départements (Affaires étrangères, Guerre, Marine, Maison du Roi). C'est ainsi que le ministre des Affaires étrangères a l'administration de la Guyenne haute et basse, ce qui comprend les intendances de Bordeaux, Auch et Bayonne; de la Normandie, qui comprend les généralités de Rouen, Caen et Alençon avec la partie du Perche qui en dépend; de la Champagne avec la partie de la Brie qui dépend de la généralité de Châlons, de la principauté de Dombes et du Berry, et il y joint les dons et brevets et pensions des personnes non militaires de ces provinces.

Les secrétaires d'État tiennent des rois un certain nombre de priviléges : ils reçoivent les contrats des princes et princesses qui sont passés en présence du Roi, et la déclaration du 20 août 1699 punit de mort quiconque contrefera leur signature « ès choses qui concernent leurs fonctions ».

Le secrétaire d'État des Affaires étrangères a pour fonctions spéciales de dresser les traités de paix, de guerre, d'alliance, de commerce et les autres négociations. Il les signe au nom du Roi, les conserve dans son dépôt, en délivre des expéditions authentiques. Il dresse et expédie les lettres de dons, de pensions et les brevets des étrangers. Sa charge, comme celle de ses collègues, est soumise à un brevet de retenue, c'est-à-dire qu'en entrant en fonctions, le nouveau titulaire a à payer à son prédécesseur ou aux héritiers de celui-ci une certaine somme fixée par le Roi[1] et versée par ses prédécesseurs au trésor royal. Le brevet de retenue pour la charge de secrétaire d'État s'élève à 400,000 livres[2] dont l'État, qui à l'origine a reçu les fonds, paye l'intérêt par une pension de 20,000 livres accordée aux secrétaires d'État, mais comprise dans leur traitement.

Le traitement, en dehors des pensions personnelles obtenues à la suite de services diplomatiques et militaires, s'élève à 250,000 livres pour M. de Vergennes, non compris les intérêts de la charge qui sont de 20,000 livres. Mais sur ce traitement, le ministre a à supporter la retenue, la capitation et le dixième. De telle façon que, malgré une gratification de 50,000 livres par an qui lui avait été accordée en 1781 et continuée jusqu'à sa mort,

---

[1] *Encyclopédie*, Guyot.
[2] Nous aurons occasion de revenir sur l'affaire des brevets de retenue et sur le décret du 10 décembre 1790.

M. de Vergennes ne touchait net que 272,100 livres par an[1].

Certains avantages spéciaux sont attachés à la place. Ainsi les ministres reçoivent ordinairement 400,000 livres pour leur ameublement. Le ministre des Affaires étrangères peut disposer de plusieurs sommes attribuées à son département, telles que les abonnements et concessions de priviléges aux gazettes, les baux des papiers publics, etc. A chaque mariage de leurs enfants, le Roi est dans l'usage de donner un collier de 200,000 livres. Il ne faut pas compter dans le traitement les indemnités extraordinaires que le ministre est dans le cas de recevoir, à l'occasion du sacre et des mariages des princes; car, si l'on juge des dépenses qu'ils sont obligés de faire d'après le costume que portait M. de Vergennes au sacre de Louis XVI, ces frais de représentation doivent être largement dépensés[2]. Mentionnons enfin l'usage de donner aux ministres des Affaires étrangères à leur sortie du ministère, de même qu'aux ambassadeurs après leur ambassade, une tapisserie des Gobelins.

Ce sont là les grâces assurées par le Roi de France à son ministre. Mais il ne faut pas oublier combien est répandu à cette date l'usage des présents diplomatiques. Nous avons l'état des présents faits à M. de Vergennes et leur estimation, façons non estimées. Cet état monte à 199,748 livres 2 sous 6 deniers, sans tenir compte de la valeur artistique qui, pour des objets comme le médailler d'or donné par Catherine II, le service de vermeil offert par la Hollande, les tabatières qu'envoient les souverains de Sardaigne, d'Angleterre, de Portugal, d'Allemagne, doit être considérable[3].

Et pourtant, dans ces places, on ne s'enrichissait point; la représentation extérieure mangeait tous les appointements et forçait encore à des dettes. En ce temps, un ministre avait de force l'obligation de tenir table ouverte et de recevoir, sans même avoir à l'inviter, quiconque lui était présenté. Les ambassadeurs qui venaient faire

---

[1] Ces détails sont extraits de la *Vie de Gravier, comte de Vergennes*, par M. DE MAYER. D'après les documents des archives des Affaires étrangères, M. de Vergennes, outre ce que lui attribue M. de Mayer, touchait 28,000 livres d'appointements sur l'état du Conseil, 20,000 livres de pension de ministre et 3,000 livres d'acquit patent, soit au total et avec les 272,100 livres précédemment indiquées, 373,100 livres, à quoi il faut encore ajouter 50,000 livres sur la dépense secrète des Affaires étrangères et une pension de 10,650 livres sur le trésor royal, au total : 433,750 livres.

[2] Voici l'habillement de Vergennes au sacre de Louis XVI : un habit de velours noir avec des boutons et des boutonnières de fil d'or, les parements des manches d'étoffe d'or; un manteau de velours noir, garni de dentelle noire, la doublure du collet du manteau d'étoffe d'or.

[3] MAYER, *Vie de Vergennes*.

leur cour au Roi, les étrangers qu'attirait la politique ou la curiosité, les nationaux qu'amenaient leurs affaires, les agents qui attendaient leurs instructions, l'Europe entière qui passait à Versailles mangeait chez le ministre[1]. Mais quelle source d'informations, quelle gazette vivante ne trouvait-on pas dans ce personnel sans cesse renouvelé? Les rapports avec les ministres étrangers, rendus ainsi quotidiens, ne permettaient-ils point de saisir leurs idées dans des moments d'expansion, et ne servaient-ils pas mieux la politique que les rares conversations ou les quelques visites officielles et toutes d'affaires qui sont aujourd'hui d'usage? Il n'en résultait pas moins que l'indemnité de 50,000 livres pour la table, comprise dans le traitement, était loin de suffire, que les dépenses de cet ordre jointes aux frais de représentation indispensables grevaient infiniment la place et en prenaient presque tous les appointements. Mais ces considérations n'étaient que de second ordre pour quiconque y aspirait. On n'y voyait point l'argent, mais l'honneur, et, telle qu'elle se présentait, la charge de ministre des Affaires étrangères était une des plus importantes et des plus hautes de l'État. Les immenses avantages qui y étaient attachés, l'entrée qu'elle procurait dans tous les Conseils du Souverain, l'accès qu'elle donnait à son intimité, la disposition qu'elle offrait d'un nombre considérable de places très-enviées, les relations qu'elle ouvrait avec tous les hommes d'État de l'Europe, en faisaient la première des charges, depuis que les grandes charges de la Couronne étaient devenues des sinécures quasi héréditaires dont on pouvait déjà annoncer la prochaine suppression.

Entretenir avec les ambassadeurs et les ministres de France une correspondance active, ne pas se contenter de la relation sèche des événements monotones qui se succèdent dans la plupart des pays, ou même d'un espionnage actif pour deviner ou éventer les projets d'une cour, mais exiger des détails précis, des études approfondies et raisonnées sur toutes les forces des royaumes où résident des agents de la France; faire en sorte qu'ils renseignent le ministère sur la qualité du sol, l'état de la population, la richesse nationale, les productions indigènes, les ressources, l'activité, les principes du commerce, le système financier, la quantité de numéraire, la constitution de l'État, ses forces militaires, ses dépendances politiques, l'esprit du gouvernement, les vues d'agrandissement[2]; maintenir dans des postes d'observation, où affluent les nouvelles de toute

---

[1] Voir GOUVERNEUR-MORRIS, *Mémorial;* et MAYER, sur *Vergennes.*
[2] RULHIÈRE, *M. de Vergennes,* p. 18.

l'Europe, des hommes de valeur chargés simplement d'écouter et de rapporter ; en envoyer d'autres à travers le monde, voyageurs politiques sans caractère officiel, mais d'autant plus aptes à être bien renseignés ; soutenir par de nombreuses pensions, dans les pays de République particulièrement, des familles qui s'attachent ainsi à la France et lui forment un parti, ne reculer devant aucun moyen, ne s'effrayer d'aucune dépense, pourvu que l'intérêt de la patrie ou sa reconnaissance y soient engagés, tel est, en résumé, le devoir du ministre des Affaires étrangères.

Et dédaigne-t-on pour cela ce qui peut servir au progrès des sciences et des lettres? La politique absorbe-t-elle à ce point le ministre qu'il n'utilise point pour l'avancement de l'esprit humain les immenses relations qu'il entretient? Point. Un mémoire adressé à tous les ambassadeurs, le 12 août 1751, ordonne que, chaque mois, ils adressent au département la liste des livres et autres ouvrages publiés dans les pays ou États de leur résidence. Ils doivent juger l'ouvrage même et concourir à l'enrichissement de la bibliothèque du Roi et à la perfection du *Journal des savants*.

Grande donc par les avantages qu'elle procure, la charge de secrétaire d'État pour les Affaires étrangères n'est pas moins considérable par les devoirs qu'elle impose, la hauteur d'esprit, la profondeur de vues, l'activité de travail qu'elle exige. A la vérité, ces ministres sont fortement secondés par leurs premiers commis, mais ils n'en sont pas moins obligés à un labeur constant auquel il pourrait sembler étonnant que se soient astreints des hommes sortis de la Cour et des plus illustres familles du royaume. Sans rabaisser la valeur, l'intelligence, l'amour du travail de ceux d'entre les hommes de Cour qui ont eu le portefeuille, il est permis de faire remarquer que la plupart des ministres des Affaires étrangères appartenaient à des races bourgeoises, fraîchement décrassées de roture et nouvellement titrées, ou à des maisons nobles à la vérité, mais pauvres et n'ayant jamais occupé de grandes charges. Le dernier ministre lui-même, M. le comte de Vergennes, n'avait aucune honte à affirmer sa noblesse nouvelle. Charles III, dit un de ses biographes[1], voulant récompenser ses importants services, le fit pressentir sur des décorations flatteuses. Il eut la fermeté de refuser. « Je ne suis qu'un bourgeois », dit-il.

Mais ces raisons diverses : le travail des ministres, leur mérite personnel, leur bon choix, ne pourraient suffire à expliquer l'impor-

---

[1] MAYER, *loco cit.*, p. 152.

tance exceptionnelle de leur charge et la persistance des vues de l'administration. Cette permanence du même esprit avait été assurée par les Rois très-chrétiens. C'est à eux, et point à d'autres, qu'il faut faire remonter la haute pensée politique que suit à travers des phases diverses la diplomatie de la France pendant plus de deux siècles. Et le jour où, le résultat obtenu, ils abandonnent cette politique, parce que l'équilibre de l'Europe est menacé d'un autre côté, l'impulsion n'est ni moins active, ni moins continue. A cette politique extérieure, tout en France est subordonné. L'armée, la marine, les finances, ne sont que ses moyens d'action. C'est elle qui est l'âme même du corps français. Aussi, toutes les fois qu'un premier ministre a eu charge du royaume et qu'il a choisi un portefeuille, c'est au département des Affaires étrangères qu'il s'est attaché, sentant que celui-là était le maître et que les autres ne pouvaient être que des subordonnés.

C'est donc aux Rois d'abord qu'il faut faire remonter la persistance de la politique et l'accroissement de la charge, mais, aussitôt après eux, c'est aux bureaux du ministère qu'il faut en rendre l'honneur.

Les hommes, inconnus pour la plupart de l'époque présente, qui sont les chefs de cette administration et qui en constituent l'élément le plus important, méritent une place dans l'histoire de leur pays, et une part dans la reconnaissance de la postérité. Leurs fonctions importantes dissimulées sous le titre modeste de *premiers commis,* leur valent, comme dit la vieille devise, plus d'honneur que d'honneurs. Ils passent silencieux et modestes, discrets par profession et par caractère, au milieu de cette Cour brillante et dorée, dont ils font les affaires, dont ils connaissent tous les secrets et qui les ignore. Ils traînent toute leur vie, à pas comptés, comme des bœufs patients, la lourde charrue; mais le sillon qu'ils tracent est droit et profond. Ils n'attendent de leur travail opiniâtre ni titres, ni places en vue ; mais ils ont cet orgueil intime d'être les régulateurs secrets de la politique de l'Europe. Ils se dévouent, eux et leur famille, au service non d'un parti, mais de la France ; et ces monuments anonymes, ces dépêches qu'ils n'ont pas la gloire de signer, mais qu'ils ont eu le bonheur d'écrire, assurent la grandeur de leur pays et la continuation de l'œuvre entreprise par les Rois.

D'extérieur, qu'on regarde ces places ; elles ne signifient rien, ne représentent guère. Titre : premier commis ; plus tard : secrétaire du Conseil d'État; au plus : conseiller d'État, mais par brevet, c'est-à-dire sans fonctions, sans appointements, sans entrée au Conseil.

Priviléges : le droit de *committimus* [1]; mais ce droit appartient à tous les commensaux du Roi, et il a bien fallu le donner à ceux-ci, qui suivent le Roi en ses voyages, et même à la guerre ; le droit au priviélge de tout ce qui s'imprime à l'Imprimerie royale en traités de paix, de trêve, de neutralité et pièces qui s'y rapportent [2]. Honneurs : des lettres de noblesse, mais quel est l'office qui n'y donne droit? Quelquefois, aux plus anciens et aux mieux protégés cette croix de Notre-Dame du Mont-Carmel et de Saint-Lazare de Jérusalem que Monsieur, frère du Roi, grand maître de l'Ordre, distribuait à ses amis et passait à la boutonnière des élèves de l'École militaire. Il est vrai, les avantages pécuniaires sont considérables, les traitements énormes, les gratifications fréquentes aussi bien de la part du Roi que de celle des Souverains étrangers. Ceux-ci n'ignorent point l'importance de ces puissances cachées, et à chaque traité, à chaque renouvellement d'alliance, envoient des présents : boîtes d'or, vaisselle d'argent ou diamants.

C'est que, si l'on pénètre dans l'intimité des choses, on reconnaît vite quelle force se cache sous ces modestes apparences. Le département politique ne comprend que vingt-trois employés de tout grade et coûte à l'État 153,350 livres. Le département politique est lui-même partagé en deux directions, comprenant, la première quatorze employés, la seconde neuf. Avec ce petit nombre d'agents, le secret est assuré, mais le travail de tous est une nécessité. Viennent ensuite les services accessoires : le cabinet du ministre, trois secrétaires; le bureau des fonds, huit employés; les archives, sept employés. Quarante et un employés de tout grade suffisent ainsi à la masse du travail, mais il est nécessaire de se rendre compte du choix et des soins dont ils sont l'objet.

Et tout d'abord, c'est sous l'œil même du ministre qu'ils travaillent. Le ministre connaît chacun d'eux, les voit à toute heure, les reçoit lorsqu'ils frappent à la porte de son cabinet. Le Roi même sait qu'ils existent, les tient en haute estime, s'intéresse à leurs familles, leur accorde ses grâces, augmente et accroît leurs traitements, et, au jour de leur retraite, les gratifie d'une pension qui leur permet de bien achever leur vie.

A Versailles, le ministère n'est pas concentré dans le même hôtel.

---

[1] Le droit de *committimus* était le priviége accordé par le Roi à certaines personnes de plaider en première instance, tant en demandant qu'en défendant par devant certains juges, et d'y faire évoquer les causes où elles ont intérêt.

[2] Voir les lettres patentes accordées à de la Porte du Theil le 31 octobre 1738 (*Rép. de Jurisprudence*, t. IV, p. 167).

Les bureaux politiques sont installés dans une des ailes formant la cour des Ministres. Ils communiquent directement avec le cabinet du secrétaire d'État au moyen d'un escalier intérieur [1].

L'appartement du ministre au Château est considérable. Il se compose de vingt et une pièces [2], sans compter le logement des vingt-neuf valets de toutes sortes [3]. Mais outre cet appartement, si somptueux qu'il fût, le ministre avait à Versailles d'autres habitations. Sans parler des demeures particulières qu'il achetait de ses deniers, comme sa maison du Petit-Montreuil, M. de Vergennes avait à bail

---

[1] Les deux ailes qui aboutissent de chaque côté jusqu'à ces terrasses ont cinquante toises de longueur en comprenant les deux pavillons qui sont aux extrémités de chacune. Il y a des terrasses qui ne font que racheter les pentes qu'on monte par des perrons fermés de barrières de fer avec des tourniquets qui ne laissent la liberté de passer qu'aux gens de pied. Ces terrasses règnent le long des appartements qui occupent le rez-de-chaussée de ces ailes. Toute l'élévation ne consiste qu'en un étage au dessus. Le dessous du rez-de-chaussée est occupé par un autre étage qui conduit à des bureaux qui tirent leur jour par les rues de la ville et à des offices et des souterrains qui sont éclairés par des soupiraux. Messieurs les quatre secrétaires d'État sont logés dans les deux parties de ces ailes qui sont entre les pavillons, et ceux qui sont leurs secrétaires peuvent monter de leurs bureaux pour travailler, chacun suivant le Département du secrétaire d'État auquel il est attaché.
Le *Grand Dictionnaire géographique* de BRUZEN DE LA MARTINIÈRE. — Paris, 1768. — Art. *Versailles*.

[2] La transformation complète du château de Versailles rend impossible la détermination exacte des divers locaux occupés par le ministre. En voici la distribution telle que nous la rencontrons dans un document de 1774, avec l'indication de certains meubles qui s'y trouvaient : chambre du suisse ; antichambre des valets de pied de monseigneur ; antichambre des valets de chambre ; salle des ambassadeurs. Dans cette salle : une armoire en marqueterie et bois de violette, lit de repos, huit fauteuils en damas de trois couleurs, portrait de Louis XV, le *Pont*, les *Quatre Accidents*, de Casanova (ce tableau sur lequel nous aurons à revenir se trouve au musée de Rennes avec la fausse indication : provenant de chez Madame Dubarry); cinq tableaux représentant la famille royale, six estampes représentant les guerres de la Chine ; cabinet de travail de monseigneur ; chambre à coucher de monseigneur ; chambre du précepteur de M. le Comte fils ; secrétariat ; chambre à coucher du secrétariat ; chambre à coucher de M. le Comte fils ; cabinet à côté où M. le Comte fils fait sa musique ; pièce sur le devant ; antichambre de madame la comtesse ; salle à manger (deux des *Quatre Accidents* de Casanova) ; salle de buffet ; salon de compagnie ; chambre à coucher de monseigneur et de madame ; cabinet de madame ; garde-robe de madame ; chambre des trois femmes de chambre ; chambre de M. le Chevalier fils.

[3] Il n'est peut-être pas sans intérêt d'indiquer le domestique d'une grande maison de l'époque. Non compris les écuries et les valets de pied : trois femmes de chambre, deux frotteurs, deux porteurs, un valet de chambre de madame, un valet de chambre perruquier de monseigneur, un aide d'office, deux aides de cuisine, un domestique de madame, un garçon d'office, un domestique de M. le Chevalier fils, un garçon de fourneaux, un perruquier, un garçon de buffet, un premier valet de chambre, une femme de charge, un rôtisseur, un chef de cuisine, un pâtissier, un chef d'office, deux garçons, un laveur, deux garçons de cuisine.

pour le Roi l'hôtel du marquis de l'Hôpital, sis rue Saint-François [1], pour lequel il payait 3,600 livres par an. Les meubles du petit hôtel avaient été achetés par le Roi à M. le duc d'Aiguillon, moyennant une somme de 45,298 livres, et divers suppléments de 13,801 livres avaient encore été fournis sur la caisse des Affaires étrangères. Des objets d'art d'une réelle valeur s'y trouvaient en outre placés : de nombreuses tapisseries de Beauvais, des portraits du Roi en tapisserie des Gobelins [2], divers tableaux, entre autres les *Quatre Accidents* de Casanova qui sont maintenant conservés au musée de Rennes [3]. A la vérité, le bail de l'hôtel de l'Hôpital fut résilié en 1778 [4], mais, bien que nous n'ayons point retrouvé quelle maison le ministre loua ensuite, il n'en est pas moins certain qu'il en loua une, car cette dépense figure dans les comptes du Département jusqu'en 1789.

L'autre local attribué aux bureaux des Affaires étrangères, le seul qui soit demeuré presque dans l'état où il était en 1789, et qui ait conservé presque intacte sa physionomie, bien qu'il ait perdu son

[1] Aujourd'hui, n° 3, rue de Gravelle.
[2] Il a été transporté du dépôt des bijoux et effets des Affaires étrangères à l'hôtel du ministre de ce Département deux portraits du feu Roi en tapisserie des Gobelins, pour servir à l'ameublement de l'hôtel. Le premier, forme ovale, hauteur de 2 pieds 6 pouces, sur 2 pieds de largeur, valeur 3,600 fr. Le deuxième, forme ovale, hauteur de 2 pieds, sur 1 pied 6 pouces de largeur, valeur 2,400 fr.
(6 juillet 1775).
[3] Le 28 juillet 1775, il a été transporté du Louvre à l'hôtel du ministre des Affaires étrangères à Versailles quatre tableaux de Casanova, avec leurs bordures, pour servir à l'ameublement de cet hôtel.
Ces tableaux achetés de M. de la Borde, premier valet de chambre du Roi, 24,000 fr.
Le premier représente la fin d'une forêt avec un paysage éclairé par une pleine lune ; une voiture de voyageurs est arrêtée par des voleurs ; un postillon qui est culbuté par eux, et qui tient un flambeau, éclaire tout le devant de ce tableau et forme un effet de lumière surprenant à côté de celui de pleine lune.
Le deuxième représente un orage ; des voyageurs sont frappés de la foudre, et c'est la lumière du tonnerre qui éclaire la plus grande partie du tableau, qui est de toute beauté.
Le troisième représente un pont rustique qui s'enfonce pendant qu'une voiture passe dessus ; les chevaux, la voiture et les hommes, tout tombe dans des précipices affreux.
Le quatrième représente un coup de vent violent qui casse les arbres et les déracine ; il y en a un qui tombe sur des voyageurs et en écrase un ainsi que son cheval.
Les quatre tableaux sont nommés les *Quatre Accidents* ; ils ont 8 pieds de largeur environ, sur 6 de hauteur ; on les estime 24,000 fr. avec les bordures, et, après la mort de l'auteur, ils pourront valoir beaucoup plus.
[4] Peut-être renouvelé plus tard en 1778 moyennant 4,800 livres par an. En 1767, le prix était de 2,600 livres.

appropriation, c'est l'hôtel du dépôt des Affaires étrangères[1] qui sert aujourd'hui de bibliothèque à la ville de Versailles. Cet hôtel ne date que de 1761. A cette époque, M. le duc de Choiseul accepta l'idée de réunir dans une même maison les archives et les bureaux des ministères de la Guerre, de la Marine et des Affaires étrangères. L'hôtel de la Guerre était déjà construit par ordre du maréchal de Belle-Isle, et sur les plans de Jean-Baptiste Berthier, capitaine réformé à la suite du régiment Royal Comtois et ingénieur géographe en chef des camps et marches des armées. Berthier proposait de joindre à l'hôtel de la Guerre un hôtel pour la Marine et les Affaires étrangères, dont les archives avaient jusque-là été conservées au vieux Louvre. Le 8 mai 1761, le duc de Choiseul agréait les plans de Berthier, demandait au Roi et obtenait de lui le terrain compris entre l'hôtel d'Orléans, la rue de la Surintendance, le mur mitoyen de l'hôtel de la Guerre et le cul-de-sac des Récollets. Le 4 mai, il écrivait au marquis de Marigny, directeur général des bâtiments, pour faire déloger les usufruitiers qui avaient construit des baraques sur ce terrain; le 4 juin, les fouilles commençaient, et vers la fin de 1762 l'hôtel était prêt à recevoir les papiers diplomatiques. Néanmoins, jusqu'en 1768, on fut obligé d'y faire diverses augmentations. L'état des dépenses arrêté à cette date par J. B. Berthier, nommé le 19 juillet 1763 gouverneur de l'hôtel, aux appointements de 6,000 livres par an[2], montait pour les trois départements à 1,261,838 livres 12 sous 6 deniers; dont la bâtisse prenait 710,353 livres 13 sous 5 deniers; l'ameublement : 349,798 livres 15 sous 3 deniers; l'augmentation et l'entretien : 201,686 livres 3 sous 10 deniers. Berthier avait tout surveillé par lui-même, choisi la pierre et le fer, mis au besoin la main au bâtiment. Il ne s'y était point épargné, et plus d'une fois on avait dû le rapporter contusionné et sanglant. Dès le 26 juin 1762, Louis XV, accompagné du Dauphin, avait visité l'hôtel de la Guerre, et Berthier avait profité de l'occasion pour démontrer l'excellence du système

---

[1] Consulter sur l'hôtel du dépôt l'*Histoire de Versailles* de M. Le Roi, l'*Histoire du dépôt des Affaires étrangères* de M. Baschet, et sur les peintures qui le décoraient un remarquable article de M. Guiffrey dans le journal *l'Art* du 5 décembre 1875.

[2] Jean-Baptiste Berthier, qui plus tard joua un rôle à Versailles, lors de l'organisation des gardes nationales, était le père d'Alexandre Berthier, prince de Neufchâtel et de Wagram, maréchal et vice-connétable de l'Empire. Le 2 octobre 1780 il obtenait des trois ministres la survivance de sa place de gouverneur en faveur de ce fils dont, par une singulière rencontre, l'hôtel fut plus tard, en 1822, acheté et habité par le ministère.

préventif contre les incendies qu'il avait appliqué à l'hôtel des Affaires étrangères. Il avait fait entasser dans les salles du bois et des matières combustibles. On les avait allumés, et le bâtiment, grâce à sa construction en briques et en fer, n'avait nullement souffert; à vrai dire, si bon qu'il fût pour les pierres, le système n'aurait nullement protégé les papiers, et il arriva plus d'une fois, pendant le séjour du ministère dans l'hôtel, que cette prétendue incombustibilité fut une cause de discussion et de querelle entre le garde des archives, inquiet pour la sûreté des papiers, et le gouverneur qui, fier de son système, accumulait autour de l'hôtel les forges et les greniers à foin.

D'extérieur, l'hôtel avait bon air. Point de recherches inutiles, de frontons prétentieux, mais un aspect large, digne des habitants. Sur la porte et montant jusqu'à une façon d'œil de bœuf percé depuis pour le bureau des traducteurs, des figures et des emblèmes ayant trait à la politique et aux pays étrangers.

Mais l'hôtel, il ne faut pas l'oublier, appartenait à la Marine comme aux Affaires étrangères.

Dans la distribution intérieure, celles-ci n'avaient point été partagées d'une façon qui répondît à la dépense qu'elles supportaient. Au rez-de-chaussée, était installée une imprimerie commune aux trois ministères, qui produisit peu, bien qu'elle ait eu l'honneur d'une visite de Louis XV[1], et qui fut supprimée et réunie à l'Imprimerie Royale par arrêt du Conseil du 22 mai 1775. Le second et le troisième étage appartenaient à la Marine; le premier seul était réservé aux Affaires étrangères, ainsi que quelques chambres appropriées pour le bureau des interprètes.

En entrant par le grand escalier dans les appartements du premier, on rencontrait d'abord une antichambre, puis une première salle dans laquelle étaient conservés les traités historiques et une seconde où étaient placés les traités de limites. Tournant à droite de la salle des traités historiques, on avait devant soi la longue enfilade de la galerie divisée en cinq parties par des tapisseries. D'abord venait la salle d'Italie et, de gauche à droite, dans des armoires à grillage doré, protégées par des taffetas rouges, les correspondances de Turin, de Venise, de Gênes, de Naples, de Milan, de Rome, de Mantoue, de Florence, de Modène, de Parme et de Monaco. Ensuite la salle d'Allemagne : Allemagne, Vienne, Électeurs,

---

[1] Voir Le Roi, *Histoire de Versailles*, t. II, p. 168, une anecdote sur la visite faite par le Roi à l'imprimerie.

Suisse, Grisons et Genève; après, la salle de France, provinces de France et Lorraine. Une quatrième contenait les correspondances de Moscovie, Pologne, Hongrie, Dantzick, Hambourg, Mecklembourg, Hollande, Danemark et Suède. La cinquième salle renfermait l'Espagne, le Portugal et l'Angleterre. A la suite venaient la bibliothèque des livres imprimés, le cabinet du chef du dépôt et, en retour sur la cour, faisant pendant à l'escalier, son appartement. Dans la salle de France se trouvait une grande table de marbre sur laquelle avaient été signés les traités du 15 mai 1768, entre la France et l'État de Gênes, pour la cession de la Corse; du 6 février 1778, entre la France et les États-Unis, pour la reconnaissance de la nouvelle république, et du 20 janvier 1783, entre la France et l'Angleterre, pour les préliminaires de paix.

Au-dessus des portes, des gouaches de Blarenberghe, un peintre lillois[1], peintre plutôt de tabatières que de tableaux, paraissaient à peine, et d'en bas il était difficile de reconnaître les capitales qu'il avait eu à représenter sur des panneaux de 1 mètre 25 centimètres de large sur 65 centimètres de haut : deux vues de Rome, une de Varsovie; puis, Turin, Gênes, Berlin, Vienne, Naples, Madrid, Londres, Lisbonne, Parme, Constantinople, Saint-Pétersbourg. Des tableaux emblématiques de Bachelier[2]; d'autres dessus de porte de Cozette; la splendeur d'une galerie d'Apollon, plutôt que la sévère nudité d'un lieu de travail, voilà ce qu'avait recherché Berthier.

Il y avait dans la décoration générale plus de luxe que de vraie commodité. Les tapisseries de Beauvais qui séparaient les salles, et qui avaient coûté au moins 113,195 livres, ne protégeaient guère du froid les malheureux employés[3]. Les peintures de Blarenberghe, ces gouaches délicates qu'on admire encore à la Bibliothèque de Versailles, étaient placées trop haut pour qu'on pût les voir. D'ailleurs, que pouvait produire cette recherche exagérée? Que le Dépôt des archives devînt le but de promenade des étrangers et des curieux. Horace Walpole fut ainsi admis à le visiter [4]. Il admira fort « la magnificence utile des nouveaux bureaux de la Chancellerie d'État », mais il est à présumer que l'enthousiasme qu'il ressentit n'aurait point duré en face du mémoire de Berthier. Il est difficile de se rendre un compte exact des sommes dépensées par l'architecte en œuvres d'art.

---

[1] Voir JAL, *Dictionnaire d'histoire et de biographie*.
[2] Voir BASCHET, *Hist. du Dépôt*, p. 330.
[3] Voir *Appendice* n° 1, l'état des tapisseries de la Manufacture de Beauvais qui sont au Dépôt des Affaires étrangères.
[4] *Lettres de Walpole* publiées par M. le comte de Baillon. Paris, 1873.

Dans les états, elles ne sont pas indiquées, ni spécifiées, et l'on ne rencontre que les chiffres suivants : En 1768, portrait original du Roi par M. Vanloo : 6,000 livres ; à Lefevre, portraits : 2,206 livres. En 1770, Lefevre, Cozette, Blarenberghe, vues et portraits : 2,754 livres ; Pérignon, deux vues au Dépôt : dessus de portes : 800 livres. En 1771, gravure du plan des hôtels par Bertault, 83 livres 10 sous 9 deniers ; portraits par madame Nivelon, 672 livres ; par Lefevre, 1042 livres ; vues en dessus de porte par Blarenberghe, 1000 livres ; par Cozette, 300 livres. On ne retrouve pas trace des tableaux de Bachelier. Il est probable que d'autres sommes furent payées à Blarenberghe, et qu'une partie des 107,914 livres 16 sous, attribués en 1775 sous l'indication générale : frais de mobilier, servirent aussi pour des œuvres d'art.

Berthier prenait fort au sérieux son gouvernement de l'hôtel et en faisait une façon de ministère supplémentaire. Après la construction, les frais annuels continuaient à courir avec une augmentation chaque année croissante. Le gouverneur prétendait introduire une discipline militaire, à laquelle il voulait astreindre les employés et jusqu'au garde des archives. Il faisait imprimer en 1765 « le règlement que le Roi veut être observé dans les hôtels situés à Versailles où sont établis les bureaux de la Guerre, de la Marine et des Affaires étrangères[1] », et ce règlement en vingt-neuf articles mettait à ses ordres les deux sergents, les deux caporaux, les trente-cinq fusiliers et le tambour invalides chargés de la garde, lui donnait l'inspection sur les suisses, portier et balayeurs, le choix des garçons de bureau qui devaient néanmoins être agréés par les premiers commis. Ce règlement ordonnait la garde journalière d'un sergent et de huit fusiliers, fournissant deux sentinelles pour la nuit ; l'ouverture des portes à sept heures du matin, la retraite à dix heures du soir, la messe dite par l'aumônier les jours de fête à onze heures et demie ; stipulait les patrouilles, contenait toute une série d'articles sur les clefs des bureaux, le service des garçons de bureau, le déplacement et le brûlement des papiers ; bref, sous prétexte d'ordre, entrait dans le détail de l'administration et rendait la vie difficile, sinon impossible, aux employés.

Tous ces systèmes coûtaient fort cher, bien que les Affaires étrangères ne payassent que le tiers des dépenses. L'imprimerie, année moyenne, revenait à 3,680 livres. Les gages du suisse, du balayeur, des garçons de bureau, montaient à près de 4,000 livres.

---

[1] Paris, Imp. roy., 1765, p. 40.

A partir de 1768, le chiffre augmente : il y a les invalides de la garde, l'aumônier, le chirurgien; l'année 1770 va à plus de 18,000 livres; l'année 1771 à plus de 12,000; nulle à moins de 7,000. Aussi, là comme dans les salles des archives, était-on fort luxueux. Le suisse était habillé à la grande livrée du Roi : baudrier, nœud d'épaule, veste et culotte écarlate bordée d'or, chapeau bordé avec plume. Les balayeurs et portiers portaient la petite livrée : le chapeau bordé d'argent, la veste rouge et la culotte bleue. Les invalides avaient un uniforme; Berthier s'était donné un costume : bref, si l'on n'y mettait ordre, le gouverneur de l'hôtel allait devenir une autorité avec laquelle le ministre aurait à compter.

En 1778, M. de Vergennes fit un coup d'État. Il ordonna que les dépenses des Affaires étrangères seraient désormais distraites de celles des autres ministères et que toutes seraient réglées et devraient être ordonnées par le ministre. Cette mesure déplut naturellement à Berthier et fut l'occasion de nombreuses discussions avec le garde des archives. De là le projet, sur lequel celui-ci revient fréquemment, de transporter le Dépôt dans une autre maison, soit à l'hôtel du Grand Maître (1780), soit à l'hôtel d'Orléans (1787). Le moment n'était pas propice pour une dépense de cette nature, et bien que l'hôtel commun eût été détourné de son objet, au profit exclusif du ministère de la Marine, bien que les salles n'offrissent pas toute garantie au point de vue de la sûreté et de la commodité, les Archives n'y gardèrent pas moins leur résidence jusqu'en 1795.

Outre l'hôtel du Dépôt, l'appartement et le petit hôtel du ministre, le Département prenait encore à bail des maisons dans les diverses résidences où le Roi faisait des voyages. Le ministère en effet suivait le Roi partout où il lui plaisait d'aller. En campagne, des commis accompagnaient le quartier royal, rédigeaient et expédiaient les dépêches courantes que le ministre présentait à la signature de Sa Majesté. En paix, le ministère politique n'avait pas besoin d'être nommé pour ces déplacements somptueux auxquels n'étaient admis que les plus favorisés entre les favoris. Il était des Marly et y avait sa maison louée au sieur Sorbonne, 670 livres pour chaque voyage (bail de 1776). Il était des Compiègne et y transportait sous une escorte coûtant 112 livres 5 sous les papiers et documents. A Compiègne, on signait même des traités, témoin les traités du 14 août 1756 et du 6 août 1764. Il était des Fontainebleau et y avait sa maison « déchargée de la craie et marque du Roi », une maison située rue dd France, appartenant au sieur Guillon, marchand, et qui était louée 1200 livres en 1774, 1800 en 1783, 1900 en 1784. Il est vrai qu'elle contenait trois écuries pour vingt-huit chevaux, des remises pour cinq voitures, dix-sept chambres et cinq cabinets. En dehors de cette maison, le ministre avait au château son appartement de vingt-neuf pièces meublé aux frais du Roi qui avait payé à M. le duc d'Aiguillon 18,231 livres pour les meubles de son appartement de Fontainebleau, de même qu'il lui avait payé 11,730 livres pour les meubles de son appartement de Compiègne.

Les voyages occasionnaient, à dire vrai, des frais considérables. Outre la gratification accordée à chacun des employés, les frais de transport seuls (cinq voitures pour aller de Versailles à Fontainebleau et revenir) coûtaient en 1774 913 livres; les frais d'escorte, 120 livres 5 sous; les frais de transport de batterie de cuisine, 140 livres. Chacun des garçons de bureau recevait 50 livres. Pour la garde des meubles et leur entretien à Fontainebleau, on ne se contentait pas de l'unique personne employée en 1775 moyennant 200 livres, on en avait deux en 1784, l'une à 300, l'autre à 200 livres, une autre à Compiègne à 300 livres.

Ainsi, les employés du ministère politique étaient réellement les commensaux du Roi. Ils avaient gardé cette quasi intimité qui les faisait de la maison, les attachait à la royauté non tant par les charges qu'ils occupaient et les gages qu'ils recevaient, que par ce lien plus puissant de subalternité, de domesticité (les domestiques du Roi étant les premiers du royaume), qui leur faisait regarder l'intérêt de la maison comme leur propre intérêt, l'accroissement de la patrie comme leur propre accroissement, et le triomphe de la politique qu'ils servaient comme leur triomphe personnel. Domestiques du Roi, ils voulaient la grandeur de la royauté, comme ces bons serviteurs de l'ancien temps travaillaient à la fortune de la famille qui les nourrissait. Admis dans les coulisses, y préparant les changements à vue, y soufflant parfois les acteurs en scène, y faisant tout le gros de l'ouvrage, indiquant aux nouveaux venus comment tel grand homme jouait cette pièce, comment tel autre interprétait cette scène, maintenant la tradition du passé, et accroissant chaque jour, et par une critique attentive des événements, cette expérience que nul n'aurait pu trouver en défaut, toujours prêts, toujours à l'ouvrage, jamais malades ni indisposés, aimant en amants la politique et la France, ils les gardaient l'une et l'autre en jaloux, et plutôt que d'admettre une foule indiscrète à les regarder et à les servir, ils préféraient se multiplier pour l'ouvrage, sentant dans leurs collaborateurs la même passion, la même ardeur, donnant là toute leur vie et la donnant sans regret.

Où les recrutait-on? Par les détails que nous avons rassemblés sur chacun des commis, on verra que sauf les admissions accidentelles d'individus n'ayant point de rapports avec la maison et poussés là un beau jour par quelque protecteur influent, ministre ou grand seigneur, la plupart tenaient à des familles dès longtemps employées, soit aux Affaires étrangères mêmes, soit dans la maison du Roi. Au reste, ce recrutement était bien accidentel et restreint. On entrait à vingt ans, on sortait à soixante-dix. La vie s'écoulait toute dans les bureaux, sans missions au dehors, sans mutations avec l'extérieur, sans congés, sauf au cas fort rare de maladie ou de mariage, unie et plane comme l'honneur, régulière et ignorée comme le devoir. Dans cette capitale administrative, où le grand Roi, à la suite de la Fronde, avait, par une des inspirations les plus remarquables de son génie, établi sa résidence, les plaisirs étaient rares, inconnus à la plupart des employés des Affaires étrangères, partagés entre le labeur opiniâtre du bureau et la douce quiétude de la famille. Point de réceptions pour eux, point de réunions où il y eût à craindre qu'ils laissassent échapper les secrets professionnels. Le plus souvent ils se mariaient entre eux, et la surveillance hiérarchique se teintait alors de cette nuance de familiarité de bon ton, qui, même dans les familles bourgeoises, ne faisait jamais oublier ni les formes consacrées, ni le respect nécessaire. A vrai dire, ce n'était qu'une grande famille dont les chefs naturels étaient les premiers commis; toute malhonnêteté y eût été soumise à la censure des doyens; toute trahison y eût été rendue impossible par les continuelles relations des chefs avec les subordonnés; toute injustice y eût soulevé des réclamations qu'au besoin le Roi même aurait entendues. Ils tenaient à leurs droits, ces braves gens d'alors, et ils voulaient qu'on eût confiance en eux, sentant qu'ils méritaient toute confiance. Quand le duc de Choiseul voulut retirer aux employés inférieurs l'usage des chiffres, ils ne craignirent pas de hausser le ton, et le ministre, tout despote qu'il pût être, rapporta la mesure déjà prise. Pieux, ils l'étaient et catholiques; le plus souvent nuancés de gallicanisme, comme devaient être des hommes qui avaient à lutter pour les droits du Roi contre la cour de Rome; mais s'ils s'approchaient parfois un peu du jansénisme, leur austérité en devenait plus grande et leur intégrité plus absolue. Bourgeois d'ailleurs, tous de roture et n'ayant nulle prétention à noblesse ou à titres; bourgeois de vie, d'allures, d'alliances, de ce tiers état qui avait fourni Colbert et Le Tellier, tels ils étaient ces braves gens qu'on se prend à aimer, qui furent nos maîtres et qui restent nos modèles.

Le ministère comprenait, ainsi qu'on l'a vu déjà, deux directions politiques, un bureau des fonds, un bureau des archives et un secrétariat.

La première direction avait pour chef M. Gérard de Rayneval, et pour attributions le travail de la correspondance politique avec l'Espagne, le Portugal, l'Angleterre, les Provinces Unies des Pays-Bas et les États-Unis de l'Amérique septentrionale, les Cours de Vienne, de Berlin, de Mayence, de Coblentz, de Bonn et de Dresde, la Bavière, le Palatinat, Deux-Ponts, Stuttgard, Cassel, Darmstadt, l'évêque de Bâle, la Diète générale de l'empire d'Allemagne, les Cercles, Liége, Hambourg, Francfort-sur-le-Mein et généralement tout l'empire d'Allemagne. Elle devait en outre s'occuper des affaires de limites.

Joseph-Matthias Gérard, premier commis de ce bureau, était né, le 24 février 1736, à Massevaux (Haute-Alsace). Son père, fonctionnaire de la seigneurie, l'envoya faire ses études à l'Université de Fribourg en Brisgau. L'exemple de son frère Conrad-Alexandre Gérard, depuis longtemps employé aux Affaires étrangères et honoré de la confiance du duc de Choiseul, le détermina à suivre la carrière diplomatique, et, pour s'y préparer, il alla terminer ses études dans cette célèbre Université de Strasbourg, où de tous les points de l'Europe on venait suivre les cours de Schœpflin. Joseph-Matthias fut nommé, en 1757, secrétaire interprète de la légation française près la cour Palatine, légation dont son frère était secrétaire politique; en 1763, secrétaire d'ambassade à Dresde; en 1767, secrétaire et chargé d'affaires près la Diète de Ratisbonne, avec 4,500 livres d'appointements et 4,500 livres de gratification. (Bon du Roi du 22 juin 1767.) Le 15 juillet 1768, il était envoyé comme résident et consul général à Dantzick, aux appointements de 12,000 livres. Il quittait Ratisbonne, laissant l'intérim à M. de Bourgoing, le même qui fut plus tard ambassadeur en Espagne et dont le fils a laissé de si intéressants Souvenirs. De 1768 à 1774, Rayneval eut le temps de se mettre au courant de cette politique du Nord, presque toute à ce moment concentrée à Dantzick, et de faire l'application sur place des théories qu'il avait étudiées à Strasbourg.

Le 7 janvier 1774, il fut rappelé à Paris et nommé premier commis en remplacement de M. l'abbé de la Ville, promu à la haute dignité de directeur des Affaires étrangères; ses appointements, de 16,000 livres en 1774[1], étaient portés le 1er janvier 1777 à 20,000 livres, le 1er avril 1778 à 24,000 livres, le 1er avril 1780 à

---

[1] M. de Rayneval touchait en outre 4,000 livres de gratification annuelle, atta-

28,000 livres, le 13 janvier 1785 à 32,000 livres. Ses services à Dantzick avaient été récompensés par une pension de 1,200 livres, et en 1783 il avait obtenu une nouvelle pension de 3,000 livres. Nommé en 1778 secrétaire du Conseil d'État, titre nouveau dont Louis XVI gratifia les premiers commis, anobli à cette occasion [1], il avait été envoyé secrètement à Londres en septembre 1782, sous le nom de Castel, pour préparer la paix qui fut signée en février 1783. Il fut même quelque temps revêtu à cette occasion du caractère de ministre plénipotentiaire à Londres. Cette négociation lui valut, le 11 avril 1783, le titre de conseiller d'État [2] et une gratification de 150,000 livres. Nommé le 17 octobre 1784 commissaire pour régler les limites entre le Sénégal et la Gambie, chargé par M. de Vergennes des préliminaires du traité de 1785 avec les États-Unis, envoyé en octobre 1786 en Hollande pour essayer de concilier les divers partis, Gérard, surnommé Gérard de Rayneval pour le distinguer de son frère, ministre plénipotentiaire aux États-Unis, avait eu, on peut le dire, une carrière bien remplie.

C'était un homme d'une valeur véritable, d'une instruction profonde, et qui, en dehors de ses travaux administratifs, a laissé des livres qui témoignent de la haute portée de son esprit. Dès 1766, il avait publié à Leipzick les *Institutions du droit public d'Allemagne;* en 1779, il avait composé plusieurs mémoires remarquables sur la succession de Bavière. En 1778, l'Imprimerie royale publiait son *Exposé des motifs de la conduite du Roi relativement à l'Angleterre;* en 1780, ses *Observations sur le mémoire justificatif de la Cour de Londres.* On lui attribuait deux traductions : celle du *Partage de la Pologne* de Lindsay, Londres, 1775, in-8°, et des *Principes du commerce avec les nations,* de Vaughan, Paris, 1789, in-8°. Mais surtout, et ce fut l'œuvre qui assura à son nom une place remarquable parmi les législateurs politiques, il rassemblait déjà les éléments de son grand ouvrage : *les Institutions du droit de la nature et des gens,* qui ne fut publié qu'en 1803 [3].

On voit, d'après les chiffres que nous avons cités et les puissances

chées à la charge de premier commis, et 3,000 livres pour les voyages de Compiègne et de Fontainebleau.

[1] Les armes de Rayneval réglées par d'Hozier sont : d'argent à quatre tourteaux de gueules posés deux à deux, l'écu timbré d'un casque de profil orné de ses lambrequins d'argent et de gueules. (Armorial d'Alsace.)

[2] Rayneval était conseiller d'État par brevet et non par lettres.

[3] La meilleure édition de cet ouvrage, celle de 1832, est précédée d'une excellente notice biographique. Aux œuvres de M. de Rayneval, il faut encore ajouter son livre : *De la liberté des mers,* publié en 1804.

avec lesquelles le premier commis était chargé de correspondre, quelle était l'importance des fonctions que remplissait Rayneval. Si le ministère rémunérait d'une façon exceptionnelle les hommes qui se consacraient au service politique, s'il leur assurait une existence indépendante et même fortunée [1], il exigeait d'eux leur vie tout entière, un dévouement sans limites, une discrétion absolue, une existence calme, retirée, peu mondaine, point livrée aux fréquentations et aux influences extérieures. Il surveillait tous leurs actes et formait ainsi pour la France des familles entièrement dévouées à sa politique, par une tradition constante et une éducation réellement diplomatique. Le sentiment de l'honneur et celui du devoir étaient héréditaires dans ces familles. Elles grandissaient peu à peu, montant à chaque génération un échelon social, arrivant graduellement aux plus hautes fonctions de l'État, mais restant là comme à l'origine simples, dévouées, profondément instruites, sérieusement patriotes, et n'ayant d'autre but que la grandeur de la France.

Ainsi vécut cette famille de Rayneval, une des plus illustres à juste titre de notre diplomatie. Nous avons dit ce que fut la carrière de son chef : Joseph-Matthias. Son fils [2], François-Maximilien, né le 8 octobre 1778, second secrétaire à Pétersbourg en 1801, premier secrétaire à Lisbonne en 1804, premier secrétaire à Pétersbourg de 1807 à 1812, un des négociateurs français au congrès de Prague et de Chatillon en 1814, consul général à Londres, directeur des chancelleries sous le ministère du duc de Richelieu et associé par lui à la mémorable libération du territoire, sous-secrétaire d'État en 1820, ministre à Berlin en 1821, ambassadeur à Berne en 1825, ministre des Affaires étrangères par intérim, ambassadeur à Vienne en 1829, titré comte cette même année par le roi Charles X, ambassadeur à Madrid en 1831, mourut à Madrid le 16 août 1836. Louis-Alphonse-Maximilien Gérard de Rayneval, petit-fils de Louis-Matthias, né le 1er août 1813, secrétaire d'ambassade à Rome et à Pétersbourg, ministre à Naples, ambassadeur à Rome, mort en pleine vigueur et en plein talent le 10 février 1858, a laissé dans la carrière un vide qui n'a pu être comblé [3].

---

[1] Le traitement de M. de Rayneval s'élevait à 40,400 livres.

[2] Joseph-Matthias avait épousé le 8 août 1776 mademoiselle Gaucherel, fille et sœur de conseillers à la Cour des aides de Clermont, dont il eut, outre François-Maximilien, deux filles : madame la baronne Didelot et madame de Joguet.

[3] Il faut, pour se rendre compte de la vie de M. Louis-Alphonse-Maximilien de Rayneval, lire le magnifique discours prononcé sur sa tombe par M. le comte Walewski. Jamais plus nobles accents n'ont été consacrés à l'éloge d'une plus noble vie.

Cette glorieuse famille, depuis le duc de Choiseul, a été associée à toutes les grandeurs et à tous les revers de la patrie. Son chef était digne d'elle. Esprit juste et droit, tempérament froid, instruction profonde, il avait toutes les qualités nécessaires à la grande charge qu'il occupait. Ses auxiliaires étaient au nombre de quatorze, y compris deux jurisconsultes, chargés spécialement du travail si compliqué des rapports avec l'Allemagne. Mais ces employés, en petit nombre, étaient bien choisis et bien rémunérés. Les quatorze employés du bureau de M. de Rayneval se partageaient 61,000 livres, ce qui faisait une moyenne de traitements de 4,300 livres. Ils se nommaient : Nivelet-Dumas, Montcarel, Le Bartz, Goffinet, Gambier-Campy, Hardy, Étienne, Cornillot, Fournier.

Joseph Nivelet-Dumas, le doyen de ce bureau, doyen des commis des Affaires étrangères, et à ce titre honoré depuis 1771, pour ses trente-quatre années de services, d'une pension de 1,200 livres annexée au décanat, était né à Aix en Provence, le 5 avril 1712, et depuis le mois d'août 1735 travaillait au Dépôt. Il avait été appelé en 1740 dans les bureaux de Versailles, avait suivi le Roi pendant les campagnes de Flandre et d'Allemagne. Il était encore, mais pour bien peu de temps (car il devait obtenir sa retraite avec son traitement conservé, le 2 avril 1787), principal commis du bureau de M. de Rayneval, avec 9,200 livres d'appointements. Nivelet est un homme qui, par ses mérites, appartient à l'histoire [1]. Montcarel était noble (Jean-Jacques Le Gonesliér de Montcarel), gentilhomme ordinaire de la Reine; il était entré aux Affaires étrangères en 1754 à l'âge de vingt-trois ans, et en 1787 il avait 8,600 livres de traitement. Le Bartz était au service depuis 1756; il avait trente et un ans de services en 1787. Goffinet, gendre de Joubain de Doizu, jurisconsulte du Département, avait été employé à l'ambassade de Vienne depuis 1755; il était entré dans les bureaux le 22 mars 1763. Louis Gambier, dit Campy, né à Caen le 24 août 1754, avait été attaché au ministère en 1772. Hardy était de même un vieux serviteur. Étienne, d'abord chancelier du consulat de France à Lisbonne, comptait près de quarante ans de services dans les bureaux. Cornillot, fils d'un commis du Département, retraité en 1767, était entré en 1773, et avait été définitivement attaché en 1785. Fournier, fils et neveu de commis, petit-fils de Michel Fournier, premier commis, mort en 1730, petit-neveu des Mignon, dont le premier, qui méri-

---

[1] Consulter, sur Nivelet, les *Anecdotes historiques*, par un témoin oculaire, le baron DUVEYRIER. Paris, 1837. Tiré à 100 exemplaires.

terait d'être illustre, fut secrétaire de M. de Croissy et mourut en 1696, et dont plusieurs eurent aussi l'honneur de servir le Roi dans les Affaires étrangères, était entré en 1780, et depuis le 1er juillet 1782 travaillait dans la première division politique. On comptait encore dans le bureau de M. Rayneval trois surnuméraires : Antoine d'Ay, fils du commandant des chasses de Saint-Germain et de Rambouillet, renvoyé pour mauvaise conduite en 1788 ; Meyer, neveu du chef de la division, lieutenant au régiment de Nassau infanterie, détaché comme secrétaire de légation à Dresde ; enfin Deville de Noailly, entré comme surnuméraire vers 1785, et qui, ne rendant aucun service, fut réformé le 28 février 1788.

On avait rattaché au premier bureau le service du jurisconsulte du Département, en réalité indépendant des autres directions, et constituant à soi seul une direction spéciale. Cette place de jurisconsulte est depuis cinquante ans occupée, mais non remplie par un bureau tout entier. Les conquêtes du règne de Louis XIV en avaient rendu la création nécessaire, en multipliant les relations avec l'Allemagne. Les liens d'immédiateté qui unissaient la noblesse de la basse Alsace avec l'Empire, maintenus par l'article 87 du traité de Munster, la communauté stipulée pour la navigation du Rhin, amenaient chaque jour des questions dont la solution exigeait une connaissance approfondie du droit germanique. Obrecht, le préteur royal de Strasbourg, avait été d'abord chargé, sans titre, de ces affaires ; plus tard, Jean Conrad Pfeffel fut nommé jurisconsulte du Roi. Agrandie sous ses successeurs Henneberg, de Bruges, Linch, Bischoff et surtout sous son fils Chrétien-Frédéric Pfeffel, la fonction de jurisconsulte du Département embrassait les questions relatives au droit public germanique dans son application aux provinces françaises, et dans ses connexions avec la politique générale, celles relatives au droit des gens, naturel ou positif, comprenant l'interprétation des traités, les immunités des ministres étrangers, le cérémonial et les affaires litigieuses du Département politique, les consultations demandées par les autres Départements de l'administration ou par les particuliers, les affaires de limites, etc. Cette place était devenue une sorte de magistrature syndicale dont les bornes n'étaient fixées que par la confiance qu'obtenait le titulaire. Pfeffel avait mérité toute celle des ministres et même du Roi.

Chrétien-Frédéric Pfeffel, né à Colmar, était entré en 1751 au service de Saxe, après avoir vainement sollicité de M. Le Dran, alors premier commis des Affaires étrangères, d'être attaché à nos ambassades. Le rappel de M. le comte de Loss, ministre de Saxe, lui ayant fait perdre sa place de secrétaire d'ambassade ; et sa qualité d'étranger mettant obstacle à son entrée dans les bureaux de la chancellerie de Dresde, il se chargea de l'éducation des fils du comte de Brühl, le célèbre ministre d'Auguste III. En 1759, après avoir terminé leur instruction, il sollicita et obtint, par l'entremise de la Dauphine (Marie-Josèphe de Saxe), de rentrer au service de France. Employé d'abord près de la Diète de l'Empire, bientôt conseiller de légation à Ratisbonne [1], il fut gratifié en 1763 d'une pension de 2,000 livres comme aide du jurisconsulte du Roi en Alsace, et fut nommé à cette place le 31 mars 1766 en remplacement de M. de Bruges. A partir du 1er janvier 1768 il fut chargé du travail des limites en Flandre, avec 1,000 livres par mois et 250 livres pour ses copistes. Le duc de Choiseul lui acheta de plus sa bibliothèque presque entièrement composée d'ouvrages relatifs au droit et à l'histoire d'Allemagne, et lui en laissa la jouissance [2]. Quoique Pfeffel fût entré définitivement au service de France, le duc de Deux-Ponts obtint du ministre qu'il continuerait à surveiller ses intérêts, et pour cette cause il fut fréquemment employé par la France à des négociations avec ce prince, notamment en 1784 et 1785. En 1774, il était nommé principal commis aux Affaires étrangères avec 11,400 livres de traitement, publiait en 1775 une nouvelle édition de son *Histoire d'Allemagne,* et obtenait en 1777 un traitement de 2,000 livres par an pour son fils, sous-lieutenant au régiment de Royal Hesse, qui donna sa démission du service militaire et lui fut adjoint en 1781. Enfin, le 10 mai 1787, il recevait du duc de Deux-Ponts Charles II, avec des lettres d'indigénat, le fief de Weidenthal et la cense de Horbach.

Le principal titre de Pfeffel comme écrivain est son *Histoire d'Allemagne.* A coup sûr Chrétien-Frédéric n'est pas parvenu au degré de réputation de son frère le poëte aveugle, dont les fables sont si populaires en Allemagne, et qui fut à Colmar le fondateur d'une pension académique consacrée à l'éducation des jeunes

---

[1] Pfeffel n'avait pas absolument réussi à Ratisbonne. Nous avons sous les yeux une lettre de M. de Mackau, ministre de France, dans laquelle celui-ci représente Pfeffel comme un homme sans conduite ni jugement, doué à la vérité de beaucoup de talents, mais très-dépensier et accablé de dettes.

[2] C'est cette bibliothèque de Pfeffel, sur laquelle nous aurons occasion de revenir, qui forma le premier fonds de la Bibliothèque des Affaires étrangères. Ces ouvrages, presque tous en allemand ou en latin et consacrés à l'histoire du droit public allemand, portent tous l'*ex libris* du jurisconsulte et ses armes : une colombe tenant dans son bec un rameau vert.

luthériens qui se destinaient au service militaire français; mais la faute en est moins à son talent qu'à la sécheresse même du sujet qu'il a traité. Son *Histoire d'Allemagne* [1], écrite sur le modèle de l'*Histoire de France* du président Hénaut, est un chef-d'œuvre de clarté et d'analyse. Pfeffel a le premier porté la lumière dans cette inextricable confusion, et son livre restera classique pour quiconque tentera d'étudier ces époques troublées. Outre son *Histoire d'Allemagne*, Pfeffel est l'auteur de *Mémoires sur l'État de la Pologne* et de divers mémoires relatifs aux droits du Roi sur Avignon. Lorsqu'il fut directeur de l'Académie de Munich, il publia les *Monumenta Boica* [2].

La seconde direction politique du ministère avait pour chef Pierre-Michel Hennin et pour attributions la correspondance politique avec la Porte Ottomane, la Crimée, la Russie, Dantzick, la Pologne, la Suède, le Danemark, les cours de Rome, de Naples, de Turin, de Florence, de Parme, de Modène, les républiques de Venise et de Gênes, et les autres petits États d'Italie, Malte, le corps Helvétique et ses alliés le Valais, les Grisons, et la république de Genève. Elle devait en outre s'occuper des affaires de limites sur la frontière du sud-est. Hennin n'avait sous ses ordres que huit employés : Lesseps, de Méroger, de la Tour, de la Ville, de Bernage, Cardonne, Tessier et Moreau.

Malgré ce petit nombre d'auxiliaires, Hennin suffisait à cette masse de travail. C'était le travailleur par essence, l'homme passionné de science, désireux de toutes les connaissances humaines, un encyclopédiste dans le bon sens du mot [3]. Né le 30 août 1728, à Magny en Vexin, d'un père avocat au Parlement et qui tenait, l'acte de baptême l'apprend, à toute une famille de robe, reçu avocat en 1748, Pierre-Michel Hennin obtint le 18 novembre 1749 de M. de Puisieulx, ministre des Affaires étrangères, la faveur de travailler au Dépôt alors établi à Paris. Dès l'année 1751, il fut chargé par le ministre, pendant les voyages de la Cour, de rester dans les bureaux à Ver-

---

[1] La première édition est de 1754. La seconde, imprimée sous ses yeux à Manheim en 1768, forme un vol. in-4°. La troisième a paru à Paris chez Hérissant en deux vol. in-12. La quatrième enfin, de 1777, a été publiée par Delalain en deux vol. in-12 et in-4°.

[2] Il existe une biographie de Chrétien-Frédéric Pfeffel par M. DE GÉRANDO, *Moniteur* du 12 avril 1807, et un éloge en allemand prononcé à l'Académie de Munich le 28 septembre 1807 par le directeur Fr. SCHLICHTEGROLL. Mulhouse, 1859.

[3] Nous suivons, pour la vie de P. M. Hennin, la notice qui se trouve en tête de sa correspondance avec Voltaire, notice rédigée par son fils, nous réservant de la compléter à l'aide de nos documents.

sailles pour répondre aux demandes qui étaient adressées sur les affaires courantes. Il profita de cette commission pour lire toutes les correspondances relatives aux négociations depuis le congrès d'Aix-la-Chapelle et pour en faire des extraits. En 1752, il accompagnait M. de Broglie en Pologne, et l'ambassadeur faisait l'éloge de sa sagesse, de son application et de sa culture d'esprit. En 1753, il allait à Leipsick pour suivre un cours de droit public, et voyageait en 1755 en Allemagne, en Danemark et en Suède, aux frais du Roi.

« Le temps de la Diète de Pologne[1] approchant, dit-il dans un mémoire qu'il adressa au ministre le 30 avril 1759, je me rendis par mer à Dantzick; j'y reçus la permission de passer en Russie et de retourner en Saxe; mais aussitôt que j'appris l'entrée du roi de Prusse à Leipsick, je me hâtai de me rendre à Dresde, auprès de M. le comte de Broglie, espérant lui être utile dans une circonstance aussi importante, et désirant être le témoin de scènes dont je ne prévoyais pas alors toute l'horreur. Jamais peut-être les événements n'ont été plus surprenants et le travail d'une ambassade plus vif et plus intéressant qu'ils ne le furent en Saxe jusqu'au 20 novembre que M. le comte de Broglie, en partant pour Prague, me laissa chargé des affaires du Roi auprès de Sa Majesté la feue reine de Pologne, en conséquence des lettres que M. Rouillé lui avait écrites à ce sujet. J'ai instruit successivement le ministre de toutes les traverses que j'ai essuyées de la part de Sa Majesté Prussienne. Elles finirent le 25 de mars 1757, jour auquel, après quelques pourparlers inutiles, le prince me fit enlever et conduire par un officier jusqu'à la frontière. Arrivé à Versailles, j'y rendis compte de ma mission et de la catastrophe par laquelle elle avait été terminée[2]. Le Roi daigna approuver ma conduite et, peu de jours après, me désigna pour son ministre auprès du duc de Saxe-Gotha. » Les circonstances ne permirent pas à Hennin de se rendre à son poste. L'arrivée aux affaires de l'abbé de Bernis et la promesse que lui avait faite ce ministre de la place de secrétaire du futur congrès le rassurant sur l'avenir, il demanda et obtint l'autorisation de parcourir les divers États de l'Europe qu'il ne connaissait pas encore. Il visita la Hollande, la Suisse, l'Italie tout entière, et revint à Paris en avril 1759. A Soleure, chez M. de Chavigny, ambassadeur de France, il eut occasion de lier avec Voltaire des relations qui ont duré toute sa vie. Outre la connaissance

---

[1] Janvier 1757.
[2] Il est remarquable qu'aucun des écrivains qui se sont occupés de l'histoire des violations du droit des gens, pas même Martens, l'auteur des *Causes célèbres* et des *Nouvelles Causes célèbres*, n'a dit un mot de cet acte de Frédéric.

de l'Europe, de ses cours et de leurs ressorts secrets, il rapportait de ses voyages des appréciations exactes sur le personnel diplomatique qui servait la France à l'extérieur, et une science profonde de la politique. Secrétaire d'ambassade en Pologne en 1759, il fit à Versailles divers voyages, notamment en 1762, et fut nommé, le 25 avril 1763, résident du Roi à Varsovie aux appointements de 20,000 livres par an et avec une gratification de 10,000 livres.

Hennin resta à Varsovie jusqu'en juillet 1764, c'est-à-dire pendant tout l'interrègne; ce fut là qu'il fit connaissance avec Bernardin de Saint-Pierre, alors le chevalier de Saint-Pierre, qui avait été chercher fortune en Pologne et se donnait comme officier. On trouve dans la correspondance de Bernardin de Saint-Pierre de nombreuses lettres adressées à Hennin et qui font médiocrement honneur au caractère du futur auteur de *Paul et Virginie*.

Hennin quitta Varsovie, revint en France par Vienne où il resta du 29 juillet 1764 au 17 octobre de la même année, mais sans déployer aucun caractère officiel. A son retour, le Roi, qui avait apprécié ses services, lui accorda 8,000 livres de traitement en attendant qu'il y eût une place vacante dans le second ordre des négociations; le 9 décembre 1765 il le nomma résident à Genève. Depuis 1759, Hennin avait été admis à la correspondance secrète que le Roi entretenait dans les divers États. Louis XV ne pouvait mieux choisir son envoyé pour un poste de renseignements et d'observation où l'on avait à ménager à la fois cette petite puissance jalouse et remuante : Genève, et cette grande puissance non moins remuante : Voltaire. C'était l'époque de ces troubles de Genève dans lesquels l'ami du roi de Prusse prit une part si active. Il faut lire toute cette correspondance d'Hennin avec le vieux Suisse pour se rendre compte des ménagements infinis et de l'habileté singulière avec lesquels le résident de France sut manœuvrer. Ses lettres sont dignes de figurer à côté de celles du grand épistolier; elles sont fermes, plaisantes, de style bien français, parfois émues, toujours judicieuses et pleines de ce bon sens et de cette curiosité qu'il portait partout.

Le 24 mars 1769, le Roi le gratifiait d'une pension de 3,000 livres. La mort de Louis XV, loin d'arrêter sa carrière, le servit plutôt. Le comte de Broglie, en rendant compte au nouveau roi des personnes employées à la correspondance secrète, disait de lui : « Il a beaucoup de connaissances en bien des genres. Il a été souvent question de lui pour une place de premier commis », et lui faisait donner une nouvelle pension de 3,000 livres sur les Affaires étrangères (20 août 1774). En 1776, le 3 mai, Hennin épousait, avec l'autorisation du Roi, à Delemont, dans l'évêché de Bâle, demoiselle Camille-Élizabeth Mallet Tudert, née à Genève. En 1777, la Société des antiquaires de Cassel l'admettait au nombre de ses membres; enfin, le 14 mai 1778, il était appelé à Versailles pour faire, de concert avec Gérard de Rayneval, l'intérim de Gérard aîné, nommé ministre aux États-Unis[1]. Le 5 avril 1779, le Roi le nommait chef de l'un des bureaux des Affaires étrangères, avec 20,000 livres par an, et le 25 du même mois, secrétaire du Conseil d'État, titre sans fonctions qui était devenu celui des premiers commis.

Outre ces 20,000 livres d'appointements, Hennin recevait une pension de 3,000 livres qui, dixième déduit, montait à 2,700 livres, un traitement de 3,000 livres sur la dépense secrète, un autre de 2,400 sur la *Gazette de France,* enfin une gratification annuelle de 3,000 livres pour frais de voyage. Le tout formait un total de 31,100 livres. Nous insistons sur ce point, qui n'est peut-être pas sans intérêt pour expliquer l'état de l'administration avant 1789.

Hennin, anobli en 1779 [2], obtenait en 1782 une nouvelle pension de 4,000 livres « en considération d'un travail particulier sur l'origine des dépenses qui se font en Suisse et sur les dettes que réclament les cantons » [3]. Il avait, dit-il dans un mémoire adressé au ministre le 22 prairial an IV, procuré à l'État 300,000 livres de revenu et une épargne d'autant; et il avait pour 150,000 livres libéré l'État d'une dette de 14 millions aux cantons suisses.

En 1783, il achetait une des quatre charges de secrétaire de la chambre et du cabinet du Roi. Cette charge, dans laquelle il remplaçait un M. Marye [4], consistait, dit Guyot dans son *Traité des droits, fonctions, privilèges, annexés en France à chaque office*[5], à servir Sa Majesté dans ses dépêches. Les secrétaires de la chambre et du cabinet qui, peut-être, étaient les successeurs des anciens clercs du secret, avaient le travail direct avec le Roi, avaient été maintenus dans la dignité de conseillers ordinaires du Roi en ses conseils, jouissaient de tous les priviléges des commensaux (droit de *commit-*

---

[1] Les appointements d'Hennin étaient fixés de la manière suivante : On lui continuait son traitement de Genève : 18,000 livres sur lesquelles on prélevait 6,000 livres pour l'entretien du chargé d'affaires et de la secrétairerie. On lui accordait 8,000 livres de gratification annuelle, plus 12,000 livres de gratification extraordinaire.

[2] C'est comme secrétaire du Conseil d'État que Hennin est anobli; mais comme la charge exigeait qu'on fût de race noble, c'est à son père et non à lui que sont données les lettres d'anoblissement.

[3] *État nominatif des pensions sur le trésor royal.* In-4º, t. I, p. 245.

[4] *Almanach royal* de 1784.

[5] T. I, ch. xxxii, p. 598.

timus et autres) et touchaient chacun 9,250 livres par an. La finance de leur charge était de 150,000 livres, garantie par un brevet de retenue.

Le 11 février 1785, le Roi, voulant procurer à l'Académie des belles-lettres la faculté de s'associer des gens de lettres dont les travaux et les lumières pussent lui être utiles[1], créa huit places d'académiciens résidant à Paris et désignés sous le nom d'associés libres. Il se réserva pour la première fois le droit de les désigner et choisit avec dom Clément, dom Poirier, Bailly, Barthes, Camus et Sylvestre de Sacy, Pierre-Michel Hennin. Hennin, qui à ce titre académique joignait déjà ceux de membre de l'Académie de Crotone et de la Société des antiquaires de Cassel, ne considéra point cette nouvelle fonction comme une sinécure. Dès le 25 avril 1786, dans la séance d'après Pâques de l'Académie, il lut le précis des deux premières parties d'un mémoire sur les caractères et les inscriptions runiques. Il concluait que cette écriture tirait son origine d'Orient et que la connaissance de ces caractères pourrait utilement servir pour déchiffrer ceux qui se trouvent sur les ruines de Persépolis[2]. En dehors de ce mémoire auquel plus tard il donna une suite, il lut encore à l'Académie un travail sur les voyages de l'empereur Adrien.

En 1787, il venait d'être nommé, par l'influence de M. de Vergennes[3], premier secrétaire greffier de la première assemblée des notables. Dupont de Nemours était le second.

Hennin était le type même de l'encyclopédiste. Il collectionnait sans relâche, aussi bien des faits que des pierres et des coquillages, que des cartes, des dessins et des livres. Dans sa correspondance avec Bernardin de Saint-Pierre, il est constamment question de médailles, de vues qu'il désire ajouter à ses albums. « Si vous pouvez, lui écrit-il, au moment où il part pour l'île de France, m'envoyer des dessins des pays que vous habitez, vous me ferez grand plaisir. Je forme un atlas qui est déjà un des plus beaux qui existent. Il renferme les cartes, plans, vues et monuments de toute la terre, autant que j'ai pu les recueillir. » Tantôt c'est un coco marin qui l'inquiète, tantôt une chrysopale. Tout lui est bon, même des madrépores en mauvais état. Au reste, le nom d'Hennin devait à juste titre devenir célèbre parmi ceux des collectionneurs les plus éclairés de notre pays. Son fils, qui fut attaché au prince Eugène et qui fut digne d'être l'ami de

---

[1] *Gazette de France*, février 1785.

[2] *Gazette de France*. Les mémoires d'Hennin ne se trouvent pas dans la collection des mémoires de l'Académie des inscriptions que nous avons consultée.

[3] BACHAUMONT, *Mémoires*, t. XXXIV, p. 184.

ce grand cœur, a légué à la Bibliothèque impériale, en 1863, un recueil de 16,000 estampes ou dessins relatifs à l'histoire de France, qui « constituent, dit M. de Laborde[1], une source d'informations unique, ou plutôt un véritable monument, décrit d'ailleurs dans ses détails par celui-là même qui l'avait élevé et qui y a trouvé en grande partie les matériaux de l'ouvrage dont il achevait le dernier volume bien peu de temps avant sa mort ».

En 1787, Hennin recevait de l'État, sur les fonds des Affaires étrangères, 27,600 livres. Ses huit employés, dont nous avons plus haut donné les noms, touchaient 32,000 livres, ce qui faisait une moyenne de 4,000 livres par traitement.

Michel Lesseps, le doyen du bureau de M. Hennin, sous-doyen des Affaires étrangères depuis 1777, avec pension de 500 livres, était né à Bayonne le 3 février 1729. Il a été un des chefs de cette famille de Lesseps qui, avant de conquérir une gloire universelle par son représentant actuel, avait fourni à la France, et particulièrement au Département, nombre d'hommes utiles et dévoués, dont les honorables services méritent toute la reconnaissance du pays. Fils d'un notaire de Bayonne, Michel Lesseps avait été en 1749 secrétaire de M. de Saint-Coutest, ambassadeur en Hollande. Il le suivit à Versailles en 1751, lorsque Louis XV lui confia le portefeuille. Attaché définitivement aux bureaux à la fin de cette même année, il fit quelques absences momentanées, pour remplir des missions à Hanovre, à Bruxelles, où en 1758 il fut chargé d'affaires en remplacement de son frère, alors ministre dans cette résidence; en Bretagne, puis à Madrid et à Lisbonne, à la suite de M. O'Dunn. En 1787, il parvint au décanat en remplacement de Nivelet. De Méroger (Jacques-Simon-Bonaventure Pigousse) était le fils d'un doyen des Affaires étrangères qui avait servi de 1725 à 1771; lui-même était entré au Département en 1753, et se trouva sous-doyen des bureaux en remplacement de Lesseps en 1787. La Ville de Mirmont, petit-neveu du célèbre abbé de la Ville, évêque de Tricomium et directeur des Affaires étrangères, était au service depuis 1773. Corboz La Tour (Jean-Claude), gendre de Montucla, avait été d'abord attaché à l'ambassade de Vienne en 1759, et depuis 1765 travaillait dans les bureaux. Tessier (Nicolas-Antoine Queuxdame, dit), né en 1746, avait été d'abord employé de 1766 à 1771 par Alexandre Gérard à des règlements de limites, puis professeur de français à l'École militaire en 1774; il était entré au bureau de M. Hennin en 1778.

---

[1] *Le Département des estampes à la Bibliothèque nationale.* 1 vol. in-12.

Bernage était au bureau depuis 1777. Cardonne, surnuméraire depuis 1780, était fils d'un valet de chambre de la comtesse de Provence, lequel cumulait avec ses fonctions celles de maître de musique de la chambre du Roi, et d'une femme de chambre de la comtesse de Provence. Moreau fils, surnuméraire depuis 1786, était détaché comme secrétaire près de l'ambassadeur de France à Soleure; il était fils de Moreau alors employé aux archives, l'ancien secrétaire de M. de Vergennes pendant son ministère, un des doyens de la carrière des bureaux.

Les employés du Département politique, on vient de le voir, appartenaient ainsi tous ou presque tous à la petite bourgeoisie. Quelques-uns étaient fils de gens de province; un certain nombre venaient du Palais; d'autres avaient quelque parenté dans la domesticité immédiate du souverain ou de sa famille ; la plupart étaient fils ou neveux d'anciens commis. Bornant leurs vœux à bien servir, et suffisamment récompensés, au bout de cinquante ans d'activité, par ce modeste titre de doyen des bureaux des Affaires étrangères, plus considérés que le titre n'avait d'éclat, regardés, et à bon droit, comme les fidèles dépositaires de secrets qu'ils étaient incapables de trahir, recevant à la vérité des traitements honorables et suffisants, car nul des employés en pied ne touchait moins de 3,500 livres, nul des surnuméraires moins de 2,000 livres; vivant tranquilles et retirés dans ce Versailles superbe, à l'ombre de la grandeur des rois qu'ils servaient, suivis pendant toute leur carrière par la bienveillance des ministres et les grâces du souverain, trouvant là, dans cet hôtel des Affaires étrangères, comme un confident, un approbateur, un conseil pour tous les événements de leur vie; certains d'un secours en cas de maladie, d'une gratification au moment de leur mariage, d'une petite aide au jour des noces de leur fille; assurés de rencontrer à l'âge de la retraite, non-seulement une pension, mais mieux, souvent le traitement conservé et le bonheur, tout incapables qu'ils étaient désormais de se rendre utiles, de rester par leur nom sur les registres, par leur désignation sur les états, encore attachés par quelque chose à cette maison où ils avaient vécu, et où leur passé rappelait tant de secrets bien gardés, de travaux bien exécutés, d'honnêteté bien employée; nommés à chaque quartier comme ces soldats de bon exemple que, morts, on appelle encore aux revues de la compagnie pour encourager les vivants, ils étaient, ces petits commis, ces vieillards et ces jeunes gens, aussi bien que leurs chefs les premiers commis, la tradition vivante de la grande politique française. N'était-ce donc rien que ce recrutement sur soi-même qui faisait d'une famille la servante de la royauté? Ces enfants, élevés pour être commis, qui recevaient comme Fournier l'enseignement de huit commis de leur sang, n'étaient-ils pas plus propres que d'autres à faire d'impassibles témoins et au besoin d'utiles conseillers? Cette quasi-familiarité avec les ministres, qui forçait chacun de ces grands à savoir le nom de ces petits, n'avait-elle pas pour résultat direct un échange d'avis, de dévouement, de bonnes volontés? Ils étaient peu : quinze dans le bureau de M. de Rayneval, neuf dans le bureau de M. Hennin, desquels encore il fallait distraire les deux jurisconsultes, et deux surnuméraires détachés à l'extérieur ; ils n'étaient que vingt employés, mais tous travaillaient, les vieux plus que les jeunes, puisqu'en 1788, on put encore licencier deux surnuméraires, et que les deux directions politiques, après la retraite de Nivelet, ne se composèrent plus que de dix-huit employés.

Mais tous ces hommes étaient inébranlablement attachés à l'intérieur. Une fois entrés dans ce cloître de l'hôtel des Affaires étrangères, ils n'en sortaient plus. Pour eux, point de croix, point de titres, point de chances d'une carrière brillante à l'étranger, point de missions éclatantes d'où l'on songe à rapporter des cordons, et où la vanité se donne carrière. Ils étaient les bourgeois, ils étaient les ouvriers, ils étaient les artisans secrets de cette grandeur dont les autres se paraient. Ils accumulaient, bénédictins de la politique, les titres de la patrie. Ils écrivaient, au nom du Roi, aux ambassadeurs, mais ils ne paraissaient pas. Ils continuaient, obscurs, ignorés et s'ignorant eux-mêmes, cette grande tradition de la monarchie bourbonienne qui lui fit toujours chercher dans le tiers état ses serviteurs intimes, ses conseillers et ses amis. Le Roi était en quelque sorte leur prête-nom ; ils concevaient avec lui et ils exécutaient par lui. Quelle force ! quelle grandeur ! Au fond, et si le mot n'était pas si moderne par l'abus qu'on en a fait, quelle réelle et sérieuse démocratie !

Coûtaient-ils moins cher, ces vingt employés, que ne coûtent à l'État les employés d'aujourd'hui? C'est là une question qu'il importe peu d'examiner. Les gouvernements à bon marché font de la politique à bon marché. Mieux vaut bien payer les hommes dont on se sert. Ils pouvaient vivre de leur traitement; donc ils n'éprouvaient pas les tentations, ils ne cédaient point aux sollicitations intéressées. Ils ne vivaient que de leur traitement; donc, sans vivre pour lui, ils n'avaient point de dédain pour l'argent que leur gagnait leur travail. Point de congés, point d'absences : le bureau prenait leur vie. Ils y entraient jeunes et n'en sortaient que pour mourir. On les appelait des « Bouleux », comme ces gros chevaux qui font les services de fatigue, qui ne sont rien pour la montre, mais qui d'un coup de collier enlèvent l'ouvrage. Ah! les bons et braves gens, et, au résultat, que c'était peu cher les payer que 153,300 livres!

Auprès du ministre, formant en quelque sorte sa domesticité intime, se trouvait le secrétariat, qui n'avait pas comme aujourd'hui des fonctions politiques déterminées, mais qui, suivant la valeur des commis tenant la plume, pouvait à un moment donné prendre une certaine importance. Il est à remarquer que, sauf le cas où les ministres, anciens ambassadeurs, amenaient avec eux, de l'étranger, quelque secrétaire de confiance, ils choisissaient généralement leurs commis particuliers en dehors de la carrière. Lorsque le successeur de M. de Vergennes entra en fonctions, il garda du secrétariat de son prédécesseur les deux sous-commis, Geoffroy et Lemoine, et donna la première place à Gandolphe, avocat au Parlement de Paris; celui-ci, homme de dévouement et de résolution, était, ainsi que Geoffroy, payé 9,600 livres. Lemoine, simple expéditionnaire, recevait 3,000 livres. Les fonctions de secrétaire consistaient, outre la réception et l'expédition des dépêches, en objets particuliers au ministre. Le secrétaire était en outre chargé du travail sur les Ordres et du détail des affaires réservées; mais il n'avait point à empiéter sur les attributions des premiers commis des autres divisions.

Les autres directions du Département n'étaient que l'accessoire du grand corps politique. Le dépôt des archives et le bureau des fonds avaient néanmoins, à cette époque, une importance qui en faisait des rouages indispensables de l'administration. Le bureau des fonds réunissait des attributions si nombreuses et si variées que ses employés devaient posséder des connaissances spéciales sur les matières les plus diverses. En effet, outre l'administration des fonds du Département politique, des traitements, pensions et subsides en dépendant; outre l'administration des fonds politiques de la Suisse, et de ceux des Écossais et des Irlandais réfugiés, le bureau avait l'expédition des passe-ports et des légalisations, la correspondance relative à cette partie avec le lieutenant de police à Paris et les intendants et gouverneurs en province; la correspondance avec le lieutenant général de police concernant les ambassadeurs et ministres étrangers et les étrangers voyageant en France, et la surveillance et la police des juifs quêteurs et mendiants. Il délivrait les permissions du Roi pour contracter mariage à l'étranger, les permissions de recevoir et de porter en France les ordres étrangers. Il envoyait à l'étranger les assignations, prenait dans ses attributions la correspondance et les formes relatives aux franchises et priviléges des ambassadeurs et ministres étrangers en France, des ambassadeurs et ministres français à l'étranger ; il revisait les comptes du conservateur des diamants, bijoux et autres objets de présents du Département, car la charge de garde des présents était à brevet du Roi ; il surveillait et administrait les comptes de la *Gazette de France* et autres feuilles introduites ou tolérées ; il correspondait avec les hommes de lettres et leur distribuait les fonds littéraires.

Donc, en dehors de ses attributions propres qu'il a conservées et que les événements ont considérablement réduites, le bureau des fonds réunissait les attributions du bureau actuel de la Chancellerie, du bureau du Protocole, de la sous-direction du Contentieux ; une partie de celles de la Grande Chancellerie de la Légion d'honneur, celles de la direction de la presse au ministère de l'Intérieur, une partie de celles du ministère de l'Instruction publique et de la Préfecture de police.

Un chef et huit employés suffisaient à ce travail. Jean Durival, directeur de la finance du Département des Affaires étrangères, par brevet du 13 février 1785, était né le 4 juillet 1725 à Saint-Aubin-aux-Anges, à cinq lieues de Bar. Il était le second de trois frères qui tous trois ont écrit. L'aîné, Nicolas Lutton Durival, a laissé une *Description de la Lorraine et du Barrois*, 4 vol. in-4°, et un volume d'*Introduction* qui est un modèle au point de vue de l'histoire locale. Le troisième, Claude, s'est particulièrement occupé d'économie politique. On lui doit des *Mémoires et Tarifs sur les grains* ; Nancy, 1757, in-4° ; et un *Mémoire sur la culture de la vigne.* Paris, 1777, in-8°. Tous deux étaient, comme leur frère Jean, membres de l'Académie des sciences et belles-lettres de Nancy, et touchaient, depuis le 18 février 1779, sur le fonds littéraire des Affaires étrangères, une pension de 400 livres réversible sur les survivants. Jean Durival, le directeur de la finance, après avoir servi de 1742 à 1758 dans les bureaux de l'intendance de Lorraine, succéda en 1759 à son frère Nicolas, comme secrétaire des conseils d'État et des finances du roi Stanislas. Après la mort du roi de Pologne, il fut quelque temps (1761 à 1766) commissaire des recrues provinciales en Lorraine et commissaire des guerres. Le 12 juin 1766, le duc de Choiseul le nomma secrétaire du Département des Affaires étrangères aux appointements de 8,000 livres, et le chargea en même temps des fonctions de secrétaire du Département de la guerre. Enfin, en 1770, il fut désigné comme premier commis du bureau des fonds, et en 1785 breveté directeur de la finance.

En plus de ses fonctions bureaucratiques, Durival était souvent chargé par le ministre de traiter des questions de droit assez épineuses, et de correspondre avec le garde des sceaux et le lieutenant civil pour les affaires auxquelles le Département prenait intérêt. Il avait comme ses frères écrit plusieurs ouvrages : un *Essai sur l'infanterie française,* 1760, in-12; un livre intitulé : *Détails militaires,* 1758, in-12; un autre : *le Point d'honneur,* in-12; enfin, il avait été avec Mirabeau le traducteur de l'*Histoire du règne de Philippe II,* de Walson, 1777, 4 vol. in-12.

Le directeur de la finance des Affaires étrangères touchait un traitement annuel de 24,000 livres. De plus, il avait été gratifié de diverses pensions, l'une de 1500 livres, comme premier secrétaire de l'intendance de Lorraine, réduite à 1350 livres par la retenue du dixième; une autre de 2,000 livres, réduite à 1770 livres comme commissaire des guerres; enfin une troisième de 5,000 livres à titre d'acquit patent comme premier commis. Quant à ses employés, MM. Chenuat, Guillois, de Béchard, Bedtinger, Baud, Bassigny et Dambrun, ils se partageaient une somme de 34,750 livres, soit une moyenne de plus de 4,000 livres par tête.

Chenuat, destiné à être plus tard, malgré lui, chef intérimaire du bureau des fonds en 1792, était entré au bureau en 1762. Guillois, fils d'un officier de la prévôté de l'Hôtel, avait cinquante-trois ans en 1787; employé pendant dix ans à la commission de finances, il servait aux Affaires étrangères depuis 1767 aux appointements de 5,000 livres. De Béchard était au service depuis 1760. Bedtinger, né en 1730, avait été quelque temps secrétaire du ministre de France à Bruxelles, et depuis trente ans était attaché au bureau. Baud avait des services presque aussi longs; avant d'être sous la direction de M. Durival, il avait travaillé au dépôt et au bureau des interprètes. Bassigny était entré seulement en 1785 avec 2,000 livres de traitement; mais il avait servi longtemps dans l'administration financière. Dambrun, enfin, était entré en 1786.

En dehors de cette direction des fonds du Département, le ministère avait un agent financier extérieur. Une sorte de banquier qui fournissait des avances, payait les traites venant de l'étranger, était chargé de faire passer à l'extérieur les fonds nécessaires au règlement des subsides, des traitements, etc. Depuis 1786, le banquier était M. Duruey. Le Département lui payait annuellement 20,000 livres pour intérêt de ses avances, et payait de plus 6,000 livres à un commis, de la Flotte, détaché près de lui.

Le dépôt des archives du Département politique avait alors, sinon toute la renommée qu'il possède aujourd'hui, au moins presque toute la valeur réelle qu'on lui reconnaît. On n'écrivait pas encore son histoire, il n'était pas ouvert comme il l'est aujourd'hui aux recherches et aux curiosités ; il gardait mieux ses secrets, et fondé pour l'utilité exclusive de l'État, il ne livrait pas volontiers ses dépouilles aux littérateurs et aux historiens non officiels. Organisé avec une économie moins parcimonieuse, il fournissait aux ministres des précédents, aux ambassadeurs des instructions, à tous les employés de la politique des renseignements sur les questions actuelles. Il était en quelque sorte le grand jurisconsulte politique, et quoi qu'on lui demandât, pourvu que l'espèce se fût présentée depuis deux siècles, il était en mesure de répondre.

Il peut paraître inutile aujourd'hui de refaire l'histoire du dépôt. Nous en résumerons seulement l'état en 1787.

A cette date les archives du Département politique se composaient : 1° de 7259 volumes et de 544 cartons de correspondances avec les ministres du Roi en pays étrangers, fonds ordinaire et normal du Département, collection qui s'accroissait chaque année et dont le classement et l'analyse formaient une des occupations principales des employés du dépôt ; 2° de 1394 cartons de papiers de France, papiers relatifs, en partie, aux fonctions qu'exerçait comme secrétaire d'État, chargé du détail de certaines provinces, le ministre des Affaires étrangères ; sous ce titre étaient aussi conservées les pièces de natures diverses, achetées ou saisies, qui étaient entrées au Département ; 3° les papiers des limites, procès-verbaux, mémoires, titres sur les questions de frontières ; 4° les manuscrits, c'est-à-dire les pièces les plus secrètes, extraites de la correspondance générale ; les mémoires transmis par les ambassadeurs, les résidents, les voyageurs, sur les pays qu'ils avaient eu occasion d'étudier ; enfin les papiers d'une valeur historique hors pair ; 5° le recueil des papiers achetés et payés par le Roi à la succession du duc de Saint-Simon (272 volumes et portefeuilles) ; enfin, environ 972 volumes imprimés.

La bibliothèque était donc à l'état embryonnaire. C'est de la Révolution seulement qu'elle date en réalité. Quant à la collection de papiers d'État, ils n'avaient pas encore été l'objet de ces vols sans pudeur qui en défigurent certaines séries. Depuis le malheureux essai de M. de Torcy et la fermeture par Dubois de l'Académie politique, nul que les employés ou les rédacteurs autorisés d'ouvrages politiques n'avait communication des papiers. Plût à Dieu qu'il en eût toujours été de même! Le Département n'aurait point à déplorer des vols que viennent attester chaque jour de nouveaux catalogues de ventes publiques.

Les employés des archives avaient pour mission de rédiger

des notes et mémoires d'après les correspondances et manuscrits, de rechercher les renseignements demandés, soit par le Département, soit par les autres ministères, de conserver et classer les documents relatifs au personnel, de délivrer des certificats aux agents, etc., etc.

Enfin, une autre partie de leurs occupations regardait les achats de pièces, tant lorsque ces achats étaient spécialement destinés au Département que lorsqu'ils devaient être distribués entre les divers dépôts scientifiques et littéraires du royaume. C'est ainsi qu'en 1774 le ministre traita avec Jean-Benoît Schérer, moyennant une pension annuelle de 2,500 livres, de la collection de livres, de manuscrits, de médailles, de monnaies et de raretés de toute espèce que ce savant avait rassemblés pendant son long séjour en Russie. Les livres et les médailles furent portés à la bibliothèque du Roi, les curiosités minéralogiques furent attribuées au cabinet de Sa Majesté, et quelques volumes seulement restèrent au dépôt des Affaires étrangères [1].

Le garde du dépôt, Claude-Gérard Sémonin, né en 1723 à Arpenans, près de Lure, était entré fort jeune dans l'administration des intendances. Devenu en 1746 secrétaire de M. de Courteilles, ambassadeur en Suisse, il avait en 1753 accompagné à Gênes le comte de Neuilly, ministre plénipotentiaire. Il avait résidé dans cette place de 1753 à 1761 et y avait été même quelque temps chargé des affaires du Roi. A son retour, la République, par un décret extraordinaire du sénat, « ordonna à son ministre de rendre des témoignages authentiques de l'estime que le sieur Sémonin s'y était acquise par sa conduite et par son zèle. M. de Sorba s'en acquitta dans le

---

[1] Cette collection se composait de 98 manuscrits de tout format, dont plusieurs d'un intérêt réellement historique ; de 80 vol. in-fol., 218 vol. in-4°, 220 vol. in-8°, en russe et en allemand. Jean-Benoît Schérer, né à Strasbourg le 1er septembre 1741, baptisé le 3 du même mois dans l'église paroissiale de Saint-Thomas dont son père était chanoine, fit ses études d'abord à Strasbourg, puis à Iéna et à Leipsick. Il voyagea à ses frais pendant dix-huit ans en Allemagne, en Pologne, en Suède, en Danemark et en Russie ; devint, dans ce dernier pays, jurisconsulte au collége impérial de justice pour l'Esthonie et la Finlande, et y passa treize ans. Puis il revint dans son pays, où il reçut jusqu'en 1785 un traitement de 3,000 livres du ministère, plus une pension de 800 livres de l'université et de la ville de Strasbourg. Il fut sénateur élu de Strasbourg pour la tribu des Pelletiers en 1787 et 1788. Il a publié sous les auspices du Département : *Recherches historiques et géographiques sur le Nouveau Monde*, Paris, 1777 ; *Annales de la Petite Russie*, 2 vol. in-12, Paris, 1788 ; *Histoire du commerce de la Russie*, 2 vol. in-8°, 1788 ; *Anecdotes intéressantes et secrètes de la cour de Russie*, Londres et Paris, 6 vol. in-12, 1792. Ses ouvrages étaient corrigés par MM. de Basseville, Court de Gébelin et de Corancey. Son histoire du commerce de la Russie est dédiée à M. de Montmorin.

temps auprès du duc de Choiseul. » En 1761, le duc de Praslin appela Sémonin à remplacer le sieur de Saizieu dans sa secrétairerie [1]. En 1767, il l'envoya à Lisbonne, consul général et chargé des affaires de France [2]. Enfin, le 23 août 1771, Sémonin fut nommé premier commis et chef du dépôt en remplacement de Durand, nommé ministre à Pétersbourg et démissionnaire de la place de premier commis. Sémonin avait, comme premier commis, 14,000 livres de traitement; de plus il était logé au dépôt et avait obtenu en 1761 une pension de 600 livres en considération de ses services à Gênes, et une de 4,000 en 1772 pour ses services à Lisbonne [3]. Comme les autres premiers commis, il touchait 4,000 livres de gratification annuelle.

Néanmoins Sémonin n'était pas satisfait. Il comparait malgré lui sa situation à celle de ses collègues les autres premiers commis. En décembre 1774, il demandait une pension de 4,000 livres, qui rapprochât ses appointements des leurs. Et il énumérait sans en rien omettre ce qu'ils touchaient : 24,000 livres comme premier commis, 4,000 livres de gratification annuelle, 3,000 livres sur la *Gazette de France*, 3,000 livres pour les voyages, 4,000 livres de pension, une place de bailli et de prêteur en Alsace, un demi-quart de place de fermier général, une grande et belle terre dans la Lorraine allemande, voilà le lot de Gérard aîné. Gérard de Rayneval touchait 26,000 livres; Durival autant, et lui, Sémonin, 18,000 livres seulement. En janvier 1778, il demandait au Roi le titre de secrétaire du Conseil d'État qui venait d'être donné à Gérard et à son frère. « Le greffe du Conseil d'État, disait-il, est sans contredit le dépôt des Affaires étrangères. » Il invoquait l'aide qu'il avait apportée à M. Gérard pour ses négociations avec les Suisses; il rappelait son précis historique des négociations de la France avec les différentes cours pendant la dernière guerre, *mis sous les yeux du Roi;* enfin il ajoutait qu'il authentiquait par sa signature les expéditions des pièces du dépôt. Une place d'administrateur de la loterie (1778), des lettres de noblesse gratuites (16 juillet 1780), des lettres de conseiller d'État (5 décembre 1785), ne le satisfaisaient qu'à demi. Il aurait voulu

---

[1] D'autres documents disent 1763.
[2] Le rôle de Sémonin à Lisbonne paraît avoir été considérable surtout au point de vue commercial. D'après un mémoire qu'il remettait en 1774 pour demander certains avantages pécuniaires, il aurait porté de rien à 14 millions le commerce d'importation de la France en Portugal, et fait obtenir aux Français tous les privilèges dont jouissaient les Anglais.
[3] Pensions. Rec. 4e. VIe Cl., p. 361.

mieux, surtout être considéré comme l'égal des autres. Ces dispositions inquiètes réagissaient sur son caractère et sur ses relations; sans être hostile au gouvernement, il passait pour philosophe, et, sous prétexte des déceptions qu'il disait avoir subies, négligeait quelque peu le dépôt.

Le travail retombait tout entier sur ses sous-ordres au nombre de sept : MM. Poisson, Crouvisier, Huet, Moreau père, de Mongy, de la Peyronnie et Gamet, qui se partageaient une somme de 21,000 livres.

Louis Huet-Poisson, habitué par Durand, l'ancien chef du dépôt, à se trouver seul maître des archives, né le 29 avril 1731, avait débuté chez un procureur au Châtelet. Agréé en novembre 1752 par M. de Saint-Contest, en qualité de commis au dépôt, il avait succédé à son frère qui occupait cette place. En 1761 et 1762, Louis Poisson avait préparé et accompli le transport du dépôt du vieux Louvre dans le nouvel hôtel des trois ministères. Depuis 1762, il était principal commis aux appointements de 4,500 livres.

Avant d'entrer au dépôt, François Crouvisier avait été clerc des ponts et chaussées et conducteur principal des travaux du Roi en Picardie. Il avait été admis aux Affaires étrangères le 1er mai 1763, aux appointements de 2,400 livres, et avait été élevé à 3,500 en 1774. Louis-Antoine-Nicolas Huet, parent de Huet-Poisson, avait débuté comme avocat au parlement de Paris, et était entré aux archives le 1er janvier 1767 avec 2,000 livres. En 1774, son traitement avait été porté à 3,000. De Mongy n'était entré qu'en 1772; Gauthier de la Peyronnie en 1780, mais antérieurement celui-ci avait voyagé à ses frais dans les cours étrangères pour y apprendre les langues et le droit public. En 1787, il travaillait à la traduction de l'*Histoire des Provinces-Unies* de Aitzéma. Plus tard il publia un certain nombre de traductions de voyages, entre autres celle du *Voyage de Pallas et de Lépéchin en Russie*, 6 vol. in-4°, et celle du *Voyage fait en Islande par ordre de Sa Majesté Danoise*, par Olafsen et Polvesen, 5 vol. in-8°, et atlas. Gamet (Richard-Désiré) était parent et ami de Sémonin. Employé d'abord dans les bureaux de la marine à Brest, il était entré aux archives en janvier 1784. Gamet était logé par son parent dans l'hôtel même des Affaires étrangères.

Enfin, au dépôt, Moreau père, ancien secrétaire de Vergennes, avait trouvé une retraite de 4,000 livres, qui, jointe à une pension d'autant, lui permettait de vivre honorablement. Moreau était en effet un vieux serviteur du Département. Né en 1732, entré au dépôt en 1757, passé en 1758 dans les bureaux actifs, devenu en 1774 secré-

taire des Affaires étrangères avec M. de Vergennes, il était rentr
au dépôt en 1781 avec 4,000 livres de traitement et 4,000 livres de
pension. L'emploi qu'il occupait était purement fictif, et en mai 1788
Moreau fut définitivement retraité avec 6,000 livres de pension.

Deux autres rouages beaucoup moins importants, et qui par
moments pouvaient disparaître pour être fondus dans les autres
directions, fonctionnaient dans l'hôtel du dépôt parallèlement à
ceux que nous avons indiqués : c'étaient le bureau des interprètes
et celui des géographes.

Le bureau des interprètes se composait en 1787 de neuf employés.
Il s'était accru peu à peu par l'intrigue de Genet, père de madame
Campan, qui, nommé par le duc de Belle-Isle secrétaire-interprète
des ministères des Affaires étrangères, de la Guerre et de la Marine,
était parvenu d'abord à faire employer sous ses ordres un ou deux
commis, puis en 1762 à faire créer pour lui un bureau des traducteurs dont il fut le chef. Son fils, Edmond-Charles Genet, d'abord
attaché aux Affaires étrangères comme interprète, en 1779 employé
à Berlin comme officier de dragons pour recueillir et traduire les
ordonnances militaires, puis en 1780 attaché à l'ambassade de
Vienne sous M. de Breteuil, avait remplacé son père, le 11 septembre
1781, comme chef du bureau des traducteurs. Mais une réforme
radicale fut introduite dans le bureau, le 4 septembre 1787, par M. de
Montmorin ; une partie des traducteurs fut renvoyée, quelques-uns
avec pension ; les autres furent versés dans les différentes directions
du ministère. Et quant au chef, auquel on attribua d'abord un traitement intermédiaire de 12,000 livres, il fut, cette même année,
nommé secrétaire d'ambassade à Saint-Pétersbourg. On sait comment
le citoyen Genet reconnut les faveurs dont le Roi et la famille royale
l'avaient comblé ainsi que toute sa famille. Chargé d'affaires à
Pétersbourg jusqu'en 1792, il fut envoyé comme ministre aux États-
Unis en 1793.

Parmi les employés conservés, Le Tellier fut attaché au bureau
de M. de Rayneval. Entré aux Affaires étrangères en 1766, il était
chargé, sous M. Genet père, d'un travail fort ingénieux sur la marine
anglaise, qui consistait à recueillir dans les journaux les renseignements sur les navires, depuis leur mise en chantier jusqu'à leur
classement dans la réserve. Au moyen de fiches et de boîtes, dans
lesquelles les fiches prenaient place successivement, le Roi pouvait
avoir en une heure, non-seulement la situation de telle ou telle
escadre anglaise, mais la composition, l'âge, la force de chaque
vaisseau et la composition de l'équipage. Une longue expérience

démontrait que ces renseignements étaient pour l'exactitude et la précision infiniment supérieurs à ceux que pouvaient fournir les espions, et de plus ils ne coûtaient presque rien. Rosenstiel, attaché aussi au bureau de M. de Rayneval, fort versé dans le droit public, était un des élèves de Pfeffel et destiné à devenir un des hommes utiles du Département. Hernandez de La Marquitière, attribué au bureau de M. Hennin, était lui-même fils d'un ancien interprète du ministère. Il était entré en 1784, et fut particulièrement chargé de la manutention des chiffres dans sa direction. Enfin, Bonnet, conservé presque par charité au dépôt des archives, entré en 1760 au bureau des traducteurs, était destiné à jouer dans le ministère le triste rôle d'espion des Jacobins quand les jours révolutionnaires furent arrivés.

On voit que divisant moins les services, ramenant tout aux deux grandes directions du Nord et du Midi, l'ancienne administration avait cherché une plus grande cohésion en augmentant l'autorité des premiers commis et en supprimant tous les bureaux intermédiaires. Chaque direction se suffisait à elle-même, avait son traducteur, son déchiffreur, son personnel courant; et malgré tout, le personnel intérieur ne comptait, après la réforme du bureau des traducteurs, que quarante et un employés.

Le bureau géographique, composé de sept employés, constituait un service complétement à part, où les agents, tantôt en mission sur les frontières, tantôt en résidence à Paris, étaient tenus à des conditions spéciales d'instruction, et ne faisaient que nominativement partie du ministère. Ce bureau ne datait que de décembre 1774. Il avait été créé par M. de Vergennes sur la proposition de M. Gérard, pour collectionner et utiliser les matériaux relatifs aux frontières et qui jusque-là avaient été dispersés entre les mains d'individus domiciliés aux extrémités de la France. Chrestien de La Croix, le chef de ce bureau, fils d'un agent de la correspondance secrète, pour laquelle il avait lui-même voyagé en Suède, était là, ainsi que Grandjean, Brossier et Goubault, depuis 1775. Les ingénieurs suivaient en même temps la carrière militaire; ils étaient cantonnés dans leurs travaux graphiques, et restaient sans rapports avec le reste du Département.

Quant au dépôt des cartes, bien qu'en 1772 on lui eût momentanément nommé un conservateur, il ne constituait avant 1780 qu'une annexe insignifiante du dépôt des manuscrits; mais, depuis 1782, l'achat par le Roi de la grande collection géographique formée par Jean-Baptiste Bourguignon d'Anville avait nécessité la présence à Versailles d'un spécialiste chargé de classer et de cataloguer les 9,000 cartes et croquis et les 600 manuscrits entrés au dépôt. Cette collection, d'une importance et d'une valeur hors ligne, avait été assurée à l'État par une première transaction du 16 novembre 1772. Le Roi avait à cette époque accordé à d'Anville 2,500 livres de pension. Peut-être, néanmoins, l'affaire n'avait-elle pas été conclue à ce moment. Mais en 1780, sous ce roi si spécialement porté vers les études géographiques, l'achat avait été fait [1]. Et depuis cette date, l'élève de d'Anville, Jean-Denis Barbié du Bocage, travaillait à mettre de l'ordre dans les portefeuilles. En 1781, à la mort de d'Anville, la collection, dont le catalogue avait été soigneusement dressé, fut transportée au dépôt des Affaires étrangères à Versailles. Barbié du Bocage fut d'abord employé avec 600 livres d'appointements à en maintenir l'ordre, mais en 1785 il fut attaché à la Bibliothèque royale à Paris, et le soin du dépôt géographique fut confié à Tessier, ancien employé des archives. A partir du 1er janvier 1788, Barbié fut retranché des états, et reçut une gratification de 600 livres. Il devait être inscrit de nouveau comme géographe des Affaires étrangères de 1803 à 1825.

Pour compléter cet exposé, sept garçons de bureau, à 800 livres chacun, étaient chargés de l'entretien matériel. Le ministère avait en outre son aumônier, M. l'abbé Alex, payé 600 livres et ayant depuis 1779 sur le fonds littéraire des Affaires étrangères une pension de 1400 livres; son médecin, M. de Sieurac, et son chirurgien, M. Gautier. Un garde-meuble et un adjoint au garde-meuble, un suisse, un portier, un balayeur et un frotteur formaient la domesticité. Ces divers employés coûtaient à l'État, y compris les garçons de bureau, 16,100 livres.

Hors du ministère et de ses bureaux, hors des chancelleries des ambassades, travaillaient pour le compte de l'État ceux que l'on nommait les rédacteurs d'ouvrages politiques. Plusieurs d'entre eux avaient occupé dans la diplomatie quelqu'une de ces places intermédiaires, de celle de gentilhomme d'ambassade à celle de secrétaire

---

[1] La collection de d'Anville fut cédée au Département moyennant les cinq conditions suivantes : 1° 3,000 livres de pension viagère réversible en entier à madame d'Anville et pour 1500 livres à madame de Hauteclair, sa fille. 2° La conservation à madame d'Anville, en cas de viduité, du logement occupé par M. d'Anville aux galeries du Louvre. 3° La possession à M. d'Anville, pendant sa vie, de sa collection géographique dont il sera le gardien, pour être remise après son décès au dépôt des Affaires étrangères. 4° Une somme de 20,000 livres en capital payable à madame de Hauteclair après la mort de ses père et mère et la remise de la collection au dépôt. 5° Une tabatière enrichie du portrait du Roi, de la valeur de 2,400 livres.

particulier. D'autres avaient été unis à la carrière par un lien plus étroit, avaient été appointés comme secrétaires en pied, ou même comme chargés d'affaires. Ces rédacteurs d'ouvrages politiques, au nombre de six, Rulhière, Rochon de Chabannes, Gaullard de Saudray, Moreau, Le Prieur et Legendre, avaient heureusement pour les sauver de l'oubli un chef de file dont le nom est justement illustre : Claude-Carloman de Rulhière [1], membre de l'Académie française. La vie de Rulhière est suffisamment connue, et il n'y a lieu d'insister ici que sur les points qui le rattachent particulièrement au ministère. On sait que Rulhière, né en juin 1734, à Bondy, entra le 1er février 1750 comme surnuméraire dans les gendarmes du Roi. Il quitta ce corps le 19 juin 1765 avec la commission de capitaine de cavalerie. Pendant ce temps, il avait été aide de camp du maréchal de Richelieu en Guyenne, et en 1762 il avait fait la campagne de Westphalie avec la maison du Roi. A la fin de 1762, étant encore gendarme du Roi, il obtint de partir avec M. de Breteuil, mais sans titre officiel, ni caractère diplomatique, ni appointements d'aucune sorte. Il parcourt la Russie et la Suède jusqu'en 1765. En décembre 1768, il est chargé par le duc de Choiseul de rédiger des mémoires sur les affaires de Pologne et reçoit un traitement de 6,000 livres. Le 1er juillet 1771, le duc d'Aiguillon supprime le traitement. Rulhière se fâche et s'en va clabaudant à tort et à travers contre l'injustice des grands et la tyrannie du ministre. Sur l'ordre de d'Aiguillon, Sartines le fait venir et lui fait entrevoir ce que les plaintes trop haut poussées peuvent avoir de dangereux. A peine Louis XVI est-il monté sur le trône qu'il rend à Rulhière sa place de 6,000 livres ; pour le dédommager de sa destitution, Monsieur, comte de Provence, l'avait nommé en 1772 son secrétaire ordinaire. Le 22 décembre 1775, Rulhière obtenait la croix de Saint-Louis ; en 1776, il allait à ses frais à Dresde, Vienne et Berlin ; il était reçu à l'Académie le 4 juin 1787 et mourait à Paris. Le principal titre qui le rattache aux Affaires étrangères est sans nul doute son *Histoire de l'anarchie de Pologne ;* mais il faut aussi signaler une brochure intitulée : *Portrait du comte de Vergennes*. A la mort de Rulhière, les scellés furent apposés sur ses papiers, au nom du ministre ; mais ses héritiers parvinrent à détourner les copies de ses œuvres principales et à frauder ainsi l'administration [2].

---

[1] Il suffira de la plus légère comparaison de cette note sur Rulhière avec celle que lui a consacrée Auguis en tête de l'édition des œuvres complètes, Paris, 1819, pour se convaincre de la nouveauté de nos renseignements.

[2] Les seuls papiers que Poisson, délégué du ministre, ait trouvés au domicile

Moreau est moins célèbre. Conseiller au parlement de Provence, premier conseiller du Conseil de Monsieur, bibliothécaire de la Reine, historiographe de France, Jacob-Nicolas Moreau était né à Saint-Florentin le 20 décembre 1717. En 1755, étant avocat au parlement de Paris, il avait été chargé par M. de Noailles et M. Rouillé de publier un journal intitulé *l'Observateur hollandais*, destiné à être envoyé à l'étranger et à être distribué à Paris pour combattre les arguments employés par l'Angleterre. En 1756, il était attaché aux Affaires étrangères à la suite de son *Mémoire en réponse à celui de la cour britannique*. En 1764, il avait commencé par ordre du Dauphin, père de Louis XVI, un grand travail sur l'histoire de France, destiné à l'éducation des princes de la maison de Bourbon ; ce travail était précédé d'un *Discours sur la fermeté* qui fut imprimé en 1773 à l'imprimerie des Affaires étrangères. L'origine de cette bienveillance du Dauphin, était la brochure de Moreau dirigée contre les philosophes : *Mémoires pour servir à l'histoire des Cacouacs*. Cette protection survécut au Dauphin, et madame Victoire se chargea de l'avancement de Moreau, qui en 1774 fut nommé historiographe de France. Outre son *Traité sur les devoirs des princes*, il publia en 1777 des *Principes de morale politique et de droit public puisés dans l'histoire de notre monarchie*. Cet ouvrage fut aussi imprimé à Versailles. Moreau, apologiste du pouvoir absolu, politique de l'école de Bossuet, eut souvent à lutter avec les philosophes. Il est vrai que grâce aux protections qu'il trouvait en cour, il en triompha au point de vue des dignités et des traitements ; mais il mérite dans l'histoire littéraire une autre place que celle que ses ennemis lui ont laissée.

Rochon de Chabannes, dont le nom n'est guère connu dans l'histoire littéraire que par quelques pièces de théâtre, jouées au Théâtre-

---

de Rulhière sont dix livres de l'*Histoire de l'Anarchie*, une copie du 4ᵉ livre et la copie de la *Négociation du traité de Ryswick*. On sait qu'en 1807, à l'occasion de la publication de l'*Histoire de Pologne*, il s'éleva dans le public une discussion sur le point de savoir si Rulhière ne l'aurait point plagiée. Quelques-uns l'attribuaient à un certain Père Maubert, capucin défroqué, auquel on doit le testament politique de Walpole et celui d'Albéroni. Le nom du Père Maubert se trouvait inscrit sur le titre des manuscrits de l'*Histoire de l'Anarchie*, appartenant aux archives des Affaires étrangères. L'empereur Napoléon, préoccupé de ses desseins sur la reconstitution de la Pologne, avait fait demander les manuscrits au ministre des Affaires étrangères. La question de paternité littéraire qui se trouvait ainsi posée l'intéressa, et de son quartier général de Finckenstein, il en renvoya l'examen à la troisième classe de l'Institut qui avait proposé le livre de Rulhière pour un des prix décennaux. Le rapport de Daunou donna raison aux partisans de Rulhière et lui attribua d'une façon définitive le livre qui est son meilleur titre à l'estime de la postérité.

Français, telles que : *Heureusement,* les *Amants généreux,* le *Jaloux,* le *Seigneur bienfaisant,* le *Courage français,* les *Prétendus,* et dont la petite célébrité n'est due qu'à de jolies anecdotes, racontées par Fleury (de la Comédie française) dans ses Mémoires, avait été depuis 1762 employé dans les bureaux. En 1767, il avait obtenu un traitement de 2,000 livres, comme commis retiré des Affaires étrangères, puis avait été nommé secrétaire de légation en Saxe, et y avait exercé l'intérim comme chargé d'affaires de 1770 à 1772. A partir de 1788, son traitement conservé de 3,000 livres lui fut payé sur le trésor royal, et il cessa d'émarger aux Affaires étrangères.

Pour Gaullard de Saudray, auquel le ministère appliqua en 1788 la même mesure qu'à Rochon de Chabannes, il avait suivi en 1765 le marquis de Beausset dans son ambassade à Pétersbourg. En 1767, il était entré dans les bureaux comme ingénieur géographe avec la commission de capitaine et un traitement annuel de 2,400 livres. Secrétaire de légation à Berlin en 1769, chargé d'affaires de 1770 à 1772, chef du dépôt des cartes à Versailles en 1772, secrétaire particulier du comte de Guines, ambassadeur en Angleterre, en 1775, il avait été chargé depuis cette époque de divers travaux sur les manufactures du Royaume-Uni, et en particulier sur celles de Birmingham. Il recevait à ce titre, outre ses appointements de 3,000 livres sur les Affaires étrangères, une pension de 2,000 livres sur le bureau du commerce.

Legendre, beau-frère de M. Hennin, le premier commis, était chargé depuis 1785 d'un travail sur l'Inde d'après les papiers des Affaires étrangères, de la Marine et des Finances. Il touchait à ce titre 2,000 livres sur chacun des trois départements. Enfin, J. B. Le Prieur, historiographe des Affaires étrangères, ancien avocat au parlement, garçon de la chambre du Roi, était chargé de composer, d'après les correspondances existant au dépôt, un précis historique de toutes les négociations de la France avec les différentes puissances de l'Europe, depuis la paix d'Aix-la-Chapelle (1748) jusqu'à la paix de Paris (1763).

Ces hommes de lettres payés par le ministère et chargés de recherches dans les archives du Département, appartenaient ainsi à deux catégories distinctes. Les uns avaient trouvé là une retraite douce, et recevaient pour un travail médiocre un traitement qui leur permettait de vivre dans l'aisance. Les autres, rattachés par un lien doré au ministère, avaient perdu le droit de publier des travaux qui auraient déplu. Le titre qu'on leur donnait de rédacteurs d'ouvrages politiques les laissait à la vérité sans fonctions. Mais en ce temps où l'imprimé surtout clandestin avait tant d'attraits, où un ouvrage, un pamphlet, un journal même écrit en français ava itun retentissement dans le monde entier, de quelle utilité n'était-il pas d'avoir à sa solde et sous la main des gens de lettres sachant leur métier et qu'on pouvait, au jour voulu, lâcher dans la mêlée des opinions ! Au reste, ceux-ci n'étaient point les seuls que le Département eût à sa solde, et l'on verra plus loin que, sur un fonds secret du ministère, la plupart des écrivains du temps touchaient une pension.

Le budget du ministère, en 1787, ne comprenait pas seulement ce service intérieur que nous avons essayé de mettre à jour, et le service extérieur dont nous allons seulement résumer les lignes principales ; il embrassait en outre un nombre considérable d'autres dépenses n'ayant que peu ou point de rapport avec les Affaires étrangères.

Le budget se divisait en quatre chapitres. Chapitre premier : Dépenses ordinaires du service, comprenant les appointements, les frais de voyage, d'établissement et de service des ambassadeurs, ministres, résidents et autres agents à l'étranger. Ce chapitre s'élevait à 3,376,315 livres, ainsi réparties :

Les ambassadeurs à Vienne, à Londres et à Madrid, touchaient 200,000 livres ; Rome et la Haye, 150,000 livres ; Constantinople, 104,000 livres ; Turin, Naples, Lisbonne, 100,000 livres ; Stockholm, 90,000 livres ; Venise, 72,000 livres.

Les ministres touchaient de même, suivant leurs postes, depuis Pétersbourg, 100,000 livres ; New-York, 72,000 livres ; Berlin, 60,000 livres, jusqu'à Stuttgard, 18,000 livres, en passant par Copenhague, Parme, Dresde, Munich, Mayence, Trèves, Bonn, Florence, Gênes, Bruxelles, Ratisbonne, Hambourg, le Cercle du Haut-Rhin, Deux-Ponts, Cassel et Liége ; le tout formant pour les ministres une somme totale de 760,000 livres.

Trois résidents : à Genève, payé 24,000 livres ; à Dantzick, payé 16,000 livres ; à Francfort, payé 2,000 livres.

Deux chargés d'affaires à Malte et à Bruxelles, payés 6,000 livres. Dix-huit secrétaires d'ambassade, payés de 1500 à 10,000 livres (quatre seulement touchaient un traitement inférieur à 2,400 livres). Mais il faut ajouter à ces onze ambassadeurs, à ces vingt ministres, à ces trois résidents, l'ambassadeur à Soleure, et les deux chargés d'affaires près les Ligues grises et près la république du Valais, dont les appointements étaient assignés sur les fonds suisses.

Émargeaient encore sur le chapitre premier, les quatre commissaires de limites, employés en Alsace et en Lorraine, et payés, les deux premiers, 12,000 livres; le troisième, 6,000 livres; le dernier, 2,400 livres; les deux jurisconsultes pour le droit germanique touchant sur ce chapitre chacun 2,000 livres, les rédacteurs d'ouvrages politiques, Moreau et Legendre, payés depuis 6,000 livres jusqu'à 20,000 livres; enfin divers employés résidant soit à Paris soit à l'étranger : à Paris, l'inspecteur aux visites des effets des ambassadeurs et ministres à la douane, le secrétaire du Roi chargé des expéditions du Département sujettes au sceau, le concierge du cimetière des protestants, et le généalogiste du Département, Chérin, payé 2,000 livres; à l'étranger, plusieurs agents et correspondants de Varsovie, divers employés de l'ambassade à Rome, tels que l'auditeur de Rote, le maître de la chambre de l'ambassadeur, le premier décan, le premier cocher, des correspondants et d'anciens serviteurs; à Madrid, les deux agents de la nation française; à Constantinople, Fonton, secrétaire honoraire de légation; à Philadelphie et à Hambourg, les aumôniers de la légation; à la Haye, des agents; tous ces traitements formaient un total de 46,320 livres.

Il fallait ajouter encore à cet article les traitements particuliers accordés au comte d'Ornano et aux géographes qui lui étaient attachés pour son travail de délimitation de frontières aux Pyrénées, ceux du comte de Jumilhac et du comte de Clermont-Tonnerre, voyageant en pays étrangers, enfin ceux des neuf officiers et ingénieurs employés en Turquie; le tout arrivant au chiffre de 107,895 livres.

Qu'on joigne à ces chiffres celui de 600,000 livres représentant les indemnités de frais de voyage, frais de service et frais de premier établissement, et celui de 220,000 livres représentant les frais accessoires du service des missions, on arrivera pour l'article 1er du chapitre Ier (frais ostensibles du service extérieur) au chiffre de 3,380,415 livres.

L'article 2 comprenait les appointements du ministre et des employés des bureaux; nous en avons plus haut donné le détail, s'élevant au chiffre de 663,400 livres, en y adjoignant les indemnités de frais de service, voyages, etc. (35,000 livres), et les remboursements, ouvrages, fournitures et autres frais accessoires du service des bureaux (15,000 livres).

L'article 3, courses ordinaires et extraordinaires, service de la correspondance journalière fait par trois courriers, montait à 100,000 livres.

L'article 4, dons et présents du Roi, ne pouvait être réglé qu'à la fin de chaque exercice. Par évaluation on l'estimait à 250,000 livres.

L'article 5, évalué 200,000 livres, se rapportait à certaines dépenses annuelles particulières aux ambassadeurs ou envoyés des puissances étrangères près du Roi ; les indemnités données aux ministres de certains États en dédommagement de leur franchise des droits de douane, les gratifications au chevalier de Malte et au fauconnier du roi de Danemark chargés d'offrir des faucons au Roi, la rétribution pour la garde de la place des carrosses des ambassadeurs aux spectacles de Paris, le loyer du logement occupé par les ambassadeurs de famille pendant les voyages de la cour, etc., etc.

En résumé, pour 1787, ce chapitre, comprenant toutes les dépenses ostensibles du Département, montait à 4,573,975 livres.

Le chapitre II comprenait les subsides aux gouvernements étrangers, et dans ces conditions pouvait à certaines époques charger d'une façon presque incroyable le budget de l'État; les pensions et secours accordés à des étrangers, les pensions et autres traitements accordés à diverses personnes en France, les traitements conservés aux anciens employés, le fonds spécial des Écossais et Irlandais réfugiés, enfin le fonds réglé pour la dépense secrète.

L'article 1ᵉʳ (subsides) comprenait, en 1787, le subside annuel de 1,500,000 livres payé à la Suède, ce secours était payable jusqu'au 31 décembre 1788; le subside annuel de 500,000 livres au duché de Deux-Ponts, payable jusqu'au 1ᵉʳ juillet 1788; le subside annuel de 100,000 livres au duc de Nassau-Saarbrück, finissant le 1ᵉʳ avril 1792; le subside viager de 375,000 livres à l'infant duc de Parme, cette pension reversible à ses enfants.

Cet article 1ᵉʳ montait à 2,475,000 livres.

Il est inutile d'entrer dans le détail de l'article 2, que l'on trouvera au reste *in extenso* dans le Livre rouge. La maison de Carignan y était inscrite pour 197,500 livres. Diverses princesses allemandes y figuraient pour des sommes variant de 12,000 à 6,000 livres. On y trouvait encore plusieurs gentilshommes suédois (14,000 livres), des chanoines et autres sujets de l'État de Liége (22,800 livres), un certain nombre de Polonais et de Vénitiens, enfin les prélats établis à Constantinople et dans les échelles de l'Archipel (4,400 livres).

L'article 3 était un fonds de pensions pour les anciens employés tant à l'extérieur qu'à l'intérieur. Sur ce fonds, des pensions étaient de plus accordées à des serviteurs du Département en exercice, et à d'autres encore disponibles. C'est ainsi qu'Hennin et Rayneval touchaient sur cet article chacun 3,000 livres. Quant aux pensions accordées à des employés anciens du service intérieur, elles étaient au nombre de quatorze et variaient de 6,000 à 1500 livres; encore quelques-uns de ces pensionnaires touchaient-ils un autre traitement sur les fonds des bureaux. Les pensions des veuves variaient de 1800 à 600 livres, et le total de ce paragraphe s'élevait à 158,378 livres. Il est à remarquer que ces pensions étaient de don gratuit, en ce sens qu'aucune retenue n'était exercée sur les traitements.

Le paragraphe 2 de ce même article 3 montait à 40,000 livres. Le fonds constitué à cette somme depuis 1749 était consacré à secourir les Écossais ou Irlandais réfugiés en France après la bataille de Culloden, et était réparti entre quatre-vingt-huit personnes par sommes variant de 2,000 à 200 livres.

L'article 3 montait donc à 198,378 livres.

L'article 4 comprenait le fonds de 200,000 livres réglé pour la dépense secrète du Département. Sur cette somme de 200,000 livres, on prélevait, en 1787, 160,025 livres de traitements divers, qui, à la mort de Vergennes et par extinction de son traitement de 50,000 livres, furent réduits à 110,025 livres. Les pensions les plus remarquables assignées sur ce chapitre sont celles de la chevalière d'Eon (12,000 livres) et de la famille de Broglie (20,000 livres). Madame de Broglie touchait encore 16,000 livres sur les fonds de la guerre. Sur la dépense secrète, Hennin avait, outre tous ses traitements, une pension de 3,000 livres. Le surplus de ce fonds était à la disposition du ministre, qui rendait compte directement au Roi des sommes employées pour son service. Sur ce fonds les économies se montaient, en 1787, à 433,001 livres 2 sous 1 denier.

Le chapitre III comprenait les dépenses accidentelles et non prévues. Fonds de 200,000 livres.

Enfin sous le chapitre IV se trouvait un fonds particulier, à la disposition du Roi, de 2,400,000 livres, qui, depuis le 1ᵉʳ janvier 1784, était affecté annuellement au payement du duché de Rambouillet. Le prix devait en être soldé en 1788 par une somme de 1,945,989 livres 16 sous 11 deniers.

On a pu remarquer dans ce budget que les pensions n'entraient que pour un chiffre minime dans les dépenses; mais on sait que par suite des lettres patentes du 8 novembre 1778, et de la déclaration du Roi du 7 janvier 1779, toutes les grâces viagères désormais qualifiées pensions, sur quelque département qu'elles aient été originairement obtenues, étaient payées des fonds du trésor royal.

On trouvera dans le Livre rouge la liste complète des pensionnaires au nombre de 209. Le montant des pensions était de 605,984 livres 7 sous 6 deniers. Un grand nombre de seigneurs, qui n'avaient d'autre titre à cette grâce que le désir qu'ils avaient pu éprouver d'entrer dans la carrière diplomatique, une foule de dames qui n'avaient eu amais que ce rapport avec les bureaux, émargeaient ainsi sur le Trésor. Telle est la première impression qu'on ressent à la lecture de cette longue liste. Un instant de réflexion fait mieux comprendre l'utilité réelle de ces faveurs. Tous ces pensionnaires, attachés ainsi par leur traitement au ministère politique, devenaient, à l'étranger comme en France, les agents conscients ou inconscients de notre diplomatie. Les femmes faisaient de la propagande française : elles savaient écouter et retenir. Que ne devait-on savoir par elles? Les gouvernements qui emploient aujourd'hui ces mêmes moyens d'action pourraient seuls dire de quelle utilité sont les femmes en diplomatie. Et tous ces gentilshommes, croit-on qu'ils se faisaient faute de retenir ce qu'ils entendaient et de regarder ce qu'on leur permettait de voir? Une diplomatie qui n'a que des agents avoués, reconnus et patentés, n'obtient de renseignements que des personnages officiels, et apprend les nouvelles en les lisant dans les journaux. Elle cesse de fournir des faits pour donner des appréciations, et croit connaître les ressorts des cabinets quand elle ne fait au fond qu'assister à des représentations réglées d'avance.

Puis à côté des d'Aiguillon, des d'Andresel, des de Beausset, trouvaient place de bons et vieux employés comme Bernage, comme Blondel, des artistes comme Denon, des gens de lettres comme l'abbé Raynal. L'élément noble et titré dominait pourtant, et beaucoup de noms auraient sans peine pu et dû être rayés. Mais une monarchie ne dure pas pendant dix-huit siècles sans que les monarques aient eu des faiblesses; et d'ailleurs, les gouvernements légitimes ont de nécessité une vertu qui peut devenir lourde, mais qui chez eux est fatalement héréditaire : la reconnaissance.

Ce chiffre de 605,984 livres 7 sous 6 deniers devrait être ajouté au budget particulier du ministère, en faisant remarquer que des reversibilités avaient été accordées pour une somme de 72,462 livres 10 sous.

Indépendamment des pensions, le total du projet de dépenses pour 1787 était de 10,397,789 livres; par suite d'événements imprévus, les dépenses montèrent à 10,955,417 livres 17 sous 4 deniers. A la vérité, de ce chiffre il faut diminuer les 2,400,000 livres annuels de l'achat de Rambouillet, ce qui ramènerait le total au chiffre de 8,555,000 livres, lequel se rapproche de celui de 8,155,400 livres que nous trouvons dans un autre document, mais est inférieur à celui de 9,030,000 livres que donne l'histoire parlementaire de Buchez et Roux. A la vérité, ces 9,030,000 livres comprennent, outre le budget que nous venons de donner, les fonds sur la Suisse et les courses des courriers du Département[1].

Le chiffre de 8,555,000 livres, donné ci-dessus, concorde, au reste, avec le chiffre donné en 1787 à l'assemblée des notables, comme celui de l'année commune. A la vérité, il faut y ajouter le fonds de 830,000 livres, intitulé fonds politique de la Suisse, et dont la manutention n'était pas aux mains des ordonnateurs ordinaires du Département.

On sait à quelle ancienneté remontent les rapports de bonne amitié et d'alliance entre la France et les cantons helvétiques. Depuis 1516, date de la paix perpétuelle, un subside, déguisé sous divers noms, avait été constamment payé par le Roi. Suivant Mallet[2] (pages 192 et suiv.), il variait suivant les années, atteignant par exemple en 1602 le chiffre de 2,434,446 livres et tombant en 1616 à 109,600 livres, mais montant en moyenne à 1,200,000 livres. Le traité d'alliance de 1777 en avait définitivement réglé le total[3], lequel peu à peu s'était accru des dépenses étrangères dont on l'avait grevé. Les ambassadeurs de France en Suisse étaient comptables de ce fonds particulier.

Sur ce fonds étaient payés les subsides et indemnités accordés aux Ligues suisses et aux Ligues grises, un certain nombre de pensions, données en général[4] à d'anciens ambassadeurs, secrétaires et employés de l'ambassade de France en Suisse, en Valais et près des Ligues grises, enfin le traitement des ambassadeurs et chargés d'affaires dans les mêmes postes. Les pensions payées sur ce chapitre montaient en 1789 (d'après le Livre rouge) à 131,124 livres.

A côté du budget général établi sur les fonds de l'État, subsistait un budget spécial établi sur des ressources particulières dont nous avons eu plus haut occasion de parler, à propos des avantages attachés à la place de ministre des Affaires étrangères.

On appelait fonds littéraire des Affaires étrangères un fonds formé par le produit de la *Gazette de France,* les redevances des gazettes

---

[1] Voir l'appendice n° 2.

[2] *Comptes rendus de l'administration des finances du royaume de France.* Londres, 1789, p. 40.

[3] Voir *Hist. de la Confédération suisse* de Jean DE MULLER, t. XV, p. 295 et suiv.

[4] Par exemple la comtesse Diane de Polignac touchait sur ce fonds une pension de 6,000 livres pour lui tenir lieu de pareille somme que son père lui donnait annuellement sur ses appointements d'ambassadeur en Suisse. Néanmoins, il est à remarquer que presque tous les motifs donnés pour l'obtention de ces pensions sont bien relatifs à la Suisse.

étrangères, des Journaux de Bruxelles et de Genève, et des Annonces et Affiches. Les diverses sourses de recettes formaient un produit annuel variant de 90,000 à 100,000 livres.

Sur ces 100,000 livres on prélevait tout d'abord environ 20,000 livres de pensions assurées aux anciens directeurs, privilégiés et employés de la *Gazette*[1] ; 38,000 livres accordées à des hommes de lettres, parmi lesquels on remarque Saint-Lambert, l'abbé Delille, Favart, Champfort, Palissot, les filles de Fréron, Florian, Rochefort, Bailly, Bernardin de Saint-Pierre, etc.

Venaient ensuite les premiers commis du Département : Rayneval, Hennin et Durival, touchant chacun 2,400 livres; puis Genet, Chenuat, Gandolphe, Geoffroy, plus l'abbé Aubert, directeur du privilége payé 5,600 livres.

Quant à l'administration de la régie de la *Gazette*, elle coûtait 18,570 livres, en commis, garçons, etc.[2]

C'est, on le voit, un travail compliqué que de réduire en chapitres spéciaux, conformément aux règles établies aujourd'hui pour les finances de l'État, ces budgets divers qui s'entre-croisent, qui n'ont point les mêmes comptables, et qui néanmoins servent à payer la même administration. Encore ne sommes-nous point entrés dans le détail de l'ordonnancement. Seuls, les ambassadeurs touchaient leurs appointements sur un fonds patent et soumis à la Chambre des comptes. Les sommes nécessaires aux autres chapitres de la dépense étaient fournies par des ordonnances du Roi, sur lesquelles le banquier du ministère avançait l'argent réparti par le chef de la finance du Département. Pour l'ordonnancement de ces sommes, point de contrôle extérieur.

Enfin, outre les fonds de dépenses secrètes et de dépenses accidentelles dont il n'avait à rendre compte qu'au Roi directement, le ministre avait la disposition de ce fonds littéraire dont nous avons parlé. Les financés de la France, à cette date, recettes comme dépenses, sont un dédale où nul ne peut affirmer qu'il ne soit un peu perdu.

[1] Voir l'appendice n° 3.
[2] Voir sur cette organisation de la *Gazette de France* la correspondance du comité des pensions avec les ministres et ordonnateurs, n° 2. Imprimerie nationale, 1790. In-8°.

CHAPITRE II.

LE COMTE DE MONTMORIN, MINISTRE DES AFFAIRES ÉTRANGÈRES.
14 FÉVRIER 1787 ; 20 NOVEMBRE 1791.

L'héritage de M. de Vergennes. — Le comte de Montmorin, ministre des Affaires étrangères. — Sa carrière. — Effet que produit sa nomination. — Son rôle à l'Assemblée des notables. — Renvoi de Calonne et de Miromesnil. — Affaire de Hollande. — Occupations du ministre. — Politique intérieure. — Les états généraux. — Montmorin et Necker. — Coup d'État du 11 juillet 1789. — Montmorin remplacé par la Vauguyon. — Ministère de six jours. — Montmorin rappelé. — Le ministre commence à céder à l'Assemblée. — Les 5 et 6 octobre. — Le ministère installé à Paris, rue de Bourbon. — Ce que coûte le transport des bureaux. — Les ministres et l'Assemblée. — Mirabeau et Montmorin. — Immixtion graduelle de l'Assemblée dans les fonctions du pouvoir exécutif. — Confidences de Montmorin à M. de Ségur. — Réductions sur les traitements en 1790. — Accusations contre Montmorin. — Fixation du traitement du ministre. — Marche de l'Assemblée. — Affaire de Brabant. — Affaire d'Alger. — Question du droit de paix et de guerre. — Discussion. — Le décret. — Importance du décret sur le droit de paix et de guerre. — Il a amené la chute de la royauté. — Communications directes des ambassadeurs avec l'Assemblée. — Affaire du passage des troupes autrichiennes. — Le comité diplomatique. — Sa formation (29 juillet 1790). — Affaire d'Espagne. — Montmorin favori de l'Assemblée. — Émeutes contre les autres ministres. — Montmorin populaire. — Changement de ministère (24 décembre). — Serment des ambassadeurs. — Mirabeau, rapporteur du comité diplomatique. — Dangers extérieurs. — Mort de Mirabeau. — Discussion sur l'organisation du ministère. — La responsabilité. — Attaques à propos de nominations faites par le ministre. — Difficultés entre le ministre et l'Assemblée. — Bruits de la fuite du Roi. — Affaire de Porentruy. — Circulaire du 23 avril. — Effet produit par la circulaire. — Embarras du ministère. — Dénonciations contre Montmorin. — Fuite du Roi. — Émeute contre Montmorin. — Déclaration du Roi à sa sortie de Paris. — Mesures prises contre le ministre. — Gouvernement de l'interrègne. — Suspension du Roi. — Campagne des Girondins contre la paix. — Complications avec l'Allemagne, au sujet des émigrés. — L'Assemblée a hâte de se dissoudre. — Décret sur l'organisation du ministère. — Brevets de retenue. — Le ministère d'après la Constitution de 1791.

Autour du cadavre de M. de Vergennes s'agitaient les coteries de la cour. La Reine, qui déjà s'occupait de politique, et trouvait là une passion qui la délassait des fadeurs de Trianon, poussait au ministère un homme à elle, Guignard comte de Saint-Priest, un des partisans acharnés de la résistance. Le Roi balançait entre le duc de la Vauguyon, ambassadeur à Madrid, le fils de son ancien précepteur, et le comte de Montmorin, prédécesseur de M. de la Vauguyon en Espagne, son ami de jeunesse, un de ses menins et son confident [1]. Le 14 février, en annonçant à Mercy, l'ambassadeur de son frère, que Montmorin serait déclaré ministre le soir même, Marie-Antoinette ajoutait qu'elle n'avait pu insister contre le penchant du Roi [2]; « un rapport de caractère et d'honnêteté avait en effet formé entre Louis XVI et le comte de Montmorin une intimité qui ne se démentit jamais [3] ». Les conseils de Mesdames, tantes du Roi, protectrices déclarées du nouveau ministre, et l'influence du baron de Breteuil, ministre de la maison du Roi, qui se flattait de conduire son collègue des Affaires étrangères, ne furent peut-être pas sans influence sur cette résolution, mais le souvenir persistant d'une amitié d'enfance paraît avoir été la raison déterminante.

Le 14 février donc, M. de Montmorin eut l'honneur de faire ses remercîments au Roi, « lui étant présenté par le baron de Breteuil, ministre et secrétaire d'État, auquel le Roi avait confié le détail des provinces qu'avait le feu comte de Vergennes [4] ». Dès l'entrée de M. de Montmorin aux Affaires, la place se trouve diminuée de ce qui regarde l'intérieur et réduite strictement à l'extérieur. Quel parti M. de Montmorin va-t-il choisir en politique, et d'abord quel homme est-il ?

Armand-Marc, comte de Montmorin de Saint-Hérem, était né à Paris le 13 octobre 1746, et avait été baptisé à l'église Saint-Sulpice, le 24 novembre suivant. Il appartenait à une des plus anciennes et des plus nobles familles de la province d'Auvergne : les Montmorin prétendaient descendre de Calixte Ier, qui vivait sous le roi Lothaire. On remarquait parmi leurs ancêtres : Pierre de Montmorin, qui fut chambellan de Charles VII; Jacques de Montmorin, chevalier de l'ordre du Roi, premier écuyer de la reine Louise, ambassadeur à Rome en 1589; à une époque plus récente, François-Gaspard de Montmorin, marquis de Saint-Hérem, mort en 1701, grand louvetier de France, gouverneur et capitaine des chasses de Fontainebleau. Après lui, la charge de gouverneur de Fontainebleau fut héréditaire dans la branche aînée de la famille [5]. C'était à la branche cadette qu'ap-

---

[1] FLASSAN, *Diplom.*, t. VII, p. 444.
[2] *Maria-Antoinetta, Joseph II und Leopold II.* — Vienne, 1866.
[3] *Mémoires du prince de Montbarey*, t. III, p. 151.
[4] *Gazette de France*, 18 février.
[5] DU BOUCHET, MORÉRI, le P. ANSELME. Le dernier titulaire de cette charge, Louis-Victoire-Hippolyte-Luce, marquis de Montmorin Saint-Hérem, avec lequel on a quelquefois confondu Armand-Marc, fut, comme son cousin, massacré en

partenait Armand-Marc, qui portait, comme ses ancêtres, *de gueules, semé de molettes d'argent au lion de même brochant sur le tout.*

Cette branche cadette, issue de Gilbert-Gaspard de Montmorin, mort en 1660, avait le titre de la Chassaigne ; elle fut successivement représentée par Édouard, seigneur de Montmorin, capitaine de cavalerie, et par Joseph-Gaspard qui, après la mort de sa femme, Louise-Françoise de Bigny d'Aisnay, embrassa l'état ecclésiastique, et mourut évêque d'Aire en 1723 ; ce Joseph-Gaspard eut neuf enfants : l'aîné fut lieutenant général des armées du Roi ; le second fut évêque de Langres, duc et pair de France ; le troisième, Armand-Gabriel, menin du Dauphin père de Louis XVI, cornette dans la seconde compagnie des mousquetaires du Roi, épousa en 1739 Marie-Catherine Legendre de Collande ou de Collandre, fille de Thomas Legendre de Collandre, maréchal de camp, commandeur de Saint-Louis, et de Catherine-Magdeleine de Voyer de Paulmy d'Argenson. Il eut de ce mariage Armand-Marc et deux filles religieuses. Par ses tantes, dont l'une était abbesse de Fontevrault, Armand-Marc disposait encore d'une influence qui n'était pas à dédaigner [1].

En 1767, il avait épousé sa cousine, Françoise-Gabrielle de Tanes, fille d'Antoine, marquis de Tanes, et de Louise-Alexandrine de Montmorin. La famille de Tanes, originaire du Piémont, où elle a occupé de grandes charges, s'était établie en Auvergne depuis 1689, date du mariage de Charles-Maurice-Amédée, comte de Tanes et de Sautena, chevalier des ordres de Saint-Maurice et Lazare, avec Jeanne de Montboissier [2]. Mademoiselle de Tanes était moins jeune et moins riche que son cousin, mais autrement intelligente, fine, déliée et ambitieuse [3]. Dès son arrivée à la cour, elle débuta heureusement en

---

septembre 1792. Nous aurons à revenir sur son histoire, sur cette communauté de noms qui fut si fatale au ministre des Affaires étrangères.

[1] *Tablettes généalogiques*, 1751, t. IV, p. 421. — Courcelles, *Histoire des Pairs*, t. VI, art. *Legendre*, p. 2, note v. — *Gazette de France*, 1736 et 1737. — D'Hozier, reg. I, t. II, p. 643. Les Legendre, seigneurs de Rouilly, d'Alge, d'Elbeuf, etc., marquis de Berville et de Collande ou Collandre, en Normandie, avaient été anoblis au dix-septième siècle, ayant donné deux lieutenants généraux, un maréchal de camp et deux commandeurs de Saint-Louis. Ils portaient : *coupé au 1er d'azur, à deux poissons contrepassants d'argent, au 2e d'or au rosier de Sinople, fleuri de trois roses de gueules.*

[2] V. Courcelles, *Hist. généalogique*, t. X, art. *Montboissier*, p. 35. — Marcelin Boudet, *la Justice révolutionn. en Auvergne*, Paris, 1873. — V. aussi Luynes, *Mémoires*, t. XII, p. 387, qui nous apprend les alliances des Tana avec les d'Havré, les de Pons, les de Vichy, etc. Tana portait : *d'or à trois quintefeuilles d'azur, au chef d'azur, chargé de trois quintefeuilles d'or.*

[3] Elle n'était point belle. Fleury, dans ses *Mémoires*, l'appelle la grosse madame de Montmorin.

se faisant nommer Dame pour accompagner mesdames Victoire, Sophie et Louise, les tantes du futur roi, dont on pouvait d'avance deviner l'influence considérable. Par décision du Roi, du 9 novembre 1770, elle obtint l'assurance de la reversion des 6,000 livres de gratification annuelle que le Roi accorda au comte de Montmorin, à la mort de son oncle l'évêque de Langres. A partir de 1771, on trouve le comte de Montmorin à l'*Almanach royal,* comme menin du Dauphin. D'autres membres de sa famille avaient déjà occupé une place pareille, grande parce qu'elle donnait l'intimité avec le roi futur. Son père avait été menin du père de Louis XVI. Dès le commencement du nouveau règne, Armand-Marc, allié aux Montgon et aux Montboissier, neveu de l'évêque de Langres [1], duc et pair de France et commandeur du Saint-Esprit, fut admis à l'intimité de la politique, et comblé de bienfaits. Le Roi lui conserva ses appointements de 6,000 livres [2] qu'il touchait comme menin, et le nomma son ministre auprès de l'électeur de Trèves. Le 31 mai 1775, il nomma madame de Montmorin dame d'atours de madame Sophie, en remplacement de la comtesse de Périgord, morte le 22 du même mois [3]; enfin, en 1777, il envoya Montmorin comme ambassadeur à Madrid. Cette mission était particulièrement difficile à ce moment où la France avait à réclamer le concours de l'Espagne dans la guerre des États-Unis, concours onéreux, car la révolte des Américains anglais pouvait être et a été, en effet, le présage de la révolte des Américains espagnols. M. de Montmorin se montra digne de cet emploi : « Pendant les six années de son ambassade, dit M. de Bourgoing, qui était son secrétaire, nous avons prouvé en sa personne, ce dont les Espagnols doutaient peut-être, que les Français pouvaient avoir aussi de la gravité sans pédanterie, de la dignité sans morgue, de la prudence sans timidité. J'ajouterai que, traité par le Roi et sa famille avec les égards qu'il méritait, il avait su se concilier la confiance des ministres, la considération des grands et l'estime de la nation, et que malgré la froideur de ses formes, je n'ai vu personne l'approcher de près sans lui vouer un sentiment durable [4]. » Ce témoignage confirmé par celui du baron Paul de Bourgoing [5], le fils de l'ancien secrétaire de Montmorin, et par tous les documents officiels, est une réponse

---

[1] Gilbert de Montmorin, mort à Paris, le 19 mai 1770.
[2] Réduits à 4,200 livres par la retenue de trois dixièmes.
[3] *Gazette de France,* mai 1775.
[4] Bourgoing, *Tableau de l'Espagne moderne,* t. Iᵉʳ, p. 141.
[5] Paul Bourgoing, *Souvenirs d'histoire contemporaine,* note A.

suffisante aux calomnies dont plus tard des pamphlétaires devaient se faire les échos [1].

Le roi d'Espagne avait honoré M. de Montmorin du collier de la Toison d'or. A son retour, il reçut du roi Louis XVI une nouvelle pension de 10,000 livres, accordée par décision du 8 janvier 1785, en considération de dix années de services politiques, dont trois en qualité de ministre plénipotentiaire auprès de l'électeur de Trèves, et les sept autres avec le caractère d'ambassadeur extraordinaire et plénipotentiaire près de Sa Majesté Catholique; cette pension commençait au 1er avril 1784, jour auquel avaient cessé ses appointements comme ambassadeur.

Revenu en France en 1783, le comte de Montmorin, qui, suivant l'usage du temps, courait à la fois les deux carrières, militaire et politique, était nommé maréchal de camp le 1er janvier 1784 [2] et le même jour reçu chevalier du Saint-Esprit [3]. Le 4 avril, il était appelé à commander en chef en Bretagne, en remplacement du marquis d'Aubeterre, jadis ambassadeur à Vienne, à Madrid et à Rome [4]. Le même jour, il faisait ses remercîments au Roi, et le 31 octobre il prenait congé de Sa Majesté pour se rendre à son gouvernement de Bretagne [5]. Au contraire de ce qui s'était passé sous son prédécesseur, et de ce qui devait arriver sous son successeur, le maréchal de Thiars, la Bretagne resta calme tant que Montmorin y commanda. Il sut dès le premier jour se concilier tous les esprits, et madame de Montmorin ne lui fut pas une médiocre alliée dans cette campagne d'apaisement. En janvier 1785, madame la comtesse de Trémargat étant accouchée d'un fils, madame de Montmorin le tint sur les fonts avec les présidents des trois ordres, et les États ayant arrêté par acclamation de lui offrir un diamant de 10,000 écus, elle les pria de permettre que cette somme fût destinée à fonder une place pour les jeunes demoiselles, une autre à l'école des cadets gentilshommes et une bourse dans un collège pour le tiers état [6]. Le nom de Montmorin fut donné à une des places de Rennes, celle-là même où, le 26 janvier 1789, eut lieu une furieuse rencontre entre les nobles et les jeunes gens de la bourgeoisie. Le parlement de Bretagne,

---

[1] *L'Orateur du peuple de Martel* (Fréron), t. VI, p. 221, prétend entre autres choses que Montmorin avait reçu un soufflet du prince des Asturies.
[2] *Almanach royal* et *État militaire*.
[3] *Gazette de France,* liste des chevaliers du Saint-Esprit.
[4] *Ibid.*
[5] *Ibid.*
[6] *Ibid.*

quelque vain qu'il fût de ses priviléges, n'avait point à craindre que ce grand seigneur si bien instruit de l'étiquette, et de l'étiquette espagnole, tentât de les violer. D'ailleurs, la charge de commandant de province n'obligeait guère à résidence, et Montmorin était sollicité vers la cour et vers Paris, à la fois par des intérêts politiques et par des intérêts de famille. Ainsi le 24 septembre 1786, la *Gazette*, le *Mercure* et le *Journal de Paris* annoncent que le Roi et la famille royale ont signé le contrat de mariage du comte Christophe-François de Beaumont avec demoiselle Marie-Michelle-Frédérique-Ulrique-Pauline de Montmorin, et le mariage est célébré le 25 dans l'église Saint-Sulpice[1]. Il est fortement question de M. de Montmorin comme gouverneur du Dauphin ; le Roi tient à lui, et si le duc d'Harcourt est décidément nommé, c'est, dit Bachaumont[2], que M. de Montmorin est petit, qu'il a une figure ignoble, et que la Reine n'en a pas voulu.

Ami particulier de Louis XVI ; fortement protégé par Mesdames tantes[3] ; homme de cour et de monde, d'une souplesse extrême et telle qu'elle nuisait peut-être à son caractère si elle servait à sa carrière ; profondément attaché à sa famille et à sa femme ; quelque peu séduit par les idées philosophiques, ou capable d'en subir l'influence ; travailleur réel, et connaissant passablement certains dessous de politique ; esprit honnête, mais faible ; dévoué, mais timoré : tel est l'homme que Louis XVI choisit pour la place difficile de ministre des Affaires étrangères.

Le 18 février, le comte de Montmorin prête serment entre les mains du Roi ; le même jour, il fait ses révérences à la Reine et à la famille royale. Dans le public autant qu'à la cour, sa nomination fait bon effet ; les correspondances secrètes, dont, à la vérité, la verve s'est bien éteinte, font son éloge : « Ce choix, n'étant le résultat d'aucune intrigue, devrait être bon. Malgré cela, on croit ce ministère trop lourd pour lui ; il semble l'avoir senti lui-même, puisqu'il a dit au Roi qu'il aurait bien assez des Affaires étrangères, surtout dans le commencement, et il a prié Sa Majesté de lui retirer les provinces

---

[1] Outre cette fille qui mourut à Rome en 1803, et à laquelle M. de Chateaubriand fit élever un tombeau à l'église Saint-Louis des Français, M. de Montmorin avait eu de son mariage avec mademoiselle de Tanes une autre fille mariée au comte de la Luzerne, et qui mourut à la Conciergerie, et un fils, Antoine-Hugues-Calixte, décapité le même jour que sa mère, le 2 floréal an II. (V. Marc. Boudet, *Just. révolut. en Auvergne*.)

[2] 15 octobre 1786.

[3] Madame de Montmorin, à la mort de madame Sophie, avait obtenu deux pensions, l'une de 8,163, l'autre de 10,000 livres, cette dernière sur la demande testamentaire de la princesse.

qu'avait le comte de Vergennes[1]. » On ajoute que Montmorin a été longtemps sous la direction des prêtres, et que 'est même ce genre d'institution qui a le plus contribué à le faire goûter en Espagne. Une autre correspondance[2] dit que « la sensation causée par la mort de M. de Vergennes a été aussitôt calmée par la nomination de Montmorin. A la vérité, les regrets du Roi sont vifs, mais le public est rassuré par la probité reconnue et les lumières constatées du nouveau ministre ; on doute seulement qu'il ne soit moins fin et moins liant que M. de Vergennes. »

Montmorin n'avait point à jouer, à l'intérieur, le rôle prépondérant que Vergennes s'était réservé et qui devait le mener à la place de premier ministre. Sans la mort de Vergennes, peut-être l'Assemblée des notables, où son influence eût été réelle, prenait-elle une autre allure ; lui mort, Calonne perdit toute force. L'assemblée, retardée de quelques jours pour permettre de trouver un suppléant au nouveau ministre des Affaires étrangères, s'ouvrit le 22 février. Montmorin et Breteuil, assis au bas de l'estrade royale, à la cérémonie d'ouverture[3], n'eurent point de part aux discussions des bureaux, présidés chacun par un prince du sang, et dans lesquelles on n'agita que les questions sociales et financières. On sait que l'assemblée ne put ou ne voulut rien résoudre, et que Breteuil, ennemi déclaré du contrôleur, profita de l'impuissance des notables pour le renverser. Il est probable que dans cette intrigue il eut l'appui de Montmorin. C'est Montmorin qui, le 9 avril, jour de Pâques, à onze heures du soir, alla retirer à M. de Calonne son portefeuille et lui signifier sa démission[4]. Le 12, il eut la même commission à remplir près du garde des sceaux, et, cette fois, il joua de malheur. M. de Miromesnil venait de perdre sa fille, madame de Bérulle, et la visite de Montmorin, en ce moment, donna lieu à un quiproquo pénible[5].

Montmorin est l'homme de confiance ; le bruit court que le Roi va le nommer gouverneur du Dauphin ; il est dans les meilleurs termes

---

[1] *Correspondance de Bachaumont*, t. XXXIV, p. 156.
[2] *Correspondance secrète*, inédite, publiée par LESCURE.
[3] BACHAUMONT, t. XXXIV, p. 190.
[4] *Correspondance de Mallet du Pan*, t. I, p. 140.
[5] BACHAUMONT, 12-13 avril.

M. le comte de Montmorin vint le lundi matin à Paris pour remplir sa mission envers M. le garde des sceaux. Le suisse, qui crut que ce n'était qu'une visite d'honnêteté, répondit que M. de Miromesnil, plongé dans la douleur de la perte de madame de Bérulle, sa fille, ne voyait personne. Le comte de Montmorin, qui ne savait point cet événement tout récent, hésita un moment pour se consulter; enfin il prit son parti et dit qu'il fallait absolument qu'il vît M. le garde des sceaux. Il entra et lui fit d'abord son compliment sur la perte de madame de Bérulle.

avec ses collègues du Conseil, avec Breteuil, et surtout avec l'archevêque de Toulouse, M. de Loménie-Brienne, qui, d'abord chef du conseil des finances, devient en août premier ministre. Il passe pour libéral à la cour et cherche à se faire la même réputation dans le public. Comme Malesherbes, il ne craint pas l'imprimé[1] : c'est lui, dit-on, qui donne à Didot l'autorisation d'imprimer la *Monarchie prussienne* de Mirabeau[2].

Le début de Montmorin dans le conseil avait été un mémoire très-solidement raisonné sur l'intérêt que la France avait à prévenir l'occupation de la Hollande par les Prussiens. Il souhaita de toutes ses forces que le camp sous Givet contînt une véritable armée, et il désira vivement la guerre. Mais, à ce moment, le ministre des Affaires étrangères n'avait pas en politique l'influence prépondérante auprès du Roi. Au moment où, par ordre de Louis XVI, M. de Montmorin venait d'échanger avec l'Angleterre cette déclaration du 30 août 1787[3], par laquelle la France s'engageait à ne pas armer plus de six vaisseaux de guerre, à ce moment même, les Provinces-Unies étaient envahies par les troupes prussiennes, le stathouder était rétabli dans sa pleine autorité. La France faisait semblant de vouloir armer, mais bientôt intervenait entre elle et l'Angleterre la déclaration conciliatoire du 27 octobre[4]. La France avait perdu, en un mois, tout le terrain gagné par la guerre d'Amérique et par l'habile politique de M. de Ver-

---

M. de Miromesnil, qui, par ce début, s'imagina qu'il ne s'agissait que d'une visite d'honnêteté, après ce premier compliment, lui dit : « Hé bien, monsieur le comte, voilà du nouveau — signifiant par là le renvoi de M. de Calonne dont il était instruit. — Oui, monsieur le garde des sceaux, mais ce n'est pas tout; il y en a encore, et qui vous concerne, et que je me fais une vraie peine de vous annoncer, surtout dans ce moment de douleur où vous êtes. » Enfin, il lui fit part des ordres du Roi et lui remit la lettre de Sa Majesté, honnête et même gracieuse, si une pareille lettre pouvait l'être. Sur quoi, M. de Miromesnil n'hésita point de remettre les sceaux à M. de Montmorin, et écrivit en même temps une lettre au Roi.

[1] Voici une anecdote que raconte Bachaumont (25 mai) :

« Dans un dîner que Montmorin donne à des notables, on parle du procès-verbal imprimé dans lequel on fera des suppressions. Le ministre s'écria que cela ne devait pas être; que ce serait tromper la nation et d'autant plus gauchement, que parmi ces messieurs il s'en trouverait plus d'un en état de restituer les faits et de les publier. — « Nous prenons acte de votre réflexion, monsieur le « comte, s'écrièrent quelques-uns avec vivacité; de votre part, elle vaut permis- « sion d'imprimer. — Oh ! je ne dis pas cela, reprit M. de Montmorin, vous êtes « bons et sages, cela ne me regarde pas. » Et les convives de rire. »

[2] *Correspondance inédite*, Lescure, 1788. L'anecdote semble controuvée. — V. *Correspondance de Mirabeau et de la Marck*, t. I, p. 339.

[3] Koch, t. II, p. 498.

[4] Martens, t. III, p. 103.

gennes[1]. « La France vient de tomber ; je doute qu'elle se relève », dit l'empereur Joseph II. Le traité du 15 janvier 1788 entre les Provinces-Unies, la Prusse et l'Angleterre lui donna raison.

Ce premier insuccès, dont pourtant le ministre n'était pas responsable, explique pourquoi, malgré l'honnêteté et la modestie de Montmorin, son aménité vis-à-vis du corps diplomatique, l'activité et la décision qu'il témoignait dans l'expédition des affaires[2], le bruit continuait à courir de son prochain remplacement. Tantôt c'était le duc de Guines[3] qui devait lui succéder, tantôt M. de Saint-Priest[4] ; lui, pourtant, fortifiait sa situation en faisant entrer M. de la Luzerne au ministère de la marine[5]. Mais, dès le commencement de 1788, la place devenait difficile, le serait devenue, si l'homme avait eu plus de caractère. Marie-Antoinette commençait à s'occuper sérieusement de la politique extérieure. Jusque-là, elle n'avait fait que donner des renseignements ; à présent, elle change les agents, bouleverse, au profit de son frère, les combinaisons diplomatiques. Montmorin était incapable de lui résister. Il comprenait ses devoirs bien plus en premier commis intelligent qu'en ministre. Il se perdait dans le détail, dans les écritures et les papiers. Il rédigeait lui-même les principales dépêches pour l'Angleterre et corrigeait les moins importantes ; en faisait autant pour la Hollande et la Russie ; écrivait lui-même en partie le courrier de Stockholm, Constantinople et Vienne ; presque seul, celui de Madrid, surtout en 90 et 91 ; ne négligeait ni Rome, ni Munich, et corrigeait même les lettres pour Lisbonne. Le dessein politique conçu par Ségur, le ministre en Russie, se traitait presque en dehors de lui ; Choiseul-Gouffier, ambassadeur à Constantinople, écrivait directement à son collègue de Pétersbourg ; au reste, la grandeur du projet n'aurait-elle pas, dans une certaine mesure, arrêté Montmorin ? Il aurait pu, à la vérité, concevoir un plan grandiose avec les pions qui s'offraient à lui ; mais il aurait fallu un cerveau organisé pour embrasser d'un coup d'œil le monde entier. Ainsi, Mgr Pigneau de Béhaine, évêque d'Adran, était venu du fond de l'empire d'Annam, menant avec lui le prince, fils du roi de Cochin-

---

[1] Consulter le *Tableau historique et politique de l'Europe*, par Ségur aîné, Paris, an XI, 3 vol. in-8°, et particulièrement la relation de Caillard, alors chargé d'affaires en Hollande, qui s'y trouve insérée. La relation de Caillard a été traduite en allemand, sous le titre : *Historische nachricht von der Revolution in Holland im Jahre* 1787. — In-12, V, I, *n. d.*

[2] Bachaumont, 26 mai 1787.
[3] *Correspondance secrète inédite*, 24 septembre.
[4] *Ibid.*, 5 décembre.
[5] Bachaumont, 24 décembre.

chine, proposer à la France un territoire immense. Un traité stipulant une alliance offensive et défensive[1] avait été signé à Versailles le 28 novembre 1787; on le laissa sans exécution. Les ambassadeurs de Tippoo-Sahib étaient arrivés à Versailles le 13 août 1788; ils avaient, en quelque sorte, fait acte de vassalité vis-à-vis de Louis XVI : on les éconduisit poliment. Cette immense attaque qu'on aurait pu tenter contre l'Angleterre, en Europe par les quatre puissances alliées, en Asie par la Cochinchine et l'Inde, échoua misérablement. Montmorin, laissant de côté les grandes entreprises, préférait s'occuper de réglementer les frais d'établissement des ambassadeurs[2] et des ministres, les frais de poste, qu'il fixait de 60 à 50 livres pour les ambassadeurs, de 40 à 30 livres pour les ministres, de 20 à 10 livres pour les résidents, chargés d'affaires et secrétaires[3].

Il faut le dire à sa décharge, en ce moment la politique intérieure offrait un intérêt autrement pressant que la politique extérieure. L'archevêque de Sens avait quitté le ministère, où il avait été remplacé par M. Necker. Une nouvelle Assemblée des notables avait été convoquée, le 6 novembre 1788, pour délibérer sur la forme des états généraux. La Révolution était commencée. Dans le conseil du Roi, on délibérait sur la question du doublement du tiers état; Montmorin, aveuglé par les idées libérales, mené par Necker en qui il avait une confiance aveugle, votait pour le doublement[4]. Le 5 mai 1789 les états s'ouvraient.

Ainsi Montmorin s'était mis à la remorque de Necker. Peut-être croyait-il entrer dans les opinions du Roi. Peut-être avait-il une réelle confiance dans le financier genevois; lequel, au reste, dans le mémoire sur son administration[5], n'a pas ménagé les éloges au ministre des Affaires étrangères : « Il faut, dit-il, pour me soulager et pour rendre hommage à la vérité, que j'associe à tous les soins, à tous les ménagements que les événements de chaque jour, pendant la durée des états généraux, ont rendus nécessaires, il faut que j'y associe un homme dont je ne me suis jamais séparé depuis mon retour à l'administration et depuis que j'ai connu son excellent esprit et la fidélité de son caractère, un ami nouveau pour moi, mais qui me paraissait très-

---

[1] De Clercq, *Traités et conventions*.
[2] Moitié d'une année d'appointements.
[3] 30 avril 1789.
[4] V. *Mémoire de M. de Barentin*, Paris, 1844, p. 63, 68, 70, 72. Montmorin ne se sépare de Necker que lorsque celui-ci veut réunir les états généraux à Paris.
[5] *OEuvres complètes de M. Necker*, Paris, 1821, t. VI, p. 80.

ancien par le rapport de ses sentiments avec les miens, M. de Montmorin, ministre citoyen auprès du monarque et dévoué dès l'enfance à son bonheur et à sa gloire. Que n'avons-nous pas fait ensemble pour assurer les fondements d'une liberté sage, pour la défendre, tantôt contre les orages qui la menaçaient, tantôt contre les exagérations qui en affaiblissaient la base et dont nous prévoyions les dangers ! Nous excusions ou plutôt nous adoucissions auprès du Roi les actions, les procédés et les manières dont il pouvait avoir à se plaindre, et près des députés à l'Assemblée nationale nous tenions le langage qui pouvait calmer leurs défiances et ramener les plus ardents à des opinions modérées. » Ce fut dans ces conditions que Montmorin fut nommé, le 1er juin, un des commissaires pour concilier les députés des trois ordres[1] et qu'il assista en cette qualité aux conférences tenues chez le garde des sceaux, qu'il soutint dans le conseil, même contre la Reine, l'opinion de Necker relative à la tenue d'une séance royale[2], que seul et même contre Necker il combattit la déclaration tardive du 23 juin, qu'il s'associa au plan du ministre des finances au point que la chute de Necker dut entraîner la sienne[3].

Le 11 juillet, Necker reçoit l'ordre de sortir de France ; Montmorin, qui a combattu dans le Conseil tous les préparatifs du coup d'État[4], doit remettre son portefeuille au duc de la Vauguyon. Il n'est point exilé, il reste à Versailles[5], vient à Paris le lendemain dans son hôtel de la rue Plumet[6]. La cour veut essayer une autre politique ; voilà tout. La Vauguyon plus ferme, plus décidé, plus aristocrate, déjà rival de Montmorin, en 1787, pour le portefeuille des Affaires étrangères, est destiné dans l'esprit de Louis XVI à jouer un rôle capital dans le nouveau ministère.

C'est un grand seigneur assez amoureux de ses titres et assez vain de sa noblesse que monseigneur Paul-François de Quélen, chef des noms et armes des anciens seigneurs de la châtellenie de Quélen, en

---

[1] Buchez et Roux, *Histoire parlementaire*, t. Ier, p. 422.

[2] Beaulieu, *Essais historiques*, t. Ier, p. 258.

[3] Lors de la rebellion des Rennois à propos du Parlement, M. de Montmorin les avait fortement soutenus dans le conseil. V. *Mémoire autogr. de M. de Barentin*, Paris, 1844, p. 27. Le 8 juillet, une adresse des Rennois fait son éloge à l'Assemblée.

[4] V. *M. de Montmorin traité comme il le mérite,* brochure apologétique de M. Béranger, s. l. n. d. 1791.

[5] M. de Montmorin reçut un billet du Roi qui lui annonçait qu'il jugeait à propos de l'éloigner de ses conseils et pourvoirait plus tard à la récompense de ses services. (*Notice sur M. le comte de Saint-Priest*, par M. de Barante, p. civ, en tête des *Lettres et instructions de Louis XVIII*.

[6] *Mémorial de Gouverneur-Morris*, t. Ier, p. 258.

Haute-Bretagne, juveigneur des comtes de Porhoët, substitué aux noms et armes de Stuer de Caussade, duc de la Vauguyon, pair de France, prince de Carency, comte de Quélen et du Broutay, marquis de Saint-Mégrin, de Collonges et d'Archiac, vicomte de Calvignac, baron des anciennes et hautes baronnies de Tonneins, Gratteloup, Villeton, la Gruère et Puicornet, seigneur de Larganol et Talcoimur, vidame, chevalier et avoué de Sarlac, haut baron de Guyenne, second baron de Quercy. etc., etc.

Il est né le 30 juillet 1747, a été menin du Roi (il se nommait alors le duc de Saint-Mégrin); ambassadeur en Hollande de 1776 à 1783, et en Espagne de 1784 à 1789. Il a la réputation d'un homme de talent, fort dévoué au Roi et à la royauté.

On sait ce qui suivit : la révolte de Paris, la trahison d'une partie de l'armée, le pillage des arsenaux, la prise de la Bastille ; à Versailles, les délibérations d'abord confuses de l'Assemblée, consternée par la crainte d'un coup d'État; les éloges prodigués à M. Necker, à ses vertus, à ses talents et à ses services ; la députation envoyée au Roi pour demander le rappel des ministres; la déclaration que « M. Necker et les autres ministres qui viennent d'être éloignés emportent l'estime et les regrets de l'Assemblée nationale » ; l'envoi de cet arrêté aux ministres ; la déclaration que « les membres du nouveau conseil sont personnellement responsables des malheurs présents et de tous ceux qui peuvent suivre »; les discours de Lally Tollendal, de Mounier, du comte de Virieu ; les nouvelles instances faites, le 15, au Roi par le président : « Les changements survenus dans la composition du conseil sont une des principales causes des troubles funestes qui nous affligent et qui ont déchiré le cœur de Votre Majesté » ; le 16, la nouvelle motion, la nouvelle députation nommée, la nouvelle adresse rédigée pour demander le rappel de Necker et de ses collègues ; enfin le renvoi du cabinet du 11 juillet. Le Roi remet lui-même au président de l'Assemblée la lettre de rappel de M. Necker. Il écrit de sa main à Montmorin et à ses collègues, pour les prier de reprendre leurs portefeuilles [1].

La royauté était vaincue. Le duc de la Vauguyon, sentant sa sûreté compromise, essaya de fuir en Angleterre ; il fut arrêté au Havre, relâché par un décret de l'Assemblée en date du 6 août, repartit de nouveau pour son poste de Madrid, en fut rappelé le 1er juin 1790, ne rentra en France qu'en 1805, fut nommé pair de France en 1814, et mourut le 14 mars 1828.

---

[1] *Notice sur Saint-Priest*, déjà citée, p. cvii.

Lorsque le conseil se trouva de nouveau constitué le 17, M. de Saint-Priest, auquel le Roi destinait le portefeuille de l'Intérieur, essaya de décider Montmorin à s'en charger et à lui céder les Affaires étrangères[1]. Montmorin s'y refusa. Le ministère de la Maison du Roi, c'est le nom que porta le département de l'Intérieur jusqu'en 1791, était, en effet, le plus chargé, le plus dangereux, celui dont le titulaire avait le plus d'occasions de paraître dans l'Assemblée. Le ministère des Affaires étrangères, au contraire, pouvait passer inaperçu. On ne pouvait prévoir que les discussions futures le mettraient particulièrement en relief.

Ainsi, dans ce premier mois, Montmorin ne paraît qu'une fois à l'Assemblée, à propos de bruits de guerre de la part de l'Angleterre. Cette communication mérite pourtant d'être signalée; elle est la première relative aux affaires diplomatiques. Les bruits en question ont été répandus dans les séances des 22 et 23 juillet; Montmorin, dès le 27, écrit pour rassurer l'Assemblée et transmettre une lettre du duc de Dorset, ambassadeur d'Angleterre. Le duc de Dorset proteste contre les soupçons qu'on peut avoir contre son gouvernement. Il prie le ministre de donner communication de sa déclaration. Montmorin se rend à son désir. Le duc de Liancourt, président, répond que l'Assemblée a entendu cette lecture avec une grande satisfaction. Les lettres sont imprimées, répandues dans le public. Et non content de cette première communication, Montmorin en fait une nouvelle le 4 août et transmet une nouvelle lettre de Dorset.

Le ministre des affaires étrangères ne reparaît que le 7 août avec ses collègues, pour appuyer un discours du garde des sceaux sur les troubles, et du ministre des finances sur l'emprunt de six millions. Son optimisme a maintenant des bornes; madame de Montmorin est très-affligée de l'état des choses[2], et l'on sait son influence sur son mari; l'opinion est en train de changer. Les événements des 5 et 6 octobre vont lui donner le dernier coup. Néanmoins, lorsqu'on apprend à la cour que les Parisiens marchent sur Versailles, Montmorin, toujours fidèle à l'opinion de M. Necker[3], opine encore qu'il ne faut pas s'opposer à leur passage. Lorsque le 6, à trois heures du matin, Lafayette a parcouru Versailles et a trouvé toute la ville tranquille, c'est chez Montmorin, dans son appartement du château qu'il se rend et qu'il reste jusqu'à cinq heures et demie[4]. Il en sort

---

[1] *Notice sur Saint-Priest.*
[2] *Mémorial de Gouverneur-Morris*, t. Ier, p. 206.
[3] *Notice sur Saint-Priest*, p. cxix.
[4] Leroy, *Histoire de Versailles*, t. II, p. 84.

pour se rendre à l'hôtel de Noailles, où il se couche. Dans l'entretien qu'il eut avec M. de Montmorin, qui sait le mal que put causer l'optimisme de l'un réuni à la fatuité de l'autre? Enfin, un écrivain généralement bien informé et favorable au ministre [1] affirme que seul entre tous les ministres, Montmorin détermina le Roi, au Conseil du matin, à venir à Paris pour consolider la Constitution et épargner la guerre civile.

On sait ce qui en résulta : le départ de la famille royale, le cortége que lui fit l'armée parisienne et sous quelles enseignes sanglantes le Roi dut passer pour entrer dans la capitale. Les ministres suivirent, et il fallut s'inquiéter d'un logement pour les bureaux, car, suivant la déclaration de l'Assemblée et du Roi, l'administration tout entière devait être transportée à Paris.

Le 25 novembre, M. de Montmorin soumettait au Roi un rapport sur cet objet : « Le Roi, disait-il, ayant ordonné la translation des divers départements de l'administration à Paris, où Sa Majesté a déclaré vouloir fixer sa résidence la plus habituelle, je me suis occupé des mesures nécessaires pour l'établissement de ceux des Affaires étrangères dans la capitale, excepté le dépôt dont il n'est pas encore question. Pour cet effet, il a été arrêté à loyer, dans le faubourg Saint-Germain, deux maisons qui, réunies, en une composeront l'hôtel des Affaires étrangères [2]. » Les maisons en question, suivant le bail dressé par Mᵉ Duclos Dufresnoy, notaire, appartenaient à M. Joseph Duruey, conseiller d'État et trésorier des Affaires étrangères. L'une, qui était occupée par M. de Fontette, chancelier de Monsieur, frère du Roi, était située rue de Bourbon (de Lille), et consistait en un grand corps de logis en partie double, écurie, remise, grande cour, petit corps de logis attenant les remises, et un autre corps de logis attenant une grande écurie et servant de cuisine, office et logement de domestiques ; l'autre maison, située rue de l'Université, ci-devant occupée par madame de Talleyrand, consistait en un corps de logis sur la rue, élevé d'une mansarde, un autre corps de logis entre cour et jardin, composé d'un rez-de-chaussée, cuisine dessous, premier et second étage, le second étage en mansarde ; écurie, remise, cour et autres dépendances. La location était faite moyennant la somme de 13,000 livres par année. On devait abattre un mur de séparation entre les deux maisons, plus les remises et un autre petit corps de logis de l'hôtel de la rue de Bourbon, et à l'expiration

---

[1] M. Béranger, *loc. cit.*
[2] Rapport approuvé par le Roi le 28 janvier 1790.

du bail payer pour ce 8000 livres. On dépensa environ 40,000 livres pour l'appropriation des maisons, l'arrangement, la sûreté et l'ameublement des bureaux. Ce fut Brongniart, le futur architecte de la Bourse de Paris, qui fut chargé de la direction des travaux.

Là ne se bornèrent pas les frais nécessités par le transport des bureaux de Versailles à Paris. Le transport du bureau de M. de Rayneval coûta 10,370 livres ; celui du bureau de M. Hennin, 7,400 livres ; de M. Durival, 4,350 livres ; de M. Gandolphe, 3,200 livres. Ces 25,320 livres avaient été réparties de la façon la plus exacte possible ; mais le transport n'en fut pas moins une ruine pour les malheureux employés[1].

Cependant, dans l'Assemblée, les discussions devenaient chaque jour plus violentes. Dès le 6 octobre, les députés avaient décrété une réduction de un million sur les Affaires étrangères à partir de 1790. Le cabinet avait à subir sur la question des approvisionnements et sur celle des attroupements des attaques continuelles. Le désordre était arrivé à son comble dans tout le royaume ; les agents chargés d'assurer la circulation des grains étaient journellement emprisonnés, et bien qu'elle ne consentît point à faire de loi pour réprimer les émeutes (19 octobre), l'Assemblée voulait contraindre le ministère à se charger collectivement de l'approvisionnement de la capitale. Les ministres refusaient dans une longue lettre qui se terminait par une déclaration de découragement absolu. « Il faut aujourd'hui, disaient-ils, bien moins d'efforts, bien moins de vertu pour sacrifier les grandes places que pour les garder ; et vous croiriez aisément à cette vérité, si vous connaissiez comme nous toutes les peines et toutes les angoisses qui accompagnent l'administration, et combien il faut de constance dans l'amour du bien pour n'être pas découragé. » (24 octobre.)

A partir du 29 octobre, se livre, à propos des ministres, une grande bataille. Il s'agit de savoir si les ministres et autres agents du pouvoir exécutif seront déclarés éligibles. En réalité, c'est le portefeuille de Mirabeau qui est en question. Pourra-t-il ou non être ministre ? C'est lui qui a proposé au milieu d'une infinité d'autres

---

[1] Répartition : Rayneval. . 2,770 livres.　　Gandolphe. . 1,200 livres.
　　　　　　— 　Hennin. . . 2,400 　—　　Geoffroy. . . 1,000　　—
　　　　　　— 　Durival. . . ' 350 　—　　Lemoyne . . 　600　　—
　　　　　　— 　Pfeffel . . . 1,200 　—
Aux trois commis principaux, 1,000 livres chacun.
Aux deux commis les plus anciens de chaque bureau, 800 livres.
Aux douze commis autres, 600 livres chacun.
Aux quatre garçons de bureau, 200 livres chacun.

mesures qui regardent les finances, l'Amérique, etc., de déclarer que les ministres du Roi seront invités à venir prendre dans l'Assemblée voix consultative jusqu'à ce que la Constitution ait fixé les règles qui seront suivies à leur égard. L'ajournement est demandé ; après deux épreuves douteuses, la discussion est remise au lendemain. Alors, en vain Mirabeau déploie-t-il toutes les ressources de son esprit, Lanjuinais se fait contre lui une arme de son éloquence même. « Aucun membre de l'Assemblée ne pourra obtenir aucune place de ministre pendant la session de l'Assemblée nationale. » On ajourne à l'époque de la discussion de la Constitution cette autre proposition : « Que pendant la législature dont ils sont membres, ni pendant les trois années qui suivront, les représentants de la nation ne pourront obtenir aucune place dans le ministère, aucunes grâces, pensions, emplois, places, avancement ni commission, à peine de nullité et de déchéance de leurs droits de citoyens actifs. »

Si la proposition de Mirabeau eût été adoptée, et que celui-ci fût parvenu à forcer l'entrée du Conseil, les Affaires étrangères auraient changé de mains et Montmorin aurait été sauvé [1]. Mirabeau, en effet, ancien correspondant du ministère, s'était brouillé en 1788 avec M. de Montmorin. Était-ce à propos de son *Histoire secrète de la cour de Berlin*, ou à cause de sa violente opposition à Necker ? Quel qu'ait été le motif, il est certain qu'à cette date, Montmorin avait cessé toute correspondance avec lui ; Mirabeau prétendait même qu'on avait voulu le faire arrêter et embarquer pour les grandes Indes. Revenu de Provence député et déjà puissant, Mirabeau avait grandi à l'Assemblée, et il se souvenait de l'injure que lui avait faite le « sous grand homme », l'« animalcule Montmorin ». Il voulait le déplacer, l'aurait fait gouverneur, duc et pair, aurait payé ses dettes et lui aurait donné pour successeur, soit le comte de Ségur, alors ministre en Russie, qui allait revenir de son poste, soit l'évêque d'Autun. C'est la première fois que le nom de Talleyrand est prononcé à propos des affaires étrangères. Il est intéressant de voir par qui.

Le rejet de la motion de Mirabeau avait écarté une des dernières chances de salut qu'eût la monarchie. Dès lors l'Assemblée, aidée par les événements, continue sa marche envahissante. Le 10 décembre, elle reçoit un manifeste de Vandernoot, se disant agent plénipotentiaire des Brabançons. Montmorin écrit au président que le Roi en a reçu un semblable, et qu'il a pris le parti de le renvoyer sans

---

[1] Voir sur toute cette période la *Correspondance de Mirabeau et de la-Marck*. Paris, Lenormant, 1851, t. Ier. — Tout ceci n'en est qu'un résumé.

l'ouvrir ; il demande à l'Assemblée de suivre la même procédure. L'Assemblée ne paraît point désireuse de s'y conformer ; mais elle n'ose pas encore, en matière diplomatique, sortir des bornes. La discussion est remise de jour en jour, et l'affaire finit par être oubliée. Mais le 12 décembre la Constituante saisit avec empressement l'occasion de confirmer les priviléges des maisons des ambassadeurs et ministres étrangers ; la commune de Paris avait la prétention d'y étendre ses perquisitions, et Montmorin avait été obligé d'en référer à l'Assemblée.

Ces faits sont petits, à coup sûr ; mais la marche est continue, et ces événements des derniers jours de 1789 indiquent pour l'avenir d'immenses dangers. On conçoit dès lors que Montmorin envisage la situation de la façon que Ségur nous a rapportée. Celui-ci revenait de Pétersbourg et avait été rendre compte de sa mission à M. de Montmorin[1]. « De tous les tableaux que l'on m'avait tracés de la révolution, écrit-il, celui que me fit ce ministre fut le plus sombre. Cependant son esprit juste, autant qu'éclairé, sentait très-bien la nécessité de terminer nos troubles par une transaction sincère et par un pacte qui contiendrait tous les éléments d'un bon gouvernement représentatif ; mais, en même temps, il était persuadé que la violence de plusieurs passions opposées rendait ce remède impossible. « D'un côté, « me dit-il, le peuple, dans sa fougue, paraît ne vouloir qu'une démo-« cratie qui mène à l'anarchie. Il s'armera bientôt contre ceux qui veu-« lent aujourd'hui le soumettre à un frein légal. D'une autre part, la « Cour, l'aristocratie et ce qui environne le Roi rejettent avec opiniâ-« treté tout ce qui ne leur montre pas la monarchie telle qu'elle était « autrefois. Vous savez à quel point j'aime le Roi. Il est juste, vertueux, « bon ; mais sa bonté est privée de force. Il ne sait résister ni à ceux « qu'il craint, ni à ceux qu'il aime ; je fais de vains efforts pour le « déterminer à suivre avec fermeté un plan quelconque. Ah ! croyez-« moi, cette funeste lutte entre un parti populaire passionné et un « monarque faible finira par nous faire traverser une république. »

L'année 1790 s'annonce mal pour les affaires étrangères. Montmorin a espéré conjurer le danger en proposant, le 28 janvier, des suppressions de places et des réductions de traitements. Il supprime les trois commissaires des limites, le comte d'Ornano, M. Noblat et le président de Sivry ; il supprime l'auditeur de Rote à Rome, le généalogiste des affaires étrangères et l'inspecteur à la visite des effets des ambassadeurs à la douane ; il raye le traitement de deux

---

[1] Ségur, *Mémoires*, t. III, p. 583.

jeunes gens, le comte de Jumilhac et le comte de Clermont-Tonnerre, qui voyagent à l'étranger aux frais du Roi. Il taxe à 100,000 livres la réduction sur son traitement, et il importe de montrer de quel ton noble et décidé il s'y détermine, lui couvert de dettes. « La première réduction que je dois proposer à Votre Majesté, dit-il, et la seule que je propose sans regret, est celle qui me concerne personnellement. Lorsque Votre Majesté daigna me confier le Département des Affaires étrangères, elle fixa mon traitement à 300,000 livres, tout compris, c'est-à-dire à 18,000 de moins que celui de mon prédécesseur. Dans ce traitement a été englobée, quoique sans désignation, l'indemnité du service de la table hebdomadaire des ambassadeurs et ministres étrangers, laquelle était tenue autrefois par le premier maître d'hôtel de Sa Majesté. Le Roi ayant déclaré vouloir fixer sa résidence la plus habituelle à Paris, et cette disposition faisant cesser la dépense de la table des ambassadeurs, je crois devoir proposer à Sa Majesté de réduire le traitement du ministre des Affaires étrangères à 200,000 livres par année; je le crois strictement nécessaire sur ce pied pour subvenir aux frais d'une représentation non pas de luxe, mais seulement de décence de la part du ministre politique, dans ses fonctions et ses rapports habituels avec les souverains étrangers. Je me permets d'observer ici que ce traitement se trouvera grevé avant toute autre dépense du payement de 20,000 livres d'intérêts annuels de la finance de la charge de secrétaire d'État, ce qui réduira le traitement à 180,000 livres effectives. »

Il faut encore réduire les traitements des ambassadeurs. Londres perd 50,000 livres; Madrid et Rome autant; Constantinople 24,000 livres; Turin, Naples, Lisbonne, Soleure, Pétersbourg 20,000; Stockholm 10,000; Venise 12,000; New-York 12,000; Berlin, la Haye, Copenhague, Parme, Munich 10,000. Tout cela ne produit qu'un total de 519,800 livres; alors Montmorin s'ingénie à faire reporter sur les fonds de la Suisse un certain nombre de pensions françaises. Mais le bruit de l'existence du Livre rouge, du livre des pensions, a circulé. Le comité des finances l'a réclamé : il a fallu en donner communication. La conférence a lieu chez Necker, en présence de Montmorin, le 15 mars[1]. On imprime « l'état nominatif des pensions, traitements conservés, dons, gratifications qui se payent sur d'autres caisses que celles du trésor royal », et là, en tête, se trouve l'état des traitements annuels des ambassadeurs; l'état des traitements annuels des premiers commis et autres employés, l'état de divers

---

[1] *Histoire financière de la France*, par Jacques Bresson, t. II, p. 161.

objets de dépenses pour ouvrages, fournitures et remboursements, l'état des pensions sur les fonds politiques de la Suisse, sans compter le grand état des pensions sur le trésor royal où sont énumérées toutes les grâces du Roi. Et l'on a soin de confondre les pensions que touche le ministre des Affaires étrangères avec celles qu'a pu obtenir son cousin [1]. Montmorin est obligé de mettre à nu toute sa comptabilité ; d'écrire au *Moniteur* une longue lettre [2] pour démontrer qu'il n'a point fait passer d'argent à l'Empereur, pour prouver que les dépenses des Affaires étrangères portées au Livre rouge ne sont autres que les subsides, les remboursements d'avances, les frais de voyage, les dépenses secrètes. Il est forcé d'entrer dans le détail relativement aux subsides payés à la Suède et à la Hollande ; il demande pourquoi le comité des pensions, en publiant le Livre rouge avant d'en rendre compte à l'Assemblée, n'a pas prévenu le public par un avertissement sur les fonds des Affaires étrangères. Cette naïveté, qui l'expose aux épigrammes de Camille Desmoulins — Camille ne l'appelle plus que Baptiste Montmorin — ne le sauve pas des faiseurs de projets et des trouveurs d'économies. Les anonymes s'en mêlent. Il faut, lui écrit-on, réduire à 160,000 livres vos bureaux qui coûtent 100,000 écus ; il faut remplacer les ambassadeurs par des ministres, et les ministres par des résidents ; il faut supprimer la commission des limites, les géographes, les pensionnaires suisses, les employés à la suite : « On ne peut se dissimuler que la politique extérieure n'est plus rien pour nous. »

On lui laisse, il est vrai, le traitement de 180,000 livres auquel il s'est réduit ; mais encore ce n'est pas sans discussion que Lebrun, rapporteur du comité des finances, l'emporte sur Alexandre de Lameth et M. de Noailles [3]. On peut bien lui faire cette concession, car, entre temps, des événements se sont accomplis qui ont réduit presque à néant ses fonctions de ministre des Affaires étrangères, et qui ont porté à la royauté le coup suprême sous lequel elle doit s'écrouler.

L'Assemblée nationale a, en effet, poursuivi cette marche continue qui doit peu à peu lui conquérir le pouvoir exécutif, et elle a été aidée à en forcer les approches par ceux-là mêmes que la cour croyait avoir à ses ordres.

[1] *Révolutions de France et de Brabant*, t. Ier, p. 153.
[2] Supplément à la *Gazette nationale* du 26 avril 1790. Voir aussi la *Correspondance du comité des pensions avec les ministres et ordonnateurs, relativement aux demandes d'éclaircissement sur les pensions et autres grâces pécuniaires*. Paris, Imprimerie nationale, 1790. Le n° 2 est entièrement consacré à Montmorin et contient sa correspondance du 24 janvier au 25 avril 1790.
[3] 5 juin 1790.

Le 11 février, Montmorin a communiqué à l'Assemblée un *conclusum* pris par les députés du cercle du Haut-Rhin, assemblés à Francfort le 7 janvier, sur les arrêtés du 4 août et le décret du 2 novembre relatif aux biens ecclésiastiques. « Les députés requièrent Sa Majesté Impériale et tous les cercles de l'empire d'accorder protection aux États, à la noblesse et au clergé menacés. » Cela peut passer pour matière féodale, et Goupil de Préféln se borne à demander que le pouvoir exécutif soit prié de négocier avec les possesseurs de fiefs; mais Mirabeau se hâte d'agrandir le débat. « Vos principes, dit-il, ne sont pas d'accord avec le droit public germanique, mais avec la nature; comme le droit public germanique se trouve parmi les choses inutiles que j'ai apprises dans ma vie, je demande à prouver que, même d'après les principes germaniques, ses réclamations ne sont pas fondées ». Malgré Mirabeau, le renvoi au comité-féodal est prononcé.

Nouvelle faute le 17 mars : Montmorin fait part à l'Assemblée qu'il a reçu une lettre de M. Van der Noot se disant agent du peuple brabançon. Le Roi ni Montmorin n'ont ouvert ces dépêches. Le ministre demande que l'Assemblée fasse de même; la discussion ne sera point étouffée cette fois comme la première. Le défenseur de la révolution du Brabant, Camille, est à l'affût : « De quelle gloire, dit-il, cette séance peut couvrir le nom français ! Les Américains, les Français, les Anglais, les Brabançons, sont frères... Malheur aux souverains qui veulent asservir un peuple insurgent. Jusqu'ici ce sont nos rois qui ont fait nos traités; que les peuples fassent enfin leurs alliances eux-mêmes [1]. » A l'Assemblée, Lafayette prononce un discours : « Le peuple de Belgique est un grand peuple; mais le congrès n'a pas tous les caractères qui émanent de la puissance suprême du peuple. » Et l'Assemblée, malgré Petion de Villeneuve qui veut parler, sauve encore Montmorin, passe à l'ordre du jour, et s'en remet à la sagesse du Roi.

Le 25 avril, nouvelle occasion offerte, mais cette fois par la Luzerne [2]. Le ministre de la Marine instruit l'Assemblée d'un renouvellement de traités avec la régence d'Alger. Le résident est chargé de témoigner au Roi la reconnaissance de l'Assemblée.

Les esprits ont fermenté. La question du droit de paix et de guerre

---

[1] *Révolutions de France et de Brabant*, t. Ier, p. 131.

[2] C'est par erreur que le *Moniteur* attribue la démarche à Montmorin. Le *Journal des Débats* donne en entier la lettre de la Luzerne. Il ne faut pas oublier que les consulats dépendaient alors du département de la Marine, et que la France n'entretenait à Alger qu'un consul.

a été agitée dans les journaux, dans les clubs, partout. Un incident peut faire naître la discussion dans le parlement. Montmorin le fournit : le 14 mai, il écrit au président pour lui rendre compte des armements de l'Angleterre contre l'Espagne. « Le Roi a donné ordre qu'on mît en armement quatorze vaisseaux de ligne ; au reste, ces préparatifs ne sont purement que de précaution ; la paix entre l'Espagne et l'Angleterre ne sera sans doute pas troublée ; mais l'occasion est bonne pour démontrer à l'Europe que le développement de notre constitution n'a pas nui au développement de notre marine. »

Sur cette déclaration, un débat s'engage entre Charles Lameth, Crillon et Mirabeau. On veut que la discussion ait lieu immédiatement. Elle est remise au lendemain.

Le 15, le duc de Biron propose un décret : « L'Assemblée nationale décrète que son président se retirera devers le Roi pour le remercier des mesures qu'il a prises pour la sûreté de l'empire et du commerce, et des négociations qu'il a entreprises. L'Assemblée supplie Sa Majesté de lui faire remettre l'état des besoins du département de la Marine. » Ce projet n'est point de nature à satisfaire ceux qui veulent substituer leur autorité à celle du Roi. Duquesnoi déclare que ce sont là des piéges ministériels : « Avant tout, il faut se demander : Le Roi a-t-il pu ? a-t-il du ? pouvons-nous ? devons-nous ? » A. de Lameth entre encore plus avant dans la question : « Il faut savoir, dit-il, si l'Assemblée est compétente et si la nation souveraine doit déléguer au Roi le droit de faire la guerre ou la paix. » En vain Dupont demande-t-il le renvoi à trois semaines. « C'est encore un piége, s'écrie Barnave. Un ajournement à trois semaines déciderait la question contre nous. Notre silence la préjugerait. Si vous ajournez, vous vous ôteriez le moyen de résister aux ruses perfides des ministres, de ces hommes à qui l'on fait trop d'honneur en disant que leurs desseins sont douteux. » Goupil de Préféln essaye de défendre les ministres ; il est interrompu par M. de Broglie : « La question accidentelle, dit celui-ci, n'est pas le corollaire de la question de droit. » Robespierre prend la parole. Il n'est point encore l'incorruptible, mais il n'est plus déjà l'avocat juré des paratonnerres, le robin d'Arras qui avait le privilége de mettre l'Assemblée en gaieté. Les principes qu'il pose, ce sont ceux que plus tard, maître du comité de salut public, de la Convention et de la France, il doit proclamer du haut de la tribune nationale : « Il faut que vous manifestiez aux nations que suivant des préceptes bien différents de ceux qui ont fait le malheur des peuples, la nation française, contente d'être libre, ne veut s'engager dans aucune guerre et veut vivre avec toutes les nations dans cette fraternité qu'avait commandée la nature. Il est de l'intérêt des nations de protéger la nation française, parce que c'est de la France que doivent partir la liberté et le bonheur du monde. » Mirabeau se lève pour répondre. Il ne dédaigne plus Robespierre. L'Assemblée est à Paris, et les paroles de Robespierre, si vides et si creuses qu'elles soient, ont de l'écho; puis c'est le Mirabeau seconde manière. Le 10 mai, il a envoyé au Roi sa première lettre. Il est conquis, acquis plutôt. Pourtant, à certains moments, le révolutionnaire l'emporte encore chez lui sur le royaliste. « Il faut voter d'abord les subsides, dit-il, ensuite on s'occupera de la question constitutionnelle. Il est certain que dans toute société le provisoire subsiste tant que le définitif n'est pas déterminé. Or le Roi avait le provisoire, donc il a pu légalement ordonner les armements. » Et après avoir déclaré que la délibération occasionnerait des retards qui pourraient nuire à la sûreté publique, il ajoute une déclamation violente contre les ministres dans le cas où ils abuseraient des pouvoirs concédés par l'Assemblée. Rewbell, Menou, d'Aiguillon émettent des objections dans le sens contraire. Le dernier dit : « Un roi victorieux est un grand danger pour la liberté quand c'est un roi des Français. » La délibération est close sur un projet de décret présenté par Mirabeau et adopté unanimement : « Le président se retirera dans le jour par devers le Roi pour remercier Sa Majesté des mesures qu'elle a prises pour maintenir la paix; décrète, en outre, que demain 16 mai il sera mis à l'ordre du jour la question constitutionnelle : La nation doit-elle déléguer au Roi l'exercice du droit de la paix et de la guerre ? »

Jusqu'ici on n'a fait qu'escarmoucher; la bataille sérieuse va commencer, bataille de sept jours dans laquelle donneront tous les partisans de l'autorité et tous les fauteurs de l'anarchie, bataille suprême qui doit décider du sort de la monarchie et dans laquelle on épuisa tous les arguments que l'esprit humain peut fournir sur cette question capitale du droit constitutionnel. Un pareil sujet exigerait tout un volume pour être traité à fond [1]; néanmoins, il touche de trop près au département des Affaires étrangères; il résume tellement la philosophie, si l'on peut dire, des relations extérieures; ce décret a eu de telles conséquences pour l'histoire du ministère, qu'il est impossible de ne pas indiquer les phases principales de la discussion.

---

[1] M. Marc Dufraisse, ancien représentant, a écrit une *Histoire du droit de paix et de guerre*. Nous n'y avons point trouvé de renseignements utiles.

On parle *pour, contre* ou *sur*. D'un côté se rangent les partisans de l'autorité, divisés, faiblissants, prêts aux atermoiements et aux concessions. Ceux qui maintiennent le principe tout entier et qui veulent pour le Roi le droit tout entier passent pour des énergumènes qu'on ne peut suivre. De l'autre côté, unis, fermes, applaudis, populaires, les partisans de la nation : ceux qui veulent tous les droits pour l'Assemblée, aucun pour le pouvoir exécutif. Entre les deux partis, les timides se glissent : les rachetés, ceux dont la poche sonne de l'or de la liste civile, grossissent leur voix pour se faire croire indépendants. Ils ménagent à la fois qui paye et qui applaudit, le souverain des Tuileries et le souverain de la terrasse des Feuillants. Ceux-là, les timides les suivent.

Dès le début, le duc de Levis propose quatre questions : 1° Comme principe, la nation française n'attentera jamais à la liberté d'aucun peuple. 2° Le pouvoir exécutif sera-t-il seul chargé de la défense du royaume ? Quel sera le mode de responsabilité des ministres ? 3° Qui sera chargé de conclure la paix ? 4° Les alliances déjà contractées doivent-elles être ratifiées ? Comment seront conclus les traités de commerce ?

C'est bien sur ces quatre points que va porter le débat : le comte de Sérent l'engage au nom de la royauté ; il veut le droit de paix et de guerre pour le Roi, la ratification des traités de commerce pour l'Assemblée. Derrière Sérent viennent se ranger : Custine, qui veut que les ministres soient tenus de donner, sous huit jours, avis des préparatifs de guerre au Corps législatif ; peine de la responsabilité : la mort ; Virieu, qui appuie par de bonnes raisons le discours de Sérent ; Malouet, qui déjà cherche à former un tiers parti, à introduire dans la loi des subtilités de procureur : « Pour une légitime défense ou quand les propriétés du royaume seront menacées, le pouvoir exécutif ordonnera tous les préparatifs qu'il jugera nécessaires. La guerre offensive ne pourra être déclarée que de l'avis du Corps législatif ; les traités seront conclus par le Roi, mais revus par l'Assemblée s'ils contiennent accroissement ou cession du territoire national. Pour le Roi et la responsabilité des ministres, parlent Montlosier, qui fait justement observer que la nation a toujours le droit de refuser l'impôt ; Sinnetti, le duc de Praslin, le duc du Chatelet, l'abbé Maury, Clermont-Tonnerre, de Bousmard, Dupont, l'abbé de Montesquiou, La Galissonnière. Tous admettent en principe que la délibération sur les traités de commerce appartiendra à l'Assemblée, que même l'Assemblée aura le droit de connaître des traités politiques lorsqu'il s'agira de cessions territoriales.

Le parti opposé soutient que le droit de paix et de guerre doit appartenir à l'Assemblée. Tous les traités doivent être soumis au Corps législatif, qui se réunit de droit en cas d'attaque offensive. Certains proposent que l'Assemblée, en cas de guerre, nomme un comité qui délibérera avec le ministre, assistera même au conseil du Roi ; d'autres veulent que le Roi ait le droit de faire les préparatifs, l'Assemblée seule le droit de délibérer. Tous proclament que la nation française s'interdit, dès ce moment, d'entreprendre aucune guerre tendant à augmenter son territoire. D'Aiguillon, Ch. de Lameth, de Sillery, Pétion, Beauharnais, Robespierre, Rewbell, Saint-Fargeau, Chabroud, Regnault, Menou, Fréteau soutiennent cette opinion avec des extraits des auteurs anciens, des injures contre les ministres et contre le Roi : « Le Roi n'est que le commis de la nation », dit Robespierre ; et Pétion tonne contre les ministres corrompus et le déshonorant traité de 1756.

Entre ces deux avis, qui ont l'avantage d'être nets, Malouet a déjà tenté de glisser ses compromissions. Voici venir, après le patelin et le douceâtre, le procureur fougueux, M. le comte de Mirabeau : « Le droit de paix et de guerre appartient à la nation ; il est délégué concurremment au Corps législatif et au pouvoir exécutif. Le Roi est seul chargé d'entretenir les relations diplomatiques et de distribuer les forces de terre et de mer. Si la guerre devient probable, il le notifie au Corps législatif ; les ministres sont responsables de cette notification, et, au cas d'improbation par le Corps législatif, les hostilités cessent. La guerre est déclarée au nom de la nation, et, sur l'ordre du pouvoir législatif, le Roi est tenu de la terminer. Dans le cas d'hostilités imminentes, le Corps législatif prolonge sa session ; enfin ce même Corps législatif a le droit de réunir les gardes nationales dans tel endroit qu'il le juge à propos. Les troupes extraordinaires sont renvoyées sur l'ordre du Corps législatif, et ce n'est qu'après l'approbation de celui-ci que les traités signés par le Roi deviennent exécutoires. »

Mirabeau est faible dans le développement de ce projet, où il a prétendu concilier les deux termes irréconciliables ; où, sous prétexte de tout ménager, il a tout abandonné ; où il ne laisse au Roi qu'un pouvoir fictif et met entre les mains de l'Assemblée jusqu'au droit d'avoir une armée.

Après son discours, on entend encore quelques orateurs. L'archevêque d'Aix, Cazalès, d'Estourmel, Goupil soutiennent les droits de la royauté. Cazalès, dans de magnifiques paroles, combat le discours de Mirabeau : « Vous avez déjà ôté au Roi deux de ses droits, dit-il :

l'administration intérieure et l'administration de la justice. Si vos décrets lui ôtent le troisième, il faut révéler au peuple un grand secret : « Ce jour, il n'aura plus de roi. » Garat le jeune, Biauzat, Barnave surtout ripostent. On en arrive à ne plus discuter que le projet de Mirabeau. Duquesnoy, Chapelier, Dupont, l'adoptent, le restreignent par quelques amendements.

Au dehors, la foule hurle. Paris comme l'Assemblée est partagé en deux camps. On assomme quiconque soutient les droits du Roi. Dans les rues, on crie : « La grande trahison du comte de Mirabeau. » Moins pour répondre à l'Assemblée qu'aux clubs, à la rue, à la plèbe qu'il a cru conduire tant qu'il a marché devant elle et qui veut maintenant qu'il la suive, Mirabeau monte une dernière fois à la tribune. C'est le réveil du lion. Sa parole échauffée vibre dans la salle pleine : « Et moi aussi, il y a peu de jours, on voulait me porter en triomphe, et maintenant on crie dans les rues : « La grande trahison « du comte de Mirabeau. » Mirabeau semble de bonne foi. Peut-être croit-il sauver la royauté. Il emporte de haute lutte son décret; le voici :

ARTICLE PREMIER. — Le droit de paix et de guerre appartient à la nation; la guerre ne pourra être décidée que par un décret de l'Assemblée nationale qui sera rendu sur la proposition formelle et nécessaire du Roi et qui sera sanctionné par lui.

ART. 2. — Le soin de veiller à la sûreté extérieure du royaume, de maintenir ses droits et ses possessions, est délégué par la Constitution au Roi ; lui seul peut entretenir des relations politiques au dehors, conduire les négociations, en choisir les agents, faire des préparatifs de guerre proportionnés à ceux des États voisins, distribuer les forces de terre et de mer ainsi qu'il le jugera convenable, et en régler la direction en cas de guerre.

ART. 3. — Dans le cas d'hostilités imminentes ou commencées, d'un allié à soutenir, d'un droit à conserver par la force des armes, le Roi sera tenu d'en donner, sans aucun délai, la notification au Corps législatif, et d'en faire connaître les causes et les motifs ; et si le Corps législatif est en vacances, il se rassemblera sur-le-champ.

ART. 4. — Sur cette notification, si le Corps législatif juge que les hostilités commencées sont une agression coupable de la part des ministres ou de quelques autres agents du pouvoir exécutif, l'auteur de cette agression sera poursuivi comme coupable de lèse-majesté; l'Assemblée nationale déclarant à cet effet que la nation française renonce à entreprendre aucune guerre dans la vue de faire des conquêtes, et qu'elle n'emploiera jamais ses forces contre la liberté d'aucun peuple.

Art. 5. — Sur la même notification, si le Corps législatif décide que la guerre ne doit pas être faite, le pouvoir exécutif sera tenu de prendre sur-le-champ des mesures pour faire cesser ou prévenir toute hostilité, les ministres demeurant responsables des délais.

Art. 6. — Toute déclaration de guerre sera faite en ces termes : « De la part du Roi et au nom de la nation. »

Art. 7. — Pendant tout le cours de la guerre, le Corps législatif pourra requérir le pouvoir exécutif de négocier la paix, et le pouvoir exécutif sera tenu de déférer à cette réquisition.

Art. 8. — A l'instant où la guerre cessera, le Corps législatif fixera le délai dans lequel les troupes mises sur pied au-dessus du pied de paix seront congédiées, et l'armée réduite à son état permanent ; la solde desdites troupes ne sera continuée que jusqu'à la même époque, après laquelle, si les troupes extraordinaires restent rassemblées, le ministre sera responsable et poursuivi comme criminel de lèse-nation.

Art. 9. — Il appartient au Roi d'arrêter et de signer avec les puissances étrangères tous les traités de paix, d'alliance et de commerce, et autres conventions qu'il jugera nécessaires au bien de l'État ; mais lesdits traités et conventions n'auront d'effet qu'autant qu'ils auront été ratifiés par le Corps législatif.

Cazalès l'a dit : Il n'y a plus de roi. Ce décret sur la paix et la guerre est l'instrument avec lequel les factieux vont désormais attaquer la royauté. D'autres faits pourront contribuer à la catastrophe, aucun n'aura sur les événements une influence aussi directe.

Dès le 24 mai 1790, le surlendemain du jour où le décret a été voté, Mirabeau fait une proposition. Il veut un article additionnel portant que les traités et conventions conclus jusqu'à ce jour seront examinés par un comité spécial, pour être ensuite ratifiés par l'Assemblée. Fréteau demande l'ajournement, qui est en vain combattu par Robespierre. L'Assemblée passe à l'ordre du jour. Mais cette proposition inexplicable de la part de Mirabeau qui à ce moment devrait être en pleine ferveur monarchique, et qui peut-être n'a vu là qu'un moyen de presser ses négociations d'argent avec la Cour[1], ne va pas tarder à être reprise par d'autres que par lui. Le 27 juillet[2], au

---
[1] La première lettre de Mirabeau au Roi, publiée par M. DE BACOURT, t. II, p. 11, est du 10 mai 1792.
[2] Notons, à la date du 5 juin, une communication adressée directement à l'As-

milieu d'un mouvement populaire, préparé par les meneurs de la gauche pour obtenir le renvoi du ministère qui, sauf Montmorin, déplaît au parti avancé, Dubois-Crancé monte à la tribune et donne lecture de lettres qu'il a reçues des Ardennes, et par lesquelles on l'informe que les places frontières sont dégarnies et qu'on s'apprête à laisser passer des troupes sur le territoire français. Fréteau qui, le 24 mai, a combattu la proposition de Mirabeau et qui, sans doute, a consacré ces deux mois à son éducation diplomatique, répond qu'il faut confronter ces ordres avec les traités, que « tous les traités passés depuis trente ans entre la France et les puissances voisines sont à notre désavantage. Qu'importent les délicatesses d'autorité quand il s'agit du salut public? » Il propose de mander le ministre et de l'interroger. Voidel veut un état politique de l'Europe relativement à la France. Muguet propose de nommer six commissaires qui se rendront chez le ministre. La proposition, aussitôt, est appuyée par Reubell et d'André. D'André l'étend encore; il veut un comité de huit personnes chargé de prendre connaissance des traités conclus avec les puissances étrangères. Il lui donne un nom : ce sera le comité des Affaires étrangères. L'Assemblée applaudit, et l'on nomme commissaires « pour se rendre de suite au secrétariat des Affaires étrangères, à l'effet de demander au ministre la communication des nouvelles et dépêches qu'il a reçues relativement à la situation politique des puissances voisines du royaume » : Fréteau, Dubois-Crancé, Menou, d'Elbecq, d'André, Emeric.

Dès la séance du soir, au milieu du tumulte, des cris : Le renvoi des ministres! que pousse la foule qui entoure la salle de l'Assemblée[1], Fréteau a soin d'affirmer, au nom des commissaires dont la mission pourrait sembler terminée par l'entrevue qu'ils ont eue avec Montmorin, qu'il n'est pas en état de faire un rapport, de donner des renseignements. L'Assemblée n'a cru nommer que des commissaires, elle a nommé un comité, et ce comité n'a qu'un but : prolonger son existence et entrer dans le secret des relations extérieures. Montmorin écrit le lendemain pour se justifier ; il a communiqué, dit-il, tous les renseignements à MM. les commissaires, mais il attache trop d'intérêt à l'opinion de l'Assemblée pour ne pas lui donner lui-même toutes les explications qu'elle a paru désirer. Il entre alors

---

semblée par lord Fitz Gérald, ambassadeur d'Angleterre. C'est le renouvellement d'un acte déjà signalé en 1789.

[1] La séance est interrompue. Un grand nombre de membres de l'Assemblée se lèvent et sortent. Le *Moniteur* n'est pas suspect de royalisme; c'est lui pourtant qui donne ces détails.

dans des détails infinis pour prouver que le passage des troupes est un fait de réciprocité constamment admis. Fréteau, la commère Fréteau, comme dit Mirabeau, monte à la tribune pour répliquer. Il occupe le reste de la séance, lit des pièces, parle des traités de 1769 et de 1779, affirme que les ministres ne sont pas trop coupables, mais qu'ils se sont trompés sur le sens de l'article de la Constitution qui interdit l'entrée des troupes étrangères ; il fait un tableau de la situation politique générale, et finit par proposer un décret par lequel l'Assemblée annule les ordres donnés par le ministre de la guerre, et se réserve de statuer sur le passage demandé par l'ambassadeur du roi de Hongrie. Cette immixtion dont Fréteau est le promoteur n'a pas encore été consacrée par un décret. Le comité diplomatique n'a pas encore d'existence légale. Le 29 juillet, Fréteau vient déclarer qu'ayant trouvé un traité de la France avec la Savoie qui a le même objet que celui de 1769, il lui a paru nécessaire que l'Assemblée nommât un comité pour en faire l'examen, ainsi que des autres traités qui existent entre les différentes puissances. Ce comité, composé de douze personnes, prendra connaissance de tout ce qui est relatif aux affaires extérieures du royaume, en rendrait compte à l'Assemblée sous huit jours, et proposera en même temps ses vues sur les moyens de pourvoir à sa sûreté.

En vain cette motion est combattue par Regnault de Saint-Jean-d'Angely, qui la déclare inconstitutionnelle. M. Noailles l'appuie ; M. Buzot veut que les commissaires soient chargés d'examiner toutes les opérations du ministre ; M. Emeric enfin propose la rédaction définitivement adoptée : il sera nommé un comité de six membres chargés de prendre connaissance des traités existant entre la France et les puissances étrangères et des engagements respectifs qui en résultent, pour en rendre compte à l'Assemblée au moment où elle le demandera. Ce comité est composé de Fréteau, Menou, Mirabeau, Chatelet, d'André et Barnave.

Par une suite de cette fatalité qui semble poursuivre la Royauté, l'affaire d'Espagne, cause première du décret sur le droit de paix et de guerre, redevient pressante presque immédiatement et donne à l'Assemblée une nouvelle occasion de s'occuper, légalement cette fois, de la politique générale. Le 2 août, Montmorin annonce que les armements de l'Angleterre contre l'Espagne continuent, que l'Espagne réclame l'exécution du pacte de famille [1], et il demande la

---

[1] Parmi les nombreuses brochures publiées à ce sujet, voir : *Examen politique de l'alliance de la France avec l'Espagne*, s. l. n. d., 50 p. — *Pacte de famille*

nomination d'un comité chargé d'en conférer avec lui. L'occasion est trop belle pour que l'Assemblée la laisse échapper. Elle n'ira point nommer un comité spécial ; le comité diplomatique permanent est là. Elle lui renvoie toutes les dépêches relatives à l'affaire et l'extrait des traités de l'Espagne avec toutes les puissances de l'Europe. La Vauguyon, ambassadeur à Madrid, est vivement attaqué, et, dans cette même séance, pour essayer de le justifier, Montmorin communique à l'Assemblée ses dépêches jour par jour [1]. C'est là le point de départ du décret du 6 août et du rapport de Mirabeau du 25 août sur le renouvellement de l'alliance avec l'Espagne ; ces divers décrets sont sanctionnés par le Roi le 1er décembre. Quand cette désastreuse affaire est enfin terminée, le 25 novembre, par un accommodement entre l'Espagne et l'Angleterre, on peut juger quel terrain l'Assemblée a conquis : un comité diplomatique permanent a été constitué par elle, comité de gouvernement, s'il en fût ; le ministre a tout livré jusqu'à l'examen de la conduite des agents. La Royauté s'est laissé dépouiller sans protestation de ses attributions essentielles. Le pouvoir exécutif est confondu avec le pouvoir législatif entre les mains de l'Assemblée.

Il n'est pas étonnant que dans ces conditions Montmorin ait eu des droits à la faveur spéciale du parti avancé. Le 9 août, des dépêches chiffrées qui lui sont adressées ayant été arrêtées, et décachetées par la municipalité de Saint-Aubin, l'Assemblée improuve la conduite de cette municipalité et, malgré Martineau, qui propose de nommer des commissaires pour assister au déchiffrement, renvoie purement et simplement les lettres au ministre. Le fait s'étant reproduit à Montauban, Montmorin a quelque succès quand il écrit à l'Assemblée pour lui faire remarquer le danger d'une pareille conduite. Où les sentiments des révolutionnaires en sa faveur se montrent ouvertement, c'est dans la grosse affaire du renvoi des ministres.

On a vu que dès le 27 juillet la populace encombrait les entrées du manége et troublait par ses clameurs les séances de l'Assemblée. Cette émeute s'était renouvelée fréquemment. Le 7 septembre, à propos de l'insurrection de Nancy, elle avait pris un caractère inquiétant. Le *Moniteur,* témoin non suspect, interrompait le compte

---

et réflexions sur la critique qui a été faite de ce traité, 1790, 40 p., in-8°. — *Considérations sur la position politique de la France, de l'Angleterre et de l'Espagne*, par Dupont de Nemours, 30 p., in-8°. — *Observations de Lecouteulx-Canteleu*. Imprimerie nationale, 1790, in-8°.

[1] Extrait de la *Correspondance de M. de la Vauguyon avec M. de Montmorin* Paris, Lejay, in-8°.

rendu des discours : « Il s'élève, dit-il, quelques clameurs dans les Tuileries. Le bruit s'accroît, et bientôt un grand nombre de voix fait entendre, au milieu des cris tumultueux, ces mots mille fois répétés : Le renvoi des ministres ! »

Cette pression de la populace a bientôt son action sur l'Assemblée. Le 19 octobre, Menou vient, au nom des comités diplomatique, colonial, militaire et de la marine, lire un long rapport sur l'insubordination de l'escadre et sur les troubles qui se sont manifestés à Brest. Ce rapport n'est qu'un prétexte. Menou fait remonter toutes les révoltes partielles à une cause générale : l'inertie des ministres, « quelle que soit la raison de cette inertie, soit que la méfiance qu'ils ont inspirée au peuple leur ait opposé des obstacles, soit qu'ils ne connaissent encore la Constitution que de nom, et qu'ils n'en aient point adopté les principes ». Il termine en disant : « Vos comités n'ont pas oublié qu'il n'appartient qu'au Roi de nommer ses ministres, mais ils savent qu'il est de votre devoir de faire connaître la vérité, que c'est la plus sacrée peut-être des fonctions qui vous ont été confiées. » Enfin il propose ce décret : « L'Assemblée nationale, portant ses regards sur la situation actuelle de l'État, et reconnaissant que la défiance du peuple contre les ministres occasionne le défaut de force du gouvernement, décrète que son président se retirera par devers le Roi pour représenter à Sa Majesté que la défiance que les peuples ont conçue contre les ministres actuels apporte les plus grands obstacles au rétablissement de l'ordre public, à l'exécution des lois et à l'achèvement de la Constitution. » Cazalès répond. Ce n'est point à la vérité pour défendre les ministres qu'il monte à la tribune. Il ne connaît point leur caractère et il n'estime pas leur conduite. Depuis longtemps ils sont coupables. Dès longtemps, il les aurait accusés d'avoir trahi l'autorité royale ; car c'est un crime de lèse-nation aussi que de livrer l'autorité qui seule peut défendre le peuple du despotisme d'une Assemblée nationale. Il passe en revue les ministres qui se sont succédé depuis la Révolution. Il compare Necker avec Strafford ; puis, arrivant aux faits qui occupent l'Assemblée : « Si le Corps législatif usurpe le droit de nommer les ministres, si l'Assemblée nationale s'arroge le droit de présenter au Roi le vœu du peuple, les vœux du peuple sont à la longue des ordres pour les rois. » Il termine : « Des membres de cette Assemblée ont formé le coupable projet de dépouiller le pouvoir royal du peu d'autorité qu'il a encore. S'ils réussissaient, il ne resterait aux amis du Monarque, et il en est beaucoup, et il en est un très-grand nombre, qu'à se rallier autour du trône, qu'à s'ensevelir sous ses ruines. » Ricard, Lameth, Beauharnais, Brevet, Barnave, soutiennent l'attaque contre Cazalès ; mais la majorité a eu peur cette fois, elle est décidée à tenter la résistance. Le décret va être mis aux voix. Chapelier essaye d'attirer quelques indécis par une concession. Il excepte nominativement M. de Montmorin de l'arrêt porté contre ses collègues. On vote, et la proposition des quatre comités est rejetée à l'appel nominal par 403 voix contre 340. D'Orléans pourtant avait voté contre les ministres [1].

M. de Montmorin est le héros du jour. Il a les louanges de ce Camille Desmoulins qui, il y a quelque temps, voulait « qu'on déclarât Baptiste Montmorin ennemi de la patrie [2] ». Maintenant, racontant la séance, l'auteur des *Révolutions* écrit : « M. Beaumetz s'empressa alors de séparer des boucs M. de Montmorin, dont j'ai méconnu autrefois le patriotisme, mais à qui tout le côté gauche, toutes les galeries, toutes les tribunes ont payé en ce moment un tribut d'éloges bien mérités. M. de Montmorin reçut le témoignage le plus flatteur de la confiance publique, et les applaudissements de l'Assemblée à plusieurs reprises durent faire avaler de monstrueuses couleuvres à ses camarades, les ministres noirs [3]. »

Cette popularité de Montmorin ne dure guère plus que la fermeté de l'Assemblée et du Roi. A Paris, l'émeute contre les ministres est permanente ; et la municipalité, loin de la calmer, l'excite. Dans toutes les sections, on déclame et l'on prend des arrêtés. Brissot, à la section de la Bibliothèque, commence l'attaque non-seulement contre les ministres, mais contre les premiers commis. « Ce n'est rien faire, dit-il, de renvoyer les ministres si l'on ne renvoie en même temps les sous-ministres, les premiers commis : les Reyneval, les Hennin, vétérans de l'aristocratie et les véritables acteurs qui déclament et chantent dans les coulisses, tandis que les ministres, comédiens de parade, ne font que remuer les lèvres sur l'avant-scène. » Il ajoute : « La plupart de ces commis, qui perdent vingt-cinq ou même cinquante mille livres de rente par la Révolution, en sont désespérés et la traversent de toutes leurs forces » ; et il achève son discours en disant : « C'est le peuple qui, par ses représentants, doit nommer ses ambassadeurs. Y a-t-il plus grande folie que la nôtre de laisser dans les cours étrangères les plus chers instruments de l'an-

---

[1] Camille Desmoulins prétend (*Révolutions de France et de Brabant*, t. IV, p. 420) que le résultat du vote fut dû à ce que cent membres de la gauche solliciteraient le garde des sceaux.

[2] *Révolutions de France et de Brabant*, n° 6, t. Ier, p. 275.

[3] *Ibid.*, t. IV, p. 419.

cien régime ? » Les ministres, c'est-à-dire Champion de Cicé, archevêque de Bordeaux, La Luzerne, Saint-Priest et La Tour du Pin, essayent, le 21 octobre, de désarmer les fureurs populaires en offrant leur démission. Le Roi leur répond qu'il prendra leur lettre en considération et qu'il leur fera connaître ses intentions ; mais leur remplacement tardant un peu, la municipalité organise, d'accord avec les quarante-huit sections, une manifestation. La section Mauconseil prend l'initiative d'une adresse que signe Bailly et que les autres sections approuvent. Le 10 novembre, Danton, orateur de la députation, paraît à la barre et lance contre les ministres un véritable réquisitoire. Néanmoins, il excepte Montmorin de la mise en accusation : « Vous avez, dit-il, séparé M. Montmorin ; on l'avait accusé de vous avoir, pendant plusieurs jours, caché les armements de l'Angleterre sous prétexte de ne pas troubler la fête de la fédération ; mais vous avez cherché ses intentions, et il a obtenu de vous une distinction honorable. La commune de Paris ne cherche pas des coupables, mais elle doit assurer sa surveillance de manière que le temple de la Liberté ne devienne pas l'asile le plus sûr des fauteurs de despotisme, et qu'ils regardent son culte extérieur comme le seul moyen qui leur reste pour adoucir la vengeance des lois. Vainement objectera-t-on que la commune n'apporte point de preuves ; la nation a le droit de dire aux mandataires qu'elle soupçonne : Vous êtes indignes de la confiance publique par cela seul que vous vous obstinez à rester dépositaires de mes intérêts pendant l'instruction du procès que je vous intente. » Et l'Assemblée, qui, le 19 octobre, a voté solennellement que les ministres avaient sa confiance, applaudit aux paroles de Danton. Le président, Chasset, interdit à Cazalès de lui répondre et invite la députation aux honneurs de la séance.

Que pouvait faire le Roi ? Le 21 novembre, l'archevêque de Bordeaux est remplacé par Duport du Tertre ; déjà, depuis le 16 octobre, Duportail a pris le portefeuille de la guerre à La Tour du Pin ; le 24 octobre, Fleurieu a succédé à La Luzerne à la marine ; enfin, le 24 décembre, le Roi annonce à l'Assemblée que M. Guignard (de Saint-Priest), ministre de l'intérieur, a donné sa démission, et que le portefeuille est remis, par intérim, à M. de Montmorin[1]. L'Assemblée applaudit à plusieurs reprises.

Désormais les événements vont se précipiter. L'année 1791, cette année suprême de la royauté, commence au milieu de difficultés sans nombre. Le pouvoir du Roi n'existe plus ; le pouvoir de l'Assemblée

---

[1] Montmorin remit plus tard le portefeuille à M. de Lessart.

s'affaiblit chaque jour; la municipalité, instrument obéissant de la plèbe, tend à devenir le seul pouvoir[1]. Enfin la guerre menace; les princes allemands possessionnés en France, lésés par les décrets de l'Assemblée, se sont adressés à l'Empereur, et celui-ci a écrit au Roi. Montmorin sent combien il aurait besoin pour empêcher la guerre de la confiance de l'Assemblée. Il marche, à la vérité, d'accord avec Mirabeau, et Mirabeau est le grand rapporteur du comité diplomatique; mais Mirabeau ne peut empêcher les continuelles interpellations, les soupçons, les accusations contre le ministre. Montmorin a écrit le 27 janvier 1791 pour communiquer la lettre de l'Empereur au Roi; il a profité de l'occasion pour réclamer la confiance de l'Assemblée. « La nature des affaires dont je suis chargé, a-t-il ajouté, prête à un grand nombre d'inculpations. Les justifications sont toujours difficiles, souvent impossibles et quelquefois criminelles; je dis criminelles parce que je regarderais comme

---

[1] Dès le 17 novembre 1790, l'Assemblée a rendu un décret qui fera l'objet d'un grand nombre de contestations pour le personnel des Affaires étrangères et qui donne aux municipalités une sorte de droit d'investigation sur les agents du Roi à l'étranger. Ce décret oblige tous les agents au serment civique, et stipule que le serment devra être prêté entre les mains des officiers municipaux du lieu de leur départ.

Voici le texte de ce décret qui n'est pas sans importance, tant pour le personnel diplomatique que pour le personnel intérieur :

« ARTICLE PREMIER. — Tous les ambassadeurs, ministres, envoyés, résidents, consuls, vice-consuls ou gérants auprès des puissances étrangères, leurs secrétaires, commis et employés français, feront parvenir à l'Assemblée nationale ou à la législature prochaine un acte, par eux signé et scellé du sceau de la chancellerie ou secrétariat de l'ambassade ou de l'agence, contenant leur serment civique.

Cet acte sera envoyé dans les délais suivants, savoir : par ceux qui sont en Europe, dans un mois, à compter du jour de la notification du présent décret;

Par ceux qui sont dans les colonies de l'Amérique, dans cinq mois ;

Par ceux qui sont aux îles de France et de Bourbon, dans quatorze mois.

ART. 2. — Le serment qu'ils prêteront sera conçu en ces termes : « Je jure « d'être fidèle à la nation, à la loi et au Roi, de maintenir de tout mon pouvoir la « Constitution décrétée par l'Assemblée nationale et acceptée par le Roi, et de pro- « téger auprès de... (exprimer ici le nom de la puissance), de ses ministres et « agents, les Français qui se trouvent dans ses États. »

ART. 3. — Les agents du pouvoir exécutif qui, à dater du jour de la publication du présent décret, seront envoyés hors du royaume avec l'une ou l'autre des qualités désignées à l'article premier, prêteront leur serment entre les mains des officiers municipaux du lieu de leur départ.

ART. 4. — Ceux qui ne se conformeront pas au présent décret seront rappelés, destitués de leurs places et déclarés incapables de toute fonction, commission publique jusqu'à ce qu'ils aient prêté le serment ci-dessus ordonné. »

Le 30 décembre, Montmorin envoie un premier état des agents qui ont prêté le serment. Presque tous se sont conformés à la loi nouvelle. Le cardinal de Bernis a fait des restrictions, M. de Bombelles, ambassadeur à Venise, et M. de Castellanne, résident à Genève, ont refusé leur adhésion; ils seront rappelés.

telles toutes publications qui, n'ayant pour objet que de disculper le ministre, pourraient compromettre la chose publique. »

Le 28 janvier, Mirabeau, dans un long rapport sur la situation extérieure, conclut que la paix est assurée et termine par l'éloge du ministre; mais il réclame un renouvellement presque complet du personnel diplomatique. Il veut qu'on n'emploie pour les relations extérieures « que des hommes qui ne compromettent pas la puissance française par des doutes sur ses succès, qui ne soient pas en quelque sorte étrangers au nouveau langage dont ils doivent être les organes, et qui, soit qu'ils ne connaissent pas la régénération de leur patrie, soit que leurs anciens préjugés combattent leurs devoirs, soit qu'une longue habitude de servir le despotisme ne leur permette pas de s'élever à la hauteur d'un système de liberté, ne sont plus que les agents du ministère ou les confidents de l'aristocratie, et non les représentants d'un peuple magnanime ». Il demande que le comité des pensions et le comité diplomatique réunis soient chargés de faire un rapport sur les pensions de retraite qu'il convient d'accorder aux agents du pouvoir exécutif dans les pays étrangers.

Ce rapport avait été concerté avec Montmorin, et le ministre se hâte d'en mettre à exécution les conclusions principales. Le 27 mars, il fait signer au Roi sept nominations nouvelles pour les postes de Rome, Stockholm, Venise, Pétersbourg, la Haye, Dresde et Liége [1]. La situation extérieure s'aggrave, mais Mirabeau est à côté du ministre pour l'aider, le 13 mars, lorsqu'il rassure l'Assemblée, annonce des nouvelles pacifiques de Berlin et de Vienne et l'ouverture de négociations militaires avec les Suisses. Quand les questions, les motions se multiplient, Mirabeau prête encore son appui (17 mars). C'est lui qui, d'accord avec le ministre, demande la mise en état de défense de la frontière du nord (22 mars).

C'est que, depuis le 1er juin 1790, Mirabeau est en rapports constants avec la Cour. Depuis le mois de décembre 1790, sa correspondance avec Montmorin est quotidienne, ses rapports avec lui de toutes les heures. Rien ne s'est fait que par son conseil. Mirabeau a soutenu et poussé Montmorin. Il a déclaré dans ses notes à la Cour [2] que Montmorin était la seule personne avec qui les députés pussent et voulussent s'entendre, que seul il pouvait être le centre du ministère secret dont Mirabeau serait l'âme. S'il y a en ce moment

---

[1] MM. de Ségur, de Vibraye, de Durfort, d'Osmond, de Gouvernet, de Montesquiou, Bonne-Carrère.

[2] *Correspondance de Mirabeau avec le comte de La Marck*, t. II, p. 469 et suiv.

une tentative de résistance; si, pendant les trois premiers mois de l'année 1791, on sent dans les rapports du ministre avec l'Assemblée une apparence d'énergie; si, grâce à l'entente de Montmorin et de Mirabeau, chef et rapporteur ordinaire du comité diplomatique, on parvient à éviter les écueils les plus dangereux, c'est à Mirabeau qu'on le doit. Mirabeau et La Marck gourmandent la lenteur de Montmorin, « lenteur par indécision, lenteur par faiblesse, lenteur par paresse [1]. et sa gavacherie [2] ». Mirabeau parle quand il faut. Il tient l'Assemblée sous le charme. On soupçonne peut-être son alliance avec la Cour, mais qui peut l'affirmer? Tout peut être sauvé par lui, la Royauté et la France. Il meurt (2 avril), et en mourant il « emporte dans son cœur le deuil de la monarchie dont les factieux vont se partager les débris ».

Désormais, la Royauté n'a plus de soutien. Le ministère secret n'est plus qu'un rouage sans utilité. Les décrets sur les prêtres et sur les émigrants ne trouvent plus en face d'eux la « hure » du tribun; on n'entend plus le cri : « Silence aux trente voix ! » et le projet de décret sur l'organisation du ministère entre à ce moment même en discussion. Toutes les fonctions, toutes les prérogatives, tous les droits du ministère sont remis en question. Tant que l'Assemblée n'a pas pénétré dans le détail de ces charges, tant qu'elle a regardé du dehors le ministère politique, elle a gardé vis-à-vis de lui le respect ancien qu'avaient jadis les peuples pour l'autorité royale. Maintenant qu'elle s'est arrogé le droit d'en scruter jusqu'aux détours intimes, maintenant que c'est elle qui le constitue et qui lui donne sa loi, n'y a-t-il pas chances pour qu'elle le traite en serviteur, en œuvre qu'il a plu de créer et qu'on peut aussi bien détruire? Avant même d'établir les règles fondamentales, avant de déterminer les attributions de chaque département, le mode de nomination et de révocation, c'est par le titre de la responsabilité qu'on commence la discussion. Robespierre et Pétion l'exigent. Cette mise à l'ordre du jour est du 6 avril; Lepelletier-Saint-Fargeau, rapporteur du code pénal, n'a pas encore donné lecture des délits que peuvent commettre les ministres, que déjà, dans cette même séance du 6, Montmorin est violemment attaqué par Menou et Buzot. Menou déclare que l'on n'a point parlé, dans le titre, de la responsabilité des ministres dans les choix secondaires. M. de Montmorin vient de faire les choix les plus extraordinaires. Lui, Menou, a cru devoir lui faire des représentations, lui

---

[1] *Correspondance de Mirabeau*, t. III, p. 29.
[2] *Ibid.*, p. 34.

dire que parmi ces nouveaux ministres aucun ne s'était prononcé fortement dans le sens de la Révolution, aucun n'était roturier. Il conclut en demandant qu'on ajoute au décret sur le ministère un article sur la manière d'exercer la responsabilité contre les ministres qui auraient fait des choix absolument antipatriotiques. Buzot appuie la proposition. Il veut que l'Assemblée puisse demander le renvoi des ministres, qu'elle puisse faire au Roi des représentations contre ceux « qui se conduiraient aussi mal que M. de Montmorin l'a fait dans cette circonstance ». Et le *Moniteur* note que cette phrase est accueillie par des applaudissements.

Dès le lendemain, Montmorin écrit pour justifier ses nominations. Cette dénonciation, dit-il, ne contient que des déclamations vagues. Elle n'a eu pour but que de l'effrayer, on n'y est pas parvenu. Cette dénonciation, d'ailleurs, était depuis longtemps répandue dans les journaux; mais il tient à garder la confiance dont l'honore l'Assemblée. Les choix qu'on reproche au Roi ont été faits pour la majeure partie dans la carrière parmi des sujets qui avaient prêté le serment civique; parmi les ministres nouveaux, l'un (Bonne-Carrère, secrétaire de la société des Jacobins [1]) est accusé d'être membre d'une de ces sociétés qui doivent leur existence aux circonstances actuelles. La simple inscription sur ces listes peut-elle être un cas d'exclusion ? Un autre est le fils d'un des membres de l'Assemblée qui a rendu des services essentiels. Le patriotisme du troisième ne peut pas être suspecté. Montmorin termine en déclarant « que la tranquillité dont on jouit au dehors lui permet de croire que ses services ne sont pas inutiles à la chose publique, et que son ancien et inviolable attachement au Roi lui fait un devoir de rester auprès de lui tant qu'il lui accordera sa confiance ». Cette lettre, d'un ton hautain qui sort de l'ordinaire, est reçue par « quelques applaudissements ». On sent déjà une certaine froideur entre le ministre et les députés. En présence de ces délibérations, par lesquelles l'Assemblée se confère le droit de renvoyer les ministres, Montmorin n'a-t-il pas voulu indiquer que c'est du Roi seul qu'il tient son portefeuille, que c'est au Roi seul qu'il en doit compte ?

Un petit fait, qui prend place dans la séance du 12, excite de nouveau les colères de l'Assemblée. M. de Montmorin a fait part par une note de la prestation de serment de plusieurs ambassadeurs. L'extrême gauche se récrie : Pourquoi une note? Pourquoi un billet? Chapelier prend la parole, argue de la dignité du Corps législatif qui ne lui per-

---

[1] Voir plus loin, au ministère de Dumouriez, l'article consacré à Bonne-Carrère.

met pas de recevoir de billets, demande que le billet de M. de Montmorin lui soit renvoyé avec une note du président portant que l'Assemblée ne reçoit point de billets. Et la proposition est mise aux voix et décrétée à l'unanimité. Montmorin a beau réparer cette faute de protocole dans la séance du lendemain 13 avril, Mirabeau n'est plus là pour faire son éloge, sauver la situation.

Dans Paris, l'agitation est continuelle. Le 17 avril, le Roi veut aller à Saint-Cloud pour y faire ses pâques : une émeute l'en empêche. Le 19, il vient à l'Assemblée protester de son droit de sortir de Paris, demander sinon la réalité, au moins l'apparence de la liberté. Le bruit court, et l'*Orateur du peuple* s'en fait l'écho [1], qu'aussitôt le Roi hors de Paris, toutes les puissances attaqueront par terre et par mer, que Montmorin donnera sa démission, et qu'il en résultera d'épouvantables désordres. Faut-il chercher un écho de ces dénonciations de la rue, une marque du dépit de la gauche outrée de la démarche du Roi, et voulant au moins sacrifier un ministre, dans cette singulière querelle qu'on cherche à Montmorin dans la séance du soir du 19 avril? Il s'agit d'une lettre par laquelle des députés extraordinaires des États de Porentruy dénoncent les mouvements des troupes de l'évêque de Bâle et demandent que leur territoire soit occupé par la France. Le pays de Porentruy est la patrie de Gobel, l'évêque de Paris. C'est Gobel qui, quoique absent, mène l'affaire. Rewbell dénonce le ministre, Babet dénonce le comité diplomatique, d'André se défend. « C'est là, dit-il, l'affaire du comité militaire; il ne nous est pas permis de nous immiscer dans les fonctions du ministre des affaires étrangères, encore moins dans des détails qui ne regardent point ce ministre. » Rewbell insiste sur sa proposition; Robespierre vient l'appuyer. Il met les ministres en accusation ; il affirme l'intelligence des ennemis extérieurs avec ceux du dedans; il déclare que les ministres sont inactifs, que le comité diplomatique ne surveille pas Montmorin, ne révèle pas les secrets qui importent le plus à la nation. M. Louis Noailles parle ainsi : « Puisque nous avons des agents, des espions, des ambassadeurs, car je confonds assez facilement ces mots-là, il faut que nous sachions ce qui se passe. » Pétion veut que le comité diplomatique soit spécialement chargé de surveiller tous les mouvements extérieurs. Menou déclare qu'il est impossible que le comité diplomatique puisse marcher avec un tel ministre. L'affaire de Porentruy et des cinq cents hommes de l'évêque de Bâle est renvoyée au comité.

---

[1] *Orateur du peuple,* par Martel, t. VI, p. 21.

En face de ce démembrement chaque jour plus complet du pouvoir royal, que fait le Roi ? Non-seulement il cède ce que l'Assemblée a pris, mais il lui donne même plus qu'elle ne demande. Il compte que cette abdication de l'autorité royale lui vaudra un peu plus de liberté personnelle. La démarche du 19 n'a pas suffi. La municipalité et le Département de Paris lui présentent des adresses. Elles lui demandent, lui commandent d'affirmer devant l'Europe, la liberté dont il jouit, l'amour qu'il éprouve pour la Constitution. Le 23, à la séance du soir, un des secrétaires donne lecture d'une lettre que Montmorin vient de communiquer. Cette lettre est adressée au nom du Roi à tous les représentants de la France à l'étranger. Non-seulement le Roi adhère à la Révolution, « qui n'est que l'anéantissement d'une foule d'abus accumulés depuis des siècles par l'erreur des peuples ou le pouvoir des ministres qui n'a jamais été le pouvoir des rois », mais encore il laisse affirmer en son nom que « ceux qui se disent les amis du Roi sont les ennemis de la royauté »; que pour lui, il est libre, absolument libre, qu'il est entièrement et absolument heureux. La circulaire se termine par un éloge de la nouvelle Constitution, « qui, en assurant la liberté et l'égalité des citoyens, fonde la prospérité nationale sur les bases les plus inébranlables, qui affermit l'autorité royale par les lois, qui prévient par une révolution glorieuse la révolution que les abus de l'ancien gouvernement auraient bientôt fait éclater, en causant peut-être la dissolution de l'Empire, enfin qui fera le bonheur du Roi ». L'Assemblée éclate en applaudissements. Elle veut tout entière se précipiter chez le Roi. Robespierre prononce un discours, arrête cet enthousiasme. Une députation est seulement envoyée, et Chabroud porte la parole en son nom : « Pour la première fois, dit-il, les maximes sacrées qui énoncent les droits des hommes entreront dans les mystères de la correspondance diplomatique. » Le Roi et le président se congratulent. Il semble que les deux pouvoirs se soient réconciliés, et que, cédant au courant, Louis XVI se soit déterminé à embrasser résolûment le parti de la Révolution.

Et pourtant, malgré ces applaudissements de l'Assemblée, nul dans le public n'est rassuré par la circulaire, et n'a réellement confiance. Stanislas Girardin [1], qui peut représenter les constitutionnels, trouve la circulaire trop révolutionnaire. Les définitions le satisfont absolument, mais leur sincérité lui paraît douteuse. Marat [2] s'écrie : « Eh quoi! toutes

---

[1] *Mémoires*, t. III, p. 100.
[2] N° 443 de l'*Ami du peuple. Les Parisiens toujours dupes et contents, ou la triple pantalonnade ministérielle, royale et sénatoriale.*

les têtes tournent à la vue d'une pantalonnade? Serez-vous toujours dupes des traîtres qui vous environnent? Les prendrez-vous pour des agneaux, ces tigres altérés de sang? » La circulaire n'est que la « production ridicule de quelque cuistre académicien, d'un ministre vieux valet de la Cour ». Rappelant que le Roi est venu le 19 affirmer qu'il n'était pas libre : « Comment, dit Marat, a-t-il le front de crier à la calomnie contre ceux qui ont dit qu'il n'était pas libre, lui qui est venu cinq jours auparavant s'en plaindre comme un écolier à l'Assemblée nationale? » Et il termine : « Quoi donc? le cœur des rois se retourne-t-il comme un gant? L'accueil qu'il a reçu aurait-il changé tout à coup ses idées, ses principes, ses projets, ses passions? » La circulaire plaît-elle davantage à l'*Ami du Roi?* Voici ce qu'écrit l'abbé Royou après avoir réfuté paragraphe par paragraphe le manifeste de Montmorin : « Si les despotes de l'Europe qui ne sont pas illuminés par les célestes lumières dont sont investis les apôtres des droits de l'homme, s'imaginent voir dans cette lettre même une nouvelle preuve de la captivité du Roi et de l'avilissement de son pouvoir, il ne faut en accuser que ceux qui, en forçant le monarque de se rendre leur écho, auront fait croire qu'il était leur prisonnier [1]. » Ces doutes se répandent et trouvent crédit. C'est en vain que depuis sa circulaire Montmorin a multiplié les occasions d'affirmer son dévouement à l'Assemblée. En vain, le 5 mai, il a communiqué au comité diplomatique les pièces relatives à la diète de Ratisbonne et les a fait lire par d'André, ainsi qu'une lettre qu'il a adressée au Pape pour exposer les motifs du rappel du cardinal de Bernis. Dans cette lettre, il est allé jusqu'à dire que « si le serment sans restriction était regardé par Sa Sainteté comme un motif d'exclusion suffisant pour un ambassadeur du Roi, la dignité de la nation et celle de Sa Majesté ne lui permettraient plus de conserver un nonce du Pape à Paris ». Le 23, à propos d'un prétendu manifeste de Léopold II, empereur d'Occident, qu'on vend aux portes de l'Assemblée, il s'est hâté de faire de nouvelles protestations : « Je compterai toujours au rang de mes devoirs les plus essentiels à remplir, celui de faire évanouir les fausses alarmes avec lesquelles on cherche à tourmenter le public, ainsi qu'à mettre l'Assemblée à portée d'apprécier par la voie de son comité diplomatique le véritable état de notre position avec les puissances étrangères. » Bien mieux; il n'a pas trouvé une protestation contre le rapport de Menou sur l'affaire d'Avignon, contre ce nouveau système érigé en principe « d'étendre l'empire de la France à des

---

[1] *Réflexions de l'abbé Royou*, in-8° de 8 pages, s. l. n. d.

peuples qui sont en contact avec elle[1] ». Il n'a pas élevé une réclamation sur cette affaire de l'ambassadeur d'Espagne, arrêté par les sans-culottes le jour où l'on brûla le pape en effigie, et obligé de donner un louis pour contribuer à la fête[2].

Et pourtant toutes ces déclarations ne convainquent pas le public. Le *Moniteur* du 31 mai insère en tête de ses colonnes une correspondance datée de Francfort, par laquelle on affirme qu'en même temps que la déclaration, on a envoyé deux contre-lettres annonçant qu'on est obligé de patienter quelque temps, mais qu'on compte bien, quand la défiance sera apaisée, reprendre les mesures qu'on a concertées : la fuite du Roi à Compiègne, puis à Bruxelles. Cette fois, Montmorin s'indigne. Il écrit : « J'atteste sur ma responsabilité, sur ma tête, sur mon honneur, que le projet qu'on ne rougit pas de prêter au Roi dans cet article n'a jamais existé. Ah! si l'on pouvait connaître dans tous ses détails les soins et la vigilance de Sa Majesté, on verrait combien ils sont d'une nature différente. » Il a mis cette lettre qu'il écrit à l'Assemblée sous les yeux du Roi, et c'est par son ordre qu'il l'a envoyée. L'Assemblée applaudit. Peu s'en faut qu'elle ne poursuive le *Moniteur*. Loys, Montlosier, Liancourt, en font la proposition formelle, qui est combattue par Lavigne, Duport et Robespierre, et écartée par l'ordre du jour. Le *Moniteur* du 4 contient, du reste, une rectification; mais le rédacteur ne se déclare pas encore absolument convaincu. « Qui sait, dit-il, les desseins qu'on peut conserver au château des Tuileries? » Dans d'autres feuilles, la même incrédulité est affirmée plus nettement encore et avec des insultes à l'adresse du ministre[3].

---

[1] Voici la phrase de Menou d'après le *Moniteur* (séance du 17 mai). Menou fait l'apologie du peuple polonais : « Quoi ! dit-il, tandis qu'à quatre cents lieues d'ici le sénat jusqu'ici le plus aristocratique, composé de la noblesse la plus orgueilleuse de l'Europe, vient, par un élan sublime pour la liberté, d'adopter les bases de notre Constitution, la France ne voudra pas que son empire s'étende à des peuples qui sont en contact avec elle ! »

[2] *Journal de la Cour et de la Ville* du 24 mai.

[3] « A moi, Jean-Baptiste, deux mots. Tu viens dans ta fureur d'écrire coup sur coup deux lettres dans le même jour à l'Assemblée nationale pour dénoncer un article du *Moniteur* qui met en évidence les moyens tortueux de ta politique. « J'atteste, dis-tu, avec une chaleur indigne de la diplomatie, j'atteste sur ma « tête (la tête de Montmorin), j'atteste sur ma responsabilité (la responsabilité de « Montmorin), j'atteste sur mon honneur (l'honneur de Montmorin), que les faits « consignés dans cette lettre sont calomnieux. » Là, mon pauvre Baptiste, calme un peu ce grand courroux, cette humeur furibonde...

« Fiez-vous, Parisiens, à la simple parole de Baptiste...

« Il faut un front d'airain pour soutenir aujourd'hui l'inverse de ces vérités de fait ; il faut une joue de laquelle le soufflet du prince des Asturies ait pour jamais effacé toute rougeur. » (Fréron, *Orateur du peuple*, t. VI, n° 27, p. 217.)

Hélas! le 5 juin, sur une note de M. de Simolin, ministre de Russie, le ministère délivrait deux passe-ports : le premier pour la baronne de Korff, une femme, un valet de chambre, deux enfants et trois domestiques, allant à Francfort; le second pour la baronne de Stegleman, sa fille, une femme, un valet, trois domestiques; tous deux valables pour un mois. C'étaient les passe-ports dont devait se servir la famille royale.

Le 21 juin éclate la nouvelle : le Roi est parti. On ne peut supposer que ce départ ait été volontaire. Le Roi, dit Alexandre de Beauharnais, qui préside l'Assemblée, a été enlevé par les ennemis de la chose publique; quoi qu'il en soit, enlèvement ou fuite, l'Assemblée se hâte de s'emparer du pouvoir. Sur la proposition de Regnault de Saint-Jean-d'Angely, elle ordonne d'arrêter le Roi partout où on le rencontrera; sur la motion de Camus, elle prend des mesures pour sa propre garde et invite les ministres à se rendre dans l'Assemblée pour entendre de leur bouche le récit des faits qui sont à leur connaissance et leur donner tous les ordres nécessaires, « car c'est à vous certainement, dit Camus, qu'il appartient de donner tous les ordres ». « Le pouvoir exécutif retourne naturellement à sa source », ajoute Goupil. Charles Lameth propose que les comités diplomatique, militaire et des finances travaillent directement avec les ministres et les surveillent. D'André propose que pour l'exécution des décrets il ne soit plus besoin de sanction ni d'acceptation. C'est l'usurpation nette et formelle de la souveraineté et de l'exercice même de la souveraineté. Bientôt les ministres de Lessart[1] et Duport du Tertre viennent proposer à l'Assemblée diverses mesures; Montmorin seul ne se présente pas, mais il écrit au président et à de Lessart. Le peuple entoure sa maison, crie, demande sa tête. On lui a donné des gardes, mais il demande qu'on lui permette de rendre compte de sa conduite. Il prie l'Assemblée de donner des ordres pour qu'il puisse se rendre auprès d'elle. Le président expédie les ordres nécessaires, puis l'Assemblée autorise les ministres à se réunir en conseil pour délibérer à l'hôtel du Sceau.

De tous les ministres, Montmorin est le plus compromis. C'est lui qui, par la circulaire du 23 avril, a rassuré les députés sur les projets de fuite du Roi, lui qui a affirmé sur sa tête et sur sa responsabilité que Louis XVI ne voulait que la Constitution. Or, sur ces deux points, la proclamation adressée par Louis XVI à tous les Français avant sa sortie de Paris donne au ministre un démenti formel. Voici en

---

[1] Le ministre de la maison du Roi ou de l'Intérieur, nommé le 26 janvier 1791.

quels termes le Roi s'exprime relativement aux Affaires étrangères :

« La nomination aux places de ministres dans les cours étrangères a été réservée au Roi, ainsi que la conduite des négociations; mais la liberté du Roi pour ces choix est tout aussi nulle que pour ceux des officiers de l'armée; on en a vu l'exemple à la dernière nomination. La révision et la confirmation des traités que s'est réservées l'Assemblée nationale, et la nomination d'un comité diplomatique, détruisent absolument la seconde disposition. Le droit de faire la guerre ne serait qu'un droit illusoire, parce qu'il faudrait être insensé pour qu'un roi qui n'est ni ne veut être despote allât de but en blanc attaquer un autre royaume, lorsque le vœu de sa nation s'y opposerait et qu'elle n'accorderait aucun subside pour la soutenir. Mais le droit de faire la paix est d'un tout autre genre. Le Roi qui ne fait qu'un avec la nation, qui ne peut avoir d'autre intérêt que le sien, connaît ses droits, connaît ses besoins et ses ressources, et ne craint pas alors de prendre les engagements qui lui paraissent propres à assurer son bonheur et sa tranquillité; mais quand il faudra que les conventions subissent la révision et la confirmation de l'Assemblée nationale, aucune puissance ne voudra prendre des engagements qui peuvent être rompus par d'autres que par ceux avec qui elle contracte, et alors tous les pouvoirs se concentrent dans cette Assemblée; d'ailleurs, quelque franchise qu'on mette dans les négociations, est-il possible d'en confier le secret à une Assemblée dont les délibérations sont nécessairement publiques? »

Rien d'étonnant dans ces conditions à ce que Fréteau vienne proposer, au nom du comité diplomatique, que les scellés soient apposés sur les archives des Affaires étrangères et sur les chiffres qu'elles renferment. A la vérité, la discussion sur cet objet est suspendue jusqu'à ce que le ministre ait été entendu. Il entre bientôt dans la salle du manége, proteste de son dévouement et de sa soumission aux ordres de l'Assemblée, accepte la proposition de Fréteau qui est immédiatement rédigée en décret[1] avec une adjonction relative à une garde donnée à l'hôtel même du ministre, rue Plumet, et, sur la motion de Charles Lameth, est chargé de conférer avec le comité diplomatique, afin de fixer l'Assemblée, par un rapport, sur ses

---

[1] « Il est ordonné au ministre de l'Intérieur de faire établir à l'instant même une forte garde aux dépôts des Affaires étrangères à Paris et aux dépôts des Affaires étrangères, de la Guerre, de la Marine et autres qui sont à Versailles, avec défense de laisser sortir aucuns papiers ou paquets des lieux où ils se trouvent. Pareils ordres seront exécutés à l'égard du logement qu'habite à Paris le ministre des Affaires étrangères. »

relations avec les puissances étrangères. Puis l'Assemblée retire la garde qui avait accompagné le ministre de sa maison jusqu'à la salle du manége ; elle se déclare en permanence et suspend sa séance à quatre heures du soir.

A la reprise, à cinq heures, Regnault de Saint-Jean d'Angely annonce que quelques-uns des ministres ou ambassadeurs des puissances étrangères témoignent des inquiétudes. Il propose de leur donner une garde d'honneur et de leur déclarer que le ministre des Affaires étrangères continuera à communiquer avec eux. Fréteau et Biauzat s'opposent à la première partie du décret. Robespierre engage une querelle à propos de Montmorin dont le nom, et non le titre, se trouve énoncé. Malgré cette contestation, la seconde partie du décret est votée [1].

Nulle part Montmorin ne proteste contre l'envahissement du pouvoir exécutif. En l'absence du Roi, croit-il, lui aussi, que la puissance a fait retour à l'Assemblée ? Est-il plutôt atterré et comme hébété sous la responsabilité ? Ces émeutes de la rue, cette colère de la populace qu'il affronte pour la première fois, l'ont-elles guéri de toute velléité de résistance ? Ou n'est-il pas, peut-être, consterné de la déloyauté et du manque de confiance de ce Roi en qui il croyait et qui l'a trompé ? D'ailleurs, que peut-il ? Les soupçons l'assaillent de toutes parts. A la tribune des jacobins, Robespierre lui réserve ses attaques les plus violentes : « Le ministre des Affaires étrangères, quel est-il ? C'est un Montmorin, qui, il y a un mois, il y a quinze jours, vous répondait, se faisait caution que le Roi adorait la Constitution. C'est à ce traître que vous abandonnez vos relations extérieures, sous la surveillance de qui ? du Comité diplomatique, de ce Comité où règne un d'André et dont un de ses membres me disai qu'un homme qui n'était pas un traître à sa patrie ne pouvait y mettre le pied. »

Le 22, quand arrive à l'Assemblée la nouvelle de l'arrestation du Roi, Boussion inculpe Montmorin de ne pas s'être réuni aux ministres patriotes, et Duport est obligé de le justifier et d'affirmer qu'il ne ardera pas à venir. Aussi, devant cette hostilité menaçante, Mont-

---

« [1] L'Assemblée nationale, le Roi absent, ordonne que le ministre des Affaires étrangères fera connaître aux ambassadeurs et ministres des puissances résidant actuellement à Paris, ainsi qu'aux ambassadeurs de France auprès des États et royaumes étrangers, la volonté de la nation française de continuer avec lesdits États et royaumes la correspondance d'amitié et de bonne intelligence qui a existé jusqu'à présent, et instruira lesdits ambassadeurs et résidents pour les puissances, qu'ils doivent remettre à M. de Montmorin les notes officielles dont ils seront chargés de la part des princes et des États respectifs. »

morin abandonne sans discussion toutes les prérogatives de sa place. Il communique à Fréteau tous les renseignements qu'il reçoit des ministres de France. C'est Fréteau qui, trois fois dans la séance du 22, vient parler à l'Assemblée sur la flotte anglaise, sur Mayence, sur les émigrés. C'est Fréteau qui vient demander des passe-ports au président de l'Assemblée pour les courriers que le ministre doit expédier ; et ces passe-ports encore sont insuffisants. Le courrier que Montmorin envoie à Londres à M. de la Luzerne est arrêté à Calais, remplacé, sur l'ordre de la municipalité, par un Calaisien, de crainte que le courrier n'ait quelque chose à dire de bouche à l'ambassadeur [1]. Montmorin est présent à la séance, le *Moniteur* l'atteste, quand Desmeuniers, au nom du Comité de Constitution, lit à l'Assemblée une adresse aux Français qui doit servir de réponse à la proclamation du Roi, et il ne trouve rien à dire lorsque Desmeuniers en arrive à ce passage : « Les décrets sur la guerre et la paix ont ôté au Roi et à ses ministres le droit de sacrifier les peuples aux caprices des cours. La ratification définitive des traités a été réservée aux représentants de la nation. On se plaint d'avoir perdu une prérogative : quelle prérogative que celle de n'être pas soumis à consulter la volonté nationale pour sacrifier le sang et les fortunes des citoyens! Qui mieux que le Corps législatif peut connaître les vœux et les intérêts de la nation ? On veut pouvoir faire la guerre impunément ? Eh quoi ! n'avons-nous pas fait, sous l'ancien gouvernement, une assez longue expérience de l'ambition des ministres ? »

Le 24, le grand orage éclate. Le fameux passe-port [2] qui porte la signature de Montmorin vient d'être présenté à l'Assemblée. La foule aussitôt se rend à l'hôtel de la rue Plumet pour y mettre le feu [3]. Le ministre est injurié, menacé, mis en arrestation. A l'Assemblée, même agitation. Muguet demande que le ministre soit amené sous une escorte nombreuse pour donner des éclaircissements sur sa conduite, et des renseignements sur le passe-port. La proposition est immédiatement décrétée, et bientôt Montmorin entre dans la salle. Le décret lui est notifié ; le ministre répond qu'on n'accorde des passeports aux étrangers que d'après les passe-ports des ambassadeurs de leur nation, et que celui dont le Roi s'est servi est vraisemblablement de ce nombre. Biauzat l'interrompt pour déclarer qu'il doit y avoir

---

[1] Fréron, *Orateur du peuple*, t. VI, p. 509.
[2] Reproduit en *fac-simile* par M. de Beauchesne, dans son *Histoire de Louis XVII*.
[3] *Orateur du peuple*, t. VI, p. 395.

des pièces, que dernièrement il a été lui-même chercher un passeport, que le nommé Geoffroy[1] lui a demandé des pièces, et lui a dit qu'on les conservait. Montmorin s'excuse en faisant remarquer que ces détails peuvent échapper au ministre des Affaires étrangères, qu'il lui est impossible de vérifier si le nom des personnes qui demandent des passe-ports est vrai ou faux ; que d'ailleurs, s'il était coupable, il aurait précédé ou suivi les fugitifs[2]. Muguet justifie Montmorin, Camus et Rewbell l'accusent, Gourdan affirme que Monsieur a passé par Valenciennes, muni d'un passe-port signé Montmorin. L'Assemblée décide que Rœderer, Gourdan, Camus et Muguet iront vérifier sur le registre des Affaires étrangères si le passe-port a été enregistré, et sur quelles pièces il a été délivré. Montmorin ne réplique, ni ne se défend ; il s'abandonne, il abandonne ses bureaux, il ne proteste même pas contre cette suprême immixtion, contre cette invasion de la maison des Affaires étrangères. La pensée de sa justification l'absorbe seule.

A la séance de cinq heures du soir, Rœderer donne lecture de la lettre de M. de Simolin demandant deux passe-ports pour mesdames de Korff et de Stegleman. L'Assemblée se contente de cette lecture, et, sur la proposition de Rœderer, déclare la conduite de M. de Montmorin irréprochable.

Il était temps, la foule se portait de nouveau à l'hôtel Montmorin. Roger fait adopter par l'Assemblée nationale une proposition pour envoyer rue Plumet quatre commissaires chargés de donner connaissance au peuple du décret rendu sur Montmorin. Le Directoire est en outre chargé de proclamer le décret à son de trompe.

L'hôtel fut sauvegardé, et pendant quelques jours Montmorin put croire au ton des journaux que sa cause était gagnée ; on faisait de son innocence une arme contre le Roi[3], mais ce n'était là qu'une tactique momentanée, et bientôt la meute des journalistes se remit à la pour-

---

[1] Le second secrétaire de Montmorin, affilié aux jacobins.
[2] Déjà, le 23 février, Montmorin a été violemment attaqué par Rewbell, Regnault de Saint-Jean d'Angely et Chapelier, pour avoir contre-signé le passe-port de Mesdames tantes du Roi. Il a dû écrire pour se justifier : « Refuser un passeport, ce serait faire une loi. L'accorder, c'est prévenir des troubles. » Mais à ce moment Montmorin avait Mirabeau avec lui.
[3] « M. de Montmorin avait délivré le second passe-port, ne pouvant soupçonner une trame si odieuse. Fut-il trahison aussi noire ? Un ministre qui a été l'ami du Roi dès son enfance, qui ne l'a pas quitté dans les moments difficiles, que Louis XVI appelait le plus chéri de ses ministres, eh bien... il est le premier sacrifié; on l'expose aux dangers des soupçons. Il eût été possible qu'il n'existât aucune preuve de son innocence, et alors... mais les tyrans n'ont pas de cœur : pourraient-ils avoir des amis ? » (FRÉRON, t. VI, p. 405.)

suite du ministre. Écoutez l'orateur du peuple : « La tête de Montmorin devrait être déjà tombée sous le fer du bourreau, car on ne persuadera à personne qu'il n'ait pas, en sa qualité de ministre des Affaires étrangères, trempé directement dans la conjuration de tous les rois étrangers contre la France libre. L'Assemblée nationale l'a blanchi avec une bouteille d'encre[1]. »

Le ministre des Affaires étrangères et le cabinet tout entier demeurent au pouvoir, malgré ces attaques, malgré la suspension du Roi, prononcée le jour de son retour, le 25 juin. Faut-il voir là, de la part de Montmorin, un amour exagéré de sa place, ou une preuve nouvelle de son dévouement pour le Roi? La seconde hypothèse paraît la plus vraisemblable. Depuis la fuite de Varennes, surtout depuis le 25 juin, la situation était devenue infiniment difficile. Un parti républicain d'une ardeur et d'une violence extrêmes cherchait à obtenir par une pression de l'émeute la déchéance du Roi et l'abolition de la royauté. Un autre parti, qui se disait constitutionnel, se joignait aux républicains, pour la première moitié de la campagne, et se proposait de conserver un fantôme de monarque, soit en faisant monter sur le trône le Dauphin et en s'assurant ainsi une longue période de minorité, soit en offrant la couronne au duc d'Orléans. Les constitutionnels royalistes de 1789, tels que Bailly, Lafayette, Regnault de Saint Jean d'Angely, etc., résistaient à ces deux factions, et voulaient seulement donner une leçon à la royauté. Enfin, depuis le 5 juillet, les royalistes purs s'étaient retirés du débat, et, au nombre de près de trois cents, avaient déclaré qu'ils ne prendraient plus part aux délibérations de l'Assemblée.

Montmorin suspect aux royalistes purs, détesté des républicains et des constitutionnels orléanistes, ne pouvait que se mettre à la remorque des hommes de 89. Ceux-ci, d'ailleurs, se sentant dépassés, allaient faire tous leurs efforts pour vaincre. Dans l'Assemblée, ils emportent le décret du 13 juillet par lequel le Roi est simplement suspendu jusqu'à l'acceptation de la Constitution. Dans la rue, ils répondent par les feux de file du 17 juillet aux provocations des républicains réunis au Champ de Mars sous prétexte de pétitions.

Au milieu de ces graves événements qui absorbent toute l'attention de l'Assemblée, les faits relatifs au ministère des Affaires étrangères sont rares. Pourtant une lettre de l'ambassadeur d'Espagne accompagnant une note du comte de Florida Blanca, relative à la sortie du Roi de Paris, est de la part de la gauche aussi bien que du centre l'objet de

---

[1] Fréron, t. VI, p. 471.

protestations passionnées Rabaut, comme d'André, se déclare déterminé à mourir plutôt que de souffrir qu'on se mêle des affaires de la nation française. Au dehors, les journaux profitent de l'occasion pour renouveler l'attaque contre le ministre, « Montmorin, l'irréprochable, c'est-à-dire qui n'a rien à se reprocher en fait d'intrigues et de menées pour allumer la guerre civile et extérieure ; Montmorin qui peut être tant qu'il voudra sans reproche comme Bayard, mais qui ne doit pas être sans peur ; Montmorin, le traître Montmorin, cette araignée diplomatique, qui a renoué tous les fils épars de la vaste conspiration qui, comme un coup de tonnerre, allait éclater sur la France [1] ». Brissot commence aux Jacobins sa campagne pour la guerre, et dans son discours du 10 juillet prêche le renversement de la royauté, et incidemment celui du ministère. Il insulte toutes les puissances : la Hollande a « un prince imbécile et méprisé » ; la Prusse, « un roi grand inquisiteur » ; l'Autriche, « un prince faible et timide » ; la Ligue germanique, « des tyrans obscurs ». « Six mille Anglais tiennent aux fers vingt millions d'hommes. » Naturellement, à propos de cette politique nouvelle, Montmorin n'est pas ménagé.

Pourtant Montmorin n'est plus guère qu'un ministre *in partibus*. Depuis la suspension du Roi (25 juin), les Cours de l'Europe ont cessé toutes relations avec les ministres de France, et c'est l'Assemblée qui décide toutes les questions. Le ministre n'a même pas le mérite d'exposer les affaires [2]. Fréteau se charge des rapports ; tout au plus, l'Assemblée renvoie-t-elle au ministre la suite à donner aux réclamations qui lui sont directement adressées particulièrement par l'ambassadeur d'Angleterre (4 juillet). De même, après la journée du 17 juillet, les hommes de 89, victorieux de

---

[1] Fréron, t. VI, p. 473.
[2] Témoin ce décret du 3 juillet rendu sur le rapport de Fréteau :

« L'Assemblée nationale, sur le rapport à elle fait au nom de son comité diplomatique de différentes demandes d'ambassadeurs et de ministres étrangers près la nation française et de celle des secrétaires d'ambassade et légation françaises en pays étrangers qui se trouvent présentement à Paris :

« Déclare que dans son décret du 28 juin dernier, qui permet la libre sortie du royaume aux étrangers, elle a entendu comprendre les Français attachés comme secrétaires aux ambassadeurs et ministres des puissances étrangères, même ceux de leurs domestiques également nés en France qu'ils attesteront avoir à leur service depuis plus de six mois ;

« Déclare également qu'elle n'a point entendu défendre aux secrétaires d'ambassade et de légation française qui, en vertu de congés, se trouveront à Paris à l'époque des 21 et 28 juin, de retourner dès ce moment à leurs fonctions, et qu'en conséquence il pourra leur être expédié des passe-ports pour le lieu de leur résidence par le ministre des Affaires étrangères, le tout avec les précautions indiquées pour toute espèce de passe-ports par les articles 2 et 7 du décret du 28 juin. »

l'émeute, voulant trouver une justification à leur victoire, ont, suivant une tactique qui deviendra habituelle pendant la Révolution, attribué aux étrangers les troubles de la rue ; ils ont mis la main sur certains Juifs, agents secrets du Roi de Prusse, particulièrement sur un nommé Ephraïm, qui fut l'instrument le plus actif de l'alliance entre les girondins et Bischoffswerder[1]. Montmorin est invité à donner des renseignements sur ces individus. Plus tard, on lui attribuera leur arrestation, et leur détention de deux jours sera un des chefs d'accusation contre le ministre.

Bientôt des faits d'une gravité réelle ramènent l'attention sur les relations extérieures. On a annoncé dès le 11 juillet l'arrestation de Duveyrier, secrétaire du Sceau, envoyé par le Roi auprès de « M. de Condé » pour lui notifier le décret de l'Assemblée nationale qui lui enjoignait de s'éloigner des frontières. L'Assemblée, voulant « prendre des mesures convenables à la majesté de la nation française », a chargé Montmorin de lui rendre compte des faits. D'un côté, l'émigration exaspérée se rendait ainsi coupable d'une arrestation de quelques heures vis-à-vis d'un envoyé de l'Assemblée ; d'un autre côté, l'affaire de Porentrui, où Gobel provoquait les sujets de l'évêque de Bâle à l'insurrection, donnait la preuve de l'ardeur de la propagande révolutionnaire. Ces deux faits, envenimés et dénaturés, étaient les indices d'un état latent d'hostilités. Fréteau vint le 31, au nom du comité diplomatique, constater que les Cercles armaient et que des dangers sérieux menaçaient l'Assemblée, et demander que les ministres se rendissent de deux jours l'un aux séances, afin d'informer les députés du progrès des mesures tendant à assurer la défense du royaume, et donner les éclaircissements qui leur seraient demandés.

Ainsi à l'extérieur la situation rendue difficile par les décrets du 4 août, envenimée par les décrets sur les émigrés, menaçait d'amener à courte échéance une guerre continentale. A l'intérieur, l'émeute en permanence avait exigé une répression sanglante, les hommes de 89 avaient perdu le peu qui leur restait de popularité. La guerre

---

[1] Voir *Moniteur*, réimpression, t. IX, p. 164, 199. *Histoire des jacobins*, par l'auteur de l'*Histoire des sociétés secrètes de l'armée*. Paris, 1820, in-8°, chap. xiv. Il est vraisemblable aujourd'hui que l'action prussienne s'étale au grand jour dans les discours contre l'alliance autrichienne qui sont le thème habituel des girondins et de Brissot ; dans les pamphlets contre la reine : l'Autrichienne. Tout ce jeu est double incontestablement ; la présence et les tentatives d'Ephraïm en 1791 sont aussi peu niables que la présence à Paris, à la fin de 1792, les tentatives, les relations officielles avec le Département de M. de Goltz, chambellan du roi de Prusse.

était déclarée entre le parti du mouvement et le parti constitutionnel devenu depuis la fin de juin le parti de la résistance.

En présence de ces difficultés chaque jour croissantes, l'Assemblée n'a plus qu'une pensée : échapper à la responsabilité qui lui incombe, et terminer au plus tôt cette Constitution dont jadis, dans la salle du Jeu de paume, elle a juré de doter la France. On a seulement indiqué plus haut l'époque où commença la discussion sur l'organisation du ministère ; il reste à montrer quels articles ont plus particulièrement attiré l'attention de l'Assemblée, et ont été l'objet des discussions les plus passionnées ; quelles ont été les dispositions principales de cette loi organique, fondue depuis dans la Constitution.

Le projet de Desmeuniers, qui servit de base à la discussion, a été présenté le 7 mars 1791. On n'en rapporte ici que les dispositions qui intéressent spécialement le Département. L'article premier réserve au Roi le choix et la révocation des ministres. L'article 2 stipule que les ministres sont au nombre de six, savoir : le ministre de la Justice, le ministre de l'Intérieur, le ministre des Colonies, le ministre de la Guerre, celui de la Marine et celui des Affaires étrangères.

Les articles 3 à 12 énumèrent les diverses fonctions des cinq premiers ministres. D'après l'article 13, le ministre des Affaires étrangères aura :

« 1° La correspondance avec les ministres résidents ou agents que le Roi enverra ou entretiendra auprès des puissances étrangères.

« 2° Il rapportera au Conseil et dirigera ce qui sera relatif aux négociations avec les puissances de l'Afrique et au delà du cap de Bonne-Espérance.

« 3° Il suivra et réclamera l'exécution des traités.

« 4° Il surveillera et défendra au dehors les intérêts politiques et commerciaux de la nation française.

« 5° Il sera tenu de donner au Corps législatif les instructions relatives aux affaires extérieures dans le cas et aux époques déterminés par la Constitution, et notamment par le décret sur la paix et la guerre.

« 6° Conformément au décret du..., il rendra chaque année à la législature un compte détaillé et appuyé de pièces justificatives de l'emploi des fonds destinés aux dépenses publiques de son Département. »

Il est à remarquer que le paragraphe 4 de l'article 12 attribue au ministre de la Marine la correspondance avec les consuls et agents du commerce de la nation française au dehors.

Les articles 14 et suivants traitent de la forme générale dans laquelle les ministres réunis au Roi auront l'exercice du pouvoir. Les ministres devront arrêter en Conseil les proclamations relatives à leurs Départements respectifs, seront tenus de présenter annuellement au Corps législatif les observations qui pourront motiver un changement dans les lois relatives aux objets de leur Département, devront contre-signer tous les ordres du Roi relatifs à l'administration et les délibérations du Conseil, et en seront toujours responsables, ne pourront, en l'absence du Corps législatif, faire des dépenses extraordinaires sans une délibération formelle du Conseil, et seront tenus de rendre compte de leur conduite et de l'état des dépenses et des affaires toutes les fois qu'ils en seront requis par le Corps législatif. Les ministres seront responsables de tous les actes qui blesseront la sûreté nationale, la Constitution et les lois, de tout attentat à la liberté et à la propriété des citoyens, de toutes dissipations de fonds publics qu'ils auront faites ou favorisées.

D'autres articles règlent le mode suivant lequel s'exerce l'action en responsabilité. L'article 28 stipule que tous les ministres feront partie du Conseil du Roi, et qu'il n'y aura pas de premier ministre. Par l'article 24, le Corps législatif se réserve le droit de présenter au Roi telles adresses qu'il jugera convenables sur la conduite de ses ministres, et par l'article 31, déclare qu'un acte d'accusation porté par le Corps législatif contre un ministre le suspendra de ses fonctions. Enfin, les articles 32 et 33 règlent le traitement des ministres à 100,000 livres par an ; celui du ministre des Affaires étrangères à 150,000 livres ; la pension de retraite à 2,000 livres par année de ministère, avec un maximum de 12,000 livres.

Le débat s'engage le jour même, 7 mars. Barère se contente d'exposer les points sur lesquels portera la discussion. Bailly demande quelques modifications au partage des départements. Barnave veut prouver que les ministres doivent être payés par la liste civile. Après des discours de Chapelier, de Cazalès et de Mirabeau, le projet est ajourné. Le 6 avril, après la mort de Mirabeau, la délibération est rouverte. Entre temps, le public s'est préoccupé de l'organisation des Affaires étrangères. Un anonyme a proposé, dans le *Moniteur,* que toutes les places soient données à d'anciens agents. Il a offert un mode d'avancement réglé : les secrétaires choisis par les ambassadeurs eux-mêmes, nommés après six ans dans les légations intermédiaires, aptes après six autres années à être nommés dans les grandes légations ou les ambassades.

Il s'agit bien de délimiter ainsi les fonctions et d'organiser la machine administrative. Le but pour la majorité de l'Assemblée est d'effrayer les ministres, de leur rendre impossible l'exercice du pouvoir et, sous prétexte de liberté, de supprimer l'autorité. Ainsi, c'est par la responsabilité que commence la discussion, et ce premier débat fournit à Menou l'occasion d'une attaque violente contre Montmorin. Le 7 avril, Lepelletier Saint-Fargeau lit l'énumération des délits que peuvent commettre les ministres contre la sûreté de l'État et contre la Constitution, ou sous la qualification de fonctionnaires. Cette énumération de délits entraînant tous la peine de mort occupe trois colonnes du *Moniteur*. Puis, Robespierre, Bouche et d'André proposent contre les ministres une mesure plus dangereuse encore que toutes les pénalités, en interdisant au Roi de les recruter parmi les constituants [1]. C'est traiter les ministres en pestiférés, déclarer que le pouvoir corrompt quiconque en approche, empêcher à jamais l'exercice normal du gouvernement.

Une fois ces points réglés, le reste marche vite. Chapelier veut qu'on laisse au Roi le droit de régler l'état, le nombre et les fonctions des ministres ainsi que les limites de leur département; Barnave s'y oppose. On passe à la discussion, et Anson donne le ton adopté pour les Affaires étrangères : « ... Si vous remarquez que je place le dernier celui des secrétaires d'État qui est chargé des affaires extérieures, cela pourra paraître surprenant à ceux qui, habitués à lui voir tenir autrefois le premier rang, ne peuvent perdre le respect qu'ils ont conçu pour cette politique que l'on mettait autrefois au nombre des connaissances supérieures. La raison la fait descendre de plus en plus à la place qu'elle doit occuper, c'est-à-dire bien après l'administration intérieure de l'empire, de laquelle dépend véritablement la félicité de ses habitants. »

Le 10 avril, il est décrété que le ministère de la Justice, celui de la Marine et des Colonies, celui de la Guerre et celui des Affaires étrangères, formeront chacun un Département séparé. Sur les attributions spéciales des Affaires étrangères, peu de motions. Sur la pro-

---

[1] « L'Assemblée nationale décrète constitutionnellement que ses membres et ceux des législatures à venir, que les membres du tribunal de cassation ne pourront pendant quatre ans, après avoir quitté l'exercice de leurs fonctions, être nommés au ministère, ni recevoir du pouvoir exécutif ou de ses agents aucuns emplois, places, dons, gratifications, traitements et commissions d'aucune sorte. Aucun membre du Corps législatif ne pourra solliciter aucune place, grâce du gouvernement ou des agents du pouvoir exécutif, ni pour autrui, ni pour lui-même. Le comité de constitution proposera la peine à infliger à ceux qui contreviendront au présent décret. »

position de Chapelier, l'Assemblée déclare qu'elle n'entend rien préjuger sur la correspondance avec les consuls, et elle charge son comité de constitution d'examiner si l'on peut fixer le nombre des ambassadeurs. La première partie de la question est résolue par le décret du 13 avril, attribuant au ministre de la Marine la correspondance avec les consuls et agents du commerce français au dehors; la seconde partie est abandonnée.

La fixation des traitements devient un objet de discussions violentes. Robespierre propose qu'on réduise de moitié les chiffres proposés. Garat veut que les ministres soient à l'abri de la tentation, et qu'ils touchent la totalité. « Ce n'est pas par le faste de l'hôtel des Affaires étrangères, dit Prieur, c'est par le fer de nos soldats que nous devons obtenir le respect des puissances... La soif de l'or va toujours en croissant... La table des ministres n'est qu'un moyen de corruption... » Lanjuinais soutient les principes. Buzot demande que les ministres soient payés par la liste civile. On conclut que le traitement sera de 150,000 livres pour le ministre des Affaires étrangères, de 100,000 livres pour chacun des autres, payés par le Trésor public, déduction faite du brevet de retenue si les intérêts sont en dedans du traitement. On revient au reste sur le dernier paragraphe, et, le 13 mai, l'Assemblée décrète que les traitements des ministres resteront fixés tels qu'ils l'avaient été provisoirement sans déduction du brevet de retenue.

Quant aux brevets de retenue dont on a déjà parlé au chapitre premier de ce livre, et qui pour le secrétaire d'État des Affaires étrangères représentent une somme de 400,000 livres, l'Assemblée, dès le 24 novembre 1790, avait pris des mesures pour les supprimer. Cédant comme toujours à une défiance exagérée, elle exigeait, pour en opérer le remboursement, qu'on lui fournît la preuve que les sommes portées aux brevets de retenue avaient été versées au Trésor public, soit par le titulaire du brevet, soit par les titulaires antérieurs. C'était par cet article 2, bien qu'on lui eût tenté un correctif par l'article 3 qui ne fut pas exécuté, décréter la banqueroute vis-à-vis de tous les petits employés, secrétaires de la Chambre, secrétaires du Roi, etc., de tous les pourvus d'office qui ne pouvaient établir la filiation de leurs offices. Ainsi Hennin, le premier commis, perdit la totalité de la finance de sa charge. Les secrétaires d'État n'avaient point à craindre un semblable accident. Le rapporteur du projet de décret définitivement rendu le 10 décembre 1790 établissait que pour les Affaires étrangères le brevet de retenue remontait au moins à Torcy. Aussi sur les premiers fonds de 3 millions, mis à la disposition de l'Assemblée le 9 janvier 1791, Armand-Marc de Montmorin préleva le 6 février la somme de 400,000 livres, et les intérêts de ladite somme à compter du 13 janvier. On ne trouve l'indication que de vingt-deux brevets liquidés. La banqueroute s'étendit sur les autres possesseurs. Avec le brevet de retenue disparut le dernier vestige de la charge ancienne de secrétaire d'État.

Telles sont les dispositions principales relatives au ministère. Cette loi forma dans la Constitution la section iv du chapitre ii du titre III.

La Constitution de 1791 contenait en outre les dispositions suivantes relatives au département des Affaires étrangères. L'article 4 du titre III était ainsi conçu : « Le gouvernement est monarchique. Le pouvoir exécutif est délégué au Roi pour être exercé, sous son autorité, par des ministres et autres agents responsables. » La section iv du chapitre ii du même titre développait de la façon suivante ces principes : elle réservait au Roi le choix et la révocation des ministres, excluait de toute place, don, pension, traitement ou commission du pouvoir exécutif les membres de l'Assemblée nationale, et des législatures suivantes, les membres du tribunal de cassation et les hauts jurés; ordonnait que nul ne pût recevoir aucun emploi sans prêter le serment civique ou justifier qu'il l'avait prêté ; réglait les cas de responsabilité des ministres ; déclarait inexécutoire tout ordre du Roi qui n'aurait pas été contre-signé par un ministre ; stipulait que les ministres seraient tenus de présenter au Corps législatif, chaque année, à l'ouverture de la session, l'aperçu des dépenses à faire dans leur Département, de rendre compte de l'emploi des sommes qui y étaient destinées, et d'indiquer les abus qui auraient pu s'introduire dans les différentes parties du gouvernement. L'article 2 du chapitre iii n'était que la répétition du décret sur le droit de paix et de guerre. Le paragraphe 8 de l'article 7 de la section iii du même chapitre excluait de la sanction royale les actes relatifs à la responsabilité des ministres et les décrets portant qu'il y a lieu à accusation. Les articles 6, 9 et 10 de la section iv permettaient aux ministres d'accompagner le Roi à l'Assemblée, ordonnaient que la correspondance du Roi avec l'Assemblée serait toujours contre-signée par un ministre, donnaient entrée aux ministres dans l'Assemblée, leur réservaient une place et établissaient qu'ils seraient entendus toutes les fois qu'ils le demanderaient sur les objets relatifs à leur administration, ou lorsqu'ils seraient requis de donner des éclaircissements. Ils seraient également entendus sur les objets étrangers à leur administration, quand l'Assemblée leur accorderait la parole. Le paragraphe 4 de l'article premier du chapitre IV déléguait au Roi le soin de veiller à la sûreté extérieure du royaume, d'en maintenir les droits et possessions. D'après l'article 2, le Roi nommait les ambassadeurs et les autres agents des négociations politiques. La section III du même chapitre était en entier réservée aux relations extérieures :

« ARTICLE PREMIER. Le Roi seul peut entretenir des relations politiques au dehors, conduire les négociations, faire des préparatifs de guerre, proportionnés à ceux des États voisins, distribuer les forces de terre ainsi qu'il le jugera convenable et en régler la direction en cas de guerre.

ART. 2. Toute déclaration de guerre sera faite en ces termes : De la part du Roi des Français, au nom de la nation.

ART. 3. Il appartient au Roi d'arrêter et de signer avec toutes les puissances étrangères tous les traités de paix, d'alliance et de commerce et autres conventions qu'il jugera nécessaires au bien de l'État, sauf la ratification du Corps législatif. »

Enfin le titre VI, consacré aux rapports de la nation française avec les nations étrangères, débutait par cette déclaration : « La nation française renonce à entreprendre aucune guerre dans la vue de faire des conquêtes, et n'emploiera jamais ses forces contre la liberté d'aucun peuple. »

On peut juger par cette analyse à quel point était illusoire le pouvoir laissé au Roi, à quel point était dangereux l'exercice du pouvoir confié à un ministre. Ces termes vagues, ces généralités nuageuses, prêtaient à toutes les interprétations, ouvraient carrière à toutes les usurpations. Pas un droit n'était concédé au Roi, qui ne fût annihilé par un droit plus fort donné à l'Assemblée[1]. Le soupçon planait constamment sur la tête des ministres, et à chaque instant la dénonciation patriotique pouvait les frapper. L'Assemblée constituante, si loin qu'elle fût allée dans ses usurpations, avait encore gardé quelques mesures dans ses formes, quelque respect dans son attitude, quelque savoir-vivre tout au moins dans ses rapports avec le pouvoir exécutif. Qu'on ne compte plus désormais sur un pareil spectacle. La lutte, grâce à cette Constitution, va s'engager entre un pouvoir désarmé, sans force, sans autorité, sans prestige, et une

---

[1] Napoléon dit dans ses Mémoires : « Tout le mécanisme de la constitution était dirigé non pour donner des forces à l'ordre social et à l'autorité, mais pour contenir et annuler la force publique qui est celle du gouvernement. »

Assemblée d'où la modération, la bonne éducation même sembleront bannies, où la faveur sera réservée aux plus grossiers, aux plus violents et aux plus cyniques ; où, à défaut d'arguments, on emploiera d'abord les insultes, puis les coups ; où les décrets d'accusation seront la mesure courante contre les ministres ; où une minorité factieuse, si le Roi tente de lui résister, ne craindra pas d'organiser l'émeute, de déchaîner l'assassinat et de réduire le Roi même en captivité[1].

[1] Pour suivre le développement des événements, on a dû laisser de côté les budgets des années 1788, 1789 et 1790, les derniers budgets de la monarchie. Car c'est en vain qu'à partir de 1792, on chercherait l'état des recettes et des dépenses du département des Affaires étrangères. La régularité des comptes s'arrête là. Désormais, il n'y a plus que désordre et pillage, et lorsque plus tard le premier consul réorganise le Département, c'est au budget des dépenses de 1789 qu'on se réfère.

Le rapport de Lebrun sur le budget de 1790 est plein de renseignements sur les dépenses des années antérieures. On a vu qu'en 1787, les dépenses montent réellement à 7,626,857 livres 9 sous 8 deniers. En 1788, en retranchant de même les objets qui ne regardent point les Affaires étrangères, on arrive au chiffre de 7,977,000 livres. Le rapport de Lebrun les porte à 11,652,000 livres, mais cette différence de 3 millions est comblée par les 2,400,000 livres de l'achat de Rambouillet et par diverses autres dépenses de même ordre. En 1789, le budget n'est point forcé par ces charges étrangères au ministère. Il monte, d'après le rapport de Lebrun, à 7,330,000 livres, chiffre qui, comme on le voit, semble, à 300,000 livres près, celui de 1787. Il lui est en réalité inférieur de plus d'un million ; car, dans son total, Lebrun compte les ligues grises (830,000 livres), et accorde un fonds de 450,000 livres pour les dépenses imprévues. En réalité, les dépenses ne montent pas en 1789 à plus de 6,304,900 livres 4 sous 7 deniers, réparties de la manière suivante :

Pour le chapitre premier : ambassadeurs, ministres et autres employés ; gratifications et indemnités ; frais accessoires, 3,198,231 livres 1 sou 7 deniers. Le ministre, 300,000 livres (280,000 livres, puisque la finance de la charge est de 20,000 livres) ; les bureaux, 274,700 livres, réparties de la même façon qu'en 1787 ; les traitements particuliers, 10,600 livres ; les gratifications, 44,560 livres ; les frais accessoires, comprenant les frais de bureau et les frais de transport des bureaux à Paris, 104,185 livres 3 sous 4 deniers ; les courses et le service de la correspondance, 109,177 livres 10 sous ; enfin les présents du Roi, 68,298 livres, et les dépenses diverses, 192,164 livres 11 sous 6 deniers. Le chapitre II : subsides et traitements annuels, réparti de la même façon qu'en 1787, monte à 1,654,980 livres 11 sous 2 deniers. Le chapitre III : dépenses secrètes, est fixé comme d'ordinaire à 200,000 livres ; et le chapitre IV : dépenses extraordinaires, n'arrive qu'à 148,002 livres. Ces chiffres n'ont en définitive rien d'exagéré. A la vérité, les traitements de certains premiers commis, de M. de Rayneval particulièrement, vont au-delà du raisonnable. M. de Rayneval touche en effet 32,000 livres de traitement fixe, 3,000 livres de traitement particulier, 3,287 livres de frais de bureau : 38,287 livres sans compter la *Gazette de France*, les pensions, les frais du transport de son bureau à Paris, etc.

Dans le projet de budget pour 1790, Lebrun, en insistant sur ces chiffres, indiquait les points sur lesquels devaient porter les économies. C'était d'abord le traitement du ministre réduit à 180,000 livres, puis des réductions à chercher dans les traitements des bureaux ; mais Lebrun ajoutait que dans cette partie une économie soudaine aurait ses dangers, que le secret de l'État était dans ses bureaux, qu'il fallait choisir et ménager les hommes qui y étaient employés, que le temps seul pouvait amener une entière réforme, et que d'ailleurs le ministre y travaillait. Il supprimait 25,000 livres pour les fournitures de bureau et autres dépenses; maintenait les articles des voyages, des courses et de la correspondance, des présents, qui, disait-il, « portent dans les pays étrangers nos goûts et notre luxe, et dont la dépense est rendue avec usure à notre commerce et à notre industrie ». Il fixait à 250,000 livres le fonds pour les indemnités et remboursements : ce fonds était destiné aux rapatriements, aux secours aux Français voyageant ou résidant à l'étranger. Il demandait une forte diminution sur le chapitre des ambassadeurs et ministres [*], faisant observer que le nombre des agents avait été multiplié outre mesure, qu'un grand nombre de postes pouvaient être sinon supprimés, au moins transformés; mais il ajoutait que ce qu'on retrancherait du faste des ambassadeurs, il faudrait le donner à l'instruction des élèves, créer une école de politique, multiplier les encouragements à ceux qui ne portent dans cette carrière que des talents et le désir d'être utiles; les frais de voyage, de premier établissement, les dépenses extraordinaires de service et de représentation, 450,000, livres lui paraissaient aussi exagérés, mais il se contentait de recommander au ministre d'y porter une attention scrupuleuse. Il passait rapidement sur les subsides, les dépenses secrètes et imprévues, la dépense des ligues suisses et grises; il indiquait la réforme faite sur les commissaires de limites, et sur les ingénieurs géographes, sur les écrivains politiques et sur divers autres employés de médiocre utilité. Ainsi réduite, la dépense pour 1790 montait à 6,700,000 livres, c'est-à-dire à 5,270,000 livres si l'on continue à déduire les ligues suisses. En 1791, la dépense devait être réduite à 6,300,000 livres, c'est-à-dire à 5,470,000 livres, en déduisant les ligues suisses. Elle ne fut en réalité que de 6,113,516 livres, c'est-à-dire 5,283,516 livres en 1790, et de 5,775,000 livres, c'est-à-dire de 4,945,000 livres en 1791 [**]. A la vérité, un grand nombre d'agents avaient été supprimés en 1791; mais ces réductions ne devaient pas suffire à l'ardeur d'économies de l'Assemblée législative; elle se proposait de réduire immédiatement la dépense à 5,500,000 livres, et plus tard à 4,500,000 livres. La guerre et les événements interrompirent tous les projets de réforme. Le budget de 1792 paraît avoir été présenté, mais n'a point été voté, et c'est la dernière loi de finance que l'on trouve jusqu'en l'an IV. Ainsi le rapport de Lebrun reste le résumé le plus complet de l'état du Département à la fin de la monarchie.

L'Assemblée constituante, en maintenant presque entièrement le traitement des agents, en n'exigeant de réductions que dans une mesure raisonnable, en acceptant ce principe, qu'il n'était possible d'avoir de bons employés qu'en les rémunérant suffisamment, en reconnaissant que le secret indispensable aux opérations politiques ne pouvait être maintenu que par les moyens jusque-là usités, en donnant ainsi une sanction solennelle aux coutumes et aux règlements de l'ancien régime, s'infligeait à elle-même une leçon dont elle aurait pu souvent profiter.

[*] 2,550,000 livres.
[**] Rapport de Camus du 17 prairial an IV.

CHAPITRE III

M. DE LESSART, MINISTRE DES AFFAIRES ÉTRANGÈRES.
NOVEMBRE 1791; 10 MARS 1792.

Ouverture de l'Assemblée législative. — Importance des questions diplomatiques dans la nouvelle Chambre. — Discours du Roi. — Commencement de la lutte contre le ministère. — Constitution du comité diplomatique. — Dénonciations contre Montmorin. — Rapport sur la situation de la France vis-à-vis des puissances étrangères. — Effet produit par ce rapport et par la démission de Montmorin. — Successeurs présumés de Montmorin. — M. de Moustier. — M. de Ségur. — M. de Choiseul-Gouffier. — M. Barthélemy. — M. de Narbonne. — Nomination de M. de Lessart. — M. Valdec de Lessart. — Sa carrière antérieure. — Lessart, contrôleur général, ministre de l'intérieur. — Dénonciations de Fauchet contre lui. — Déclaration du 6 novembre. — Affaire des émigrés. — Projet de loi sur la responsabilité des ministres. — Déclaration du Roi sur les émigrés. — De Lessart chargé de l'intérim du ministère de la Guerre. — Sa réponse à Fauchet. — Exposé de la situation diplomatique par Brissot. — Déclaration aux puissances étrangères. — Fin de l'année 1791. — Détails sur l'intérieur du ministère et sur le personnel. — Déménagement des bureaux. — La Gironde veut la guerre. — Organisation de la Haute Cour nationale. — Discussion sur la guerre. — Discours de Brissot, de Dumas, de Vergniaud. — Dénonciations contre de Lessart. — Lutte entre Narbonne et lui. — Marie-Antoinette et de Lessart. — Lutte entre le ministre et le comité diplomatique. — Rapport de Hérault sur la procédure à suivre contre les ministres en cas de mise en accusation. — Communication de pièces par de Lessart. — Effet produit par les dépêches du prince de Kaunitz. — Commencement de l'attaque de l'Assemblée contre de Lessart. — Narbonne renvoyé. — Brissot accuse de Lessart. — Il est aidé par Vergniaud. — De Lessart, décrété d'accusation, se livre; proteste devant l'Assemblée. — Responsabilité de la Gironde et de madame de Staël. — L'acte d'accusation contre de Lessart. — Adresse de Gensonné au Roi.

Le 30 septembre 1791, l'Assemblée constituante a terminé ses séances. La Constitution a été acceptée par le Roi, proclamée dans toute la France et reçue avec enthousiasme. Les constituants veulent se figurer que la Révolution est terminée; ils ont décrété une amnistie, et ils ont prétendu fermer la porte aux nouveaux troubles. Ils disent, le croient-ils? que leur œuvre est bonne, et qu'il n'y a plus qu'à en tenter loyalement l'essai. Pourtant la guerre civile est menaçante; la guerre étrangère peut éclater d'un jour à l'autre, et ce sont les constituants qui auront allumé l'une comme l'autre. Ils laissent le pouvoir désarmé en face de l'audace chaque jour croissante de l'émeute; ils ont accumulé les responsabilités sur la tête des ministres futurs, de telle façon que nul homme, ayant quelque valeur, ne voudra désormais se risquer dans une de ces places jadis si enviées. Ils ont discrédité l'autorité, et lui ont enlevé tout prestige, après lui avoir supprimé toute puissance. Dans les élections nouvelles, on a manœuvré de façon que les royalistes n'ont plus de place; les constitutionnels qui formaient la gauche et le centre gauche de l'ancienne Assemblée vont composer les droites de la nouvelle; ils seront en majorité encore, les jours où ils voudront siéger, mais pour quoi compte-t-on la pression de l'émeute, devenue permanente dans ce Paris, siége des séances de la Législative? Les députés vont y être opprimés, le Roi insulté chaque jour, attaqué dans son palais, bientôt même renversé. Il ne faudra point une année à cette Assemblée pour supprimer la royauté.

Quelle que fût l'attitude de l'Assemblée nouvelle, Montmorin devait sentir qu'il n'aurait point sa confiance. Tout d'abord, ne fallait-il pas qu'il se retirât avec les constituants, lui qui avait été leur homme, et qui avait pris part à leur œuvre? Le temps n'était-il pas venu où sa présence ne pouvait que nuire au Roi vis-à-vis d'une Chambre nouvelle? Montmorin n'avait-il pas le droit d'être épuisé par cette lutte de trois années, et de chercher enfin le repos? Les rapports ne devenaient-ils pas naturellement difficiles et tendus avec des hommes nouveaux auxquels il ne fallait opposer que des ministres nouveaux? Serviteur de l'ancien régime, Montmorin pouvait-il se prêter aux bassesses du rôle que la Constitution lui imposait? Non, certes. Pourtant il était obligé de rester, car le Roi ne lui trouvait point de successeur. Puis il était nécessaire qu'il rendît les comptes à la nouvelle Assemblée; de là un délai d'environ un mois avant qu'il pût faire accepter sa démission.

Le 1er octobre, la Législative commence ses séances, et dès le début on peut sentir que si la Constituante a inconsciemment détruit le pouvoir royal, la nouvelle Assemblée, qui a, elle, conscience de ses actes, tend à détruire la royauté elle-même.

Les sentiments de la majorité pour le ministère des Affaires étrangères sont dès lors flagrants : sans mettre en question si l'on établira ou non un Comité diplomatique, cinquante-cinq députés se sont inscrits pour en faire partie [1]. Les questions diplomatiques, les questions

---

[1] Ce sont : Albitte, Archier, Azema, Baert, Barennes, Barris, Belot, Blanchon,

de paix ou de guerre vont donc prendre une importance exceptionnelle. Au reste, le discours prononcé par le Roi le 7 octobre, la première fois qu'il se rend à l'Assemblée, indique que cette préoccupation est partagée par le pouvoir exécutif : «..... J'espère, dit le Roi, que nous ne serons troublés par aucune agression du dehors. J'ai pris, depuis que j'ai accepté la Constitution, et je continue de prendre les mesures qui m'ont paru les plus propres à fixer l'opinion des puissances étrangères à notre égard, et à entretenir avec elles l'intelligence et la bonne harmonie qui doivent nous assurer la paix. (La salle retentit d'applaudissements.) J'en attends les meilleurs effets ; mais cette espérance ne me dispensera pas de suivre avec activité les mesures de précaution que la prudence a dû prescrire. » (Les applaudissements redoublent.)

Dès le lendemain, 8 octobre, la lutte commence entre le ministère et l'Assemblée. Les ministres ont été appelés pour donner l'exposé de la situation intérieure et extérieure du Royaume. Le ministre de la Justice demande un délai pour fournir les comptes généraux. Montmorin, interrogé spécialement, répond que le Roi n'a repris sa correspondance avec les cours étrangères qu'au moment où il a accepté la Constitution, que les courriers sont partis sur-le-champ, mais qu'ils ne sont pas encore revenus. Lacroix l'interrompt, il n'est pas satisfait de ses explications. Le ministre n'a pas pu, sans manquer à ses devoirs, cesser la correspondance avec les ambassadeurs. Après une discussion sur la question de savoir si Montmorin doit répondre, l'Assemblée décide qu'il sera entendu. Montmorin déclare que les questions politiques présentent de nombreuses incertitudes qu'il n'est pas utile de communiquer à une Assemblée aussi nombreuse. Lorsque les effets de l'acceptation du Roi lui seront connus, il en fera part. Il termine par une apologie de sa conduite depuis deux ans. (On applaudit.)

Huit jours se passent sans incident. Le 15 octobre, Goupilleau attaque Montmorin. Le 16, le Comité diplomatique est constitué. Il est composé de douze membres, et renouvelable tous les trois mois par moitié. En vain Chabot, député de la Sarthe, essaye-t-il de pro-

---

Breart, Brisse, Brissot de Warville, Calvet, Carnot, Cartier, Chabot, Crestin, Collet, Delaunay, Dubois - Dubais, Dubois - Bellegarde, Drouin, Eschassériaux, Fauchet, Gensonné, Gentil, Gosseaux, Goupilleau, Grangeneuve, Guilland de Létanche, Huet-Frobeville, Huguet, Jaucourt, Koch, Lacombe-Saint-Michel, Laffon - Ladebat, Le Caron, Lécurel, Lemontey, Lequinio, Le Roy de Flagis, Louvet, Lucia, Mailhe, Michaud, Morisson, Pyrot, Ramond, Reboul, Ritter, Roux-Fasillac, Ruhl, Schirmer, Teallier, Theulé, Treil-Pardailhan, Veirieu.

tester contre cette institution¹ : « Est-ce pour surveiller le ministre des Affaires étrangères ? dit-il ; cette surveillance est illusoire. Est-ce pour participer aux négociations ? La Constitution en a chargé le Roi. Que fera ce Comité ? Il ira chercher des fonctions hors la Constitution. Il empiétera sur les fonctions du ministère, il le fatiguera de ses oppositions et de ses soupçons. » Tout cela est vrai, mais l'occasion est trop belle pour certains de s'occuper de diplomatie, et Koch, Ruhl, Gensonné, Brissot, Lemontey, Rriche, Baert, Ramond, Mailhe, Schirmer, Treil-Pardailhan, Jaucourt, sont nommés membres du Comité².

A partir de ce moment, tout est occasion d'attaques contre les ministres. Le 18 octobre, Montmorin est dénoncé comme n'exécutant pas la loi sur l'amnistie rendue par l'Assemblée constituante. La dénonciation est appuyée par Chabot, Lacroix, Guadet et Ducos. Il est dénoncé par Condorcet à propos du projet de loi contre les émigrants. Condorcet dit : « Occupons-nous de rendre à la nation sa dignité auprès des puissances étrangères. Que des ambassadeurs, choisis parmi ceux qui se sont célébrés dans les fastes de la liberté, fassent connaître aux puissances étrangères qu'il n'existe plus qu'une volonté, celle du peuple français. » Il est dénoncé, le 28 octobre, par les officiers municipaux de la commune de Strasbourg. « Il ne répond pas, disent-ils, à la confiance de la nation, et ne prend pas des mesures pour faire respecter le nom français. » Cela, parce que deux gardes nationaux de Strasbourg ont été battus à Ettenheim. Dumolard veut que Montmorin rende compte le lendemain ; Girardin appuie la motion. Un député fait plus justement observer qu'aucun de nos ministres plénipotentiaires, résidant auprès des diverses cours, n'est reconnu, et qu'il n'y a rien à faire. On passe à l'ordre du jour.

Le 31 octobre, enfin, Montmorin vient lire son rapport sur la situation de la France vis-à-vis des puissances étrangères. C'est son testament politique, et l'on sent dans ce document le profond découragement qui remplit son cœur. Le ministre débute par indiquer que depuis le mois de juin toutes les relations officielles sont interrompues avec la plupart des cabinets d'Europe. Il explique à l'Assemblée qu'accrédités par le Roi, les ambassadeurs de France ont perdu nécessairement tout caractère du jour où le Roi a été suspendu. Montmorin ne dissimule pas que ce n'est point de la part des cabinets un témoi-

---

¹ *Moniteur* du 17 octobre.
² Les suppléants, bientôt membres délibérants, sont : Daverhoult, Fauchet, Carnot aîné, Delaunay, Tcaillier, Dubois-Dubais et Collet.

gnage de grande bienveillance, mais il ne veut pas qu'on y voie une insulte préméditée. Il lit ensuite la lettre envoyée par le Roi à toutes les puissances, pour leur notifier son acceptation de la Constitution. Cette lettre est ainsi conçue : « L'Assemblée nationale vient de me présenter l'acte constitutionnel qu'elle a décrété; et je me suis déterminé à l'accepter, parce que je dois le regarder comme le résultat des vœux de la grande majorité de la nation. Je m'empresse de faire part de cet événement à Votre Majesté, connaissant l'intérêt qu'elle prend à tout ce qui me concerne personnellement. Je prie Votre Majesté d'être bien persuadée que ce changement opéré dans la Constitution française ne change en rien mon désir de rendre de plus en plus inaltérables les liens qui existent entre nous ainsi qu'entre nos nations respectives. » Cette lettre n'était point enthousiaste. La circulaire qui l'accompagnait, et qui était adressée par le ministre aux ambassadeurs et résidents de France, était moins optimiste encore. On y remarquait ce paragraphe : « Sa Majesté sera au comble de ses vœux si les restrictions mises à l'autorité qu'elle a exercée jusqu'à présent remplissent l'objet que l'Assemblée nationale s'est proposé; d'ailleurs, les moyens de réparer les défauts que l'expérience fera apercevoir dans la Constitution ont été prévus, et il y a lieu d'espérer qu'ils pourront être employés sans que le Royaume soit exposé à de nouvelles secousses. » Venait ensuite la note des réponses faites par les puissances étrangères. Dans beaucoup de cours, le Roi n'avait plus de représentants accrédités, et la lettre n'avait pu être remise; dans les autres, on avait reçu comme il convenait ses affirmations d'entière liberté. Les petits États répondaient par quelques phrases de politesse; les grands s'abstenaient, ou, comme l'Espagne et la Suède, déclaraient que, le Roi n'étant pas libre, son acceptation et sa lettre ne pouvaient avoir de valeur. Après la lecture de ces pièces, Montmorin passait à l'exposé de la situation. Il montrait l'impuissance du Roi, chaque jour outragé dans des écrits pervers, à amener un rapprochement avec les émigrés; il qualifiait l'émigration de maladie plus inquiétante que dangereuse; indiquait les points de rassemblement des émigrés, et prouvait que partout les gouvernements prenaient des mesures pour empêcher leur organisation armée. Mais tout en rassurant l'Assemblée sur ce point, Montmorin ne négligeait point d'attirer son attention sur des faits qu'il jugeait dignes de toute sa sollicitude. Il exposait combien était grande la défiance de tous les États européens contre la France; il racontait comment certaines puissances « avaient conçu l'idée de briser, par une ligue commune, tous les rapports des nations étrangères avec nous ». Il attribuait cette hostilité aux déclamations des clubs, aux correspondances qu'ils essayaient de nouer au dehors, aux insultes des journaux contre les souverains. Ces journaux et ces libelles répandus partout, lus et commentés, rendaient impuissante l'action du ministre pour la otection de ses nationaux à l'étranger. Montmorin terminait le rapport par des réflexions générales, qu'il importe de rappeler, et par une déclaration dont l'importance n'échappera pas au lecteur.

« J'espère, disait-il, que vous approuverez les bornes dans lesquelles j'ai cru devoir me renfermer. Il est des détails qu'une assemblée nombreuse, et pour sa propre dignité, et pour l'intérêt public, ne doit pas demander au ministre des Affaires étrangères. S'il parlait toujours en citoyen exempt de craintes, il inspirerait une confiance que parfois il ne partagerait pas, et s'il vous rapportait les détails ournaliers de ses correspondances, il s'exposerait à provoquer une funeste défiance sans aucune utilité pour la patrie. Ces principes ont toujours été la règle de ma conduite, et après avoir, peut-être avec quelque courage, employé pendant deux années tous mes soins à dissiper les alarmes que l'on ne répandait dans le public que pour l'agiter, j'ai eu la satisfaction de voir les événements justifier ce que j'avais si constamment avancé. Il est d'ailleurs un thermomètre par lequel, sans interroger le ministre des Affaires étrangères, une grande nation peut connaître à chaque instant sa situation politique. Ce thermomètre est l'état de ses finances, de son crédit public, de son armée, de sa marine et de sa tranquillité intérieure. Cet état est-il tel qu'on peut le désirer? la nation est respectée, son alliance est recherchée, ses droits sont maintenus. Cette vérité, messieurs, ne vous échappera pas, et la France jouira bientôt de toute la considération due, sans doute, à une grande nation courageuse et libre, mais que cependant elle n'obtient que lorsqu'elle peut la commander.

« Je présente, Messieurs, ces réflexions sur les inconvénients de demander trop de détails au ministre des Affaires étrangères avec d'autant plus de confiance qu'elles ne peuvent avoir pour objet de rendre plus facile l'exercice d'une place que je vais cesser d'occuper. Dès le mois d'avril dernier, j'avais donné ma démission à Sa Majesté; mais la distance qui me séparait de celui qu'elle m'avait destiné pour successeur me força de continuer mon travail jusqu'à la réception de sa réponse qui fut un refus. Depuis, je ne trouvai plus où placer ma démission, et l'espérance d'être encore de quelque utilité à la chose publique et au Roi put seule me consoler de la nécessité de rester dans le ministère, au milieu des circonstances qui en rendaient les fonctions pénibles pour moi. Aujourd'hui, Sa Majesté a daigné agréer ma démission. Le rapport qu'elle m'a ordonné de vous faire est le dernier devoir que j'aie à remplir envers les représentants de la nation comme ministre des Affaires étrangères, et je me félicite, en terminant ma carrière ministérielle, de pouvoir vous donner l'espoir d'une paix que vous aiderez le Roi à maintenir et à consolider par la sagesse de vos décrets[1]. »

Cette déclaration de M. de Montmorin était assez haute et assez nette pour faire réfléchir les membres de la Législative. Les journaux sans-culottes essayaient de donner le change, parlaient du « discours endormeur du renard Montmorin, prononcé devant nos imbéciles représentants », et « d'un petit bout de corde qui pourrait le faire repentir de son indiscrétion, s'il révélait ses intentions[2] »; mais les gauches se sentaient touchées, elles comprenaient que là était peut-être l'indice d'un projet de résistance. Ce projet existait en effet : Mallet du Pan qui considérait Montmorin comme l'homme fort du ministère, et Malouet qui était désormais guéri de ses idées libérales, avaient décidé le ministre à proposer un plan de conduite dont sa démission devait être le premier jalon. Le Roi devait aller à l'Assemblée dire que, les puissances étrangères ne le croyant pas libre, il fallait constater cette liberté; qu'en conséquence, il demandait à aller à Fontainebleau ou à Compiègne, à choisir un nouveau ministère qui n'eût coopéré en rien ni à la Constitution, ni à son acceptation, et à partir avec sa garde. Ou l'Assemblée eût refusé, et elle constatait la servitude du Roi; ou elle eût accepté, et le Roi se délivrait des traîtres de son conseil; il s'en faisait un vigoureux de royalistes affectionnés. M. de Montmorin insista à trois reprises; il se jeta aux pieds de la Reine, tout fut inutile : on s'effraya des conséquences et de la possibilité d'une insurrection[3].

M. de Montmorin se retire donc sans profit pour le Roi. Il laisse le ministère encore plus affaibli; car il n'y a plus là que des hommes qui, « sans l'expérience et les lumières qu'exigent les affaires générales d'un grand empire, prennent la peine de vouloir bien le gouverner dans des circonstances qui feraient trembler un Richelieu, un

---

[1] La déclaration de Montmorin était suivie de diverses pièces relatives au séquestre provisoire, ordonné par l'Empereur, du revenu dont jouissaient, dans les Pays-Bas, les maisons religieuses supprimées en France, aux biens ecclésiastiques situés respectivement en France et en Espagne, aux indemnités dues aux princes étrangers possessionnés en France.

[2] *Orateur du peuple*, t. VIII, p. 312.

[3] MALLET DU PAN, *Corresp.*, t. I, p. 248.

Oxenstiern ou un Chatham[1] ». Et cet homme à qui rien ne réussit, et contre qui tournent toutes les apparences, se trouve quitter le portefeuille au moment où, le danger grandissant, on peut le soupçonner de vouloir sauver sa tête. Rien n'est moins dans sa pensée[2]. Si ses actes bien souvent ont été empreints de quelque pusillanimité; si, dans ses rapports avec l'Assemblée, il a parfois fait preuve de faiblesse, ses pensées, ses conversations, telles que les rapportent Gouverneur-Morris, Bertrand de Molleville, Ségur, Malouet, Mallet du Pan, sont toujours inspirées par un dévouement absolu au Roi, et par une profonde honnêteté. N'a-t-il pu, lui aussi, être dupé par Necker, ce faux bonhomme, qui peut-être se dupait lui-même? N'at-il pas eu le droit de croire à ces enthousiasmes juvéniles auxquels les meilleurs esprits ont cédé et qui, pensait-on, devaient régénérer la France? Et pourtant, dès 1789, les mémoires de Ségur le prou-

[1] MALLET DU PAN, *loco cit.*, t. I, p. 245.
[2] Pour donner un exemple de l'insouciance que M. de Montmorin mettait à se compromettre, il n'est pas sans intérêt de donner un extrait du document suivant, qui d'ailleurs appartient à l'histoire et qui, en 1792, servit à l'accusation portée contre l'ancien ministre. C'est un rapport au Roi des 8 janvier et 27 février 1791, sur les retraites et pensions des employés du cabinet de Sa Majesté près l'administration des postes. Il en résulte que vingt et un employés étaient occupés au cabinet noir. Voici leur nom, leur âge, leurs années de service et le chiffre de leur pension : M. d'Ogny, surintendant des postes, 30,000 livres de pension; M. Enguehart, 78 ans, 49 ans de service, 12,000 livres; Enguehart de Vaupré, 68 ans, 42 ans de service, 9,000 livres; de Romieu, 65 ans, 40 ans de service, 9,000 livres; Gautier d'Ecurolles, 62 ans, 36 ans de service, 9,000 livres; de Durdent, 75 ans, 36 ans de service, 12,000 livres; de Vaublanc, 68 ans, 32 ans de service, 9,000 livres; de Seinpré, 58 ans, 32 ans de service, 9,000 livres; d'Aillon, Perrault, Bertholony, Girault, Perrault de Cherizey, Dumas, Porée, de 48 à 70 ans d'âge, de 10 à 19 ans de service, de 7,000 à 8,000 livres de pension; Desperrières et Desroches, 6,000 livres pour 7 ans de service; puis une gratification à Darlu, Deflandres, Lebrun et de Vaublanc fils, élèves. Ces traitements devaient être payés sur les fonds secrets des Affaires étrangères. Montmorin terminait ainsi son rapport : « Il est fâcheux que les circonstances aient amené la suppression d'un établissement qui avait été sagement conçu et où aboutissaient, comme à un point central, de tous les coins de l'Europe et sans bruit, des lumières importantes pour l'intérêt de la nation. Un des moindres inconvénients de cette réforme est et sera toujours la nécessité d'employer des ressorts externes pour remonter jusqu'aux sources éloignées d'où découlaient naturellement les informations les plus importantes, par des voies cachées qu'une surveillance active pouvait garantir de tout danger. » Et il demandait et obtenait l'autorisation du Roi de rassembler en lieu de sûreté les anciens manuscrits, cartes, mémoires, registres, tableaux de chiffres, dictionnaires, tables et bureaux d'une construction particulière, ustensiles et outils nécessaires aux opérations mécaniques et chimiques du cabinet, « afin que, si les circonstances permettent un jour de rétablir l'activité du cabinet sous une forme quelconque, on puisse retrouver tous les objets et effets qui en dépendent ».

vent, il apercevait à l'horizon la chute de la Royauté, et, dans le sang, l'avénement de la République. Depuis cette époque, n'est-il pas permis de penser qu'il louvoyait, cherchant à sauver les lambeaux de l'autorité souveraine? N'en a-t-on pas la preuve dans les rapports qu'il établit avec ce Mirabeau, dont le contact lui répugnait, et en qui il croyait trouver un sauveur? A la mort de celui-ci, tente de se re-retirer, c'est lui qui l'affirme, et si, en juin, son courage paraît faiblir, quel cœur aurait pu résister à un pareil écroulement? Ne la voyait-il pas déçue, cette sainte amitié qu'il avait vouée au Roi, et dont le Roi faisait fi si singulièrement? A ce moment, pouvait-il se retirer, n'était-il pas lié, comme rivé à son portefeuille? Ne fallait-il pas un homme de dévouement comme lui, pour tenir tête à l'orage, et nouer encore quelque négociation avec les Constituants? Que M. de Montmorin ne fût point à la hauteur de sa mission, qu'il ne fût pas de taille à tenir tête à l'Assemblée, aux clubs, aux journaux, à la cour même, on ne peut le nier; mais, à coup sûr, il mérite une place, sinon dans l'histoire des grands ministres, au moins dans le martyrologe des fidèles serviteurs; car son dévouement, il le poussa jusqu'à la mort, et cette mort, que moins d'une année sépare de la date à laquelle nous sommes parvenus, expliquera mieux que bien des phrases sa vie et son attitude.

Et pourtant, sa retraite laissait la Royauté dans un cruel embarras. A qui offrir ce portefeuille qui ne tentait personne? Qui mettre à la tête de ce cabinet, qui manquait d'homogénéité, de décision, de considération et d'éloquence? Quel homme de valeur pourrait accepter une situation semblable? Quelles difficultés le Roi n'aurait-il point à surmonter pour trouver un ministre?

Dès le 30 septembre, Gouverneur-Morris avait annoncé à Washington que M. de Montmorin avait donné sa démission, et il formait déjà des conjectures sur le successeur qui lui serait donné. Ce n'est pourtant que le 5 octobre que le ministre fait officiellement ses préparatifs de départ. Il demande au Roi son portrait en pied et en manteau royal, d'après l'original peint par le sieur Callet, et pareil à celui qui, en 1786, a été donné à M. de Vergennes. Louis XVI met son *bon* au bas de cette demande. En même temps on cherche à lui conserver une place dans le Conseil; comme ministre des Affaires étrangères, ministre déclaré, il y garde entrée, suivant l'ancien système. On peut donc lui servir, sous ce prétexte, un traitement de 50,000 livres, qui lui est d'autant plus nécessaire que ses affaires sont fort dérangées et que ses dettes absorbent la totalité de ses revenus. Mais dans le nouveau régime il n'y a plus de ministres sans portefeuille ; le nombre des Départements, leurs attributions, leur fonctionnement ont été réglés par la Constitution. Il est impossible, suivant les nouveaux conseillers du Roi, de maintenir à M. de Montmorin une place dans le Conseil et des appointements sur ce chapitre. Le Roi se détermine alors à lui accorder sur les fonds secrets des Affaires étrangères un secours annuel de 50,000 livres, et fait de lui le chef de ce ministère secret qui, incapable d'une résistance sérieuse et d'une attitude énergique, ne servit qu'à dépenser les fonds de la liste civile.

La situation de M. de Montmorin ainsi réglée, il fallait trouver un homme pour les Affaires étrangères. Le premier auquel on songea, dès la fin de septembre, fut M. de Moustier, ministre plénipotentiaire à Berlin. Le marquis de Moustier, issu d'une des plus vieilles et des plus nobles familles de la Franche-Comté, était entré dans la carrière diplomatique en 1769, à l'âge de dix-huit ans, après de fortes études à l'université de Heidelberg. Il avait parcouru presque tous les postes : Lisbonne, Londres, Naples, Trèves, Philadelphie et Berlin. Partout il avait laissé la réputation d'un homme du premier ordre, sincèrement dévoué à la France et au Roi, et dont les formes vraiment nobles rendaient faciles les négociations les plus épineuses[1].

Mais M. de Moustier, appelé en toute hâte de Berlin, trouva à son arrivée une intrigue déjà formée contre lui. Les révolutionnaires craignaient ses talents, son instruction et son énergie. Les partisans de M. Necker, que groupait autour d'elle madame de Staël, voulaient pousser quelqu'un à eux au ministère. Les royalistes purs ne se souciaient point que les Affaires étrangères fussent si bien conduites. On évoqua le souvenir d'une brochure que M. de Moustier avait publiée à Berlin : *De l'Intérêt de la France à une Constitution monarchique*, 1791. On répandit le bruit que le futur ministre avait été dans l'intimité de M. de Calonne. Bref, à son arrivée à Paris, il dut se féliciter d'avoir pris la précaution d'écrire au Roi, avant son départ de Berlin, pour se défendre d'accepter le portefeuille. Le Roi lui expliqua les motifs qui le déterminaient, et lui offrit l'ambassade de Constantinople.

On songea alors à M. de Ségur, qui, lui aussi, appartenait de longue

---

[1] M. le marquis de Moustier, dont le fils épousa la fille de M. le comte de Laforêt, un des grands noms du Département, a été le grand-père de cet autre marquis de Moustier, ministre des Affaires étrangères sous l'empereur Napoléon III, dont le souvenir est resté présent à la mémoire de tous comme celui du plus parfait gentilhomme et de l'un des diplomates les plus distingués de notre temps.

date à la carrière diplomatique, qui, pendant six ans, avait été nommé ministre à Saint-Pétersbourg, et qui venait d'être nommé à l'ambassade de Rome. Mais M. de Ségur ne voulait entrer au ministère qu'avec la confiance absolue du Roi et de la Reine[1]. Il avait exprimé cette idée dans l'entrevue qu'il avait eue avec Leurs Majestés, et la Reine l'avait assuré d'un abandon entier et lui avait demandé la marche qu'il comptait suivre. Ségur avait exposé son programme : fermeté, loyauté, libéralisme sincère. Le Roi avait approuvé; la Reine avait applaudi, et enfin, sur leurs instances réitérées, Ségur avait prié qu'on lui accordât jusqu'au lendemain pour répondre. Mais en se retirant et se retournant après une troisième révérence, il aperçut dans la glace en face de laquelle la Reine se trouvait un geste qui lui rendit toute sa défiance. A minuit, un homme, enveloppé d'un grand manteau, vint frapper à la porte de son hôtel et demanda à lui parler. C'était un ancien premier commis des Affaires étrangères, de tout temps attaché à sa famille, qui, ayant eu connaissance du projet qu'on prêtait au Roi, venait le détourner d'accepter le portefeuille. Il lui dit que le ministère à Paris n'était qu'une vaine apparence; qu'un personnage occulte établi dans une cour étrangère était le véritable ministre; qu'enfin il n'y avait pas lieu de se compromettre pour des souverains incapables de confiance. Cet ancien premier commis avait raison. C'était le temps où Marie-Antoinette écrivait au comte de Mercy-Argenteau (1ᵉʳ novembre) : « Le malheur est que nous n'avons pas ici un homme à qui nous fier », et encore : « M. de Ségur refuse les Affaires étrangères, et la publicité de tous ces refus rend le choix presque impossible. »

Ségur trouva du reste un moyen honorable de se dégager. Il était venu par hasard à l'Assemblée nationale le jour où Duportail, ministre de la guerre, devait, accompagné de tous ses collègues, répondre à des accusations lancées contre lui. Duportail, excité par les cris de la gauche, ne sut pas se contenir, et l'on vit alors une scène plus digne de la halle que d'une Assemblée française. Ségur déclina les offres du Roi en alléguant qu'il n'aurait ni le courage, ni la modération nécessaire, pour supporter de pareils outrages.

A la suite de ces tentatives infructueuses, Louis XVI pensa à M. de Choiseul-Gouffier, le diplomate dont Condorcet avait dit : « L'art des négociations, qui a été si longtemps l'art de tromper les hommes, fut, dans les mains de M. de Choiseul, celui de les instruire, de les servir et de leur montrer leurs véritables intérêts. » Mais l'ambassadeur

---

[1] Ségur, *Histoire et Mémoires*, t. I, p. 7.

près de la Porte préféra, comme en avril 1791, continuer à Constantinople son tranquille séjour. Enfin, on écrivit à Barthélemy, alors ministre plénipotentiaire chargé d'affaires en Angleterre. Mais le futur négociateur de Bâle, le futur directeur de la République française, n'était pas de ceux qui aiment les jours troublés et qui savent en tirer parti. Il refusa. Restait M. de Narbonne, l'ami de madame de Staël ; mais de celui-là, le Roi ni la Reine ne voulaient.

On se résigna donc à laisser le portefeuille aux mains de M. de Lessart, ministre de l'Intérieur, qui, depuis la fin d'octobre, le tenait par intérim. En même temps, on remania les autres Départements. Narbonne, auquel on avait refusé les Affaires étrangères, eut la Guerre à la place de Duportail, las des insultes qu'il avait subies ; Cahier de Gerville, ancien avocat au Parlement, substitut du procureur de la Commune, vint à l'Intérieur ; Bertrand de Molleville fut ministre de la Marine, et Duport du Tertre, garde des sceaux.

Jean-Marie-Antoine-Claude de Valdec de Lessart, qui jadis ne se nommait que Jean-Marie-Antoine Valdec [1], a joué les utilités sur le théâtre de la Révolution. Il est parvenu aux premières places parce qu'il n'inspirait de défiance à aucun parti. Il a occupé ces places sans les remplir, a servi de jouet aux colères d'une Assemblée qui s'essayait à l'assassinat, et est tombé sans laisser même un regret dans le cœur de ceux pour qui il s'était sacrifié.

Son origine était obscure. On s'accorde à dire qu'il était né en 1742, dans l'ancienne province de Guyenne. Peut-être était-il le fils du président de Gasq, magistrat éminent du Parlement de Bordeaux, qui l'institua son héritier. A coup sûr, le nom de Valdec qu'il portait ne le rattache à aucune des familles de ce nom, et ne semble être que l'anagramme de son prénom Claude. Fauchet devait faire de cette misère un crime de lèse-nation. Lessart, venu à Paris fort jeune, avait fait ses études au collège Louis-le-Grand [2]. Il acheta, en 1767, une charge de maître des requêtes [3], et sut s'introduire dans la société et l'intimité de M. Necker [4]. En 1778, il obtint une pension de 3,000 livres

---

[1] *Palmarès de Louis-le-Grand* pour 1752 et 1753. Sa mère, sœur d'une madame Desfourniels, se faisait appeler ainsi. Voir MARMONTEL, *Mém.* liv. III, p. 199, t. Ier de l'éd. de l'an XIII.

[2] En 1752, nous trouvons Antoine Valdec obtenant, en septième, le second accessit d'histoire sacrée ; en 1753, en huitième, il obtient, à la petite tragédie, le quatrième prix *solutæ orationis latinæ*, et, à la grande tragédie, le deuxième accessit dans la même faculté.

[3] *Almanach royal*. Il faisait des vers à cette date, témoin l'énigme : *sur une tête à perruque*, que rapporte Grimm. (*Corr. litt.*, 2e partie, t. IV, p. 150.)

[4] De Lessart était marié. L'existence de sa femme ne m'est révélée jusqu'ici que

pour le zèle et l'activité avec lesquels il avait rempli les fonctions de nommé par le Roi pour faire la liquidation de la Compagnie des Indes [1]. En 1784, il est intendant du Département des municipalités, revenus et dépenses des villes, bourgs et communautés d'habitants [2]. En 1788, il est un des trois commissaires nommés par arrêt du Conseil d'État du 25 octobre, pour examiner et discuter tout ce qui se rapporte à l'administration des monnaies. En 1789, il est encore membre du Comité pour les affaires d'administration et du bureau pour les affaires du commerce. Les États généraux réunis, il est un des commissaires nommés par le Roi pour concilier les trois ordres. Le 4 décembre 1790, il est appelé au Contrôle général, en remplacement de M. de Lambert, qui avait lui-même succédé à M. Necker. La lettre par laquelle il annonce à l'Assemblée son acceptation [3] est plate et de pauvre style. Au reste, il ne reste en fonction qu'un mois environ. Le 25 janvier 1791, il est nommé au ministère de l'Intérieur, et conserve, par intérim, le portefeuille des Finances. Cette lourde charge, bien que diminuée en mai par la nomination de Tarbé au ministère des Contributions publiques, devait écraser de Lessart.

par une note du *Moniteur* du 18 décembre, par laquelle madame de Lessart et madame Grant (serait-ce la future princesse de Talleyrand?) réclament des lettres et des paquets que leur envoie de l'Inde M. Grant, chef de Patna, au service de la Compagnie anglaise dans le Bengale. Il est à remarquer en même temps que Fréron, dans l'*Orateur du peuple* (t. VI, p. 325), accuse de Lessart d'avoir pour maîtresse une femme *Grau*. Serait-ce encore madame Grant? Si l'on peut s'en rapporter au témoignage de Lewis Goldsmith, bien peu sûr à la vérité, madame Grant aurait quitté les Indes avec un nommé Whitehill, dont elle était la maîtresse et qui lui aurait assuré 30,000 livres de rente. Elle serait arrivée en France en 1785. Elle aurait fait la connaissance de de Lessart, qui serait devenu éperdument amoureux d'elle, et elle ne serait partie en Angleterre qu'après le 10 août. (L. Goldsmith, *Histoire secrète du cabinet de Napoléon Bonaparte*. Paris, 1814, in-8°, p. 164.)

[1] Recueil in-4°, IIIe classe, p. 377.
[2] *Gazette de France*, 1784, 9 janvier.
[3] « Monsieur le Président, le Roi a fait connaître à l'Assemblée nationale le choix que Sa Majesté a daigné faire de moi pour ministre des finances. J'ai dû considérer avec effroi l'étendue des obligations qui me sont imposées ; mais apercevant déjà dans la situation des finances les premiers fruits des réformes salutaires et des sages dispositions de l'Assemblée nationale, pensant que mon désir sincère, ma volonté constante de concourir à l'achèvement de cette glorieuse Révolution pourraient être de quelque utilité, j'ai cru devoir compte à la patrie de tous mes efforts, et l'honneur de contribuer à l'affermissement des principes de la Constitution est un assez beau partage pour que le citoyen que la confiance du Roi y appelle doive s'y consacrer tout entier.

« Je suis avec un très-profond respect, etc.   DE LESSART. »

L'Assemblée a ordonné que cette lettre serait insérée dans son procès-verbal et imprimée.

Comme ministre des Finances, il avait droit à l'inimitié de Clavière, spéculateur véreux, boursicotier à principes, Génevois de naissance, juif de race, que la fortune de Necker avait grisé, et qui passait pour le Colbert de la Révolution ; Clavière, à qui toute arme était bonne, faisait dénoncer de Lessart le 11 avil 1791, par ses amis de la Gironde, par Buzot ; il insistait lui-même, écrivait à l'Assemblée et jurait « qu'il n'entrerait au ministère qu'avec des hommes purs ».

Au ministère de l'Intérieur, encore plus de difficultés et d'ennuis. Dans toute la France, les lois nouvelles sur le culte créaient des embarras, amenaient des rencontres entre les partisans de la nouvelle religion et de l'ancienne, et Camille Desmoulins accusait de Lessart d'avoir voté dans le Conseil contre la sanction de la constitution civile du clergé[1]. De Lessart était dénoncé par Fréron parce qu'il protégeait les sœurs de charité ; dénoncé par Marat comme ami de M. Necker. Déjà impopulaire et méprisé, il avait à passer au ministère cette rude époque du voyage de Varennes. Il assistait avec une passivité étrange aux événements dont dépendait le sort de la Royauté, et s'inclinait avec une remarquable platitude devant l'Assemblée souveraine. Il se chargeait encore de l'intérim du ministère de la Marine (mai, septembre, octobre 1791), se faisait *maître Jacques* de la Constitution, bon à tout et propre à rien.

Quand, en novembre, le Roi lui confia, d'abord l'intérim, puis le portefeuille des Affaires étrangères, c'était un homme usé devant l'Assemblée, impopulaire dans le pays, peu aimé à la cour, incapable en diplomatie, ne sachant rien de la politique, aussi fat que Necker, mais plus bête ; au reste, on n'en peut douter, plein des meilleures intentions et convaincu de l'excellence de la Constitution.

Déjà Fauchet, l'évêque apostat, avait demandé, le 3 septembre, la tête de de Lessart. « Il est temps, disait-il, de faire un exemple ; la France l'attend, la patrie l'exige, la justice le veut, les intérêts de la liberté le commandent ; nous perdons l'État si nous ne perdons pas un ministre prévaricateur. » Ce n'était là encore qu'une dénonciation locale en quelque sorte. Il s'agissait du département du Calvados et *des ecclésiastiques fidèles* opposés aux prêtres réfractaires. Mais ce début était d'un mauvais augure.

Le 16 novembre, de Lessart apparaît pour la première fois à l'Assemblée comme ministre des Affaires étrangères par intérim. Il rend compte des réponses que le Roi a reçues de diverses puissances relativement à l'acceptation de la Constitution, et qui sont arrivées pos-

---

[1] *Révolution de France et de Brabant*, t. IV, p. 157.

térieurement à la communication faite par Montmorin. Ce sont les lettres de l'Empereur, du grand-duc de Toscane, du roi de Sardaigne, du roi de Pologne, du duc de Saxe-Gotha, de la ville de Dantzig et de l'électeur de Mayence. Puis de Lessart expose les mesures prises contre les émigrés. L'Assemblée ordonne l'impression de son rapport.

L'affaire d'Alger, dont on trouvera les détails dans les mémoires de Bertrand de Molleville, ne l'occupe pas et est entièrement traitée par le ministère de la Marine ; de Lessart ne reparaît que le 28, pour annoncer sa nomination définitive aux Affaires étrangères, « renouveler à l'Assemblée nationale l'assurance de son attachement à la Constitution, et lui offrir celle de son zèle, de ses efforts et de son application constante à faire dans cette nouvelle carrière tout ce qui peut intéresser le bien et la sûreté de l'État ».

A ce moment, la grosse affaire est celle des rassemblements d'émigrés sur le territoire des petits princes allemands. Ces princes sont ndisposés par la perte de leurs possessions territoriales en France, possessions réelles, garanties par tous les traités, depuis celui de Westphalie, et que l'Assemblée est disposée à considérer comme possessions féodales, tout au plus à compenser par une indemnité. Le côté diplomatique de la question est connexe au côté intérieur. Un décret relatif aux émigrés et à ceux qui leur donnent asile vient en effet d'être rendu par l'Assemblée et porté au Roi (29 novembre). Dès le début, les difficultés s'accumulent au point de devenir inextricables. Déjà les représentants de la France à l'étranger sont mis en suspicion, accusés d'inertie et d'incivisme. Le parti girondin veut la guerre contre les émigrés, contre ceux qui leur donnent asile, et malheur à quiconque voudra empêcher la guerre, s'opposer aux mesures violentes, atténuer les lois de proscription. Les ministres sont responsables, et Isnard vient de le dire : « Pour eux, la responsabilité est la mort[1]. »

Le 3 décembre, de Lessart étant ministre depuis cinq jours, Fauchet renouvelle sa dénonciation au milieu des applaudissements frénétiques des tribunes. Cette fois encore, on passe à l'ordre du jour, mais la suspicion contre les ministres est en ce moment une des maladies de l'Assemblée. Le 30 novembre, Cambon a fait décréter des mesures rigoureuses sur leur comptabilité ; le 3 décembre, Hérault de Séchelles a donné lecture, avec les commentaires les plus insultants, d'un projet de loi sur la responsabilité des ministres, « les obligeant à présenter tous les quinze jours l'état de leurs Départements respectifs »,

---

[1] Séance du 29 novembre.

les soumettant à un interrogatoire permanent, les menaçant sans cesse d'un décret d'accusation. Le 7, sur la motion de Lacroix et d'Isnard, on a déclaré que la parole serait retirée aux ministres toutes les fois qu'ils essayeraient, en répondant à un membre de l'Assemblée, d'entrer dans le fond de la discussion.

Et, en même temps, tous les nouveaux potentats créés par la Révolution se mêlent de remplir les fonctions des ministres. Pour n'en donner qu'un exemple, la France n'a pas assez d'applaudissements pour Dietrich, maire de Strasbourg, qui écrit directement à l'Empereur pour se plaindre de mauvais traitements essuyés à Ettenheim par deux Strasbourgeois. De Lessart a-t-il au moins la confiance de la cour? Marie-Antoinette le déteste, moins, à la vérité, que ce malheureux Sainte-Croix, qui, au 10 août, doit se sacrifier. Tout ce qu'elle peut faire, c'est tolérer son ministre [1].

Chaque jour surgissent des difficultés nouvelles : les indemnités des princes possessionnés; le renvoi de certains régiments suisses; la mise en accusation du cardinal de Rohan, prince de l'empire, amènent à chaque séance des discussions irritantes. Le pays de Liége et le Brabant se mettent en pleine révolution, appellent les Français, s'attirent la faveur de tout le parti jacobin, qui en profite pour insulter la Maison d'Autriche et prêcher la guerre, et ce n'est qu'avec difficulté que l'Assemblée décrète sur le rapport de Ramond que les émigrés brabançons ne pourront pas provisoirement résider dans les places de guerre voisines de la frontière.

Le 14 décembre, le Roi vient à l'Assemblée porter lui-même sa réponse au message que la Législative lui a adressé le 29 novembre, relativement aux émigrés : La nation, dit-il en substance, ne peut qu'applaudir à ces communications entre ses représentants élus et son représentant héréditaire. L'Assemblée a invité le Roi à prendre des mesures pour disperser des rassemblements d'émigrés qui se forment sur les frontières. Le Roi a pensé que dans les circonstances présentes il ne fallait rien négliger pour épargner la guerre, s'il était possible. L'Empereur a dispersé ces rassemblements dans ses États; mais certains princes ont mal répondu à ces réquisitions. Le Roi fait déclarer à l'électeur de Trèves que si, le 15 janvier, les rassemblements n'ont pas cessé dans ses États, il le considérera comme ennemi. Il demandera à l'Empereur la continuation de ses bons offices. En terminant, il fait appel à la concorde et à l'organisation des pouvoirs, au calme, à l'union. « Ceux qui observent

[1] Lettre à Mercy, du 25 novembre 1791.

la marche du gouvernement d'un œil attentif, mais sans malveillance, ajoute-t-il, doivent reconnaître que jamais je ne m'écarte de la ligne constitutionnelle, et que je sens profondément qu'il est beau d'être roi d'un peuple libre. »

La réponse du président Lemontey est hautaine et presque insolente : « L'Assemblée délibérera sur les propositions que vous venez de lui faire ; elle vous instruira par un message de ses résolutions. » Ce message, en date du 17 décembre, est presque flatteur :

« L'Assemblée promet à Votre Majesté plus de gloire qu'aucun de ses aïeux n'en a obtenu ; elle promet à l'Europe étonnée le spectacle nouveau de ce que peut faire un grand peuple outragé dont tous les bras seront mus par tous les cœurs, et qui, voulant la justice et la paix, combattra lui-même ses ennemis, qui sont aussi les vôtres. »

C'est que dans l'intervalle le ministre de la guerre Narbonne, qui brûle d'avoir une armée à commander et de grandes expéditions à conduire, a parlé de la guerre nécessaire et a annoncé qu'il partait pour visiter les frontières. Pendant son absence, c'est de Lessart qui reste chargé de l'intérim de son ministère. « Telle est ma confiance, telle doit être celle de la nation dans son patriotisme, que je me rends responsable de tous les ordres qu'il donnera dans mon Département. » L'intérim dure du 20 décembre au 8 janvier, et de Lessart profite de ce regain de popularité qu'il doit à Narbonne pour envoyer à l'Assemblée sa réponse à Fauchet. Après avoir facilement réfuté les chefs d'accusation, après avoir déclaré qu'il s'honorerait toute sa vie du titre d'ami de M. Necker, attaqué en passant par l'évêque du Calvados, il termine ainsi cette justification :

« ... Mais, Messieurs, j'ai bien acquis le droit de le dire : pour que cet ordre de choses s'établisse effectivement, pour que les ressorts du Gouvernement prennent la consistance et l'activité dont ils ont besoin, il ne faut pas que l'Assemblée nationale accueille avec trop de facilité ces dénonciations vagues et inconsidérées, qui se multiplient d'autant plus qu'on croit, en les lui présentant, seconder ses intentions et ses vœux. Et quel serait donc le sort des ministres s'ils étaient constamment désignés comme le but sur lequel doivent se diriger tous les soupçons, toutes les accusations, toutes les haines ? Les ministres sont-ils donc des ennemis publics ? Non, Messieurs, ils sont, comme vous, Français ; comme vous, ils connaissent la sainteté de ce mot *patrie* ; ils ont fait leurs preuves de civisme et de courage ; ils se sont liés pour jamais au sort de la Révolution, et c'est surtout pour eux qu'il est vrai de dire : La Constitution ou la mort.

« Le temps arrivera, sans doute, où il sera utile qu'au milieu de la tranquillité et de la prospérité générale, il s'établisse entre les différents pouvoirs une sorte de rivalité nécessaire peut-être pour entretenir leur propre équilibre, pour exciter leur surveillance mutuelle, pour tenir la nation constamment éveillée sur ses intérêts et ses droits ; mais nous ne sommes pas encore à cette heureuse époque ; nous avons des ennemis communs à combattre et de grands obstacles à surmonter. Messieurs, le salut du peuple le demande. Rallions-nous, marchons ensemble au même but ; ayons tous les mêmes amis et les mêmes ennemis. Pour moi, je m'estimerai heureux si la circonstance douloureuse qui vient de m'obliger à prendre la parole peut devenir l'époque d'un accord si essentiel pour la gloire, pour le bonheur et la tranquillité de l'Empire. »

Cet appel à la concorde ne devait pas être entendu. De Lessart a beau faire dans le Corps diplomatique des changements importants, apporter sans relâche à l'Assemblée les dépêches et les documents, obtenir de l'électeur de Trèves et de l'empereur d'Allemagne des assurances pacifiques ; pour cela même et parce qu'il négocie pour empêcher la guerre, il est odieux à la Gironde. Le 29 décembre, Brissot prononce un discours qui est un défi à l'Europe. Il affirme que l'Angleterre est favorable à la Révolution ; que l'Empereur ne peut rien contre elle ; que la cour de Berlin voudra la paix si la cour de Vienne veut la guerre ; que la Suède est en banqueroute ; que la Russie est occupée chez elle. Il insulte en passant l'Espagne, la Hollande, le monde entier ; fait l'apologie des Polonais, « avec lesquels on formera une sainte coalition des peuples pour conjurer celle des tyrans », et après avoir mis en accusation Montmorin, « ce ministre longtemps nourri des préjugés de la vieille diplomatie », il propose le rappel des ambassadeurs de France à Stockholm, Saint-Pétersbourg, Madrid et Rome ; la mise en état de guerre contre tous les rois.

Dans la déclaration aux puissances étrangères que Condorcet rédige et que l'Assemblée adopte, la France parle un langage que les cabinets européens n'ont guère eu jusqu'ici l'habitude d'entendre. Après avoir dit que la nation française n'emploiera jamais ses forces contre la liberté d'aucun peuple, il énumère, dans une déclamation hardie, ses prétendus griefs. Il développe ensuite la fameuse thèse : guerre aux rois, paix aux peuples ; parle de l'humanité, de la générosité et de la liberté des Français, et termine, de même que Brissot, par une déclaration de guerre à l'Europe. Sur ce discours, l'Assemblée vote vingt millions pour la guerre. A la vérité, ces décrets sont illégaux ; à la vérité, la Constitution a mis entre les mains du Roi le droit de proposer la guerre ; c'est *sur sa proposition formelle et nécessaire* que la guerre peut seulement être déclarée ; mais cette Constitution sans cesse invoquée par les Girondins est continuellement violée par eux, jusqu'au jour prochain où ils la déchireront. L'année finit sur une mauvaise nouvelle. Le 31 décembre, de Lessart donne lecture d'un office du chancelier de l'Empire, par lequel l'Empereur annonce que l'Électeur de Trèves ayant réclamé sa protection contre les menaces de la cour de France, il a donné ordre à ses troupes de lui porter secours. On essaye à la vérité d'atténuer, d'empêcher la déclaration de guerre immédiate par la lecture d'une lettre de Louis XVI pleine d'assurances pacifiques, par des déclarations conciliantes de l'évêque de Spire et de l'Électeur Palatin. La discussion sur l'office de l'Empereur est mise à l'ordre du jour du lendemain, 1ᵉʳ janvier.

C'est la guerre que veut la Gironde ; tout d'abord elle déguise la question, qui serait inconstitutionnelle, sous l'apparence d'un décret d'accusation à porter contre les frères du Roi, et sur la proposition de Gensonné, ce décret est rendu à l'unanimité. « Le ministre des Affaires étrangères sera tenu de remettre au comité diplomatique, dans le délai de trois jours, toutes les notes et éclaircissements relatifs aux complots des princes, qui auraient pu lui être envoyés par les agents de la nation à l'étranger, et de dénoncer les agents qui se seraient rendus coupables de connivence avec les révoltés. » Le 3 janvier, en même temps qu'on organise la haute cour nationale, menace permanente contre les serviteurs du Roi, commence la discussion sur l'office de l'Empereur. Isnard prend le premier la parole. Il veut que le pouvoir exécutif trouve des alliances ; comme si en ce moment un État quelconque pouvait songer à s'allier avec la France. Ce n'est que le 13 que Gensonné fait son rapport au nom du comité diplomatique, et entre temps de Lessart a communiqué à l'Assemblée les réponses de l'Électeur de Trèves, sur les rassemblements d'émigrés. Gensonné propose un ultimatum : « L'Empereur fera connaître avant le 10 février ses dispositions à l'égard de la France ; il s'engagera à ne rien entreprendre contre elle, sa Constitution et sa pleine et entière indépendance ; et si elle est attaquée, il lui fournira les secours qu'il lui doit en vertu de l'article IX du traité du 17 mai 1756. » Ce n'est point assez. Guadet quitte le fauteuil de président pour proposer de déclarer traître à la patrie, infâme et coupable du crime de lèse-nation, tout Français qui pourrait prendre part à un Congrès réuni en vue de modifier la Constitution, d'amener une médiation entre la France et les émigrés, ou une composition avec les princes allemands possessionnés en Alsace. Ce décret est accepté avec des acclamations, et de Lessart choisit ce moment pour jurer : « La Constitution ou la mort », et pour se faire applaudir.

Le 17, nouveau rapport de Koch, qui rend compte des événements accomplis depuis la note comminatoire adressée à l'Électeur de Trèves. De Lessart prononce encore un discours. Cette fois, c'est un appel à la paix, à la conciliation, aux principes proclamés par la Constitution. Ce discours vient immédiatement après des paroles belliqueuses prononcées par le ministre de la guerre, M. de Narbonne. Évidemment le temps est passé de la confiance réciproque et des effusions devant témoins. Brissot répond à de Lessart; Brissot, l'employé de M. le duc d'Orléans[1], veut que le traité de 1756 soit anéanti, parce qu'il est contraire à la Constitution; il veut qu'on notifie à l'Empereur que la nation regarde comme acte d'hostilité son refus d'employer ses bons offices et ses forces pour la dispersion des émigrés; il veut que la guerre soit immédiate, et qu'elle soit offensive; il veut qu'on s'allie étroitement à l'Angleterre, qu'il connaît, lui, Brissot; il veut qu'on suive la politique de Brissot et celle du roi de Prusse. Dumas réplique[2]; mais au lieu d'aborder nettement la question et de dévoiler la conspiration girondine, au lieu de démasquer Brissot, il accepte la discussion, développe des arguments, subit l'idée de la guerre. Vergniaud a peu de peine, avec cette éloquence surfaite qu'on lui attribue, pour mettre en pièces les arguments constitutionnels modérés de Dumas. Vergniaud n'a point assez de cris contre cette diplomatie *caligineuse;* il hurle : Aux armes! Il déclare que si la France attend pour déclarer la guerre, « elle périra sans gloire, et elle ensevelira avec sa liberté l'espoir de la liberté du monde». Ramond, un constitutionnel du comité diplomatique, essaye de répondre à Vergniaud; Beugnot s'y emploie aussi, ainsi que Becquey et Daverhoult; mais l'opinion de la guerre a pour elle les violents : l'abbé Fauchet, Isnard et surtout Condorcet. Celui-ci accuse les ministres d'avoir suscité la guerre par « leur négligence, leur défaut de vues, une inactivité stupide ou coupable ». Ces paroles sont de mauvais augure pour de Lessart. On finit par voter le projet du comité, amendé par Hérault de Séchelles. Les termes sont un peu modifiés et adoucis; le délai de réponse est fixé au 1er mars; le fond reste le même, et quant aux

---

[1] Voir le détail de la vie de Brissot et de son union avec mademoiselle Dupont, dans : *Précis de la conduite de madame de Genlis depuis la Révolution.* Hambourg, 1796, in-12.

[2] Voir cette discussion dans les *Souvenirs du lieutenant général comte Mathieu Dumas.* Paris, 1839, t. II, p. 50 et suiv.

considérants, ils rachètent bien l'urbanité apparente du texte du décret [1].

En présence de cette fièvre de l'Assemblée, de Lessart multiplie ses communications : dépêches de Bigot de Sainte-Croix, explications relatives aux Français incarcérés dans les Pays-Bas, éclaircissements sur les Français résidant en Espagne ; ce qui n'empêche pas Gensonné de rappeler que, par un décret du 1ᵉʳ janvier, il a été ordonné au ministre de communiquer, dans les trois jours, toutes les notes et tous les renseignements qu'il pourrait recueillir sur la conduite des ministres et chargés d'affaires à l'étranger.

Aux Jacobins, dans les journaux, dans le public, les dénonciations contre de Lessart s'accentuent chaque jour. Les courriers du ministre sont arrêtés par les municipalités des villes qu'ils traversent et emprisonnés. On les fouille ; on leur enlève leurs papiers, et, à propos de leur mission, que Koch justifie pourtant, Brissot fait ordonner une enquête. Le 17 février, Fauchet renouvelle son accusation, qu'il va ensuite colporter aux Jacobins (séance du 19) : toujours les mêmes griefs, tous relatifs au temps où de Lessart était ministre de l'intérieur. On n'y a ajouté que le crime d'avoir subventionné sur les fonds de la liste civile l'*Ami du Roi,* la *Gazette de Paris,* la *Gazette universelle* et le *Journal de la cour et de la ville,* et d'avoir proposé au Comité diplomatique de céder à l'Angleterre les îles de France et de Bourbon. Dans le conseil, la guerre entre Narbonne et de Lessart est déclarée. L'un représente le parti de la paix, l'autre le parti de la guerre. Narbonne veut être premier ministre et prendre le portefeuille des Affaires étrangères. Madame de Staël conduit cette intrigue, et s'en cache si peu qu'elle a la bonne foi de l'avouer à M. de Lessart lui-même, dans une lettre de quatre pages, qu'il lit au comité des ministres. Elle lui représente très-amicalement « que son honneur, le bien de l'État et les intérêts du Roi exigent qu'il donne sa démission d'une place que sa mauvaise santé et son caractère ne lui permettent pas de remplir dans des circonstances aussi difficiles ». En même temps elle excite contre lui ses amis, et il ne dépend pas d'elle que la dénonciation de Fauchet n'ait une issue fatale. De Lessart, accusé, se défend de son mieux. Il est entré dans la petite bande du comité autrichien, s'associe à toutes les petites mesures inventées par Bertrand, Duport et Montmorin ; paye

---

[1] Le 31 janvier, nouveau rapport de Koch sur la lettre de l'empereur Léopold au Roi, écrite en *conclusum* de la diète de Ratisbonne, relative aux droits des princes allemands sur des terres d'Alsace et de Lorraine. Koch conclut que, sauf indemnités à régler par négociations, les lois relatives au régime féodal doivent recevoir leur pleine et entière exécution à l'égard des princes de l'empire.

des applaudisseurs pour les tribunes, entre en marché avec les députés à vendre, invente des journaux-affiches, croit avoir sauvé la royauté et ne fait que la compromettre. Lui sait-on au moins gré à la cour de ce qu'il risque? Point. A cette date, Marie-Antoinette écrit à Joseph II : « Il y a guerre ouverte dans ce moment ici entre les ministres Lessart et Narbonne ; ce dernier sent bien que sa place est dangereuse, et il veut avoir celle de l'autre. Pour cela, ils se font attaquer tous les deux de tous côtés. C'est pitoyable. Le meilleur des deux ne vaut rien du tout. » Au reste, l'aveuglement de Marie-Antoinette est inouï. Elle écrit : « La marche constitutionnelle que le Roi a prise le met à l'abri d'un côté et de l'autre ; son existence et celle de son fils sont si nécessaires à tous les scélérats qui nous entourent, que cela fait notre sûreté. »

Il faut rendre justice à de Lessart : en se mettant, lui et les Affaires étrangères, dans les mains des Girondins, en désertant les devoirs de sa place, en trahissant le Roi et la Constitution, il pouvait se sauver. Il préféra lutter contre les envahissements du pouvoir législatif. Ainsi, le comité diplomatique, en exécution du décret du 1ᵉʳ janvier, veut qu'il communique sa correspondance, qu'il livre journellement tous les avis qu'il reçoit. Il s'y refuse et profite de l'occasion pour établir, d'après la Constitution, les droits et les devoirs d'un ministre des Affaires étrangères[1]. Il continue donc ses comptes rendus, mais des

---

[1] « C'est dans la Constitution, écrit-il, qu'il faut puiser le principe qui doit servir de réponse, et voici comment elle s'exprime : « Le Roi seul peut entretenir « des relations politiques au dehors, suivre des négociations. Le Roi nomme les « ambassadeurs et les autres agents des négociations politiques. Dans le cas d'hos- « tilités imminentes ou commencées, d'un allié à soutenir ou d'un droit à con- « server par la force des armes, le Roi en donnera, sans aucun délai, la notifica- « tion au Corps législatif et en fera connaître les motifs. La guerre ne peut être « décidée que par un décret du Corps législatif, rendu sur la proposition formelle « et nécessaire du Roi et sanctionné par lui. Il appartient au Corps législatif de « sanctionner les traités de paix, d'alliance et de commerce. Aucun traité n'aura « d'effet que par cette ratification. » Il est, évident d'après le rapprochement et la combinaison de ces divers articles, que c'est au Roi seul que la Constitution a confié le soin de diriger tout ce qui tient à nos relations extérieures, et qu'il n'en doit compte que dans trois cas : 1° dans le cas d'hostilités imminentes ou commencées, d'un allié à soutenir ou d'un droit à conserver par la force des armes ; 2° dans le cas où il s'agit de déclarer la guerre ; 3° dans le cas où il est question de faire la paix ou de conclure des traités d'alliance ou de commerce. A l'exception de ces trois cas, le Roi pourrait, dans la rigueur du droit, ne jamais parler à l'Assemblée d'affaires politiques, et l'Assemblée nationale n'aurait rien à lui demander à cet égard. Ce principe posé, il est constant que le ministre des Affaires étrangères ne peut être tenu de communiquer aucune partie de sa correspondance. Cette correspondance repose tout entière sur la foi du secret ; s'il en était autrement, si les agents du pouvoir exécutif au dehors pouvaient craindre

comptes rendus seulement; et en réponse à cette lettre, dans laquelle le ministre paraît disposé à secouer le joug, Hérault de Séchelles, au nom du comité de Législation, propose un décret relatif à la procédure à suivre contre les ministres, au cas de mise en accusation (22 février).

Les événements se précipitent. Le 25 février, la discussion recommence sur l'affaire des princes possessionnés [1]. Pastoret soutient la confiscation dans la séance du 1er mars, lorsque tout à coup le débat est interrompu. De Lessart vient rendre compte de l'état de la négociation avec l'Autriche. Il fait d'abord donner lecture de la dépêche qu'il a envoyée à M. de Noailles, et dont extrait a été confidentiellement laissé au prince de Kaunitz. « Cette première communication, comme le dit Mathieu Dumas, n'était sans doute pas nécessaire. Elle fut, de la part du ministre, spontanée et confidentielle; elle attestait sa bonne foi. La lecture en fut même accueillie par des applaudissements. » Mais pour les Girondins, le thème était fait d'avance. Suivant eux, les deux cours étaient d'accord, et de Lessart, en insistant sur le caractère confi-

---

que leurs dépêches ne devinssent publiques, retenus par des considérations de toute nature, ils n'avertiraient, ils n'informeraient plus que de ce qu'il leur paraîtrait indifférent de voir publier, et la *Gazette* alors serait préférable à leur correspondance. Mais en confiant exclusivement au Roi la direction des affaires politiques, la Constitution a entendu qu'il userait de cette prérogative pour le plus grand bien de l'État. Elle n'a pas voulu qu'il pût être contraint à révéler des choses qu'il jugerait devoir demeurer secrètes ; mais elle a pensé qu'il donnerait toujours au Corps législatif toutes les informations, tous les éclaircissements qui pourraient éclairer ses délibérations et servir l'intérêt national. Ainsi donc, dans le cas où un agent diplomatique manquerait à son devoir d'une manière plus ou moins essentielle, le Roi, sans doute, ou le révoquerait ou prendrait à son égard des mesures plus sévères ; mais c'est à sa surveillance que cet objet est remis : c'est à lui à juger la conduite de ceux qu'il emploie dans la carrière diplomatique, et c'est un des points sur lesquels doit porter cette confiance réciproque qui est dans l'esprit de la Constitution et qui est nécessaire pour son exécution et pour son maintien. Je ne crois pas, ajoute de Lessart en terminant, qu'on puisse exiger du ministre des Affaires étrangères des communications officielles de ce qui tient à son Département ; mais je me flatte que le comité diplomatique rend quelque justice à la franchise avec laquelle je me suis ouvert avec lui. Je lui ai fait part non-seulement du résultat de ma correspondance, mais encore de mes opinions et de mes conjectures. Je lui ai dit ce que je savais et ce que je pensais. Je continuerai, et je remplirai en cela l'intention du Roi, qui voudrait que ses vœux et sollicitudes fussent généralement connus, et qui voudrait surtout que les représentants de la nation donnassent l'exemple de la confiance dans le chef suprême de l'administration, confiance qui devient plus nécessaire à mesure que les circonstances deviennent plus pressantes et plus graves. »

[1] On peut consulter encore le discours de Mailhe et de Lasource sur le même sujet, et une brochure intitulée : *Lettre d'un citoyen français à un député à l'Assemblée nationale, sur le discours de M. Mailhe, dans l'affaire des princes possessionnés en Alsace*. Paris, impr. de la *Feuille du jour*, 1792, in-8° de 56 pages.

dentiel de la communication, ne fait que confirmer ces soupçons. Le ministre lit ensuite la réponse du prince de Kaunitz. Dans cette note, le chancelier autrichien proteste des intentions pacifiques de son maître, mais justifie en même temps la convention de Pilnitz ; il déclare que « l'anarchie, chaque jour grandissante en France, est un péril pour l'Europe tout entière ; que, par leurs doctrines et par leurs actes, les Jacobins attaquent tous les trônes ; et il ne voit de garantie de la paix que dans leur ruine ». D'ailleurs, qui attaque? La France. Ses troupes sont sur pied, ses généraux nommés, les fonds décrétés, les plans arrêtés, et les journaux ont commencé la campagne. De Lessart lit encore une lettre par laquelle M. le comte de Goltz, ministre plénipotentiaire de Prusse, déclare que l'invasion des troupes françaises sur le territoire de l'empire serait considérée par le roi de Prusse comme un *casus belli*. Il dénonce, de plus, que la dépêche du prince de Kaunitz ne renferme que des principes sur lesquels les cours de Berlin et de Vienne se sont parfaitement concertées. Le ministre termine en indiquant en substance la dépêche que le Roi a l'intention de répondre. Elle est pacifique, mesurée, mais nette et catégorique en même temps. Elle repousse toute immixtion dans les affaires intérieures du pays, et réclame les bons offices de l'Empereur pour détruire le concert existant contre la France.

Cette intervention du cabinet autrichien, intervention qui sans doute avait été concertée avec la cour de France, devait amener un orage. Elle exaspérait les Jacobins, indisposait les Constitutionnels, et n'était utile qu'aux Girondins et aux partisans de la guerre. Dans la séance du soir de ce même jour, 1ᵉʳ mars, Rouyer propose la mise en accusation de de Lessart. « Est-il possible, dit-il, qu'un ministre perfide vienne ici faire parade de son ouvrage et le mettre sur la tête d'une puissance étrangère ? Quel sera le terme où les ministres cesseront de nous trahir ? Dût ma tête être le prix de la dénonciation que je fais en ce moment, je ne cesserai jamais de le poursuivre. (Applaudissements.) Vous devez enfin vous élever à la hauteur de la Révolution et avoir le courage de dire au Roi : Tel ministre nous est suspect ; nous croyons qu'il trahit la nation ; nous exigeons de Votre Majesté que vous le chassiez sur-le-champ, le salut public en dépend. Je fais donc la motion expresse, puisque le ministre de Lessart a eu l'imprudence de faire tenir au Roi un langage indigne de lui, indigne de la nation qu'il a l'honneur de représenter, que votre comité diplomatique, joint au comité de législation, soit tenu de vous présenter dans trois jours les observations à faire au Roi, sur la mauvaise conduite du ministre de Lessart. » La proposition est appuyée par Chabot, Ducos et Mailhe. Le président Mathieu-Dumas a la douleur d'en mettre aux voix le renvoi, et de le voir adopter sans discussion. Le 6, Cambon, Guadet, Isnard continuent l'attaque. Cette fois ce n'est plus seulement contre le ministre, c'est contre le Roi qu'ils la dirigent. « Il faut, dit Cambon, que l'Assemblée prenne le pouvoir exécutif ou que le Roi remplisse son devoir par la loi. Je demande que quand il sera bien constaté que le pouvoir exécutif n'emploie pas tous les moyens qui sont en sa puissance, nous prenions alors des mesures analogues au malheur des circonstances. » Guadet déclare qu'« il est temps de savoir si les ministres veulent faire de Louis XVI le Roi des Français ou le Roi de Coblentz ». Isnard veut que tous les quinze jours l'Assemblée adresse une proclamation au peuple français sous ce titre : *La vérité au peuple par ses représentants.*

Le 10, l'orage éclate. La veille, Narbonne a reçu sa démission. Il a fait publier des lettres qu'il s'est fait écrire par les généraux commandant les trois armées, et la réponse qu'il leur a adressée. Il a cru, par l'éclat donné à cette correspondance, se rendre indispensable au ministère et s'y établir définitivement. Il s'est rendu impossible. Le Roi l'a congédié brusquement, brutalement, presque grossièrement. L'Assemblée décrète qu'il emporte les regrets de la nation. Le parti constitutionnel propose de déclarer que le système du ministère est incompatible avec l'établissement de la Constitution, et qu'il ne saurait mériter l'estime de la nation. Brissot accuse le comité diplomatique de traîner en longueur son rapport sur l'office de l'Empereur; il demande la parole pour accuser les ministres. Girardin veut prouver que l'un d'eux est plutôt ministre de Léopold que de Louis XVI. Gensonné soutient que le pouvoir exécutif trahit la nation; Guadet demande que Brissot soit entendu sur-le-champ. L'Assemblée y consent. Brissot parle d'abord des Affaires étrangères : là le thème est fait. Les violations de la Constitution, commises au courant de la discussion sur la guerre, ne sont de la part du Corps législatif que l'exercice d'un droit. Brissot met habilement sur ce point de Lessart en contradiction avec lui-même; puis, passant à l'examen des communications faites par le ministre, il montre un concert formé de longue date contre la France entre l'Empereur et le Roi de Prusse, et à ce concert Louis XVI et de Lessart rattachés. Le Roi est coupable de n'avoir pas obéi à l'Assemblée, de n'avoir pas déclaré la guerre ; il faut exiger une déclaration précise, fixer un terme fatal, et presser les préparatifs de guerre.

Ensuite Brissot arrive à la dénonciation personnelle contre de Lessart. Il l'accuse d'avoir compromis la sûreté et la Constitution de la

France; il l'accuse de n'avoir pas communiqué à l'Assemblée les pièces établissant l'alliance entre l'Empereur et le Roi de Prusse ; il l'accuse de n'avoir communiqué que le 1ᵉʳ mars une dépêche reçue le 12 février; il l'accuse d'avoir dissimulé la vérité sur le concert des rois ; il l'accuse d'avoir discrédité les assignats, altéré le crédit, fait baisser le change et encouragé le désordre intérieur. Il l'accuse... mais à quoi bon reprendre tous ces chefs d'accusation ? Il faut à la Gironde la tête d'un ministre en attendant la tête du Roi. Mailhe, Larivière, Isnard, Aréna, Guadet hurlent de confiance. Becquet, Boulanger, Jaucourt essayent de gagner du temps, et d'obtenir le renvoi au comité diplomatique. Vergniaud bondit à la tribune. Il ne veut pas d'ajournement; il trouve que les faits sont constants, que sa conscience de juge est suffisamment éclairée. Il reprend toutes les déclamations de Fauchet pour faire nombre et grossir le réquisitoire de Brissot. Il accuse de Lessart d'avoir retenu pendant deux mois le décret de réunion d'Avignon à la France. Mais ce grief n'est là que pour permettre cette phrase : « Et moi aussi je m'écrie : De cette tribune, où je vous parle, on aperçoit le palais où des conseillers pervers égarent et trompent le Roi que la Constitution vous a donné, forgent les fers de la nation et préparent les manœuvres qui doivent nous livrer à l'Autriche, après nous avoir fait passer par toutes les fureurs de la guerre civile. » Il fait tomber, dit la *Chronique du mois*, la revue girondine, « cette larme du poëte, *the universal tear*, qui tombe à la fois de tous les yeux ». Il finit ainsi : « L'épouvante et la terreur sont souvent sorties, dans des temps antiques, et au nom du despotisme, de ce palais fameux. Qu'elles y rentrent aujourd'hui au nom de la loi, qu'elles y pénètrent tous les cœurs, que tous ceux qui l'habitent sachent que notre Constitution n'accorde l'inviolabilité qu'au Roi. Qu'ils sachent que la loi y atteindra sans distinction tous les coupables, et qu'il n'y sera point une seule tête, convaincue d'être criminelle, qui puisse échapper à son glaive. » Vainement Vaublanc essaye de justifier le ministre de n'avoir pas trouvé d'alliés à la France. Le décret d'accusation est rendu à une très-grande majorité. Gensonné veut presque qu'on y comprenne le Roi ; il dit que le ministre a exposé Louis XVI au soupçon de favoriser le concert des puissances coalisées. On vote que les scellés seront mis sur les papiers de l'accusé, on accepte « avec une aveugle fureur[1] » la rédaction suivante proposée par Lacroix : « L'Assemblée nationale, sur la dénonciation motivée d'un de ses membres, décrète qu'il y a lieu

---

[1] M. Dumas, *Mémoires*.

à l'accusation contre le sieur de Lessart, ministre des Affaires étrangères, charge le pouvoir exécutif de donner les ordres nécessaires pour le faire mettre en accusation et faire apposer les scellés sur tous les papiers qui lui sont personnels, et qui pourront se trouver dans sa maison d'habitation. Le présent décret sera porté sur-le-champ au pouvoir exécutif, qui rendra compte demain des mesures qu'il aura prises pour en assurer l'exécution. »

A l'issue de la séance, Dumas court chez le ministre, et lui apprend qu'un décret a été lancé contre lui. « Sauvez-vous, lui dit-il, gardez-vous de compter sur la protection des lois. Votre perte est nécessaire aux desseins de la faction, elle est résolue et certaine. » — « Non, répond de Lessart, je dois à mon pays, au Roi et à moi-même de faire éclater au tribunal de la haute Cour l'innocence et la régularité de ma conduite, et je suis décidé à me rendre à Orléans[1]. » En effet, à la séance du lendemain, le ministre de l'Intérieur, Cahier de Gerville, rend compte de l'exécution du décret de la veille. Le procureur général syndic a envoyé un colonel de gendarmerie, M. Papillon, et le juge de paix de la section de la Grange-Batelière pour apposer les scellés. De Lessart était sorti dès l'après-midi, mais à quatre heures du matin les administrateurs du Département ont reçu la lettre suivante :

« Paris, le 11 mars, à deux heures du matin.

« Messieurs, au moment où j'ai appris que l'Assemblée nationale avait porté un décret d'accusation contre moi, j'ai cru devoir me mettre à l'abri des contraintes violentes qu'une troupe égarée aurait pu exercer contre moi. Comme je sais que le Directoire est assemblé, j'ai pris le parti de me mettre dans ses mains. Je porterai à Orléans le même esprit qui m'a guidé dans toutes mes opérations. Je suis à la maison n° 2 rue des Deux Portes Saint-Sauveur ; il ne m'est pas possible de me procurer une berline pour le voyage, je vous prie de vouloir bien vous en occuper pour moi. J'ai envoyé vers minuit mon valet de chambre pour aller chercher ce qui m'est nécessaire. Il n'est pas encore revenu ; sans doute il en a été empêché.

« De Lessart. »

A la suite de cette lettre, de nouveaux ordres sont donnés à M. Papillon, et à six heures il part pour conduire à Orléans de Lessart, escorté d'un brigadier et de six gendarmes. Avant de monter en voi-

---

[1] M. Dumas, *Mémoires*.

ture, le malheureux ministre écrit à l'Assemblée une lettre sur laquelle on se hâte de passer à l'ordre du jour.

« Monsieur le Président, dit-il, au moment de partir pour Orléans, il m'est permis sans doute de me plaindre que, sans m'avoir entendu, sans avoir reçu aucun éclaircissement de ma part, l'Assemblée ait prononcé contre moi le décret le plus redoutable ; et que, tandis qu'il était si facile de reconnaître mon innocence, après m'avoir écouté, elle ait préféré m'accuser à la face de l'Europe, comme coupable de trahison envers ma patrie. Fort de ma conscience, je ne crains pas le jugement auquel je vais me soumettre. Je prouverai que ma conduite a toujours été la suite d'une soumission parfaite à la loi et un amour inaltérable pour la Constitution. Je confondrai le mensonge et la calomnie, mais je regretterai toujours, et comme fonctionnaire public, et comme citoyen, que l'Assemblée n'ait pas voulu me donner la satisfaction d'obtenir d'elle-même la justice que j'attends du tribunal. »

Nous aurons à raconter plus tard à quels épouvantables supplices fut livrée cette victime de la Gironde. Mais il est juste d'insister, dès à présent, sur le premier crime authentique commis par les Girondins et par eux seuls. Eux seuls, Brissot, Vergniaud, Isnard, sont responsables de cet épouvantable déni de justice. Ils ont frappé de Lessart sans l'entendre, sur une accusation vague, pour satisfaire leur ambition de pouvoir et leur haine contre la Royauté. Et quand plus tard le président du tribunal révolutionnaire déclarera leur cause entendue, quand on leur refusera la parole à eux aussi, et que les gendarmes de la guillotine les pousseront sur la charrette, est-ce qu'alors ce ne sera pas justice ? est-ce qu'on leur fera autre chose que ce qu'ils ont fait eux-mêmes ? est-ce que ce ne sera pas le sang de ce juste qui retombera sur leur tête ?

Madame de Staël a, elle aussi, sa part de complicité dans la mise en accusation de de Lessart, de « cet homme de bien s'il en fut jamais[1] », comme a dit Vaublanc. Elle a précipité sa chute ; elle croyait en profiter. Les événements allaient l'emporter, elle et les Girondins ses alliés.

Au reste, pas plus à la mise en accusation de de Lessart que plus tard à la mise en accusation des Girondins, ne manquent les félicitations de la plèbe. Dans cette même séance du 11 mars, Pétion, maire de Paris, et la Commune, viennent à la barre lire une adresse :

---

[1] *Mémoires*, Éd. Didot, p. 190.

« ... Lorsque l'atmosphère qui nous environne est chargée de vapeurs malfaisantes, la nature ne se dégage que par l'éclat de la foudre ; de même la société ne se purge dans les excès qui la troublent que par une explosion formidable... Il est donc vrai que la responsabilité n'est plus un vain mot ; que tous les hommes, quels que soient leurs postes, sont égaux devant la loi ; que le glaive de la justice se promène indistinctement sur toutes les têtes. Loin de nous de vouloir frapper à l'avance un individu qui n'appartient qu'à la loi : c'est à la loi seule qu'un peuple libre doit confier sa vengeance. » On applaudit.

Pour compléter son triomphe, la Gironde fait décréter, dans la séance du 14, l'acte d'accusation. Brissot est arrivé enfin au comble de ses vœux ; il est mis, malgré les justes observations de Becquet et de Boulanger, grâce à l'appui de Guadet et de Mailhe, en possession de la correspondance du ministre des Affaires étrangères à compter du 1er mai 1791.

L'acte d'accusation, que Brissot a lui-même rédigé, porte sur seize points. De Lessart est prévenu d'avoir négligé et trahi ses devoirs, d'avoir compromis l'indépendance, la dignité, la sûreté et la Constitution de la France, en ne donnant pas connaissance à l'Assemblée des traités, conventions et circulaires, prouvant le concert formé dès le mois de juillet entre l'Empereur et différentes puissances ; en ne pressant pas la cour de Vienne de renoncer à ces traités ; en dérobant à l'Assemblée l'office de l'Empereur du 5 janvier 1792. Il est coupable pour avoir écrit à M. de Noailles ; pour avoir demandé la paix d'une manière honteuse ; pour avoir trompé l'Assemblée dans le message du Roi du 29 janvier ; pour avoir mis trop de lenteur dans l'envoi de l'ultimatum à la cour de Vienne ; pour avoir trahi la confiance du Roi ; pour n'avoir pas dispersé les émigrés ; pour n'avoir pas changé et rappelé les envoyés qui se montraient contraires à la Constitution ; pour n'avoir pas protégé les Français à l'étranger ; pour n'avoir pas communiqué sa correspondance au comité diplomatique ; il est coupable pour avoir différé l'envoi du décret relatif aux troubles d'Avignon.

C'est tout, et voilà l'accusation. Voilà sur quelles fables grossières, et qui ne méritent pas d'être réfutées, Brissot se fonde pour demander la tête d'un homme auquel on pouvait reprocher sa faiblesse ou son incapacité, mais qui voulait sincèrement et sérieusement la Constitution de 1791. Élève consciencieux de Necker, de Lessart avait cru qu'il était possible de gouverner loyalement suivant ses principes. Le fardeau dont il s'était chargé était trop lourd pour ses épaules ; cela est certain. Il avait voulu à lui seul, n'ayant point de parti dans l'Assemblée, n'ayant pas même le droit d'y prendre part aux délibérations, maintenir la paix et la Royauté. La paix était rompue par sa chute même, et la Royauté allait tomber.

La Gironde, en effet, prétendait user de sa victoire. Le 14, Gensonné proposait une adresse au Roi, qui était une sommation véritable.

« Sire, disait-il, un décret d'accusation est toujours une mesure pénible qu'il a coûté à l'Assemblée nationale de prendre : vous ne pouvez que l'approuver, parce que le patriotisme du trône ne doit pas différer de celui des représentants de la nation. Un ministre est coupable s'il veut garder un poste public quand il y est environné par la défiance, parce que bientôt il provoque des doutes contre vous-même. » Puis, passant en revue les desseins des princes étrangers et les projets de la contre-Révolution, Gensonné mettait Louis XVI en mesure d'avoir à prendre son ministère dans la majorité, à renvoyer son entourage. Il terminait ainsi : « Nous le savons, nos ennemis communs essayent de vous inspirer des terreurs ; nous engageons notre sûreté personnelle pour celle de Votre Majesté. » Et il demandait la guerre.

L'adresse fut écartée, parce que, dit Bazire, « la Constitution a chargé les députés de poursuivre les agents du pouvoir exécutif, mais non pas de les éclairer et de les endoctriner [1] ».

---

[1] Nous rejetons ici en appendice les principales mesures que de Lessart prit dans l'intérieur de son Département.

Rien n'a été changé à l'organisation des bureaux : Gérard, Hennin, Gandolphe, Sémonin, sont toujours à la tête des diverses directions ; Geoffroy est toujours premier secrétaire du ministre et du Département. Au milieu de l'effondrement général, les Affaires étrangères gardent leur système d'autrefois. Le Corps diplomatique a été, à la vérité, modifié dans le sens constitutionnel, mais ce sont encore des amis du Roi qui représentent la France à l'étranger. MM. de Vergennes, de Montezan et Bérenger ont été rappelés ; MM. de Talleyrand, d'Osmond, O'Kelly, Lahouze, ont donné leur démission. M. de Choiseul-Gouffier a été nommé à l'ambassade de Londres, à la place de Barthélemy, nommé en Suisse. M. de Moustier a été envoyé à Constantinople, M. de Ségur à Berlin, l'abbé Louis à Copenhague, Bigot de Sainte-Croix à Trèves, Marbois à Ratisbonne, Terrier de Monciel à Mayence, de Mackau à Florence, de Maisonneuve à Stuttgard et Dassigny à Munich. Ils viennent le 20 janvier prêter serment de fidélité à la Constitution dans l'assemblée du corps municipal. Au reste, la Révolution sent bien qu'elle n'a pas d'amis dans le ministère. Aussi l'inquisition est constante ; la mairie espionne le ministre ; le comité diplomatique espionne le ministère. Le ministre ne peut plus délivrer un passe-port sans le visa de la municipalité, et quant au comité diplomatique, dont les principaux meneurs sont Koch, Ruhl, Gensonné, Lemontey, Fauchet, Ramond, et avant tous Brissot, il épie constamment le malheureux de Lessart.

En fait d'actes intéressant d'une manière spéciale le Département pendant la fin de l'année 1791, on ne trouve que le transport des bureaux de la rue de l'Université à la rue d'Artois. L'hôtel dans lequel on s'était installé d'abord était insuffisant pour les besoins du service, et impropre à loger le ministre. De Lessart a donc cherché un autre local qu'il a rencontré rue d'Artois (aujourd'hui rue Lafitte, n° 4). La translation est ordonnée par un *bon* du Roi du 2 février 1792. Plus tard, on affirma que ce *bon* n'avait point été donné, et l'on préleva sur la succession de de Lessart les frais de ce déménagement. (Voir le chapitre SEPTEMBRE.) Voici la pièce à laquelle nous nous référons. Nous la donnons *in extenso*, parce que son existence a été niée : « Les bureaux des Affaires étrangères ont été établis à Paris dans deux maisons contiguës rue de l'Université, appartenantes à M. Duruey. M. de Montmorin, pressé par la nécessité de les loger promptement, adopta cet emplacement quoiqu'il ne pût pas y faire son habitation personnelle. Mais cet arrangement pouvait lui convenir, ayant une belle maison dans le même quartier (rue Plumet). Votre Majesté ayant jugé à propos de me confier le Département des Affaires étrangères, je me suis trouvé dans la nécessité de chercher à me loger. La maison occupée par les bureaux n'étant pas suffisante, j'ai senti l'inconvénient d'être séparé des bureaux, et la nécessité d'en choisir une où ils pourraient être en même temps établis. Celle qui appartenait ci-devant à M. de Saint-Julien (rue d'Artois, à Paris) m'a paru réunir le plus de convenances. J'ai en conséquence fait proposer à son héritier, M. de Quinson, de la louer pour le service des Affaires étrangères. M. de Quinson, en y consentant, est convenu de me la louer pour trois, six ou neuf années avec une partie des meubles qui s'y trouvaient, moyennant la somme de 25,000 livres par an de prix de bail. Mais il a exigé que je fusse personnellement obligé dans le bail. Je me suis soumis à cette condition dans la confiance où j'ai été que Votre Majesté voudrait bien me mettre à couvert de l'effet de cette garantie. »

CHAPITRE IV

M. DUMOURIEZ, MINISTRE DES AFFAIRES ÉTRANGÈRES.
15 MARS — 13 JUIN 1792.

Effet produit par la mise en accusation de de Lessart. — Difficulté pour le Roi de trouver un ministre des Affaires étrangères dans la Gironde. — Charles-François Duperrier, dit Dumouriez. — Sa vie, ses liaisons. — Sa part dans le discours de Brissot. — Il refuse l'*intérim* des Affaires étrangères, il est nommé ministre. — Le ministère sans-culotte. — Réforme dans les bureaux. — Rayneval chassé. — Hennin chassé. — Pfeffel chassé. — Gandolphe chassé. — Sémonin reste aux archives. — Tous les employés du ministère chassés. — Organisation nouvelle. — Projets. — Mémoire lu aux Jacobins par Dumouriez. — Plans du *Moniteur*, de Sillery-Genlis, de Lobjoy, député de l'Aisne. — Réalisation par Dumouriez. — Bonnecarrère, directeur des Affaires étrangères. — Sa vie. — Rôle ignoré de cet homme. — Bureau des archives. — Bureau des fonds. — Bureau particulier. — Secrétariat. — Bureaux politiques. — Chefs et employés : Lebrun-Tondu, Noël, Dubois-Thainville, Féraudel, Baudry, Geffroy, Colchen, Mendouze. — Biderman, banquier du ministère. — Appréciation de l'organisation de Dumouriez. — Budget. — But de Dumouriez en entrant aux affaires. — Ses rapports avec le Roi, avec ses collègues, avec l'Assemblée. — Comment il fait déclarer la guerre. — L'affaire des six millions de fonds secrets. — Petites affaires traitées devant l'Assemblée. — Dénonciation de Ribes contre Dumouriez. — Dislocation du cabinet. — Affaire du camp de 20,000 hommes. — Lettre de Roland au Roi. — Détails sur la lutte de Dumouriez contre ses collègues. — Naillac, ministre des Affaires étrangères. — Lettre que Dumouriez lui écrit. — Vie antérieure de M. de Naillac. — Il arrive quand la combinaison ministérielle a échoué. — Démission de Dumouriez. — Ses causes.

Où Louis XVI pouvait-il chercher un ministre ? Constitutionnellement, il devait le prendre dans le parti dominant. C'est là maintenant une règle des gouvernements parlementaires ; mais la Constitution de 1791 imposait, on le sait, aux législateurs cette règle singulière, qu'ils ne pouvaient eux-mêmes être ministres. Il fallait donc choisir les ministres non parmi les députés de la majorité, ce qui en tout cas eût amené au pouvoir exécutif les voix des législateurs ministres et de leurs amis, mais parmi les hommes qui avaient des relations avec les députés ; ce qui ne garantissait dans la Chambre ni une majorité, ni même une minorité de gouvernement. Ainsi, la Gironde et Brissot avaient triomphé dans la journée du 8 mars. Mais Brissot et les Girondins ne pouvaient être ministres, et les hommes qu'ils pouvaient mettre sur les rangs étaient en nombre infiniment restreint.

Pour le Département des Affaires étrangères, auquel on n'appelait jadis que des hommes rompus à l'exercice des négociations, polis par l'habitude des cours, accoutumés aux sous-entendus d'une diplomatie raffinée, servie par une langue infiniment sensible, ce qu'ils présentaient de plus capable, c'étaient quelques gazetiers clandestins, quelques pamphlétaires obscurs, ou encore des avocats. Ils ne pouvaient encore songer à appeler ce monde au pouvoir. Mais il se trouva qu'à Paris même, à côté d'eux, lié avec quelques-uns d'entre eux, un homme s'agitait et faisait parler de lui, qui, par son passé, par ses aptitudes connues, pouvait avoir quelque entrée dans ce ministère, en connaissait les portes, les secrètes et basses, et possédait une science profonde de ce que Figaro prétendait être la diplomatie : l'intrigue; et il se fit que, par un singulier malheur, cet homme était lié avec Laporte, l'intendant de la Liste civile du Roi, son confident et son ami. C'est ainsi que devint ministre Dumouriez, cet homme que l'empereur Napoléon a jugé en deux mots : « Ce n'est qu'un misérable intrigant[1]. »

Il est superflu de revenir longuement sur sa vie; ses Mémoires, où passe comme un courant de Beaumarchais, en apprennent assez. Né à Cambrai le 25 janvier 1739, élevé au collége Louis-le-Grand[2], cornette au régiment d'Escars-cavalerie pendant la guerre de Sept ans, réformé après la guerre, Charles-François Duperrier, dit Dumouriez, se lie avec Favier, un des principaux agents du ministère secret de Louis XV. Le duc de Choiseul paye, après coup, ses voyages en Italie et en Corse, et l'envoie, comme observateur, voyager en Espagne et en Portugal. Dumouriez fait la guerre de Corse en 1768 et 1769, et en 1771 part comme agent secret en Pologne; en 1772, il reçoit une mission pour la Suède, est arrêté par ordre du duc d'Aiguillon et mis à la Bastille, d'où il ne sort qu'en 1774. Réintégré par Louis XVI dans son grade de colonel, il est envoyé d'abord à Lille, puis appelé au commandement de Cherbourg; il y fait travaux sur travaux, plans sur plans. La Révolution arrive; il est commandant de la garde nationale de Cherbourg, sait habilement y comprimer

---

[1] *Correspondance de Napoléon I*er*, t. VI, p. 336.
[2] Je relève dans les feuilles de distributions de prix de Louis-le-Grand ces deux succès obtenus en troisième par Dumouriez : à la distribution de prix du 26 mai 1751 (petite tragédie), le 2e prix de version latine; à celle du 4 août 1751, le 2e accessit *solutæ orationis græcæ*.

une révolte en s'en instituant le chef, conserve des relations avec la cour par son ami Laporte, est même envoyé en Belgique comme agent secret pour observer les progrès de la révolte, revient à Paris, est nommé maréchal de camp de la 12ᵉ division militaire, et va résider à Niort, où il se fait remarquer par son enthousiasme révolutionnaire. De longue date il est lié avec Kersaint, Crillon l'aîné, Barère; à Niort, il se lie avec Gensonné, commissaire envoyé dans les départements de la Vendée pour en observer l'esprit. Il est président du club de Niort, citoyen de la ville. Il affecte tous les moyens de popularité.

Pendant son séjour à Paris en 1791, il s'est trouvé mêlé par Sainte-Foy à l'intrigue de l'achat de Mirabeau. Mirabeau se trouvait là en pays de connaissance. Une sorte de confraternité existait entre tous ces espions de l'ancien régime. Mirabeau n'avait peut-être pas eu occasion de rencontrer Dumouriez, mais il l'attendait. Ces deux hommes devaient s'entendre. De Mirabeau à Montmorin la liaison était facile : Dumouriez entra dans la confidence, et le grand comte chercha à tirer de lui ce qu'il tirait de ses Génevois ordinaires. De là, le mémoire diplomatique de Dumouriez, corrigé dans le sens révolutionnaire et lu aux Jacobins après l'apparition de la circulaire de Montmorin du 23 avril. Peut-être, après la mort de Mirabeau, y avait-il eu pique entre le ministre, qui n'avait plus besoin du maréchal de camp, et Dumouriez, qui se croyait, ses Mémoires le montrent, supérieur au tribun. C'est la version même de Dumouriez. Peut-être, aussi, fut-ce affaire convenue, destinée à prouver la bonne foi de l'auteur de la circulaire. En tous cas, par cette lecture, c'était une candidature posée au ministère des Affaires étrangères.

En janvier 1792, Dumouriez passe lieutenant général. Il vient à Paris, voit de Lessart, son ancien camarade de collége[1], entre dans son intimité et se fait communiquer les notes et les papiers des négociations avec la cour de Vienne. La Gironde se formait, et Dumouriez y avait entrée par Gensonné, qui s'était fait son « prôneur », c'est lui qui le dit. Par là, il voyait Brissot, coryphée du comité diplomatique, chef du parti de la guerre et l'homme politique du parti révolutionnaire. Dans ses Mémoires, il prétend qu'il donna de fort bons conseils à de Lessart et le poussa à répondre sur un « ton très-ferme et très-noble » aux notes de Kaunitz. Peut-être est-il plus vrai de dire que dînant chez de Lessart, il allait reporter ses confidences aux Gi-

---

[1] *Lettres particulières du baron de Viomesnil sur les affaires de Pologne.* Paris, 1808.

rondins. On dit même que ce fut sur ses notes et sur ses renseignements que Brissot composa son rapport contre de Lessart[1].

Dumouriez tenait donc à tout un entourage singulier, étrange, et par lequel il avait des moyens d'action sur les partis les plus différents. Sainte-Foy, un des hommes d'affaires du comte d'Artois, l'avait mis en relation avec Mirabeau, avec lequel il avait des moyens de s'aboucher d'ailleurs, par son ami Bonne-Carrère. Montmorin, avec lequel il avait gardé des liaisons, était un des chefs du ministère secret. Par Laporte, le confident du Roi, il avait accès près de Louis XVI. Enfin, les femmes n'étaient pas non plus sans lui servir. Sa maîtresse en titre, la baronne d'Angelis[2], que Marat appelle madame de Saint-Angel[3], était la sœur de Rivarol. Il avait su s'introduire partout, manger à toutes les tables, écouter à toutes les portes. Qu'il ait servi d'espion à tous les partis, rien qui ait à étonner.

De Lessart mis en accusation le 10 mars, de Grave, le nouveau ministre de la guerre, vint à minuit, le 9 ou le 10[4], offrir à Dumouriez le portefeuille des Affaires étrangères par intérim. Le Roi, en effet, était tellement convaincu de l'innocence de son ministre qu'il ne voulait lui donner qu'un remplaçant temporaire. De Grave était lié avec Pétion, Gensonné et la Gironde. Le Roi, de plus, cédait à la pression de Laporte; enfin il pensait que Dumouriez, élève de Favier, employé de Choiseul et du comte de Broglie, devait encore conserver au fond du cœur quelques sentiments de loyalisme, garder au moins dans l'esprit quelques traditions d'autrefois.

Après de Grave, vient le ministre de l'Intérieur, Cahier de Gerville; Dumouriez refuse encore l'intérim; il veut le portefeuille, et le Roi le lui donne. La Gironde a vaincu, Dumouriez entre au Département le 15 mars au matin[5], et le ministère achève de se constituer. De Grave garde la Guerre; Brissot, Condorcet et Pétion fournissent les autres sujets. Lacoste a la Marine; Duranton, les Sceaux; Clavière, les Finances; Roland, l'Intérieur. Ce sont les *sans-culottes* aux affaires. « On s'en apercevra d'autant mieux, dit Dumouriez, que nous sommes des hommes. »

Au dehors, dans ce qu'il peut rester de salons royalistes, dans les

---

[1] *Lettres particulières du baron de Viomesnil sur les affaires de Pologne.* Paris, 1808.

[2] *Notice sur Rivarol*, DIDIER, 1852, in-12.

[3] *Journal de la République française*, n° 35.

[4] *Mémoires de Dumouriez*, t. II, liv. III, ch. VI.

[5] Voir pour tout ce récit les Mémoires de Dumouriez. Rien n'y peut ajouter. L'habileté infinie avec laquelle ils sont rédigés à cette date (1794) pour tout ménager, éteindre, atténuer, est telle que, je le répète, Beaumarchais semble y avoir donné le ton.

quelques cafés où l'on se rencontre encore, on se montre une caricature. C'est le conseil des ministres. Le Roi dit : « Ah çà, messieurs, quel est celui d'entre vous qui m'a *brissoté* ma tabatière ? Qu'il la garde, mais qu'il rende au moins le portrait de la Reine qui est dessus.

Un ministre. — Ce qui est bon à prendre...

Un autre ministre. — ... est bon à garder.

La sentinelle. — Il faudra faire clouer les tapis. »

Pour affirmer ce *sans-culottisme* qui les pousse aux affaires, Dumouriez, dès le soir de sa première audience du Roi, se rend aux Jacobins. Il s'y coiffe du bonnet rouge et prononce un discours. Il annonce « que dès que la guerre sera déclarée, il brisera sa plume pour reprendre son épée ». C'est dire à l'Europe qu'on fera la guerre coûte que coûte. Mais pour la guerre encore faut-il un prétexte, et ce prétexte, la manière de négocier usitée dans les bureaux suffit pour l'écarter.

Aussi le premier acte de Dumouriez en arrivant au ministère est, comme il le dit lui-même dans ses Mémoires[1], de réformer ses bureaux. « Gérard de Rayneval et Hennin conduisaient ce Département et faisaient signer aux ministres des dépêches toutes faites. Ils demandèrent leur retraite à temps pour prévenir les intentions du nouveau ministre. » Encore ici, Dumouriez déguise sciemment la vérité. Avec M. de Lessart, les bureaux de l'ancienne diplomatie avaient été mis en accusation. Ces dépêches pour lesquelles le ministre était accusé, Hennin et Rayneval en étaient les auteurs, et la proscription les menaçait comme leur chef. Ils avaient voulu maintenir la paix, c'était la guerre qu'apportait Dumouriez. Ils étaient l'un et l'autre des hommes d'ordre, c'étaient les jacobins qui arrivaient au pouvoir. Rayneval, d'ailleurs, avait déjà été en butte à leurs attaques. A propos de son traitement, Dulaure[2] l'avait pris à partie dans son *Supplément au Livre rouge*. Hennin avait été plus ménagé. Faut-il attribuer ces complaisances à ses anciennes relations avec les philo-

---

[1] Liv. III, ch. VI.

[2] « Il est sans doute un fonds pour légitimer tant de grâces, et nous saurons un jour pourquoi il a caché avec tant de soin ses talents extraordinaires. » A propos de ses pensions, on l'avait encore attaqué sur son ambassade de Hollande. « Il a des titres, disait-on, à plus de 4,200 livres, ne fût-ce que son ambassade en Hollande, dans laquelle il porta tout à la fois la dignité du représentant d'un grand souverain et la douceur mielleuse d'un premier commis de Versailles. Il assurait le parti d'Orange que tout s'arrangerait ; il assurait aussi les patriotes que tout s'arrangerait. Il calmait aussi les sollicitudes de M. de Vérac, en disant que tout s'arrangerait. En effet, il arrangea tout si bien, que les Prussiens parurent en vainqueurs, que les patriotes furent mis aux fers, que les Anglais triomphèrent, que la France fut humiliée. »

sophes, avec Voltaire et Bernardin de Saint-Pierre, à la réputation que lui avaient value ses lettres, ses travaux de tout genre, ou à cet esprit conciliant et modéré qui lui avait permis de ne paraître partout qu'un homme de travail. Le *Supplément au Livre rouge* avait fait son éloge [1].

Et pourtant, il fallait à Brissot les deux places : Hennin le dit dans une supplique qu'il adressa au ministre le 6 thermidor an V. « Brissot qui se croyait un grand politique, parce qu'il avait fait des gazettes, fit culbuter le département des Affaires étrangères pour s'en emparer. Il fit nommer une commission haineuse pour examiner nos papiers ; on feuilleta, feuilleta, on ne trouva rien de répréhensible, même dans le nouveau système. Il se tira d'affaire en disant : Il faut avouer que ces gens-là savent de la politique. » Dumouriez dit qu'Hennin et Rayneval demandèrent leur retraite. Il se garde de dire qu'on la liquida. Hennin n'obtint que le seizième jour du premier mois de l'an II [2] de la République française une pension de 7,187 livres 10 sols en récompense de quarante-deux ans et six mois de service. Il avait dû pour subsister vendre, en mars et avril 1793, sa bibliothèque [3], ses collections de tableaux, d'estampes et de médailles. Bientôt même cette modeste pension fut diminuée des deux tiers, et ce fut le Consulat qui tira Hennin de l'indigence. Quant à Rayneval, on se fonda sur ce qu'il avait reçu de nombreuses gratifications, pour s'abstenir de lui payer une pension.

Hennin et Rayneval ne furent pas les seuls à subir cette honorable proscription. Pfeffel en fut aussi une des premières victimes. Retiré à Deux-Ponts, dans son fief de Weidenthal, il attendait l'orage avec calme. Dès l'arrivée de Dumouriez aux Affaires, il envoyait son fils à Paris pour remettre aux Affaires étrangères sa bibliothèque, que le duc de Choiseul lui avait achetée en 1768, pour le mettre à même de faire son premier établissement, et dont il avait depuis conservé la jouissance. La remise fut faite à M. de Sémonin, garde des Archives, qui fit constater volume par volume l'état de la bibliothèque, d'après le catalogue dressé en 1768. Cette bibliothèque fut placée au Dépôt

---

[1] « Tous les premiers commis devraient être choisis sur le modèle de celui-ci. Une longue expérience des hommes, un grand sens, une application infatigable, l'amour du travail, une loyauté à toute épreuve. Quelques moments de lecture sont les seuls délassements que se permette M. Hennin. Il n'est charlatan sur rien, ni sur ses occupations, ni sur sa capacité, ni dans sa manière d'exister, ni sur son crédit. »

[2] Octobre 1793.

[3] Catalogue d'une bibliothèque d'environ 16,000 volumes. Paris, Ve Tilliard et fils.

des Archives à Versailles. Quant à Pfeffel, il ne tarda pas à recevoir une lettre brutale, par laquelle le ministre l'invitait à faire valoir ses droits à la retraite. Il y répondit dignement par la lettre suivante :

« Aux Deux-Ponts, le 8 avril 1792.

« Monsieur, j'ai reçu avec une égale sensibilité ma démission du poste de jurisconsulte du Roy, et les assurances infiniment flatteuses de l'intérêt que vous voulez bien prendre à mon sort. Résolu de passer le reste de mes vieux jours dans la retraite paisible que les bontés de monseigneur le duc de Deux-Ponts me préparent, la rigidité de mes principes ne me permet pas de demander ni d'accepter une pension de l'Assemblée nationale. Les services, monsieur, que j'ai pu rendre à l'État, pendant une carrière de quarante-trois ans sont assez récompensés par la réputation que mes longs travaux m'ont acquise, par l'estime des honnêtes gens et par le témoignage de ma conscience, que je fus toujours fidèle au Roy, rempli d'un zèle brûlant et DÉSINTÉRESSÉ pour le service de Sa Majesté, et irréprochable dans l'exercice de mes fonctions. Je suis avec un respect sans bornes, monsieur, votre très-humble et très-obéissant serviteur.

« Pfeffel. »

Le 5 octobre 1791, Durival, directeur de la finance du Département, avait, sur sa demande, été mis à la retraite. Il avait soixante-sept ans d'âge, quarante-neuf ans de service, des infirmités qui ne lui permettaient plus un travail actif. Le 9 octobre, le Roi lui avait accordé 12,000 livres par an sur les fonds secrets, en attendant la pension qui lui fut liquidée le 7 avril 1792 par l'Assemblée nationale, et fixée à 9,625 livres pour quarante-neuf ans de service sans interruption; Gandolphe, ancien premier secrétaire de Montmorin, qui avait été adjoint à Durival le 29 juin 1789, l'avait remplacé depuis le 5 octobre 1791. Dumouriez le chassa, sans lui donner ni indemnité, ni traitement.

Restait pour faire place nette Sémonin, chef du dépôt des Archives. Mais on n'a pas oublié que Sémonin avait été longtemps employé en Portugal. Il y avait contracté des relations avec Dumouriez, et celui-ci le maintint en fonction. Ce ne fut pas toutefois sans réclamations de la part des bons citoyens de Versailles[1].

---

[1] « Voilà enfin, écrivait à Dumouriez un anonyme, deux premiers commis expulsés du Département qui vient de vous être confié, mais il y reste un troisième non moins dangereux que les deux autres. C'est le sieur Sémonin, premier commis du dépôt. Il a toujours vécu dans la plus grande intimité avec le ci-devant

Donc, sauf Sémonin épargné, aucun des anciens serviteurs du Département n'avait trouvé grâce. Encore ceux-ci avaient quelque chose derrière eux, pouvaient vivre. Rayneval avait ses terres d'Alsace ; Hennin allait vendre ses livres, ses médailles, ses gravures, *dimidia pars animæ*; Pfeffel trouvait un asile assuré chez ses amis d'outre-Rhin ; mais les autres, les petits, les pauvres, de quoi vivront-ils ? Comment ne mourront-ils pas de faim ? Car ce ne sont pas seulement les têtes, ces têtes de pavot trop hautes que frappait Tarquin ; ce ne sont pas seulement ceux dont le ministre nouveau venu et trop connu peut craindre la mémoire trop fidèle et la science supérieure, c'est le personnel tout entier qui est frappé, ce sont tous les employés qui sont chassés, c'est, le Roi régnant encore, la Révolution qui entre en souveraine dans le ministère, et qui fait main basse sur toutes les places.

Dehors Lesseps, dehors Meroger, les deux doyens du Département; dehors Montcarel, Hardy, Étienne, de Ville de Noailly ; dehors La Tour, La Ville de Miremont[1], Bernage, Moreau ; dehors tout le bureau des fonds, Guillois, de Beschard, Daud, Bedtinger, Bassigny, Dambrun ; dehors et à la rue tous ceux qui ont usé leur vie au service de la France. Et s'ils parlent, s'ils réclament, si après avoir

---

D... de la Vauguyon ; il continue d'entretenir avec lui une correspondance. Il est urgent pour le bien public et il est de votre intérêt en même temps que vous en purgiez votre Département. » Un autre sans-culotte, le citoyen Genton, d'un style à la vérité plus faible, mais non moins patriotique, dénonçait aussi M. de Sémonin. « Il y a un de vos burau sur lequel vous n'avez pas porté vos regards ou il règne la plus affreuse aristocratis, le tems que j'ai abbite Versailles ma mi apportée de savoir que lon socupe plus souvent au depôt des Affaires étrangères a faire des extraits pour le *Journal de la Cour et de la Ville*, la *Gazette de Paris* et l'*Amie du Roi*, que des affaires de la nation. Je vous dénonce surtout le chef de ce bureau comme le plus enragé de tous les aristocrate ; la preuve de ce que javance c'est que rien na pu encore le forcera prendre la cocard nationale et il ne recoit de journaux que ceux ci-dessus nommés avec le *Journal de Genève*, le *Journal général de France*, il a lu peu de tan le *Moniteur*, mais la lecture de ce journal lui donnais des convultions, il y a quelque chose de pire que tout cela, c'est que Monsieur Simonin qui coute 24 à 30 mille livre par an à la nasion, ne fait pas dans le courant de son année pour 24 livre de travail a payer tres généruseument, il necrit surement pas pour le service de son bureau la valeur d'un caier de paier a lettre il socupe toujours cest a sa campagne a planter et a taillier des arbres et a chasser dans son parc voilla ses occupasion de toute l'année. Il vient à Versaille tout les huit jours des foit tout les trois semains quelquefois un mois, il arrive le matain a onze heures et repart a deux le même jour et retourne diner a sa campagne. Il est indigne pour la nasion de payer une personne aussi cher qui la serve aussi malle et cy peu et qui fait des veux pour voir tout les patriote mordre la poussière. » Genton terminait cette dénonciation, qui donne une idée assez juste du gouvernement démagogique, en demandant la place de M. de Sémonin. Le temps des Genton n'était pas encore arrivé, mais il n'allait pas tarder à venir.

[1] Guillotiné le 25 messidor an II.

vendu tout ce qu'ils possèdent, les meubles achetés à grand'peine, les vieux livres, compagnons de travail et de joie, s'ils demandent un peu de pain pour leurs enfants et pour leur femme, s'ils mendient trop haut cette *récompense nationale,* que la Convention a daigné leur accorder, cette pension de 1,000 à 2,000 livres dont un tiers en assignats, valeur nominative, est quelquefois distribué, qu'ils prennent garde! Que faut-il de plus pour être suspect[1]?

Un métier, ils en avaient un avant d'entrer dans la maison des Affaires étrangères; ils étaient avocats au Parlement, il n'y a plus de Parlement; professeurs à l'École militaire, il n'y a plus d'École militaire; commis de la ferme générale, il n'y en a plus. Il n'y a plus qu'un métier qui rapporte, le métier de jacobin. Ces braves gens ne l'ont pas appris. Mais ce n'est pas tout de renvoyer les vieux, encore faut-il leur trouver des remplaçants, payer des figurants plutôt, qui s'assiéront aux mêmes bureaux. Ici, Dumouriez doit se trouver à l'aise; c'est son mémoire sur l'organisation du ministère qui l'a désigné au choix de la Gironde. Ce courrier diplomatique, cet ancien agent secret, doit avoir ses idées personnelles sur la réorganisation, au profit des courriers et des espions, d'une carrière où ces deux titres ont dû lui nuire.

Dans ce mémoire sur le ministère des Affaires étrangères, dédié et lu aux Jacobins[2], Dumouriez, après avoir affirmé que « les rapports de la France avec les autres peuples doivent être fondés sur la déclaration des droits et sur la déclaration de s'abstenir de conquêtes, et de n'entreprendre que des guerres défensives »; qu' « un grand peuple, un peuple libre et juste est allié naturel de tous les peuples, et ne doit point avoir d'alliances particulières qui le lient au sort, aux intérêts, aux passions de tel ou tel peuple »; après avoir annoncé que « cinquante ans ne se passeront pas avant que l'Europe ne soit républicaine », concluait en demandant « un changement aussi prompt que total dans le corps diplomatique. Peu importe, disait-il, que nos représentants soient sans expérience. D'abord nos intérêts sont très-simplifiés, ensuite les anciens représentants étaient des jeunes gens

---

[1] J'ai eu sous les yeux les plaintes, les réclamations, les cris de désespoir arrachés à ces hommes par la misère. Même dans l'extrême dénûment, ils n'ont point de faiblesses, ne trahissent point l'honneur professionnel, n'insultent pas leur Roi. Ils disent parfois qu'ils ont faim. Ils réclament du pain, mais noblement et sans bassesse. J'ai regret de ne point publier ces lettres qui allongeraient sans mesure ce chapitre, mais je devais à nos anciens ce témoignage qu'ils ont su souffrir comme ils avaient su servir.

[2] *Mémoire sur le ministère des Affaires étrangères,* par Dumouriez, maréchal de camp de la 12ᵉ division de l'armée. Paris, Impr. nat., 1791, in-8°.

de la cour sans éducation politique. Enfin c'est la majesté de la nation qui donnera du poids à nos négociateurs. » Entrant dans le détail de l'organisation, il commençait par déclarer que « ce ministère était le moins compliqué de tous, celui qui exigeait le moins de mystère, et qu'un ministre qui tromperait une cour étrangère mériterait une punition proportionnée ». Le ministre, suivant lui, devait communiquer au comité diplomatique, qui les communiquerait à l'Assemblée, toutes les dépêches importantes. « Ce ministre, disait-il, doit être un homme d'un patriotisme éprouvé, au-dessus du soupçon, comme la femme de César. Une intégrité absolue, une grande connaissance des hommes, une grande fermeté, un esprit juste et vaste doivent compléter son caractère. » Si Dumouriez a tenté là d'esquisser son propre portrait, il a prouvé qu'il se connaissait bien mal.

Son administration devait fonctionner avec deux directeurs, l'un pour le nord, l'autre pour le midi, payés chacun 24,000 livres, choisissant eux-mêmes leurs employés, et recevant pour ce fait chacun 24,000 livres, plus 12,000 livres pour les frais de bureau. Cela formait un total de 120,000 livres. Le ministre devait être payé 120,000 livres au lieu de 150,000 livres. Dumouriez estimait à 400,000 livres les frais de courrier et d'imprimerie, et les dépenses secrètes ; à 139,000 livres les gratifications de voyages ; à 200,000 livres les présents et les pensions secrètes à l'étranger. Il réservait 500,000 livres pour distribuer à des voyageurs qui enverraient des mémoires des divers pays qu'ils traverseraient. Vingt d'entre eux auraient le titre de conseillers diplomatiques et rouleraient pour un tiers avec les secrétaires d'ambassade.

A l'étranger, il supprimait les ambassadeurs ordinaires, n'admettait les ambassadeurs extraordinaires qu'*ad tempus,* et pour une grande négociation, et, à leur retour, leur donnait la pension de retraite de maréchal de France. Il nommait quatre ministres de première classe à Vienne, Londres, Madrid et Pétersbourg avec 40,000 livres de traitement, et 12,000 livres de frais de bureau ; quatorze ministres de seconde classe à 36,000 livres de traitement, et 12,000 livres de frais de bureau ; dix-huit secrétaires d'ambassade à 6,000 livres. Il voulait qu'au bout de vingt-cinq ans de service, les ministres reçussent une pension égale à celle d'un lieutenant général, et que nul ne pût être destitué sans que son procès lui fût fait. Il supprimait les places de ministres de second ordre, dans lesquelles on pourrait, en cas de besoin, envoyer un conseiller d'ambassade, et terminait en disant : « Ainsi nous deviendrons les arbitres et les pacificateurs de l'Europe, dont nous étions les agitateurs et les fléaux. »

Dans ce plan de Dumouriez, au milieu des déclamations que le temps expliquait, se trouvaient néanmoins quelques idées justes et qui montraient que l'auteur avait une certaine connaissance de la carrière diplomatique. Ainsi, l'administration centrale, qui depuis longtemps avait fait ses preuves, était respectée. Le système de voyageurs envoyant des mémoires n'était que la réglementation d'un état de choses existant de longue date, et dont Dumouriez avait pu faire la longue expérimentation, puisqu'il avait été lui-même un de ces voyageurs. On a vu que c'était parmi eux que le ministère recrutait souvent ses premiers commis et ses secrétaires d'ambassade. La suppression des ambassadeurs ordinaires, la réduction des ministres était depuis longtemps une nécessité. Où Dumouriez s'égare, c'est lorsque, cédant à ses souvenirs personnels, il veut donner aux voyageurs diplomatiques un caractère officiel et les mettre sur le même rang que les secrétaires d'ambassade. Il leur enlève ainsi ce côté indépendant et secret qui peut en faire des observateurs utiles, pour leur donner une sorte de situation politique qui n'en fait que les échos des ministres plénipotentiaires. Ce sont de même ses rancunes qui le guident lorsqu'il veut que nul ne puisse être destitué sans que son procès lui soit fait. En matière politique, il est des fautes qui équivalent à des crimes, des sottises qui veulent une répression, mais dont la divulgation, toujours inutile, serait souvent dangereuse. Admettre les procès publics, c'est retirer de la main du pouvoir exécutif ceux qui doivent être ses agents immédiats, et qui ne doivent dépendre que de lui [1].

Tel qu'il était, ce projet d'organisation, qui avait valu à son auteur le portefeuille des Affaires étrangères, témoignait au moins de quelque bon sens. Que dire, par contre, des modes d'organisation que le décret contre de Lessart avait fait surgir de tous côtés ?

Plans sur plans. Chacun a le sien. Le *Moniteur* publie son plan, qui consiste à supprimer toutes les créatures de l'ancien régime. Sillery [2], dans un discours lu à la Société des Amis de la Constitution [3], dit : « Rien n'est plus simple et plus facile à conduire que ce ministère ; car maintenant le ministre des Affaires étrangères n'a plus rien à imaginer... Il faut avoir vécu avec le corps diplomatique pour voir combien leurs fonctions sont futiles et combien ils y mettent d'importance. Un ambassadeur envoyé du plus petit prince d'Allemagne

---

[1] Voir le système adopté en l'an VIII par le premier Consul.
[2] Le mari de madame de Genlis.
[3] *Journal des débats de la Société des Amis de la Constitution*, 19 février 1792, n° 145.

se croit un grand seigneur et un personnage important quand il est en fontion. Son étude est d'imaginer des fourberies et de ne jamais dire ce qu'il pense; et, dans une assemblée ministérielle, il ne se dit peut-être pas une vérité en deux heures. Le règne de ces espions protégés est passé. Les ambassadeurs de France doivent être purs et simples dans leurs manières, parce que nous ne voulons tromper personne, et qu'ils doivent croire que la nation les surveille et qu'elle a le droit de démentir ce qu'ils pourraient faire de contraire à son vœu. L'ouvrage des bureaux des Affaires étrangères peut être simplifié à un point que le ministre pourrait, toutes les semaines, faire faire un extrait du travail que l'on ferait imprimer sous le titre de *Journal diplomatique*, et qui nous délivrerait de cette *Gazette de France*, qui nous ennuie depuis si longtemps. »

Ce ne sont là que les élucubrations personnelles de quelques rhéteurs, mais voici un plan quasi officiel, imprimé par ordre de l'Assemblée : *L'opinion de Lobjoy, ancien maire de Colligis, député de l'Aisne, sur la nécessité d'organiser le Département des Affaires étrangères dans le sens de la Constitution* [1]. Lobjoy, après avoir fait l'apologie du décret contre de Lessart et avoir déclaré « que ce décret allait prouver à l'Europe étonnée que les représentants d'un peuple idolâtre et jaloux de sa souveraineté savent prendre, quand il en est temps, des mesures vigoureuses pour assurer, au dedans comme au dehors, le triomphe de la volonté nationale », demandait qu'on en finît avec « ce dogme mystérieux », affirmé par Montmorin, « qu'il est des détails qu'une assemblée nombreuse, et pour sa dignité et pour l'intérêt public, ne devait pas demander au ministre chargé de la diplomatie ». Le Comité diplomatique, disait-il, doit être le surveillant constant du ministre. Il doit dévoiler ses perfidies, commenter ou démentir ses assertions. On lui donnera communication de toutes les correspondances, et les sous-ordres seront obligés de donner toutes les notions. Il pourra envoyer de son propre mouvement des agents. Du reste, ce ne sera pas la suppression de la responsabilité ministérielle. Le Comité sera passif et spéculatif. Il épiera les rouages et le jeu de la machine. Au reste, le secret d'État n'existera pas. Notre diplomatie, à nous, sera d'être sincères. Si les législateurs sont tentés de parler, nous trouverons dans leurs indiscrétions le moyen de nous garantir des traditions mystérieuses des bureaux et des iniquités ministérielles. Avec une Constitution comme la nôtre, on a dit qu'il était inutile d'entretenir des ministres auprès

---

[1] Paris, Impr. nat., 17 mars 1792, brochure de 24 pages.

des puissances étrangères. Lobjoy se hâte de reconnaître que cette idée est parfaitement juste, mais il se demande si l'application n'en est pas un peu prématurée. En attendant, il réclame la suppression des titres d'ambassadeurs, de ministres et de résidents, et leur remplacement par le titre uniforme de nonces de France. « Le sol de la liberté s'est aplani ; nous marchons tous de front sur la même ligne, et si le cordeau du nivellement peut fléchir, ce n'est qu'en faveur du mérite et de la vertu. » A la vérité, la Constitution reconnaît au Roi le droit de nommer les ambassadeurs et autres agents politiques, mais le Corps législatif a le pouvoir de décréter la suppression des officiers publics. Lobjoy, après s'être félicité de cette découverte, demande que l'on honore Genève, Lucques et Saint-Marin comme la Russie ou l'Allemagne ; qu'on ne fasse de différence qu'en faveur de l'État dont les sages lois et les mœurs constituent la supériorité. Qu'on ne craigne pas d'ailleurs le découragement chez les agents ; « quand il n'y aura plus qu'un seul rang, le champ de l'émulation en sera plus vaste ! »

Telles étaient les conceptions que des législateurs étalaient au jour, et dont l'Assemblée ordonnait l'impression. Sans leur donner une importance exagérée, il est permis d'y voir la tendance de certains membres du Corps législatif à supprimer la Constitution de 1791, à subordonner le pouvoir exécutif aux Comités de l'Assemblée, à s'ériger eux-mêmes en dictateurs. Ce Lobjoy, dès le 17 mars 1792, donnait le programme du gouvernement révolutionnaire.

Dumouriez n'alla pas jusque-là. Il se contenta de faire place nette des serviteurs de l'ancien régime et de leur substituer des jacobins, dont un seul appartenait aux bureaux du Département. Il dit, dans ses Mémoires [1], que « pour rendre à la France la considération qu'elle avait perdue, il fallait changer tous les agents et en adopter d'autres qui fussent propres à soutenir avec dignité le système constitutionnel ». Il ajoute qu' « il partagea le Département en six bureaux ; qu'il nomma un directeur général ; qu'il se créa un secrétariat particulier, se réservant toutes les grandes dépêches. Pour le choix des sujets nouveaux, il consulta les membres les plus éclairés de l'Assemblée, et à deux ou trois jacobins près, qui s'y glissèrent, le choix fut bon. » On voit combien, dès le premier abord, le nouveau ministre est loin des réformes qu'il avait indiquées ; il prétend qu'il y trouva une grande économie, qu'il réduisit ses appointements comme ministre à 120,000 livres, et que sa nouvelle organisation offrit sur l'ancienne

---

[1] DUMOURIEZ, *Mémoires*, livre III, chap. VI.

une diminution de 130,000 livres. Ces choix heureux, aussi bien que cette économie, n'existent que dans son imagination.

Dumouriez débuta par rétablir, en faveur de Bonne-Carrère, la place de Directeur des Affaires étrangères qui, sous Louis XV, avait été donnée à l'abbé de La Ville en récompense d'une longue vie de travail. Ce Bonne-Carrère, secrétaire des Jacobins, qui, on l'a vu plus haut, avait été nommé ministre à Liége le 27 mars 1791, et dont la nomination avait excité dans l'Assemblée constituante cette tempête rapportée à la date du 6 avril 1791, est certainement un des intrigants les plus étranges que la Révolution ait produits. Dumouriez lui consacre une apologie; madame Roland dresse son acte d'accusation. Les journaux du temps s'occupent de lui continuellement, et pourtant cet homme a pu, sans y laisser sa tête, traverser la Révolution tout entière. « Il n'était d'aucune faction, dit Dumouriez; sa jeunesse avait été pétulante; il avait été joueur et homme de plaisir, ce qui avait jeté un mauvais vernis sur son moral. Intimement lié avec Mirabeau, il avait obtenu par lui la place de ministre de France à Liége. Jadis secrétaire des Jacobins, ayant été rayé de cette société, il en connaissait tous les mystères. Il était très-fidèle en attachement, très-actif, connaissait tout Paris, toutes les factions, tous les députés de l'Assemblée et la cour. Il était avec cela singulièrement laborieux; il avait un travail facile et d'une grande clarté, et pendant trois mois qu'il a été avec Dumouriez, il a été de la plus grande utilité. » Voilà les traits principaux de l'apologie. Bonne-Carrère la méritait, si, comme l'ont dit Barrère [1] et Brissot [2], il a été réellement un de ceux qui, agissant à la fois sur la Reine et sur les jacobins, avaient le plus contribué à faire parvenir Dumouriez au ministère.

La vie antérieure de cet homme explique les relations singulières qu'il avait conservées. Il était né à Muret en Languedoc, le 13 février 1754, d'une famille qui se disait noble; lui-même a nié plus tard cette noblesse dans une brochure qu'il publia en l'an II [3]. Il servit quelque temps comme sous-lieutenant dans un régiment d'infanterie et obtint, en 1783, sur la demande de M. de Vergennes, alors ministre des Affaires étrangères, un congé de quatre ans, pendant lequel il voyagea, aux frais du Département, en Afrique et aux Indes. De retour en France, à la fin de 1786, il importunait les ministres de ses sollicitations;

---

[1] *Mémoires*, t. II, p. 17.
[2] *Moniteur*, n° 96, 6 avril 1793.
[3] *Exposé de la conduite de Bonne-Carrère depuis le commencement de la Révolution*. Paris, de l'imprimerie des hommes libres, in-4° de 18 pages.

Montmorin lui confia quelques voyages d'observation en Europe. Ce fut dans ces voyages qu'il connut Mirabeau et Dumouriez. En 1788, il demandait le gouvernement de Chandernagor et se flattait de l'obtenir lorsque la Révolution éclata. Dès lors, soit pour son compte, soit pour le compte de Montmorin, il se lia avec les hommes les plus avancés, entra dans la Société des Amis de la Constitution, parvint à se faire nommer d'abord secrétaire de l'Assemblée générale, puis membre du Comité de correspondance, président du Comité d'administration, membre du Comité de présentation, secrétaire chargé des procès-verbaux, des lettres d'affiliation et des extraits de la correspondance. Comme tel, il trouvait moyen de rendre service à la Société en obtenant la franchise de la poste pour ses paquets, et il n'était pas non plus sans rendre service à Montmorin, puisque celui-ci le nommait, le 27 mars 1791, ministre à Liége. Dumouriez dit que ce fut par l'influence de Mirabeau. D'autres témoignages indiquent, en effet, que Mirabeau exerçait sur cet homme une grande influence. « L'amitié qui existait entre eux était des plus vive, dit madame la duchesse d'Abrantès, qui a beaucoup connu Bonne-Carrère dans sa vieillesse [1]. Il regrettait beaucoup que son ami fût mort lorsqu'il avait eu le portefeuille des Affaires étrangères, car rien alors n'aurait empêché ce rapprochement tant désiré et si nécessaire. » Les Jacobins autorisèrent Bonne-Carrère à accepter la place par un arrêté qui lui continuait les fonctions de secrétaire. Ces fonctions cessaient le 1er juin 1791, et le 5 du même mois il fut exclu de la société à la suite d'une violente altercation avec Camille Desmoulins [2], qu'il menaça de coups de bâton, et qui se vengea en le faisant rayer. Le prince évêque de Liége refusa de le recevoir; il demanda alors un congé de quatre mois, tout en continuant à toucher ses appointements de 20,000 livres par an, et

---

[1] *Mémoires*, t. Ier, p. 168 et 178. Madame d'Abrantès ajoute : « J'ai vu dans ses nombreux papiers des pièces du plus haut intérêt, relativement à ces époques. Il voulait en faire un recueil et les publier; je l'en ai empêché... Il avait des lettres originales d'une foule de personnages intéressants, et surtout de Mirabeau et de Laclos. Son amitié pour Mirabeau avait survécu à son objet malgré tout le temps et tout ce qui s'était passé depuis vingt-cinq ans. Il avait l'original de ce beau portrait où il est représenté adressant au Roi le fameux discours sur le renvoi des troupes; puis un autre où il est peint écrivant dans son cabinet, et puis un petit buste, un plus grand, et le beau buste si connu, ensuite une gravure. Enfin, dans son appartement, on était entouré de Mirabeau. »

[2] *Révolutions de France et de Brabant*, n° 78. Desmoulins, avec son esprit et son courage habituels, essaye une justification contre Regnaud de Saint-Jean d'Angely, qui, dans le *Postillon*, avait raconté que « Camille s'était plaint que Bonne-Carrère l'eut menacé de cent coups de bâton, et que Bonne-Carrère avait répondu qu'il l'avait dit devant cinq cents personnes et qu'il le répétait dans l'Assemblée ».

alla passer ce temps à Muret. Revenu à Paris à la fin d'octobre, il faisait ses préparatifs de départ pour se rendre à Liége, où l'on s'était décidé à l'accueillir. « Mon départ, dit-il [1], fut retardé, ce qui nuisit infiniment aux dispositions révolutionnaires dans lesquelles se trouvaient les patriotes liégeois, qui m'attendaient avec impatience pour les faire éclater. » Entre temps, il servait de secrétaire à de Lessart pour ses rapports avec l'Assemblée (la minute de la réponse que M. de Lessart adressa, le 10 février 1792, à Koch, président du Comité diplomatique, est de sa main), et il tentait de se représenter aux Jacobins; mais ses amis, Collot d'Herbois, Desfieux et Taschereau, l'en empêchaient. Enfin, il fut nommé, le 16 mars 1792, directeur général du Département. « C'est ici, dit-il dans sa justification adressée au Comité révolutionnaire de la section Fontaine de Grenelle, c'est ici que je vous supplie de me suivre dans toutes les tribulations que me suscita Brissot. Il n'est point de moyens qu'il n'employa pour empêcher ma nomination, parce que son projet était de se rendre maître du Conseil en composant avec la cour et en faisant nommer ses dignes amis, Roland et Clavière, le premier au ministère de l'Intérieur, le second à celui des Contributions publiques. En effet, citoyens, je devins un homme dont il fallait se méfier, car j'avais pénétré le plan de Brissot, et je n'avais pas la lâcheté de le seconder. »

Bonne-Carrère avait raison de dire que Brissot et les Girondins ne l'aimaient pas. Pour madame Roland, c'était un bel homme comme Hérault de Séchelles. « Tous ces beaux garçons, disait-elle à un ami, me semblent de pauvres patriotes; ils ont l'air de trop s'aimer eux-mêmes pour ne pas se préférer à la chose publique, et je n'échappe jamais à la tentation de rabattre leur suffisance en ne paraissant pas voir le mérite dont ils tirent le plus de vanité [2]. » Au reste, tout en déclarant qu'elle a entendu nombre d'hommes graves et de députés gémir du choix qu'avait fait Dumouriez, Manon Phlippon ne nie ni l'intelligence, ni les talents, ni la souplesse, ni les ressources, ni l'esprit de Bonne-Carrère. Sur son intelligence, tout le monde est d'accord; Brissot même [3] lui reconnaît une valeur intellectuelle, mais il lui reproche son faste insolent, son hypocrisie, son adulation, ses perfidies. « Tombant, dit-il, avec ses vices et ses habitudes perverses au milieu d'une révolution, où le peuple avait recouvré sa souveraineté, il ne changea que d'idole sans changer d'idolâtrie; il caressa le peuple au lieu de caresser les grands,

---

[1] Voir sa brochure déjà citée.
[2] *Mémoires de madame Roland.* Paris, an VIII, t. II, p. 91.
[3] *Lettres de P. J. Brissot à M. Dumouriez*, 1re lettre du 15 juin 1792.

fit de la salle des Jacobins son *OEil-de-bœuf,* parla patriotisme et vertus, en se jouant de tout; fut tour à tour le valet des partis dominants, des Lameth et des Mirabeau; sut, du secrétariat de la société des Jacobins, s'élever à l'ambassade de Liége, par l'appui de ce Montmorin même, qui détestait les jacobins, et ne pouvait avancer qu'un homme qui les vendait. »

La nomination de Bonne-Carrère ne se fit donc pas sans difficultés de la part du parti girondin. Brissot et madame Roland disent l'un et l'autre que des remontrances furent adressées à Dumouriez, et que celui-ci s'excusa en disant que, « nouveau dans le Département, il avait besoin d'un homme qui le connût, d'un homme en état de le seconder et de suppléer sur-le-champ aux chefs qu'il allait destituer. Les talents de Bonne-Carrère devaient faire oublier sa vie passée; il en était repentant, et d'ailleurs Dumouriez affirmait que s'il se laissait entraîner à ses goûts, s'il commettait quelque vilenie, il l'expulserait aussitôt. »

Et pourtant les premiers actes de l'administration de Bonne-Carrère, les premiers choix qu'il fit pour remplacer les anciens premiers commis semblent indiquer que, cette fois du moins, il aurait dû être épargné par les révolutionnaires. Il s'en est vanté lui-même : « Mon premier pas, a-t-il dit, dans le Département qui m'était confié, fut de l'organiser entièrement, de démettre les commis courbés sous le joug du despotisme, et de les remplacer par les jacobins passionnés pour l'égalité. Le Département des Affaires étrangères fut le seul, grâce à mon courage, qui s'épura au feu du patriotisme. Le système politique fut changé, et déjà le 20 mars, quatre jours après ma nomination, au style rampant de l'esclavage succéda l'idiome de la liberté. »

Peut-être Bonne-Carrère s'attribue-t-il pour ces nominations une importance exagérée. Elles semblent avoir été le fait de Dumouriez lui-même, car tous les hommes qu'il prit pour chefs de bureau venaient des provinces qu'il avait parcourues jadis, des villes qu'il avait commandées, formaient le résumé complet de cette existence d'aventures qu'il avait menée.

On a vu que les bureaux politiques, au lieu de deux divisions, en comprenaient six. Dumouriez avait de plus un secrétariat et un bureau particulier; enfin il avait conservé le bureau des fonds et le bureau du dépôt. Chacun des premiers commis recevait 6,000 livres, sauf Sémonin qui en avait 8,000. Encore réclamait-il contre la réduction imprévue dont il était l'objet[1].

---

[1] Depuis trente ans il touchait 18,000 livres; il avait perdu ses pensions, sa place de directeur de la loterie. « M. Bonne-Carrère m'a fait entendre, écrit-il à

Le dépôt, d'ailleurs, avait conservé tous ses anciens employés: Poisson, Crouvoisier, Huet, Gauthier de la Peyronnie, Gamet et Bonnet, et continuait à résider à Versailles, où il n'était guère mêlé à la politique courante.

Le bureau des fonds avait été réduit de sept employés à quatre. Chenuat, commis principal sous Durival et Gandolphe, avait momentanément succédé à ce dernier comme premier commis. C'était un digne vieillard de cinquante-cinq ans, d'une famille de petits marchands de province, qui était entré en 1762 au bureau des fonds, et avait été chargé en 1771 des détails de comptabilité. Ses appointements, le 29 juin 1789, avaient été portés à 10,000 livres, et dès cette époque il se préoccupait de sa retraite. Le 1er avril 1792, il avait été réformé; mais à la suite du renvoi de Gandolphe et de tous les autres commis du bureau, on avait d'autant plus senti la nécessité de conserver momentanément quelqu'un qui connût le service, que les trois employés nouveaux, Vitry, Févelat et Pascal, étaient trois jacobins, fort bons patriotes, mais d'une ignorance dont on verra les preuves.

Pascal avait été, avant la Révolution, employé par Dumouriez aux ravaux du port de Cherbourg, et s'était fait remarquer dans cette ville par ses opinions avancées. Il était un des fondateurs du club jacobin de Cherbourg. Son intimité avec Dumouriez lui valut bientôt la place de secrétaire du ministre. Vitry sortait de la régie générale, ainsi que Févelat, mais ne s'était pas fait dans les bas-fonds de la politique la même place que son collègue. D'abord soldat au régiment du Boulonnais en 1772, Févelat avait ensuite travaillé chez un notaire; il était entré plus tard dans les octrois de Lyon, avait été employé successivement à la régie générale, aux messageries royales des environs de Paris, à la vérification des comptes de la régie générale de Bretagne, enfin à la vérification de la caisse de l'extraordinaire. Ce qui faisait de lui un quasi-personnage, c'étaient ses brochures : sa *Lettre sur Arné,* le vainqueur de la Bastille, qui lui avait valu les éloges de Camille Desmoulins[1], et une correspondance avec le grand procureur de la Lanterne; sa *Lettre à M. Bouche, en faveur des commis*

Dumouriez, que je devais être content de 8,000 livres, lorsque les autres premiers commis, qui ont infiniment plus de travail que moi chaque jour, n'ont que 6,000 livres; mais je lui ai fait observer que ces messieurs, très-méritants sans doute, ne sont là que depuis hier, et que j'y suis depuis quarante-six ans; que lorsqu'ils auront autant et aussi longtemps travaillé que moi, j'aimais à me persuader que vous trouveriez extrêmement juste de les récompenser aussi dans leur vieillesse. »

[1] *Révolutions de France et de Brabant,* t. 1er, p. 200.

supprimés ; sa *Lettre aux districts,* du 23 octobre 1789, approuvée par le district des Petits-Pères, dans laquelle il proposait des recensements pour découvrir les conspirateurs, et l'inscription des noms des habitants sur la porte des maisons. Il avait dénoncé Lafayette en 1790, l'agiotage en 1792. « Il entra au ministère, c'est lui qui le dit, le bonnet rouge sur la tête. Il le garda dans son bureau au milieu des satellites du tyran qui était alors tout-puissant, et qui bravait le peuple. »

Pauvre tyran, qui n'avait que Chénuat pour *satellite !*

Ce que Dumouriez appelait le bureau particulier, c'était l'ancien bureau des traducteurs. Rosenstiel, Le Tellier et Tessier, qui y étaient employés, appartenaient de longue date au Département, et nous avons plus haut donné des détails sur leur carrière. On avait dû reprendre ces hommes d'une compétence spéciale, qui, à l'entrée de Dumouriez, avaient été destitués, mais dont la place n'avait pas été remplie.

Pour le service politique et le secrétariat, on n'avait pas besoin des employés de l'ancien régime. Cette politique nouvelle voulait des ouvriers nouveaux. Aussi, des six bureaux de la nouvelle organisation, un seul avait pour chef un vieil employé. Pour les autres, la société des Jacobins avait donné ses principaux orateurs, et l'on pouvait être certain désormais que le langage tenu aux puissances étrangères serait digne de la Révolution.

Le chef du secrétariat de Dumouriez était un nommé Benoît Rouhière, qui avait habité Cherbourg durant plusieurs années, avait été employé aux travaux du port, et était un des premiers fondateurs de la société populaire. Parvenu par la protection du général à la place de commissaire des guerres, il était sa créature et avait quelques-uns de ses secrets[1]. Rouhière n'avait sous ses ordres qu'un employé nommé Vaquier ou Vaqué, pauvre diable protégé par Robespierre.

Le premier bureau de la nouvelle organisation devait correspondre avec l'Angleterre, la Hollande, les Pays-Bas, les États-Unis et les villes hanséatiques. Il avait pour premier commis Lebrun-Tondu, pour employés Isabeau, Picard, Lebartz et Cornillot ; ces deux derniers conservés des anciens bureaux.

Pierre-Hélène-Marie Lebrun-Tondu était né à Noyon en 1763, peut-

---

[1] Rouhière est un type curieux sur lequel nous aurons à revenir. Son rôle double ou triple de secrétaire général des Affaires étrangères, de commissaire de guerres et d'envoyé dans les départements, fait de cet intrigant un homme à suivre. Il était des amis de Dumouriez, de ses intimes confidents, et peut-être, par lui, arriverait-on à connaître certains projets du général.

être antérieurement, car l'auteur de la *Bibliothèque du Beauvaisis* le fait naître en 1754[1]. Personne à Noyon, dit la *Biographie Michaud*, ne s'est souvenu de lui avoir connu une famille. Sa naissance fut sinon illégitime, au moins des plus obscures. Recueilli par le chapitre de Noyon, il fut placé comme boursier au collége Louis-le-Grand, où il fit de brillantes études, et lia avec les autres boursiers et quelques professeurs des amitiés qui ne furent pas sans influence sur sa carrière. A sa sortie du collége, il embrassa l'état ecclésiastique, et fut d'abord connu sous le nom de l'abbé Tondu. Il fut reçu, à ce titre, pensionnaire du Roi à l'Observatoire, dans une des places établies en faveur des jeunes gens qui montraient des dispositions pour les mathématiques. Il y renonça bientôt, se fit soldat dans un régiment d'infanterie ; puis, dégoûté du métier, déserta. Selon les uns, il obtint sa grâce de Louis XVI, et ce ne fut que quelque temps après qu'il fut expulsé de France, par ordre de Vergennes ; suivant d'autres, après sa désertion, il passa immédiatement dans l'État de Liége. Il est certain qu'en 1784, on le trouve établi à Liége, d'abord précepteur chez un échevin de la ville, puis employé chez le libraire Tutot, enfin imprimeur et journaliste.

A Liége, Lebrun crée le *Journal général de l'Europe,* qui a bientôt une grande vogue non-seulement dans les Pays-Bas, mais encore en France et en Allemagne. La collection complète de cette feuille, du 2 juin 1785 au 11 août 1792, forme 43 volumes in-8°. En juin 1786, le journal, interdit à Liége, se transporte à Herve, petite ville du Brabant. Mais bientôt, là aussi, le ton d'opposition affecté par Lebrun déplaît au Conseil souverain, qui prohibe la feuille, et décrète les rédacteurs de prise de corps. Interrompu usqu'au 5 janvier 1788, le journal reparaît à Herve jusqu'en janvier 1791, où il émigre à Paris. A Paris, il devient l'organe de Dumouriez et des Liégeois et Brabançons réfugiés, et ne cesse de paraître que le lendemain du 10 août. A Liége, Lebrun avait, dès la révolution de cette ville, reçu un brevet de bourgeoisie ; il avait été élu conseiller de la commune, et auditeur de la garde nationale. Il est remarquable que la révolution belge, essentiellement cléricale, comme on sait, trouva en lui un adversaire acharné.

Dès qu'il se fut réfugié en France, il chercha à se créer un rôle poli-

---

[1] Consulter les *Biographies des contemporains, des ministres,* et *les Hommes illustres du département de l'Oise,* de M. Charles Brainne; l'*Histoire du collége Louis-le-Grand,* de M. Emond; le *Dictionnaire biographique de Londres,* le livre de M. Capitaine sur les journaux liégeois, et surtout les remarquables ouvrages de M. Hatin sur les journaux français.

tique. C'est ainsi qu'après s'être associé à la citoyenne Kéralio, et par elle aux girondins, à Carra, Hugou de Basseville, Robert, il parut, en 1791, à la barre de l'Assemblée, à la tête d'une députation de Liégeois réfugiés. Son journal, les informations qu'il avait sur la politique extérieure, ses liaisons avec la Gironde, le firent choisir par Dumouriez. « Il passait, dit madame Roland, pour un esprit sage, parce qu'il n'avait d'élans d'aucune espèce, et pour un habile homme, parce qu'il était assez bon commis. Il connaissait passablement sa carte diplomatique, et savait rédiger avec bon sens un rapport ou une lettre. » Ce jugement paraît au moins hasardé. Lebrun, tel qu'il ressort de ses écrits, est au contraire un polémiste ardent, un écrivain déclamatoire. Il possédait une facilité de journaliste, pensait et écrivait au jour le jour. Quant à son instruction, elle ne paraît ni sérieuse ni profonde, et d'ailleurs, qu'aurait-il fait d'une science réelle, en ce temps de diplomatie révolutionnaire ?

Rien à dire de Lebartz et de Cornillot, qui sont déjà connus. Quant à Isabeau, frère du futur membre de la Convention et du conseil des Cinq-Cents, il était parent et ami d'Hérault de Séchelles, et fut son héritier. En 1789, il était étudiant en droit; en 1790, secrétaire du commissaire du Roi au tribunal de cassation; il entra, en 1792, à la caisse de l'extraordinaire, pour y rédiger des rapports sur les questions contentieuses d'aliénations de domaines nationaux. Ce fut là que Hérault vint le chercher pour le placer aux Affaires étrangères. Il entra, en mars 1792, dans le bureau de Lebrun, devint son ami et fut plus tard impliqué dans la même accusation que lui. Picard, jacobin obscur, sans instruction ni moyens, ne devait sa place qu'à quelques relations avec Gensonné.

Noël était chef du 2ᵉ Bureau, chargé de correspondre avec l'Allemagne; il avait sous ses ordres Campy, Darbillet, Thainville et Féraudel. Le premier seulement faisait partie de l'ancienne administration.

Ce n'est pas à la diplomatie que Noël, ce directeur improvisé de la politique la plus compliquée qui fût au monde, doit son éclatante notoriété. Jean-François Noël, né en 1755, à Saint-Germain en Laye, où son père était marchand fripier, fut pris comme enfant de chœur par un des curés de Paris, et obtint, par la protection du clergé, une bourse d'abord au collége des Grassins, puis à celui de Louis-le-Grand, où il eut pour condisciples Robespierre, Lebrun, Dumouriez, Camille Desmoulins, etc. Au collége, Noël se distingua par ses succès universitaires. D'abord clerc tonsuré, puis maître de quartier, enfin professeur de sixième, dans le vieux collége qui l'avait élevé, dès que la Révolution éclata, il chercha à se faire une place dans le bouleversement social. Vers le milieu de 1789, il s'associa avec Millin de Grandmaison, pour fonder, en concurrence au *Journal de Paris,* une feuille quotidienne, à laquelle il donna le titre de *Chronique de Paris*[1]. La *Chronique*, d'abord constitutionnelle, démocrate pendant le voyage de Varennes, girondine depuis, avait proposé Noël comme gouverneur du Prince royal. Plus tard, la fréquentation de Condorcet, du marquis de Villette, de P. Manuel, d'Anacharsis Clootz, tous collaborateurs du journal, avança le prêtre défroqué dans les bonnes grâces de la Révolution. Quand Dumouriez arriva aux affaires, il lui réserva une place [2] Noël entra au Département comme premier commis le 1er avril 1792, tout en continuant son journal et en collaborant à la *Gazette de France,* dont Dumouriez transformait la rédaction, et au *Moniteur*. Il réussit peu du reste dans sa nouvelle carrière. Le 28 août de la même année il fut envoyé à Londres comme agent secret [3].

Le pauvre Campy, que Noël avait sous ses ordres, et qui se trouvait représenter seul dans ce bureau, chargé de correspondre avec l'Allemagne, la tradition du Département et la science du droit public, était heureusement un des plus vieux serviteurs de la maison. Né à Caen, le 24 août 1754, Pierre-François-Louis Gambier, dit Campy, était entré au ministère à la fin de 1772. Il y resta jusqu'au 1er septembre 1825. En 1799, il avait été élevé, par la confiance de ses chefs, à la place de chef de bureau du chiffre. Darbillet est un passant qui n'a point laissé de trace. Quant à Thainville (Charles-François Dubois-Thainville), promis à une carrière honorable dans les consulats du Levant et de Barbarie, il avait commencé par servir sept ans au régi-

---

[1] La *Chronique de Paris,* in-4°, a paru du 24 août 1789 au 25 août 1793. L'année 1789 a 129 numéros; les années 1790 et 1791, 365 chacune; l'année 1792, 364, et l'année 1793, 197. (HATIN, *Bibliographie de la presse.*) Voir sur la mort de la *Chronique* les Mémoires de Fiévée qui en était alors l'imprimeur.

[2] Outre ses articles à la *Chronique* et au *Magasin encyclopédique*, outre ses livres pédagogiques qui sont bien connus, Noël a publié, en 1786 : un *Éloge de Gresset;* en 1787, la *Mort du duc Léopold de Brunswick*, ode mentionnée par l'Académie; en 1788, l'*Éloge de Louis XII*, couronné; en 1790, l'*Éloge du maréchal de Vauban*, couronné; *Journal d'un voyage fait dans l'intérieur de l'Amérique septentrionale*, traduit de l'anglais, 2 vol. in-8°; *Nouveau Siècle de Louis XIV, ou poésies anecdotes du règne et de la cour de ce prince, avec des notes historiques et des éclaircissements*, 1793, 4 vol. in-8°; *Voyages et mémoires de Benjowski*, 1791, 3 vol. in-8°, etc., etc.

[3] Sa mission s'entre-croisait avec celles de Chauvelin, de Maret, d'un grand nombre d'autres individus chargés de révolutionner l'Angleterre, de se mettre en rapport soit avec les membres de l'opposition, soit avec les orateurs des clubs (ce qui explique les adresses envoyées d'Angleterre au peuple français), soit même

ment de Colonel-Général-Dragons, et prétendait être officier au moment où il le quitta. En 1789, il était un des quarante-huit commandants de la garde nationale ; le 13 juillet, il était sur la Butte-des-Moulins, à la tête de 2,000 insurgés qui, le 14, marchèrent contre la Bastille ; représentant de la Commune et en même temps employé au Contrôle général, on peut se demander pour quelles raisons Dumouriez le choisit, en mars 1792, pour entrer aux Affaires étrangères. Féraudel, le quatrième commis, avait moins de titres encore pour être employé. Il avait d'abord travaillé chez des avocats au conseil, puis s'était fait receveur de rentes. Mais Féraudel était lié avec Marat, qui se retira plusieurs fois chez lui pendant cette même année 1792, et qui trouva un asile dans son domicile, rue de la Tisseranderie, n° 41, pour se soustraire aux deux décrets d'accusation rendus contre lui en janvier et en mai 1792. Féraudel était, depuis le 1ᵉʳ avril de cette même année, employé aux Affaires étrangères. C'est donc chez un commis du Roi, nommé par le Roi, que se cacha Marat. Ce fait, qui était resté inconnu [1], se passe de commentaires.

Le 3ᵉ Bureau, chargé de la correspondance politique avec la Suède, le Danemark, la Russie et la Pologne, se composait d'un premier commis : Baudry, et de trois employés : Hernandez, Cardonne et Lambert, dont les deux premiers étaient déjà en place.

Ce Thomas Baudry, né à Angers en 1742, était négociant, à Niort, avec les catholiques d'Irlande : travail encore inconnu, qui, si l'on peut dire, est parallèle au travail accompli en France par les agents anglais dans un but opposé [*]. Le 7 décembre 1792, Noël était nommé chargé d'affaires à la Haye, suivait l'armée jusqu'à Bréda et revenait avec elle. Ministre à Venise d'avril 1793 à brumaire an III ; adjoint à la commission d'instruction publique de brumaire à thermidor, même année ; puis, du 23 messidor an III au 26 brumaire an VI, ministre près de la république batave ; commissaire général de police à Lyon en l'an VIII ; préfet du Bas-Rhin en l'an X, Noël était un de ces déplorables fruits secs de l'Université qui portent partout leur style incolore, leur insupportable faconde et leur complet contentement d'eux-mêmes. Son court passage au Département ne lui laissa guère le temps de faire du mal ; mais rien n'est aussi vide d'idées, aussi plein d'ignorance et de vanité que sa correspondance. Noël est le véritable modèle du pion qui se croit homme d'État.

[1] Nous n'avons trouvé d'indication sur l'asile choisi par Marat dans aucune des biographies qui lui ont été consacrées, pas même dans le volumineux ouvrage de M. Bougeart.

[*] La nomination de Noël, à Londres, fut pour Marat (*Journal de la République française*, n° 45, 14 novembre 1792) l'occasion d'une véhémente dénonciation contre Lebrun, alors ministre. Noël avait à ce moment la réputation d'être royaliste. Dans le procès de Danton (n° 22 du *Bulletin du Tribunal révolutionnaire*), Danton fait encore, dans sa défense, allusion à cette mission, qu'il se vante d'avoir combattue contre Roland, protecteur de Noël.

et s'y faisait remarquer par son exaltation révolutionnaire. Fondateur de la société des Jacobins de Niort, il avait été nommé administrateur du département des Deux-Sèvres, et ce fut ainsi qu'il eut occasion de connaître Dumouriez, lorsque celui-ci fut nommé commandant de la 12e division. « Il y remarqua, écrivait Baudry à Barrère le 2 octobre 1793, que je n'étais pas un des moins zélés défenseurs de la liberté ; il avait entendu la lecture de plusieurs adresses que j'avais été chargé de rédiger, et c'est sans doute au caractère d'énergie que j'y développais que je dus les marques de bienveillance qu'il me donna. » On peut juger du style de ce premier commis par la lettre suivante, qu'il écrivait au ministre pour le remercier de sa nomination :

« Niort, 3 avril 1792, l'an IV de la Liberté.

« Monsieur, j'ay reçue la lettre que vous mavez fait lhonneur de mecrire, par laquelle vous manoncez la place que vous avez bien voulu macorder dans les bureaux de la nouvelle organisation. Je tacheray de repondre a la confiance dont vous mhonnorez, et si un attachement invariable a vos principes, l'amour du bien, du zele, de lactivité peuvent suppléer aux talents qu'il faudrait peut-être pour melever à la hauteur de ma nouvelle mission ; si, disje, un patriotisme intact, quelque expérience et le plus ardent amour de la Constitution peuvent être comptés pour quelque chose, j'ose vous assurer, Monsieur, quaprès vous avoir demandé votre indulgence pour tout ce qui serait au dessus de mes moyens, vous me trouverez toujours au dessus du moindre reproche pour tout ce qui pourrait porter le caractère de faute volontaire. »

Ce Baudry ne tarda pas à être employé à des missions à l'intérieur, qui ne sont pas l'épisode le moins étrange de l'histoire du Département, et sur lesquelles nous aurons à revenir.

Geoffroy, le chef du 4e Bureau, lequel correspondait avec toute l'Italie, avait été, comme on l'a vu, secrétaire du Département, sous M. de Vergennes, et avait, avec Gandolphe, conservé sa place au cabinet de M. de Montmorin. Il était lié de vieille date avec Dumouriez, et, se posant en sacrifié, s'était ménagé des amitiés dans le parti avancé. Lemoine était sous ses ordres au cabinet et l'avait suivi au 4e Bureau [1] ; Martin n'est connu que par sa nomination ; il resta peu de temps à la direction politique et, en septembre, passa aux Ar-

---

[1] Il y a quelques renseignements sur Lemoine dans les *Mémoires de Philarète Chasles*, t. I, *passim*. Paris, Charpentier, 1876, in-12.

chives. Quant à Dubost, surnuméraire à 1500 livres, il ne tarda pas à partir comme volontaire de la première réquisition, dans le 5ᵉ bataillon de Paris [1].

Le 5ᵉ Bureau, correspondant avec la Suisse et ses alliés, était dirigé par le citoyen Colchen, sous lequel travaillaient Bonhomme, Lacroix et Fournier, celui-ci employé d'ancienne date.

Victor Colchen, qui plus tard devait s'appeler le comte Colchen, sénateur, membre de la Légion d'honneur et du conseil du sceau des titres, président de la société des donataires du Monte-Napoleone, et porter *d'azur fascé de trois pièces d'or, bordure componée d'argent et de sable au franc quartier de comte sénateur;* ce Colchen qui, quasi inamovible, devait traverser, en n'y laissant chaque fois qu'un serment, toutes les chambres hautes, celles de l'Empereur et celles du Roi, et qui mourut malheureusement en juillet 1830, était, à ce moment, un jacobin fervent, ami intime de Collot d'Herbois et fort avant dans les bonnes grâces de la Montagne. Jean-Victor Colchen, né à Metz, le 6 novembre 1751, appartenait à une famille honorable de Lorraine. Il avait été employé en Corse, sous M. Bertrand de Boucheporn, comme secrétaire d'intendance, et y avait connu Dumouriez. Il passa ensuite premier secrétaire et subdélégué général de l'intendance d'Auch (1785). Il vint à Paris pendant la Révolution, et Dumouriez le nomma chef du 5ᵉ Bureau.

On n'a rencontré aucun document sur Lacroix, employé dans ce bureau. Bonhomme, vieillard de soixante-deux ans, qui, en 1790, était contrôleur au bureau de la régie générale à Anvillers, direction de Bordeaux, avec 900 livres d'appointements, entre, le 1ᵉʳ avril 1792, aux Affaires étrangères avec 2,400 livres de traitement, portées à 3,000 livres le 1ᵉʳ juillet 1792, à 3,600 le 1ᵉʳ août 1793, et à 4,000 le 1ᵉʳ floréal an II, et est réformé le 26 brumaire an IV, avec une pension de 1600 livres. On s'expliquerait peu ce rapide avancement si Bonhomme n'avait pour qualité d'être l'oncle de Bonne-Carrère. Il était absolument sourd et entièrement dépourvu d'instruction; mais Bonne-Carrère trouvait dans cette surdité un titre pour en faire « un expéditionnaire particulier ». « Enfin, il est mon oncle ! » écrivait-il, en l'an V, à Talleyrand, « son cher ministre ».

Dans le 6ᵉ Bureau, chargé de la correspondance avec l'Espagne et le Portugal, Mendouze était premier commis; Goffinet, Bonneau et Soulaire, employés. Goffinet seul appartenait à l'ancienne admi-

---

[1] Il est à remarquer que les employés du Département qui servaient à l'armée conservaient leurs appointements du bureau.

nistration. Bonneau était un favori subalterne de Pétion. Quant à Soulaire, religieux bénédictin avant la Révolution, c'était, depuis 1790, un prêtre de la mode nouvelle. Il s'était marié, avait des enfants. Son mariage et son apostasie lui constituaient un titre suffisant.

Mendouze, sur lequel on manque de renseignements détaillés, était un ancien orfèvre, ami de Pétion, et membre influent des Jacobins. Il avait été élu membre du comité de présentation de la société, et y prenait souvent la parole. Dans cette séance du 10 mai 1792, où l'on sent déjà la lutte entre Robespierre et la Gironde, lorsque Robespierre, évidemment pour inculper Clavière, veut parler, et que Louvet et Tallien tentent de l'en empêcher, Mendouze prononce quelques mots pour demander qu'on entende Robespierre, et est écouté.

Au reste, Mendouze ne resta pas longtemps à la tête du 6ᵉ Bureau. Il obtint bientôt la direction des fonds, en remplacement de Chennat, se hâta de placer son fils dans les bureaux, et donna sa démission le deuxième jour du deuxième mois de l'an II (octobre 1793). Cette retraite ne le sauva pas. « Déchiré par la calomnie, dit son fils dans une pétition qu'il adressa au ministre en l'an IV, en butte à la jalousie des intrigants, poursuivi par un homme que ses fausses vertus firent idolâtrer, et que ses crimes conduisirent à l'échafaud, il donna sa démission de chef de la comptabilité. Mais la tyrannie devait-elle cesser de le poursuivre? Non! Mendouze père, arraché à sa famille, traîné dans les cachots, traduit au tribunal révolutionnaire, fut bientôt conduit à la mort que le crime réservait à la vertu [1]. »

Enfin, Dumouriez avait remercié l'ancien banquier des Affaires étrangères, M. Duruey. Il lui écrivait que « ses occupations personnelles et sa grande fortune, qui devait nécessairement l'appeler à une vie tranquille et heureuse, lui avaient laissé croire qu'il ne lui serait plus possible de donner à l'administration des fonds du département des Affaires étrangères le temps et les soins qu'elle exige ». M. de Ribes était nommé pour le remplacer; mais M. de Ribes ayant accepté la fonction de receveur général des fonds de la liste civile, Dumouriez « prit de la main des girondins » un nommé Bidermann, révolutionnaire allemand et membre de la municipalité de Paris, qui était associé de Clavière, pour un commerce de grains. Le ministre s'aperçut plus tard, au moment de l'affaire des six millions, que son

---

[1] Mendouze, orfèvre et commis aux Affaires étrangères, fut guillotiné le 14 prairial an II.

agent dépendait plus de la Gironde que de lui-même. Il refusa de lui confier ses fonds secrets, et ce fut là une des raisons de sa brouille avec ses vertueux amis. Bidermann, au reste, fut remercié en même temps que Dumouriez. Duruey fut réintégré le 22 juin 1792[1].

Par cette organisation avait-on du moins l'avantage de réaliser une économie ? Dumouriez dit[2] qu'il commença par lui-même ; ses appointements étaient de 150,000 livres, il les réduisit à 120,000. Il oublie d'ajouter que depuis longtemps le comité des finances de la Législative travaillait à un état de fixation des traitements des ministres. Le 1er juin, malgré la déclaration faite par les ministres, le 26 avril, qu'ils donneraient le cinquième de leur traitement tant que durerait la guerre, Cambon, rapporteur de ce comité, proposa que ce traitement fût réduit à 25,000 livres, disant que « dans un temps de liberté, ce n'était pas par de l'argent, mais par les bénédictions du peuple qu'on devait être récompensé ». (Applaudissements.) Combattu par Marand, par Lacroix et Lasource, Cambon proposait 30,000 livres, sans logement, et enfin, sur les observations de Marand et de Kersaint, le chiffre de 50,000 livres était adopté. Il fallut une nouvelle motion de Garau, appuyée par Guadet, pour porter à 75,000 livres le traitement du ministre des Affaires étrangères.

Si, au traitement de 25,000 livres accordé à Bonne Carrère, on ajoute les six premiers commis politiques à 6,000 livres, bientôt portés à 8,000, le chef des Archives à 8,000, celui des fonds à 6,000, celui du secrétariat, etc., on arrive au total de 93,000 livres. Il est bien difficile de se rendre compte de l'économie qui aurait été produite sur un exercice d'une année, car, à partir du 10 août, on sut remplir les cadres trop étendus que Dumouriez avait créés. C'est un principe en administration que la multiplication des cadres amène fatalement l'augmentation du nombre des commis. Les commis choisis par les jacobins étaient ignares et mal payés ; il fallut donc, plus tard, pour obtenir la même somme de travail que sous l'ancienne administration, en introduire de nouveaux.

Quant aux traitements mêmes des commis, si Dumouriez eut, dans son ministère, l'initiative de la réduction, compensée à la vérité par l'augmentation du nombre des employés, l'Assemblée avait depuis longtemps des projets sur la fixation d'un maximum. Ainsi, le 1er juin lorsque l'affaire vint en discussion (à propos des commis du minis-

---

[1] Duruey, un des hommes d'argent les plus connus du xviiie siècle et sur qui l'on peut consulter les *Mémoires de madame d'Abrantès,* t. I, p. 52, ch. viii, a été guillotiné le 28 ventôse an II.

[2] *Mémoires,* t. II, ch. vi.

tère de la justice, mais la mesure fut étendue aux commis de tous les Départements ministériels), le comité proposa le chiffre de 10,000 livres. Lamarque prétendit que celui de 4,000 était absolument suffisant ; que les employés du pouvoir exécutif ne pouvaient point être payés plus cher que les fonctionnaires élus par le peuple, et que tel était le traitement du procureur général du département de Paris. Becquet n'eut pas de peine à réfuter ces arguments, et le maximum fut définitivement fixé à 8,000 livres, chiffre adopté, comme on sait, par Dumouriez.

Telle est dans ses lignes principales l'organisation nouvelle de Dumouriez. Tous les chefs jacobins, et quels jacobins ! Pour premiers commis, un intrigant perdu de réputation, quelques journalistes sans mérite, des municipaux de province, un orfévre, voilà les successeurs des Rayneval et des Hennin. A la vérité, ils sont jacobins et liés avec les puissants du jour. Lebrun est l'homme de Brissot, Noël est l'ami de Robespierre, Baudry est le fidèle de Dumouriez, Geoffroy s'est jeté dans les bras des girondins, Colchen est intime de Collot d'Herbois, Mendouze est le séide de Pétion. Et le Roi, qui a-t-il pour le servir dans cette administration nouvelle ? Personne ! Bonne-Carrère se fera un titre, en l'an II, « d'avoir communiqué à la commission extraordinaire les dépêches officielles avant que le Roi les eût lues » ; et les employés nouveaux du Département se disputeront la gloire d'avoir été les vainqueurs du 10 août.

Pour qui se souvient de l'existence aventureuse de Dumouriez, de cette vie usée aux quatre coins de l'Europe dans ces entreprises singulières et d'une audace étrange, ces hommes choisis par lui forment autant de points de rappel : presque tous ont eu, à une heure donnée, un rapport avec lui. Sémonin l'a vu en Portugal, Colchen en Corse, Baudry à Niort, Rouhière à Cherbourg, Geffroy l'a connu au cabinet de Vergennes. Il entre avec une coterie, une bande à laquelle il livre le ministère. De ses idées anciennes, de celles qu'il vient d'exprimer sur le ministère, il ne garde rien ; il multiplie des places pour se créer une clientèle, et se ménager à l'Assemblée des amis et dans les journaux des prôneurs. Du même coup la Révolution est faite, le Roi est désarmé, le ministre tout-puissant. Dumouriez n'a plus à se préoccuper ni de la tradition, ni de l'opinion de ses bureaux. Il n'a à craindre aucune contradiction, à vaincre aucune résistance, et si, un jour donné, le Roi se refuse à marcher dans la voie où l'aura engagé la Gironde, s'il congédie son ministre, les commis resteront, qui continueront à suivre la route tracée, et qui y entraîneront le Roi après eux.

Dès son entrée dans les conseils du Roi, Dumouriez a demandé à Louis XVI une audience particulière; dans la conversation qu'il a eue avec le Souverain, il a exposé ses principes : il s'est présenté comme l'homme de la nation, devant parler toujours le langage de la liberté et de la Constitution; il a dit au Roi qu'il ne travaillerait qu'avec lui ou au Conseil, a déclaré qu'il changerait tout le corps diplomatique, qui était ouvertement contre-révolutionnaire, qu'il contrarierait le Roi dans les choix qu'il lui proposerait; il a agité devant lui les terreurs de la populace, lui a parlé de la conquête de la confiance publique, et enfin lui a annoncé pour le prochain Conseil quatre dépêches qui, ni pour les principes, ni pour le style, ne ressembleraient en rien à de celles ses prédécesseurs. Ces dépêches ont été publiées. Elles durent faire événement dans les chancelleries européennes.

Dans le Conseil nouvellement complété, Dumouriez devait être approuvé. D'ailleurs il ne négligeait rien pour se mettre en bons termes avec ses collègues. Il surnommait Roland *Thermosiris,* du nom de ce grand prêtre d'Égypte qui conseillait Télémaque. Clavière était tantôt *Sully* et tantôt *Colbert.* Quant à de Grave, c'était *Louvois ressuscité*[1]. Dans ses Mémoires, deux ans après, Roland est encore *Plutarque;* sur madame Roland même, il a des louanges jusqu'au jour prochain où il se brouille avec elle. C'était chez elle qu'on se réunissait. Elle était des dîners particuliers des ministres et invitait à sa table ses amis de la Gironde, qui prétendaient tout contrôler et tout conduire; de là bientôt entre Dumouriez et les chefs de la faction, une rivalité qui dégénéra en hostilité. Dumouriez s'était flatté d'être le ministre dirigeant; il ne pouvait s'assujettir à n'être qu'un instrument aux mains de Brissot. Mais au moment où ces sourdes inquiétudes aboutirent à une guerre déclarée, Dumouriez avait accompli ses promesses et livré la Royauté.

Les premiers jours, Dumouriez semble avoir uniquement à cœur de s'établir en termes d'intimité avec l'Assemblée. Son discours du 17 mars a, à ce point de vue, la valeur d'une déclaration de principes. « En me nommant ministre, dit-il, le Roi a cherché à prouver son attachement à la Constitution. Nous sommes devenus les gages de la confiance publique. Je serai auprès des puissances étrangères l'organe de votre énergie. »

Le 19 mars, il écrit à M. de Noailles cette première dépêche, ultimatum ou provocation que l'ambassadeur doit communiquer en en-

---

[1] *Lettres du baron de Viomesnil.*

tier, dont il doit même laisser copie. Le 24, il obtient du Roi une déclaration qui est une victoire pour les girondins : « J'avais choisi pour mes premiers agents, écrit Louis XVI, des hommes que l'honnêteté de leurs principes et de leur opinion rendait recommandables. Ils ont quitté le ministère. J'ai cru devoir les remplacer par des hommes accrédités par leurs opinions populaires. Vous m'avez si souvent répété que ce parti était le seul moyen de parvenir au rétablissement de l'ordre et à l'exécution des lois ; j'ai cru devoir m'y livrer afin qu'il ne reste plus de prétexte à la malveillance de douter de mon désir sincère de concourir à la prospérité et au bonheur du pays. »

Bientôt, la dépêche à M. de Noailles fait son effet. La guerre est inévitable : Dumouriez travaille à la rendre de plus en plus prochaine. Le 29, il apporte à l'Assemblée les dépêches de M. de Noailles et la réponse de M. de Kaunitz. « Celle-ci, ajoute-t-il, est adressée à mon prédécesseur et terminée par un appel à la partie saine et principale de la nation, c'est-à-dire à l'aristocratie (on applaudit), pour se rallier au concert des puissances. J'aime à penser qu'il sera sans harmonie. »

Déjà la guerre est prête, les chefs des armées désignés, les emplacements fixés. On n'attend que la déclaration de guerre, et Dumouriez espère sans doute qu'il forcera l'Empereur à la lancer. Pourquoi faut-il ajouter que, dès le 26 mars, les emplacements des troupes et le plan de campagne discutés en Conseil avaient été envoyés à Vienne par Marie-Antoinette[1] ? Le 14 avril, le ministre des Affaires étrangères se rend à l'Assemblée accompagné de tous ses collègues. Un obstacle imprévu retarde la guerre ; M. de Noailles, chargé de remettre l'ultimatum à la cour de Vienne, demande son rappel, ne voulant pas s'associer à cette folie de guerre à outrance. Aussitôt Britch, Kersaint et Guadet proposent un décret d'accusation contre l'ambassadeur, décret aussitôt rendu. Le 15, Dumouriez annonce qu'il a reçu de Vienne un nouveau courrier et que M. de Noailles s'est décidé à remettre la note dont il avait été chargé. Le décret d'accusation est ajourné sur la proposition de Lasource, rapporteur du comité diplomatique. Enfin, le 19, Dumouriez est arrivé à ses fins. Il annonce que le lendemain, à midi, le Roi se rendra à l'Assemblée. Lui-même, dans la journée, donne lecture de sa correspondance avec Noailles, le justifie et obtient le rapport du décret d'accusation. Le 20 avril est le grand jour, un jour fatal pour la Royauté. A midi, le Roi, accompagné de tous ses ministres, entre dans la salle du Manége. Tous les membres de l'Assemblée sont

---

[1] *Marie-Antoinette, Joseph II et Léopold II*, par M. D'ARNETH, p. 259.

debout et découverts. Le Roi va prendre la place assignée par le règlement. Le Roi s'assied. Les députés s'asseyent. Les ministres restent debout autour du Roi. Louis XVI annonce la lecture que va faire son ministre des Affaires étrangères. Dumouriez lit un long rapport où sont compendieusement détaillés les griefs des jacobins contre le frère de Marie-Antoinette. Le Roi prononce un discours et propose la déclaration de guerre. Le président lui répond : « L'Assemblée prendra en très-grande considération la proposition que vous lui faites. » Louis XVI sort au milieu des applaudissements et des cris de : *Vive le Roi!* les derniers qu'il doive entendre. Dans la séance du soir, la guerre est décrétée ; Condorcet rédige l'exposé des motifs, et une députation de vingt-quatre membres est chargée de porter le décret à la sanction du Roi [1].

La conspiration a réussi. Mais la déclaration de guerre a été pour Dumouriez et pour les girondins, non le but, mais le moyen. Dumouriez y a cherché un grand commandement, il l'a dit lui-même aux Jacobins. Les girondins espèrent y trouver des subsides pour la révolution qu'ils préparent. C'est évidemment pour cet objet qu'ils se sont mis d'accord avec Dumouriez. Le 23 avril, le Roi écrit une lettre, contre-signée Dumouriez, dans laquelle il demande six millions, destinés à des dépenses extraordinaires et secrètes dans le département des Affaires étrangères.

---

[1] Il peut être intéressant de se rendre compte de quelle façon les *ultras* répondaient à la déclaration de guerre. Voici quelques extraits du discours prononcé à la barre de l'Assemblée nationale le 21 avril 1792, l'an IV de la liberté, par Anacharsis Clootz, orateur du genre humain, imprimé par ordre de l'Assemblée nationale. On y retrouvera, hélas ! bien des phrases qui sont encore usuelles : « Législateurs, le désespoir de la tyrannie européenne force une nation généreuse et libre à joindre les armes de la guerre aux armes de la raison. Les rois condamnés par Minerve en appellent au tribunal de Bellone. C'est ici la crise de l'univers... Dieu débrouilla le chaos primitif; les Français débrouilleront le chaos féodal. Dieu est puissant, et il a voulu ; nous sommes puissants, et nous voulons. Les hommes libres sont les dieux de la terre, et le genre humain sera plus fort que les satrapes... On nous fait une guerre impie avec des soldats serfs et de l'argent extorqué; nous faisons une guerre sainte avec des soldats volontaires et des contributions librement consenties. Nos victoires seront nos festins. Soyons sobres un an. Législateurs, je dépose dans ce sanctuaire, en présence de mes lares et de mes pénates, dans le sanctuaire du dieu constitutionnel, la somme de 12,000 livres, pour habiller, équiper, armer et solder quarante à cinquante combattants dans la guerre sacrée des hommes contre les couronnes. Je serai trop heureux si la contagion de mon exemple accélère la chute des oppresseurs. Je vous présente en même temps mon dernier ouvrage dont le titre seul fait frissonner les aristocrates : *la République universelle*. C'est en consacrant ma fortune et mes travaux à l'amélioration de l'espèce humaine que je serai toute ma vie l'orateur du genre humain. »

Dans ses Mémoires[1], Dumouriez a soin d'intervertir les dates. Il dit qu'il forma cette demande « dans les premiers jours de son ministère »; or, l'affaire ne vient que le 26 avril. Vergniaud propose d'accorder les six millions sans discussion. Danton s'y oppose. On lui retire la parole. Les girondins soutiennent la nécessité du crédit et l'emportent. Il a été convenu avec eux que, sur les six millions, Pétion, maire de Paris, recevrait 30,000 livres par mois. Dumouriez affirme qu'il devait, d'après le décret, n'être tenu à aucun compte; il prétend que l'affaire avait été très-débattue, surtout sur ce point, et le consentement de l'Assemblée avait été parfaitement clair[2]. Or, d'après le *Moniteur*, M. Gentil ayant proposé que le ministre des Affaires étrangères fût tenu à rendre compte de l'emploi, l'Assemblée avait passé à l'ordre du jour, « la loi générale de la responsabilité donnant au Corps législatif le droit de l'exercer sur tous les objets quelconques de l'administration des ministres ».

Dans la séance du 4 mai, où le ministre des Affaires étrangères vient exposer un plan de campagne, que, il le dit dans ses Mémoires, il a lui-même combiné avec le ministre de la guerre, il déclare qu'il a demandé la démission du maréchal de Rochambeau, auquel le Roi a accordé un congé illimité, et qu'il l'a remplacé par Luckner. Dès à présent, Dumouriez est las du ministère politique. Il aspire à diriger l'armée de son cabinet, jusqu'au moment où il pourra la commander en chef[3].

Mais un incident l'arrête un instant et est sur le point de rompre tous ses plans. Le 4 juin, Chabot est à la tribune et dénonce

---

[1] T. II, p. 152.
[2] T. II, liv. IV, ch. vi, p. 259.
[3] Il est nécessaire maintenant d'indiquer ici les affaires qu'on a laissées de côté pour ne pas interrompre l'histoire de cette curieuse conspiration.
Le 23 mars, dès les premiers jours, comme on voit, le ministre a envoyé à l'Assemblée une lettre du canton de Berne, relative au régiment d'Ernest. Cette affaire était du ressort exclusif du pouvoir exécutif, mais Dumouriez, à ce moment, se subordonnait uniquement à l'Assemblée. Le 27, rapport de Ramond sur nos rapports politiques avec l'Espagne. Il s'agissait de substituer un nouveau traité d'alliance au pacte de famille. Le 31, lecture par Dumouriez d'un traité conclu à Barstenstein, le 3 février, entre les princes frères du Roi et le prince de Hohenlohe-Waldenburg, le futur maréchal de France sous la Restauration, par lequel celui-ci s'engage à lever un régiment pour le compte des princes. Pour le Roi et la cause royale, cette lecture était dangereuse; mais elle servait la thèse que soutenait Dumouriez. Le 5 avril, lecture à l'Assemblée d'une dépêche adressée au chargé d'affaires de France à Turin. Cette lecture pouvait être inutile, mais, dit le ministre, « notre politique ne doit plus avoir rien de mystérieux. » Le 8 avril, interpellation à lui adressée par Dubayet, au sujet du combat engagé aux Indes entre deux frégates anglaises et une française. Dumouriez saisit l'occasion pour

le Comité autrichien. Tout à coup, d'un des bancs de la droite, part une interruption : « Le vrai Comité autrichien se compose de MM. d'Orléans, Dumouriez et Bonne-Carrère; je les dénonce à l'Assemblée. » C'est un inconnu qui a pris la parole, un homme de loi de Perpignan, ancien subdélégué d'intendance, membre du département des Pyrénées-Orientales, un nommé Ribes. Quand Chabot a terminé sa péroraison, Lacroix et Rhül poussent Ribes à la tribune. Son discours a été abrégé et défiguré dans le *Moniteur,* mais il est imprimé à part sous ce titre : *Grande Dénonciation du duc d'Orléans et de ses complices, faite à l'Assemblée nationale par un député*[1]. Ribes, après avoir déclaré qu'il n'a pas peur de la mort qui le menace s'il démasque les trente-trois factieux, expose qu'il doit prouver que « la faction d'Orléans a formé l'horrible complot de faire massacrer le Roi et sa famille, de régner sur la France et de s'emparer du Gouvernement; ensuite, qu'elle s'est ménagé des appuis et un asile en Angleterre, en favorisant les vues de cette puissance sur nos colonies ». Comme

« prier l'Assemblée de croire que jamais il ne se fera demander les éclaircissements qu'il lui doit sur toutes les affaires intéressantes ». Le 10, il déclare que les pièces qu'il a reçues sont tout à l'honneur des Anglais, et que les Anglais ont eu raison d'attaquer et de prendre la frégate *la Résolue.* C'est un parti pris de sa politique de ménager l'Angleterre. On en aurait fréquemment la preuve. Le 26 avril, nouvelle complication avec la Sardaigne. On sait qu'il était d'usage, avant de nommer un ambassadeur dans une des cours de famille, de demander à cette cour son assentiment. Dumouriez et ses bureaux de si fraîche nomination ignoraient peut-être cet usage ; peut-être n'étaient-ils pas fâchés de le violer. Sans consulter la cour de Turin, Sémonville, le futur marquis, antérieurement ministre à Gênes, jacobin farouche et terreur de l'Italie, avait été nommé ambassadeur près le roi de Sardaigne. Il fut arrêté à la frontière, et Dumouriez se hâta de faire de cette arrestation une *casus belli.* Le 30 avril, lecture d'une note de Blumendorf, chargé d'affaires de l'Empereur, relative aux princes lorrains possessionnés en France. Le 2 mai, envoi à la ratification de l'Assemblée des traités conclus entre la France et les princes de Salm-Salm et de Lœwenstein-Wertheim, relativement à leurs possessions en France. Ces traités sont approuvés par l'Assemblée le 16 mai. Le 5 mai, avis de la réparation ordonnée par le grand maître de l'ordre de Malte d'une insulte faite par de jeunes chevaliers à des navigateurs français portant l'uniforme national. Le 7, envoi des extraits de sa correspondance avec les différents postes où la France entretient des agents. Le 8, transmission d'un mémoire du prince de Nassau-Saarbruck, relatif aux indemnités qu'il réclame. Le 16, compte rendu de l'armement purement défensif de la cour de Turin. Le 28, lecture de la notification faite au roi d'Angleterre relativement à la déclaration de guerre et de la réponse de ce souverain. On le voit, les rapports de Dumouriez avec l'Assemblée sont constants. Il lui soumet toutes les affaires, surtout les petites ; il l'occupe sans cesse de détails, se fait une réputation de travailleur, sans perdre de vue son but.

[1] Cette brochure in-8° de 38 pages, sans nom d'éditeur ni lieu d'impression, est presque introuvable. Elle jette de vives lumières sur certains faits, et c'est là sans nul doute la cause de sa rareté.

preuve de cette alliance avec l'Angleterre, il montre : les écrits des philanthropes et des amis des noirs répandus avec profusion dans nos îles d'Amérique ; la révolte des nègres qui en a été l'effet ; les complots pour livrer les colonies à l'Angleterre ; les voyages du duc d'Orléans et de Talleyrand à Londres ; la déclaration de neutralité du roi d'Angleterre qui, en même temps, comme électeur de Hanovre, fournit son contingent à l'armée de l'empire ; enfin la tentative des orléanistes de faire nommer Sillery Genlis, le séide du duc d'Orléans, gouverneur général des îles d'Amérique. Après quelques digressions inutiles sur les deux Chambres, il arrive à Dumouriez. C'est lui, dit-il, qui est chargé de la partie de l'argent, pendant que ses employés, Noël et Lebrun, répandront leurs calomnies dans le public. Aussitôt que Dumouriez fut en possession de ses six millions, l'attaque a commencé. On inventa l'histoire d'un Comité autrichien, cause de toutes les défaites, centre de l'attaque contre la nation. Ribes montre les calomnies croissant contre la famille royale, les injures s'accumulant contre elle ; il cite ces titres du journal de Martel (Fréron), l'*Orateur du peuple*[1] : *Le Porc-Épic couronné, animal constitutionnel qui agit inconstitutionnellement* (n° XXVIII, tome XII). — *Crimes de M. Capet depuis la Révolution* (n° XXIV). — *Décret à rendre pour empêcher la Reine de coucher avec le Roi* (n° XVII). — *Conspiration du Roi contre la nation* (n° XX). — *Le Roi et ses ex-ministres criminels de lèse-nation au premier chef, susceptibles d'endosser la chemise rouge pour le salut de la patrie* (n° XXV). — *La Tigresse royale séparée de son digne époux pour servir d'otage. Louis Sanguinola démasqué* (n° XXIX). — *Stratagème de M. Véto* (n° XXX). — *Assassinat commis par une Marie-Antoinette du Calvados* (*ibidem*). Il montre Gorsas publiant la lettre confidentielle du Roi au roi d'Angleterre, lettre que seul le ministre a pu communiquer ; il montre Noël, premier commis des Affaires étrangères et rédacteur de la *Chronique*, Lebrun, premier commis et rédacteur du *Journal général de l'Europe*, flattant d'Orléans et Dumouriez, pendant que de tous leurs moyens ils attaquent le Roi, dévoilent ses plans de campagne, annoncent les attaques qu'on va tenter et les font échouer. Il s'étend sur la journée du 22 mai, sur le prétendu départ du Roi, sur l'émeute fomentée par Pétion, sur la tentative qu'on a faite ce jour-là sur la vie du Roi. Il prouve qu'on veut désarmer Louis XVI, et que c'est pour y parvenir qu'on a dissous sa garde constitutionnelle. Il somme l'Assemblée de faire une enquête,

---

[1] Nous les relevons dans ce journal, en donnant les numéros auxquels ils servent de sommaire.

d'entendre des témoins, de solliciter des dépositions. Il termine en demandant un acte d'accusation contre d'Orléans, Dumouriez, Bonne-Carrère, Noël, Lebrun, Gorsas, Martel et le Père Duchêne. « Levez-vous donc, levez-vous. Il en est temps encore. Dites avec moi : Guerre aux traîtres, justice des factieux, et la patrie est sauvée ! »

L'Assemblée comprit bien vite quelle était la meilleure tactique à adopter. Le discours avait été constamment coupé par des éclats de rire. Destrem avait même interrompu l'orateur pour déclarer qu'il était fou. Aussitôt que Ribes fut descendu de la tribune, Gossuin, Verron, Aréna, Guadet s'y précipitèrent pour demander que Ribes fût regardé comme insensé. On passa à l'ordre du jour sur la motion de l'envoyer à l'Abbaye, « attendu que son opinion était un acte de folie [1] ». Les journaux dénoncés eurent soin de travestir le discours. Fréron, d'abord intimidé, après avoir déclaré que pour lui il voudrait voir tous les Bourbons sur un bûcher, et avoir demandé que « l'on balayât l'Assemblée et toutes ces pestes publiques », terminait son article par cette phrase : « Tout le monde crie : Aux armes, aux armes, aux armes ! et moi je crie : Maison nette, maison nette, maison nette [2] ! » Enfin, c'est à peine si le *Journal de Paris,* organe constitutionnel, qui pourtant ne manquait pas de courage, osait, à ce propos, rappeler ce qui s'est passé relativement à d'Esprémesnil et ajoutait : « Il faut lire le discours pour juger. »

Peut-être, néanmoins, le discours de Ribes fut-il pour quelque chose dans l'accélération de la crise qui amena la retraite du ministère girondin [3]. D'après les Mémoires du général, l'accord entre ses collègues et lui aurait été troublé d'abord par la pression exercée par les girondins sur Roland, Clavière et Servan, ce dernier remplaçant de de Grave à la Guerre. Dumouriez allègue encore qu'il avait violemment désapprouvé une lettre que Guadet avait rédigée, et qu'il voulait faire remettre par les ministres au Roi, pour le forcer à renvoyer son confesseur insermenté. Il met en avant d'autres motifs encore, tels que son refus de nommer Sillery commissaire de Saint-Dominique. La vérité doit être que par la retraite de de Grave, le ministère de la Guerre échappait à Dumouriez pour tomber dans les

---

[1] *Journal des débats et décrets.*
[2] *Orateur du peuple,* n° 42.
[3] Dumouriez adresse encore le 6 juin à l'Assemblée un procès-verbal dressé par MM. Caillard et Dodun, chargés d'affaires près la diète de Ratisbonne, relativement à des outrages qu'ils avaient essuyés à Montigny-sur-Aube.

mains d'un parti, qui recevait bien peut-être des inspirations au même lieu que Dumouriez, mais qui, par son arrivée au pouvoir et par les moyens qu'il était déterminé à employer, devait fatalemen rendre Dumouriez inutile. Les girondins croyaient encore teni le général. Dans la rédaction du décret relatif aux six millions, il n'avaient point inséré la stipulation de non-reddition de comptes. Guadet menaça Dumouriez de lui demander ces comptes. Dumouriez se retourna vers les feuillants et les jacobins extrêmes, qui, pour fair pièce à la Gironde, le soutinrent, et il obtint un nouveau décret qu lui assurait l'impunité.

Tranquille de ce côté, Dumouriez pouvait agir librement contre ses collègues girondins. Servan et Roland ne tardèrent pas à lui en fournir l'occasion. Servan, de son propre mouvement, et sans consulter Dumouriez, avait proposé à l'Assemblée de former sous Paris un camp de vingt mille fédérés. C'était la révolution dans Paris. Les chefs de la faction sentaient que les Parisiens étaient las de troubles et déterminés à se défendre contre l'émeute. Il fallait une armée à la Gironde. Servan la donnait. A propos de la loi sur les prêtres que Louis XVI refusait de sanctionner, Roland avait remis et lu au Roi la fameuse lettre rédigée par sa femme, et cela au mépris d'une délibération prise en Conseil. Dumouriez avait désormais prise sur la conscience du Roi et sur la peur de la bourgeoisie.

Dès le 10 juin, la crise est à l'état aigu. Bonne-Carrère écrit à Maret alors en Belgique : « J'espère qu'avant dix jours nous parviendrons à déjouer les différents partis, les factions qui se combattent et entre lesquelles les bons citoyens, les vrais amis de la Constitution et de l'ordre, seraient tôt ou tard froissés diversement. » Le 11 juin, il écrit : « Le *Bougre* que le brave maréchal (Luckner) a reconnu au portrait ne se porte pas bien. Je ne veux pas parler de santé. Gardez cela pour vous seul. » (Le B..., c'est Servan.) Enfin le 12 juin : « Il y a des changements considérables ; les factieux ont enfin tort. Notre brave général vient d'accepter le terrible fardeau du ministère de la Guerre. M. de Naillac, ministre des Deux-Ponts, passe au ministère des Affaires étrangères. M. Roland est remplacé par M. Mourgue ; M. Clavière n'a pas encore de successeur, mais il est chassé comme les deux autres. Il était temps. »

Dumouriez avait proposé au Roi[1], pour le portefeuille des Affaires

---

[1] *Mém.*, liv. IV, chap. VII, p. 280.

étrangères, Emmanuel de Maulde, qui avait été jacobin modéré, Sémonville ou Naillac, qui était absolument neutre, ayant été fort peu de temps à Paris. Le Roi choisit Naillac, qui était du reste connu de Marie-Antoinette [1], et écrivit à l'Assemblée pour lui annoncer ce changement de ministère (14 juin) :

« Je vous prie, Monsieur le Président, de prévenir l'Assemblée que je viens de changer les ministres de la Guerre, de l'Intérieur et des

---

[1] M. de Naillac ne fut averti que le lendemain de sa nomination. Dumouriez lui écrivit :

« Paris, 14 juin 1792, l'an IV de la Liberté.

« Le Roi me charge, Monsieur, de vous annoncer que comptant sur votre zèle pour la Constitution ainsi que sur vos talents en négociation, il vous a nommé hier ministre des Affaires étrangères, et vous donne ordre de partir aussitôt cette lettre reçue pour vous rendre à Paris. M. de Pontécoulant est chargé de continuer vos négociations à la cour des Deux-Ponts. Je vous prie d'en prévenir M. le baron d'Esbeck, en lui faisant bien mes compliments. Assurez Son Altesse de mon profond respect. Nous ne nous séparons pas, Monsieur, puisque le Roi m'a confié le ministère de la Guerre. Ainsi nous serons dans le cas de suivre ensemble et avec amitié tous les plans convenables au salut de la patrie et au soutien de la Constitution et de la liberté. Je vous embrasse, Monsieur, comme un collègue chéri, et vous prie, conséquemment aux ordres du Roi, d'arriver le plus tôt possible.

« *Le ministre de la Guerre,*
« Dumouriez. »

Pierre-Paul de Mérédieu, baron de Naillac, né à Périgueux, le 17 août 1737, était fils de messire Emeric de Mérédieu, écuyer, seigneur d'Ambois, et d'Elisabeth de Vaucocour. Allié à la maison de Périgord, qui se chargea de sa fortune, il était entré en 1755 à l'École des chevau-légers, y avait passé cinq ans, et avait ensuite obtenu une compagnie dans le régiment de Royal-Pologne. En 1760, il avait reçu du Roi la permission de voyager, et des lettres pour les représentants de la France à l'étranger. C'était là, on l'a vu, la préparation ordinaire pour entrer dans la carrière diplomatique. Successivement, il passe à Vienne, à Varsovie, à Pétersbourg, en Suède, et à la fin de mai 1761 il arrive en Danemark. Il y reste trois ans, près du président Ogier, et obtient sur le témoignage de celui-ci 1500 livres par an. En 1764, après une courte apparition en France, il repart, séjourne successivement dans le nord de l'Allemagne, en Hollande, près du marquis d'Havrincourt, qui fait porter son traitement à 3,000 livres; en Angleterre, près du marquis de Guerchy, qui le retient un an; en Portugal enfin, près de Sémonin. Ce fut là qu'en 1766 et 1767 il rencontra Dumouriez et se lia avec lui. De Lisbonne, il vient à Madrid, passe à Paris en 1767, reprend la route d'Italie en 1768 et revient en France en 1769. Nommé en novembre 1771 conseiller d'ambassade à Vienne avec 6,000 livres de traitement, il y reste trois ans; les places de conseiller d'ambassade ayant été supprimées, M. de Vergennes lui conserve un traitement de 3,000 livres, qui, en décembre 1777, est relevé à 6,000 livres par la protection spéciale de la Reine. Il échappe à la réduction faite sur les pensions en 1787, et paraît à cette époque fort lié avec Montmorin, auquel, en décembre, il envoie un pâté de Périgueux, « denrée de ma province, écrit-il, dont on fait quelque cas ». En 1789, Naillac, qui, l'année précédente, paraît s'être mêlé de spéculations de

Contributions politiques, et de les remplacer, le premier par M. Dumouriez, le second par M. Mourgues. Je n'ai pas encore remplacé le troisième. M. de Naillac, ministre aux Deux-Ponts, remplace M. Dumouriez aux Affaires étrangères.

« Je veux la Constitution, mais avec la Constitution je veux l'ordre et l'exécution de toutes les parties de l'administration ; et tous mes soins seront constamment dirigés à les maintenir par tous les moyens qui sont en mon pouvoir.

« *Signé :* LOUIS. *Contre-signé :* DURANTHON. »

La Législative, qui, au moment où lui parvint la lettre du Roi, votait des regrets à Servan et à Roland et ordonnait l'envoi du décret aux quatre-vingt-trois départements, passa dédaigneusement à l'ordre du

---

grains dans le Midi, quitte la France pour aller habiter Venise. En août 1790, il écrit de cette ville que la Révolution l'a ruiné, en lui supprimant ses pensions et ses droits seigneuriaux, et il demande à être replacé. Quoi qu'en dise Dumouriez, il n'était point resté neutre entre les divers partis, car il se vantait en 1793 d'avoir acquis pour 100,000 francs de biens du clergé, et il était parvenu dès sa rentrée en France à se faire élire commandant de la garde nationale dans sa ville natale. Il est permis de se demander quand il avait servi et où il avait gagné sa croix de Saint-Louis.

Aussitôt que Dumouriez était arrivé aux affaires, il avait envoyé Naillac à Deux-Ponts. Le rôle que celui-ci avait à jouer avait plus d'importance qu'on ne pourrait le supposer d'après la petitesse du poste. Il était chargé, en même temps que des affaires des émigrés et des indemnités, d'une négociation avec la Prusse qui devait passer par le canal du duc de Deux-Ponts. Les rédacteurs du *Moniteur* avaient soin de faire bruyamment son éloge : « On voit avec plaisir, disait ce journal le 9 juin 1792, que le plus constant voyageur politique, dont l'ancien ministère avait dédaigné ou méconnu les talents, est enfin mis en activité. Ce choix, qui fait honneur au ministre actuel, prouve qu'il cherche partout les sujets dont les talents ou la conduite passée sont les garants de leur zèle et de leur activité dans les négociations. » Ces appréciations, qui n'avaient qu'un tort, celui d'émaner des bureaux de ce ministre si pompeusement loué, avaient pour but peut-être de préparer l'élévation de Naillac au ministère. Dumouriez, qui s'était chargé de l'intérim, en attendant son arrivée, n'était déjà plus ministre de la Guerre au moment où Naillac débarqua, et le ministère de M. de Naillac cessa avant même qu'il eût pu prendre possession du portefeuille. Naillac, en compensation, fut nommé, le 1er juillet 1792, ministre à Gênes en remplacement de Sémonville, nommé Constantinople. Mais, à Gênes, il se trouva aux prises avec un système de diplomatie que la France inaugurait par des missionnaires spéciaux, eut des démêlés avec Belleville, un de ces envoyés, fut dénoncé par Collot d'Herbois et finit par être remplacé, le 18 décembre 1792, par Tilly. Il ne se hâta pas de rentrer en France, se trouva à Marseille en juin 1793 au milieu de l'insurrection girondine, et à la rentrée des troupes de Carteaux se réfugia en Toscane, puis à Naples. En 1797, il demandait sa radiation de la liste des émigrés, comme victime du 31 mai, et en l'an X sollicitait une place d'agent du commerce à Bologne. Le 24 mai an XI, le premier Consul lui accorda, en considération de ses vingt-sept ans de service, une pension annuelle de 2,400 francs.

jour sur la communication du pouvoir exécutif. Puis, comme on reprenait la lecture de la lettre de Roland, Dumouriez entra dans la salle des séances. Il lut, au milieu des huées, son mémoire sur le ministère de la Guerre, le signa, le déposa sur le bureau et sortit. « Ils voudraient bien vous envoyer à Orléans, lui dit-on.—Tant mieux, fit Dumouriez, j'y prendrais des bains et du petit-lait, et je me reposerais. » C'était un bon début. Mais il fallait, pour calmer dans Paris l'émeute que les girondins n'allaient pas manquer de soulever, que le Roi se déterminât à accepter les deux décrets auxquels il refusait sa sanction. Or, malgré la promesse que Dumouriez prétendait lui avoir été faite, Louis XVI, s'il continuait à admettre le décret sur les vingt mille hommes, repoussait absolument le décret sur les prêtres.

Entre temps, un renfort était venu au Roi qui surexcitait toutes ses espérances. Lafayette, d'accord avec un certain nombre de feuillants, allait tenter une façon de coup d'État. Dans ces conditions, la Cour croyait n'avoir plus besoin de Dumouriez.

Le 15, à dix heures du matin, les quatre ministres donnent leur démission. Dumouriez et Mourgues se retiraient définitivement. Lacoste et Duranton restaient, ce dernier pour quelques jours seulement. La nouvelle de ce départ ne tarda pas à se répandre. Néanmoins, dans la séance du 16, Lasource, se fondant sur l'absence de Naillac, déclara « que dans des circonstances aussi orageuses, il ne croyait pas qu'il y eût un ministre assez présomptueux pour vouloir se charger à la fois de deux Départements », et il demanda que le pouvoir exécutif fut chargé de faire connaître à l'Assemblée nationale celui qui exerçait par intérim le ministère des Affaires étrangères. La proposition fut adoptée ; mais le 17 au matin, Dumouriez avait enfin pu remettre à Chambonas le portefeuille des Affaires étrangères, et à Lajard celui de la Guerre ; et, le 19 juin, il écrivait à l'Assemblée pour demander l'autorisation de retourner à son poste à l'armée du Nord. « J'ai trente-six ans de services tant militaires que diplomatiques, et vingt-deux blessures, disait-il en terminant ; j'envie le sort du vertueux Gouvion, et je m'estimerais très-heureux si un boulet de canon pouvait réunir toutes les opinions sur mon compte. »

CHAPITRE V.

LES DERNIERS MINISTRES DU ROI.

LE MARQUIS DE CHAMBONAS. — LE CHEVALIER BIGOT DE SAINTE-CROIX.
16 JUIN. — 10 AOUT 1792.

La lettre de Lafayette. — Le ministère Lafayettiste. — Le marquis de Chambonas, ministre des Affaires étrangères. — Sa carrière antérieure. — Sa lettre à l'Assemblée. — Journée du 20 juin. — Conduite de Chambonas. — Faiblesse du ministre devant l'Assemblée. — Le personnel girondin au ministère. — Les ministres appelés à l'Assemblée. — Lafayette à Paris. — Son insuccès. — Vergniaud propose la mise en accusation du ministère. — Dénonciations contre Chambonas. — Excuses qu'il donne. — Démission en masse du ministère. — Journée du 14 juillet. — Dubouchage, ministre par intérim. — Bonne-Carrère, ministre en fait. — Bigot de Sainte-Croix, ministre des Affaires étrangères. — Sa carrière politique. — Son *Histoire de la conspiration du 10 août*. — Ses relations. — Communications de Bigot de Sainte-Croix avec l'Assemblée. — Préparatifs du 10 août. — Projet de fuite du Roi. — Pétitions sur la déchéance. — Vote de l'Assemblée sur la mise en accusation de Lafayette. — Effets de ce vote. — Préparatifs de défense du château. — La nuit du 10 août. — Rôle de Bigot de Sainte-Croix. — Le Roi à l'Assemblée. — Rapport de Vergniaud. — Proposition sur une nouvelle organisation du ministère. — Révocation de Bonne-Carrère. — Scrutin sur l'élection d'un ministre des Affaires étrangères. — Les employés du ministère au 10 août.

Dans ses Mémoires, le général Lafayette prétend qu'il n'avait point communiqué à d'autres qu'à plusieurs députés sa fameuse lettre datée du 16 juin et adressée à l'Assemblée législative; mais pour comprendre le mouvement ministériel du même jour, il est nécessaire d'admettre que cette lettre avait été combinée avec des confidents du Roi, car elle était le pivot même de la nouvelle combinaison ministérielle.

Effrayer les factieux de l'Assemblée, rendre courage aux hommes de 1789, rétablir le jeu de la Constitution, tel était le but du général Lafayette. Il comptait, pour parvenir à ce résultat, sur l'ascendant de sa popularité, depuis longtemps perdue. Lui, qui avait tant contribué à la Révolution, ne se doutait pas qu'après l'avoir entraîné lui-même, elle marchait maintenant contre lui et ses idées. Il croyait, comme aux

5 et 6 octobre, qu'il pourrait tout calmer en se montrant, et il ne sentait pas que l'heure était venue où un général n'avait plus à prendre conseil que de sa conscience et de son épée.

Cette lettre, datée du 16, parvient le 18 à l'Assemblée. Le *Moniteur* publie, le même jour, la liste du nouveau ministère : Dormesson succédant à Duranthon à la Justice (Dormesson n'accepte pas, et Duranthon continue ses fonctions jusqu'au 3 juillet); Lajard à la place de Dumouriez à la Guerre; Terrier de Montciel à l'Intérieur au lieu de Mourgues; enfin aux Affaires étrangères, le marquis de Chambonas.

Dans la séance, le Roi envoie avis de ces nominations à l'Assemblée, et le président fait donner lecture de la lettre de Lafayette. Mais une manœuvre habile de la gauche empêche l'effet qu'on en attend. Aussitôt la lecture faite, « aux applaudissements d'une grande partie de l'Assemblée », Guadet, dans un long discours où il appelait Lafayette *Cromwell*, nie que la lettre puisse émaner du général, et au lieu d'être imprimé et envoyé aux départements, le factum est simplement renvoyé à la commission des douze.

C'est, pour le nouveau cabinet complété ce même jour par la nomination de Beaulieu aux Finances, un échec d'autant plus sensible que cette lettre est son unique moyen d'action et que les hommes qui le composent sont des inconnus, qui n'ont été choisis qu'à cause de leurs liaisons avec Lafayette.

Victor-Scipion-Louis-Joseph de la Garde, marquis de Chambonas, le ministre des Affaires étrangères, n'était pas absolument un nouveau venu dans l'histoire de la Révolution. Il n'avait jamais occupé de poste diplomatique, et, bien que maréchal de camp, ne s'était jamais signalé par des actes de bravoure; mais il était un de ces nobles à l'esprit quelque peu échauffé, qui s'étaient pris d'enthousiasme pour le héros des deux mondes et s'étaient constitués ses fidèles adorateurs.

Sa famille était illustre [1]. Son père, Louis-Scipion, enseigne des gendarmes de la garde, puis brigadier des armées du Roi, portait le titre de baron de Saint-Félix et des États du Languedoc, et représentait une des baronnies de la province. Son grand-père, lieutenant

---

[1] Les Chambonas portent *d'azur, au chef d'argent*. — V. *Abrégé chronologique de l'état actuel de la maison du Roi*, par La Moral le Pippre de Noeufville; Liége, 1734, in-4°, t. Ier. — *Mercure* et *Gazette de France*. — Courcelles, *Histoire généalogique des pairs*, etc. — V. aussi *Documents historiques et généalogiques sur les familles et les hommes remarquables du Rouergue*. Rodez, 1853, t. Ier, p. 729.

du Roi en Languedoc, avait été capitaine des gardes du duc du Maine, pendant que sa femme, Marie-Charlotte de Fontanges d'Auberoque, était dame de la duchesse. C'était en faveur de Louis-François de la Garde que la terre et seigneurie de Chambonas avait été érigée en marquisat par lettres patentes d'avril 1683 [1].

[1] Les Chambonas étaient alliés à la maison de Ligne, aux familles de Grimoard du Roure, de la Baume, de Chanaleilles, de Vèse, et, par ces alliances, tenaient aux Biron et à une partie de la plus haute noblesse de France. Mais c'était plutôt par leur originalité et leur extravagance qu'ils s'étaient signalés que par leur ancienneté. Saint-Simon a laissé un curieux portrait de ce Chambonas, évêque de Viviers, qui logeait en garni à Paris, écrivait toute la nuit, et accablait de ses lettres, de ses mémoires et de ses instructions Baville, intendant du Languedoc. (*Mém.*, t. X, p. 314.) Un autre Chambonas avait fondé l'ordre Hermaphrodite ou de la Félicité, dans lequel, sous prétexte de marine, on exécutait les manœuvres les plus singulières. Il s'en était constitué grand maître et avait rédigé le *Formulaire du cérémonial en usage dans l'ordre de la Félicité*, avec un *Dictionnaire des termes de marine usités dans les escales et leur signification en français*, s. l., 1745. (Voir encore l'*Ordre Hermaphrodite, ou les Secrets de la sublime Félicité*, s. l., 1748.) Ce fondateur de l'ordre de la Félicité avait, dit le *Gazetier cuirassé* (3e partie : *le Philosophe cynique*, p. 90), « beaucoup de dettes, très-peu de fortune et une réputation fort équivoque. (Voir *Journal des inspecteurs*, de M. DE SARTINES, p. 171.) On le citait pour avoir les plus gros yeux de Paris, les gens les plus mal vêtus, le suisse le plus malpropre et la plus vilaine petite maison qu'il y eût au monde. » Le futur ministre n'avait pas l'esprit beaucoup mieux tourné. On prétend qu'il avait épousé une fille naturelle de M. de Saint-Florentin et de madame de Sabathier, et qu'il se sépara d'elle par un procès qui fit beaucoup de bruit[*]. La première partie de cette anecdote paraît controuvée, car en juin 1774 le Roi et la famille royale avaient signé à son contrat de mariage avec mademoiselle Aglaé-Joséphine-Amélie-Louise-Edme de Lespinasse-Langeac, fille d'Étienne-Joseph de Lespinasse, marquis de Langeac, et de Marie-Madeleine-Josèphe-Aglaé de

[*] LEBAS, *Dictionnaire de la France. Biographies des contemporains*. La *Biographie de Londres* affirme le même fait sans en donner plus de preuves. Néanmoins, dans les *Souvenirs et causeries* du président BOYER, p. 43, il est question de la marquise de Chambonas, jeune et jolie blonde, fruit présumé des amours scandaleusement célèbres du duc de la Vrillière avec madame Sabathier. Cette marquise de Chambonas vivait à ce moment avec le comte de Gamache-Rouhaut. Voir enfin sur le procès : *la Femme au dix-huitième siècle* des GONCOURT, p. 210, et la *Correspondance secrète*, t. II, p. 167 : « On vient enfin de juger la fameuse affaire de madame de Chambonas : vous vous rappelez qu'il s'agissait, de sa part, d'une demande en séparation ; on dit qu'elle n'avait guère d'autre tort que de devoir la naissance à madame de Langeac ; cette jeune personne est extrêmement aimable, a beaucoup d'esprit et réunit tous ces agréments qui font naître l'heureuse prévention : elle se plaignait des emportements jaloux de son mari. Ses partisans avaient répandu le bruit que M. de Chambonas l'avait maltraitée et qu'il en était même venu à des coups ; quoi qu'il en soit, le Parlement, qui ne juge point d'après les ouï-dire et les charmes, a prononcé contre madame de Chambonas. Elle est condamnée à garder un an de clôture exacte. Elle ne verra que ses parents. Au bout de l'année elle retournera, si elle y consent, avec son mari, ou elle passera ses jours dans un couvent Le public a beaucoup applaudi à ce jugement. » — 16 septembre 1775.

Dès le commencement de la Révolution, Chambonas, uniquement célèbre jusque-là par ses malheurs conjugaux, s'était fait nommer maire de Sens et commandant de la garde nationale, poussait ses concitoyens à toutes les démarches qui pouvaient le mettre en vue, lui donner une réputation de patriotisme et de libéralisme[1]. Au moment de la Fédération, il faisait graver le portrait de Lafayette, « le plus brave des soldats et le meilleur des généraux[2] ». Et le 14 octobre, Lafayette faisait publier dans le *Moniteur* une lettre dans laquelle il remerciait M. Chambonas « du témoignage si

---

Cusack[*]. Il avait reçu, en 1780, une pension de 2,000 livres sur le Trésor royal « en considération du zèle que son père avait fait paraître dans les délibérations des États du Languedoc en 1763[**] ».

[1] Ainsi, le 30 décembre 1789, il venait offrir à l'Assemblée nationale 14,000 livres et 150 boucles en argent : « nouvel et simple hommage que chaque citoyen ne regarde que comme le lien qui doit resserrer l'offrande que la ville m'a donné ordre de déposer sur l'autel de la patrie. » Il « *suppliait* en même temps nosseigneurs de l'Assemblée de permettre qu'en leur nom fût posée la première pierre d'un port que faisait construire la ville de Sens, et de consentir que, sur une pyramide élevée à cet effet, les noms des représentants de la nation fussent gravés et passassent à la postérité ». Il ajoutait : « Cette place est la seule digne des Pères de la patrie, puisqu'ils ont été les pilotes sages qui ont conduit la France au port du bonheur et de la vérité. » L'Assemblée accueillait avec transport cet hommage des citoyens sénonois, décrétait le même jour qu'elle acceptait l'obélisque, et chargeait Chambonas lui-même de poser en son nom la première pierre du port. Si les législateurs avaient trouvé dans cette proposition matière à se rengorger, les journaux royalistes y trouvèrent à plus juste titre matière à rire. « Comment, disaient les *Actes des apôtres* (II, 104), se défendre d'un peu d'orgueil en voyant le bronze et le marbre qui doivent vous immortaliser, et comment se refuser aux douces caresses d'un peuple dont l'amabilité est passée en proverbe? M. de Chambonas annonçait le projet d'élever un obélisque pyramidal dans le mode égyptien, réduit seulement à l'échelle d'une ligne pour cinq toises. Les noms de tous les honorables membres seront gravés sur un cercle de cuivre de grandeur suffisante. » Et l'on ne manqua pas, en vue du futur obélisque, d'assembler les noms des Pères de la patrie de façon à former les phrases les plus bizarrres.

[2] Il convoquait, le 17 juillet 1790, une assemblée de gardes nationaux dans l'église Saint-Roch et leur proposait une adresse au général Lafayette. « Les troupes nationales, y était-il dit, voulant se dédommager du regret qu'elles ont de le quitter, désirant aussi que son image soit connue de leurs femmes, de leurs enfants, de tous leurs concitoyens, et perpétuée dans le souvenir des générations futures, ont arrêté de faire graver le portrait du plus brave des soldats et du meilleur des généraux. »

[*] *Mercure de France.* Courcelles, II. (*Lespinasse*, 26.) *Documents sur les familles du Rouergue*, loco cit.

[**] *État nominatif des pensions*, t. I, p. 424; édition in-4°. — Vers 1774, le titre de la baronnie de Saint-Félix avait été vendu par le marquis de Chambonas au marquis de Saint-Aost, qui l'avait placé sur sa terre de Puylaurens (diocèse de Lavaur).

flatteur de l'estime et de l'amitié de ses frères d'armes. Puissent-ils, ajoutait-il, en revoyant les traits du plus affectionné de leurs camarades, se rappeler les sentiments qu'il leur a voués jusqu'au dernier soupir [1] ! »

L'affaire de l'obélisque et celle du portrait de Lafayette constituent à peu près la part de Chambonas dans la Révolution ; mais le *Moniteur* revient parfois sur son compte, fait son éloge, déclare qu'il a refusé un commandement important. Le 1er mars 1791, Chambonas est promu au grade de maréchal de camp en résidence à Paris, en conformité de la loi du 23 février précédent [2], puis nommé commandant de Paris et du département [3]. Enfin, le 16 juin, il est appelé au ministère des Affaires étrangères.

Le ministre des Affaires étrangères était dans une meilleure situation que ses collègues de la Guerre, de l'Intérieur et des Contributions publiques, dont les prédécesseurs « avaient emporté les regrets de la nation ». Lui, succédant à Dumouriez, se trouvait en quelque sorte indemne. C'était là un bien petit avantage. Avant même d'être formé, le nouveau cabinet était tout entier suspect à la Gironde, et la lettre de Lafayette, en marquant le caractère que le Roi avait l'intention de donner à sa politique, ne pouvait qu'accentuer le dissentiment entre le ministère et l'Assemblée. Aussi est-ce avec la plus profonde indifférence que la Gironde accueille la lettre suivante de Chambonas, lue dans la séance du 19 :

« Paris, le 19 juin, l'an IV de la Liberté.

« Monsieur le Président, j'ai l'honneur d'annoncer à l'Assemblée nationale que le Roi vient de m'appeler au ministère des Affaires étrangères. Je vous prie de l'assurer de mon dévouement à la cause de la liberté et de tout mon attachement à la Constitution. Je n'importunerai pas davantage l'Assemblée par de vaines protestations. C'est par des faits et non par des discours que je dois justifier le choix du Roi et mériter la confiance de la nation.

« SCIPION CHAMBONAS. »

Cette indifférence se changea en hostilité lorsque le ministre de la

---

[1] *Mém., Corr. et Manuscr. du général Lafayette*, t. III, p. 148.
[2] *Collect. gén. des lois*, t. Ier, p. 926. — Cette loi stipule que les colonels et les lieutenants-colonels ayant dix ans de grade peuvent obtenir ce grade avec la retraite de leur ancien grade. — V. loi du 23 octobre 1790.
[3] *Vie politique et militaire du général Poissonnier-Desperrières*. Paris, 1824, in-8°, p. 62.

Justice annonça officiellement, dans la même séance, que le Roi avait apposé la formule constitutionnelle : *Le Roi examinera,* sur les décrets relatifs à la déportation des prêtres et à la formation du camp de vingt mille hommes.

On sait ce que fut la journée du 20 juin. Le refus de sanction ne pouvait être la cause de l'émeute puisqu'il n'était officiel que depuis la veille. Il faut plus d'un jour pour mettre en mouvement la populace parisienne. C'était à un mot d'ordre donné depuis longtemps qu'elle obéissait.

Pendant la crise, les ministres se montrèrent en général courageux et dévoués. Dès le matin, prévoyant les troubles annoncés à l'avance, pour l'anniversaire du serment du Jeu de paume, ils s'étaient réunis auprès du Roi. La Constitution leur liait les mains, mettait le pouvoir exécutif entre les mains du maire, donnait le droit de réquisition au Directoire. Eux ne pouvaient rien, que payer de leur personne.

« Pendant que le palais était envahi, dit un témoin dont le récit est à coup sûr un des plus complets et des plus fidèles[1], le Roi avait tout observé froidement, tantôt de la fenêtre de M. de Septeuil sur le jardin, tantôt de la chambre du Conseil sur la cour. Il avait, sur la demande des chefs de la garde, renvoyé, deux heures avant, tout ce qui n'était pas indispensable à son service. Le Roi est sorti de sa chambre de parade précédé de M. de Saint-Gentil, premier valet de garde-robe, suivi de M. de Septeuil. Il a été entouré dans l'OEil-de-bœuf par M. Aclocque, commandant; Aubier, gentilhomme ordinaire du Roi ; Carot, garde national ; Guinguerlot, Vinfrais, deux officiers, l'un des chasseurs, l'autre d'infanterie, et par M. de Bougainville. Ils ont mis l'épée à la main pour fondre sur le premier rang des assaillants. Le Roi par deux fois leur ordonna de remettre l'épée au fourreau. Ils ont obéi. Dans cet instant, sont accourus de l'intérieur MM. de Chambonnas et Lajard, ministres, de Marcilly, etc... » Plus tard dans la journée, lorsque la Reine, connaissant enfin les dangers que courait son royal époux, voulut le rejoindre pour les partager, ce fut Chambonas, appuyé par Aubier, qui l'en détourna, et qui, pour arrêter cet élan de la Reine qui eût pu causer d'incalculables désastres, osa mettre son corps au-devant de Sa Majesté.

Ce dévouement valait au ministre des Affaires étrangères les louan-

---

[1] *Récit exact et circonstancié de ce qui s'est passé au château des Tuileries le mercredi* 20 *juin* 1792. Paris, imp. Girouard, 16 p. — V. aussi les *Mémoires* déjà cités de Poissonnier-Desperrières.

ges de l'auteur du *Domine, salvum fac regem*[1], un des plus purs et des plus honnêtes écrivains royalistes. « Vous aussi, disait-il, Chambonas et Lajarre, votre conduite a été pure et loyale, et vous n'êtes pas indignes d'éloges. » Mais cette journée eut un lendemain. Chambonas pouvait avoir du courage à l'occasion, mais il n'avait point de caractère.

Le 21, dans cette même séance où Terrier de Montciel, ministre de l'Intérieur, venait de faire une déclaration si haute sur les crimes de la veille, de montrer la conscience du Roi outrageusement violée, d'invoquer le témoignage des députés sur les pillages et les vols commis dans le dernier asile du Souverain[2], Chambonas prononçait le discours suivant, dans lequel, à ce qu'il semble, l'adulation arrive à son paroxysme :

« J'ai l'honneur d'annoncer à l'Assemblée que le Roi m'a nommé ministre des Affaires étrangères. J'espère que la manière dont je me suis prononcé pour la Révolution ne laissera aucun doute sur mon patriotisme. La Constitution sera mon seul bouclier contre les méchants, et la loi la seule arme dont je me servirai. Je renouvelle devant l'Assemblée le serment de vivre libre ou mourir, d'être fidèle à la nation, à la loi et au Roi. (On entend quelques applaudissements.) Il est flatteur pour moi d'annoncer à l'Assemblée que la République de Gênes s'est déterminée à la neutralité. J'espère, par mes soins, déterminer beaucoup d'autres puissances à ne pas s'immiscer dans nos affaires. »

On peut supposer, à l'excuse du ministre, que ce discours lui avait été fourni par Bonne-Carrère. Rien, en effet, n'avait été changé dans les bureaux du Département. La loi portée le 1er juin, et qui réduisait à 8,000 livres le maximum du traitement des premiers commis, restreignait le nombre des postulants; parmi les anciens employés, beaucoup auraient cru s'abaisser en sollicitant de rentrer en place avec des appointements moindres que ceux qu'ils avaient obtenus autrefois. Cette loi du 1er juin, dont Terrier de Montciel avait demandé l'abrogation, avait été maintenue malgré le rapporteur de la commission, Lafond-Ladebat, à la suite de véhéments discours de Lamarque et de Cambon. Lamarque avait déclaré que les premiers commis devaient être désormais « les exécuteurs, en quelque sorte, mécaniques

---

[1] *Le Cri de la douleur, ou Journée du 20 juin*, par l'auteur du *Domine, salvum fac regem*. Paris, 1792, in-8°.

[2] On peut, relativement à la journée du 20 juin, indépendamment du *Recueil de témoignages publiés par le ministre de l'Intérieur*, consulter le *Moniteur*. Réimpression, t. XII, p. 724.

de nos lois nationales » ; il les avait dénoncés comme jadis on avaɪ̯
dénoncé de Lessart, et Dumolard avait vainement essayé de lutter
contre le parti pris de l'Assemblée. Quelques jours après (le 24 juin),
à propos de l'administration des postes, Ducos avait proposé de décréter que les agents secondaires du pouvoir exécutif ne pourraient
être destitués que d'après le mode qui serait déterminé par l'Assemblée, et que le comité présenterait incessamment. Et cette motion
avait été votée.

Les ministres, celui des Affaires étrangères particulièrement, dont
le département avait été entièrement renouvelé, se trouvaient donc
dans la situation suivante : ils étaient suspects au Roi comme feuillants, suspects à l'Assemblée comme amis de Lafayette et comme
tels perpétuellement sous le coup d'un décret d'accusation. Dans leurs
départements, ils n'avaient aucune connaissance des affaires, et leurs
employés, qu'ils ne pouvaient destituer, étaient leurs adversaires et
se faisaient leurs espions. Le 22 juin, par exemple, à la tribune des
Jacobins, Mendouze faisait l'apologie de Pétion, racontait cette fameuse conversation entre le Roi de France et le maire de Paris, où
Pétion s'était montré si audacieusement insolent.

Et pourtant, cette guerre que l'Assemblée avait engagée contre les
ministres, et dont le premier épisode avait été la mise en accusation
de de Lessart, continuait. Le 22 juin, l'Assemblée adoptait à l'unanimité deux décrets qui lui avaient été proposés par Guyton-Morveau,
au nom de la commission des douze. Par le premier, elle ordonnait
que les ministres eussent à se rendre le lendemain, à midi, à l'Assemblée ; par le second, elle indiquait « deux objets urgents et
de la plus haute importance : les troubles excités par le fanatisme,
et la nécessité de placer une armée de réserve entre la frontière et
Paris ».

Le premier de ces décrets était contraire à la Constitution,
puisque le rapporteur considérait les ministres comme formant
conseil, agissant en conseil, et encourant une responsabilité à l'occasion de faits qui n'étaient pas de leur département. Par le second,
immixtion flagrante dans les mesures exécutives, la Gironde prétendait
exercer une pression sur le Roi, et l'obliger à lever le véto apposé sur le décret des vingt mille hommes, et sur le décret des
prêtres.

Les ministres se rendirent, le 23, aux ordres de l'Assemblée. Ils
écoutèrent debout la notification du décret. Le ministre de la Guerre
rendit compte des mesures qu'il avait prises de concert avec le Roi.
Le ministre de l'Intérieur lut une pétition du faubourg Saint-Antoine,

dans laquelle « les hommes du 14 juillet demandaient que le glaive frappât la tête d'un Roi indigne d'occuper plus longtemps le trône ». Cette pièce, bien que démentie par plusieurs membres de la Gauche, Saladin entre autres, détourna l'attention ; mais le lendemain, 24, les ministres de la Justice et de l'Intérieur ayant exposé leurs actes depuis leur prise de possession, l'Assemblée déclara qu'elle n'était pas satisfaite, et ordonna qu'ils eussent à rendre, sous trois jours, un compte général par écrit des mesures qu'ils avaient prises pour éteindre le fanatisme et garantir Paris.

Ce décret ne fut exécuté que dans la séance du 29, et dans l'intervalle un fait considérable trouva place. Le 28, l'Assemblée discutait le mode de constater l'état civil des citoyens, lorsque Lafayette demanda la permission de paraître à la barre. Le général venait, au nom de son armée, protester contre la journée du 20 juin, réclamer des poursuites contre ses auteurs et contre les jacobins, demander des mesures efficaces pour le maintien de la Constitution. Après sa lettre, qui pouvait être considérée comme un premier avertissement, cette démarche avait toutes les apparences d'un commencement de coup d'État. Les tribunes avaient été remplies d'hommes dévoués qui applaudissaient le général. Le discours était formel, net, autoritaire ; mais Lafayette était seul. La garde nationale, réunie pour l'acclamer, s'était dispersée dès qu'il s'était agi de marcher. Ses amis, sauf Ramond, le laissèrent insulter par Guadet et les girondins. La cour ne voulut pas être sauvée par lui. Lafayette avait cru trouver à Paris même des éléments de résistance ; il avait pensé qu'il lui suffirait d'apparaître pour grouper les faibles et raffermir les indécis. Lorsqu'il partit, le 30 juin, après avoir échoué dans toutes ses tentatives, il laissa les ennemis de la royauté plus forts. Lui-même et ses amis étaient désormais pour la Gironde, non plus des suspects, mais des ennemis déclarés, et des ennemis qu'on n'avait point à ménager, car ils avaient prouvé leur impuissance.

Que pouvait désormais le Cabinet ? Le 29, alors que le résultat du voyage de Lafayette pouvait encore n'être pas désastreux, les ministres étaient venus, à l'Assemblée, lire un discours où, en avouant leur impuissance à remédier aux troubles, ils avaient demandé aux députés de compléter le Code pénal. Cette déclaration, lue par le ministre de la Justice, Duranthon, signée par tous les membres du Conseil, n'avait ni couleur, ni importance. Tout était subordonné au succès de Lafayette, et Lafayette avait échoué.

Bientôt ce ne sont plus seulement des pétitions et des adresses contre les ministres qu'applaudit l'Assemblée. Vergniaud demande, dans la séance du 3 juillet, leur mise en accusation, et il appuie cette proposition sur ce fait : que les ministres ne sont pas, à la vérité, responsables du véto mis par le Roi à certaines lois, mais qu'ils sont responsables des mesures que ces lois ordonnaient et qu'ils n'ont pas prises. Dumas essaye d'exposer que cette responsabilité ne doit nullement incomber aux ministres actuels, mais à leurs prédécesseurs, aux auteurs de la déclaration de guerre. Interrompu à chaque instant par les clameurs de l'Assemblée, c'est à peine s'il peut terminer son discours. Vergniaud triomphe; Guyton-Morveau, rapporteur de la commission extraordinaire, fait adopter un décret par suite duquel les ministres sont, en cas d'invasion, déclarés solidairement responsables des mesures prises par le Conseil.

Aussi, dès le 4, Duranthon se retire du ministère de la Justice et cède la place à de Joly. Chambonas redouble de zèle et de flatteries, mais sans parvenir à détourner l'orage qui le menace. Dans la séance du 5 au soir, il donne avis de la marche de plusieurs colonnes prussiennes se dirigeant vers les frontières du Rhin. Il joint à ce renseignement des détails précis sur la force des colonnes, leur marche, etc. Aussitôt Gensonné monte à la tribune, tonne contre cette « étrange communication », lit l'article de la Constitution sur le droit de paix et de guerre, exige une notification officielle signée par le Roi et contre-signée par le ministre, demande que le ministre soit mandé à la barre pour rendre compte de ce qu'il a fait pour prévenir les hostilités, et que l'Assemblée passe à l'ordre du jour sur les récits qu'il a envoyés et « qui, depuis un mois, traînent dans toutes les gazettes ». C'est encore Dumas qui prend la défense du malheureux Chambonas. Ce n'est pas lui, dit-il, qui est coupable, mais l'ancien ministère. En attaquant l'Autriche, alliée de la Prusse par le traité public de Pilnitz, n'a-t-il pas du même coup attaqué la Prusse? C'est ce ministère qui est coupable, « ce ministère factieux ! » Dumas est interrompu, hué par les tribunes et les députés. Quinette déclare que Dumas est vendu à l'Autriche, et que le nom de factieux est un signe d'honneur pour ceux auxquels on le donne. La discussion continue encore lorsque Chambonas vient donner communication de pièces qu'il a reçues de la Haye, annonçant qu'un emprunt de huit millions a été négocié pour les frères du Roi par l'entremise d'Arenne Lavertu, armateur à Lorient, et de l'abbé Poissonier. Il lit ensuite une proclamation du Roi, adressée à toutes les cours, et désavouant l'emprunt et toutes les manœuvres des émigrés *rebelles aux lois de leur pays.*

Dans la séance du lendemain, le ministre se conforme à la sommation de Gensonné. Il s'excuse humblement[1], envoie la notification officielle du Roi, annonce la guerre avec la Prusse. Il n'échappe pas malgré tout au blâme. L'Assemblée déclare que la forme constitutionnelle a été violée, et Guyton de Morveau sollicite un décret d'accusation.

Ce n'est rien encore. Le 7 juillet est le jour du fameux baiser Lamourette. Les ministres accompagnent le Roi à l'Assemblée et peuvent croire qu'on va désormais les épargner. Mais dès le 9, Brissot, qui ne perd pas de vue le portefeuille des Affaires étrangères, monte à la tribune pour proposer l'accusation de Chambonas, lequel, dans la séance de la veille, a encore envoyé un mémoire sur la situation diplomatique[2]. Chambonas, suivant Brissot, est coupable d'inertie. Il a constamment enseveli dans les bureaux toutes les nouvelles de l'étranger. Il n'a notifié aucune hostilité, et lorsqu'on l'a forcé à faire cette notification, il l'a faite dans une forme inconstitutionnelle, quand l'ennemi était aux portes; il a violé la Constitution en même temps que compromis la sûreté de l'État. Brissot demande donc un décret d'accusation. Mais c'est moins Chambonas qu'il vise que les anciens constituants, que le directoire du Département de Paris, que Lafayette, que le Roi lui-même. Ne pouvant attaquer en face tous les Feuillants, ne se sentant pas encore prêt pour le massacre, il a voulu du moins donner un compagnon de prison à de Lessart.

Aussitôt que le ministre des Affaires étrangères a connaissance du décret proposé contre lui par l'homme politique de la Gironde, il se hâte d'écrire, pour s'excuser, au président de l'Assemblée et au président de la commission extraordinaire[3]. Mais le cabinet qui s'est senti tout entier attaqué en la personne de Chambonas, et en celle de Terrier de Montciel, comprenant en outre que l'échec

[1] Publiée dans le *Moniteur*, la lettre de Chambonas est reproduite dans le *Musée des archives nationales*. Paris, Plon, 1872, in-4°, p. 736.
[2] *Journal des débats et décrets*:
[3] « Monsieur le Président, écrit-il au président de l'Assemblée (c'était alors Aubert-Dubayet), retenu depuis trois jours dans mon lit par une fièvre continue, accompagnée d'un crachement de sang, quel fut mon étonnement en apprenant que M. Brissot avait demandé un décret d'accusation contre moi, en donnant pour motif ma négligence à annoncer à l'Assemblée nationale la marche des troupes prussiennes vers nos frontières! Je déclare à l'Assemblée nationale que l'état général que j'ai eu l'honneur de lui adresser, le 5 du courant, m'a été remis le 4 par un citoyen arrivé le 3, et dont le patriotisme et la véracité méritent également confiance. J'offre de faire certifier ce que j'avance par ce citoyen généreux qui, quoique chargé d'une mission secrète par mon prédécesseur, m'a

subi par Lafayette ne lui laisse plus aucune chance de succès, s'est déterminé à un acte grave et qui peut, en effet, avoir pour résultat d'émouvoir l'opinion publique et de motiver une réaction en faveur des principes constitutionnels. Tous les ministres, sauf Chambonas, indisposé, se présentent à l'Assemblée le 10 juillet. De Joly, ministre de la Justice, rend compte des actes communs. Il termine en disant que les ministres manqueraient à leur devoir, s'ils ne déclaraient que dans un tel ordre de choses ou plutôt dans ce renversement de tout ordre, il ne leur est pas possible de défendre le Royaume de l'anarchie. En conséquence, n'ayant accepté les fonctions du ministère qu'avec le désir et l'espérance de faire le bien, le moment où ils ne peuvent plus le faire est le moment d'y renoncer; qu'en conséquence, ils ont tous, le matin même, donné leur démission au Roi.

Ce fut un coup de théâtre. L'Assemblée resta quelque temps stupéfaite. Enfin, Brissot, se dominant, pousse à la tribune Koch, le pré-

---

autorisé à le citer et est tout prêt à se rendre au comité que l'Assemblée nationale voudra bien charger de l'entendre, pour justifier la conduite du ministre des Affaires étrangères.

« Je ne pense pas, Monsieur le Président, que ce titre de ministre puisse affaiblir les droits de citoyen dans l'homme qui, depuis les premiers jours de la Révolution, s'est dévoué et a fait plus d'une fois triompher la cause de la liberté et de la constitution dans plusieurs places importantes au choix du peuple. Je n'ai rien à ajouter, Monsieur le Président, à l'état de situation que l'Assemblée nationale a renvoyé à son comité diplomatique.

« Agréez, etc.

« Scipion CHAMBONAS. »

La lettre du ministre au président de la commission des Douze était ainsi conçue :

« Paris, le 10 juillet 1792.

« J'étais dans mon lit malade, Monsieur le Président, quand j'apprends la motion faite contre moi par M. Brissot. Je me levai à l'instant avec l'intention d'aller porter à l'Assemblée nationale les titres justificatifs de ma conduite depuis que le Roi m'a confié le ministère des Affaires étrangères. Un crachement de sang considérable, accompagné d'une fièvre continue, me fit bientôt retomber, et aujourd'hui, Monsieur, il ne me reste qu'à vous prier de permettre que M. le directeur général du Département politique aille vous rendre compte, dans les plus grands détails, de la situation de mon Département. J'attends vos ordres pour les lui transmettre. »

En l'absence du président de la commission, Viennot-Vaublanc répondit :

« Paris, 10 juillet 1792.

« En l'absence, Monsieur, du président de la commission, elle me charge de vous marquer qu'elle recevra avec plaisir les éclaircissements que vous désirez lui transmettre par l'organe de M. le directeur général. Il peut se rendre ici sur les onze heures, plutôt avant qu'après.

« VIENNOT-VAUBLANC. »

sident du comité diplomatique, qui donne lecture du mémoire de Chambonas. Dans ce document, le ministre des Affaires étrangères ne se montrait rien moins que rassurant. Il passait successivement en revue les divers États européens, et concluait par ces mots : « Nous avons beaucoup d'ennemis, peu d'alliés sûrs, très-peu d'amis. » L'Assemblée vote l'impression de ce rapport, dont les couleurs, peut-être chargées dans le but de grouper les députés autour du Roi, ne furent pas inutiles aux jacobins pour obtenir, le 11, leur déclaration de la *patrie en danger*.

Dans la séance du 10 juillet au soir, le Roi avait écrit à l'Assemblée que les ministres démissionnaires continueraient leurs fonctions jusqu'à ce qu'il eût été pourvu à leur remplacement. Les ministres sont donc encore en exercice le jour si redouté de la fête de la Fédération (14 juillet). On sait que, sous prétexte de renouveler le serment à la Constitution, les sociétés populaires des départements et en particulier celles de Marseille, de Brest, etc., avaient dirigé sur Paris des bandes jacobines. Ces hommes, après la fête, devaient, suivant les girondins, se former dans des camps de défense et sauver la patrie. Ils remplirent l'objet que s'étaient proposé leurs chefs. Ils furent les vainqueurs du 10 août.

Ce n'était donc pas sans des inquiétudes justifiées qu'on attendait le 14 juillet. Le bruit courait qu'au milieu de la fête le Roi devait être assassiné. Tout se passa néanmoins d'une manière à peu près calme[1]. Le Roi, accompagné de sa famille, se rendit en carrosse à l'École militaire ; les ministres marchaient à pied aux portières de sa voiture. Quand l'Assemblée nationale arriva au Champ de Mars, le Roi descendit avec ses ministres du balcon où il s'était tenu jusque-là, se plaça à la gauche du président et marcha en tête de l'Assemblée. Mais l'encombrement et le désordre produits volontairement par Pétion, réintégré maire depuis la veille, empêchèrent l'accomplissement du programme. Le Roi ne put monter jusqu'au « livre de la loi ». Il prononça son serment sur une plate-forme plus basse, entouré des membres de l'Assemblée et au milieu des cris de : Vive Pétion!

Les amis du Roi, mêlés à la foule, attendaient, dit-on, un signal donné par Louis XVI. Dans le tumulte d'une mêlée, ils espéraient qu'aidés par les Suisses, ils pourraient se frayer un passage, sortir de Paris, sauver le Roi. Louis ne fit rien, ne dit rien. La cérémonie à peine achevée, il remonta en voiture et rentra aux Tuileries,

---

[1] Le récit du *Journal de Paris* nous semble le plus détaillé ; c'est celui que nous avons suivi.

laissant Pétion recueillir les vivat que provoquaient des individus apostés.

Tout était fini pour le Roi et pour le ministère feuillant.

Chambonas signe encore, le 16 juillet, une communication adressée à l'Assemblée et relative à la neutralité qu'entendait conserver le Danemark; le 17, il donne des renseignements sur la marche des troupes autrichiennes; mais dès le 15, il a écrit au Roi la lettre suivante qui manifeste suivant les formes anciennes du protocole monarchique sa volonté de se retirer.

« Sire,

« Le sieur Scipion Chambonas, ministre des Affaires étrangères, mettant sa gloire et son bonheur à posséder et à tenir des mains du Roi le portrait de Sa Majesté, il ose supplier le Roi, son maître, de vouloir bien lui accorder cette faveur insigne. Ses titres pour l'obtenir sont le respect le plus profond et l'attachement inviolable qu'aura éternellement pour le Roi Louis seize

« *Le ministre des Affaires étrangères.* »

En marge, de la main du Roi : « Bon[1]. »

Quoique démissionnaire, quoique manifestant de toutes manières leur désir de quitter le ministère, Chambonas et ses collègues n'en étaient pas moins toujours sous le coup d'une accusation capitale. Robespierre, dans le *Défenseur de la Constitution*[2], publiait les lettres de Rutteau, un agent secret, que Chambonas avait employé sur la recommandation de Bonne-Carrère, et qui se faisait fort de livrer aux jacobins le secret de la mollesse du cabinet. A l'Assemblée, le 21, Vergniaud faisait adopter un décret par lequel le Roi était sommé d'avoir à recomposer le ministère; le 22, Beugnot réclamait des renseignements sur la situation vis-à-vis de la cour de Turin, et Lasource, traitant les comptes rendus par Chambonas de *contes bleus*, proposait qu'on renvoyât à la commission des Douze la question de savoir si le ministre des Affaires étrangères était coupable pour avoir

---

[1] Nous trouvons dans une lettre que, le 23 septembre 1826, Chambonas adresse à M. de Damas pour lui demander un secours, une allusion à ce don du Roi. « Vous le savez, Monseigneur, écrit-il, j'avais de toutes les manières été comblé des bontés de Louis XVI. Sa bienveillance sans bornes m'avait procuré de beaux moments dans ma vie; je mets en tête celui où ce digne monarque daigna me donner son portrait entouré de diamants. Le dépôt de cette vérité est consigné dans les bureaux des Affaires étrangères, année 1792. »

[2] N°ˢ ix et x.

laissé ignorer les dispositions hostiles de la Savoie, ainsi que celles de la Prusse. Le renvoi était prononcé, et Chambonas était de plus sommé d'avoir à rendre compte par écrit des relations de la France avec la cour de Turin.

Le 23, à la séance du matin, le ministre envoyait à l'Assemblée l'état des dispositions de la Savoie à l'égard de la France. Il se reportait à son rapport du 1er juillet, disant qu'il lui était impossible de donner d'autres renseignements, les ambassadeurs français n'étant plus reçus en Savoie.

Là-dessus, Brissot tonne. C'est une dérision, dit-il, et il demande en propres termes que « M. Chambonas soit envoyé à Orléans ». Kersaint vient à la rescousse, et propose la déchéance du Roi. Brissot retourne à la charge, et déclare que les ministres n'ont donné leur démission que pour mieux jouer la comédie auprès de l'Assemblée. Ducos et Gensonné appuient. Gensonné trouve le remède à tous les maux dans la proposition de déchéance.

Le soir même, le Roi annonce à l'Assemblée qu'il a remis le portefeuille des Affaires étrangères, par intérim, à M. du Bouchage, nommé ministre de la Marine en remplacement de Lacoste[1]. Il était temps; car, dans la même séance où Chambonas avait été si violemment attaqué par Brissot, l'Assemblée, sur la proposition de Guyton de Morveau, avait adopté un décret « sur la responsabilité solidaire des ministres, relativement aux actes délibérés en conseil et concernant la sûreté intérieure ou extérieure de l'État, et relativement à la négligence des mesures qui auraient dû y être prises pour prévenir le danger ou en arrêter les progrès ».

Chambonas, même démissionnaire, même remplacé, ne continuait pas moins à être accusé. Le 25 juillet, Chrestin le dénonçait de nouveau et demandait sa mise en accusation. Heureusement Chabot, en appuyant la proposition, excédait les bornes, excitait dans l'Assemblée un épouvantable tumulte, et le décret se trouvait ainsi momentanément écarté. Le 27, nouvelle dénonciation d'Aréna, réfutée cette fois par Dumas. Enfin, le 4 août, sommation à Chambonas et à Dumouriez d'avoir à rendre leurs comptes.

Le 28 novembre, à la Convention nationale, le nom de Chambonas retentit encore. Chabot vient demander la nullité d'un traité conclu entre Chambonas, Lajard et Beaumarchais[2], par lequel celui-ci s'était

---

[1] L'Assemblée avait refusé à Lacoste, nommé ministre plénipotentiaire près le grand-duc de Toscane, l'autorisation de se rendre à son poste.

[2] Sur cette affaire, déjà ancienne en novembre 1792, fort compliquée, et, on

engagé à fournir à la France 60,000 fusils qu'il n'avait pas, qu'il n'eut jamais, et qu'il se fit payer. Mais à cette époque, Chambonas était depuis longtemps déjà hors de France, et n'avait plus rien à craindre des proscripteurs[1].

L'intérim, confié à du Bouchage, qui n'était lui-même ministre de la Marine que depuis le 21 juillet, ne pouvait être sérieux. C'était Bonne-Carrère qui continuait à être le véritable maître du Département. Quel usage fit-il de son pouvoir? « Le Département que je dirigeais, écrit-il dans le mémoire que nous avons déjà cité, resta pur et invariable, malgré les changements de ministres opérés exprès pour entraver les mouvements de la machine politique. Je voyais beaucoup de députés patriotes, et je confiais ce qui était important et utile, par préférence, aux citoyens Hérault-Séchelles, Mailhe, Delmas, etc.

« Le 16 juillet 1792[2], le Département des Affaires étrangères devint

---

peut le dire, presque inintelligible, on peut consulter une pièce de six pages intitulée *Beaumarchais à M. Chabot,* et datée du 7 juin 1792.

[1] A Londres, où il s'était réfugié après le 10 août, Chambonas fit à peu près tous les métiers, travailla successivement chez un horloger, un orfèvre et un bijoutier. On prétend (*Biographie moderne d'Eymeri*) qu'il fit des dettes, joua pour se libérer, et fut attaqué en 1805, devant la Cour du ban du Roi, pour restitution de sommes à lui prêtées par Willot et quelques autres émigrés. Des témoins furent entendus contre lui, parmi lesquels on remarquait MM. Bertrand de Molleville, Courtenvaux et Berchiny, qui tous déclarèrent que l'argent réclamé avait été prêté et destiné au commerce. M. Erskine défendit Chambonas avec beaucoup de chaleur, mais ne put empêcher qu'il ne fût condamné au payement d'une somme considérable ou à l'emprisonnement. Nous ne donnons ce récit que sous toutes réserves, une pièce, dont nous ne pouvons nous expliquer l'objet, constatant que le 15 termidor an III un certificat de services fut délivré à Chambonas pour lui servir à toucher à la Trésorerie nationale les arrérages d'une pension qui lui était due.

Quoi qu'il en soit, le 4 mai 1815, Chambonas faisait imprimer à Londres une *Adresse aux habitants des Cévennes et du Vivarais, en Languedoc,* qui débutait par ces mots en capitales : UN SEUL DIEU! UN ROI! UN BOURBON! et dans laquelle il disait : « Habitants des Cévennes et du Vivarais, écoutez encore une fois la voix d'un de vos vieux seigneurs, d'un de vos vieux amis, qui frémit de voir le gouffre que vous creusez vous-mêmes pour vous engloutir. » Il les sommait d'écouter la voix de Dieu qui parlait par la bouche de cet honnête Homme-Roi, déclarait que Napoléon n'était qu'un faux prophète, le perturbateur du bonheur public, un être étranger aux sentiments doux et compatissants de la nature, dont le cœur, livré à l'ambition, dévoré par les serpents de l'ambition, enchaînait la France au char de l'ignominie. En 1825, Chambonas, rentré à Paris, vivait aux Gobelins dans la plus profonde misère, n'ayant pour subsister que le minimum de la pension de retraite de maréchal de camp. (Voir *Livre noir de MM. Franchet,* etc., t. II, p. 45.) En 1826, il sollicitait une petite pension du Département et « entr'ouvrait devant M. de Damas le manteau qui couvrait sa détresse ». En septembre 1828, il implorait encore un secours. Il mourut probablement en 1829. (*Musée des archives nationales,* p. 736.)

[2] Nous avons vu que ce n'est que le 23.

vacant et l'intérim en fut confié au ministre de la Marine. Déjà, j'avais communiqué plusieurs fois à la commission extraordinaire des dépêches officielles avant que le Roi ne les eût lues. Je continuai cette communication durant l'intérim, et je me défendis surtout de porter les dépêches au Roi, à qui je ne parlais jamais, non plus qu'à la Reine ni à aucun de leurs alentours. Un jour, ayant reçu des dépêches officielles de Londres et une lettre d'un agent secret, chargé par moi, à cause de ses relations avec le ministère britannique, de m'envoyer les renseignements qu'il pourrait se procurer ; trouvant entre la dépêche officielle et la dépêche particulière une contradiction frappante, relativement aux contradictions du cabinet de Saint-James, j'allai sur-le-champ en faire part à la commission extraordinaire. La dépêche officielle était l'ouvrage du sieur Duroveray[1], attaché malgré moi à l'ambassade de Londres par la protection et volonté de Brissot, Clavière et Roland, quoiqu'il fût bien reconnu pensionnaire de l'Angleterre, ennemi du nouveau régime, et, de plus, vendu au ministère. »

Bonne-Carrère ajoute que Brissot devint son ennemi implacable, et fit tout pour le punir d'avoir démasqué son protégé. Peu importerait au reste cette querelle, si cette lutte entre les deux anciens collaborateurs de Mirabeau n'avait peut-être son origine dans des faits de plus ancienne date. Puis, et surtout, il faut retenir cet aveu échappé au directeur des Affaires étrangères, qui se glorifie ainsi d'avoir trahi le Roi.

Peu de faits importants prennent place à l'Assemblée pendant cet intérim[2]. Les députés ne s'inquiètent de la diplomatie que lorsqu'ils peuvent trouver matière à accusation contre un ministre des Affaires étrangères. D'ailleurs, depuis le milieu de juillet, la gauche s'occupe

---

[1] On peut consulter, sur Duroveray, Génevois et collaborateur de Mirabeau, comme Clavière, Reybaz et Dumont, les *Souvenirs de Dumont sur Mirabeau*.

[2] Le 26 juillet, Lacroix, appuyé par Michel, Laureau, Letourneur et Duhem, provoque un décret pour demander compte au ministre des Affaires étrangères des armements de l'Angleterre et de la Russie. Le soir du même jour, le ministre de la Marine, chargé par intérim des Affaires étrangères, communique une lettre de Chauvelin donnant l'état des navires sortis de Portsmouth sous le commandement de l'amiral Hood*. Le 28, l'Assemblée décrète qu'aucun passe-port pour sortir du royaume ne sera distribué aux citoyens français, sauf à ceux qui ont une mission du gouvernement, aux gens de mer et négociants. Le même jour, décret ordonnant au ministre des Affaires étrangères de prélever 500,000 livres sur les six millions affectés aux dépenses secrètes de son Département, et les consacrant à l'entretien des citoyens belges et liégeois réunis sous les drapeaux de la liberté. Le 29, contrairement aux conclusions de Koch, rapporteur du comité diplomatique, décret ordonnant la vente des biens de l'abbaye de Wald-

* *Moniteur* du 29 juillet.

uniquement de la proposition de déchéance, et sentant que la pression morale exercée par les fédérés est insuffisante pour contraindre la majorité de l'Assemblée à déchirer la Constitution, elle s'est résolue à employer la force, à ameuter les faubourgs, à disperser la majorité du Corps législatif, à se constituer, elle, minorité, en Assemblée souveraine, pour dicter des lois au pays et s'emparer du pouvoir.

Le 1ᵉʳ août, dans la séance du soir, le Roi annonça enfin que le ministère était reconstitué. Il était ainsi composé : de Joly à la Justice, Champion de Villeneuve à l'Intérieur, du Bouchage à la Marine, Leroux de la Ville aux Contributions publiques, d'Abancourt à la Guerre, Bigot de Sainte-Croix aux Affaires étrangères.

La couleur générale du cabinet était le dévouement au Roi. Après les essais successifs qu'il avait tentés, après les ministères neckérien, girondin et feuillant, qui représentent fidèlement les diverses nuances du parti libéral, Louis XVI ne pouvait plus raisonnablement penser qu'il trouverait des appuis sincères et des soutiens réels dans les constitutionnels purs. Il devait tenter, et il tenta en effet, mais trop tard, la politique de résistance avec les royalistes fidèles. C'est là le caractère du ministère du 1ᵉʳ août, comme le démontre la conduite du ministre des Affaires étrangères.

Bigot de Sainte-Croix était un homme de résolution et de bon sens; profondément royaliste et connaissant bien le Département. C'était, depuis Montmorin, le premier ministre qui fût choisi dans la carrière, qui sût quels en étaient les ressorts, et qui fût capable de remédier au mal qu'on y avait commis.

Louis-Claude Bigot de Sainte-Croix, né à Paris le 3 mai 1744, appartenait sans doute à la grande famille des Bigot, d'où sont sortis les Bigot de Morogues, de la Honville, de la Rainville, de Lourmel, de Contremoret, d'Ormoy, etc., et dont une des branches, celle de Villandry, était alliée, au seizième degré, avec le Roi [1]. Entré fort jeune dans l'armée, il fut, comme beaucoup de ses collègues, détaché dans une légation avec le grade de capitaine attaché au corps de la cavalerie. Le 27 mars 1769, il fut nommé secrétaire de l'ambassade du baron de Choiseul à Turin, en remplacement de Sabatier de Cabre. Chargé d'affaires à Turin d'octobre 1769 au milieu de 1770, l'officier

---

gass; les terres de cette abbaye étaient pour deux tiers situées sur le territoire de l'Empire, et une série de conventions internationales garantissait aux moines leur indépendance sous l'immédiateté du prince de Nassau-Saarbruck. Le Directoire, les députés du département de la Moselle et les membres du comité diplomatique protestaient contre un tel abus de pouvoir. Ruhl, Merlin et Cambon les accusent d'être contre-révolutionnaires, et l'injustice devient loi.

[1] D'Hozier, *Reg. V*, t. VIII.

de dragons se fit remarquer par sa bonne grâce, son intelligence et par sa gaieté toute française. Turin fut émerveillé du bal qu'il donna, le 10 juin 1770, aux ministres, à la noblesse et à la principale bourgeoisie, et qui dura depuis neuf heures du soir jusqu'à dix heures du matin[1]. En février 1771, il fut chargé de porter à Turin les ratifications des articles du contrat de mariage du comte de Provence. Ce fut encore lui qui, le mariage accompli (le 21 avril), en vint donner la nouvelle à Versailles. Ces courses lui valurent une pension de 600 livres. De nouveau chargé d'affaires à Turin, en 1773, puis secrétaire à Stockholm, avec M. le comte d'Usson, et chargé d'affaires en 1781 et 1782, il fut envoyé, en 1787, à Pétersbourg pour y prendre la gérance du poste pendant l'absence de M. de Ségur; mais la guerre qui éclata entre la Russie et la Turquie décida M. de Ségur à rester à son poste[2]. Rentré à Paris, Bigot reçut, en récompense de ses services, une pension de 3,000 livres.

A Paris, Bigot de Sainte-Croix s'occupa de travaux littéraires, qu'il publia sous le voile de l'anonyme; il traduisit le discours sur le commerce de Beccaria, et prit parti dans cette fameuse affaire des trois hommes condamnés à la roue, qui établit la réputation de Dupaty[3]. En 1791, il fut nommé ministre plénipotentiaire à Coblentz et à Trèves, et fut chargé d'y porter le décret contre les émigrés. La mission était difficile; représentant d'un Roi que l'Europe considérait comme captif, dans l'Électorat, où s'étaient donné rendez-vous les princes frères du Roi, et ses plus fidèles serviteurs, Bigot de Sainte-Croix appartenait lui-même à la noblesse et était suspect aux nouveaux maîtres de la France. Aussi fut-il fréquemment accusé et dénoncé; on lui reprocha d'être partisan du système des deux Chambres; de ne pas empêcher les rassemblements; enfin, les administrateurs du district de Longwy le dénoncèrent comme livrant la France aux mépris des puissances. Du moins, il s'acquitta de sa mission à la satisfaction des royalistes; sut se maintenir dans un poste que sa situation semblait lui rendre impossible. A la suite de négociations infructueuses, il revint à Paris; « son dévouement à Sa Majesté, et sa résignation à l'un des derniers actes de sa volonté, l'appelèrent à son Conseil dans ces jours d'orage et de crime qui ont précédé l'attentat du 10 août[4]. » Lui-même a laissé

---

[1] *Gazette de France.*

[2] *Mémoires de Ségur*, t. III.

[3] La brochure de Sainte-Croix est intitulée : *Lettre au docteur Filangieri sur trois hommes condamnés à la roue.* Paris, 1789, in-8°.

[4] *Histoire de la conspiration du 10 août* 1792, par L. C. BIGOT DE SAINTE-CROIX, ministre des Affaires étrangères de S. M. T. C. Louis XVI. Londres, s. d., in-8°.

sur son ministère de dix jours un témoignage dont, jusqu'ici, les historiens se sont peu servis. Avec le récit de Dejoly, publié dans l'*Histoire de Marie-Antoinette de Montjoie*, son livre donne les impressions complètes des ministres du Roi avant et pendant la journée du 10 août; il est le document le plus précieux qu'il soit possible de rencontrer sur les préliminaires de l'attaque et sur l'attaque elle-même.

Dès son arrivée aux Affaires étrangères, Bigot de Sainte-Croix essaya de débarrasser le Département des éléments jacobins que Dumouriez y avait introduits. Son premier acte fut de chercher pour Bonne-Carrère une place où il cessât d'être dangereux. Cet homme évidemment jouait un jeu double, servait à la fois d'espion à la Cour et à certains des girondins, et connaissait, sans doute par Laclos, une partie des secrets du Palais-Royal. Il fallait le ménager et le réduire à l'impuissance. Ce fut ce que tenta Sainte-Croix en le proposant au Roi pour ministre plénipotentiaire près les États-Unis. Il fit valoir son zèle, ses talents, sa connaissance de nos rapports avec l'Amérique septentrionale. Le Roi donna son *Bon*.

Mais Bonne-Carrère ne partit pas, et s'occupa à un travail dont la lettre suivante, adressée au ministre, nous donne les indices :

« Paris, 7 août 1792.

« Monsieur, on est venu me dire que M. de Bonne-Carrère faisait copier toutes les correspondances depuis quelques mois pour les emporter. On voulait que je me chargeasse de vous en avertir. Je m'y suis refusé. Vous ne manquez pas de moyens de vous faire dire ce qu'il en est de cette prévarication sans paraître en être instruit par moy. Vous êtes bien sûr que je n'ai que de très-bons motifs pour vous mettre à portée d'en empêcher l'effet. Je ne signe point ce billet, que je vous prie de brûler. Lorsque j'aurai l'honneur de vous voir, je vous en dirai davantage sur un trait aussi nouveau dans votre Département. »

Cette lettre émanait, selon toute probabilité, d'un des anciens premiers commis avec lesquels, aussitôt arrivé, Sainte-Croix s'était remis en rapports. Il méditait la rentrée de Hennin dans son ancienne direction; il voulait replacer Gandolphe à la tête du Bureau des fonds, et envoyer Rayneval à Londres, en remplacement de Chauvelin. Ces projets furent révélés, après le 10 août, par un des commis qu'il voulait chasser [1]. Les anciens ambassadeurs du Roi, les plus persécutés,

---

[1] Fréron, *Orateur du peuple*, t. XIV, p. 6.

M. de Noailles entre autres, s'adressaient à lui avec une pleine confiance; enfin, les royalistes déclarés, comme Suleau, ne craignaient pas de lui demander audience[1].

A la Législative, le nouveau ministre était moins apprécié.

Le 1ᵉʳ août, au moment même où un secrétaire donnait lecture de la lettre du Roi qui annonçait la nomination de Bigot de Sainte-Croix, l'Assemblée, sur la proposition de Cambon, décrète que le ministre des Affaires étrangères sera tenu de rendre compte par écrit, sans délai, de l'état des relations avec la Savoie. Sainte-Croix écrit, dans la séance du 2 au soir, que, n'ayant aucun agent accrédité auprès de la cour de Sardaigne, toutes nos relations se bornent à des correspondances indirectes, et qu'il lui est impossible de donner des renseignements formels. Dans la séance du 3, il vient, accompagné de ses collègues, présenter un Message du Roi, qu'il a contre-signé, et dans lequel Louis XVI, en désavouant la Déclaration du duc de Brunswick, expose ses principes, motive ses actes sur la Constitution et essaye encore d'émouvoir l'Assemblée en lui parlant de l'amour qu'il éprouve pour son peuple. Lacroix et Ducos, bientôt soutenus par Isnard, s'opposent à l'impression du Message. Isnard, interrompu par Champion, trouve l'occasion d'un de ces mouvements déclamatoires qu'il affectionne. Il conclue que le Roi trahit la nation, et l'Assemblée refuse l'impression.

Le soir, nouvelle communication du Roi, annonçant les dispositions hostiles de l'électeur de Cologne et du duc de Wurtemberg. Grangeneuve et Delmas en profitent pour demander la mise à l'ordre du jour de la proposition de déchéance.

---

[1] « Paris, le 8 août 1792.

« Monsieur, j'ai l'honneur de vous présenter l'hommage de mes civilités respectueuses et de vous témoigner le désir de vous en renouveler de vive voix les assurances, aussitôt qu'il vous sera possible de m'accorder quelques moments d'audience.

« Je suis avec respect, Monsieur,
« Votre très-humble et très-obéissant serviteur,
« Suleau,
« Place Vendôme, n° XI. »

On sait que François Suleau, né à Gravilliers (Oise) en 1757, après avoir été hussard, avocat aux conseils du Roi, et avoir voulu devenir sénéchal de la Guadeloupe, resta à Paris pendant la Révolution, s'y distingua par sa collaboration aux petits journaux royalistes, et fut odieusement assassiné le 10 août. M. Auguste Vitu a publié une biographie de Suleau qui mérite d'être lue. Paris, 1854, in-12. Suleau était marié depuis le mois d'avril 1792 à mademoiselle Adèle Hal. Elle resta enceinte d'un fils qui fut créé vicomte par Louis XVIII (ord. du 20 mai 1816) et qui, préfet de Marseille sous le second empire, fut élevé à la dignité de sénateur par l'empereur Napoléon III.

Le 4, dénonciation de Brissot, qui déclare avec indignation que sur les six millions accordés aux dépenses secrètes, il y a 1,100,000 livres employées à faire des pensions à la maison de Carignan et à plusieurs commis employés, sous l'ancien régime, à décacheter les lettres[1]. Il propose : 1° que le ministre des Affaires étrangères soit tenu de rendre compte de ces pensions secrètes ; 2° qu'elles soient provisoirement suspendues ; 3° que le rapport sur les comptes de MM. Dumouriez et Chambonas soit mis incessamment à l'ordre du jour.

Toutes ces propositions sont décrétées. Puis, rapport de Forfaix sur l'armement de l'Angleterre ; discussion sur la garde suisse, que le ministre de la Guerre n'a pas encore éloignée de Paris.

Tout cela disparaît devant le fait capital : l'adresse de la section Mauconseil sur la déchéance. Désormais, les faits intérieurs priment tout fait extérieur. Les ministres, quel que soit leur Département, s'emploient à conjurer le danger, et, plus que tous, le ministre des Affaires étrangères est sur la brèche.

« Dans la nuit du 4 au 5 d'août, écrit Bigot de Sainte-Croix, une alarme subite se répandit. Un mouvement extraordinaire s'était fait entendre dans les casernes des fédérés. Ils agitaient leurs armes, ils déplaçaient leurs canons ; on craignait une attaque prochaine. Elle était annoncée pour deux ou trois heures du matin. Les ministres se rendirent au château ; il était sans autre défense que la garde ordinaire. Le Roi fut éveillé : « Que me veulent-ils encore ? nous disait Sa « Majesté. Est-ce la scène du 20 juin qu'on veut renouveler ? Ah ! qu'ils « viennent, ajouta-t-il avec une tristesse profonde, qu'ils viennent ; dès « longtemps je suis préparé à tout. Avertissez seulement les officiers de « garde. Qu'on n'éveille pas la Reine. » Nous fîmes appeler quelques officiers municipaux, ils accoururent. Le même avertissement avait été envoyé au maire ; la réponse fut qu'il était absent. Il dormait.

« Vers deux heures, on nous rapporte que ce mouvement n'avait d'autre objet que le déménagement des fédérés, qui, traversant la ville et traînant avec bruit leurs canons, passaient de la section Poissonnière à celle du Théâtre-Français, à laquelle on a donné depuis le nom de Marseille, qu'elle avait mérité depuis longtemps. Le but des fédérés, en délogeant ainsi, était évidemment, et l'événement l'a prouvé depuis, d'établir une communication plus sûre et plus prompte

---

[1] Voir la pièce que nous avons donnée plus haut. Il est bien prouvé que ce n'est pas sur ces six millions, mais sur les fonds secrets proprement dits, que ces pensions étaient payées. D'ailleurs, quel qu'eût été l'emploi, ces hommes n'en avaient pas moins été employés, donc avaient droit à la pension.

par le faubourg Saint-Honoré et par les ponts entre les faubourgs Saint-Marceau et Saint-Honoré. Mais la distance de l'ancienne caserne à la nouvelle, ce déplacement imprévu, le choix de l'heure à laquelle il s'exécutait, tout devait accroître et prolonger la méfiance. Nous passâmes cette nuit entière auprès du Roi avec tous les hommes attachés à son service ou plutôt à sa personne. »

Ces alarmes continuelles, l'audace chaque jour croissante des fédérés, déterminèrent les amis du Roi, qui formaient son cabinet secret, à étudier un plan d'évasion. Montmorin, Bertrand, Clermont-Tonnerre, Lally-Tollendal, etc., convinrent, avec le duc de la Rochefoucauld-Liancourt, que le Roi sortirait de Paris, escorté par les Suisses et les royalistes fidèles, qu'il se réfugierait en Normandie où, sous prétexte d'approvisionnements de grains, on avait disposé quelques détachements suisses, et que, de là, il ferait appel à Lafayette et à l'armée [1].

Le Roi paraissait avoir donné son assentiment. Il avait même dit à Montmorin de causer avec Bigot de Sainte-Croix d'un plan d'évasion que celui-ci avait formé avec Terrier de Montciel; puis, tout à coup, il changea de résolution, se laissant séduire peut-être par l'espérance d'un succès des coalisés.

Cependant, les chefs de l'insurrection ne perdaient pas de temps. Chaque jour, les députés qui n'appartenaient pas au parti jacobin étaient insultés par les tribunes. On en arrivait à leur lancer des ordures au visage. Chaque jour, en sortant de l'Assemblée, ils couraient des dangers réels, étaient insultés, menacés, frappés. En les terrorisant, on prétendait les écarter. A l'Assemblée même, les violences des pétitions sur la déchéance redoublèrent. Quelques honnêtes gens essayaient en vain de protester contre ces fausses sections, ces faux commissaires et ces fausses signatures; s'ils osaient les dénoncer, les tribunes les huaient, et il se trouvait toujours dans l'Assemblée même quelque Brissot [2] pour déclarer que les faussaires avaient raison, et que les autres étaient des traîtres.

De ce fatras d'injures incohérentes, il n'est utile de retenir que quelques passages de la pétition signée au Champ de Mars, et que le citoyen Varlet vint lire, le 6 août, à la barre de l'Assemblée. C'était à la fois le programme de l'insurrection qui allait éclater, et le programme du gouvernement que les insurgés voulaient établir. « Louis XVI devait être considéré comme ayant abdiqué la couronne, les Assem-

---

[1] V. Bertrand de Molleville, *Mém.*; Thiers, *Histoire de la Révol.*, t. II, pièce justificative.

[2] Voir le discours de Brissot sur la contre-pétition des citoyens de la Bibliothèque.

blées primaires devaient être convoquées et le suffrage universel établi. Les pétitionnaires demandaient, en outre, le licenciement de tous les états-majors de l'armée, et le renvoi des officiers nobles, un décret d'accusation contre Lafayette, le rappel des ministres *patriotes* chargés momentanément du pouvoir exécutif, le renouvellement des Directoires des départements, « le rappel de tous les ambassadeurs « dans les cours souveraines, tous rapports de politique ou de diplo- « matie rompus, et s'il est bien prouvé qu'il faille des envoyés, qu'ils « ne puissent être des ci-devant nobles; leur mission se bornera à ne « traiter avec l'étranger que des intérêts purement commerciaux; le « Corps législatif prendra connaissance de tous leurs rapports ». Enfin, les insurgés, ils ont droit à ce nom, réclamaient des lois contre les usuriers et les accapareurs, et la destitution de tous les commandants de places fortes ou de villes frontières nommés par le Roi. »

Cette sommation trouvait dans l'Assemblée d'ardents apologistes. Malgré la résistance du président Laffon-Ladebat, les pétitionnaires étaient admis aux honneurs de la séance.

La majorité avait beau, maintenant, tenter la lutte, dans le milieu où elle s'était placée, après les concessions qu'elle avait faites aux passions populaires, elle ne pouvait plus se reprendre, ou si, désarmée comme elle était, elle engageait le combat, si, conformément à la Constitution, elle marchait d'accord avec le pouvoir exécutif, elle ne pouvait qu'être entraînée avec lui dans l'abîme qu'elle-même avait creusé.

La journée du 8 août est, à ce point de vue, une des plus curieuses de l'histoire parlementaire. La Gironde, on s'en souvient, avait demandé la mise en accusation de Lafayette. L'affaire avait traîné en longueur; les conjurés, voulant agir sur l'opinion par les journaux et sur l'Assemblée par la terreur, et arracher un vote contre le général, avaient attendu que leur mine fût prête à éclater. Jean Debry porte la parole au nom de la commission extraordinaire[1], et propose le décret d'accusation. Vaublanc lui répond. Jamais l'orateur ne s'était élevé à ce degré d'éloquence, jamais Brissot, en lui répliquant, n'avait employé avec plus d'habileté la haine et la calomnie. L'Assemblée, après épreuve, contre-épreuve et appel nominal, prononce, par quatre cent six voix contre deux cent vingt-quatre[2], qu'il n'y a pas lieu à accusation.

---

[1] Ou du moins au nom d'une minorité de cette commission. Huit membres sur vingt et un avaient voté la mise en accusation.

[2] L'Assemblée donc, le 8 août, se composait de 630 membres; nous insistons sur ce chiffre, qui a son importance.

Ce vote, en trompant les espérances des jacobins, allait mettre le feu aux poudres. En sortant de l'Assemblée, les députés qui avaient voté contre la mise en accusation sont insultés, poursuivis, frappés ; quelques-uns n'échappent qu'à grand'peine aux assassins. Aux Jacobins, la majorité est vouée à l'exécration. Les émeutiers sont applaudis et embrassés. Girardin et Vaublanc viennent à la tribune de la Législative confirmer ces faits, et osent enfin faire la motion de transporter hors Paris le siége des séances. A la vérité, Vaublanc, cédant aux clameurs, se rétracte, et finit par demander seulement que le procureur syndic du Département soit mandé à la barre pour rendre compte des mesures prises et à prendre pour maintenir la tranquillité de la capitale.

Rœderer ne pouvait que constater l'impuissance du Directoire vis-à-vis de cette municipalité, dont l'Assemblée avait approuvé les actes dans la journée du 20 juin, et qui, relevée de la suspension que le Roi lui avait infligée, étalait à la fois sa haine de la royauté et sa complicité avec les insurgés[1]. Il reconnut que le Directoire était impuissant à protéger les députés contre les attentats individuels, et impuissant à protéger le château contre un attentat collectif. Pétion remplaça bientôt Rœderer à la barre ; il rendit compte des moyens qu'il avait employés pour rendre impossible la défense du château. Il avait ordonné que la garde fût composée chaque jour de citoyens pris dans chaque bataillon, « en sorte que toutes les sections exerçassent, à la fois, une surveillance propre à dissiper toutes les inquiétudes ». C'est qu'en effet, le 8 au matin[2], Pétion avait été prévenu par le Roi qu'il avait l'intention de prendre des mesures de défense, de rassembler dans l'intérieur du palais et dans les cours extérieures quelques bataillons de garde nationale et une partie des Suisses qu'un décret n'avait pas encore dispersés ; enfin, de faire placer, en différents endroits, des barrières qui pussent opposer quelque résistance au premier effort des assaillants. C'était pour rendre ces moyens inutiles que Pétion avait d'abord désorganisé la garde nationale fidèle ; ensuite qu'il avait établi place Louis XV et place du Carrousel deux gardes de réserve composées de la même façon que celle qu'il avait donnée au Roi. Enfin, si, le 9 au soir, appelé par Louis XVI aux Tuileries, Pétion donne au marquis de Mandat, commandant de la garde nationale, l'ordre de repousser la force par la force, qui peut affirmer qu'il n'a pas déjà préparé le piège où Mandat va venir périr, qu'il n'a

---

[1] Voir la proclamation de Pétion du 9 août 1792, et sa pétition pour la déchéance, du 3.

[2] Bigot de Sainte-Croix, *loco cit.*

pas indiqué le plan à suivre aux hommes qui, à minuit, doivent prendre la tête de l'insurrection ? Qui peut affirmer que lui, leur complice du lendemain, n'a pas été leur complice de la veille ?

Au château, après le souper, la famille royale s'est rendue dans la chambre du Conseil. Elle y est environnée des ministres, des personnes que leur attachement ou leur devoir ont retenues, cette nuit, aux Tuileries. A onze heures du soir, Rœderer et deux membres de la municipalité s'y sont rendus. Pétion les y a rejoints. Il a parcouru l'intérieur des appartements, visité les postes, parlé aux soldats. Il leur a renouvelé l'ordre de repousser la force par la force ; puis, bientôt, craignant que l'attaque imminente ne le trouvât au milieu de ceux qui sont promis à la proscription, il s'est fait mander à l'Assemblée par ses complices, et s'est fait donner par la Commune une garde de trois cents hommes, qui, sous prétexte de veiller à sa sûreté, lui enlève la responsabilité des événements qui vont s'accomplir.

En effet, la partie pouvait encore sembler douteuse. Outre les gentilshommes, outre plusieurs bataillons de garde nationale, d'une fidélité à toute épreuve, huit cents Suisses étaient rassemblés au château ; neuf cents hommes de gendarmerie à cheval étaient postés dans le voisinage des Tuileries, sur la place du Louvre, au Carrousel et de l'autre côté du Pont-Royal. La gendarmerie à pied était consignée à ses postes accoutumés. Enfin, Bigot de Sainte-Croix recevait de demi-heure en demi-heure le détail des ordres donnés par les conjurés assemblés rue du Théâtre-Français, n° 4. Le plan de l'insurrection était entièrement connu. Sainte-Croix avait pu s'en procurer, mais seulement de neuf à cinq heures du soir, une copie fidèle qu'il avait fait imprimer à la hâte avec ces mots pour avertissement : « Français, de grands crimes doivent se commettre : vous dévoiler le complot, c'est l'anéantir. » On lisait dans ce placard que les insurgés se proposaient d'enfermer la Reine dans une cage de fer, de la promener dans les rues de la capitale et de la séquestrer ensuite à la Force ; de mener le Roi à l'Hôtel de Ville, et de là au Temple ; de mettre en pratique les conclusions de la pétition du citoyen Varlet. Sainte-Croix voulait, au moment de l'attaque, descendre dans les cours du château, lire à haute voix, à la lueur des torches, le plan des insurgés, distribuer des exemplaires aux soldats ; il comptait beaucoup sur l'effet qu'aurait produit cette proclamation. Mais il fallait l'attaque. et l'attaque n'eut pas lieu.

« Avec quelle amertume, dit Sainte-Croix[1], je regretterai toute ma vie que l'attaque ait été différée ! »

---

[1] *Loco cit.*, p. 36.

A quatre heures du matin, tout était perdu. Mandat venait d'être massacré ; des bataillons armés de piques étaient entrés dans les Tuileries ; d'autres qu'on savait fidèles avaient été retirés. Le Roi, affaibli, énervé, *défrisé,* restait inerte, et recommandait de ménager le sang.

Vers cinq heures, la Reine fit éveiller ses enfants, et les appela près d'elle[1]. La foule grossissait autour du palais. Le tumulte grandissait. Les personnes qui avaient passé la nuit dans l'appartement se précipitent aux fenêtres. Le Roi et la Reine s'y montrent par intervalles et observent l'accroissement de la multitude. A six heures, le Roi paraît au balcon, il est salué par un applaudissement universel. Ces cris le déterminent à descendre. Plusieurs des ministres, entre autres Sainte-Croix, l'accompagnent. On sait ce que fut cette promenade : l'accueil enthousiaste que le Roi reçut dans l'intérieur du château ; les gardes nationaux et les gentilshommes fous de dévouement et jurant de mourir ; les cris de fidélité partant de toutes les bouches, les larmes coulant de tous les yeux. Au pied du vestibule du grand escalier, le Roi rencontre des canonniers de la garde nationale, qui gardent le silence. Au moment où il arrive vis-à-vis de la grande porte du Carrousel, trois bataillons sans-culottes débouchent dans la cour Royale, agitant leurs piques et leurs sabres, criant : Vive Pétion ! A bas le Roi ! Louis XVI poursuit. Dans la cour de Marsan, il passe en revue les Suisses, qui, calmes, impassibles, attendent l'heure de mourir. Mais quelqu'un accourt, avertit Bigot de Sainte-Croix que la terrasse des Feuillants, déclarée domaine national par un décret du 20 juin, est envahie par une populace armée qui se prépare à descendre dans le jardin. Bigot s'arrête un instant, et voulant communiquer au Roi l'annonce de ce nouveau danger, croyant que le Roi était rentré dans ses appartements, se dirige vers le palais. Tout à coup il entend une effroyable clameur. Louis XVI, qu'on a mené achever la revue des troupes qui se trouvaient dans le jardin, est entouré par une plèbe furieuse qui le menace et qui hurle. Le Roi, protégé à grand'peine par son cortége, revient par la grande allée, en évitant la terrasse des Feuillants. Deux des ministres vont alors à l'Assemblée demander du secours. L'Assemblée répond qu'elle n'est pas en

---

[1] Nous ne résistons pas à citer ce mot du Dauphin, que nous trouvons dans Bigot de Sainte-Croix, et qui marque quelle compréhension avait cet enfant des dangers qui le menaçaient : « Tenez, disait-il à une jeune compagne de ses jeux, tenez, Joséphine, prenez cette boucle de mes cheveux et promettez-moi de les porter tant que je serai en danger. »

nombre, et continue à s'occuper d'une discussion sur la traite des nègres[1].

Au palais, Rœderer, procureur général syndic, dont la mémoire est encore chargée de cette détermination, propose au Roi de se rendre à l'Assemblée. La Reine s'y refuse : « Clouez-moi à ces murailles, crie-t-elle, avant que je consente à les quitter. » Bigot de Sainte-Croix, à ce moment, confie à un des chefs de la garde nationale l'*avertissement* qu'il n'avait pu distribuer pendant la nuit. « Prenez, dit-il à cet homme, et quel que soit le succès du crime, que le projet du moins en soit dévoilé. » Le dépositaire fut tué le 2 septembre. Il est probable que cette pièce a disparu. Elle donnait les noms, surnoms, désignations du domicile des principaux conjurés, tous, dit Sainte-Croix, les mêmes qu'au 6 octobre.

Rœderer s'est, à ce qu'il prétend, épuisé en efforts inutiles pour amener la garde nationale à se défendre. Les fédérés sont maîtres du Carrousel, des quais et des rues qui l'avoisinent. Il ne reste qu'un moyen de salut. Rœderer rentre dans la chambre du Roi, où se tiennent les ministres, et supplie Louis XVI de se rendre au Corps législatif. Deux fois son discours est interrompu par une désapprobation marquée. Sainte-Croix est un de ceux qui insistent le plus pour qu'on reste et qu'on se défende. Rœderer alors s'adresse à la Reine : « Madame, s'écrie-t-il, les moments sont chers; encore une minute, une seconde peut-être, et il est impossible de répondre des jours du Roi, de ceux de Votre Majesté et de ceux de ses enfants. » « Eh bien, dit la Reine, c'est le dernier des sacrifices, mais vous en voyez l'objet », et elle montre le Roi et son fils. Le Roi prend son chapeau : « Marchons, dit-il, puisque nous allons à l'Assemblée et qu'il n'y a plus rien à faire ici. »

Le funèbre cortége se met en marche, entre deux haies de grenadiers suisses et de gardes nationaux. « Les membres du Département forment un cercle, dans lequel marche d'abord le Roi, ayant près de lui Bigot de Sainte-Croix; vient ensuite la Reine, au bras de M. du Bouchage, ministre de la Marine; elle donne la main au Dauphin, que madame de Tourzel tient de l'autre côté; puis le ministre de la Justice, avec Madame Royale et Madame Élisabeth; le ministre de la Guerre, Franqueville d'Abancourt, avec madame de Lamballe. La marche est fermée par le ministre de l'Intérieur et celui des Contributions[2]. »

---

[1] Cette discussion ne se trouve pas au *Moniteur*.
[2] MATON DE LA VARENNE, et surtout le récit de DEJOLY, ministre de la Justice, dans l'*Histoire de Marie-Antoinette*, de MONTJOIE.

En marchant, le Dauphin s'amuse à pousser du pied les feuilles mortes. « Les feuilles tombent de bonne heure cette année », dit le Roi à Bigot de Sainte-Croix.

Arrivé au pied de la terrasse des Feuillants, le cortége ne peut plus avancer; « une multitude hérissée de toutes les armes inventées pour tous les genres de meurtre en défendait l'escalier. Appuyée sur la rampe de fer qui en surmonte les degrés, elle versait sur le Roi et sur sa famille le blasphème et l'outrage. Un de ces hommes, à qui la nature a donné une taille de géant avec la voix et le regard du crime en colère, directeur établi de cet orchestre de furies, en ordonnait à son gré tous les mouvements, et l'exhortant à fermer au Roi le passage, dictait l'imprécation et promettait la mort. Un quart d'heure Leurs Majestés restèrent à cette place [1]. »

Enfin, le procureur syndic et les membres du Département, secondés par une députation, que l'Assemblée s'était enfin déterminée à envoyer, parviennent à frayer un passage au Roi. Une fois entrée dans les couloirs obscurs de l'Assemblée, la famille royale court de nouveaux dangers. Pressée et presque étouffée par la foule, par son cortége même, c'est avec la plus grande difficulté qu'elle arrive enfin dans la salle des séances.

Le Roi s'y présente avec les quelques grenadiers qui l'ont accompagné; aussitôt les législateurs crient à la profanation. Les malheureux soldats se retirent. Louis XVI s'assied à gauche du président; la Reine et la famille royale se placent derrière les siéges des ministres. Le Roi dit avec tranquillité : « Messieurs, je viens ici pour épargner un grand crime à la France; j'ai cru ne pouvoir être plus en sûreté avec ma famille qu'au milieu des représentants de la nation, et je compte y rester toute la journée. » Vergniaud, le président, répond : « Sire, l'Assemblée nationale ne craint aucun danger; elle restera ferme à son poste, et tous ses membres sauront y mourir pour soutenir les droits du peuple et les autorités constituées. »

Bientôt des cris s'élèvent. Il est défendu de délibérer en présence du Roi. Les uns veulent qu'il aille « à la barre »; d'autres, « à la place des pétitionnaires ». Enfin, on se décide à l'enfermer dans la loge du journal *le Logotachygraphique*, située derrière le fauteuil du président. Cette loge est un réduit de dix pieds de large sur six de haut. Il faut y être constamment assis. De plus, elle est séparée de l'Assemblée par une grille de fer. La famille royale, les ministres, quelques fidèles encore, trouvent moyen de s'y enfermer. Les ministres et le Roi ar-

---

[1] Bigot de Sainte-Croix, *loco cit.*

rachent, sur l'injonction de l'Assemblée et des tribunes, la grille de fer.

L'Assemblée reprend sa séance, sans s'occuper de ce Roi auquel elle a juré obéissance, sans se soucier de ce mot : Mort, écrit au charbon, en lettres démesurées, sur les murailles blanches[1], et qui menace directement son prisonnier. Alors commence devant la famille royale ce défilé d'hommes couverts de sang, qui apportent sur le bureau les épaves du pillage des Tuileries. Bijoux, vêtements, papiers, lettres intimes, toute la vie de Louis XVI et de Marie-Antoinette est étalée sous les yeux de ce qui s'appelle la nation. Ces offrandes patriotiques sont coupées de discours. Les uns réclament la déchéance du Roi ; d'autres proposent la mort, et pour tous les orateurs le président Vergniaud trouve une flatterie. Puis bientôt, descendant de son fauteuil, il apparaît à la tribune comme rapporteur de la commission extraordinaire. Il propose, il impose plutôt, la convocation d'une Convention nationale, la suspension du Roi, «jusqu'à ce que la convention ait prononcé sur les mesures qu'elle croira devoir adopter pour assurer la souveraineté du peuple et le règne de la liberté et de l'égalité ». Un mode nouveau d'organisation du ministère sera incessamment proposé ; les ministres en activité continueront leurs fonctions ; un gouverneur sera nommé au Prince royal ; le payement de la liste civile sera suspendu.

Néanmoins, l'Assemblée n'est pas sans inquiétude ; à Paris elle triomphe, mais qui l'assure de l'appui des départements ? Qui lui garantit l'assentiment de l'armée ? Une proclamation peut avoir été faite et envoyée par les ministres du Roi ; ceux-ci, toujours enfermés dans la loge du logotachygraphe, sont requis de signer cette protestation :

« Nous avons l'honneur d'assurer à l'Assemblée nationale qu'il n'y a pas eu de proclamation du Roi faite, et par nous envoyée à l'armée[2].

« Dejoly, Bigot de Sainte-Croix, Champion.

« Le 10 août 1792. »

Le défilé recommence, et chaque fois qu'un pétitionnaire paraît à la barre, discourant contre le Roi, et l'accusant d'un de ces nombreux crimes inventés par Brissot, Hébert et Marat, Louis, se penchant vers

---

[1] Bigot de Sainte-Croix. Nous suivons constamment son récit en le corroborant de celui de Dejoly.
[2] Mortimer Ternaux, t. II, p. 346.

Bigot de Sainte-Croix, lui dit : « Dans tout cela, pas un mot de vrai. » Enfin, Guadet monte à la tribune. Il propose, au nom de la commission extraordinaire, le projet de décret sur l'organisation du ministère. « Les ministres seront nommés provisoirement par l'Assemblée nationale au scrutin individuel ; celui qui sera nommé le premier aura la signature de tous les actes qui regardent les cinq autres Départements, tant qu'ils seront vacants ; chaque membre de l'Assemblée nommera à haute voix un sujet ; celui qui aura obtenu le plus de voix sera proclamé ministre. Le secrétaire du conseil et le gouverneur du Prince royal seront nommés de la même manière. » Brissot obtient qu'on décrète préalablement que les ministres actuellement en activité n'ont pas la confiance de la nation, qu'ils seront mis hors de leurs fonctions, et que les scellés seront apposés sur leurs papiers. Puis, sur la proposition de Thuriot, au nom de la commission extraordinaire, il est décidé que les décrets non sanctionnés auront néanmoins force de loi, et que les ministres qu'on va nommer arrêteront et signeront ensemble les adresses et proclamations, et autres actes de même espèce.

Sur la demande d'Isnard, les trois ministres chassés, Roland, Clavière et Servan, reprennent leurs fonctions. Puis, avant de passer à l'appel nominal sur le choix des autres ministres, Brissot et Thuriot font décider la révocation de la nomination de Bonne-Carrère comme ministre plénipotentiaire à Philadelphie [1].

Enfin, on en arrive à la nomination des ministres. Deux cent quatre-vingt-quatre membres étaient présents. (On se souvient que lors de

---

[1] L'Assemblée décréta ensuite que les scellés seraient mis sur les papiers de Bonne-Carrère, tant ceux qui lui seraient personnels que ceux appartenant au Département. Dans la séance du 10 août au soir, le procureur général syndic rendit compte des diligences qu'il avait faites pour accélérer, par l'intermédiaire des juges de paix, l'apposition des scellés. Le 13, sur l'avis de Condorcet, président de la commission extraordinaire, on tria les papiers, et l'on ne remit sous scellés que ceux qui étaient personnels à Bonne-Carrère ; celui-ci, bien qu'il ne fût plus directeur des Affaires étrangères depuis sa nomination à Philadelphie, crut pouvoir donner, le 15, sa démission de directeur général du Département politique. Il assurait « le Conseil exécutif qu'il serait toujours prêt à lui témoigner pour la cause publique le zèle et les efforts dont il n'avait cessé de donner des preuves depuis le commencement de la Révolution ». Les scellés étaient définitivement levés le 11 septembre, par une loi de l'Assemblée, en présence de deux membres du Comité de surveillance (Laumond et l'abbé Fauchet) et du ministre des Affaires étrangères. Enfin, le 18 du même mois, le ministre remettait à Bonne-Carrère un certificat ainsi conçu : « Nous, ministre des Affaires étrangères, certifions que M. Bonne-Carrère, directeur général du Département politique, nous a remis tous les papiers appartenant au Département, ainsi que tous les comptes, avec la plus grande exactitude et la plus grande clarté. En foi de quoi

l'accusation contre Lafayette, six cent trente membres avaient voté.) Danton obtient deux cent quatre-vingt-deux voix pour le ministère de la Justice; Monge, cent cinquante pour celui de la Marine. Pour les

nous lui avons donné cette décharge comme une marque de notre satisfaction, signée de notre main et contre-signée par le secrétaire général des Affaires étrangères qui y a apposé le cachet du Département. A Paris, le 18 septembre 1792, l'an IV° de la Liberté, 1ᵉʳ de l'Égalité. — *Signé* : LEBRUN. — Par le ministre : ROUHIÈRE. »
Bonne-Carrère, dans la brochure apologétique déjà citée, prétend que cette destitution avait été l'œuvre de Brissot, « qui commit un faux dans le décret qui le suspendit de ses fonctions de ministre plénipotentiaire ». Il est certain qu'il avait conservé de bonnes relations avec un grand nombre de puissants du jour. Car, après l'invasion de la Belgique, il fut envoyé par le Comité de sûreté générale pour la parcourir. A Liége, où, dit-il, « il avait une dette à payer au petit tyran mitré », pour ne l'avoir pas reçu comme ministre, il planta l'arbre de la Liberté et prononça plusieurs discours. Revenu à Paris, le 20 décembre 1792, il s'occupe de faire pour les patriotes bataves un plan d'invasion en Zélande, et continue à se mêler activement aux affaires politiques. Mais, le 2 avril, à la suite de la trahison de Dumouriez et d'Égalité fils (plus tard roi des Français), il est recherché en même temps que d'Espagnac, Lady Fitzgérald, Gouy d'Arcy, Westermann, Laclos, Valence, les deux fils Égalité, la citoyenne Sillery-Genlis, etc. Arrêté et conduit à l'Abbaye, il est accusé, le 3, à la Convention, par Brissot, qui déclare que la nomination de Dumouriez a été le résultat d'une intrigue de lui et de Talon (*Journal des Débats et Décrets*, avril 1793, p. 119). Remis en liberté par ordre du Comité de sûreté générale, il est arrêté de nouveau le 6 avril, sur la proposition de Robespierre jeune, et le 7 il écrit à l'Assemblée pour protester qu'il n'a jamais eu de relations directes ou indirectes avec la famille Égalité. Bonne-Carrère, suivant Dulaure (*Esquisses*, t. II, p. 292, t. III, p. 289), avait la réputation d'être un agent de l'étranger. On disait que c'était chez lui que Dumouriez avait donné des rendez-vous lors de son dernier voyage à Paris; mais il était protégé par Robespierre aîné qui, aux Jacobins, le défendit, lui et son ami Taschereau. Il est encore question de lui, et d'une façon peu honorable, dans le procès de Proly et Clootz (voir *Bulletin du Tribunal révolutionnaire*, 4ᵉ partie, n° 4).
Mis en liberté après le 9 thermidor, il est chargé de différentes missions secrètes à Copenhague, à Berlin et dans le reste de l'Allemagne. Il paraît à ce moment avoir été avec Talleyrand sur un pied d'intimité, mais Bonaparte savait à quoi s'en tenir sur cet homme et se refusa constamment à l'employer, sauf à des missions secrètes en Angleterre, encore il faudrait s'en rapporter sur ce sujet à Lewis Goldsmith. Ses suppliques annuelles, quoique apostillées par un nombre considérable de hauts personnages, ne furent suivies d'aucun résultat. En 1805, le département de la Haute-Garonne l'ayant proposé comme candidat au Corps législatif, il fut rayé par le Sénat. En 1810, seulement, il obtint du général Macdonald la place de directeur général de la police en Catalogne, mais il la perdit quand Macdonald quitta cette province. En 1814, il fut présenté au Roi et tenta de faire valoir, d'abord près de Talleyrand, puis près du duc de Richelieu et de ses successeurs, le souvenir des intrigues royalistes qu'il avait si souvent niées auparavant. Il fit même imprimer, en 1814, une brochure royaliste, dont nous n'avons pu retrouver la trace. Enfin, las de solliciter, il se résigna à se faire industriel. Il établit à Versailles des voitures, sous le nom de *Parisiennes* et de *Gondoles*. Il fit dans ce commerce une grande fortune, et mourut à Versailles, le 9 novembre 1825.

Affaires étrangères, les suffrages se partagent entre Lebrun qui a cent neuf voix, et Grouvelle[1] qui en a quatre-vingt-onze. Par assis et levé, on décide que Lebrun sera ministre, et Grouvelle secrétaire du Conseil.

A ce moment, on raconte[2] que dans la loge du logographe, la Reine, se penchant vers Bigot de Sainte-Croix, lui dit : « J'espère que vous ne vous en croyez pas moins le ministre des Affaires étrangères. » Puis, comme l'Assemblée venait de prononcer un décret d'accusation contre le ministre de la Guerre, et qu'il était à craindre que ce décret ne fût étendu aux autres membres du Conseil, le Roi ordonne à Bigot de Sainte-Croix de s'éloigner. Des soldats lui fournissent à lui et à Narbonne le moyen de se déguiser[3]; ils s'accoutrent ainsi en présence de la famille royale et parviennent à se glisser dans la foule qui encombre les issues de l'Assemblée[4].

Pendant que Bigot de Sainte-Croix s'illustrait ainsi par son dévouement, les employés de son ministère prouvaient par leur conduite que Dumouriez et Bonne-Carrère les avaient bien jugés. De cœur, tous étaient avec l'insurrection. De fait, plusieurs prirent les armes, et marchèrent avec les Marseillais. Ainsi, à la section du Mont-Blanc, Févelat empoignait le commandant Boucher qui refusait de marcher, lui appuyait son sabre sur la poitrine, se faisait délivrer le drapeau du bataillon et des cartouches, et se mettant à la tête de sans-culottes

---

[1] Grouvelle, fils d'un orfévre de Paris, avait été d'abord second clerc chez un notaire, puis s'était mis à faire des vers et avait concouru à l'Académie pour le prix de poésie de 1786 (*Ode sur la mort du prince Léopold de Brunswick*). Devenu secrétaire des commandements du prince de Condé, il continua à s'occuper de littérature et fit représenter un opéra : *les Prunes*, et une comédie : *l'Épreuve délicate*. A propos de cette pièce, Rivarol disait : « Le jour où l'on donna pour la dernière fois la première représentation de sa pièce *l'Épreuve délicate*, M. Grouvelle montra une gaieté qui charma ses amis, et dit des bons mots que ses ennemis retinrent. » Au moment de la Révolution, il se mit à publier des brochures jacobines qui le firent chasser par le prince de Condé. Sa liaison avec Cérutti l'avait mis en relation avec les girondins. « Il était médiocre, froid et vain », a dit madame Roland. En mai 1793, il trouva moyen de se faire nommer ministre en Danemark. On peut consulter sur le rôle qu'il y joua le *Mercure Britannique*, t. III, p. 300 et suiv. Malgré tout, Grouvelle est certain de l'immortalité. Un vers d'André Chénier (éd. Lemerre, t. III, iambe 3, p. 275) la lui assure.

[2] *Mémoires de Lafayette*, t. III, p. 377. A la vérité, on sait quelle confiance médiocre on doit ajouter à ce témoignage. Lafayette infère de cette anecdote que la Reine désirait le mouvement du 10 août pour amener une réaction qui emporterait la Constitution.

[3] *La Vérité rétablie, ou Mémoire sur la séance de l'Assemblée du 10 août 1792*, par M. Crestin père, ancien procureur du Roi. — Besançon, 1814, in-8°.

[4] Bigot de Sainte-Croix, retiré en Angleterre, mourut à Londres le 25 août 1803.

qu'il avait ramassés, allait fusiller sur la place de la Révolution les Suisses qui tentaient de s'échapper des Tuileries. Dubois-Thainville s'acharnait à arrêter Bigot de Sainte-Croix, et arborait le drapeau tricolore sur le palais des Tuileries. Au reste, les événements vont nous montrer à l'œuvre ces employés du Roi.

CHAPITRE VI.

SEPTEMBRE.

M. de Montmorin depuis son départ du Ministère. — Son entrée dans le comité secret. — Part qu'il prend aux diverses tentatives de résistance. — Affaire du comité autrichien. — Pressentiments de Montmorin. — Son attitude au 20 juin. — Il est mis en accusation le 15 août. — S'échappe, est arrêté, amené à la barre de l'Assemblée. — Son interrogatoire. — Le juif Éphraïm. — Rapport de Lasource sur l'affaire de M. de Montmorin. — Montmorin à l'Abbaye. — Sa mort. Sa femme et son fils condamnés à mort. — Gandolphe à l'Abbaye. — Comment il échappe aux massacres. — De Lessart à Orléans. — Lente instruction de son procès. Pièces communiquées. — Décrets de l'Assemblée relatifs aux prisonniers d'Orléans et à la haute cour nationale. — Fournier l'Américain à Orléans. — Départ des prisonniers pour Paris. — Détails particuliers sur de Lessart. — Les prisonniers à Versailles. — Le massacre. — La cassette de de Lessart.

Avant de passer au récit des faits qui se sont accomplis dans le ministère des Affaires étrangères sous le gouvernement insurrectionnel du 10 août, nous avons à dire la mort de deux des derniers ministres politiques du Roi. Ils ont été assassinés à cause de leurs actes passés, et leur fin se rattache ainsi d'une façon intime à l'histoire du Département qu'ils ont administré.

En quittant le ministère, on a vu que M. de Montmorin n'avait point entièrement abandonné les affaires. Le Roi, qui lui avait conservé un traitement de 50,000 livres sur les fonds secrets des Affaires étrangères, avait fréquemment recours à ses conseils; à Montmorin, s'adjoignirent bientôt Malouet, Bertrand de Molleville, et certains ministres en activité, comme de Lessart. Ce comité occulte constituait une façon de ministère, dans le sein duquel on délibérait sur les moyens d'enrayer la Révolution; moyens bien faibles et bien mesquins, à vrai dire : placer des hommes à soi dans les tribunes de l'Assemblée, répandre des placards et des journaux royalistes, fabriquer des affiches, entrer en marché avec quelques girondins, envoyer à l'étranger quelques Génevois avec mission d'éclairer les souverains, voilà tout. Si, au lieu d'être des constitutionnels et des parlementaires, ces hommes eussent réellement été des royalistes, ils auraient pu beaucoup; car ils avaient de l'argent. Mais il leur aurait fallu agir résolûment, au besoin tirer l'épée, et ils en étaient incapables.

L'existence de ce comité secret était soupçonnée de longue date par les ennemis de la royauté, et on lui attribuait une influence et une action qu'il était bien loin d'exercer. C'était « le comité autrichien ». C'était lui, disait-on, qui faisait passer des millions en Autriche, qui payait les émeutiers en France et les émigrés à l'étranger, qui soldait les droitiers de la Législative, qui préparait la famine, avilissait les assignats, livrait les plans des forteresses ; il était partout, invisible et présent.

Déjà plusieurs fois, M. de Montmorin avait été dénoncé. Le 3 décembre 1791, à propos de la démission de M. Duportail, Lacroix avait proposé que tout ministre qui donnerait sa démission avant d'avoir rendu ses comptes fût déclaré banqueroutier frauduleux, et Lasource avait ajouté à ce projet de décret un article portant que Montmorin, étant sorti de place sans avoir rendu ses comptes, ne pourrait quitter la capitale avant d'avoir satisfait à cette obligation, sous peine d'être déclaré prévaricateur. Montmorin s'était hâté de se justifier de sa fuite prétendue. Il n'était, disait-il, ni à Londres, ni en Espagne, ni à Vienne, ni à Coblentz; tous ses projets de voyage consistaient à aller passer quelques jours dans une maison de campagne, qu'il avait acquise près de Sens. Le 16 avril 1792, il envoyait les états des dépenses de son ministère.

Montmorin, odieux à la faction républicaine, justifié quant à ses comptes, et inattaquable de ce côté, vivant à Paris et voyant du monde, devait être particulièrement soupçonné d'opposition. Les dénonciations pleuvaient contre le Comité autrichien ; tous les journaux du temps en sont pleins. Enfin le 17 mai, aux Jacobins, Carra désigne nominativement Bertrand de Molleville et Montmorin, et les accuse dans son journal *les Annales patriotiques*. Il faut lire dans les *Mémoires* de Bertrand de Molleville toute l'importance que, d'accord avec Montmorin, il se hâte de donner à cette affaire : plainte rendue contre Carra ; interrogatoire de Carra qui déclare tenir les faits dont il a parlé, de Merlin, Chabot et Bazire ; entrée dans le débat de Larivière, juge de paix de la section Henri IV (18 mai), qui demande à l'Assemblée communication des pièces qui peuvent se trouver au comité des recherches. Saladin, Fauchet, Goujon, Thuriot s'élèvent contre la demande du juge de paix, qui est éloquemment soutenue par Quatremère. Bazire, personnellement désigné, dénonce Montmorin et Bertrand comme ayant, dans leur demande, fait suivre leur nom du titre de *Conseiller d'État*. Finalement on propose l'ordre du jour; c'est à MM. Chabot, Bazire et Merlin à soutenir leur dénonciation devant les tribunaux. Le 19, Larivière fait appeler devant lui, à cinq heures du matin, les trois dénonciateurs. Ils se sont portés accusateurs, il leur demande de soutenir leur accusation. Sur un fait aussi simple, l'Assemblée est en fermentation. Les girondins s'imaginent que la cour est déterminée à entrer dans la voie de la résistance, à se défendre et à se faire justice. Ils ont peur. Les séances du 19 et du 20 sont consacrées à porter un décret d'accusation contre Larivière; ce fidèle serviteur de la justice devait en être le martyr. Envoyé à Orléans, il fut massacré avec les autres prisonniers.

Brissot et Gensonné, pour enlever le décret d'accusation, s'étaient engagés à prouver l'existence du Comité autrichien. Que prouvent-ils ? Gensonné déclame un certain nombre de phrases toutes faites. Brissot accumule toutes les perfidies qu'il peut imaginer. Son discours de 38 pages in-8° ne contient pas une preuve, pas un fait pouvant servir de preuve. Brissot ne s'est servi que de la correspondance politique de Montmorin pendant son ministère. Il a analysé une partie de ses lettres, et de ce que Montmorin a tenté de prévenir la guerre avec l'Autriche, il en induit qu'il était vendu à l'Autriche.

L'Assemblée vote l'impression des discours et des pièces à l'appui, mais il résulte des faits eux-mêmes que Brissot n'a pas réussi. Aussi les factieux, qui sentent leur insuccès, se hâtent-ils de faire annoncer par Chabot que Montmorin s'est enfui par Boulogne-sur-Mer avec madame de Lamballe. Ils comptent sur un mouvement de l'Assemblée qui enlèvera contre Montmorin un décret analogue à celui porté contre de Lessart. La manœuvre échoue malgré Gensonné. Le soir même, Montmorin écrit pour protester qu'il n'a jamais eu l'intention de quitter Paris. Sur quoi, on demande à Chabot des explications, et Chabot dépose sur le bureau une lettre des municipaux de Boulogne adressée à Pétion. Cette lettre est en date du 8 mai. La manœuvre, percée à jour, est définitivement réfutée par les observations présentées à l'Assemblée par Montmorin et Bertrand. La réponse de Montmorin (48 pages in-8°) est précise et définitive. Elle contient *in extenso* les dépêches que Brissot a défigurées en n'en citant que des fragments. Elle explique d'une façon digne et catégorique la politique qu'a suivie le ministre, et si de la lecture de cette pièce il ne ressort pas que Montmorin ait été un diplomate hors ligne, on doit du moins en conclure qu'il a été un honnête homme et un bon serviteur[1].

---

[1] *Observations de M. de Montmorin, adressées à l'Assemblée nationale sur*

Ce coup droit porté à la gauche le 2 juin ne déconcerte pas encore complétement les ennemis de l'ex-ministre. Néanmoins, c'est au capucin Chabot qu'ils laissent l'initiative de la dernière attaque.

Du discours de Chabot, et pour donner une idée générale de la valeur des arguments, il n'est utile d'extraire que les accusations personnelles contre Montmorin. Chabot l'accuse (4 juin) d'avoir continué à payer, sur les fonds des Affaires étrangères, l'intendant des postes et les employés du cabinet secret, supprimé depuis le mois de juin 1790 [1]; d'avoir reçu, par le courrier de Rome, des lettres adressées par M. et madame de Fitz-James à la princesse de Chimay (dénonciation de M. Larue, domestique chez M. de Fitz-James); d'avoir augmenté les appointements de M. Larivière, résident de France à Bruxelles, sur la recommandation de la gouvernante des Pays-Bas (dénonciation d'un citoyen qui ne veut pas être nommé).

De ce jour, et après ce discours, l'affaire du Comité autrichien est enterrée. Il n'en est plus question.

Mais la haine des girondins s'est encore accrue de cet échec. D'ailleurs, Montmorin ne se fait pas faute de se compromettre de nouveau, d'affirmer sa fidélité au Roi.

Le 20 juin, il est auprès de Louis XVI, qu'il ne cesse de défendre pendant toute la crise [2]. Dans les premiers jours d'août, il combine, avec Bigot de Sainte-Croix et la Rochefoucauld, un plan d'évasion qui offre des chances sérieuses de réussite [3].

Le 10 août arrive. Dès le 15, sur la proposition de Fauchet, Montmorin est mis en accusation avec Duportail, Duport du Tertre, de Bertrand Tarbé, Barnave et A. Lameth, à propos d'une pièce concertée entre ces deux derniers et le comité des anciens ministres, sur la marche que le Roi devait suivre. On croit Montmorin déjà incarcéré, car on le mande à la barre et l'on envoie un huissier pour le chercher à la prison de l'Abbaye. L'huissier ne l'y trouve pas, se rend à son hôtel, rue Plumet, et apprend que le ministre a disparu depuis trois jours. Dans la journée, il retourne chez Montmorin mettre les scellés. Il rend compte qu'on a trouvé un assez grand nombre de fusils, d'épées, de poignards et de lames d'épée brisées. Fréron s'empare aussitôt de la nouvelle. «On apprend, écrit-il [4], avec plus d'indigna-

---

les discours prononcés par MM. Brissot et Gensonné, dans la séance du 23 mai 1792. Paris, imp. de Dupont, 48 p. in-8°.

[1] Voir plus haut, ch. III, p. 118, note.
[2] *Le Cri de la douleur*, par l'auteur du *Domine salvum*.
[3] *Vide supra*.
[4] *Orat. du Peuple*, t. XIV, p. 22.

tion que de surprise, qu'au moment où l'on procédait à l'apposition des scellés, les domestiques jetaient par les fenêtres une quantité d'armes de toute espèce. Ce n'était pas le seul arsenal que la Cour eût à sa disposition. »

Montmorin, sorti de chez lui le 10, à dix heures du matin, avec sa femme et ses enfants, avait compté d'abord aller de l'autre côté de la rivière ; puis, au bruit de la canonnade, il s'était déterminé à entrer chez madame de Nesle, rue de Grenelle-Saint-Germain, chez qui il était resté toute la journée [1]. Il avait ensuite cherché un asile plus sûr chez une blanchisseuse, qui avait été au service de madame de Montmorin, et qui demeurait faubourg Saint-Antoine, n° 158. Est-ce cette femme qui le livra, comme le prétend M. Ignace de Barante [2]? fut-il, comme le veut Peltier [3], découvert par l'indiscret attachement d'une femme de ses amies, madame de Nau..., qui l'allait voir presque tous les jours, et qui laissait sa voiture à peu de distance de la maison qui le recélait? fut-il trahi, comme le dit Bertrand de Molleville [4], par l'imprudence qu'avait eue son hôtesse d'acheter chaque jour pour lui les fruits les plus magnifiques et les plus belles poulardes ? peu importe. Arrêté à la suite d'une visite domiciliaire, il fut, le 21 août, conduit au Comité de surveillance de l'Assemblée.

Montmorin avait depuis longtemps le pressentiment de la chute prochaine de la royauté et de sa propre mort. « C'est un passe-port pour l'autre monde qu'il me faudrait, disait-il, le 4 août, à Bertrand de Molleville, qui l'engageait à se pourvoir de papiers pour sa sûreté. Toutes ces précautions sont inutiles ; quoi que je fasse, je n'échapperai pas aux gens qui m'en veulent. Je suis sûr d'être assassiné dans moins de trois mois [5]. » Malgré ces avertissements de la destinée, il n'avait pas voulu quitter le Roi. Convaincu de la proximité de la catastrophe, habitué à vivre avec cette idée, il n'eut, lorsque le 10 août arriva, que ce sentiment poignant d'avoir été trop bon prophète. D'ailleurs, il n'aurait pas pu se réfugier à Coblentz. Comme il le disait à Bertrand, le Roi seul connaissait sa conduite, ses motifs, et les preuves d'attachement qu'il lui avait données ; seul, il pouvait déclarer qu'il avait toujours été un royaliste fidèle, et lui ; qu'à Paris on considérait comme constitutionnel et monarchien, à Coblentz, on l'aurait regardé comme un jacobin [6].

[1] *Interrogatoire à l'Assemblée.*
[2] *Justice révol. en Auvergne.*
[3] *Dernier tableau de Paris*, t. II, p. 192.
[4] BERTRAND DE MOLLEVILLE, *Mémoires*, t. II, p. 211.
[5] *Ibid.*, t. 123.
[6] *Ibid.*, p. 130.

Ces considérations expliquent l'attitude digne et presque hautaine que garda l'ancien ministre lorsque, le 21 août, il fut traduit à la barre de l'Assemblée. On avait trouvé sur lui, au moment de son arrestation, un demi-gros d'opium; on en inféra qu'il devait être coupable. De plus, dans l'appartement qu'occupait au palais des Tuileries son cousin, le marquis de Montmorin Saint-Hérem, on avait découvert certaines lettres qu'on lui attribuait, et qui furent même imprimées sous son nom. Ce fut sur ces faits que roula d'abord l'interrogatoire. Montmorin n'eut pas de peine à démontrer qu'il n'était pas l'auteur des pièces qu'on lui représentait, et qu'il n'avait jamais eu d'appartement aux Tuileries. Après ces préliminaires, on passa à des griefs plus intéressants. Le président lui demanda pourquoi, dans le mois de juillet 1791, il avait fait arrêter le nommé Éphraïm. On se souvient que cet Éphraïm, un juif, agent secret de la Prusse, était venu à Paris dans le but d'agir, d'accord avec le parti révolutionnaire, contre la Reine et contre l'Autriche. Éphraïm avait été un des premiers distributeurs des pamphlets contre la Reine, et s'était fait tellement remarquer, que le Comité des recherches de la Constituante avait décidé son arrestation après la journée du Champ de Mars. Montmorin rappela qu'il était indemne de l'arrestation. On l'accusa alors d'avoir repoussé les offres d'alliance de la Prusse; d'avoir employé à d'autres objets qu'à la diplomatie l'argent des fonds secrets; d'avoir payé des journaux et des placards; d'avoir obtenu du Roi le veto à la loi sur les prêtres. On lui demanda si, pour entrer au château, il ne fallait pas une petite canne tachetée de noir. Brissot, dont la haine n'était pas satisfaite par ces questions du président, le pressa longuement sur les rapports qu'il avait autorisés entre Castelnau, résident de France à Genève, et le comte d'Artois. Il l'interrogea ensuite sur la politique qu'il avait suivie vis-à-vis de l'Autriche. Gensonné, prenant la parole, le poussa sur les rassemblements des émigrés, et l'accusa d'avoir trompé le peuple par des espérances de paix. Lasource, enfin, demanda que les deux Montmorin fussent confrontés. Puis, l'Assemblée, honteuse du crime qu'elle allait commettre, embarrassée de la présence de cet honnête homme et n'osant prononcer sur son sort devant lui, renvoya au lendemain la suite de l'interrogatoire [1]. Le lendemain, il n'en fut plus question, et le surlendemain, sur la proposition de Lasource, Montmorin, qui, depuis son arrestation, était resté au

---

[1] Montmorin, arrêté le 21, est écroué à l'Abbaye le 22 dans la chambre n° 10. (*Histoire politique des prisons de la Seine*, par B. MAURICE. Paris, 1840, in-8°.)

Comité de surveillance, fut envoyé à l'Abbaye, pour y attendre le rapport sur son affaire.

Le rapport fut lu le 31 août. Brissot avait chargé son ami Lasource, au nom de la commission extraordinaire, des comités diplomatique et de surveillance réunis, de faire le *Rapport sur l'affaire de M. de Montmorin, ex-ministre des Affaires étrangères.* Marc-David Alba Lasource, député du Tarn[1], et rapporteur des comités réunis, proposa de décréter qu'il y avait lieu à accusation contre Montmorin, « 1° pour avoir sacrifié les intérêts de la France à ceux de l'Autriche, en rejetant l'alliance avec la Prusse ».

Et il donna pour preuves trois dépêches de Montmorin et trois dépêches de M. de Moustier (qu'il écrit Demoustier), ministre plénipotentiaire de France à Berlin. La lecture de ces pièces, dont les dates sont comprises entre le 23 janvier et le 19 février 1791, apprend que Montmorin, ministre constitutionnel, a fait tout ce qui était matériellement en son pouvoir pour ménager la Prusse, tout en conservant avec l'Autriche une alliance contractée de longue date. Elle apprend qu'en 1791 la Prusse avait pour agents secrets, à Paris, des juifs, dont un entre autres, le juif Éphraïm, lié avec les anarchistes et les républicains ; que ce juif avait pour mission de républicaniser la France et de dépopulariser par tous les moyens la reine Marie-Antoinette. « Il n'est, écrit Montmorin, sorte de propos et d'exhortations qu'il ne se permette contre elle... Il cherche à agir sur les journalistes. J'ai à peu près la certitude qu'il répand de l'argent, et je sais qu'il touche des sommes considérables chez des banquiers[2]. » C'était, croyait Montmorin, pour pousser la France à la guerre contre l'Autriche. Devant de tels moyens employés, un ministre devait-il se livrer ? Pouvait-il pousser à fond une négociation avec le juif Éphraïm, « ancien agent révolutionnaire de la Prusse en Flandre » ? Pouvait-il avoir confiance en un gouvernement qui employait de tels hommes ? Le ministre ordonnait donc au comte de Moustier de ménager les choses, de ne point brusquer Bischofswerder, le favori du Roi, mais de ne pas se laisser compromettre par lui. Et il est coupable? Oui, dit Lasource, « il est coupable d'avoir fait céder l'intérêt national à un attachement criminel pour une maison ennemie de la France, ou à une basse et servile

---

[1] Lasource, ministre protestant, député à la Législative et à la Convention, marqua sa carrière législative par sa demande d'amnistie pour les massacreurs d'Avignon, sa demande d'accusation, au 10 août, contre Lafayette, son vote pour la mort dans le procès du Roi, vote envoyé par lettre. Il fut un des girondins. Accusé, jugé et condamné avec eux, il fut guillotiné le 31 octobre 1793.

[2] *Dépêche* du 23 janvier 1791.

condescendance pour une femme qui n'a cessé de conspirer contre la nation française, et d'en être en même temps le ver rongeur et le fléau! » Choiseul et son système, le traité de 1756, qu'importe? dit Lasource : « ce traité n'est dû qu'à la vénalité perfide d'un ministre auquel la nation française ne doit que des malédictions. »

Est-ce déjà Fouquier-Tinville qui a la parole ?

« Second grief : Montmorin a caché à l'Assemblée nationale la ligue et les préparatifs des puissances étrangères, et n'a pas provoqué en France des mesures pour les prévenir. »

Ici point de pièces. Montmorin dans ses observations a fait justice de celles qu'on lui avait opposées. Lasource conclut malgré tout qu'il est coupable.

Il est coupable encore sur le troisième chef relatif aux princes émigrés. Il est coupable quand il a écrit à Vienne : « Le Roi désire très-sincèrement que les princes mettent un terme aux démarches qu'on leur impute. Sa Majesté Impériale n'a qu'à se rendre aux vœux du Roi en déclarant de la manière la plus précise qu'ils n'ont aucune assistance hostile envers la France à attendre de sa part, et que le parti le plus sage pour eux comme le plus désirable pour leur patrie est d'y rentrer. »

Qu'importe encore? « Les comités proposent de décréter qu'il y a lieu à accusation contre M. de Montmorin. *Cette proposition est unanimement décrétée.*» Montmorin est reconduit à l'Abbaye. Il y entre le 31 août au soir ; il en sortira le 2 septembre.

On ne racontera pas ici l'organisation du prétendu tribunal; on ne recherchera pas quels sont les auteurs réels des massacres : M. Granier de Cassagnac a élucidé cette question. On se restreindra aux faits personnels à M. de Montmorin.

On prétend[1] que lorsqu'il fut amené dans sa prison, il brisa à coups de poing une énorme table de bois de chêne de quatre pouces d'épaisseur. Mais cette anecdote, donnée d'abord par l'éditeur des *Mémoires* sur les journées de septembre (Baudouin, 1823, in-8º, page 224), a plutôt rapport à ce cousin du ministre, Louis-Victor-Hippolyte-Luce de Montmorin, celui-là même qui, acquitté par le tribunal révolutionnaire, fut, par un sanglant déni de justice, ramené à la Conciergerie, et égorgé le 3 septembre. La plupart des historiens ont fréquemment confondu les deux cousins, et les circonstances particulières de leur mort[2].

---

[1] *La Justice révolutionnaire en Auvergne.*
[2] Il est à remarquer que sous la Révolution même cette confusion commence

A l'Abbaye, le 2 septembre, le massacre commence par les 156 officiers, sous-officiers et soldats qui s'étaient rendus au peuple le 10 août, et avaient été mis par l'Assemblée sous la protection de la nation¹. Pas un n'échappa. « Après eux, dit un témoin oculaire, Felhémési (Méhée fils), paraît Montmorin, l'ex-ministre des Affaires étrangères. Le président (Maillard) veut l'interroger ; il déclare d'une manière assez ferme qu'il ne reconnaît point les membres de la commission pour des juges, qu'ils n'en ont point le caractère, que l'affaire pour laquelle il est détenu est pendante à un tribunal légal, et qu'il ne doute pas que l'erreur dans laquelle le public paraît être à son égard ne soit bientôt rétractée, qu'il espère confondre au plus tôt ses dénonciateurs, faire triompher son innocence, et obtenir même des dommages et intérêts.

« Un des assistants l'interrompt et dit brusquement : « Monsieur le « Président, les crimes de M. de Montmorin sont connus, et puisque son « affaire ne nous regarde pas, je demande qu'il soit envoyé à la Force. « — Oui, oui, à la Force ! crièrent les juges. — Vous allez donc être « transféré à la Force, dit ensuite le président. — Monsieur le Président, « puisqu'on vous appelle ainsi, réplique Montmorin du ton le plus iro- « nique, Monsieur le Président, je vous prie de me faire avoir une voiture. « — Vous allez l'avoir, lui répond froidement Maillard. » Un de ceux qui étaient là fait semblant de l'aller chercher, sort et revient un instant après dire à Montmorin : « Monsieur, la voiture est à la porte. Il faut « partir, et promptement. » Montmorin réclame alors ses effets, un nécessaire, une montre ; on lui répond qu'ils lui seront envoyés. Il se décide à aller trouver la fatale voiture qui l'attendait. »

Au moment même où M. de Montmorin sortait de la salle, Maillard écrivait en marge, au registre d'écrou, en face de son nom, le mot MORT.

Au dehors, Montmorin était tombé dans cette meute qui attendait la curée. Dès qu'il parut, on se rua sur lui. « Mais au moment où on l'égorgeait, il parvint à se soulever et à mordre la main d'un des assassins, le nommé Cumont-Bouinet. Un autre septembriseur lui abattit alors les doigts à coups de sabre, et quelques heures après, tout dégouttant de sang, il promenait dans les cafés du quartier ces

---

à s'établir ; on l'a vu du reste dans le *Récit de l'interrogatoire de M. de Montmorin.*

¹ JOURGNIAC SAINT-MÉARD. *Mon agonie de 38 heures.* — *La Vérité tout entière sur les vrais acteurs du 2 septembre.* — *Mémoires sur les journées de septembre.* — *La Justice révolutionnaire en Auvergne.* — *Histoire des Girondins et des massacres de septembre.* — PELTIER. *Dernier Tableau de Paris.*

affreux trophées, qu'il remettait dans sa poche, après les avoir montrés. Percé de plusieurs coups en plein corps, haché, coupé, tailladé, M. de Montmorin vivait encore. Ses bourreaux l'empalèrent et le portèrent ainsi aux portes de l'Assemblée nationale [1]. »

L'assassinat des deux chefs de la maison de Montmorin, à l'Abbaye et à la Conciergerie, n'avait point satisfait la haine des ennemis de cette famille. Il restait madame de Montmorin et le fils du ministre, Antoine-Hugues-Calixte, qui, au 10 août, était sous-lieutenant dans le 5e régiment de chasseurs à cheval. Le 5 septembre 1792, à la suite de l'assassinat de son père, il avait donné sa démission [2] et s'était retiré, avec sa mère, dans une propriété patrimoniale de l'Yonne. Plus tard, craignant l'isolement, madame de Montmorin et son fils avaient reçu l'hospitalité an château de Passy, près de Villeneuve-le-Roi, chez M. Megret de Serilly [3]. Tous les habitants du château furent enlevés, transportés à Paris et renvoyés devant le tribunal révolutionnaire, le 21 floréal an II (10 mai 1794). Madame de Montmorin, suivant une remarque de Lombard de Langres, avait depuis longtemps le désir de mourir. La veille même de sa comparution devant le tribunal, sa fille aînée, madame la comtesse de la Luzerne, qui avait été enlevée en même temps qu'elle, était morte en prison [4]. Les douleurs qui s'accumulaient sur sa tête lui faisaient paraître la vie trop lourde. Elle était comprise dans une fournée, et l'on s'épuiserait vainement à chercher les motifs qui avaient pu faire joindre son nom à celui des autres accusés : madame Élisabeth de France; Anne Duvacs, veuve de l'Aigle; Louis-Bernardin Lebœuf-Sourdeval; Anne-Nicole Lamoignon; Georges Follope, officier municipal de la Commune de Paris et pharmacien; Denise Buard; Alexandre-François Loménie; toute la famille de Loménie; Antoine-Hugues-Calixte Montmorin, âgé de vingt-deux ans, né à Versailles; enfin elle, *Françoise-Gabriel Canesy, veuve Montmorin, ex-ministre des Affaires étrangères, née à Chadin, en Auvergne, département du Puy-de-Dôme, âgée de cinquante-sept ans.*

On le voit, madame de Montmorin est accusée sous un faux nom : d'après le *Bulletin du tribunal révolutionnaire*, Canesy; d'après la

---

[1] C'est sous toute réserve que je donne ces détails d'après la *Justice révolutionnaire en Auvergne*. Ils se trouvent aussi dans les *Mémoires de Bertrand de Molleville*.

[2] *Bulletin du Tribunal révolutionnaire.* — Affaire Élisabeth Capet et autres.

[3] *Mémoires de Lombard de Langres*, t. 1, p. 87. Voir aussi : *Souvenirs et anecdotes des Comités révolutionnaires*, par AUDIGER. Paris, 1830, p. 287.

[4] *La Justice révolutionnaire en Auvergne.*

Liste des condamnés, Taneffe; d'après le *Moniteur*, Taneff[1]; nul ne donne sa véritable désignation.

Fouquier-Tainville parle ainsi : « La femme Montmorin, veuve du scélérat qui a trahi la France pendant toute la Révolution, et qui a subi la vengeance terrible du peuple, était la complice de tous les crimes de son infâme mari. Elle paraît avoir entretenu des correspondances avec le traître la Luzerne. Le nommé Montmorin fils était au château le 10 août 1792 ; la preuve en résulte d'une arme qu'on a trouvée chez lui, et qui servit ce jour-là à poignarder plusieurs citoyens. C'est une canne à deux dards, dont alors il avait été fabriqué une si grande quantité, parce qu'elles étaient tout à la fois les instruments de l'assassinat médité contre le peuple, et un signe de ralliement pour les conjurés [2].

« La femme de Montmorin est convaincue par la correspondance la plus active et la plus suivie avec son mari. Cette correspondance existe et est avouée par l'accusée. »

Voilà tout. Pas d'interrogatoire. La condamnation suit : « Conspirateurs. La mort ! » On dit que, au prononcé de l'arrêt, madame de Sérilly s'étant évanouie, madame de Montmorin déclara au tribunal que son amie était enceinte. Madame de Sérilly obtint un sursis[3].

Calixte de Montmorin monta dans la première charrette avec madame Élisabeth. Pendant tout le trajet, il resta debout par respect pour elle. Il fut exécuté un des derniers. A chaque coup de couteau, il criait de toutes ses forces, avec un sieur Lhote, domestique, son voisin : « Vive le Roi ! » La foule répondait : « Vive la Nation ! » Il pâlit quand vint le tour de sa mère, et, d'une voix plus forte, renouvela son cri. La mère et le fils furent enterrés à Mousseaux le même soir, à onze heures [4].

Plus heureux que son chef et son ami, Gandolphe, l'ancien secrétaire de M. de Montmorin, l'ancien directeur de la finance du Département, avait échappé aux assassins. Pourquoi avait-il été arrêté? Sans doute à cause de son intimité avec le ministre ; peut-être avait-il tenté de sortir de Paris pour se mettre à l'abri dans sa maison de Créteil. Il était incarcéré à l'Abbaye, et depuis deux jours on y massa-

---

Moniteur, réimp., t. XX, p. 444.

[2] Comparez, dans l'interrogatoire du père, ce qui est relatif à la canne tachetée de noir.

[3] *Mémoires de Lombard de Langres*. On ajoute (CAMPARDON, *Trib. révol.*, Lombard de Langres et Audiger) que madame de Serilly ne fut point effacée de la liste des condamnés. Son acte de décès fut dressé, et plus tard elle eut grand'peine à prouver juridiquement qu'elle était vivante.

[4] *Mémoires des Samson.*

crait. Le 4 septembre, à deux heures de l'après-midi, un nommé Brainville, commis du libraire Agasse, se met en quête pour le retrouver [1]. Il obtient un ordre du comité de surveillance de la mairie, un arrêté de la section Fontaine de Grenelle, se fait accompagner de quatre chasseurs, recrute dans la rue des volontaires pour l'aider à sa bonne action, arrive à l'Abbaye et trouve devant la porte la foule des bourreaux. Il leur parle, les harangue, leur annonce qu'il vient réclamer « un citoyen vertueux, père de six enfants, détenu sur de simples soupçons. Nous espérons, dit-il, que vous voudrez bien nous le rendre. » — « Oui, oui, s'écrièrent plusieurs voix, mais dépêchez-vous. » Brainville exhibe ses titres. La foule s'impatiente. A ce moment sort l'abbé Chapt de Rastignac, qu'on assomme dans la rue. Brainville entre dans la prison. Le guichetier consulte son registre, n'y trouve pas le nom de Gandolphe. « Il est, répond-il, dans l'intérieur de l'Abbaye. » Devant le petit groupe de ces braves gens, un homme, un des massacreurs qui tenait un large cimeterre dégouttant de sang, se met en marche. « Suivez-moi, dit-il, vous aurez votre homme. » Il bouscule la foule, se fait un passage. « Rien ne nous presse », disent les autres, qui craignent qu'on ne leur fasse un mauvais parti. « Non, répond-il, il faut vite aller. » Ils arrivent à la cour des Moines, à la porte de la pièce qui sert de Chambre d'arrêt. Ils frappent; Gandolphe vient. Ils le conduisent au comité civil, qui tenait séance dans la même cour, et, chemin faisant, le caporal de garde leur dit : « Il est bien heureux. Hier, on en a pris quatre à côté de lui qui ont été tués. » Au comité, qui prononce l'élargissement, nouvelle complication. Le caporal ne veut point relâcher Gandolphe si on ne lui montre l'écrou. On retourne, on traverse de nouveau la prison. On cherche sur le registre; il n'y a pas d'écrou, et le guichetier en fait la déclaration par écrit. Cette fois Gandolphe est délivré, et le massacreur s'écrie : « Nous avons autant de plaisir à sauver un innocent qu'à exterminer un coupable. » Puis il s'adjoint une douzaine de camarades, et tous, chantant « des chansons du temps », reconduisent en triomphe Gandolphe chez Agasse. On les fait boire, et ils retournent ensuite « à leur poste ». Gandolphe était sauvé, et ce jugement « du peuple souverain » lui servit plus d'une fois de sauvegarde pendant la Révolution.

Tels sont, à Paris, les deux faits qui dans les massacres de sep-

---

[1] *La Mort de Robespierre*, tragédie en trois actes et en vers, avec des notes où se trouvent des particularités inconnues, par Ant. SERIEYS. Paris, Monory, 9 thermidor an IX, in-8°, p. 141.

tembre regardent le personnel des Affaires étrangères. Le Département devait encore fournir aux massacreurs une autre victime.

On se souvient qu'après sa mise en accusation, de Lessart, confiant dans son innocence, s'était rendu à Orléans où il devait être jugé. D'après la Constitution, la Haute Cour formée de membres du tribunal de cassation et de hauts jurés devait connaître des délits des ministres et agents principaux du pouvoir exécutif, et des crimes qui attaqueraient la sûreté générale de l'État, lorsque le Corps législatif aurait rendu un décret d'accusation [1]. La Haute Cour ne devait s'assembler que sur la proposition du Corps législatif, et à une distance de trente mille toises au moins (six myriamètres) du lieu où la législature tiendrait ses séances.

Près de la Haute Cour, deux procurateurs généraux, pris dans le sein de la Législative, remplissaient les fonctions de ministère public : c'étaient Garran-Coulon et Pellicot. Ils essayaient d'instruire les procès que l'Assemblée leur avait renvoyés, mais les pièces n'arrivaient pas, malgré leurs réclamations réitérées. Une fois le décret de mise en accusation porté, on aurait dit qu'il n'y avait plus à s'occuper ni de prouver les crimes, ni d'appuyer même l'accusation. La Législative exécutait en pensée ce que la Convention exécutait en fait. L'homme qu'elle accusait, elle entendait le livrer au bourreau, non au juge. Un semblant d'organisation, de constitution, protégeait encore cet accusé ; mais que ce semblant disparaisse, que l'Assemblée législative décrète la formation du tribunal du 17 août, c'est la Terreur !

On a indiqué plus haut sous quels prétextes de Lessart avait été inculpé. Plusieurs fois, de mars à juin, les grands procurateurs de la nation pressent l'envoi des pièces sur lesquelles ils puissent commencer le procès. L'Assemblée ordonne la communication d'une partie de la correspondance de Noailles, de Ségur et de Bigot de Sainte-Croix (Vienne, Berlin et Coblentz). Le 11 juin, de Lessart forme requête près les grands juges pour obtenir l'ensemble des pièces nécessaires à sa défense, c'est-à-dire : le surplus de la correspondance de Noailles, de Ségur et de Bigot de Sainte-Croix; la correspondance de M. Gouvernet relative au pavillon national; celle de M. de Talleyrand envoyé en Angleterre, celle-ci, peut-être, supprimée par l'ancien évêque d'Autun dans son séjour à Paris ; sa correspondance personnelle avec Koch, président du comité diplomatique; enfin l'office de l'ambassadeur du Portugal, relatif aux Français résidant dans ce

---

[1] *Const.* de 1791, tit. III, chap. v, art. 23.

royaume. De Lessart termine ainsi sa requête : « Vous observe l'exposant que sa correspondance ministérielle est nécessairement indivisible, parce qu'elle renferme dans tous ses détails le système de sa conduite politique ; que le mode et l'étendue de ses relations extérieures se reproduisent également dans tous les éléments de cette correspondance, dont aucune partie ne peut paraître indifférente. » Sur cette requête, ordonnance conforme des grands juges. Le 16 juin, signification à Bonne-Carrère, directeur général, et quasi-ministre intérimaire (c'était le moment de la chute de Dumouriez), qui répond que par suite des décrets des 15 mars, 14 avril et 23 mai, la correspondance à partir du 1er mai 1791 a été remise au comité diplomatique. Le 18 juin, lettre de Koch, qui envoie les pièces demandées, sauf le surplus de la correspondance de Noailles. Enfin, reçu du greffier de la Haute Cour, de soixante-deux lettres signées Noailles (de septembre 1791 à février 1792), quinze lettres signées Marbois, minutes et lettres de de Lessart, de Ségur, de Bigot de Sainte-Croix, de Gouvernet.

En même temps, suivant un témoignage qui n'est pas suspect, les papiers particuliers de de Lessart qui auraient pu le compromettre sont remis à ses amis. Félix Desportes [1], qui sous l'Empire fut préfet du Haut-Rhin, et qui en 1789 avait été maire de Montmartre, et chargé en 1792 d'une mission en Suisse par de Lessart, son ancien ami, raconte que quelque temps après son retour de Suisse, le ministre ayant été décrété d'accusation, « le valet de chambre de de Lessart vint en toute hâte lui donner avis que l'arrestation précipitée de son maître ne lui avait pas permis de retirer de l'un des cartons de son cabinet, quelques papiers étrangers au ministère, mais dont on pourrait tirer parti pour le perdre, puisque dans leur nombre se trouvaient plusieurs lettres de la Reine, qui, par leur sens obscur et quelques réticences affectées, prêtaient malheureusement à toutes les interprétations de la méchanceté. Desportes se présenta sur-le-champ chez Dumouriez, et aborda sans détour la proposition qu'il avait à lui faire. Aussitôt une sympathie électrique sembla s'emparer du ministre. Une flamme brilla dans ce regard naturellement étincelant d'esprit : une joie toute héroïque, toute française. Sans profaner par une seule parole la sainteté de son action, il s'élance vers le carton que Desportes lui indique, et le lui remet sans l'ouvrir. »

De Lessart avait donc peu à craindre d'un jugement. Sa mise en

---

[1] *Appel à l'opinion des habitants du Haut-Rhin,* par Félix DESPORTES. Paris, 1820, in-8°.

accusation avait été motivée, non par sa conduite, mais par celle du Roi, par le renvoi de Narbonne, par la volonté des girondins de déclarer la guerre. Le plus simple examen de ses dépêches devait suffire pour le justifier. Était-ce à lui, ministre des Affaires étrangères, ministre chargé d'assurer la paix dans l'État, qu'on pouvait reprocher de n'avoir pas voulu la guerre? Incapable, il l'était; on avait fait de lui l'homme utile du ministère, propre à tout et bon à rien. Finances, Intérieur, Politique, il avait dû successivement tout administrer, sans rien savoir. Mais l'incapacité n'est point crime; d'ailleurs le haut jury fonctionnant à Orléans était composé d'hommes distingués, intègres, généralement modérés, et qui, avant le 10 août, s'étaient déjà signalés par plusieurs acquittements.

Après la « victoire du peuple », il ne pouvait plus être question de semblables verdicts. Le peuple demande, dès le 15 août, que les prisonniers d'Orléans soient transférés à Paris, pour y être jugés par le tribunal révolutionnaire, dont il réclame l'installation, et qui fut organisé le 17 août. Cette demande est reproduite le 23 sur le ton impératif; et le 25, Gensonné, pour donner satisfaction à la Commune, et ménager en même temps les apparences de la justice, propose de faire renouveler par élection les hauts jurés. L'Assemblée décrète la proposition, et ordonne l'envoi à Orléans de deux commissaires.

La veille, 24 août, la Commune de Paris dépêche à Orléans six cents patriotes, armés de sabres et de fusils, et commandés par un individu nommé Fournier l'Américain[1]. Le départ de cette troupe de bandits (c'est ainsi que Fournier appelle ses soldats) est légalisé après coup par un décret de la Législative. Roland envoie à Fournier une commission en règle. La bande, grossie de nouveaux brigands venus de Paris, sous le commandement du Polonais Lazowski, arrive le 30 août à Orléans. Fournier prend immédiatement possession des prisons, et dans toutes les chambres organise le pillage. Les prisonniers sont mis au secret; nul ne peut approcher d'eux, pas même les huissiers de la haute cour. Le 2 septembre arrive. L'Assemblée législative commence à avoir honte d'elle-même. Si elle a toléré les massacres de Paris, c'est elle qui semble ordonner les massacres d'Orléans.

---

[1] Outre le récit si complet et si plein de pièces curieuses publié par M. Mortimer-Ternaux, celui donné par M. Leroy, dans son *Histoire des rues de Versailles*, ceux dispersés dans les mémoires du temps et la brochure de M. Paul Huot, *les Massacres à Versailles en* 1792, j'ai puisé de précieux renseignements dans une brochure qui, je crois, a échappé à mes devanciers : *Massacres des prisonniers d'Orléans. — Fournier, dit l'Américain, aux Français.* — Chez tous les marchands de nouveautés. — Nivôse an VIII.

L'Assemblée, sur la proposition de Gensonné, rend un décret par lequel elle ordonne le transfèrement à Saumur des prisonniers détenus à Orléans.

L'Américain se refuse à exécuter ce décret. Il prétend, dans son mémoire, que sa troupe « se mit en marche sans son consentement et à son insu sur la route de Paris. On fit défiler les voitures qui transportaient les prisonniers par le même chemin », l'arrière-garde le força à marcher avec elle, « et il se vit à la veille d'être victime de son zèle à faire exécuter la loi ».

L'Assemblée, à la nouvelle du départ des prisonniers pour Paris, rend un décret ordonnant de les faire rétrograder sur Saumur. Elle charge le pouvoir exécutif de l'exécution de ses ordres. Roland prend pour ses commissaires encore des membres de la Commune. Ces hommes rejoignent la bande à Étampes, où Fournier fait séjourner deux jours. Le but du voyage vient de changer ; ce n'est plus Paris, mais Versailles. Faut-il penser que les commissaires croient trouver à Versailles des moyens plus efficaces de protéger les prisonniers ? faut-il, au contraire, supposer avec M. Ternaux que ce changement d'itinéraire n'est prescrit qu'à cause du réveil d'opinion qui s'est produit à Paris, et de l'opposition que pourraient y rencontrer les massacreurs ? faut-il admettre enfin que les deux jours de séjour à Étampes ont pour objet d'attendre le dimanche, jour favori, comme chacun sait, des émeutiers ?

Quel a été personnellement le sort de M. de Lessart au milieu de ces événements ? L'ex-ministre était détenu à *Saint-Charles*, avec l'aristocratie des prisonniers. Fournier s'était réservé cette maison d'arrêt, abandonnant les *Minimes* à ses sous-ordres. M. de Lessart, encouragé par Fournier, qui cherchait par tous les moyens à capter sa confiance, lui avait remis une cassette et un paquet contenant plusieurs lettres de change et d'autres papiers importants. Les prisonniers, pendant la route, n'avaient point été maltraités ; le chef du détachement avait intérêt à les ménager, comptant ainsi leur enlever leurs derniers bijoux. D'Étampes, de Lessart écrivait à un de ses amis une lettre[1] dans laquelle, au milieu de craintes très-justifiées à coup sûr, celle d'être trop longtemps à mourir, on trouve le reflet de cette confiance que Fournier avait su lui inspirer. De Lessart croyait que c'était à lui qu'on devait de ne pas aller directement à Paris, et il racontait à son ami comment il avait donné sa confiance à M. Fournier. Cette lettre, du reste, non plus qu'aucune de celles adressées

---

[1] *Histoire de la Terreur*, t. III, p. 565.

par les malheureuses victimes à leurs parents et à leurs amis, ne fut remise à destination par Fournier.

Déjà, dans toute la France, le bruit court que les prisonniers sont morts. On écrit de Paris [1], le 6 septembre, que tous les prisonniers d'Orléans sont maintenant accrochés aux branches de la forêt de Sériot. Partout cette justice populaire est proposée comme exemple. La populace de Paris est arrivée à Versailles et attend la chair humaine qu'on lui apporte.

Le 9 au matin, le convoi se met en marche. A Jouy-en-Josas, il rencontre les autorités municipales de Versailles qui attendent les prisonniers pour les prendre sous leur sauvegarde. Un peloton de cavalerie marche en avant. Un autre ferme le cortége. Les charrettes ne sont escortées que d'infanterie. A l'entrée dans Versailles, le maire veut surveiller lui-même le défilé des prisonniers, que l'on conduit à l'Orangerie, transformée en prison par ordre de Roland. Les commissaires l'en empêchent. Les charrettes arrivent dans la rue de la Surintendance [2], actuellement la rue de la Bibliothèque. Déjà la tête du cortége a franchi la grille de l'Orangerie. La foule arrête les charrettes. La première stationne devant la porte de l'hôtel des Affaires étrangères. Le maire, Richaud, revient au galop, harangue la foule. « Livrez-nous au moins Brissac de Lessart ! » lui crie-t-on. La grille de l'Orangerie est ouverte, refermée, ouverte de nouveau. Richaud épuise ses forces à parler, à demander grâce. Il se décide à conduire les prisonniers à la mairie, pour les y mettre en sûreté, prend la tête du convoi, et essaye de se faire place. Il sent la mort suspendue sur ces hommes, que lui seul protège. Il les couvre de son corps, il éclate en sanglots. Enfin, désespéré, il se couvre la tête. Un fort de la halle l'enlève, l'emporte dans une maison. Les volontaires nationaux, la foule, les femmes, tout ce qui peut tenir un couteau se rue sur les prisonniers. On les larde à coups de sabre, à travers les ridelles de la charrette. On les assomme, on taillade leurs bras, qu'ils agitent machinalement pour se défendre. Brissac a saisi un bâton. Il frappe tant qu'il a de forces ; mais, à la fin, il succombe et meurt.

Sur cinquante-deux prisonniers, quarante-quatre périrent ainsi ; huit parvinrent à s'échapper au milieu du tumulte. Les quarante-quatre cadavres furent enterrés le lendemain dans un coin du cimetière Saint-Louis, à l'endroit où s'élève aujourd'hui une colonne de marbre noir, sur laquelle on lit cette inscription : HIC JACENT QUADRA-

---

[1] Voir THIBAUDEAU, *Biographie et mémoires*. Niort, 1875, in-8°.
[2] LEROY, *Histoire de Versailles*, t. II, p. 285 et suiv.

GINTA QUATUOR CORPORA EORUM QUOS AURELIANENSI CARCERE VERSALIAS ABDUCTOS ADVENÆ SICARII MUNICIPUM FRUSTRA RELUCTANTE MANU MACTAVERUNT DIE NEFASTO IX SEPTEMB. ANNI 1792.

Quant à la fameuse cassette de de Lessart, Fournier prétend dans son mémoire qu'il remit à la Commune de Paris tous les effets trouvés sur les prisonniers, et tous ceux qui lui avaient été confiés par eux, qu'il en fut dressé procès-verbal, et qu'il tira un reçu. Sa version paraît confirmée par une déclaration faite le 2 novembre 1792 à la Convention, à propos d'un singulier procès fait à de Lessart après sa mort. Le ministre des Affaires étrangères, Lebrun, écrivait à cette date à la Convention « que la translation des bureaux du département des Affaires étrangères de la rue ci-devant dite de Bourbon où ils étaient à la rue Cerutti avait occasionné une dépense de 46,688 livres, et que les ouvriers le pressaient pour en obtenir le payement ». Lebrun ajoutait : « Je ne crois pas pouvoir prendre sur ma responsabilité de faire payer cette somme sur les fonds de mon Département. J'aurais été aussi bien logé dans l'ancien local que dans les lambris dorés de l'hôtel de la rue Cerutti. Un ministre républicain n'a pas besoin pour servir sa patrie d'un magnifique hôtel, dont le loyer coûte très-cher au peuple. Ces beaux appartements convenaient à de Lessart qui les a loués ; mais il serait ridicule que la nation payât les fantaisies d'un ministre. Cette dépense n'a d'ailleurs pour objet que des dorures, luxe qui n'est pas du tout de mon goût, et que la nation ne doit pas payer. Cependant, il n'est pas juste que les ouvriers perdent leur salaire et leurs fournitures. La Convention prendra sans doute en sa sagesse des mesures pour faire payer ces dépenses par qui il appartiendra. » Cambon, le financier de la Terreur, déclare alors que la question est très-simple, qu'aucune dépense ne peut être payée qu'elle n'ait été autorisée par l'Assemblée nationale, et que celle-ci en particulier doit être payée par les héritiers de de Lessart. Enfin Lacroix vient affirmer qu'il existe un moyen de tout concilier : « Lessart, dit-il, à son départ d'Orléans, a déposé entre les mains de Fournier une somme de 600,000 livres. Fournier l'a remise à la Commune de Paris ; je demande que la Commune de Paris soit tenue d'acquitter sur cette somme la dépense ordonnée par de Lessart, à charge d'en rendre compte. » (Applaudissements.) La proposition de Lacroix est décrétée ; mais le 22 décembre 1792, la Commune ayant sans doute donné à l'Assemblée des renseignements sur l'emploi qu'elle avait fait de l'argent remis par Fournier, la Convention, sur la proposition de Mallarmé, rapporte son décret du 2 novembre, et décide que la Trésorerie nationale acquittera la somme de 46,000 livres, et fera ensuite les diligences nécessaires pour recouvrer ses déboursés sur la succession de de Lessart, « attendu qu'il ne conste par aucun acte que cet ex-ministre ait été autorisé à transférer ses bureaux et à faire les dépenses dont il s'agit ».

Ce n'est pas le lieu d'examiner si le *Bon* mis par le Roi au bas de la décision relative au transport des bureaux était pour M. de Lessart une justification suffisante, et si ce décret du 22 décembre ne fut pas de la part de la Convention un déni de justice pur et simple. Le lecteur appréciera, d'après les pièces qu'il a lues plus haut, ce qu'il doit penser de la conduite de Lebrun, qui évidemment a dissimulé la pièce capitale; il s'agit seulement de faire ressortir ce fait que les 600,000 livres avaient été remises à la Commune, que Lacroix avait eu connaissance de cette remise, et que plus tard cette somme avait disparu. Il est permis de penser qu'elle ne fut pas perdue pour tout le monde.

Suivant Sénart [1], Fournier ne serait pas coupable, Méhée serait le principal voleur. Quant à Fournier, il accuse Tallien, membre de la Commune, un des chefs des massacreurs dans les prisons, venu à Lonjumeau pour exciter l'escorte à la révolte, et Barras, alors haut juré à Orléans, venu à Paris, dit Fournier, pour préparer le massacre.

Quels que soient les coupables inférieurs, l'histoire a reconnu que l'Assemblée législative et les ministres Danton et Roland doivent porter la responsabilité du crime effroyable qui a ensanglanté Versailles. A Paris comme à Versailles, l'assassinat fut commandé. A Paris comme à Versailles, le crime fut impuni. Mais, disons-le à l'honneur de cette bourgeoisie de province, qui fournirait encore s'il en était besoin des preuves de sa virilité courageuse, il se rencontra dans cette petite ville, ce qu'on ne put trouver dans la capitale tout entière, un brave homme qui tenta tout ce que les forces humaines peuvent tenter pour sauver les prisonniers qu'on lui avait confiés.

Quant à l'Assemblée législative, elle se tut [2].

---

[1] *Mémoires*, p. 12.
[2] Elle rendait seulement, le 2 septembre, le décret suivant, qui intéresse, en même temps que les autres employés, les commis des Affaires étrangères : « L'Assemblée nationale décrète que tous les secrétaires, commis attachés aux bureaux de l'Assemblée nationale, ceux des ministères et autres administrations publiques, seront tenus, dans les dangers de la patrie et aux signaux d'alarme, de se rendre sur-le-champ dans leurs bureaux qui deviennent pour eux le poste du citoyen. »

CHAPITRE VII

LEBRUN-TONDU, MINISTRE DES AFFAIRES ÉTRANGÈRES.
10 AOUT 1792. — 21 JUIN 1793.

Nouvelles théories diplomatiques. — Idées générales sur l'organisation du ministère. — Plan girondin. — Décrets d'organisation de la Convention. — Le citoyen Ducher. — Organisation pendant le ministère de Lebrun. — 1er bureau : Maret, Caillard, Otto. — Les nouveaux employés : Mourgue, Sicard, Guillard, Guyétaud. — 2e bureau : Noël, Vieilh de Boisjolin, Agasse. — 3e bureau : Baudry, Joly, Maison. — 4e bureau : Colchen. — 5e bureau : Joseau, Salverte. — Le bureau central : Ysabeau. — Secrétariat : Rouhière. — Bureau des fonds. — Le dépôt de Versailles : Bonnet. — Bureau des consulats. — Nombre croissant des employés. — Aspect des bureaux. — Mesures prises contre les employés. — Situation du ministre vis-à-vis de la Législative. — Compte rendu des relations de la France. — Départ des ambassadeurs. — Vexations contre ceux qui restent. — Le ministère et les massacres de septembre. — Influence d'Anacharsis Clootz. — Ouverture de la Convention. — Compte rendu de Lebrun. — Les fonds secrets. — Leur emploi. — La Révolution belge. — Avances faites à M. Danton. — Attitude de la Convention vis-à-vis des peuples envahis : Savoie, Porentruy, Nice, Genève, Francfort. — Décret proposé par Anacharsis Clootz. — Rapport de Chambon. — Les puissances neutres : Turquie, Espagne, Angleterre. — Les généraux traitent avec l'ennemi. — Dumouriez et la Prusse. — Procès du Roi. — Lebrun au Temple. — Rupture avec l'Angleterre. — Rupture avec les villes hanséatiques. — Rupture avec Rome. — Rupture avec Naples. — Rupture avec les États-Unis. — Responsabilité de Lebrun. — Attaques contre lui. — Les fonds secrets et les jacobins. — La guerre entre les girondins et les montagnards. — Trahison de Dumouriez. — Dumouriez et Lebrun. — Nuit du 9 mars. — Le Comité de salut public. — Le 31 mai. — Lebrun, accusé, reste ministre. — Procès de Lebrun. — Sa mort.

De *Gauche* qu'elle était dans l'Assemblée législative, la Gironde était devenue *Droite* dans la Convention. Cette faction des hommes d'État, comme disait Hébert, tentait de conserver toute la monarchie constitutionnelle, moins le Roi. Son idéal était ce système de gouvernement, qui fut établi au moment du voyage de Varennes : à l'intérieur, un conseil exécutif, réunissant tous les pouvoirs souverains, mais révocable par l'Assemblée souveraine ; à l'extérieur, des agents modérés, chargés de rétablir, s'il était possible, quelques alliances avec les puissances étrangères. Les girondins avaient voulu le pouvoir ; pour y arriver, ils avaient fait la guerre et renversé le Roi ; maintenant qu'ils étaient ministres et souverains, ils ne pouvaient se figurer que d'autres ne fussent pas satisfaits.

En vue d'organiser leur gouvernement, ils se préoccupèrent dès les premiers jours de la République d'idées générales sur la formation du ministère des Affaires étrangères. Un mémoire remis au Comité de salut public en mai 1793, et qui antérieurement avait été soumis à un certain nombre de représentants, montre à quel système ils s'étaient arrêtés[1].

Mais ce projet, dont certains articles pourraient trouver encore aujourd'hui leur application, ne fut pas mis en pratique. Il tendait à

[1] Le ministre des Affaires étrangères devait être seul responsable ; ses fonctions étant indivisibles, il faut donc un chef unique, qui n'aurait pas d'adjoints. Les bureaux seraient divisés en sections, correspondant aux divers pays. Les chefs de ces sections formeraient, sous la présidence du ministre, un conseil consultatif destiné à les éclairer sur des points à traiter par correspondance. Le ministre serait élu périodiquement. Les subalternes seraient permanents. L'instabilité des places détruirait l'émulation, supprimerait l'instruction, faciliterait la corruption. Quant aux agents de l'extérieur, il serait utile de joindre l'action populaire à l'action politique ; de joindre le bureau des consulats aux bureaux politiques et de procéder à une organisation nouvelle.

Le Département comprendrait cinq bureaux : un bureau politique chargé de la correspondance et du contentieux politique et divisé en quatre sections; un bureau central ou secrétariat; un bureau des fonds; un bureau du contentieux des consulats et un bureau des interprètes. Le dépôt resterait à Versailles. Le travail serait fixé par un règlement; l'admission, l'avancement, la destitution, déterminés par une loi.

Chacune des quatre sections du bureau politique aurait un chef et un sous-chef, quatre commis et deux surnuméraires. Le chef recevrait les lettres et mémoires concernant sa division ; avec l'autorisation du ministre en conférerait avec les agents étrangers et ferait partie du Conseil des Affaires étrangères. Le sous-chef remplacerait le chef en cas d'absence, serait chargé des affaires des particuliers, aurait la garde des chiffres ou registres et rédigerait les dépêches. Un commis serait chargé de l'enregistrement des dépêches adressées aux agents politiques ; un autre de l'enregistrement des dépêches adressées aux consuls. Les deux commis et les deux surnuméraires restants expédieraient les minutes qui seraient paraphées par le ministre. A ces minutes, les chefs de division pourraient joindre des protestations quand les dépêches leur sembleraient contraires à la loi. Dans aucun cas, sauf celui de trahison, ils ne pourraient se refuser à obéir aux ordres du ministre.

Les chefs des bureaux politiques, pour s'éclairer sur les mesures à prendre et donner plus d'ensemble à la marche des affaires, doivent s'assembler à une heure fixe dans le cabinet du ministre pour entendre la lecture des extraits préparés par le *bureau central*, discuter les réponses et les instructions. Le ministre seul donnerait des ordres et déciderait en dernier ressort. Le conseil siégerait comme jury lorsqu'une dénonciation serait adressée contre un employé. Tous les chefs et sous-chefs y assisteraient.

Le bureau central, composé d'un chef, un sous-chef, six commis et deux surnuméraires, serait chargé de l'ouverture des paquets, de l'enregistrement des

donner au ministère une autonomie, et au ministre une indépendance incompatible avec les principes de la Convention.

En matière d'organisation, la Convention, jusqu'en juin 1793, a peu innové. Elle s'est contentée d'interdire à ses membres les places du ministère (29 septembre 1792), de prendre diverses mesures sur la manière dont les ministres rendraient leurs comptes. Pour le département des Affaires étrangères, elle semble s'en être rapportée presque

dépêches, dont il ferait des extraits, de la distribution de ces dépêches entre les directions, de l'expédition des passé-ports, des légalisations et du contentieux intérieur.

Le bureau des fonds, composé de un chef, un sous-chef et trois commis, établirait le tableau mensuel des dépenses, payerait les agents, sur l'autorisation spéciale du ministre, serait chargé de la comptabilité pour laquelle on se conformerait aux lois générales. Un commis aurait pour fonctions spéciales de faire et de conserver les états des mobiliers des hôtels, recueillerait les preuves de civisme, les bulletins de services rendus.

Au bureau contentieux des consulats, un chef, deux sous-chefs et quelques commis. Ils s'occuperaient des contestations commerciales entre Français, des expéditions maritimes, des assurances, des avaries et des pouvoirs judiciaires des consulats. Le chef du bureau devrait avoir travaillé pendant six années dans les consulats ou l'administration des ports.

Le bureau des interprètes forme dans ce système une grande école des jeunes de langues. Il est divisé en deux classes : langues orientales et langues européennes. Dans la première classe, quatre interprètes, pour le turc et l'arabe, le persan et l'arabe, le tartare et le chinois, le russe, enseignant chacun à quatre élèves. Dans la deuxième classe, autant de traducteurs qu'il y a de langues européennes. Les traducteurs chargés de cours gratuits et ayant de plus pour travail le dépouillement des journaux.

Une imprimerie nationale doit, comme dans l'organisation de Choiseul, être jointe au Département.

Pour les agents à l'extérieur, la réforme est encore plus radicale. Les ambassadeurs ordinaires remplacés par des ministres pris parmi les premiers commis et les premiers secrétaires. Chaque légation composée d'un chef et de deux secrétaires. Le premier secrétaire correspondant directement avec le ministre des Affaires étrangères et chargé d'affaires en l'absence de son chef. La durée des missions de quatre années; on ne pourrait changer à la fois le ministre et le premier secrétaire. La correspondance serait divisée en quatre parties ayant chacune son enregistrement spécial : Politique; bulletin nouvelles, sorte de journal tenu dans chaque légation; lettres particulières relatives aux intérêts des particuliers, enfin finances. De plus, le ministre serait tenu de remettre chaque année des renseignements exacts et détaillés sur la population, l'industrie, le commerce, les finances, les forces de terre et de mer, le gouvernement, les principaux personnages, le corps diplomatique, les négociations et le commerce avec la France du gouvernement près duquel il serait accrédité.

Le corps consulaire serait réorganisé suivant des bases nouvelles, avec une grande circonspection dans le choix des agents, qui ne pourraient être vice-consuls qu'après quatre années de surnumérariat et consuls qu'après huit années de grade.

L'État aurait dans chacune des capitales de l'Europe une maison convenable à bail, fournie de meubles, de vaisselle, de voitures, et confiée à un gardien qui

absolument à un individu, qui, sans situation définie, sans mandat soit du ministère, soit de la Convention, au moins dans les premiers temps, a exercé sur les relations extérieures une influence considérable.

Ducher, tel est son nom, était un ancien avocat, qui, vers 1780, avait été chargé d'analyser les lois commerciales des États-Unis. Inscrit en 1783 sur la liste des aspirants aux consulats en Amérique, il était parti à ses frais pour ce pays, avait fait naufrage à Long-Island, et à la suite de ce naufrage était resté estropié. Il avait obtenu en 1785 la gérance du vice-consulat de Portsmouth, et plus tard celle du vice-consulat de Wilmington. Revenu en Europe en 1789, il avait présenté au comité de liquidation une réclamation de 61,000 livres pour ses pertes et ses blessures; l'indemnité, réduite à 17,333 livres

---

serait chargé de remettre des états de ce qu'il achèterait. La livrée des domestiques des ministres est même réglée : frac bleu à deux rangées de boutons et passe-poil rouge, gilet rouge, culotte blanche, chapeau uni avec une ganse d'argent, bouton blanc portant ces mots : Mission française.

Le projet règle enfin les conditions d'admission et d'avancement, le mode de destitution et de mise à la retraite. Pour l'admission, il exige des preuves de civisme, de caractère moral et d'études historiques, géographiques et politiques; il demande la connaissance des langues étrangères. L'ancienneté n'est point le titre principal d'avancement; mais nul ne pourra être sous-chef, s'il n'a été commis subalterne pendant deux années; chef, sans six années de service dans le Département. Les ministres seront choisis parmi les premiers commis et les premiers secrétaires. Néanmoins, ceux qui depuis la révolution du 10 août auront obtenu des places dans le Département, en considération de leur courage, de leur patriotisme ou de leurs talents, ne seront pas compris dans ce règlement.

Il faut pour être destitué une incapacité prouvée, une désobéissance ou un délit constaté aux deux tiers des voix par un jury composé des chefs ou premiers commis du ministère. Devant ce jury, l'agent a le droit de plaider sa cause; il peut même interjeter appel près du conseil exécutif. Aucun de ceux qui auront voté pour la destitution ne pourra succéder à l'agent destitué.

Enfin, une pension de retraite, égale au bout de trente années, au traitement intégral, est accordée aux employés : les ministres, résidents et chargés d'affaires assimilés aux premiers commis, les consuls et vice-consuls aux sous-chefs. Les fils d'anciens employés doivent être placés de préférence. Les veuves ont le tiers de la pension de leurs maris, et dans le cas de maladies graves, des pensions peuvent être accordées au bout de six années de service.

Ce projet de règlement, qui tente une conciliation salutaire entre les principes de l'ancienne administration et ceux de la République nouvelle, pèche par plusieurs points, mais il n'en est pas moins l'œuvre d'un bon esprit, imbu des saines traditions. Les points faibles sont à coup sûr la multiplicité exagérée des agents au Département, la division trop grande de la conception, du travail et de la responsabilité, la correspondance directe des premiers secrétaires avec le ministre; mais il fallait faire des concessions à l'esprit républicain, et parmi les idées nouvelles que présente le projet, il en est plusieurs qui, appliquées par la suite, ont démontré leur utilité. Dans l'organisation que le premier consul donna au Département, on en retrouvera la trace.

6 sols 8 deniers par le ministère de la Marine, avait été entièrement rejetée par les liquidateurs. Ducher s'était alors lancé dans le parti avancé, et s'était fait le fournisseur d'idées de Barère.

Ce furent les articles qu'il fit insérer au *Moniteur*, les projets d'organisation qu'il soumit à Barère, l'activité qu'il déploya pour la réalisation de ces projets, qui déterminèrent, sans nul doute, l'article 14 du décret du 14 février 1792, par lequel le bureau des consulats fut rattaché au ministère des Affaires étrangères. Ce fut encore sur sa proposition que fut créé, en avril 1793, un bureau du contentieux politique et consulaire, composé de trois employés ; enfin, ce fut lui qui fit instituer par la Convention, le 30 mai 1793, un bureau diplomatique et commercial, composé de membres choisis parmi les agents politiques, les consuls et les vice-consuls hors de fonctions par suite des événements de la guerre, et chargé de faire le dépouillement des anciens traités et d'examiner les rapports commerciaux et industriels de la République avec les différentes nations. Ce bureau qui, s'il fut organisé, n'eut à coup sûr qu'une existence éphémère, n'était destiné qu'à donner une place de 9,000 livres au citoyen Ducher. Le Comité de salut public se débarrassa de lui en l'an III, en lui donnant une somme de 12,000 livres une fois payées.

Sauf cette adjonction au Département, du bureau des consulats, le ministère conserve la même organisation que précédemment. Le sixième bureau, créé pour faire une place à Mendouze, a pourtant été supprimé, et la correspondance avec l'Espagne et le Portugal confiée au septième bureau.

Quant au personnel, le nouveau ministre eut peu de modifications à introduire pour lui donner une couleur complétement républicaine. De tous ces employés soigneusement triés par Dumouriez, par Bonne-Carrère, et par Lebrun lui-même, un seul, Cardonne, fut dénoncé le 25 août 1792, pour avoir signé la pétition contre le 20 juin. Il fut expulsé le 1er septembre. Un décret du 9 septembre portait bien que les commis qui auraient donné des preuves d'incivisme seraient renvoyés, mais nul n'était dans ce cas aux Affaires étrangères, et tout le monde, même Cardonne, avait prêté avec enthousiasme le serment *d'être fidèle à la nation, de maintenir la Liberté et l'Égalité, ou de mourir en les défendant*[1]. C'était le second serment depuis 1789.

Certains mouvements de personnel rendirent pourtant des nominations indispensables, et il a semblé préférable d'envisager, dès à présent et d'ensemble, les choix de Lebrun pendant toute la durée de

---

[1] Décret du 15 août 1792.

son ministère. Lebrun dut d'abord se donner à lui-même un successeur, et cette fois il eut la main heureuse. Hugues-Bernard Maret, qu'il désigna comme chef du premier bureau, est si connu dans l'histoire générale, il a rempli des fonctions si hautes, il a été si particulièrement honoré de l'amitié de Napoléon Ier, que ce serait s'exposer à des redites inutiles, que de raconter en détail sa noble vie. Mais puisqu'il a passé quelque temps dans ces bureaux, dont il devint un jour le chef, il n'est peut-être pas sans intérêt de dire comment et combien de temps il y a été employé.

On sait que Maret[1] était fils d'un médecin du gouvernement pour les épidémies, lequel mourut à Fresnes-Mainetz (province de Champage) en 1786 ; M. de Vergennes, qui, prétend-on, était son parent, avait à ce moment promis au fils sa protection. En 1789, Maret fonde à Paris le *Bulletin de l'Assemblée nationale*. Il est peut-être, vers 1790, envoyé une première fois à Bruxelles, mais comme agent secret, pour surveiller les préliminaires de la révolution belge. En avril 1792, il est de nouveau envoyé en Belgique, comme agent révolutionnaire, mais autorisé cette fois à prendre le titre de secrétaire de légation. Le 4 mai 1792, il reçoit même une désignation de poste : Hambourg, mais n'en reste pas moins en France, avec mission d'organiser les Belges et Liégeois réfugiés (24 avril au 21 octobre 1792). Dans l'intervalle, en août, il est nommé chef de la première division du Département avec un traitement de 8,000 livres, et il figure à ce titre sur les états, jusqu'en janvier 1793. De retour de Flandre, à la fin d'octobre 1792, il est envoyé à Londres, en mission secrète. En apparence, il est chargé d'assurer le retour de Paméla, fille naturelle du duc d'Orléans et de madame de Genlis, et des enfants de Broglie. En réalité, il va traiter de la paix avec Pitt, avec lequel il a deux entrevues. Pitt n'est pas éloigné de la paix, mais ne veut pas négocier avec Chauvelin. On sait par les mémoires, par l'étude de sir Lytton Bullwer sur Talleyrand, la situation qu'avait l'ambassade de France.

---

[1] Voici les armes parlantes que l'Empereur donna à Maret en lui conférant le titre de duc de Bassano : *Tiercé en pal d'or, de gueules et d'argent, coupé de gueules à la main ailée d'or écrivant avec une épée d'argent, au franc quartier de comte ministre (d'azur à la tête de lion arrachée d'or). Chef de duc brochant sur le quartier (de gueules semé d'étoiles d'argent). Sur le tout, d'argent, à la colonne de granit sommée d'une couronne civique de chêne au naturel et accompagnée de deux lions, la queue fourchée, affrontés et contre-rampants, de gueules. Toque et manteau de duc.*

Armorial de l'Empire, planche XII.

Voir, sur Maret, la remarquable étude publiée par M. le baron Ernouf, *Revue contemporaine,* 1869-1870.

De retour à Paris, à la fin de décembre 1792, Maret est de nouveau envoyé en Angleterre, le 22 janvier 1793, sous prétexte de veiller aux papiers de la légation. Il arrive le 31 janvier à Londres, d'où Chauvelin a été renvoyé le 24, et est lui-même expulsé le 5 février. A partir de ce moment, Maret cesse d'appartenir à l'administration. D'abord agent général de la République en Belgique, puis ministre à Naples (mai 1793); il poursuit sa carrière sans se laisser rebuter par les dangers de toutes sortes et les difficultés de toute nature. Il devait rentrer comme ministre dans le Département le 17 avril 1811. « C'était, a dit Napoléon, un homme très-doux, de fort bonnes manières, d'une probité et d'une délicatesse à toute épreuve. » Pendant son court passage dans les bureaux, il trouva moyen de rendre service à nombre de personnes, entre autres à Stanislas Girardin [1], qui lui dut une apparente mission en Angleterre, qui n'avait d'autre but que de mettre ses jours en sûreté.

Maret n'avait guère été que nominalement chef de la première division. En son absence, Lebartz, vieux serviteur du Département, avait pu le suppléer; quant aux grandes dépêches, celles qui étaient soumises à la Convention, et qui décidaient de la paix ou de la guerre, elles étaient de la main d'un autre vieil employé, Antonie-Bernard Caillard. Celui-ci, sur lequel on aura à revenir, car il fut appelé par le Premier Consul à la direction des archives du Département, avait jusqu'ici presque continuellement servi la France à l'étranger. En 1792, il était en Hollande, d'où de Lessart l'appela pour lui donner la place de Rayneval. Envoyé comme ministre plénipotentiaire à la diète de Ratisbonne, il reçut, aussitôt après l'élection de l'Empereur, l'ordre de vider le territoire de l'Empire. Revenu à Paris, Caillard avait d'abord été nommé ministre en Hollande ; mais Lebrun ne tarda pas à s'apercevoir de la faiblesse de ses collaborateurs. Il garda donc Caillard auprès de lui, en lui conservant son traitement de ministre, et le chargea des travaux les plus importants dans les affaires d'Espagne, d'Angleterre et de Constantinople.

Après le départ définitif de Maret, en janvier 1793, Lebrun trouva encore pour lui succéder un homme de l'ancien régime, d'un mérite rare et d'une instruction profonde. Louis-Guillaume Otto était né à Kork, bailliage de Wilstadt, grand-duché de Bade, le 7 août 1754, suivant les uns; à Strasbourg, suivant un mémoire remis par lui, en 1785, à M. de Vergennes. En tout cas, sa famille était protestante, établie depuis longtemps à Darmstadt, où son père avait rempli les

---

[1] *Mémoires*, t. III, p. 135.

fonctions de chancelier du prince. Il fit ses études de droit public à l'Université de Strasbourg, et, à la fin de 1776, M. de la Luzerne s'étant adressé aux célèbres professeurs pour leur demander un secrétaire, Otto fut désigné. Il accompagna donc M. de la Luzerne, d'abord en Bavière en 1777, puis aux États-Unis en 1779. Vers 1785, il fut reconnu par le Ministère comme secrétaire de la légation, et reçut à ce titre une gratification annuelle de 1500 livres. En 1785 et 1786, et en octobre 1790, il fut chargé des affaires de France aux États-Unis, et revint, à la fin de 1792, dans sa patrie d'adoption. Arrivé à Paris au commencement de 1793, il écrivait dès le 2 janvier à Lebrun pour demander de l'emploi. « Éloigné depuis sept ans de ma patrie, disait-il, il m'a été impossible de donner les preuves de civisme qui ont illustré un si grand nombre de mes concitoyens, mais ma conduite officielle a pu vous convaincre de mon attachement aux principes qui ont terrassé si victorieusement l'ancien despotisme de la France. » Le 29 janvier, Lebrun lui annonçait qu'il l'avait nommé premier commis, en remplacement de Maret. « Je vous donne d'autant plus volontiers ma confiance, lui écrivait-il, que je vous suppose le patriotisme le plus pur et le plus sincère attachement aux principes de la Révolution. J'espère, citoyen, que vous ne vous en écarterez jamais. Ces qualités, inséparables du bon citoyen, sont requises pour les fonctions auxquelles je vous destine et que vous aurez à remplir. »

Otto entra immédiatement en fonction. Mais dans ce bureau, le plus important encore du ministère, celui qui était chargé d'expédier les plus grosses affaires, de correspondre avec l'Angleterre, la Hollande, les Pays-Bas, les États-Unis et les villes hanséatiques, quel personnel avait-il à sa disposition ? Le premier bureau, on s'en souvient, se composait, d'avril à août 1792, de Lebartz, Cornillot, Ysabeau et Picart. Lebartz seul était resté dans la nouvelle direction ; Cornillot était passé à la deuxième ; Ysabeau au bureau central, et Picart était employé au ministère de la Marine. Ces trois employés avaient été, à diverses dates, remplacés par neuf commis nouveaux : Mourgue, Letellier, Sicard, Guillard, Guyétand, Faucheux, Beuscher, Léchaudé et Thouart.

Jean-Scipion-Anne de Mourgue, devenu, sous la Révolution, le citoyen Mourgue, avait été attaché, le 1ᵉʳ juillet 1792, à la légation de Chauvelin, à Londres. Pour cette nomination, Chauvelin n'avait été ni consulté, ni même averti, de sorte qu'entre l'ambassadeur et l'attaché il en résulta des relations plus que froides. Au reste, Mourgue avait probablement d'autres fonctions que sa mission ostensible. Protégé de Maret, il donne, le 28 septembre, sa démission d'attaché, et reste à Londres comme agent secret. Le 25 janvier 1793, il est nommé premier secrétaire de l'ambassade de Maret, successeur de Chauvelin. On sait que celui-ci eut à peine le temps d'arriver jusqu'à Londres et revint à Paris le 11 février. A Paris, Mourgue fut attaché à la première division, aux appointements de 3,600 livres (il avait vingt et un ans, étant né le 21 février 1772). Le 3 octobre 1793, il donna sa démission comme requis pour l'armée, et fut nommé agent de l'administration des poudres et salpêtres du district du Vigan. Il rentra plus tard aux Affaires étrangères.

Letellier est l'ancien commis du dépôt, chargé de travaux particuliers. Quant à Sicard, quoiqu'il ait rarement paru au Département, il mérite quelques lignes, car il s'est trouvé mêlé, ainsi du reste que Lebrun, à un des plus sanglants épisodes de la Révolution : la conspiration de Bretagne.

Ce Sicard, né à Toulouse, d'abord soldat pendant cinq ans au régiment du Roi-dragons, puis employé au comité d'aliénation de l'Assemblée nationale, avait été attaché au ministère le 15 mars 1792. En avril, il avait été second secrétaire de la légation de Villars, à Mayence; en octobre, chargé de porter des instructions à Châteauneuf, résident à Genève, et, en novembre, il avait reçu la mission de pénétrer en Pologne, par la Saxe et la Bohême, pour observer la marche de l'armée russe. Arrêté à Prague, incarcéré au Spitzberg, ramené à Prague et reconduit à la frontière, il était revenu à Paris. En février an II (1793), il fut chargé de trois missions successives en Bretagne. Il devait surveiller les deux individus qui avaient promis de livrer la conspiration de la Rouarie, après l'avoir amenée au point compromettant. De ces deux hommes, l'un, Latouche-Cheptel, était le confident de Calonne, et fit divers voyages en Angleterre auprès des princes pour obtenir le secret qu'il voulait vendre. L'autre, Lalligant-Morillon, reçut de la Convention 50,000 livres pour prix de sa trahison[1]. Sicard avait des pleins pouvoirs secrets pour faire arrêter les deux espions et se substituer à eux. On sait qu'il n'en eut pas besoin. La découverte, chez Limoëlan, du cadavre de la Rouarie, l'arrestation de vingt-huit conjurés, la saisie d'une grande quantité d'argenterie enfouie, se fit sans l'intervention de Sicard. Néanmoins ce fut lui qui fit arrêter, aux environs de Fougères, « la nommée Moellien, la Jeanne d'Arc de la conspiration, qui faisait circuler en Bretagne les

---

[1] J'ai trouvé dans un curieux petit volume, intitulé *Recueil de pièces intéressantes pour l'histoire de la Révolution*, Paris, an II, in-12 de 144 pages, des détails particulièrement nouveaux sur cette conspiration de Bretagne. Je me réserve de revenir plus tard sur cet intéressant épisode de la Révolution.

faux assignats qui lui venaient d'Angleterre ». Il manqua, ou du moins il écrivit qu'il avait manqué la capture de mille louis en or que mademoiselle de Moellien était supposée porter sur elle. Les vingt-neuf furent guillotinés (18 juin 1793). En mai, Sicard partit pour Constantinople, en passant par Venise, où il était chargé de surveiller Hénin de Cuvilliers, chargé d'affaires; plus tard, en fructidor an II (septembre 1794), il fut nommé secrétaire de légation à Gênes, et cessa enfin, malgré ses demandes réitérées, d'être employé en fructidor an IV (septembre 1796).

Jérôme Guillard, employé à 3,000 livres depuis octobre 1792, était le frère de Nicolas-François Guillard, si connu comme auteur de *libretti* d'opéra et qui fut député au conseil des Cinq-Cents en 1799. En septembre 1793, Guillard fut détaché pour « prêcher la foy révolutionnaire » dans le département d'Eure-et-Loir. D'abord commissaire du pouvoir exécutif à Chartres, mis en réquisition de nouveau par le représentant Bentabole, il fut agent national du district de Chartres[1], et à la suite de sa trop grande douceur, dit-il, mis en prison au Luxembourg, d'où il ne sortit qu'après le 9 thermidor (27 juillet 1794). Dans l'intervalle, sa place avait été remplie, et il ne fut plus employé.

Claude-Marie Guyétand n'est pas complétement un inconnu. Il a eu son jour de célébrité et sa place dans le *Petit Almanach des grands hommes*. Né en Franche-Comté, à Leschaux-Després, de parents mainmortables, il avait été d'abord destiné à l'état ecclésiastique. Venu à Paris, il publia une satire contre les catholiques intitulée *le Génie vengé*, qui parut d'abord en 1780, en une brochure in-8°, et fut réimprimée dans les *Poésies satiriques du dix-huitième siècle*, 2 vol. in-18. Il entra chez un libraire, fut ensuite secrétaire du marquis de Villette. En dehors de ce qu'il a publié sous le nom de celui-ci, les *Lettres* particulièrement, il est l'auteur de poésies parues en 1790, 1 vol. in-8°, et d'un plaidoyer en faveur des mainmortables du mont Jura. Il entra aux Affaires étrangères le 19 août 1792, et s'y fit remarquer par une grande assiduité et une assez réelle entente des affaires. D'ailleurs, républicain farouche et homme peu aimable, il s'était surnommé lui-même l'Ours du Jura. Le *Moniteur* (réimpression, t. III, p. 404, et t. VII, p. 219) a publié des extraits de son *Poëme sur la liberté* et une analyse de ses poésies.

Faucheux et Beuscher étaient volontaires à l'armée du Nord, et

---

[1] On peut consulter sur son séjour à Chartres une brochure intitulée : *Jérôme Guillard, agent national du district de Chartres, démasqué à la Convention nationale.* — Signée : MAUPOINT. Paris, Lebois, in-4°.

continuaient à toucher, l'un 1500, l'autre 1000 livres par an. Beuscher était le neveu de Le Bartz; il avait fait, comme volontaire, dans la 2ᵉ compagnie du Panthéon, la campagne de 1792; était revenu à Paris et entré, le 15 janvier 1793, à la première division. Il repartit comme volontaire dans le 5ᵉ bataillon de Paris, le 11 mars 1793, et resta à l'armée jusqu'au 19 ventôse an III (mars 1795). Beuscher, que l'on aura occasion de retrouver, a vieilli au Département et y a laissé un nom honorable que ses fils ont dignement porté.

Léchaudé, surnuméraire, qui n'était entré aux Affaires étrangères que pour se soustraire à la réquisition, devint, le 14 thermidor an III (août 1795), inspecteur des vivres à l'armée du Haut-Rhin. Quant à Thouart, Liégeois venu avec Lebrun, ancien employé de la régie générale des aides, il fut nommé, le 16 floréal an II (mai 1794), receveur d'enregistrement dans son pays.

Le chef de la deuxième division de Dumouriez, Noël, avait été, comme on l'a vu, envoyé en Angleterre le 28 août 1792, et nommé chargé d'affaires à la Haye, le 7 décembre; il avait été remplacé dans sa direction, le 1ᵉʳ septembre 1792, par Jacques-François-Marie Vieilh de Boisjolin, homme de lettres et poëte[1]. C'était, à vrai dire, un tout petit poëte, un de ces poëtereaux auxquels Rivarol consacrait son *Petit Almanach des grands hommes*. «M. de Boisjolin, disait Rivarol, est sorti tout à coup de l'aimable obscurité où sa modeste muse le retenait, par un tour de force qui a fait trembler toute la littérature. Ayant choisi le *Mercure* pour champ de bataille, il a pris l'*Art poétique* d'une main, et le poëme des *Jardins* de l'autre, et les ayant balancés quelque temps, il a mis tout à coup le poëme des *Jardins* dessus, et l'*Art poétique* dessous, aux applaudissements de tous les gens de goût; il n'y a que M. l'abbé Delille qui a paru scandalisé[2]. » Boisjolin aimait la pastorale, entremêlait, dès l'âge le plus tendre, les moutons, les bergers et l'amour; faisait en 1778 une comédie: *l'Amitié et l'amour ermites;* lisait dans les salons un *Poëme sur le printemps,* et, en 1789, était attaché à l'éducation du duc de Chartres[3]. Dans ce Palais-Royal, la Révolution lui monta à la tête. De bucolique, le poëte passa pindarique et tyrtéen. En 1790, il remplaça la Harpe à son cours du lycée, et, le 12 août 1792, il saluait l'arbre de la Liberté d'apostrophes brûlantes :

> Un trône sous ton ombre empoisonnait ta séve.
> Nous renversons le trône, et ton front se relève.

---

[1] Né à Alençon, le 29 juillet 1760.
[2] *Petit Almanach des grands hommes*, p. 51, éd. de 1788.
[3] Voir les *Mémoires de madame de Genlis*.

> Enfant de la Montagne, arbre de Liberté,
> De climats en climats tu seras transplanté !

La récompense ne se faisait pas attendre ; le 1ᵉʳ septembre, il était nommé chef du deuxième bureau des Affaires étrangères, aux appointements de 8,000 livres.

Dans sa division [1], se trouvaient quelques anciens : Campy et Cornillot, deux vieux serviteurs de la monarchie. Un autre de ses employés, Dubost, était à l'armée ; Vaqué, enfin, était venu du secrétariat dans sa division. En mai 1793, Vaqué quitta le ministère, et fut remplacé par deux commis : Place et Isidor Agasse.

Agasse est un personnage presque célèbre. Ce fut lui qui fournit à Lafayette l'occasion d'une de ces scènes déclamatoires dont le général des Bleuets était aussi friand que son armée. On se souvient de ces frères Agasse, condamnés à mort et exécutés pour fabrication de fausses lettres de change. Isidor Agasse était le puîné de cette famille. Un acteur, Beaulieu, donna sa démission de lieutenant de grenadiers, pour faire place à « l'intéressante victime des préjugés ». Agasse fut acclamé, embrassé, reçu officier par Lafayette lui-même, invité à un banquet par le général, et mis à sa droite. Placé par M. de Liancourt au comité de mendicité de l'Assemblée constituante, il n'avait pas trouvé d'emploi dans la nouvelle Assemblée. Le 11 avril 1792, il écrivait à Dumouriez : « Sans doute, mes malheurs vous sont connus, et pour éveiller votre sensibilité, je n'ai pas besoin de vous en faire le récit. Je suis ce jeune Agasse qui intéressa tous les cœurs. » Admis aux Affaires étrangères, en mai 1792, secrétaire de Maret en Belgique, puis employé au Ministère au moment du départ de celui-ci pour Naples ; il fut, quelque temps après, requis par l'autorité militaire, et successivement secrétaire de l'agent supérieur militaire près des armées de Sambre-et-Meuse et des Ardennes, et commissaire à l'administration des poudres et salpêtres du département de l'Oise. En brumaire an IV (octobre 1795), il figurait de nouveau sur les états du ministère.

La troisième division [2] avait conservé son chef, le citoyen Baudry, le vertueux citoyen de Niort, qui écrivait du style qu'on a vu ; mais, le 2 avril 1793, Baudry reçut du conseil exécutif, ainsi que Févelat, employé à la direction des fonds, une mission dans les départements de l'Ouest. Ils se rendirent d'abord à Niort, où Baudry se montra dans toute sa gloire ; puis dans les départements de la Vendée, de la Loire-

---

[1] *Correspondance avec l'Allemagne.*
[2] *Correspondance avec la Suède, le Danemark, la Russie et la Pologne.*

Inférieure et de Mayenne-et-Loire. Au commencement de mai, ils se séparèrent; Baudry retourna à Niort; Févelat se dirigea sur Doué, quartier général de l'armée, puis sur Saumur. Mais dans le courant de ce même mois, arrivèrent les émissaires de la Commune, « ces vautours à face humaine », écrit Baudry. Marat, renseigné par eux, dénonça Baudry et Févelat [1], « deux des plus perfides citoyens que Lebrun eût dans son Département : un Baudry, l'âme damnée de Danton; un Févelat, le rebut des jacobins ». Cela suffit. Baudry eut beau se faire donner des certificats de civisme par toutes les municipalités des villes qu'il traversa, par les généraux Berruyer et Bourdonnaye, par le général Canclaux qui écrivit au ministre « que la manière dont Baudry s'acquittait de sa mission, ses talents, son esprit, son éloquence, et surtout son vrai républicanisme, étaient ses titres les plus précieux. Oui, citoyen ministre, je vous remercie de me l'avoir fait connaître. De tels hommes sont aussi rares qu'utiles. » Le 18 août 1793, le conseil exécutif chargea le ministre des Affaires étrangères de rappeler le citoyen Baudry, attendu qu'il ne remplissait pas depuis longtemps la mission qui lui avait été déléguée (parcourir les départements révoltés, y observer l'état des choses, et en rendre chaque jour un compte exact et détaillé au Conseil). Baudry fut rappelé le 22. Et, le 4 septembre, à la Convention, lorsque Barère a fini son rapport contre les girondins, Drouet se lève : « Je demande que Baudry, secrétaire et complice de Lebrun, soit également renvoyé pardevant le tribunal révolutionnaire. » La motion est votée sur cette fausse affirmation, sans un motif, sans une explication [2].

Le pauvre Baudry essaye encore de se débattre. Le 2 octobre 1793, il écrit à Barère pour lui demander sa protection, tâcher de conserver sa place. Voici la fin :

« Du 24 messidor an II (12 juillet 1794), Baudry (Thomas), âgé de cinquante-deux ans, né à Angers, ingénieur, chef du bureau de la troisième division aux Affaires étrangères, rue de Provence, condamné, le 24 messidor, par le tribunal révolutionnaire de Paris. »

Dans l'arrêt qui condamne sa fournée, fournée de vingt et une personnes, où se rencontrent Roch Marcandier et sa femme, des habitants du Doubs et du Jura, des employés, des paysans, impossible de trouver le motif qui fait condamner Baudry, ce malheureux, qu'on ne tue même pas sous son vrai nom. « Conspirateur », voilà tout ce que dit la liste générale des condamnés. — Conspirateur !

---

[1] *Journal de la République*, n° 193, 13 mai 1793.
[2] Voir *Journal des Débats, Procès-Verbaux, Gazette de France, Moniteur*. J'ai cherché une atténuation à ce crime. C'en est un. Je n'ai rien trouvé.

A la vérité, Baudry avait dans sa direction un imbécile, qui était bien capable de le compromettre, et au besoin de le dénoncer. C'était pourtant son ami et son compatriote : le citoyen Jean-Baptiste-Charles Joly, de Niort. De méchantes langues prétendent qu'il y était tailleur. Ce modeste métier ne l'empêcha pas d'aspirer aux honneurs de l'élection. Il fut secrétaire-greffier de la commune de Niort, lieutenant de la garde nationale, commissaire pour la formation des bataillons de volontaires. En 1792, il fit même une campagne dans la garde mobile; combattit, à ce qu'il affirme lui-même, avec un courage tout particulier, et reçut un coup de sabre. Vers le 10 août, il fut appelé à Paris par son camarade Baudry, et entra aux Affaires étrangères. Il y vécut assez tranquille jusqu'en septembre 1793, où il fut incarcéré à la Force, comme suspect de fédéralisme. Dans une pièce imprimée, par laquelle il demandait la croix de la Légion d'honneur, en 1815, il dit avoir été arrêté pour avoir, dès que la loi des suspects fut connue, rédigé et fait afficher sur les murs un écrit intitulé : *Définition du mot « suspect »*. Il résulte d'une autre pièce que Joly fut arrêté simplement parce qu'il était suspect[1].

---

[1] Après cette arrestation, le ministre se permit de demander pour quel motif un de ses employés avait été incarcéré. Voici la réponse :

COMITÉ DE SURVEILLANCE
    RÉVOLUTIONNAIRE
de la section régénérée
   DU MAIL

Du 1er octobre 1793, l'an second de la République française, une et indivisible.

Au Ministre des Affaires étrangères.

Citoyen Ministre, vous nous demandez, par votre lettre du 30 septembre dernier, les motifs de l'arrestation du nommé Joly, l'un de vos employés dans votre Département. Nous vous dirons d'abord que Joly a été arrêté par ordre du Département de police à la mairie. En second lieu, Joly a été dans la section du Mail avant sa régénération, et où il était logé en garni après avoir été rejeté de la section Fontaine de Molière, un des piliers de la faction brissotine, girondine, rollandine, etc. Il a fait, pendant son règne, de très-grands maux à la chose publique, et il aurait beaucoup contribué à la détruire, si les sans-culottes n'étaient enfin parvenus à culbuter cet incendiaire et son parti. Joly est donc suspect, et très-suspect, aux yeux de la loi et des patriotes. Jusqu'à présent, toute sa justification se réduit à dire qu'il a été trompé, et cette excuse est sa propre condamnation. Elle prouve encore qu'il y avait des trompeurs, et cela caractérise très-bien la coalition royaliste ou fédéraliste.

Quant à l'emploi qu'il occupe dans votre Département, il est étonnant qu'il y soit encore, car il n'a point de certificat de civisme, ou, s'il en a un, ce certificat est nul, car il n'a point été visé à notre comité, condition indispensable.

En résumant, nous pensons que Joly est un intrigant d'autant plus dangereux qu'il a quelques talents, de l'audace, du jargon et des poumons. Il ne cherche qu'à faire son profit personnel de la Révolution, et il se vendra toujours à celui

Plus heureux que Baudry, Joly fut mis en liberté le 22 thermidor an II (9 août 1794), et en même temps que sa liberté, il recouvra les honneurs municipaux ; car, la même année, il fut élu notable du département de la Seine. Joly avait, au ministère, 4,000 livres de traitement.

Son collègue, le citoyen Maison, employé à 2,400 livres, était un personnage non moins étonnant. «Des études préparées depuis longtemps avaient assigné au citoyen Maison une place en diplomatie.» C'est lui qui le dit. Aussi débuta-t-il, en 1792, par une mission à Vienne, où il alla porter des dépêches, et où il affirme qu'il déclara la guerre. Le citoyen Maison «entra ensuite dans les bureaux pour se familiariser avec les formes diplomatiques», et on lui avait promis la résidence d'Hambourg, quand Lebrun quitta le ministère. Maison accompagna le ministre dans sa retraite. Carbonnier était un passant, et l'on n'a rien trouvé sur lui. Quant à Lignac, citoyen de Liége, il fut employé pendant un an, de la fin de 1792 à l'an II (septembre 1793), puis partit soldat au 5ᵉ régiment de hussards.

Dans la quatrième division[1], Colchen continuait à régner. Il était en termes affectueux avec les particuliers les plus repoussants de la Montagne. Ainsi, le 6 décembre 1792, Collot d'Herbois lui écrivait de Nice la lettre suivante : « Cher sans-culotte, je pense, cher ami, que vous aurez été au moins une fois visiter ma bonne épouse. Elle doit être bien triste, et il n'y a que la visite des sans-culottes[2] qui puisse un peu la distraire. Je vous en prie, allez causer quelquefois avec elle. Recevez les assurances de l'attachement fraternel de votre ami, le sans-culotte Collot d'Herbois. » Colchen lui répondait sur le même ton, le 17 décembre 1792 : « Je voudrais, mon cher ami, pouvoir visiter souvent l'aimable sans-culotte, votre compagne, mais la République demande tout notre temps, et nous ne pouvons rien lui refuser. Pourtant je profiterai de tous les instants que je pourrai dérober, et j'irai, avec mon frère, parler de vous, boire à votre santé, à vos succès, à votre retour. Adieu, cher patriote ; aimez un peu un vrai sans-culotte, qui vous aime de tout son cœur. »

---

qui le payera. Vos secrets seraient très-hasardés dans de si mauvaises mains Il faut, quand il aura obtenu sa liberté, qu'il retourne à son premier métier de tailleur, où il sera bien moins à craindre que dans les fonctions publiques.

Signé : Barry, président ; Brocheton, Frémont, Langé, Harant, Gellé, Boudier, commissaires.

Cachet : *Section du Mail.* — *Département de Paris.* — *Comité de salut public.*

[1] Correspondance avec toute l'Italie, l'Espagne et le Portugal.

[2] Collot se reprit : il raya « des sans-culottes » et surchargea « des bons patriotes ».

Malgré ces liaisons, ou peut-être grâce à elles, on assure qu'il parvint à faire élargir divers prisonniers, entre autres le comte d'Hunolstein, président du département de la Moselle, qui s'était rendu, muni d'un passe-port, aux eaux de Ripolzo, en Suisse, et qui, à son retour, inculpé d'émigration, fut arrêté et incarcéré à Besançon [1].

Les employés de son bureau, dans lequel avaient été versés ceux du sixième bureau, s'ils n'étaient pas anciens, du moins dataient de mars 1792. Un, Goffinet, appartenait même à la vieille administration. Fournier, qui, avant 1793, faisait partie de sa direction, était passé aux Archives. On a plus haut parlé des autres : Bonhomme, Lacroix et Soulaire. Colchen n'avait reçu, en fait de nouveau, qu'un surnuméraire; mais ce surnuméraire était un enfant de la carrière, et autrefois on l'eût admis de plain-pied. C'était Caillard, fils de l'ancien secrétaire de l'administration et garde des Archives de la fondation de l'École militaire, neveu de ce Caillard, qui jouait à ce moment même le principal rôle au Département.

Sur Joseau, chef du cinquième bureau (Suisse et alliés de la Suisse), on trouve une indication dans le journal de Marat (*Rép. fr.*, n° 45, 14 novembre 1792) : « Vous savez sans doute que Joseau, ancien commissaire du Roi, l'ami et le secrétaire de Pétion, vient d'être nommé premier secrétaire du bureau des Affaires étrangères. Loin d'être versé dans la diplomatie, il ne connaît même pas le nom des cours étrangères. » Mathurin-Pierre Joseau était né à Chartres, vers 1750, avait été successivement avocat, assesseur du juge de paix de sa section, membre du bureau de conciliation du 5° arrondissement, accusateur public près le tribunal du 4° arrondissement, commissaire du Roi au tribunal criminel provisoire du 4° arrondissement, enfin chef des bureaux de la mairie, et, de là, chef du cinquième bureau aux Affaires étrangères. Arrêté quelque temps après Pétion, Joseau fut compris dans l'avant-dernière fournée, et guillotiné le 8 thermidor (26 juillet 1794).

Sous les ordres de Joseau travaillaient Salverte, qui devait bientôt passer au secrétariat, Lequoy, Lemaître, Huchon et Le Royer. Anne-Joseph-Eusèbe Baconnière de Salverte, qui, plus tard, acquit dans la littérature et à la Chambre des députés une réputation estimable, était né à Paris, le 13 juillet 1771. Il fit de bonnes études au collège de Juilly, et fut ensuite avocat du Roi au Châtelet, jusqu'à la suppression de ce tribunal [2]. Il entra au ministère après le 10 août et publia, y

---

[1] Voir *Correspondance de* M. LE COMTE DE SERRE, t. Iᵉʳ, *passim*.

[2] Voir *Étude sur les tribunaux de Paris*, par M. CASENAVE, t. Iᵉʳ, p. 577. Salverte avait dix-huit ans quand il acheta sa charge (29 décembre 1789).

étant employé, un certain nombre de brochures (*Entretiens de L. J. Brutus et de C. Mucius,* Paris, an II, in-8°, etc.). Il resta peu de temps dans les bureaux du Département, passa dans ceux du cadastre, et après avoir joué un rôle assez particulier dans les journées de Vendémiaire, se consacra uniquement à la littérature [1]. Il devait, plus tard, en avril 1828, être député du 5ᵉ arrondissement de Paris, et jouer un rôle dans la révolution de 1830. Il ne mourut qu'en 1839.

Quant à Lequoy, homme de loi, entré à la fin de 1792, il devait rester au ministère jusqu'au 26 pluviôse an IV (15 février 1796), époque à laquelle il fut détaché en mission dans les neuf départements de la Belgique, pour y établir le régime hypothécaire et reformer le notariat. Il trouva, à son retour, en l'an V (1797), sa place supprimée, et, en l'an VII (1799), fut nommé commissaire du gouvernement à Flessingue. Jean-Bénédict Lemaistre, citoyen de Genève, était entré au Département en octobre 1792. Il fut d'abord secrétaire particulier de Custine fils, ministre de France à Berlin, puis employé dans les bureaux. Huchon, surnuméraire, donna sa démission pour s'engager dans l'armée, le 31 juillet 1793. Enfin, Le Royer, fils du joaillier du ministère, était employé depuis le 10 août; le 6 pluviôse an III (janvier 1795), il fut attaché à la légation de France aux États-Unis (légation d'Adet).

Le bureau central dont l'institution avait été nécessitée par les rapports constants avec le Comité de salut public, par l'abondance des documents parlementaires à expédier, était devenu le refuge d'une partie des employés de Dumouriez. Il avait pour chef Ysabeau, ancien commis de Lebrun au premier bureau, et qui avait alors acquis toute sa confiance. Le bureau central, si rapproché du ministre par les fonctions qui lui étaient attribuées, mettait plus en vue l'homme qui en était le chef. Aussi, dès le mois de septembre 1792, Ysabeau était-il attaqué par Marat, en même temps que Lebrun. Il découvrit, quelques mois après, la conspiration de Bretagne, au témoignage même du rapporteur Lasource, et était ainsi le centre de cette nuée d'espions, d'agents révolutionnaires et de délégués du conseil exécutif, que Lebrun lâchait sur la France, et qui furent, sans qu'on s'en doute encore, les principaux fauteurs et les premiers bourreaux de la Révolution dans les provinces.

En mai, Ysabeau, sentant approcher l'orage, se fit nommer par Lebrun, le 26, consul général à Venise; il partit immédiatement, mais, arrivé à son poste, ne put obtenir l'exequatur de la Sérénissime Répu-

---

[1] Voir dans Quérard la longue liste de ses œuvres.

blique. Il revint à Paris, à la fin de juin, et l'on aura plus tard à s'occuper du rôle qu'il joua, et qui, si on l'en croit, ne fut point dépourvu de courage.

Des employés qui se trouvaient sous ses ordres, on ne connaît jusqu'ici que Thainville, vainqueur du 10 août, et Férandel, l'ami de Marat. En mai, Thainville succéda à Ysabeau, comme chef du bureau. Les autres employés, pendant le ministère de Lebrun, étaient Macarel, parti en juin 1793; Boissonade, Loiselet, Maréchaux, Neuville, augmentés en juin de Commaille et de Landrieux.

Jean-François Boissonade, dont le nom est illustre parmi ceux des savants, était né à Paris, le 12 août 1774. Le 21 juin 1792, il écrivait à Chambonas pour demander une place dans ses bureaux : « Autrefois, disait-il, il fallait de puissants, de nombreux amis ; leur faveur était un titre ; moi, je n'en ai d'autres que votre bonté, que ma passion pour le travail, qu'un amour décidé pour la carrière diplomatique... J'ai fait d'excellentes études ; je sais l'italien, j'ai des notions de droit naturel et de droit des gens. » Il fut admis et exempté de la première réquisition. Édouard Loiselet, « bon patriote, mais faible », était entré le 11 février 1793, comme sous-chef du bureau de l'enregistrement. Enfin, Neuville avait été nommé en avril 1793.

Au secrétariat, Rouhière, premier commis à 8,000 livres, est déjà connu. En février 1793, il fut envoyé en mission dans les départements qu'embrassent les côtes de la Manche, pour vérifier les magasins, fortifications, effets militaires, campement, etc., appartenant à la nation, et recevoir les observations qui lui seraient faites par les corps administratifs, civils et militaires. Le but réel de la mission de Rouhière, confident de Dumouriez, était de prendre des informations sur ce qu'étaient devenus les objets préparés, pendant la dernière guerre, pour faire une descente en Angleterre, et de s'enquérir des moyens pour se procurer des bateaux plats et autres bâtiments. L'objectif de l'expédition projetée était l'île de Wight. Par là, Dumouriez comptait bloquer la rade de Spithead, et faire échec à la marine anglaise. Arrivé à Cherbourg, Rouhière se mit en relation avec les corps administratifs, la société républicaine et les autorités militaires. Il se fit même l'intermédiaire des administrateurs des hôpitaux de Cherbourg, près la Convention[1]. Ce travail fut interrompu au moment de la trahison de Dumouriez. Lebrun rappela Rouhière à Paris, et lui conseilla même de ne pas quitter son habitation au ministère ; en même temps, il le suspendit

---

[1] *Moniteur*, t. X, réimpression.

de ses fonctions, jusqu'à ce que l'occasion se fût présentée de faire examiner sa conduite, et de le justifier. Malgré cela, le Comité de salut public prit l'éveil sur une dénonciation des commissaires de la Convention dans les départements de l'Orne et de la Manche; ils signalèrent Rouyère (ils écrivaient Rougère) comme une créature de Dumouriez, ayant fait un voyage à son armée, avant de venir inspecter les côtes. Le 26 juillet, sur l'injonction du Comité de sûreté générale, Rouhière fut destitué (1er août), « pour que les principes de ce citoyen ne pussent pas nuire à la cause publique, à laquelle doivent seuls être employés les vrais républicains[1] ».

Des employés du secrétariat, un seul, Bonneau, datait de l'organisation de Dumouriez. Il avait été employé à la sixième division, disparue dans l'organisation nouvelle. Garat, Guicherd et Lecomte ne firent que passer. Salverte, dont on a parlé plus haut, y fit seul un plus long séjour.

Outre le secrétariat général, Lebrun avait encore pour secrétaire particulier Pascal, précédemment commis à la direction des fonds et créature de Dumouriez. Le 8 décembre 1792, Pascal se fit nommer premier secrétaire de légation à Philadelphie, et partit pour son poste.

Au bureau des fonds, Mendouze, ancien chef du sixième bureau, était devenu directeur, en remplacement de Chénuat; on a dit plus haut quelle devait être sa destinée. Dans le fameux discours du citoyen Billaud-Varennes sur les députés mis en état d'arrestation le 2 juin, Mendouze a sa place dans l'acte d'accusation à côté de Pétion : « Ce Mendouze que Pétion a placé comme espion et comme son agent principal dans le département des Affaires étrangères. » Mendouze avait conservé sous ses ordres Vitry et Févelat. Il avait de plus comme commis un nommé Dumey, vieil et bon employé qui se trouvait chargé de presque tout le travail.

Le dépôt de Versailles avait changé de chef. A Sémonin, que les dénonciations étaient enfin parvenues à déplacer, avait succédé ce Nicolas Geoffroy, l'ancien secrétaire de M. de Vergennes et de M. de Montmorin, le seul personnage en vue de l'ancien Département qui

---

[1] Rouhière avait été nommé par Dumouriez commissaire des guerres. Plus tard, le 23 messidor an II, il demandait à être employé. En prairial an III, il fut secrétaire-greffier de la commission qui condamna à mort Romme Soubrany, Goujon, etc. En l'an VI et l'an VII, il travailla en Suisse avec Rapinat. En prairial an VI, il enlevait le trésor de Zurich (*Moniteur*, réimpression, XXIX, 290). Suivant l'*Histoire de la Confédération suisse* de Jean DE MULLER, édition

ait déserté la cause de la Royauté. Geoffroy est un inconnu. Il a eu soin de se dissimuler à l'histoire. Tous ses employés, sauf Dequeux, étaient anciens. Poisson, Prieur, Le Tellier, Crouvizier, Huet, Gautier de la Peyronnie, Gamet, Bonnet, Lemoine, Fournier, étaient, de longue date, soit aux Archives, soit dans les diverses directions. Bonnet seul troublait la bonne harmonie de cette petite société tranquille et calme, qui, on a le droit de le supposer, n'avait pas dû assister sans terreur à l'écroulement de l'ancien régime. Bonnet était dans le mouvement. Nommé notable de Versailles, le 3 décembre 1791, il accablait de ses suppliques les divers ministres qui se succédaient à Paris. Bientôt les honneurs municipaux ne lui suffirent pas. Le 2 octobre 1793, il dénonçait au comité de surveillance de Versailles le comte d'Ornano, ancien ministre plénipotentiaire, qui jadis avait été chargé de la délimitation des Pyrénées. Bonnet, qui, au temps où il était interprète, avait probablement travaillé sous les ordres de M. d'Ornano, l'accusait de vouloir émigrer et livrer à l'Espagne les plans des Pyrénées. Sur cette dénonciation, M. d'Ornano fut arrêté, traduit devant le tribunal révolutionnaire et guillotiné le 21 messidor an II (9 juillet 1794). On comprend que les autres employés du Dépôt qui, comme Fournier, Gauthier de la Peyronnie et Le Tellier, tremblaient d'être reconnus nobles, avaient grand'peur de Bonnet, capitaine de la garde nationale.

Le bureau des consulats enfin, disjoint du ministère de la Marine et réuni à celui des Affaires étrangères par l'article 13 du décret du 14 février 1793, se composait d'un chef, un sous-chef et sept employés.

Joseph Barallier, de Toulon, était chef du bureau au moment où il fut attribué aux Affaires étrangères. Il passait pour aristocrate ou du moins pour fédéraliste. Parmi ses employés, quelques-uns dataient de l'ancien régime, quoique le département de la Marine eût été soumis à des épurations au moins aussi violentes que celui des Affaires étrangères. Ainsi Antoine-Alexandre Butet, fils d'un ancien employé des consulats, servait, depuis 1767, dans ce bureau. Il devait y passer quarante-sept années. Il ne prit sa retraite qu'en 1819. Auguste Barallier, frère du premier commis, devait bientôt être des-

de 1847, t. XVI, p. 133 et suiv., il vendait à vil prix les instruments de la fonderie de canons de Berne, les armes de l'arsenal de Soleure, pillait les caisses publiques, les caisses de charité et celles des hôpitaux. Enfin, si l'on désire se donner une idée complète de la moralité de cet ami de Dumouriez, on peut consulter un *Mémoire contre le séducteur Rouhière, commissaire ordonnateur réformé, ex-adjoint de Rapinat en Suisse*, par Victoire BERNARD. Paris, an IX, 32 p. in-8°.

titué avec son frère après quelques mois de service. Quiret (Antoine-Joseph-Daniel), employé à l'administration des postes, du 1ᵉʳ décembre 1790 au 31 décembre 1792, était entré, le 1ᵉʳ janvier 1793, aux consulats. Il devait y obtenir une situation honorable et être retraité le 15 juillet 1825, sous-chef de la division commerciale. Il est mort le 25 septembre 1857. Rien à dire de Rose et de Coatpont. Bourdon était fils d'un ancien interprète du Département, retraité en 1792, après trente-cinq années de service. Lui-même était entré aux consulats en janvier 1793. Après avoir été détaché, sous l'Empire, au ministère des Relations extérieures du royaume d'Italie, il devait, en 1814, rentrer aux Affaires étrangères, et n'en sortir qu'en 1844. Ducroc, parent de Dugazon, et Tourné, protégé de J. P. Brissot, étaient entrés en 1793, et devaient bientôt partir à l'armée.

Tel était, en 1793, le tableau de l'organisation intérieure du ministère. On le voit, le nombre des employés croissait en raison directe de leur infériorité morale. De quarante et un, chiffre officiel en 1789, ce nombre était monté à soixante-quatorze en avril 1793, à soixante-dix-huit en juin de la même année. Les ministères étaient devenus le refuge de toutes les incapacités, l'asile contre la réquisition, la vache à lait des patriotes. Que faisaient les employés? ils vivaient. Le peu de relations que la France avait gardées avec l'étranger était entretenu par les anciens serviteurs qui n'avaient pas encore été renvoyés. Quand le ministre s'avisait de traiter lui-même une affaire, il arrivait ce qui était advenu avec le ministre des États-Unis, gouverneur Morris : le ton étrange, la singulière façon de négocier, la hauteur et la présomption de Lebrun, amenaient une rupture immédiate.

Incapacité en haut comme en bas; présomption chez les chefs, paresse chez les employés, telle était la situation. Un contemporain a laissé un tableau assez fidèle de l'aspect des bureaux à cette époque. Il s'agit, à la vérité, du ministère des Contributions publiques ; mais les détails s'appliquent aussi bien au département des Affaires étrangères.

« Les salles que nous traversions étaient inondées de commis occupés au travail. — On doit faire beaucoup de besogne avec un si grand nombre de travailleurs, observa l'Anglais. — Au contraire, si vous en exceptez quelques-uns d'anciens, tous ces employés viennent d'être placés là depuis un mois. Ce sont les parents, les amis, les perruquiers même des députés.—Comment, des perruquiers! vous riez sans doute?
— Je vous dis vrai. En voilà un, au fond de cette salle, qui me coiffait encore avant-hier. Son nom est Calvet; il m'a dit qu'il allait entrer premier commis au bureau de la Finance, et il ne m'a pas menti;

il écrit comme une femme et n'a aucune orthographe. Mais il est républicain et a obtenu cette place en prouvant qu'il s'était battu, au 10 août, contre les Suisses. — Quel travail peut-il faire ? — Aucun. Il raconte ses exploits; taille, tant bien que mal, sa plume; dénonce les commis qui ne pensent pas comme lui, et touche ses appointements au bout du mois. — Mais, qui fait la besogne? — Le petit nombre d'anciens employés qu'on a gardés par nécessité. — Ils ne peuvent y suffire ? — Aussi tout est arriéré et dans le plus grand désordre. On ne peut souvent y retrouver ses pièces. — En est-il de même dans toutes les parties du Gouvernement ? — C'est la même chose[1]. »

La Convention semblait croire que si le travail ne se faisait pas, c'était faute de temps; que le moyen d'y remédier était de supprimer les congés des dimanches et fêtes. Sur la proposition de Maure, elle décrétait, le 25 décembre, que le service se ferait sans interruption dans toutes les administrations publiques. Lebrun, de son côté, pour obtenir de ses employés une certaine exactitude, avait imaginé d'appliquer à ses bureaux le système de la feuille de présence. Chaque citoyen devait inscrire son nom, à neuf heures, dans le cabinet de son chef respectif, et les chefs devaient apporter cette inscription au ministre tous les jours à neuf heures et demie. Ce règlement, comme les autres, resta lettre morte. D'ailleurs, on a vu que les chefs de bureau étaient presque constamment en mission, soit en France, soit à l'étranger. Le désordre de la rue, le service, chaque jour plus lourd, de la garde nationale, le spectacle de cette place publique qui voulait se hausser à être un forum, surtout l'inutilité dont on se sentait, l'impossibilité de rien faire qui fût utile; chaque jour, pour ainsi dire, un nouveau fil rompu de ce qui, jadis, nous attachait à l'Europe : plus une alliance, plus une relation, plus même une neutralité; tout décourageait, attardait, paralysait les employés, si bons qu'ils fussent. Et les médiocres de l'ancien temps étaient là regardés comme des phénomènes.

Lebrun, « ce réfugié liégeois, également exercé par le malheur et l'habitude de la diplomatie[2] », « cet homme vieilli dans les bureaux[3] » et qui, en réalité, était depuis six mois employé au Département, devenait, par la révolution du 10 août, le directeur exclusif de la diplomatie française. Les chevaux du Roi étaient à ses ordres[4]. C'était dans le palais du Roi, dans l'ancienne chambre à coucher du Roi,

---

[1] *Les Tuileries,* t. II, p. 57.
[2] GENSONNÉ, *Mémoires,* p. 76.
[3] LAMARTINE, *Hist. des Girondins.*
[4] *Le Château des Tuileries,* t. II, p. 47.

malgré que le lit du Roi y fût encore, que se tenait le conseil exécutif[1], présidé par chaque ministre à tour de rôle et semaine par semaine[2]. Le pouvoir semblait être absolu; au fond, le ministre des Affaires étrangères dépendait de tout le monde, de ses patrons de la Gironde et de Clootz, l'orateur du genre humain, de l'Assemblée et de la rue, de quiconque escaladait une tribune ou une borne, de quiconque savait écrire, pouvait parler, voulait dénoncer. Condorcet faisait l'exposition à la France et à l'Europe des motifs qui avaient dirigé la conduite de l'Assemblée nationale, et le ministre des Affaires étrangères était chargé d'envoyer le factum à tous les ambassadeurs de France à l'étranger.

D'ailleurs, le nombre des ambassadeurs diminuait d'une façon inquiétante. Le 23 août, lorsque Lebrun venait de rendre compte des relations politiques de la France, il comptait comme États neutres la Suède et le Danemark; comme hostiles : la Russie, les cours d'Italie, l'Allemagne moins certains petits États. Il continuait à considérer comme amis l'Angleterre et la Hollande. Et pourtant lord Gower, l'ambassadeur d'Angleterre, venait d'être rappelé et avait, sur l'ordre de sa cour, quitté immédiatement Paris[3]. Pour bien indiquer le caractère universel qu'elle prétendait donner à la Révolution, l'Assemblée venait de décerner le titre de citoyens français aux étrangers qui « avaient défendu la cause de la Liberté et de la Révolution française », à un certain nombre d'Anglais, d'Allemands et d'Italiens : singulière fournée, où Washington coudoie Anacharsis Clootz et Klopstock, et Schiller[4] Kosciusko. Clootz remerciait en déclarant que le droit des gens n'existait pas et qu'il fallait former une légion de tyrannicides. L'Assemblée applaudissait. Et la Suisse, malgré le décret du 20 août, par lequel on tentait de lui donner satisfaction, était hostile; et Genet avait été invité à sortir sous huit jours de Saint-Pétersbourg.

Les ambassadeurs qui voulaient quitter Paris, ceux même qui y restaient et qui ne voulaient qu'y vivre tranquilles étaient vexés de toutes façons, arrêtés, interrogés, incarcérés. L'ambassadeur de

---

[1] *Le Château des Tuileries*, t. II, p. 162.
[2] Décret du 17 août.
[3] A partir du 10 août, voici les passe-ports délivrés : le 13, madame de Staël, second passe-port; le 14, l'ambassadeur de Venise et toute sa maison, le ministre des villes hanséatiques; le 15, le ministre de Genève, le ministre de Pologne et les Anglais qui se trouvent à Paris; le 20, le chargé d'affaires de Saxe, le ministre de Danemark; le 21, le chargé d'affaires d'Espagne; le 22, le ministre de Liége; le 23, le ministre des États-Unis et l'ambassadeur d'Angleterre; le 25, le ministre de Parme.
[4] Appelé par l'Assemblée le citoyen Gilles.

Venise était traduit à la barre de la Commune de Paris ; on faisait la visite de ses papiers, de ses voitures et de son hôtel ; on arrêtait ses gens, qui n'étaient remis en liberté que plusieurs jours après. Mêmes perquisitions chez le ministre des États-Unis, Gouverneur Morris, avec lequel, du reste, le ministre des Affaires étrangères était en train de se brouiller ; le bailli de Virieu, ambassadeur de l'infante de Parme et de l'ordre de Malte, était arrêté, et la Commune voulait qu'il donnât au ministre des Affaires étrangères des éclaircissements sur sa conduite ; on le menait à l'Assemblée, qui lui demandait à lui-même des explications. Madame de Staël, femme de l'ambassadeur de Suède, était arrêtée, menée à l'Hôtel de ville, menacée de mort, pillée, et manquait d'être tuée. Le Conseil exécutif débordé, pris de peur, n'osant pas s'opposer aux massacres, ne protestant que par d'impuissantes proclamations[1], songeait, sous prétexte de l'invasion, à quitter Paris[2], et n'y restait que contraint et forcé sur l'ordre de Danton. Anacharsis Clootz devenait le grand régulateur de nos relations politiques et proclamait la République universelle. La Suisse même, envahie par nos armées, au mépris de tous les principes, se préparait à faire cause commune avec la coalition. L'Empire tout entier, suivant la communication faite par Lebrun le 15 septembre, armait ses contingents, et la guerre avec lui devenait certaine ; le Conseil exécutif le prévenait en la déclarant. Même déclaration vis-à-vis de la cour de Turin, et cela sans délibération, comme une chose naturelle et toute simple.

Le 21 septembre 1792, la Convention ouvre sa session. Son premier acte est de décréter l'abolition de la Royauté et de proclamer la République. Elle déclare ensuite que toutes les lois non abrogées et tous les pouvoirs non révoqués ou suspendus sont conservés. A la séance du soir de ce même jour, d'où la Convention va faire dater une ère nouvelle, le Conseil exécutif se présente, et Monge, ministre de la Marine, exprime sa gratitude : « La Convention, dit-il, remplissant le vœu des sages, exprimant la volonté de tous les Français, nous a délivrés des rois. Nous prenons ici l'engagement de mourir en dignes républicains. » Le 23, sur l'ordre donné la veille par la Convention, Lebrun rend compte de la situation de la France. Après avoir déclaré que la nation avait perdu toute considération au dehors, il s'efforce de démontrer que cette déconsidération « était le fruit des perfides machinations de la cour », que le Roi et les

---

[1] Voir la proclamation du 25 août.
[2] Voir *Lettre de Roland*, séance de la Convention du 30 septembre.

royalistes avaient préparé, d'accord avec les puissances étrangères, une immense conjuration que la journée du 10 août était venue déconcerter. A la suite de la victoire de la nation, « les peuples ont conçu de nouvelles espérances, et la terreur des rois s'est réveillée ». C'est là la base sur laquelle Lebrun prétend édifier sa diplomatie nouvelle : « la haine des gouvernements pour nos principes et les secrètes dispositions des peuples pour les adopter. » Il ne dissimule point l'imminence du danger; il annonce qu'au printemps prochain la France aura à repousser l'effort de tous les rois conjurés. Et il énumère alors, en les insultant, les souverains qui prendront part à la coalition : l'impératrice de Russie, « cette femme dont tous les genres de grandeurs et de jouissances n'ont pu assouvir les désirs » ; la Suède et le Danemark, cédant à la pression de Catherine ; l'Allemagne entière, dont néanmoins il détache déjà la Prusse; la Hollande, dont la neutralité est inquiétante; l'Angleterre, où la cour est hostile ; l'Espagne, frappée dans ses intérêts de famille ; l'Italie, dont les petits princes arment; la Suisse, « livrée à de légitimes douleurs ». Il omet les États-Unis, qu'il est en train d'aliéner. En terminant, il rend compte de l'état des fonds secrets : sur le fonds de 6 millions mis entre les mains de Dumouriez, 2,106,000 livres ont été dépensées. Enfin, il propose de supprimer le dépôt des présents des Affaires étrangères. « Il fallait bien recourir aux vils moyens de la corruption, quand la diplomatie n'était que l'art de la dissimulation, de la perfidie, de l'imposture, de la tromperie, quand le plus rusé négociateur était aussi le plus célèbre, quand le titre de grand politique était réellement le synonyme de grand fourbe, quand tout le talent des médiateurs les plus renommés était de tout brouiller pour avoir ensuite la gloire aisée de tout débrouiller. Mais aujourd'hui que notre politique sera aussi franche que peu compliquée; aujourd'hui que nous n'avons plus de présents à offrir aux peuples que justice et liberté, que nous n'avons à en exiger pour nous-mêmes que paix et justice, la Convention nationale jugera sans doute que ces richesses frivoles peuvent être employées plus utilement en les échangeant contre du fer, le métal de la liberté[1]. »

Avant de résumer, dans leur rapport avec les délibérations de la Convention, les points principaux révélés par Lebrun, de cette politique « peu compliquée », il n'est point inutile pour l'histoire générale de la Révolution de considérer à quel usage avaient été appliqués les

---

[1] On verra plus loin, d'après une lettre de Deforgues, qu'en l'an IV, ces bijoux étaient encore au département.

2,106,000 livres dépensées sur le fonds de 6 millions. Il faut déduire d'abord 500,000 livres accordées aux Belges et Liégeois, par décret de l'Assemblée nationale. C'était la prime donnée aux révolutionnaires de Belgique. Cette somme n'était pas la seule qu'eût coûté la Révolution belge ; la Belgique était inondée d'agents. En Angleterre, on entretenait à grands frais, comme missionnaire secret, ce même comte Gorani, auquel l'Assemblée législative avait décerné le titre de citoyen français (12,000 livres en août, 38,823 livres en septembre). On payait la police secrète de Paris. Pourvoyeur, le fameux agent, recevait 3,050 livres par mois. La *Gazette nationale* coûtait cher. Outre les employés du ministère payés spécialement pour la rédiger : Noël, Rosenstiel et Hernandez, on payait Champfort (600 livres par mois), Fréron (1500 livres); puis Koch et Fabre d'Églantine ; puis c'étaient les apôtres qu'envoyait Roland[1] à tous les coins de la France, les vingt-quatre commissaires envoyés, le 3 septembre, par la Commune de Paris, pour prêcher le massacre (48,000 livres) ; c'étaient les cinquante petits ballons fabriqués sur l'ordre de Dumouriez, par le sieur Lallemand de Saint-Charles, pour répandre hors des frontières des écrits politiques. C'était une mission donnée à Brune, pour l'armée de Dumouriez, sur la requête de Danton. On sait que Camille Desmoulins était auprès de Danton, et qu'il était très-lié avec Brune[2]. On trouve là cette série de pamphlets de Condorcet, imprimés à 3,000 exemplaires : *Lettres de Condorcet, Crimes dévoilés,* pamphlet en allemand, tiré à 9,000 ; *Lettres de Marval, Avis aux Espagnols,* par Condorcet ; *l'Indépendant,* nos 1 et 2 ; *Adresse aux Bataves,* par Condorcet. C'étaient encore des agents à Londres, comme du Roveray, le Génevois, ancien collaborateur de Mirabeau (16,800 livres en septembre). C'était surtout Danton, le ministre des massacres. Ici les chiffres et les dates ont leur éloquence.

AVANCES FAITES A M. DANTON.

Le 27 août 1792, 40,000 livres.

Le 28 août 1792, 3,050 livres à Fabre d'Églantine, secrétaire général du ministère de la Justice, pour le compte de Danton.

---

[1] « Je vous envoie, mon cher collègue, M. Henry Clémence, que vous présentera M. Merlin. Il part en ce moment pour la frontière ; il y porte des imprimés et va apostoliser pour la bonne cause. Il faut que les fonds des Affaires étrangères concourent à cette dépense. Vous en conférerez avec ces messieurs.

« Je vous salue.

« Ce 26 août 1792. Roland. »

[2] Voir *Camille Desmoulins et les Dantonistes,* de M. J. Claretie.

Le 29 août 1792, 27,000 livres à Fabre, pour le ministre de la Justice.
Le 29 août 1792, 30,000 livres à Danton.
Le 2 septembre 1792, 20,000 livres au même.
Le 2 septembre 1792, 3,000 livres au même.
Le 8 septembre 1792, 7,625 livres au même.
Le 15 septembre 1792, 10,000 livres au même.
Le 27 septembre 1792, 7,235 livres au même.

La diplomatie de Lebrun avait l'appui de Marat, qui trouvait que « dans le rapport du ministre, régnait un ton de bonne foi qui faisait grand plaisir ». Elle avait l'applaudissement unanime, l'acclamation réitérée de la Convention, lorsqu'elle aboutissait ce même jour, 26 septembre, à cette déclaration, dont on sera à même de constater la véracité :

« Les généraux de l'armée du nord et du centre ayant fait connaître au Conseil exécutif que des ouvertures leur ont été faites de la part du roi de Prusse, qui annonce son désir d'entrer en négociations, le Conseil arrête qu'il sera répondu que la République française ne veut entendre aucunes propositions avant que les troupes prussiennes aient entièrement évacué le territoire français. »

Au point de vue des principes diplomatiques, trois points particulièrement doivent attirer l'attention pendant cette première période de la Convention (21 septembre - 21 janvier) : l'attitude vis-à-vis des peuples sur le territoire desquels étaient entrées les armées de la République ; l'attitude vis-à-vis des nations demeurées neutres; enfin, l'attitude vis-à-vis des nations qui avaient envahi le territoire français.

C'étaient de petits peuples que ceux dont le territoire avait été envahi : la Savoie, la république de Genève, une partie de la Suisse et le pays de Porentruy, Nice et Francfort.

En Savoie, le général Montesquiou faisait planter l'arbre de la Liberté, et déclarait que quels que fussent les ordres qui lui seraient donnés, qu'on lui ordonnât de former de la Savoie un 84ᵉ département ou d'en constituer une République séparée, « il serait à portée d'influer sur les partis que l'on prendrait ». Et Lacroix déclarait qu'il fallait bien s'indemniser des frais de la guerre. Louvet répondait que « quand l'univers serait libre, la France serait assez riche »; mais Danton obtenait le renvoi en disant « qu'il voulait bien la liberté pour les peuples, à la condition qu'on leur dît : Vous n'aurez plus de rois. »

Le 2 octobre, Lebrun annonçait qu'une municipalité était établie à

Carouge, en Savoie, et que cette municipalité manifestait le vœu de faire partie de la République française. Le 24 octobre, rapport de Lasource, au nom du Comité diplomatique : « Le peuple savoisien doit se déterminer librement. » En attendant, les commissaires de la Convention, Gasparin, Dubois-Crancé et Lacombe Saint-Michel parcourent la Savoie dans tous les sens pour terroriser les partisans de la Royauté, et encourager les révolutionnaires. Le 11 novembre, première députation de Savoisiens résidant à Paris, qui viennent à la barre demander l'annexion ; le 20 novembre, réception du vœu émis par toutes les communes de ce pays, moins une, pour la réunion à la France. Le 21, les députés de l'Assemblée nationale des Allobroges sont reçus par la Convention ; le président les appelle : représentants d'un peuple souverain, et leur déclare qu'ils « ont [fait leur entrée dans l'univers » ; la Convention crie : « Vivent les nations ! » et ordonne l'impression dans toutes les langues des discours prononcés. Enfin, le 27 novembre, sur un rapport de Grégoire, sans discussion, tous les orateurs voulant appuyer le projet de décret, la réunion est prononcée, et le président montre « la Liberté assise sur le mont Blanc, d'où cette souveraine du monde, faisant l'appel des nations à renaître, étendra ses mains triomphales sur tout l'univers ».

Pour la Savoie, on a usé du droit de conquête, mais que dire des moyens employés vis-à-vis du pays de Porentruy ? Là, dès le 28 octobre, on a envoyé en mission le citoyen Gobel, évêque de Paris, ancien coadjuteur de l'évêque de Bâle, qui a reçu sur les fonds secrets des Affaires étrangères 6,000 livres, dont 50 louis en or pour son voyage, et 30,000 livres assignats pour le compte des syndics et députés du pays de Porentruy. Le 5 décembre, Lebrun peut annoncer à la Convention que le peuple de Porentruy s'est constitué en République, sous le nom de République de Rauracie, et qu'il a brisé les doubles liens par lesquels l'évêque de Bâle et l'empire germanique le tenaient enchaîné. Cette République se met sous la protection du commandant des troupes françaises, cantonnées sur son territoire, et bientôt elle obtient la faveur d'être réunie à la France.

Pour Nice, la répétition est identique ; mais en Suisse, dans certaines parties de l'Allemagne, à Francfort particulièrement, on se heurte à des résistances inattendues. Genève prétend conserver sa constitution. A la nouvelle de l'entrée des troupes françaises sur le territoire du roi de Sardaigne, le petit conseil de Genève fait appel à ses alliés, les loyaux cantons de Berne et d'Uri. Lebrun déclare que cette mesure, prise par les magnifiques seigneurs de Genève, est injurieuse pour la nation française, et l'ordre est donné au général Montesquiou d'expulser de Genève la garnison suisse. Brissot fait sur ce sujet, sur les plaintes de l'évêque de Bâle, un rapport qui est unanimement adopté. On ne ménage point aux Suisses les proclamations fraternelles, mais en même temps Montesquiou a ordre d'ouvrir la tranchée devant Genève, « cette place étant nécessaire pour assurer la possession de la Savoie ». Sur les représentations du général, des négociations sont commencées [1]. Mais cette négociation, d'après les instructions de Lebrun, doit avoir pour but unique « l'introduction dans la place d'une garnison française ». Les Suisses résistent vainement. Condorcet écrit des projets de constitution qu'on ne lui demande point. Clavière envoie ses conseils aux avoyers de Berne. Dubois-Crancé, Lacombe-Saint-Michel et Gasparin font des remontrances au noble prévôt, conseiller d'État de la république de Genève. Le Conseil exécutif, sur un ton comminatoire, maintient ses ordres. La Suisse résiste. C'est encore pour J. P. Brissot une occasion de rapport (16 octobre). Brissot admet que les troupes françaises « doivent respecter l'indépendance et la neutralité du territoire de Genève »; Danton, plus franc, veut qu'on supprime cette phrase et qu'on puisse, dès qu'on voudra, occuper Genève. Le général Montesquiou ne se conforme point à ces ordres. Plus soigneux des intérêts de la France que les ministres mêmes qui en ont la garde, il entre sérieusement en conférence avec les Génevois (20 octobre); Grégoire a beau essayer de brouiller les cartes en faisant introduire, à propos des révolutionnaires soleurois, une demande du chargé d'affaires de France (31 octobre), Montesquiou parvient à conclure son traité. Il en est immédiatement puni. Révoqué de ses fonctions, accusé par Barère, convaincu d'avoir agi avec humanité et conformément aux lois éternelles du droit des gens, le conquérant de la Savoie va être proscrit (discours de Barère du 8 novembre). Il parvient à faire modifier le premier traité, à gagner du temps pour l'évacuation de Genève par les Suisses; il s'agit bien de cela! Barère déclare que Montesquiou « a enchaîné la valeur de nos soldats : il a terni la gloire du nom français; il a usurpé le pouvoir législatif et le pouvoir exécutif; il a livré les patriotes génevois ». Montesquiou est décrété d'accusation. A la vérité, le 21 novembre, l'hiver arrivant, son traité est à peu près ratifié par la Convention, sur le rapport de Brissot [2]. Mais « il faut, dit Brissot, que Genève naturalise

---

[1] Voir : *Relation des faits accomplis par les révolutionnaires génevois.* Genève, Fick, 1850, in-8°. — *Correspondance du général Montesquiou.* Genève, 1793, in-8°.

[2] On est bien obligé de ratifier, l'hiver arrivant, la clause relative à l'évacuation des troupes suisses, mais on passe à l'ordre du jour sur l'acte du 2 novembre.

l'égalité politique dans ses murs. Elle n'obtiendra d'autre traité que la communication des principes français. La Révolution se fera à Genève, ou la vôtre doit rétrograder. »

C'est ainsi que la République française, qu'elle ait pour orateurs Danton ou Brissot, respecte les droits des peuples et sanctionne les déclarations de l'Assemblée constituante. Il serait facile de montrer, par l'exemple de Francfort, que les Républiques visitées par les armées de la nation n'étaient exemptes d'aucune des charges que des tyrans auraient pu leur imposer. La contribution de deux millions de florins à laquelle le général Custine a condamné Francfort ne suffit pas; Custine a été battu près de Francfort; les députés que Francfort a envoyés à Paris pour réclamer contre Custine sont coupables de trahison. On les arrête, on les garde à vue (9 décembre); leur tête même échappa-t-elle à l'échafaud ?

Bientôt, élevant ces attaques répétées contre la liberté et l'indépendance des peuples à la hauteur d'une doctrine, rédigeant un code de l'invasion pour ces apôtres qu'elle disperse sur l'Europe, la Convention en arrive à adopter et à ratifier les théories les plus étranges. Le 20 octobre, au nom des comités diplomatique et de la guerre, Anacharsis Clootz vient rapporter un projet de loi antérieurement déposé, relatif aux biens des princes, seigneurs et nobles situés dans les pays envahis. Il aboutit à un décret « où la morale des peuples est en opposition avec le machiavélisme des princes, où le genre humain se trouve l'héritier du despotisme abattu ». Ce décret, ajourné du reste, ordonne que, lorsqu'un général français pénétrera dans une province soumise à une puissance ennemie, il exigera une contribution qui pèsera sur le chef du gouvernement, ses agents et ses adhérents. Il prendra des otages parmi les magistrats et les notables, et, indépendamment de la contribution, il s'emparera de toutes les munitions de guerre et de bouche. C'est là ce que Clootz appelle « donner à nos voisins un nouveau motif de secouer le joug qui les humilie et les opprime ». Le 15 décembre, Cambon, au nom des comités des finances, militaire et diplomatique, fait un rapport sur ce projet de loi, qui a été mûri longuement, soigneusement discuté avec le concours du conseil exécutif, des directeurs des vivres et des habillements. Cambon commence par établir l'objet de la guerre qui a été entreprise. « C'est, dit-il, l'anéantissement de tous les priviléges. Guerre aux châteaux, paix aux chaumières, voilà les principes que vous avez posés en la déclarant. Tout ce qui est privilégié, tout ce qui est tyran doit donc être traité en ennemi dans les pays où nous entrons. Il ne faut pas, ajoute-t-il, s'en tenir à des paroles, dire aux peuples : Vous êtes libres, et se borner là. Il faut que nous nous déclarions pouvoir révolutionnaire dans les pays où nous entrons. » Suppression des anciennes magistratures, suppression de tous les priviléges, confiscation des biens des aristocrates; cours forcé des assignats, levée de contributions; mais le projet de décret ne paraît pas suffisant à Buzot : il veut que dans les pays délivrés nul ne puisse être fonctionnaire s'il l'a été sous l'ancien régime, s'il est noble ou membre de quelque corporation privilégiée. La Convention est « fidèle, comme il est dit dans l'intitulé du décret, au principe de la souveraineté des peuples, qui ne lui permet pas de reconnaître aucune institution qui y porte atteinte ». La nation française qui « apporte paix, secours, fraternité, liberté et égalité », abolit d'abord tous les impôts, dîmes, droits féodaux, priviléges, etc.; convoque les assemblées primaires; confisque « les biens, meubles et immeubles, appartenant au fisc, au prince, à ses fauteurs et adhérents et satellites, aux établissements publics, aux corps et communautés laïques et religieux ». Puis la Convention et le conseil exécutif envoient des commissaires pour se concerter avec les autorités nouvelles des pays délivrés, aux frais desquels on habille, on nourrit et l'on héberge l'armée de la République (art. 7).

Et pourtant la Constitution de 91 contenait cette phrase qui devait être presque littéralement reproduite dans la Constitution de 1793 : « *La nation française renonce à entreprendre aucune guerre dans la vue de faire des conquêtes, et n'emploiera jamais ses forces contre la liberté d'aucun peuple.* »

Il ne restait guère en fait de puissances neutres que la Turquie, l'Espagne et l'Angleterre. Quelle attitude tint-on vis-à-vis d'elles?

La Turquie est, on ne sait pourquoi, l'objet de toutes les prévenances de la Convention. Le 14 octobre, Guffroy « propose à la Convention d'arrêter l'envoi du présent d'usage présenté par l'ambassadeur du Roi à la Porte Ottomane, au tyran des Turcs »; la Convention passe à l'ordre du jour sur cette proposition. La Turquie, blessée du choix de Sémonville comme ambassadeur à Constantinople, refuse de le recevoir; mais, par malheur, la dépêche de la Porte arrive à la Convention au moment où Hérault, rapporteur du comité diplomatique, est en mesure de donner lecture d'un grand nombre de pièces relatives justement à Constantinople, et prises par l'armée de Kellermann. Ces pièces démontrent les rapports avec les princes français, de Choiseul-Gouffier, ancien ambassadeur du Roi à Constantinople, qui a tout fait pour que Sa Hautesse ne reçût pas Sémonville. Elles dévoilent une partie des secrets de la diplomatie occulte des princes, diplomatie dont le comte de Moustier est un des agents les plus actifs. Choiseul-Gouffier et Moustier sont mis en accusation. L'arrestation de Sémonville, au moment où il essaya de se rendre à son poste, vint, au reste, trancher la difficulté avec la Porte.

L'Espagne faisait tout ce qui était en son pouvoir pour garder la neutralité; l'Angleterre n'avait aucun intérêt à faire la guerre; on les contraignit à la déclarer. Le 22 octobre, Bourgoing, ministre en Espagne, écrivait que, dans les ports, on ne faisait aucun préparatif, et que l'armée ne montait pas à 40,000 hommes et n'avait pas 20,000 hommes disponibles. L'Espagne était inondée de missionnaires républicains, mais l'esprit des populations ne se laissait pas facilement prendre à leurs discours; plusieurs de ces agents ne durent la vie qu'à la générosité des prêtres. Mais, en Angleterre, les déclamations françaises avaient trouvé de l'écho; des meetings avaient été convoqués, des adresses passaient la Manche, et Lebrun les envoyait à l'Assemblée. Ainsi, le 7 novembre, adresse signée Margarot, Thomas et Hardy, prêchant l'abolition de la royauté, à laquelle le président de la Convention est chargé de répondre; insultes continuelles dans les journaux subventionnés par le ministère[1]; le 22 novembre, adresse des *Amis de la révolution de* 1688; le 27 novembre, députations d'Anglais et d'Irlandais, députation de la Société constitutionnelle de Londres, don patriotique de mille paires de souliers. L'Angleterre est neutre, le roi d'Angleterre garde la neutralité, et c'est à des Anglais que, parlant au nom de la France, le président de la Convention dit : « Il approche le moment où des Français iront féliciter la Convention nationale de la Grande-Bretagne. La royauté est, en Europe, ou détruite ou agonisante sur les décombres féodaux, et la Déclaration des Droits, placée à côté des trônes, est un feu dévorant qui va les consumer. » Et les adresses et les discours sont imprimés, traduits dans toutes les langues, envoyés aux quatre-vingt-trois départements. Le 29 novembre, nouvelle adresse transmise par Lebrun, de la société établie à Rochester pour la propagation des droits de l'homme; autre, de la Société des Amis de la liberté et de l'égalité de Belfast, en Irlande.

Cela ne suffit point. Il faut à l'Angleterre des griefs palpables et qui touchent de près ses intérêts. Les voici : l'ouverture de l'Escaut, l'invasion de la Hollande, enfin ce décret du 19 novembre, qui est

---

[1] Voir art. de Boldoni, 10 nov. 1792 (*Moniteur*); de Ducher, *passim* (*Moniteur*, 92).

le résumé de la politique de la Convention : « La Convention nationale déclare, au nom de la nation française, qu'elle accordera fraternité et secours à tous les peuples qui voudront recouvrer leur liberté, et charge le pouvoir exécutif de donner aux généraux les ordres nécessaires pour porter secours à ces peuples et défendre les citoyens qui auraient été vexés ou qui pourraient l'être pour la cause de la liberté. » Le décret du 19 novembre est traduit dans toutes les langues, répandu à des milliers d'exemplaires. Malgré ce décret, les armements ordonnés par le gouvernement britannique ne donnent encore, le 19 décembre, suivant un compte rendu par Lebrun à la Convention, qu'un excédant de quatre vaisseaux sur le nombre nécessaire aux stations. Le même jour, Lebrun essaye de rétorquer les diverses accusations portées par lord Grenville contre la politique de la France. A la vérité, ce n'est point pour éviter la guerre qu'il prend cette peine, mais pour séparer le peuple anglais de son roi. Lui et les conventionnels croient que leur propagande a pénétré jusqu'au cœur de la Grande-Bretagne; ils ont pris pour argent comptant ces adresses qu'ils payent sur les fonds secrets des Affaires étrangères; ils sont convaincus que flotte, armée, peuple, tout va trahir le roi Georges.

Dans ce document, lu par Lebrun à la Convention, on a soin de séparer scrupuleusement la nation anglaise de son roi. Le ministre affirme l'hostilité du ministère, la bienveillance du peuple. Il se défend d'avoir en rien provoqué les mouvements d'insurrection qui se sont manifestés dans les trois royaumes. Puis, passant aux trois griefs signalés plus haut, il déclare que des traités arrachés par la cupidité, consentis par le despotisme, ne peuvent lier les Belges affranchis et libres. Voilà pour l'ouverture de l'Escaut. Pour la Hollande : « Il serait à désirer que jamais le ministère britannique ne se fût plus mêlé du gouvernement intérieur de cette République, qu'il a aidé à asservir, que nous ne voulons nous en mêler nous-mêmes. » Enfin, pour le décret du 19 novembre, il en maintient la théorie tout entière, l'appliquant même aux États neutres, déclarant l'alliance de la France avec les émeutiers de toutes les nations.

Telle est la situation vis-à-vis de l'Angleterre. Au moment où le procès du Roi, arrivant à sa terminaison, va soulever tous les peuples, il est nécessaire de retourner en arrière pour démontrer que le troisième principe affirmé par la Convention a été aussi peu observé que les deux autres. C'est encore le *Moniteur* qui est notre guide : qu'il y ait eu des négociations secrètes, personne n'en doute; mais la Convention a déclaré qu'elle ne négocierait point avec l'ennemi tant qu'il occuperait son territoire ; or, les détails de ces négociations s'étalent à chaque page dans le journal officiel.

Le 1er octobre, Lebrun annonce que des négociations ont été engagées entre Dumouriez et Brunswick, qu'elles n'ont point abouti, que le duc de Brunswick a remis à Dumouriez une déclaration comminatoire, à propos de la déchéance et de la détention du Roi. La négociation a échoué ou paraît avoir échoué. Dumouriez s'adresse directement au roi de Prusse. Sa lettre est lue à la séance du 2 octobre (*Moniteur* du 6, n° 280). Le 11 octobre, annonce d'une nouvelle négociation, celle-ci commencée par le général Dillon, qui propose au langrave de Hesse de lui procurer les moyens de passer en sûreté près des armées françaises, qui se sont rendues maîtresses de plusieurs points, qui lui rendent impossible le chemin de son pays. La négociation a abouti sur la frontière de l'Est. Dumouriez s'est transporté en Belgique. Il essaye des mêmes moyens vis-à-vis du duc de Saxe-Teschen ; mais, cette fois, le territoire n'est plus envahi, et l'on n'a plus à observer le fameux décret du 26 septembre.

Ainsi, la Convention nationale, qui avait déclaré qu'elle respecterait les droits des peuples faibles et la liberté des nations, a, pendant cette première année de son existence, accablé d'impôts et de réquisitions tous les petits peuples qui l'entouraient, et de gré ou de force se les est annexés.

Elle a violé tous les droits des neutres, prêché la guerre civile parmi leurs sujets, supprimé les traités, brisé les lois internationales, et elle avait juré de respecter les peuples neutres.

Elle n'a dû son salut qu'à des négociations engagées par les généraux avec des ennemis occupant son territoire, et elle avait solennellement protesté qu'elle ne négocierait jamais dans ces conditions.

Le procès du Roi commence. La Convention a décidé que Louis XVI, déclaré inviolable par la Constitution de 1791, serait jugé, et jugé par elle. Diplomatiquement, le fait avait déjà une importance capitale. On se chargea de souligner encore l'insulte aux puissances étrangères. Rewbell réclama dans sa séance du 11 décembre que l'*acte énonciatif des crimes de Louis Capet* contînt un paragraphe spécial relatif aux rapports du Roi avec les puissances étrangères. Le ministre des Affaires étrangères eut, comme membre du Conseil exécutif, un rôle à jouer dans le procès. Le 20 décembre, il demandait à la Convention l'autorisation d'expédier à Malesherbes et aux conseillers du Roi la copie de diverses pièces existant dans ses archives. La Convention autorisait ces communications. Le 28, il soumettait à l'Assemblée la note que le chevalier Ocaritz, chargé d'affaires d'Espagne, lui avait remise pour demander la vie de Louis XVI. La note fut renvoyée au Comité diplomatique, et Thuriot en prit texte pour se livrer aux plus violentes attaques contre les rois : « Ne souffrez pas, dit-il à la Convention, que les ministres des cours étrangères puissent former ici un congrès, pour nous intimer la déclaration des brigands couronnés », et il demande que quels que soient les mémoires qu'on enverra à la Convention, aucun ne soit lu avant qu'on ait statué sur le sort de Louis Capet. Chasles ajouta à cette proposition que désormais les agents français ne pussent traiter avec les têtes couronnées, sans que la République française eût été formellement reconnue. « Nous ne traitons plus avec les rois, dit-il, mais avec les peuples. »

C'est moins à la France qu'à l'Europe que s'adresse la condamnation de Louis XVI[1]. Ce crime fait partie de la diplomatie révolutionnaire. Aussi Lebrun est-il désigné pour faire partie de la députation du conseil exécutif qui, accompagnée de deux membres du Département, du maire et du commandant général, se rend au Temple, le 20 janvier 1793, à deux heures précises. Il est vrai que Lebrun ne prend pas la parole ; il laisse cet honneur à Garat, ministre de la Justice, et à Grouvelle, secrétaire du Conseil.

La tête de Louis tomba à dix heures vingt minutes du matin. Un Anglais, dit-on[2], escaladant l'échafaud, trempa son mouchoir dans le sang du Roi, l'envoya à Londres, et on le vit quelques jours après placé en forme de drapeau sur la tour de cette ville.

Désormais, un abîme séparait la France du reste du monde. L'Angleterre, où Maret, Noël et Chauvelin négociaient avec des caractères plus ou moins déployés ; l'Angleterre, qui jusque-là s'était réservé la neutralité, qui n'avait encore pris que les mesures nécessaires pour défendre son territoire, et empêcher la propagande dans les trois Royaumes, sauvegarder ses droits relativement à l'importation des graines et farines en France, rompt tous rapports avec Chauvelin sur la nouvelle de la mort du Roi. Chauvelin, « ministre plénipotentiaire accrédité par feu Sa Majesté Très-Chrétienne, le 2 mai 1792, doit sortir du royaume avant le 1er février prochain ». Non-seulement la cour d'Angleterre, mais les trois Royaumes[3] prennent le deuil. Les théâtres sont fermés. Londres est dans la consternation.

Libre ensuite à Brissot de venir déclarer dans la séance du 12 jan-

---

[1] Voir, particulièrement, la IVe partie du discours de Barère (*Considérations politiques*).
[2] *La Démagogie à Paris,* par M. DAUBAN.
[3] *Moniteur* du 4 février. Le témoin n'est pas suspect.

vier « que les griefs du cabinet britannique contre la France n'ont aucun fondement, que la République française, au contraire, a des plaintes très-fondées à élever contre la cour de Saint-James, qu'après avoir épuisé tous les moyens pour conserver la paix avec la *nation* anglaise, l'intérêt et la dignité de la République française exigent que la Convention décrète les mesures les plus vigoureuses pour repousser l'agression du *cabinet* de Saint-James ». Si l'on examine ces justes griefs de la République, on trouve que l'Angleterre a rappelé l'ambassadeur accrédité auprès de Louis XVI : immixtion dans les affaires intérieures. L'Angleterre, qui a négocié pendant les mois de septembre, octobre et novembre, abandonne, le 1ᵉʳ décembre, sa marche pacifique. Sait-on pourquoi ? Ce n'est pas parce que Louis XVI est en jugement, « c'est parce que Thomas Payne vient de publier le *Livre des droits de l'homme* ». Les classes dirigeantes, l'Angleterre tout entière sont soulevées d'horreur contre la France. Pourquoi ? « C'est qu'on a répandu des calomnies contre la nation française, c'est en lui *prêtant* surtout les massacres des 2 et 3 septembre. » Puis Brissot profite de l'occasion pour étaler toute sa science. Il en sait long sur l'Angleterre, Brissot, sur les finances, les colonies, les îles à sucre et l'empire de l'Inde ; tout ce qu'il en sait, il le débite, et finit par proposer, au nom du Comité diplomatique, que le Conseil exécutif soit chargé de déclarer au gouvernement d'Angleterre que l'intention de la République française est d'entretenir l'harmonie et la fraternité avec la nation anglaise, de réclamer pour les Français le droit de voyager et de résider librement en Angleterre, et le droit d'exporter des trois Royaumes des grains et autres denrées.

Le 30 janvier, Lebrun fait part à la Convention de l'ordre signifié à Chauvelin par lord Grenville. « La juste rigueur exercée sur le dernier de nos rois a été une *occasion*. » « La mort nécessaire d'un tyran étranger a été pour les Anglais le signal d'un deuil extraordinaire, et d'une insulte que rien ne peut pallier... Citoyen président, dit-il, si quelque chose peut adoucir le sentiment d'indignation qu'une pareille conduite a inspiré au Conseil exécutif provisoire, c'est la pensée que la nation française soutiendra sur mer son indépendance avec autant de succès que sur terre. » Deux jours après (1ᵉʳ février), Brissot fait son rapport sur le renvoi de Chauvelin : « Citoyens, dit-il, la cour d'Angleterre veut la guerre », et il se réfère constamment à son rapport du 12 janvier. Il n'est question qu'une seule fois dans le factum de la cause principale de la guerre ; Brissot appelle le crime du 21 janvier : « un grand acte de justice. » Il déclare à la Convention qu'une idée doit électriser toutes les âmes, « c'est que la

France combat pour toutes les nations de l'Europe ». Ducos soutient le projet de déclaration de guerre ; suivant lui, la nation anglaise désabusée va voler dans les bras des Français. Barbaroux affirme que « le peuple anglais nous vengera lui-même d'une cour qui pousse à leur destruction réciproque deux peuples qui devraient être unis pour le bonheur du monde ». La guerre est votée à l'unanimité ; dans la déclaration de guerre, on englobe la Hollande, et les choses ainsi faites, on pose la République en martyre, et l'on ordonne la publication des pièces qui ont amené la rupture[1].

Qu'on le remarque, ces guerres nouvelles, ce sont les girondins seuls qui les ont provoquées. C'est Lebrun, un girondin, Brissot, un girondin, Ducos, Barbaroux, des modérés, des républicains du lendemain, qui auraient parfaitement accepté d'être ministres du Roi. Ce sont des girondins, Condorcet et Thomas Payne, qu'on charge de rédiger une adresse au peuple anglais. C'est donc ce parti qui a poussé le plus vigoureusement à la guerre et qui doit en être responsable. En lisant les discours des girondins, en reprenant leurs notes, leurs dépêches, leurs discours, il est impossible de ne pas être effrayé du degré d'inconscience où ils en arrivent. Ces gouvernants de la France, incapables de suite dans leurs idées, ignorant tout en politique et croyant tout savoir, prenant leurs rêves étranges pour d'incontestables réalités, mènent en trébuchant la France aux abîmes.

Le 4 mars, la Convention met l'embargo sur tous les bâtiments des villes hanséatiques, parce que le sénat de Hambourg a congédié Lehoc, ministre de France. Le 7, déclaration de guerre à l'Espagne. « Un ennemi de plus pour la France est un triomphe de plus pour la liberté », s'écrie Barère. Rome est depuis longtemps en état de guerre. « L'évêque de Rome », le conseil exécutif désigne ainsi Sa Sainteté, a trouvé étrange l'attitude prise par les jeunes élèves de l'École de Rome ; ces peintres et ces sculpteurs, auxquels la ville éternelle accorde son hospitalité, ce sont les missionnaires de David, et David est leur défenseur dans la Convention. Le meurtre de Basseville, fait regrettable à vrai dire, mais plus excusable qu'on n'a voulu le voir, est venu ajouter un grief réel à tant de griefs imaginaires. Lebrun médite l'invasion des États pontificaux. A Naples, où la France envoie le grenadier Belleville pour porter ses sommations, les colères jusquelà contenues de la sœur de Marie-Antoinette vont bientôt éclater. L'Europe entière va se jeter sur la France, et le dernier gouverne-

---

[1] *Exposé historique des motifs qui ont amené la rupture entre la République française et Sa Majesté Britannique.* In-8°, 95 p.

ment qui conserve encore la neutralité, les États-Unis d'Amérique, la Convention se l'aliène volontairement par les grossièretés de Lebrun, qui reproche à Gouverneur Morris l'indépendance que le roi Louis XVI a donnée à son pays.

Lebrun n'est pas en entier responsable de ces moyens d'action que le gouvernement a voulu employer. Dès le premier jour, ainsi qu'il doit nécessairement arriver dans tout état gouverné despotiquement par une assemblée souveraine, il a été annihilé par l'autorité prédominante de la Convention. Il s'est contenté de suivre le mouvement; craignant pour sa tête qu'il ne sauvera point; fournissant des aliments à la passion publique, chargé du fardeau de divers ministères, intérimaire de la Guerre du 7 au 18 octobre 1792, et du 30 mars au 4 avril 1793, déjà accusé par Marat (*Journal de la République*, n° 10), le 4 octobre, de « traiter les Français en gobe-mouches », et d'être « lui-même un fripon »; le 25 octobre, d'avoir, comme ministre intérimaire de la Guerre, soustrait la pièce qui justifierait les bataillons Mauconseil et de la République, qui avaient assassiné quatre déserteurs prussiens; le 14 novembre, d'être un royaliste[1]; le 19 novembre, d'être un « traître, dont il faut commencer par faire justice »; enfin, le 7 décembre, il est accusé, devant la Convention, d'avoir donné une mission en Angleterre à un ancien soldat de la garde du Roi, Achille Viard, espion de la fraction avancée du comité de sûreté générale. La trame ourdie par Chabot et consorts est découverte par l'interrogatoire de la citoyenne Roland et des principaux girondins impliqués dans l'affaire. Marat n'en persiste pas moins à accuser Lebrun.

Et, pourtant, à quel pillage n'était pas livrée, au profit des jacobins, la caisse des fonds secrets des Affaires étrangères! C'est tout au plus si les girondins prenaient une part égale à celle des montagnards. A la vérité, Louvet touchait, en octobre, 12,700 livres; mais que de jacobins sur ces listes! Marat lui-même y figure pour 1200 livres (insertion de deux lettres au *Moniteur*, n°ˢ 303 et 305. Lettres au roi de Sardaigne et au pape Pie VI). Ces six millions, accordés à Dumouriez, sont devenus la proie sur laquelle se ruent les conventionnels. En octobre, 6,000 livres à Westermann, Paris et autres commissaires

---

[1] « Peut-être vous étonnerez-vous de m'entendre traiter Lebrun de royaliste; mais vous devez savoir que tout le temps qu'il a rédigé son journal, il était le panégyriste des endormeurs, et qui plus est, de Dumouriez et Lafayette. Il y a longtemps qu'il est le très-humble serviteur de madame Boulogne, dont la fille vient d'épouser l'ambassadeur Chauvelin. Le sieur Walkiers, frère de cette dame, était très-lié avec Barnave et les Lameth, etc. Qui ignore l'intimité de Lebrun avec Kersaint? » (*Journal de la République française*, n° 45, 14 nov. 1792.)

chargés de remettre à Lafayette sa destitution ; 25,000 livres aux Marseillais ; 6,000 livres aux commissaires envoyés à Metz ; 6,000 livres aux canonniers envoyés à Reims ; 7,000 livres à Billaud-Varennes et Vialle, commissaires envoyés à l'armée de Dumouriez ; 300 livres au courrier de Reims ; 6,000 livres aux commissaires envoyés à Sedan ; 1200 livres à de Nerciat, Andréa de Nerciat, l'auteur des *Aphrodites* et de *Félicia, ou Mes fredaines*, agent de la République française en Italie ; 4,000 livres à Aréna ; 4,000 livres en or à Clavière pour une mission en Angleterre ; en novembre, 1200 livres à Marat ; 5,925 livres à Joseph Cusset, député ; 1403 livres à Nerciat ; 1000 livres à Labbé, auteur du *Fanal parisien ;* puis 1200 livres à chacun de ces « missionnaires », envoyés dans les départements pour y propager l'esprit public : Férou, Aubrié, Baumier, Bonnemant, Chaumette (Anaxagoras), Bar ; 2,000 livres au député Courtois ; 10,000 livres au lycée de Paris ; 1000 livres à Bonneville pour qu'il vende un sou des gravures qui lui reviennent à cinq sous ; enfin, à Clavière, 750 livres, qu'il demande dans cette lettre autographe :

« *Je prie Monsieur Lebrun, ministre des Affaires étrangères, de payer à Charles-Magne Taillevis sept cent cinquante livres, pour solder la dépense faite pour l'impression de* 10,000 *exemplaires, en langue allemande, de l'*Avis sur les avantages de la désertion. *Cette dépense monte à* 1250 *livres, dont je n'ai pu acquitter que* 500 *livres, attendu l'exiguïté de mes moyens. Paris, le 9 novembre* 1792, *l'an I*^{er} *de la République.*

« *Le ministre des contributions publiques,*
« CLAVIÈRE.

« NOTA. *Ce billet figurera très-bien dans l'histoire.* »

En décembre, le lugubre se mêle au plaisant ; on voit figurer côte à côte ces deux dépenses : 1046 livres pour frais faits par la section des Champs-Élysées pour l'inhumation des Suisses tués dans la nuit du 10 au 11 août, et 25,000 livres à titre de secours et d'encouragement à la citoyenne Montensier, « laquelle n'a cessé de contribuer aux progrès de l'esprit public par le soin qu'elle a pris de faire représenter sur son théâtre un grand nombre de pièces, soit anciennes, soit nouvelles, propres à entretenir le patriotisme et l'amour de la liberté ». Au reste, le conseil exécutif est ami du théâtre ; ce même mois de décembre, il octroie 9,000 livres en assignats, et 250 louis en or, aux citoyens Lahis (Lays), Regnault et Adrien, chanteurs de l'Opéra, pour fournir aux dépenses qu'occasionneront les représentations qu'ils se proposent de donner dans la Belgique et à Liége, « pour la propagation de la liberté et de l'égalité ». La Révolution en musique! En même temps, voici revenir les missions à 600 livres dans les départements : Dufour, Soulès, Parein, Gonord, Darnaudrye, Enenou, Fauchet, Maurin, Guérin, Momoro, Vincent, Bouin, Bailly, Doré, Corchaud, Rolland, X. Audouin, Bourdon (le député), Grandmaison (aussi député), Lalande, Martin, Danjou, Paquin, Brochet, Legendre enfin, qui signe : «Resu des men du sitoyen Mendouze LA some de 600 livres. LEGENDRE. » Voici Jean-Courad de Kock, le père de Paul de Kock[1], qui reçoit 25,000 livres pour révolutionner la Hollande; voici Chambon, maire de Paris, qui, comme Pétion antérieurement, touche 40,000 livres par mois pour la police; voici les journaux : Resnier, pour la *Gazette de France,* et une souscription à 5,000 exemplaires des *Annales patriotiques*.

En janvier 1793, encore des commissaires nationaux, ceux qu'on envoie dans les départements et la tourbe qu'on expédie en Belgique; la solde de 50 livres aux volontaires marseillais du 10 août; les 3,400 exemplaires des *Annales patriotiques;* les impressions d'ouvrages allemands qu'on doit répandre dans les armées coalisées; 1,000 livres à Hébert; 25,000 livres à la Société philanthropique de Paris; 5,000 livres à un agent envoyé par Roland en Angleterre, à la recherche des diamants volés au Garde-Meuble; en février, outre la police et les commissaires nationaux, c'est la grosse affaire de la conspiration de Bretagne, qui coûte 20,000 livres; l'achat de Manheim par le général Custine, 1,200,000 livres[2]; la Hollande, pour laquelle on remet 45,000 livres à de Kock; la Pologne, 4,800 livres à Albert le Sarmate, ci-devant Turski, celui-là même qui est venu faire à la barre de la Convention cette réclame en faveur des Polonais; ce sont les journaux, dont le nombre augmente : *la Feuille villageoise, le Journal de Perlet,* qui viennent se joindre à ceux qu'on subventionne déjà; ce sont des poëtes et des musiciens : Lebrun, dont on imprime l'*Ode patriotique,* et Gossec, qui reçoit 3,000 livres; c'est enfin Fréron, représentant du peuple, qui émarge 1600 livres par mois.

En mars, toujours des commissaires en Belgique et dans les départements, toujours les journaux et la police. Il faut y joindre les missions secrètes de Saint-Huruge, 5,400 livres, et de Ligier, 5,000 livres, et les 8,000 livres données à la citoyenne Montensier.

---

[1] Voir les *Mémoires de Paul de Kock*. 1 vol. in-12.

[2] Voir, relativement à ces 1,200,000 livres, le procès de Custine Il prétend avoir rendu l'argent au Conseil exécutif. Mais ce versement n'est pas porté en recettes dans les comptes que nous avons eus entre les mains.

Celle-ci est en train de donner des représentations en Belgique. Les affaires ne vont pas, et les Autrichiens avancent. La citoyenne a pourtant, pour la protéger, les commissaires de la Convention : Lacroix, Danton, Merlin, Gaussin. Ils peuvent attester de quelle utilité a été sa troupe. « Il était nécessaire qu'elle vînt non-seulement pour les habitants, mais pour les militaires. Il en passe une très-grande quantité; ils viennent au spectacle; les pièces patriotes les électrisent; aussi j'ai soin d'en faire donner tous les jours. Après la comédie, ils montent sur le théâtre danser la carmagnole et chanter la chanson marseillaise. » Néanmoins, la perspective des succès des Autrichiens ne la rassure pas : « Nous courrions de grands risques, dit-elle, nous qui sommes des apôtres, et, dans le cas où nous serions obligés de fuir, comment faire? nous n'avons pas le sol. »

En avril, toujours des missions, la police, les journaux, la police spéciale du citoyen Maillard, l'homme des journées d'octobre et de septembre, devenu, à 300 livres par mois, chef d'une façon d'escouade d'agents secrets. Toujours les Bataves et la convention rhéno-germanique. Une singulière dépense : 400 livres à Denné, libraire, pour fourniture de livres. Ces livres, ce sont les *OEuvres complètes de Dorat*, reliées en maroquin bleu. On est à la fin d'avril; déjà, depuis le 10 mars, on peut pressentir le coup d'État; à la Conciergerie, que fera le ci-devant abbé Lebrun des *OEuvres complètes de Dorat*[1]?

Depuis le mois de janvier 1793, depuis le premier jour où la Convention s'est réunie, la guerre a existé entre les girondins et les montagnards. En octobre 1792, on a préludé à la bataille par des escarmouches quotidiennes, et cette bataille, livrée sur le procès du Roi, la Gironde l'a perdue par son manque de discipline et par son manque de bravoure. La Gironde n'a pas osé dire : Louis n'est pas coupable. La Gironde n'a pas osé dire : Louis ne mérite pas la mort. Et quand, après ces deux concessions faites à la plèbe, à la Montagne, à la Commune de Paris, elle a prétendu que la Plaine la suivît sur le terrain de l'appel au peuple, il n'était plus temps. La Plaine s'était enrégimentée sous les drapeaux de la Montagne, là où elle avait trouvé la décision et la virilité. Désormais, malgré quelques succès

---

[1] Pendant le mois de mai et le commencement de juin, nous ne trouvons, en fait de dépenses intéressantes, que celles relatives à l'établissement à Bayonne d'un Comité d'instruction. Au reste, toujours des commissaires dans les provinces et en Belgique, la continuation de la conspiration de Bretagne, toujours des journalistes; achat de 490 exemplaires d'un ouvrage intitulé : *Dorat Cubières à Jean Aeton;* puis, ceci regarde réellement les Affaires étrangères, 10,000 livres à la veuve de Basseville, assassiné à Rome.

trompeurs remportés par les girondins, on peut annoncer avec certitude le résultat suprême de la lutte.

D'ailleurs, tout tourne à la fois contre la Gironde : dès la fin de janvier, son général, son homme de force, son épée de chevet, Dumouriez, médite de marcher sur Paris, et complote avec les Autrichiens en Belgique, comme il a comploté avec les Prussiens en Champagne. Dumouriez, c'est, quoiqu'ils essayent de le nier, l'homme des girondins. Il l'a bien prouvé lors de son passage au ministère, lors de son fameux voyage à Paris. Il est le parrain de la fille de Lebrun : *Civilis-Victoire-Jemmapes-Dumouriez Lebrun*, jeune citoyenne née le 11 novembre 1792 ; c'est chez Lebrun qu'il a constamment dîné lors de son séjour dans la capitale ; c'est avec Lebrun qu'il a tenté toute une intrigue pour résister à l'influence de Brissot, à l'influence des montagnards unis à certains girondins pour la propagande révolutionnaire en Europe. Grâce à lui, à son influence, Maret a été envoyé en Angleterre[1]. Dumouriez, après avoir tout tenté pour empêcher la France de se précipiter aux abîmes, va marcher sur Paris. Qui le pousse? Est-ce réellement le sentiment de l'anarchie où va périr la France? est-ce l'ambition de jouer le rôle de Cromwell? veut-il être le Monk d'une restauration, ou n'est-il que l'instrument d'une faction? On ne sait, et, au fond, toutes ces choses resteront toujours terriblement obscures.

Quoi qu'il en soit des motifs qui ont déterminé Dumouriez, la Gironde, comme parti, n'était pour rien dans sa trahison ; ce fut gratuitement que la Montagne et les jacobins l'en rendirent complice. La nouvelle de la tentative de Dumouriez arrive à Paris le 9 mars. Les meneurs sans-culottes en profitent immédiatement. Une émeute est préparée, un plan arrêté, les faubourgs soulevés[2]; on doit venger le peuple en

---

[1] Voici une lettre relative à l'expédition à tenter sur Maëstricht (janvier 1793), qui établit une corrélation entre cette affaire et les négociations avec l'Angleterre. Cf. Louis Blanc, *Révol. fr.*, t. VIII. « Je vous adresse, mon cher Lebrun, le citoyen Hartmann, Saxon, major au service de Russie, qui s'est attaché à moi et que j'ai envoyé à Maëstricht. Il vous donnera tous les renseignements qu'il a pris.
. . . . Vous verrez par son récit qu'il est très-aisé d'enlever cette place et qu'on y trouvera de grandes richesses appartenantes aux Électeurs, aux Autrichiens et aux émigrés français, brabançons et liégeois. Il y a manque de provisions, et on y craint la bombe. Il faut couver cette entreprise jusqu'à ce que vous ayez déterminé les démarches vis-à-vis de l'Angleterre. Ne perdez pas une minute. Quel que soit l'événement, il faut être parti et revenu pour les premiers jours de février.
. . . . Nous causerons sur ce projet qui est moins chimérique que celui de la Zélande. Celle-ci tombera, si, après avoir pris Maëstricht et Venloo, je marche sur Nimègue, une tête par Groningue, l'autre par Amesfort, pour m'emparer des écluses de Muyden. »

[2] *Mém. de Garat*. Poulet-Malassis, 1862, in-12.

égorgeant ses mandataires infidèles et en supprimant les ministres. Discours, proclamations, défilé dans la salle des jacobins, rien n'y manque. Les ministres, pendant ce temps, et les chefs de la Gironde, Brissot, Gensonné, etc., se sont réunis à l'hôtel des Affaires étrangères, rue Cérutti. Lebrun et Garat en partent pour aller demander des explications au maire de Paris, le citoyen suisse Pache. Pache leur donne de belles paroles ; ils s'en contentent. Cette affaire de la nuit du 9 au 10 mars est la déclaration de guerre définitive de la Commune contre la Convention. Cette première fois, le coup a échoué ; mais on va bientôt le renouveler.

La Convention, en présence des défections des généraux et des attaques de la populace, a senti la nécessité, pour faire face à tous ces dangers, de constituer un gouvernement. Elle pourrait augmenter les pouvoirs du conseil exécutif, donner à des hommes, pris en dehors d'elle-même, une dictature momentanée, et concilier ainsi les nécessités et les principes. Elle est bien trop jalouse de sa propre puissance pour ne pas chercher à l'augmenter. Cette dictature, c'est à elle-même qu'elle la délègue. Elle supprime cette séparation des pouvoirs, sans qui nul État ne peut vivre. Le comité de salut public, composé de vingt-cinq membres, a le droit d'appeler à ses séances, au moins deux fois par semaine, les ministres composant le conseil exécutif provisoire ; et ces ministres devront donner au comité tous les éclaircissements qu'il leur demandera ; lui rendre compte, dans la huitaine, de tous les arrêtés généraux. C'est la dictature attribuée à la Convention. A la vérité, la composition de ce comité est telle d'abord, que les forces des divers partis y sont contre-balancées, mais bientôt les montagnards vont être seuls maîtres.

Dumouriez, déjà en état flagrant de trahison depuis la fin de février, passe à l'ennemi le 1er avril. Le même jour, à la Convention, Danton, attaqué par Lasource, à propos d'affaires d'argent, déclare la guerre à la Gironde. Le nom de Lebrun est prononcé ; c'est lui qui doit, dit Danton, rendre compte des dépenses faites en Belgique pour déjouer les prêtres fanatiques qui salariaient un peuple malheureux. Déjà Lebrun a été accusé par Robespierre d'avoir provoqué les hostilités et de n'être pas en mesure de les soutenir ; il a été accusé par le comité de salut public, à propos de la destitution de Sémonville, d'appartenir, ainsi que Clavière, à la faction des hommes d'État, cette fameuse faction dénoncée par Marat ; il a été accusé par Maulde, l'ancien ministre plénipotentiaire à la Haye, et le 19 mars, Garat, ministre de l'Intérieur, dans son rapport sur Paris, a accolé son nom à celui de Proly, un hébertiste, qu'on prétendait fils du prince de

Kaunitz, et qui, avec Pereyra et Dubuisson, avait reçu du ministre des Affaires étrangères une mission d'observation près de Dumouriez.

Les événements marchent avec une effrayante rapidité. Chaque manœuvre de la Gironde amène une victoire de la Montagne. Le 6 août, création du nouveau comité de salut public, réduit de vingt-cinq à neuf membres [1], et ces neuf membres sont montagnards. Le 13, décret d'accusation contre Marat, qui est acquitté le 18. Les pétitionnaires contre les girondins se succèdent à la barre comme jadis les pétitionnaires contre Louis XVI. Jadis, la Gironde applaudissait. Aujourd'hui, elle tremble; par l'organe d'Isnard, elle menace. Le 18 mai, elle essaye, pour contre-balancer la puissance de la Commune, de centraliser dans ses mains l'autorité pour l'intérieur. Elle établit la commission des Douze. Et celle-ci ordonne des arrestations et des enquêtes. La lutte ouverte a commencé entre les deux partis.

La Montagne, par la masse d'affiliés qu'elle remue dans les départements, par les commissaires pris parmi ses membres, qu'elle n'a pas craint d'envoyer hors de Paris, exerce sur les ministres une surveillance constante, fait décacheter les lettres, ne connaît à sa puissance aucune limite. Ainsi, le 20 mai, Lebrun écrit au comité de salut public pour lui dénoncer que les dépêches adressées au ministère par les chargés d'affaires de France en Valais et à Genève sont ouvertes par ordre des députés commissaires pour organiser le département du Mont-Blanc; que d'autres dépêches arrivées à Paris sont ouvertes et recachetées d'un cachet ayant pour légende : *Surveillance nationale*. Bien mieux, pour écarter tout soupçon de décachètement, on a timbré une de ces lettres, venant du Valais, des mots : *Angleterre* et *Valley*. Les paquets adressés à l'étranger arrivent à nos envoyés tout ouverts et sans dépêches. Onze jours après le 20 mai, la Gironde a cessé d'exister.

Le coup d'État du 31 mai n'est plus à raconter. Grâce aux nombreux documents rassemblés par M. Mortimer-Ternaux, on connaît à ce sujet la vérité tout entière sur la lutte de la majorité de la Convention contre la Commune. Nous n'avons, dans le cadre restreint que nous nous sommes tracé, qu'à enregistrer les faits particuliers au Département.

Dès le 31 mai au matin, le comité révolutionnaire, composé de membres du club de l'Évêché, de municipaux de Paris et de jacobins,

---

[1] Ce sont : Barère, Delmas, Cambon, Jean de Bry, Danton, Guyton-Morveau, Treilhard, Lacroix et Bréard.

a lancé des mandats d'arrêt contre Lebrun. Le comité de salut public aurait dû déclarer ces mandats nuls et non avenus ; il feignit d'ignorer qu'ils eussent été lancés, et s'abaissa à la prière. Voici l'arrêté qu'il prit, le 31 mai au soir : « Considérant, dit le comité, que le bruit s'est répandu que quelques personnes manifestaient l'intention de s'assurer de deux ministres, de les consigner dans leurs maisons et de leur donner des gardes ; que cette disposition contrarierait les opérations du Gouvernement ; que le ministre des Affaires étrangères perdrait sa considération, son crédit, son influence ; qu'il en résulterait des inconvénients très-préjudiciables aux relations politiques que le Gouvernement entretient avec plusieurs puissances, États et peuples des diverses parties du monde, dont le secret et la célérité peuvent seuls assurer le succès ; que les ministres appartiennent à la République ; que leur crédit, leur considération ont la plus grande influence sur les affaires de leurs Départements ; que pour conserver cette influence et s'assurer qu'elle ne sera pas préjudiciable aux intérêts de la patrie, le comité de salut public a pris toutes les précautions que la prudence exige, et a donné à la surveillance le degré d'activité qui doit rassurer les habitants de Paris... arrête que le conseil général de la Commune de Paris sera informé que le comité de salut public est chargé par la Convention nationale de surveiller les ministres..... et que le comité de salut public attend du civisme et des lumières du conseil général de la Commune et du concours de tous les citoyens de Paris, que les ministres de la République conserveront la liberté et l'indépendance nécessaires à l'exercice de leurs fonctions, et que si le conseil général avait des motifs graves d'inquiétude, il les communiquerait au comité de salut public, qui prendrait les ordres de la Convention nationale, et ferait provisoirement ce que les circonstances exigeraient.

« Cambon, Guyton, Barère, Lindet, Bréard, Delmas, Lacroix, Treilhard. »

Ce coup d'État dure trois jours : pendant trois jours l'Assemblée des représentants de la France est assiégée et cernée. Ce n'est que le 2 juin que l'Assemblée, délibérant sous les piques, rend ses décrets d'arrestation, et, conformément à la loi du 5 avril, ordonne l'arrestation des ministres Lebrun et Clavière. A Lebrun, comme on l'a vu plus haut, on accole Baudry, dont on fait son secrétaire. Mais les ministres sont *accusés, non destitués*. Et le 4, Lebrun, arrêté, écrit à la Convention :

« Citoyen président, le décret d'arrestation prononcé contre moi par la Convention nationale a été mis à exécution dans la journée d'hier; le juge de paix, chargé de cette exécution, m'a prévenu que je ne pouvais sortir, même avec mes gardes, et c'est ce qui m'a empêché de me rendre au conseil et au comité de salut public. J'ignore si, par l'effet du même décret, je suis aussi suspendu de mes fonctions, et s'il m'est encore permis de signer au moins les affaires courantes les plus pressantes pour ne pas les retarder. Je prie le comité de me prescrire la ligne de conduite que je dois suivre, et je m'y conformerai exactement. Au reste, soit comme ministre, soit comme simple citoyen, je n'en continuerai pas moins à me dévouer au service de ma patrie et à la cause fidèle de l'égalité et de la liberté. J'enverrai demain au comité la suite des plans que j'ai conçus pour l'administration qui m'a été confiée. Je lui enverrai aussi la liste des personnes employées et de celles qui peuvent l'être utilement dans tous les temps. Il pourra disposer de mon zèle et des connaissances que de longues études et quelque expérience m'ont acquises.

« LEBRUN. »

Le comité lui répond :

« Nous avons reçu, citoyen ministre, la lettre par laquelle vous nous demandez si le décret d'accusation prononcé contre vous vous laisse la signature des affaires courantes dont l'expédition presse. Nous ne faisons aucun doute que, la Convention n'ayant pas donné par intérim la signature de votre Département, vous ne pouvez pas vous dispenser de continuer à expédier et à suivre les opérations concertées avec le comité, même à donner les décisions dans les cas urgents, sauf à en référer préalablement au conseil exécutif provisoire et au comité [1]. »

Et c'est dans ces conditions que Lebrun prend encore des arrêtés, contre-signe des nominations (15 juin. Grouvelle, envoyé à Copenhague; Chauvelin, à Florence; Maret, à Naples; Noël, à Venise). Ce n'est que le 21 juin que son successeur, Deforgues, est nommé par la Convention.

Quant à lui, en quittant le ministère, il s'est établi, toujours en état d'arrestation, rue d'Enfer. C'est là que, le 5 septembre, vient l'atteindre le décret d'accusation rendu, sur la proposition de Barère, contre les girondins. D'abord, les ministres n'y ont point été compris. Billaud-Varennes prend la parole : « Dans un moment, dit-il, où le peuple appelle la justice nationale sur la tête de

---

[1] MORTIMER-TERNAUX, *Terreur*, t. VII, p. 383 et notes.

tous les coupables, il est un homme bien criminel que vos décrets n'ont pas encore atteint. Je veux parler de l'ex-ministre Lebrun, de cet homme qui nous a brouillés avec toutes les puissances de l'Europe, de cet homme qui a eu l'impudeur d'appeler Dumouriez un grand homme après sa trahison. Si la Convention avait ouvert les yeux sur les crimes de ce traître, il aurait déjà payé de sa tête toutes ses perfidies. » Et Billaud conclut en demandant qu'il soit, ainsi que Clavière, traduit au tribunal révolutionnaire. Les considérations diplomatiques qui terminent sa péroraison méritent d'être reproduites : « Lorsque leur tête sera tombée, ainsi que celle de Marie-Antoinette, dites aux puissances coalisées contre vous qu'un seul fil retient le fer suspendu sur la tête du fils du tyran, et que si elles font un pas de plus sur votre territoire, il sera la première victime du peuple. C'est par des mesures aussi vigoureuses qu'on parvient à donner de l'aplomb à un nouveau gouvernement. » La tête de Lebrun ne suffit pas, Drouet réclame celle de Baudry, secrétaire et complice de Lebrun. Quant à Maindouze et à Jozeau, leurs noms ne sont pas prononcés, mais ils sont compris dans la proscription.

Lebrun, cependant, songe à échapper au décret qui le frappe. Ses amis, Ysabeau entre autres, le poussent à s'enfuir. Il parvient à tromper le gendarme commis à sa garde, et se réfugie rue de l'Égalité (ci-devant rue de Condé), maison d'Harcourt. Il se cache sous le nom de Lebrasseur, Liégeois [1]. La nouvelle de son évasion est apportée à la Convention le 9 septembre, et le comité de sûreté générale met immédiatement la police à la poursuite de l'ex-ministre. Il est arrêté dans la maison où il a cherché un refuge, le 4 nivôse (24 décembre), par Héron, chef de la police secrète du Comité, incarcéré à la Conciergerie, mis immédiatement en jugement, condamné à mort, et exécuté le 7 nivôse (27 décembre) an II [2]. Son cadavre fut enterré au cimetière de la Madeleine [3]. Maindouze fut guillotiné le 14 prairial an II (2 juin 1794); Baudry, le 24 messidor (12 juillet) ; Jozeau, le 8 thermidor (26 juillet), la veille du jour où la France fut délivrée. Lebrun entraîna encore dans son désastre un malheureux, nommé Claude-Alexandre l'Étourneau, âgé de vingt-cinq ans, natif de Larioche, en Saintonge, qui fut condamné à mort, le 27 pluviôse an II, par la com-

---

[1] Il est à remarquer qu'en l'an V, dans une affaire de corruption tentée par des fournisseurs (Compagnie Balza), nous trouvons un Lebrasseur, réellement Liégeois et lié avec certains personnages de la Gironde.

[2] Voir, à l'appendice, les pièces que nous avons recueillies sur le procès de Lebrun et des autres employés girondins du Département.

[3] N° 264 de la liste dressée par M. Desclozeaux.

mission militaire de Bordeaux, comme contre-révolutionnaire, pour avoir accepté la place de précepteur des enfants du ministre Lebrun, afin de les fortifier dans les sentiments de leur père[1].

Avec les girondins, s'écroule ce qui peut encore rester de gouvernement en France. Certes, Lebrun a commis bien des fautes, mais que sont ses fautes, à côté des crimes du Comité du salut public ? Que sont les arrêtés du Conseil exécutif, à côté de ce décret de Barère sur les prisonniers anglais ? Que vaut cette diplomatie, en face de cette phrase de Barère (22 janvier 1794), que quiconque oserait parler de paix, serait un ennemi de la patrie ! Enfin, dans le Département, Lebrun n'avait proscrit personne. C'est un mérite dont il faut lui savoir gré[2].

[1] O'REILLY, *Hist. de Bordeaux* et *Dictionnaire biographique et historique des hommes marquants de la fin du* XVIII*e siècle*. Londres, 1800, t. II. Madame Lebrun, née Chéret, avait eu du ministre plusieurs enfants, outre la petite Civilis Jemmapes, entre autres un fils : Jean-Pierre-Louis Lebrun, né à Liége en 1784, lequel fut élève de l'École des Jeunes de langue et devint aveugle. Madame Lebrun épousa en secondes noces M. Champagne, d'abord directeur de l'Institut des boursiers de l'Égalité, puis proviseur du Lycée impérial.

[2] On a publié : W. MILES, *Authentic Correspondence with* M. LEBRUN, *the french minister and others, to february* 1793. London, 1796, in-8°.

CHAPITRE VIII

DEFORGUES, MINISTRE DES AFFAIRES ÉTRANGÈRES.
21 JUIN 1793. — 13 GERMINAL AN II (2 AVRIL 1794).

Caractère de la révolution du 31 mai. — Les dantonistes dans les ministères. — Deforgues, ministre des Affaires étrangères. — Sa vie antérieure. — Sa participation aux massacres de septembre. — Nullité des relations extérieures. — Deforgues respecte les employés en place. — Il donne pour successeur à Baudry Reinhard; à Maindouzè, Humbert; à Barallier, Boulouvard. Miot, secrétaire général du ministère. — Les dîners de Deforgues. — Robespierre. — Diplomatie de Robespierre. — Le ministère d'après la Constitution de 1793. — Le bureau des relations extérieures près le Comité de salut public. — Rapports de Deforgues avec la Convention. — Décrets rendus sans que le ministre soit entendu, ni consulté. — La diplomatie des canons. — Le gouvernement révolutionnaire. — Deforgues et le Comité de salut public. — Adjonction des douanes au ministère. — Résultats du commerce extérieur. — Le Comité de salut public seul gouvernant. — Emploi des fonds secrets par Deforgues. — Chute de Danton et de Deforgues. — Lettre de celui-ci à Robespierre. — Son élargissement après le 9 thermidor. — Ses destinées ultérieures.

La révolution du 31 mai n'avait pas eu seulement pour objet de remplacer une faction par une autre, mais de changer entièrement les formes gouvernementales; son action principale s'était portée sur l'Assemblée, où elle modifia absolument le jeu parlementaire, et substitua la dictature de quelques-uns aux discussions de tous; mais, ce qu'elle fit dans la Convention même, elle le fit hors de l'Assemblée.

La faction des girondins tentait encore de gouverner constitutionnellement. Son idéal gouvernemental était la Constitution du 1791 sans Roi, mais avec des ministres responsables formant par leur réunion le Conseil exécutif, avec des administrations fonctionnant régulièrement, une hiérarchie d'employés, et des places pour les parents et les amis; un ancien préjugé et un décret nouveau leur interdisant à eux-mêmes d'en prendre.

Les montagnards étaient plus logiques et plus nets. Tout dans leur système dépendait de l'Assemblée, et l'Assemblée dépendait d'eux. Le Conseil exécutif n'avait plus de raison d'être, en présence des Comités de gouvernement. Les ministres, peu à peu réduits à n'être plus que des automates sans pouvoir, n'étaient conservés que pour faire illusion à quelques révolutionnaires timides qui auraient vu dans leur suppression le bouleversement complet de toutes les idées d'autorité et de responsabilité.

Ces révolutionnaires timorés, c'étaient les dantonistes. A cette date du 21 juin 1793, ils étaient dépassés, et n'avaient déjà plus la notion de ce qu'ils devaient faire pour se conserver le pouvoir. Ils avaient fait le 10 août; ils avaient aidé à faire le 31 mai, mais la notion exacte du mouvement révolutionnaire leur échappait désormais.

Il fallait néanmoins les ménager, avoir l'air de leur donner une part de la curée. Le pouvoir réel allait être concentré dans la Convention, dans le Comité de salut public. On leur laissa prendre les apparences du pouvoir : les ministères. Le 21 juin, Hérault de Seychelles, au nom du Comité de salut public, vint dire que « le Comité ayant été chargé de proposer deux ministres pour la Guerre et les Affaires étrangères qui fussent en état de donner du ton et de l'activité au gouvernement, il croyait avoir trouvé deux républicains, deux sans-culottes bien prononcés. Le Comité propose pour le ministère de la Guerre Alexandre, commissaire des guerres à l'armée des Alpes, et Deforgues, adjoint au ministre de la Guerre, pour le ministère des Affaires étrangères. » Deforgues, ajoute Hérault, « a une tête bien organisée, il aime l'ouvrage et en fait beaucoup ». Bentabole demande qu'on dresse une liste pour pouvoir décider avec plus de maturité; une discussion s'engage sur la nécessité de partager le ministère de la Guerre entre plusieurs ministres, mais pour les Affaires étrangères, personne ne discute ni ne conteste. Deforgues est nommé ministre.

François-Louis-Michel Chemin Deforgues était né à Vire (Calvados), en 1759, de Jean Chemin Deforgues et de Anne-Bertrande Thomas de la Marche. Dans sa jeunesse, suivant madame Roland, il avait été clerc chez Danton [1]; de là, des relations intimes et qui peuvent éclairer certains faits. Il entre à l'Hôtel de ville avec la Commune insurrectionnelle du 10 août, et y devient chef de bureau. Le 2 septembre, Danton a besoin d'un homme à lui, dans le Comité des massacres. Deforgues en est nommé membre, avec Marat, Lenfant, Guermeur, Leclerc et Duffort, et adjoint à Duplain, Panis, Sergent et Jourdeuil [2]. Il signe avec ses collègues cette fameuse circu-

---

[1] *Mémoires*. Éd. P. Faugère, t. I, p. 225. Note de madame Roland.
[2] Voir *Histoire des Girondins*, de M. G. DE CASSAGNAC, t. II, p. 109. Voir aussi MORTIMER-TERNAUX, t. III, p. 217. Il existe néanmoins une protestation de

laire aux départements, qui est expédiée sous le contre-seing du ministre de la Justice, et par laquelle les patriotes de Paris somment ceux des provinces de les imiter. Deforgues prend une part active aux massacres des prisons. Au milieu même des massacres, il fait incarcérer à l'Abbaye un nommé Claude Suget qui fut massacré sur-le-champ[1]. Il avait fait ce jour-là ses preuves de patriotisme. Aussi ne tarda-t-il pas à occuper des places importantes. Il fut successivement secrétaire général du Comité de salut public, puis adjoint au ministre de la Guerre sous Bouchotte. Deforgues, suivant Miot de Mélito[2], qui l'a beaucoup connu, et dont les mémoires sont si particulièrement intéressants pour l'histoire du Ministère, était un homme d'un caractère ferme et prononcé, qui avait de l'esprit et des lumières. Son origine aristocratique le ramenait à des habitudes d'urbanité et de décence, qui n'étaient guère de mode en dehors du ministère des Affaires étrangères.

Les relations extérieures étaient à ce moment à peu près nulles. La France, à cette date, entretenait dix agents ostensibles à l'étranger et en France ; les puissances étrangères étaient représentées par les chargés d'affaires de la république de Genève, de Malte et de la nation danoise (sic)[3].

Deforgues n'introduisit pas dans le Département beaucoup d'hommes nouveaux. Qui sait si lui-même n'avait pas quelque peu l'intention de se faire oublier? Les hommes qu'il aurait amenés, et qui nécessairement auraient été du parti auquel il avait appartenu, l'auraient compromis, et il ne désirait que vivre tranquille.

Une seule modification importante fut apportée dans l'organisation : les douanes y furent rattachées sur le rapport de Barère; la Convention avait eu la première idée du blocus continental et s'était imaginé que « la formation d'une barrière entre la France et l'industrie anglaise serait du ressort du ministère des Affaires étrangères ». En même temps, on supprima le bureau des consulats (9 octobre-17 du premier mois). « La partie des consulats, dit Barère, a été attribuée au département des Affaires étrangères, mais je vous observe que c'était uniquement faire passer d'un bureau à un autre des abus, des cartons et des commis. » Les commis des consu-

---

Deforgues, *Deforgues à ses concitoyens,* 8 p. in-4°, dans laquelle il se défend de cette imputation.

[1] Barth. MAURICE, *Histoire des prisons,* 1840, in-8°.

[2] *Mémoires de Miot de Melito,* t. Ier.

[3] Le successeur de Gouverneur Morris, J. Mouroï, n'était pas encore arrivé, et toutes relations étaient suspendues entre la France et les États-Unis.

lats furent donc distribués dans les autres divisions du ministère. On adopta pour les bureaux le système purement géographique. Au reste, ce furent bien, comme disait le rapporteur, les mêmes abus, les mêmes commis et les mêmes cartons[1].

A partir de l'institution du gouvernement révolutionnaire, le travail des bureaux n'augmenta point d'une façon sensible. Le ministre ne pouvait, si grande que fût sa bonne volonté, créer des relations à la République. D'ailleurs, son rôle ne consistait plus qu'à enregistrer purement et simplement les décisions du Comité de salut public ou à recevoir des membres de la Convention des lettres analogues à celle-ci :

« Citoyen ministre des Affaires étrangères, nous sommes chargés par un décret de la Convention de recueillir tous les traits de vertus éclatantes qui signalent notre Révolution : nous avons fait, en conséquence, une circulaire à laquelle est joint un rapport. Nous t'envoyons mille exemplaires de l'une et de l'autre en t'invitant à les faire passer et disséminer dans toutes les contrées du globe par le moyen des consuls et agents diplomatiques de la République. Cet envoi aura le quadruple avantage de nous procurer des renseignements sur les actions civiques des Français en pays étrangers, d'en enfanter de nouvelles, de démentir les impostures répandues par les scélérats d'émigrés contre nous, et enfin de concourir à imprimer aux autres peuples le mouvement qui doit renverser tous les trônes, écraser tous les rois et rendre universels les triomphes de la liberté et de la raison.

« GRÉGOIRE, BASIRE, DAOUST.

« Paris, ce 24 brumaire an II de la République une et indivisible (14 novembre 1793). »

La responsabilité en arrivait à effrayer Deforgues, et, sur l'avis qui lui avait été donné qu'un employé avait répandu la nouvelle que Caillard était parti pour négocier avec le roi de Prusse, il édictait, le 16 décembre (26 frimaire), le règlement suivant :

« Le ministre des Affaires étrangères, informé qu'il se commet dans les bureaux des indiscrétions qui pourraient compromettre les intérêts de la République, et voulant prévenir un abus aussi préjudi-

---

[1] Le décret du 12 frimaire partageant les bureaux du département des Affaires étrangères, tant à Paris qu'à Versailles, en deux divisions, l'une de douanes nationales, l'autre de correspondance étrangère, ne fut pas exécuté.

ciable aux affaires de son département, déclare qu'il veillera sévèrement à l'éxécution du règlement suivant :

« Article premier. — Aucun employé du département des Affaires étrangères ne pourra, sous peine de destitution, s'entretenir des affaires politiques du département avec un individu quelconque qui ne sera pas membre de cette administration.

« Art. 2. — Aucun commis subalterne d'une division ne pourra communiquer à un commis d'une autre division les détails qui concernent son bureau.

« Art. 3. — Les chefs de bureau seront tenus de ne permettre l'entrée des bureaux d'expédition à aucun étranger et de dénoncer au ministre les commis qui, au mépris du règlement existant, auront accueilli des étrangers, de même que les garçons de bureau qui les auront introduits.

« Art. 4. — Tout commis ou garçon de bureau convaincu d'avoir communiqué des papiers ou des informations de la correspondance pour en tirer un avantage personnel ou pécuniaire sera dénoncé aux tribunaux.

« Signé : Deforgues. »

Quant aux douanes, Deforgues se bornait à adresser à la Convention le résultat du commerce extérieur. Le 17 décembre 1792, Roland, encore ministre de l'Intérieur, avait envoyé à l'Assemblée les tableaux du commerce pour le premier semestre[1]. Ce sont les résultats pour l'année entière 1792 que Deforgues envoie le 7 janvier 1794 (18 nivôse an II)[2]. Ce travail est précédé d'une lettre du ministre : « Le moment, dit-il, où l'intrépidité des guerriers français rend à la République la libre navigation de la Méditerranée doit le faire accueillir avec d'autant plus d'intérêt... » Deforgues ne manque pas d'accuser « l'insouciance maligne de l'ancien gouvernement ». Il prétend que, pour l'année 1792, les importations ont été de 496 millions, et les exportations de 720 ; que la France a, par conséquent, reçu de l'étranger 224 millions. Ce n'est pas ici le lieu de vérifier ces chiffres, qui paraissent fictifs.

Malgré son désir de tranquillité, le ministre dut donner des succes-

---

[1] *Résultats du commerce extérieur de la République française, pendant le 1ᵉʳ semestre de 1792, précédés de la lettre du ministre de l'Intérieur.* Paris, Imp. nat., 1793, gr. in-fol.

[2] *Département des Affaires étrangères, Douanes de la République, Extraits des résultats du commerce extérieur de la République française, pendant l'année 1792, vieux style.* Paris, Imp. nat., gr. in-4°.

seurs à Baudry, chef de la troisième division, dont on a raconté plus haut la fin malheureuse ; à Maindouze, qui ne devait pas tarder à rendre compte au tribunal révolutionnaire de son intimité avec Pétion ; à Barallier, dénoncé comme suspect de fédéralisme ; enfin, à Rouhière, nommé consul général à Venise.

Le successeur de Baudry fut un homme qui est parvenu aux plus hautes dignités de l'État et qui a honoré par son caractère et par ses talents le département des Affaires étrangères : Charles-Frédéric Reinhard[1].

Il était né le 2 octobre 1761 à Schorndorf, en Wurtemberg, d'une famille protestante. A l'époque de sa naissance, son père était diacre et devint plus tard doyen de l'église de Balingen. Sa mère se nommait Marie-Félicité Kiemer. Il fit ses études à l'université de Tubingen, et, pour obéir à sa famille, se livra aux études théologiques, quoique ses goûts fussent plutôt littéraires. Dès l'âge de vingt-deux ans, il publia en Allemagne un recueil d'épîtres en vers[2] que l'on dit remarquables et qui eurent l'approbation des jeunes poëtes de l'école nouvelle, avec lesquels Reinhard était particulièrement lié. De Tubingen, Reinhard se rendit d'abord à Lausanne, pour se perfectionner dans la langue française, puis à Bordeaux, où il fit l'éducation d'un jeune homme qui, plus tard, servit honorablement dans l'armée. Arrivé à Bordeaux en 1787, il y forma des relations avec quelques-uns de ces jeunes gens qui devaient être les girondins, notamment avec Ducos et Vergniaud. « Je vis naître la Révolution, écrit-il lui-même, je l'embrassai avec enthousiasme, je déclarai que je vivrais et mourrais Français le jour où la fuite de Louis XVI fut connue à Bordeaux. En 1791, je partis pour Paris avec Ducos et Vergniaud, mes amis. Je fus nommé secrétaire de légation à Londres. » Ce fut, en effet, à l'amitié des girondins qu'il dut d'être attaché par Dumouriez, le 15 avril 1792, à la légation de Chauvelin. Une dispense préalable du souverain de son pays natal l'y avait formellement autorisé[3].

---

[1] On ne saurait trop consulter, sur M. le comte Reinhard, les deux éloges qu lui ont été consacrés par M. de Talleyrand et par le baron Bignon. L'éloge de Talleyrand est le portrait le plus complet qui se puisse écrire du diplomate idéal.

[2] M. le comte Reinhard a publié encore une traduction allemande de Tyrtée et de Tibulle. Ces deux ouvrages ont été imprimés à Zurich, en 1783 et 1785. Sa correspondance en allemand avec Gœthe a été publiée.

[3] BIGNON, *Éloge prononcé à la Chambre des pairs, le 14 mai* 1838. Le livre de M. Rambaud : *l'Allemagne sous Napoléon I*er, Paris, Didier, in-12, est plein d'erreurs systématiques contre Reinhard, que l'auteur fait ambassadeur en Angleterre sous Dumouriez.

C'est donc du printemps de 1792 que date la liaison de Reinhard avec Talleyrand, chargé alors d'une mission secrète à Londres. Celui-ci, qui l'avait suivi pendant toute sa carrière, fait remarquer avec une justesse infinie à quel point les études théologiques préparaient les hommes pour la diplomatie : « L'étude de la théologie, où Reinhard se fit remarquer dans le séminaire de Denkendorf et dans celui de la faculté protestante de Tubingen, lui avait donné, dit Talleyrand, une force et en même temps une souplesse de raisonnement que l'on retrouve dans toutes les pièces qui sont sorties de sa plume. Et, pour m'ôter à moi-même la crainte de me laisser aller à une idée qui pourrait paraître paradoxale, je me sens obligé de rappeler ici les noms de plusieurs de nos grands négociateurs tous théologiens et tous remarqués par l'histoire comme ayant conduit les affaires politiques de leur temps : le chancelier cardinal Duprat, le cardinal d'Ossat, le cardinal de Polignac, l'évêque de Gap, père et précepteur de M. de Lyonne. » Talleyrand aurait pu ajouter son propre exemple et celui de ses meilleurs collaborateurs, d'Hauterive et La Besnardière, entre autres.

Reinhard resta en Angleterre jusqu'à l'époque de la rupture de nos relations avec cette puissance. Il reçut ses passe-ports le 27 janvier 1793. En février (même année), il fut nommé premier secrétaire de légation à Naples, près de M. de Mackau. Il emmena avec lui, comme second secrétaire, Maindouze, fils du directeur des fonds, s'embarqua le 13 mars à Toulon pour Gênes, relâcha à Nice et à Livourne et repartit pour Naples le 22 avril. La mission de Reinhard était en partie secrète. Le secrétaire était chargé par Lebrun d'étudier les voies et moyens d'une expédition contre Rome. Seulement, Lebrun ne voulait entreprendre cette expédition que si elle présentait toutes chances de succès : « Si elle manquait, écrivait-il à Reinhard le 30 avril, le Pape se relèverait plus triomphant, et l'Europe aurait peut-être à supporter encore pendant plusieurs siècles la honte de son existence. »

Quelques jours après son arrivée à Naples, Reinhard en est expulsé avec Mackau. Il revient par mer de Naples à Livourne, est obligé, par suite du manque d'argent, de s'arrêter quelque temps à Gênes, parvient enfin à regagner Paris dans les premiers jours de brumaire an II (novembre 1793), et, le lendemain de son arrivée, reçoit de Deforgues la lettre suivante : « D'après les preuves de patriotisme et de talents que tu as données, citoyen, dans les différentes missions diplomatiques dont tu as été chargé, j'ai cru ne pouvoir mieux confier qu'à toi la place de chef des bureaux de la troisième division. Je t'engage à en prendre les fonctions sur-le-champ (12 novembre 1793) ». C'était le moment où les girondins venaient d'expier ce qu'il plaît à quelques historiens d'appeler leurs fautes. Reinhard devait se trouver heureux de n'avoir pas résidé à Paris, où, sans doute, il aurait été entraîné dans leurs intrigues. Désormais il n'avait qu'un désir : se faire oublier, rester dans la place qu'il occupait. Aussi, lorsque parut la loi qui excluait les étrangers du service français, se hâta-t-il d'écrire au Comité de salut public la lettre suivante (18 avril 1794-29 germinal an II), qui sort de ses habitudes de modération, mais qui, eu égard aux circonstances, n'est pas d'un ton exagéré : « Expulsé deux fois par les tyrans qui nous font la guerre, proscrit en Allemagne par l'édit avocatoire de l'Empereur, revenu de Naples à Paris à travers les dangers et les ennemis, nommé, le lendemain de mon arrivée, chef de la troisième division aux Affaires étrangères, attaché à la Révolution française par toutes les habitudes d'esprit et de cœur et à la République par ses bienfaits, et prêt à me dévouer pour elle en la servant ou en me soumettant sans murmure à des lois que commande le salut du peuple, je remets mon sort entre les mains du Comité de salut public, qui décidera si je dois ou non renoncer au titre sacré de citoyen français, si je suis né dans un pays en guerre avec la République, si je suis digne d'être requis pour la servir. » Le Comité de salut public ne commit pas la faute de se priver d'un auxiliaire aussi intelligent. Reinhard, en effet, avait toutes les qualités d'un bon serviteur. Talleyrand, en peignant le portrait du chef de bureau idéal, en avait le parfait modèle sous les yeux : « Quoique M. Reinhard n'eût point alors l'avantage qu'il aurait eu quelques années plus tard de trouver sous ses yeux d'excellents modèles, il savait déjà combien de qualités, et de qualités diverses, devaient distinguer un chef de division des Affaires étrangères. Un tact délicat lui avait fait sentir que les mœurs d'un chef de division devaient être simples, régulières, retirées; qu'étranger au tumulte du monde, il devait vivre uniquement pour les affaires et leur vouer un secret impénétrable; que, toujours prêt à répondre sur les faits et sur les hommes, il devait avoir sans cesse présents à la mémoire tous les traités, connaître historiquement leurs dates, apprécier avec justesse leurs côtés forts et leurs côtés faibles, leurs antécédents et leurs conséquences, savoir enfin les noms des principaux négociateurs et même leurs relations de famille ; que, tout en faisant usage de ces connaissances, il devait prendre garde à inquiéter l'amour-propre toujours si clairvoyant du ministre, et qu'alors même qu'il l'entraînait à son opinion, son succès devait rester dans l'ombre; car il savait qu'il ne devait briller que d'un éclat réfléchi ; mais il savait aussi que beaucoup de considération s'attachait à une vie aussi pure et aussi modeste. »

Le successeur de Maindouze au bureau des Fonds fut un nommé Claude-François Humbert, qui n'avait d'autres titres à cette place que son intimité avec Robespierre. C'était chez lui, rue de Saintonge, au Marais, que Robespierre avait été se loger en arrivant de Versailles[1]. Cet Humbert, né à Vesoul (Haute-Saône), en 1753, gradué en 1773, était entré dans la finance en 1774, et avait été retraité en 1786. Depuis cette époque, il s'était fait négociant en bois et en charbons, et avait cultivé des propriétés. Au moment de la Révolution, il était entré dans la société des Amis de la Constitution, où il ne joua point, à ce qu'il semble, un rôle prépondérant, mais où il contracta des liaisons avec la plupart des hommes en évidence du parti révolutionnaire. C'est ainsi qu'il fut choisi à la fin de ventôse an II (mars 94), pour réunir chez lui Danton et Robespierre, déjà brouillés, et qu'on voulait réconcilier[2]. Le dîner, au reste, n'eut pas le résultat qu'on cherchait. «Robespierre y resta froid comme le marbre », et la perte de Danton n'en fut pas moins décidée dans son esprit. Humbert, nommé chef de la division des Fonds le 1er octobre 1793[3], devait donner sa démission le 26 novembre 1794. Il n'avait, dit-il, accepté la place que momentanément et par zèle. Pendant le temps qu'il resta au Département, Humbert eut une mission particulière à remplir en Suisse. En passant dans le département de la Haute-Saône, il fut arrêté par les administrateurs. Le Comité de salut public, par l'organe de Barère, demanda l'improbation du département, et ordonna qu'Humbert serait mis en liberté, et irait remplir sa mission (frimaire an II — décembre 1793)[4].

Le successeur de Barallier à la division des consulats, Pierre

---

[1] HAMEL, *Histoire de Robespierre*, t. Ier, p. 180.

[2] *Principaux événements pour ou contre la Révolution*, par Villain D'AUBIGNY. Note 1 de la page 49.

[3] « Il est à remarquer que, depuis son arrivée à Paris, jusqu'à l'époque du Champ de Mars, il avait été logé, nourri, entretenu, chauffé, servi chez Humbert. Jamais il n'a parlé à ce dernier de l'indemniser, il le croyait trop honoré d'avoir un aussi grand homme que lui pour commensal. Jamais il ne lui a rendu le moindre service, et pendant les six derniers mois de sa vie, il lui a fait défendre sa porte : la présence d'un bienfaiteur l'importunait. » Cette note publiée dans les *Papiers inédits de Robespierre*, t. Ier, p. 137, et qui est attribuée à Fréron, est évidemment en contradiction avec les faits.

[4] Voici son signalement, d'après le registre des passe-ports : taille 5 pieds 6 pouces, cheveux et sourcils châtains, yeux gris, nez aquilin, bouche moyenne, menton rond avec une fossette.

Boulouvard, né à Arles, en Provence, en 1752, avait d'abord tenu une maison de commerce ; mais ses goûts littéraires et ses passions politiques lui firent négliger ses affaires ; le parti conservateur étant encore en majorité à Arles, il fut obligé de se réfugier à Avignon, devenu le rendez-vous des révolutionnaires du Midi, et de là il vint en 1793 à Paris, où ses liaisons avec les patriotes accentués lui valurent la place de chef de bureau.

Quant à André-François Miot[1], secrétaire général du Département, c'était un homme de bonne famille et de bon ton. Son père était un des premiers commis du département de la Guerre, sous l'ancien régime, et lui-même, après divers voyages au Havre, à Metz, dans les Pays-Bas et en Hollande, fut nommé commissaire des Guerres, et envoyé au camp de Saint-Omer. De retour à Versailles, en octobre 1788, aide-major dans la garde nationale de cette ville en 1789, il était déjà à cette époque attaché au ministère de la Guerre; il devint rapidement chef de bureau et chef de division, échappa à un mandat d'arrêt décerné contre lui, après le 10 août, et, sous le second ministère de Servan, craignant de nouvelles persécutions, échangea sa place contre celle de contrôleur général de l'administration des convois et étapes militaires. Il rentra dans les bureaux de la Guerre avec Beurnonville ; exécuta sous Bouchotte quelques-unes des mesures les plus extraordinaires de cette époque étrange : par exemple, le transport en poste de l'armée de Mayence en Vendée; mais néanmoins la situation lui semblait pénible et dangereuse, et lorsque Deforgues lui proposa de passer avec lui aux Affaires étrangères, il accepta avec empressement. Miot tel qu'il s'est peint dans ses mémoires, et tel que l'ont connu la plupart de son temps, était un homme fin, délié, intelligent et en même temps susceptible d'attachement et de dévouement. Sa conduite, après la chute de l'Empire, a prouvé qu'il n'avait pas une âme commune.

On voit par ce court résumé que les hommes introduits dans le Département par Deforgues contrastaient d'une façon avantageuse, comme instruction, comme éducation et comme honorabilité, avec ceux qu'avaient amenés les ministres précédents. L'Hôtel de la rue Cérutti était devenu une façon de Chartreuse, où l'on essayait de s'isoler le plus possible des bruits de la rue, des clameurs de la populace, des discussions de l'Assemblée et du sans-culottisme *à l'ordre du jour*. On trouvait dans les bureaux de la politesse, de l'urbanité et de bonnes manières. Cette société de l'ancien régime n'était troublée

---

[1] Né en 1762.

que lorsque Deforgues invitait à dîner ses patrons du dehors : Danton d'abord, puis Lacroix, Legendre, Camille Desmoulins, Fabre d'Églantine et Robespierre. Placés à une extrémité de la table, ne prenant jamais part à la conversation, les premiers commis du ministère regardaient avec une sorte de terreur. Les dantonistes, encore, parlaient de la révolution, causaient de théâtre, vantaient les douceurs de la vie domestique, mais Robespierre, lui, causait du métier, des relations extérieures, des traités à renouveler, et faisait venir des chefs de division pour conférer avec lui. Au reste, ses projets politiques, s'il en avait de réels, de précis, qui ne fussent pas noyés dans le brouillard vague de ce qu'il appelait les principes, sont restés inconnus.

Les apologistes de Maximilien ont pu d'autant plus facilement lui inventer un système de politique extérieure, que l'éditeur de ses papiers, Courtois, avait, à ce qu'il dit lui-même, négligé de parti pris ce qui était relatif à la diplomatie. Néanmoins, une note qu'on rencontre, et qui est l'affirmation de la dictature nécessaire, en contient quelques mots : « Les Affaires étrangères, alliance avec les petites puissances, mais impossible aussi longtemps que nous n'aurons pas une volonté nationale. » (Pièce XLIV.) Si l'on rapproche cette phrase du fameux rapport du 27 brumaire par lequel Robespierre a essayé d'établir sa réputation d'homme d'État, il est impossible de ne pas être étonné de la naïveté qui se cache sous ces phrases ronflantes et creuses. L'alliance avec la Suisse et les États-Unis, alliance due à la Royauté seule, Robespierre semble vouloir en réclamer l'initiative pour la République. Il fait sonner haut cette alliance des États-Unis, et pourtant leur ministre, Gouverneur Morris, est suspect à juste titre, et la République américaine n'a d'autre but en ce moment que d'utiliser l'état de son alliée, la République française, pour se libérer à bon marché des dettes qu'elle contracta jadis vis-à-vis du roi de France. La Suisse a moins de prestige. Elle en avait moins surtout à cette époque. Le sang des Suisses fidèles égorgés par la populace criait contre la France, et il était difficile d'oublier que le nom seul de Suisse avait été, du 9 août au 10 septembre, un arrêt de mort[1]. Pourtant Robespierre affirmait l'alliance de la France avec les cantons. C'est que là comme dans les États-Unis il ne voyait que le mot de République. Il ne s'inquiétait pas de chercher ce qu'étaient ces

---

[1] On peut consulter, sur les relations de la France avec la Suisse, les observations lues par Pache à la Société de la section du Luxembourg, le 20 mars de l'an IV (1793), et surtout la brochure du colonel Weiss, témoin non suspect, car il fut ministre plénipotentiaire à Paris et bien accueilli par les jacobins.

républiques et les points d'attache qu'elles pouvaient avoir ; il lui suffisait à lui, comme aux autres révolutionnaires, que ces gouvernements s'appelassent ainsi pour qu'il les jugeât alliés de la France.

Ces dîners du ministère, ces entrevues fortuites avec les puissants du jour étaient les événements principaux du Département pendant cette période. Comme pouvoir, le ministre n'existait plus. On ne savait même sous quel régime on vivait. La Constitution dite de 1793 avait bien été votée par la Convention. Elle déterminait bien que le pouvoir exécutif serait aux mains d'un conseil exécutif, composé de vingt-quatre membres choisis par le Corps législatif sur une liste formée par les assemblées électorales de départements à raison d'un candidat par département. Elle ordonnait que ce conseil, renouvelé par moitié à chaque législature, serait chargé de la direction et de la surveillance de l'administration générale, mais ne pourrait agir qu'en vertu des lois et des décrets du Corps législatif. Ce conseil devait nommer hors de son sein les agents en chef de l'administration de la République, agents qui ne formeraient pas conseil, seraient séparés, sans rapports immédiats entre eux, et n'exerceraient aucune autorité personnelle. Il devait prendre hors de son sein les agents extérieurs de la République, et négocier les traités. La Constitution fixait même les bases de la nouvelle diplomatie, et préparait des succès contestables aux négociateurs à venir. Elle disait:

Art. 118. — Le peuple français est l'ami et l'allié naturel des peuples libres.

Art. 119. — Il ne s'immisce point dans le gouvernement des autres nations. Il ne souffre point que les autres nations s'immiscent dans le sien.

Art. 120. — Il donne asile aux étrangers bannis de leur patrie pour la cause de la libert

Il le refuse aux tyrans.

Art. 121. — Il ne fait pas la paix avec un ennemi qui occupe son territoire [1].

Mais cette lohomachie ne satisfaisait pas la Convention. La mise en

---

[1] Ces quatre articles étaient précédés, dans le projet de Grégoire, d'une déclaration de droit des gens qui fut écartée sur l'avis de Barère « qu'il ne fallait pas s'extravaser en opinions philanthropiques ». Quant au quatrième article, celui qui rappelle d'une façon si frappante une autre phrase devenue tristement célèbre, il ne fut adopté que malgré l'opposition acharnée de Mercier et après avoir motivé une interruption fameuse. « Vous flattez-vous d'être toujours victorieux? disait Mercier. Avez-vous fait un traité avec la victoire? — Nous en avons fait un avec la mort », répond Basire. (Séance du 18 juin.)

pratique de la Constitution fut indéfiniment ajournée. La dictature resta aux mains du Comité de salut public telle que la lui avait attribuée le décret du 25 mars, et bientôt, après s'être fait donner tous les pouvoirs du gouvernement, il érigea même en doctrine son institution et son droit.

A ce moment, au reste, le Comité de salut public avait déjà établi près de lui un bureau des relations extérieures, chargé de la correspondance avec le Département. Le chef de cette section était un nommé Jean-Baptiste Maudru, dont Barère parle dans ses Mémoires. Seulement, il lui attribue une qualité qu'il n'avait pas quand il prétend qu'il dépendait du Département. Ce Maudru, né à Adompt (Vosges) et cousin germain d'un autre Maudru qui a joué un rôle curieux comme évêque constitutionnel, avait été avocat en Russie et était l'auteur de divers ouvrages, entre autres : *Nouveau Système de lecture applicable à toutes les langues*, 1771, et *Vers sur la paix conclue entre la Russie et la Suède;* Saint-Pétersbourg, Imprimerie impériale, 1791, in-8°. Expulsé de Russie en 1791, il avait été d'abord secrétaire commis au Comité de Constitution, puis employé à la commission chargée d'analyser les projets de lois relatifs à la Constitution, enfin chef de la section des relations extérieures au Comité de salut public. Ses fonctions, peu importantes à la vérité, consistaient en demandes de renseignements et en communications à adresser au ministre. Il n'avait point dans ses attributions la correspondance avec les agents, qui était encore centralisée dans les bureaux du Département.

Le rôle de Deforgues, dans un gouvernement ainsi constitué, est d'une nullité profonde. Quelques discours, quelques arrêtés, voilà tout.

A peine nommé, Deforgues, que le *Journal des Débats* appelle *Sorgues,* croit devoir protester de son dévouement à la République et de son attachement à cette Constitution éphémère qui vient d'être votée. Dans la séance du 23 juin, il obtient la parole et dit : « Représentants, vous m'avez appelé au ministère des Affaires étrangères ; j'apporte dans ces nouvelles fonctions un dévouement entier à la liberté. En dirigeant les intérêts de la République, je ne perdrai pas de vue les principes sacrés qui ont servi de base à la Constitution que vous venez de décréter. La justice immortelle et l'éternelle raison qui ont consacré vos travaux doivent être les seules armes des ministres républicains. Il est temps que la loyauté et la franchise succèdent aux intrigues obscures de la diplomatie. Bientôt la République n'aura plus d'ennemis que ceux de l'humanité. Ses vertus, son gouvernement sauront ramener à elle les peuples égarés. Déjà vous avez remporté une victoire éclatante et dont les avantages sont incalculables en décrétant que jamais la nation française ne se mêlerait pas des gouvernements étrangers, et qu'elle périrait plutôt que de laisser porter atteinte à ses droits. » Le ministre prête ensuite le serment d'usage et est applaudi.

La Convention n'a pas besoin de Deforgues pour décréter des secours aux députés de Mayence, pour suspendre le payement des pensions de tous les anciens employés qui n'auraient pas obtenu de certificat de civisme, pour excepter les navires des États-Unis du nombre de ceux qui pouvaient être pris par les corsaires de la République, pour entendre le rapport d'un projet d'acte de navigation[1], en discuter les bases (séance du 31 juillet, discours de Delaunay d'Angers), et en adopter les points principaux (séance du 21 septembre, rapport de Barère). Le 1er août, à la suite d'un rapport de Barère sur une prétendue conspiration anglaise, Danton propose de concentrer tous les pouvoirs entre les mains du Comité de salut public et de supprimer le Conseil exécutif. Le Comité, sans doute, ne trouve pas que l'idée soit assez mûre, ou peut-être ne veut-il pas tenir ses pouvoirs des dantonistes, et il se contente, pour le moment, de l'ouverture d'un crédit de 50 millions.

Deforgues ne reparaît à la Convention que pour annoncer, le 6 août, l'enlèvement de Maret et de Sémonville, l'un ministre à Naples, l'autre ambassadeur à Constantinople, qui ont été tous deux arrêtés à Novale, sur le territoire des Ligues grises, par des agents autrichiens[2]. La communication passe presque inaperçue au milieu des discours des fédérés venus pour célébrer le 10 août. Si l'Autriche viole le droit des gens, la Convention ne se soucie guère plus de le respecter. Le 14 août, elle confisque tous les biens des Espagnols résidant en France, et étend bientôt cette mesure aux sujets de toutes les puissances coalisées. Les principaux orateurs de l'Assemblée ne se gênent plus pour déclarer qu'il faut en finir avec la vieille diplomatie. « La nôtre, dit Barère, doit être la diplomatie des canons et de la victoire. » Aussi, préoccupée uniquement de la levée en masse, entraînée par cette terreur qu'elle a organisée et à laquelle elle a fini par croire elle-même, ayant coupé la route derrière elle, et forcée de vaincre ou de se laisser tuer, la Montagne en est arrivée à prendre les mesures

---

[1] *Acte de navigation avec ses rapports au commerce, aux finances, à la nouvelle diplomatie des Français*, par G. J. A. DUCHER. Paris, Imp. nat. Ducher est l'auteur de l'article intitulé : *Déroute de la vieille diplomatie*, inséré dans le *Moniteur* du 3 octobre 1793.

[2] Voir encore *Moniteur* des 21 août et 12 septembre.

diplomatiques les plus étranges, et cela sans discussion, sans raisonnement et, à ce qu'il semble, uniquement pour faire de la violence et pour s'étourdir de son bruit. Ce n'est pas à une autre cause qu'il est possible d'attribuer la déclaration de guerre aux villes hanséatiques du 26 août et cet autre décret du 19 septembre, par lequel la Convention prétend forcer le Danemark à laisser vendre dans ses ports les prises faites par les corsaires français.

Les événements se traînent jusqu'au milieu de novembre (fin brumaire)[1]. A ce moment éclatent en même temps le fameux rapport de Robespierre sur la situation de l'Europe, et le rapport de Billaud-Varennes sur l'organisation du gouvernement révolutionnaire. Déjà, sur la proposition de Saint-Just, le 19 du premier mois (11 octobre), le gouvernement a été déclaré révolutionnaire jusqu'à la paix; les ministres et les administrations mis sous la surveillance du Comité de salut public, ainsi que tous les agents et fonctionnaires publics; les mesures de sûreté générale devant être prises par le Conseil exécutif, sous l'approbation du Comité de salut public, chargé d'en rendre compte à la Convention.

Le gouvernement révolutionnaire, tel qu'il fut normalement établi par le décret du 14 frimaire (4 décembre), a pour objet de mettre entre les mains du Comité de salut public la totalité des forces de la France. Par ce décret, le Conseil exécutif cesse d'exister en réalité. Il est mis en tutelle : « Chacun des ministres est tenu personnellement de rendre tous les dix jours un compte particulier et sommaire des opérations de son Département (art. 5, sect. ii). » Pour ce qui regarde les Affaires étrangères, le Comité de salut public est chargé des opérations majeures en diplomatie, et de traiter directement ce qui dé-

---

[1] Le 25 brumaire, un décret sur les douanes, des lettres de commissaires du pouvoir exécutif adressées à Deforgues, des dénonciations contre Soulavie et Genet, c'est tout. Il n'est pas inutile, néanmoins, de montrer comment la diplomatie était comprise à la Convention et aux Jacobins. Le 20 juillet, par exemple, Ruhl dit à la tribune, à propos des ministres étrangers : « Il nous importe de connaître quels sont les espions qui nous entourent », et se fait un titre de gloire d'avoir insisté jadis auprès du Comité de défense générale pour faire apposer les scellés sur les papiers de M. de Staël. La société des Jacobins charge le ministre de transmettre l'affiliation à un club de Constantinople et ne rapporte cette mesure que parce que, dit Tachereau, cela pourrait provoquer une rupture; on adopte comme déclaration de principes et l'on fait insérer au *Moniteur*, sous le titre : *Diplomatie révolutionnaire*, une adresse d'Anacharsis Clootz aux sansculottes bataves, dans laquelle on lit : « Vos riches, nous les traiterons comme nos riches. Vos pauvres seront secourus comme nos pauvres. Nos gens suspects sont incarcérés, et les vôtres subiront le même sort. Vos fanatiques accompagneront les nôtres à la Guyane. Vos sans-culottes seront heureux comme nos sansculottes. Nous danserons ensemble la carmagnole. »

pend de ces mêmes opérations (art. 1er de la sect. III). Il se réserve le droit d'envoyer des agents, surveille ceux auxquels le ministre des Affaires étrangères, antérieurement, a donné des missions (art. 12 et 13). Enfin, ce régime de terreur, qu'il fait peser sur la France, il l'étend aux administrations, en déclarant punissables, par la suspension du droit de citoyen pendant trois ans, et par une amende du tiers du revenu du condamné pendant le même espace de temps, tout chef de bureau ou commis coupable de négligence, retard volontaire, etc.

Désormais, on peut le dire, il n'y a plus de ministre. Le décret du 14 frimaire clôt en réalité la période du gouvernement exécutif. A partir de là, quoique Deforgues conserve le titre, il n'a plus l'exercice des fonctions.

Dès le 28 frimaire (18 décembre), comme président du Conseil exécutif, il se hâte de renier son titre même : « Citoyens, un seul mot, dit-il; la qualification de ministre est la cause de la défaveur meurtrière dans laquelle languissait le Conseil exécutif. Cette expression magique a l'influence malfaisante de tout corrompre, de tout dénaturer. Tout, jusqu'à la langue, doit être régénéré dans le système républicain. Nous ne sommes plus les ministres des despotes, nous sommes les agents d'un gouvernement populaire. Faites donc disparaître jusqu'aux expressions qui retracent encore des débris monarchiques. » Aidé par cette abdication, le Comité enlève aux ministres le peu de pouvoir qui leur reste, en faisant décréter que nul ministre ne pourrait puiser dans le trésor public qu'en vertu d'un décret rendu sur le rapport d'un comité [1] (18 nivôse—7 janvier 1794).

---

[1] Il nous reste à faire connaître l'emploi fait par Deforgues des fonds secrets qu'il avait à sa disposition. Les dépenses, qui varient considérablement suivant les mois sont presque uniquement consacrées à continuer la révolution à l'intérieur. Maillard continue sa police secrète à 1916 livres par mois; on paye des commissaires dans le Puy-de-Dôme (1500 livres), des patriotes du Midi réfugiés à Paris, d'autres de Mayence, du Nord, de partout; on paye 435 livres à Dorat Cubières pour un ouvrage intitulé : *la Mort de Basseville;* on paye des agents en Bretagne, en Belgique, à Huningue; on paye 66 livres 10 sous au portier Lair, pour dépenses relatives à l'extraction du salpêtre dans la maison des Affaires étrangères. En prairial, quand, par ordre du Comité des finances, on restitue le reliquat, il ne reste plus que 395,001 livres 33 sols. Voici l'état des dépenses secrètes par mois, de juin 1793 à mai 1794 :

Juin	1793	6,456 liv.		Brumaire	94,749 liv.	16 s.	4 d.
Juillet	—	234,145	— 4 s.	Frimaire	85,720 —	10 —.	8 —
Août	—	299,919	—	Nivôse	102,929 —	2 —	4 —
Septembre	—	421,074	—	Pluviôse	46,163 —	10 —	—
Octobre jusqu'au 22	—	50,174	—	Ventôse	28,630 —	13 —	6 —
				Germinal	46,156 —		
				Floréal	8,254 —	8 —	—

Dès lors, pour tous les objets, c'est le Comité qui décide, qui agit et qui paraît. C'est lui qui, le 20 frimaire (10 décembre 1793), arrête que toutes les nations, neutres ou alliées, peuvent importer en France tous les objets de première nécessité ; qui, le 26 frimaire (16 décembre), sépare le Valais de la légation de Genève ; qui rappelle Soulavie de Genève ; édicte un règlement pour l'ambassade de Constantinople ; prend des mesures pour renouveler les traités avec Alger et Tunis ; c'est lui qui fait des concessions aux Suisses, lesquels viennent d'envoyer pour ministre plénipotentiaire le colonel Weiss ; qui ordonne l'exécution des traités existants avec la République de Gênes (2 nivôse - 22 décembre), qui ordonne le transport dans l'hôtel des Affaires étrangères, rue Cérutti, de l'administration des douanes (28 nivôse — 17 janvier 1794) ; qui, le 20 ventôse (10 mars), par un arrêté spécial, règle comment sera traitée la partie extérieure des Affaires étrangères [1]. Bientôt il en arrive à s'occuper du détail même de l'administration intérieure, comme il résulte de l'arrêté du 26 ventôse (16 mars) :

« Le Comité de salut public arrête que nulle personne étrangère au service des administrations publiques ne pourra être logée dans les bâtiments qui y sont destinés.

« Les adjoints des ministres ne pourront être logés dans les mêmes corps de bâtiments où sont établis leurs bureaux ; une portion distincte de bâtiments sera affectée au logement qui leur est attribué par la loi.

« Nul autre que les employés ne pourra, sous quelque prétexte que ce soit, être introduit dans les bureaux des ministres.

« Une pièce particulière sera destinée, dans chaque division, pour recevoir les personnes étrangères aux bureaux.

« Les adjoints seuls, ou, en leur absence et dans les Départements

---

[1] Le Comité de salut public, en exécution de l'art. Ier de la section III du décret du 14 frimaire, concernant le gouvernement révolutionnaire, qui charge le Comité des grandes mesures diplomatiques, arrête les bases suivantes :

1° Le Comité signera les lettres de créance données à tous les envoyés. Elles seront contre-signées par le ministre des Affaires étrangères.

2° Le Comité prendra les arrêtés nécessaires pour les autorisations spéciales à donner aux envoyés.

3° Le Comité arrêtera les bases des opérations à confier aux envoyés de la République. Les instructions seront données par le ministre des Affaires étrangères et soumises au Comité.

4° Le Comité correspondra directement avec les gouvernements étrangers, quand il le jugera convenable à la dignité de la République.

BARÈRE, PRIEUR, COLLOT-D'HERBOIS, CARNOT, COUTHON, SAINT-JUST et LINDET.

où il n'en existe pas, les chefs des bureaux, devront communiquer avec les personnes du dehors dans la pièce destinée à cette communication.

« Signé au registre :

« BARÈRE, SAINT-JUST, CARNOT, ROBESPIERRE, C. A. PRIEUR, R. LINDET, COLLOT-D'HERBOIS, BILLAUD-VARENNES, COUTHON. »

Le 22 pluviôse (10 février), il fait décréter le transport des bureaux des Affaires étrangères, de l'hôtel de la rue Cérutti, n° 4, dans la maison Beaujon, rue du Faubourg-Saint-Honoré. Il ordonne que le dépôt des Affaires étrangères soit réuni au ministère et autorise le ministre à prendre dans les hôtels de Fontainebleau et de Paris le mobilier nécessaire pour le nouveau local ; mais, le 24, il se ravise, et fait annuler le décret du 22, et, le 2 ventôse (20 février), fait définitivement ordonner l'installation dans la maison Gallifet, rue du Bac, faubourg Saint-Germain, « afin de ranimer ce quartier et de donner de la valeur aux superbes édifices que la nation y possède ». C'est lui qui s'occupe des licences pour les importations et les exportations, qui interdit l'exportation des livres, manuscrits, tableaux, cartes, gravures, etc., sans un rapport préalable du directeur de la Bibliothèque ou du conservateur du Muséum ; qui lève l'embargo sur les bâtiments neutres. C'est lui qui est tout, qui peut tout, qui fait tout. Que sert à Danton que ses amis soient au ministère ? le Comité de salut public ordonne seul, agit seul, et le Comité est aux robespierristes.

Or, dans la Convention, la lutte était devenue violente entre le système de terreur à outrance, représenté par le Comité de salut public, et le système mitigé, que représentent les dantonistes. Danton, en refusant d'entrer dans le Comité de salut public, qu'il a plus que tout autre contribué à créer, s'est d'avance lié les mains. Attaqué d'abord dans ses amis, déshonoré par les accusations qu'il laisse porter contre eux, impuissant pour combattre ceux qui ont concentré entre leurs mains le gouvernement, Danton tombe. Peut-être cet homme, si criminel qu'il ait été, avait-il quelques idées en politique. On a prétendu, en ce temps, lui en donner plus qu'il n'en a jamais eu [1], mais, néanmoins, ce côté de Danton mériterait d'être approfondi.

Sa chute entraînait fatalement celle de son système gouvernemental et de ses amis. Deforgues, dénoncé aux Jacobins par Hébert, le 9 ventôse, comme un *ministre étranger aux affaires* (on voit que le

---

[1] Voir *Lundis révolutionnaires*, de Georges AVENEL. Paris, E. Leroux, 1875, p. 248 et suiv.

mot n'est pas neuf), cité comme témoin par Danton[1], devait tomber des premiers. Décrété d'accusation le 1ᵉʳ avril 1794 (13 germinal), arrêté dans la nuit du 13 au 14, il fut conduit au Luxembourg, d'où il se hâta d'écrire à Robespierre pour renier son ancien patron[2].

[1] ROBINET. Danton, *Mémoire sur sa vie privée*, pièce 3 *bis*.
[2] Voici cette lettre : « Je suis en état d'arrestation ; on m'a conduit cette nuit au Luxembourg ; vous le saviez, Robespierre, puisque vous aviez signé le mandat d'arrêt. Je le savais aussi, et je l'avais annoncé hier soir à mes collègues. Vous me connaissez ; vous avez toujours lu dans mon cœur ; mes principes, ma conduite, mon caractère, tout vous est connu. Comment avez-vous pu même soupçonner que j'aurais pu un seul instant me démentir ? Je me livre tout entier à l'examen le plus sévère. Qu'on me mette à ma place, qu'on ne me confonde pas avec les ennemis de la Liberté. Vous m'avez vu dans les temps les plus orageux ferme et invariable, et, quoique simple particulier, entièrement dévoué à la cause de la Liberté. Vous n'avez pas pu un seul instant en douter. Vous n'avez pas pu douter un seul instant de mes sentiments pour vous ; je vous ai toujours confondu dans mon cœur avec la Liberté, que vous défendez, et que j'ai toujours défendue avec vous. Vous devez vous rappeler qu'à l'époque du Champ de Mars, vous avez craint un instant d'être la victime des massacreurs ; vous vous rappellerez que je vous ai offert toutes les consolations et tous les encouragements de l'amitié ; que je vous accompagnerais partout, que je me placerais à la porte de votre prison, si l'on avait la barbarie de vous y conduire ; que je m'enfermerais avec vous, que j'y périrais s'il le fallait, ainsi que le petit nombre de patriotes de ce temps-là disposés à s'ensevelir avec la Liberté. Je vous enverrai le tableau de ma vie entière, je le présenterai à l'examen le plus sévère ; je n'avais jamais cru que je pourrais en avoir besoin. Consultez tous les témoins de ma conduite, tous ceux même auxquels ma franchise farouche aurait pu déplaire. Qu'ils citent un seul fait, un seul sentiment que le patriotisme le plus austère ne puisse avouer. Votre suffrage m'est nécessaire ; la privation de la liberté est bien moins pénible pour moi que l'idée que vous et quelques autres patriotes ont pu douter un instant de mes principes. Mais vous n'avez pas pu en douter ; non, j'en appelle à votre cœur, vous ne m'avez pas cru parjure à la cause de la Liberté.

« Vous m'avez peut-être soupçonné de liaisons trop intimes avec Danton ; je ne l'ai vu et connu que pour vous et par vous. Je ne l'ai pas vu quatre fois chez lui, avant d'être aux Affaires étrangères ; je ne l'ai vu qu'une seule fois depuis cette époque. Il n'est jamais venu chez moi que pour y dîner ; je ne l'ai jamais vu en particulier ; toujours il était accompagné d'hommes que l'on croyait attachés à la cause commune. Je ne l'y ai jamais invité à y venir, que lorsque vous étiez vous-même invité, et toujours dans l'espérance que vous pourriez vous juger mutuellement et anéantir ce que je croyais des préventions ; beaucoup d'autres ont eu le même but. Vous vous y êtes prêté vous-même en plusieurs circonstances, et j'avais cru en voir résulter un très-bon effet pour la chose publique. Vous n'ignorez pas que dans plusieurs occasions je me suis chargé du rôle pénible de conciliateur. J'ai rencontré souvent des patriotes qui se déchiraient sans se connaître. J'ai tenté de les rapprocher, et souvent j'ai réussi. Je veux vous citer l'exemple de Barère, qui vous jugeait avec beaucoup de sévérité, que vous ne jugiez pas avec plus d'indulgence. Je vous ai peints l'un et l'autre tels que vous étiez ; vous avez fini par vous voir, vous apprécier, et vous combattez aujourd'hui avec succès sous les mêmes drapeaux. Barère peut vous dire lui-même quels ont toujours été mes efforts pour réunir des patriotes qui se divisaient et dont pourtant la réunion était nécessaire au succès de notre cause. Par quelle fatalité,

Au reste, Deforgues échappa à la Terreur. Le 9 thermidor le mit en liberté. Il était temps pour lui, car, suivant son propre témoignage, « il devait, avec quatre ou cinq ministres et quatre ou cinq généraux, ouvrir une nouvelle liste de conspirateurs et de victimes. Cette liste et le discours écrit, qui annonçait et développait cette prétendue conspiration, ont été trouvés chez Robespierre [1]. »

Il ne mourut que le 10 septembre 1840, après avoir été pensionné par la Restauration et par la monarchie de Juillet [2].

---

arrive-t-il donc que mes intentions ont été si mal jugées? Pourriez-vous souffrir, Robespierre, que je fusse confondu avec les ennemis de la chose publique? Faites-moi venir au Comité de sûreté générale, au Comité de salut public; que l'on scrute toutes mes actions privées et publiques; je me dévoue à tous les tourments et à l'ignominie, si l'on ne me voit pas à tout instant n'agissant, ne respirant que pour la Liberté. Je ne peux renoncer à votre ancienne amitié, parce que j'ai toujours mérité votre estime. Mettez-moi dans le cas de dissiper promptement le nuage affreux qui s'est élevé sur moi. . . . . Vous devez être vous-même mon garant; vous l'avez été aux époques les plus intéressantes de ma carrière publique. Je me rappelais avec orgueil que, lorsque je vous annonçai que le Comité de salut public voulait me porter au ministère des Affaires étrangères, vous vous écriâtes : « Cela n'est pas possible! mais nous « sommes sauvés? » J'ai attribué, avec raison, cette exclamation à la confiance que vous aviez dans mon dévouement plus que dans mes talents. Vous avez pensé que le Comité était dans les meilleures dispositions, puisqu'il plaçait au Gouvernement des hommes dignes de votre estime et de votre amitié. Cette confiance seule a pu me décider à accepter un fardeau énorme, qu'en toute autre circonstance j'aurais écarté. Jugez-moi donc, Robespierre, faites-moi entendre et juger; je ne demande votre estime et votre amitié qu'après cet examen.

« *Signé* : Deforgues.

« 14 germinal an II.

« Communiquez ma lettre, je vous prie, à Barère et à tous ceux à qui vous croirez devoir la faire connaître, et n'oubliez pas un ancien ami et un patriote imperturbable.

« Au citoyen Robespierre, représentant du peuple, rue Saint-Honoré, n° 336. » (*Papiers inédits trouvés chez Robespierre*, t. II, p. 189.)

[1] Le 16 vendémiaire an III, Deforgues écrivait au Comité de salut public pour lui annoncer le compte définitif de son ministère, compte dont nous n'avons pu retrouver la trace, bien que Deforgues déclare qu'il avait été imprimé. Il disait encore qu'il était resté dépositaire de la clef de son secrétaire, dans lequel se trouvaient renfermées trois cents pièces de 24 livres en or et trois ou quatre mille livres en assignats. Enfin, il déclarait avoir été dépositaire d'une malle, contenant des bijoux et autres effets, jadis estimés à cinquante mille écus et destinés aux présents. Le 25 vendémiaire, les scellés mis sur le secrétaire et sur la malle en question étaient levés, et le Gouvernement rentrait en possession de ces diverses valeurs.

[2] Deforgues prétend avoir été persécuté, comme royaliste, par la réaction qui suivit le 9 thermidor. A l'époque de l'invasion de la Hollande par l'armée anglo-russe, il fut nommé ministre plénipotentiaire en Hollande (28 septembre 1799, 7 vendémiaire an VIII) et adjoint au citoyen Florent Guyot. Par une raison ou par une autre, Florent Guyot vit un surveillant dans la personne de Deforgues et demanda son rappel ou celui de Deforgues. Deforgues fut maintenu, mais ce fut pour peu de temps. Il fut destitué après le 18 brumaire (7 frimaire an VIII-

28 novembre 1799), mais ne revint en France qu'à l'arrivée de son successeur, Sémonville (19 janvier 1800 — 29 nivôse an VIII). Deforgues prétend qu'à Paris, Napoléon lui offrit toutes les fonctions qu'il avait à sa disposition, « qu'il refusa constamment, et qu'au moment du procès de Moreau, il employa tous ses efforts pour combattre le pouvoir qui persécutait ce général ». Ce courage lui aurait valu, comme exil, sa nomination au consulat de la Nouvelle-Orléans. Il y séjourna cinq années; à vrai dire, sa correspondance ne fut pas très-fournie. Il n'existe point de dépêches de lui durant sa gérance. Il reçut avec les plus grands égards, à la Nouvelle-Orléans, le général Moreau et le fit loger chez lui. Puis, fatigué de son séjour à la Louisiane, il partit brusquement, fut, à ce qu'il prétend, pris par les Anglais; à son arrivée à Paris, fut révoqué de ses fonctions (décret de Fontainebleau du 2 novembre 1810) et exilé à la Ferté-sous-Jouarre. Il accabla d'instances pour être replacé l'Empereur et ses ministres, et à la chute de l'Empire se posa en victime de Napoléon. Ses plaintes et la protection de madame Moreau (la maréchale) lui valurent, de Talleyrand, une pension de 6,000 francs. Il mourut le 10 septembre 1840, à Praslin, commune de Nancy. Deforgues avait épousé à la Nouvelle-Orléans mademoiselle de Tousard, nièce du général baron de Tousard et fille du chancelier du consulat de France.

CHAPITRE IX.

LA COMMISSION DES RELATIONS EXTÉRIEURES.
13 GERMINAL AN II — 13 BRUMAIRE AN IV.
(2 avril 1794 — 4 novembre 1795).

I. — Rapport de Carnot sur l'organisation du Gouvernement révolutionnaire. — Les commissions exécutives. — Commission des relations extérieures. — Difficulté d'appliquer le décret. — Goujon est nommé commissaire; remplacé par Herman, puis par Buchot. — Philibert Buchot. — Sa légende. — Sa vie réelle. — Organisation de la Commission. — Sa division en quatre bureaux politiques. — Amaury Duval. — Le baron de Beaujour. — Le bureau du contentieux politique et consulaire. — Les reliures du dépôt. — Le secrétariat. — Son importance. — Le surveillant des employés. — Situation des employés. — Actes du Comité de salut public. — Mandats d'arrêt contre les chefs de bureau. — Otto arrêté. — Le 9 thermidor. — Le nouveau Comité de salut public. — La commission s'installe rue du Bac. — Mangourit refuse d'être commissaire.

II. — Miot nommé en remplacement de Buchot. — Organisation des bureaux du Comité de salut public. — Organisation des bureaux de la commission. — Volney. — Dupérou. — Joseph Michaud. — Paul-Henri Marron. — Le Mornard, secrétaire général. — Dorsch, bibliothécaire. — Création des bureaux d'analyse. — Montucla. — Anquetil. — Flassan. — Rétablissement des relations politiques. — Actes de Miot. — Le premier traité. — Miot, ministre en Toscane. — Situation des employés.

III. — Colchen, commissaire. — Le Comité de salut public se fait concéder le droit absolu de conclure des traités. — Traités de Bâle. — Nullité de la commission. — Le 13 vendémiaire.

I

Le décret du 12 germinal (1er avril), rendu sur le rapport de Carnot, mérite d'arrêter l'attention. Jusqu'ici, en effet, la Révolution a gard les formes anciennes de la division du pouvoir, et si elle a remplacé le Roi, pouvoir absolu, ç'a été par la Convention, pouvoir absolu. Les ministères sont restés les mêmes. L'ancienne forme exécutive a été maintenue telle qu'elle avait été définitivement établie par Louis XIV, telle que la Constitution de 1791 l'avait trouvée et conservée. Les ministres, à la vérité, ont vu leur autorité chaque jour diminuée, finalement presque réduite à néant par l'intrusion graduelle du pouvoir législatif dans leurs fonctions. Leur responsabilité aurait dû décroître en même temps que leur activité, mais ce n'est pas sur leurs actes qu'on leur demande des comptes, c'est sur leurs opinions, sur le parti auquel ils se rattachent, sur leurs protecteurs et leurs amis. Ces deux ministres qui, successivement, ont été mis par les factions dominantes à la tête du Département, ont été renversés, emprisonnés, seront jugés, non parce qu'ils ont commis des fautes, mais parce qu'ils sont, le premier girondin, le second dantoniste.

Aujourd'hui, la faction dominante tente de rompre complètement avec les traditions anciennes. Cette portion de pouvoir que détiennent encore des agents, nommés par elle, à la vérité, révocables et responsables, elle en est jalouse et la veut pour elle-même. Elle craint, elle soupçonne, elle a peur. Ces agents peuvent, à un jour donné, être dangereux : elle les supprime. Et l'on assiste alors au plus étrange spectacle dont l'histoire de notre pays ait fait mention : à l'établissement, sous prétexte de liberté, de la plus effroyable tyrannie qu'ait jamais subie aucun peuple, à une concentration, entre les mêmes mains et au profit des mêmes individus, de pouvoirs tels qu'aucun despote ne les a jamais rêvés. La France tout entière, tous les rouages de son gouvernement, toutes les fonctions de sa vie sont accaparés par un Comité, et, ce qui pourrait sembler le plus bizarre, si d'incessantes révolutions ne nous avaient habitués à de pareilles aventures, c'est au nom de la démocratie et de la justice que l'on tente de justifier ces actes.

Carnot[1] débute en attaquant violemment le système des ministères : « Institution créée par les Rois pour le gouvernement héréditaire d'un seul, pour le maintien des trois ordres, pour des distinctions et pour des préjugés. Cette machine politique ne pourrait vaincre ses frottements et s'arrêterait par nécessité, ou se briserait, ou agirait à contre-temps. Néanmoins, la France a besoin d'un gouvernement. Il faut même resserrer le faisceau de la République par une organisation nerveuse et des liens indissolubles. Mais ce gouvernement ne doit être que le conseil du peuple, l'économe de ses revenus, la sentinelle chargée de veiller autour de lui pour écarter les dangers, puisque le peuple ne peut pas ordinairement délibérer en assemblée générale. C'est par l'oubli de ces principes que la tyrannie s'est établie; pour rétablir ces principes, divers moyens se présentent : le choix des

---

[1] *Journal des débats et décrets.* Le rapport ne se trouve pas au *Moniteur*.

hommes qui composent le gouvernement, leur amovibilité, leur responsabilité, la subdivision et l'atténuation des fonctions exécutives. » Carnot se livre ensuite à un long développement sur les amis et les ennemis du peuple : « L'ami du peuple, dit-il, est celui qu'il faut chercher longtemps pour l'obliger à remplir des fonctions publiques, qui s'en retire le plus tôt qu'il peut et plus pauvre qu'il n'y est entré, qui s'y dévoue par obligation, agit plus qu'il ne parle et retourne avec empressement dans le sein de ses proches reprendre l'exercice des vertus privées. » Quant à l'amovibilité, elle est nécessaire. « Dès qu'un homme se fait une jouissance du pouvoir, il est près de la corruption. Malheur à une république où le mérite d'un homme, où sa vertu même serait nécessaire. La responsabilité est de droit naturel. D'ailleurs, la justice du peuple se trompe rarement. » Enfin l'unité doit être respectée malgré l'infinie division du pouvoir : il faut organiser sans concentrer, multiplier les agents moteurs et établir entre eux des rapports qui ne leur permettent jamais de rester en arrière.

Tels sont les principes. Voici l'application au gouvernement révolutionnaire :

Le Comité de salut public se réserve la pensée du gouvernement, propose à la Convention les mesures majeures, prononce sur les moindres, les instantes et les secrètes, renvoie les détails aux douze commissions, qui remplacent les six ministres, se fait rendre compte chaque jour de leur travail et centralise leurs opérations.

Carnot entre ensuite dans des aperçus philosophiques sur la haute portée de l'œuvre du Comité. Il est inutile de les rapporter. Voici le projet de décret, adopté sans discussion : le Conseil exécutif est supprimé ainsi que les six ministres qui le composent ; il est suppléé par douze commissions : commission des Administrations civiles, Police et Tribunaux ; de l'Instruction publique ; de l'Agriculture et des Arts ; du Commerce et des Approvisionnements ; des Travaux publics ; des Secours publics ; des Transports, Postes et Messageries ; des Finances ; de l'Organisation et du Mouvement des armées de terre ; de la Marine et des Colonies ; des Armes, Poudres et Exploitations des Mines ; des Relations extérieures. La commission des Relations extérieures, composée d'un seul commissaire sans adjoint, est chargée des affaires étrangères et des douanes. Chacune des commissions remet, jour par jour, au Comité de salut public l'état de situation sommaire de son Département, la dénonciation des abus et difficultés d'exécution qui se sont rencontrés, ses vues sur les réformes, le perfectionnement et la célérité des mesures d'ordre public. Les commissaires sont nommés par la Convention nationale sur la présentation du Comité de salut public, qui nomme les employés. Le traitement des commissaires est fixé à 12,000 livres par an.

Tel est, dans ses lignes principales, le décret du 12 germinal, qui confisque au profit du Comité de salut public la puissance absolue. Les membres du Comité étaient : Robespierre, Saint-Just, Couthon, Barère, Collot d'Herbois, Prieur (de la Marne), Prieur (de la Côte-d'Or), R. Lindet, Cambon, Carnot et Vadier. Il est à remarquer qu'aucun des arrêtés que nous avons sous les yeux n'est signé de Prieur (de la Marne), de Vadier et de Cambon. La signature de Barère apparaît souvent, bien que dans ses Mémoires il ait prétendu que ses rapports avec le Département aient été peu fréquents.

Il faut reconnaître que pour ce qui regarde la commission des Relations extérieures, la mise en activité du décret du 12 germinal fut lente pendant la période qui s'étend jusqu'au 9 thermidor. Les rapports de la France avec l'étranger étaient nuls; d'autres objets attiraient toute l'activité des dictateurs; l'administration reformée et assez compacte opposait une certaine force d'inertie que l'incapacité des commissaires, tout nouveaux dans cette partie, était impuissante à vaincre; enfin il subsistait malgré tout une sorte de préjugé sur la nécessité d'avoir des hommes spéciaux dans une carrière spéciale. La commission ne fut, pour toutes ces causes, organisée que peu de temps avant la révolution de thermidor et ne fut mise en activité que par les thermidoriens.

Néanmoins, pendant les quatre mois que dura encore la dictature de Robespierre, trois commissaires se succédèrent aux Affaires étrangères, et, avant même que le premier fût installé, le Comité de salut public prenait des arrêtés relatifs au Département. Ainsi, le 13 germinal (2 avril 1794), il arrêtait que chacun des ministres (Deforgues était arrêté depuis la veille) lui ferait passer, sous deux jours au plus tard, l'état nominatif des chefs et employés de ses bureaux avec la désignation exacte de leurs fonctions, leur âge, le lieu de leur naissance, l'indication de leurs talents, de leur état avant leur entrée dans les bureaux. Il sera dit s'ils sont mariés, quel est le nombre de leurs enfants et quel est leur traitement actuel. Ce même jour, le Comité nomma le citoyen Goujon au ministère de l'Intérieur et le délégua pour signer les dépêches du département des Affaires étrangères. Le 17, Barère le présenta et le fit agréer par la Convention. Mais ce Goujon [1], qui,

---

[1] Jean-Marie-Claude-Alexandre Goujon, né à Bourg en Bresse, le 13 avril 1766, assista à douze ans au combat d'Ouessant et partit, en 1784, pour l'Île de France. A son retour, la Révolution éclatait. En 1790, il prononçait à Meudon l'éloge

destiné à une certaine célébrité révolutionnaire, devait être un des insurgés de prairial, ayant été, comme suppléant du département de Seine-et-Oise, appelé à siéger dans la Convention, Couthon, dans la séance du 19, proposa, pour le remplacer, le citoyen Hermann [1], l'ancien président du tribunal révolutionnaire. Le 20 germinal enfin, le Comité de salut public arrêta son choix, pour les Relations extérieures, sur le citoyen Buchot, qui, pendant quelque temps, eut encore le titre de ministre [2].

Robespierre, qui avait lui-même dressé les listes des commissaires, avait dès longtemps les yeux sur ce Buchot, dont il avait consigné le nom parmi les « patriotes ayant des talents plus ou moins »; il le considérait « comme un homme énergique et probe, capable des fonctions les plus importantes [3] ». Et pourtant le citoyen Philibert Buchot est devenu, dans le ministère des Affaires étrangères, un personnage

de Mirabeau, était élu au Conseil général de Seine-et-Oise, et après le 10 août était nommé procureur général syndic du département. Nommé membre de la Commission des subsistances, il allait partir à Constantinople pour une mission d'approvisionnements, lorsque le coup d'État de germinal et l'exécution d'Hérault de Séchelles, dont il était le suppléant, le firent entrer à la Convention. Il fut envoyé en mission aux armées du Rhin et Moselle, s'y conduisit, dit-on, avec courage, et à son retour s'assit à la Montagne et s'opposa de toutes ses forces à la réaction. En prairial, il se joignit aux envahisseurs de l'Assemblée, fut arrêté et condamné à mort le 29 prairial an III, par une commission militaire. Il se poignarda ainsi que ses complices. On peut consulter sur Goujon : *Les derniers Montagnards*, de M. Jules CLARETIE; l'*Histoire de la Révolution*, de TISSOT; l'article de la *Biographie des contemporains* (Jay-Jouy), aussi de TISSOT, et les pièces suivantes : *Défense du représentant du peuple Goujon*, Paris, Vatar, de XIII, 32 et 12 p. in-8°; *La citoyenne Ricard, veuve Goujon, aux représentants du peuple*, 2 pièces, l'une de 4, l'autre de 8 p. in-8°; *Souvenirs de la journée du 1er prairial an III*, par F. P. TISSOT. Paris, an VIII, in-12. Goujon avait publié en 1791 : *Lettre à l'Assemblée nationale en réponse à celle de l'abbé Raynal*. Paris, 1791, in-8°.

[1] Amand-Martial-Joseph Hermann, né à Saint-Pol, département du Pas-de-Calais, avait été avocat général du conseil d'Artois avant la Révolution. Plus tard, juge du district de Saint-Pol, juge au tribunal d'Arras, président de l'administration du Pas-de-Calais, président du tribunal criminel du même département, appelé le 28 août 1793 à la présidence du tribunal révolutionnaire de Paris, nommé le 15 germinal an II, d'abord ministre de l'Intérieur, puis commissaire des administrations civiles, police et tribunaux, il fut guillotiné avec Fouquier-Tainville, le 17 floréal an III. Hermann avait présidé le tribunal révolutionnaire dans toutes les grandes occasions : lors du procès de la Reine, du procès des girondins, d'Égalité, de Barnave et de Danton. Commissaire des administrations civiles, il coopéra en cette qualité à l'invention des conspirations de prison. On fera bien de consulter son *Mémoire justificatif*, publié par M. CAMPARDON, *Tribunal révolutionnaire*, t. II, p. 332, 2e édition.

[2] Il est ainsi traité dans un arrêté du Comité de salut public du 25 germinal. Sa nomination par la Convention se trouve dans la séance du 29 germinal.

[3] *Papiers de Robespierre*. Pièce XXIX, p. 139 et suiv.

légendaire. Son élévation à des fonctions importantes n'avait pas été plus brusque que celle de ses prédécesseurs, Lebrun et Deforgues; mais ses destinées ultérieures furent pires, son caractère fut sans doute inférieur, enfin ses relations avec les hommes de la Commune de Paris ont laissé sur sa mémoire une tache particulière. Suivant Miot, il aurait été maître d'école dans une petite ville du Jura ; d'après Lebas (*Dictionnaire de la France*), qui a eu des renseignements particuliers sur les amis de son père, le conventionnel, il était abbé avant la Révolution; une note de Buchot lui-même, remise en 1808 au ministre des Affaires étrangères, M. le comte de Champagny, apprend que, né en 1749 à Maynal, bailliage de Lons-le-Saulnier, il avait été reçu avocat à l'université de Besançon, nommé en 1792 juge au tribunal de Lons-le-Saulnier, puis élu procureur général syndic de l'administration du département du Jura. Forcé de se retirer en 1793, il vint à Paris, fut envoyé par le conventionnel Prost dans son département pour y combattre le fédéralisme, mécontenta dans cette mission les habitants de Pontarlier et revint à Paris, où, recommandé d'une façon particulière à Robespierre, il fut nommé d'abord substitut de l'agent national Payan, et enfin commissaire aux Relations extérieures en remplacement d'Hermann[1].

Les éloges que Lebas prodigue à son intégrité, à son désintéressement, à son administration distinguée, semblent à coup sûr exagérés lorsqu'on les rapproche du témoignage de Miot et de celui des anciens employés du Département. « Son ignorance, dit Miot, ses manières ignobles, sa stupidité, dépassaient tout ce qu'on peut imaginer. Pendant les cinq mois qu'il fut à la tête du Département, il ne s'en occupa nullement, et était incapable de s'en occuper. Les chefs de division avaient renoncé à venir travailler avec lui; il ne les voyait ni ne les demandait. On ne le trouvait jamais dans son cabinet, et quand il était indispensable de lui faire donner sa signature pour quelque légalisation, seul acte auquel il avait réduit ses fonctions, il fallait aller la lui arracher au billard du café Hardy, où il passait habituellement ses journées. » « D'une incapacité absolue, dit une note manuscrite ancienne, la bassesse de son caractère y correspondait complétement. » Néanmoins, si l'on n'a pas exagéré sa sottise, il est probable qu'on lui a attribué des intentions malfaisantes qu'il n'eut pas. Rien n'aurait été plus facile à cet homme que de dénoncer et de supprimer les premiers commis du ministère, d'achever de désorganiser le Département. Il ne le fit pas; on doit lui en savoir gré.

[1] Sur la lite dressée par Robespierre, Buchot est mis en balance avec Fourcade, sans doute le futur consul général en Orient.

L'organisation du Département resta pendant ces trois mois la même que sous le ministère de Deforgues. La suppression de la 5ᵉ division, et la répartition de son travail entre les quatre autres bureaux politiques, étaient depuis longtemps un fait accompli. Peu à peu les idées de centralisation s'imposaient et trouvaient une application par la force même des choses. A la vérité, le nombre des employés allait toujours croissant; tant de gens cherchaient là un abri, un moyen d'échapper, soit aux réquisitions pour l'armée, soit aux fournées pour la guillotine. Être employé n'était pas une garantie contre cette qualification de *suspect,* si facilement distribuée par les cent mille comités révolutionnaires qui couvraient la France, mais c'était du moins un moyen de défense. La situation, les appointements, devenaient chaque jour plus médiocres. On n'en aspirait pas moins à un titre qui, s'il n'était plus un honneur, pouvait devenir une sauvegarde.

D'après le tableau du 11 messidor an II (29 juin 1794), le travail de la commission était partagé entre quatre bureaux politiques, un bureau des fonds, un bureau du contentieux politique, le dépôt toujours résidant à Versailles, et le secrétariat, comprenant un bureau d'enregistrement et un bureau de l'expédition des lois.

La première division politique était chargée de la correspondance politique et consulaire avec l'Angleterre, les États-Unis, la Hollande, l'Espagne, le Portugal, les Indes orientales et occidentales. Elle avait conservé presque tout son personnel de 1793, son chef, Otto, son sous-chef, Lebartz, et ses employés, Letellier, Guyétand, Guillard, Siccard, Faucheux et Beuscher. Elle avait recruté dans le ministère Quiret et Lemaître, et ne s'était adjoint du dehors qu'Augustin Sicard, employé au consulat de France à Cadix depuis 1775, chancelier de ce consulat depuis 1786, expulsé d'Espagne avec tous les Français en 1793, et qui, avant d'être nommé commis dans les bureaux, en frimaire an II (octobre 1793), avait traduit en espagnol, pour le ministère, la *Constitution de* 1793 et le *Rapport sur la fête du 10 août.* Cet Augustin Sicard fut nommé, le 29 brumaire an III (19 novembre 1794), consul à Larnaca, en Chypre.

La 2ᵉ division concentrait la correspondance politique et consulaire avec Ratisbonne, les Électorats, les villes hanséatiques, le duché de Deux-Ponts, le Wurtemberg, la Prusse, les Pays-Bas et la Toscane. Elle avait conservé son ancienne organisation : Vieilh-Boisjolin en était toujours le chef, et, sous ses ordres : Gambier-Campy, Cornillot, Place et Dubost. Cette direction n'avait recruté au dehors que trois employés : Dervillé, ancien commissaire des guerres, admis sur la recommandation du citoyen Laplanche; Jean-Baptiste Lefebvre, ancien secrétaire de Caillard en Hollande, et enfin Le Breton, ancien rédacteur du journal patriotique de Grenoble.

Dans la 3ᵉ division, celle dont Baudry avait été le chef, les changements avaient été plus importants [1]. Reinhard, on l'a vu, en avait pris la direction. Sous ses ordres, outre Carbonnier, Neuville, Rose et Bourdon, qui appartenaient déjà à l'administration, on trouve Jean-Marie Dupoy, employé depuis le 1ᵉʳ juillet 1793, Duval, Félix, Gallon et Duroc. Nous avons peu de renseignements sur les deux derniers. Quant à Duval et à Félix, ils étaient destinés à une certaine notoriété.

Amaury-Pineux Duval, frère d'Alexandre Duval, l'auteur dramatique, était né à Rennes, le 28 janvier 1760, d'un premier commis au greffe des États de Bretagne. D'abord avocat à Rennes, puis secrétaire particulier de M. de Talleyrand, ambassadeur à Naples [2], secrétaire de Basseville, agent français à Rome, en 1793, blessé à côté de lui et emprisonné après l'assassinat de son chef [3], il revint à Paris à la fin de 1793, est nommé secrétaire de légation à Malte, mais n'y est pas reçu. A la suite de cet incident, il prend place dans les bureaux jusqu'en l'an III. Il se retire à cette époque pour se consacrer tout entier à la science, qui a si légitimement fait sa réputation.

---

[1] Chargée de la correspondance avec la Suède, la Russie, la Pologne, Dantzick, les États barbaresques, les Échelles, la Porte Ottomane, et des détails relatifs à l'établissement des jeunes de langue. C'est la première fois que ce dernier objet est soumis à notre attention. L'École des jeunes de langue, qui mérite un travail particulier que l'auteur de ce livre se réserve de lui consacrer, dépendait autrefois, comme les Consulats, du ministère de la Marine et fut réunie aux Affaires étrangères en même temps que ceux-ci. Mais fort négligée, abandonnée des élèves que rappelaient leurs parents, l'École, toujours installée à l'Institut des boursiers de l'Égalité (collège Louis-le-Grand), ne renfermait à la fin de l'an II que deux élèves et un domestique. On songeait à la supprimer complètement, et Grégoire proposait à la Convention la création d'une École de langues orientales destinée à servir aux relations politiques et commerciales (30 mars 1795-10 germinal an III). A la fin de ce même an III, Auguste, dit Chayolle, ancien interprète, qui, en l'absence de Venture, secrétaire-interprète employé à Constantinople, était chargé gratuitement de la surveillance de l'École, incapable de continuer des avances que le Gouvernement ne lui remboursait que fort tardivement, proposait, en présence du peu de souci que le ministère prenait des deux jeunes gens restant dans l'établissement, qu'on leur donnât soit une place à l'École polytechnique, soit une bourse au collège Égalité. Néanmoins, la situation resta la même jusqu'en l'an V, où Talleyrand procéda à une réorganisation dont on indiquera plus tard les bases principales. (Voir *Gazette des Écoles* du 21 janvier 1830.)

[2] Voir sur cette période et sur l'ambassade de France à Naples, aussi bien qu'à Rome et Turin, etc., les si curieux *Souvenirs de la fin du xviiiᵉ siècle et du commencement du xixᵉ, ou Mémoires de R. D. G.* Paris, Didot, 1835, 2 in-8°.

[3] On a d'Amaury Duval : *Relation de l'insurrection de Rome en 1793 et de a mort de Basseville*. Naples, 1793.

Quant à Félix, appelé bientôt Félix Beaujour, puis Félix de Beaujour[1], enfin, depuis 1818, le baron de Beaujour, il parcourut d'une façon brillante la carière des consulats. Né à Callas, en Provence, le 28 décembre 1765, employé sans titre et sans appointements dans les légations de Munich et de Dresde, de 1789 à 1793, il était à cette date de retour en France. Il se munit d'un certificat de civisme d'un club du Var affilié aux jacobins, de recommandations pour Saint-Just, vint à Paris et fut nommé commis dans la 3ᵉ division, le 28 septembre 1793. Consul à Salonique le 3 frimaire an III (24 novembre 1794), il y reste jusqu'à la fin de 1799; est nommé à cette époque commissaire général des relations extérieures à Stockholm, où il ne se rend point, exerce les fonctions de tribun d'avril 1800 à avril 1803, est commissaire général aux États-Unis de 1803 à 1810, consul général à Smyrne en 1815, inspecteur général des consulats français au Levant en 1817, et mis à la retraite en mars 1830 [2].

A la 4ᵉ division, qui correspondait avec la Suisse, Rome, Naples, Venise, Gênes, le Piémont et la Sardaigne, toujours Colchen, Goffinet, Boissonade, Soulaire, Caillard, Lacroix et Bonhomme. En fait de nouveaux : Lemarchand, Duhail, Pargon et Destournelles. Peu de détails sur les trois derniers : Destournelles, employé depuis août 1793, fut supprimé le 15 décembre 1795 (circul. du 23 frimaire an IV); Pargon fils, secrétaire-greffier adjoint, attaché à la section du Mont-Blanc (sur laquelle se trouvait le ministère), était entré au Département le 9 octobre 1793, et ne devait pas y rester plus longtemps que Destournelles; enfin, Duhail devait quitter les bureaux pour le consulat de Baltimore (7 brumaire an III - 28 octobre 1794). Quant à Pierre-François Lemarchand, né à Rouen, le 7 janvier 1734, c'était un vieux serviteur du Département. Secrétaire particulier de M. de la Vauguyon en Hollande et en Espagne depuis 1776, il avait, en 1787, été appointé par le Département à 3,000 livres. Destitué en 1790, replacé en mai 1792, il avait été en Hollande, à Cologne et à Deux-Ponts. Rétabli enfin dans les bureaux, il devait en sortir le 3 frimaire

---

[1] Voir : *Notice sur M. le baron de Beaujour*. Marseille, imp. de madame Roche, in-folio.

[2] Félix BEAUJOUR a publié pendant la Révolution : 1° *Théorie en faveur du divorce;* 2° *Essai sur l'organisation sociale;* 3° *Vues sur une éducation républicaine;* 4° *Plan d'un ouvrage moral périodique;* sous le Consulat : *Du traité de Lunéville*, Paris, Crapelet, in-8° de 23 p.; *Du traité d'Amiens*, Paris, 1801, in-8°; *Tableau du commerce de la Grèce*, Paris, 1800, 2 in-8°; depuis l'Empire : *Aperçu des États-Unis*, Paris, 1814, 1 vol. in-8°; *Tableau des révolutions de la France*, Paris, 1825, in-8°; *Théorie des gouvernements*, Paris, 1823, 2 vol. in-8°; *Voyage dans l'Empire ottoman*, Paris, 1829, 2 vol. in-8° et atlas.

an III (20 août 1795) pour être commissaire du commerce à Madrid.

A la direction des fonds, aucun nouveau visage.

Le bureau du contentieux politique et consulaire, créé en avril 1793, avait la solution des questions relatives aux prises faites sur mer, aux douanes nationales, aux traités de commerce avec les puissances étrangères, et enfin aux contestations qui pouvaient s'élever relativement aux frontières. Son objet plus spécial était la discussion des prises concernant les neutres. Il avait pour chef en messidor an II (juin 1794) Boulouvard, l'ancien directeur des consulats; pour sous-chef le vieux Rosenstiel, serviteur dont l'entrée au ministère datait de M. de Vergennes, et pour commis Bermont, procureur au Parlement avant la Révolution, employé depuis 1789, d'abord au bureau des lois du ministère de la Guerre, puis dans la partie secrète des Affaires étrangères, et Vesel, chargé des expéditions.

Le dépôt était toujours à Versailles, « où, dit un rapport de Buchot, il était parfaitement établi quant à la localité, mais un décret ordonnait sa translation à Paris. Il sera difficile, ajoutait le commissaire, de trouver un emplacement aussi convenable, et la dépense qu'entraînera ce changement sera sans doute considérable, mais il n'en faut pas moins conserver l'établissement en lui-même, et continuer à l'entretenir avec le même soin. » Le personnel du dépôt était resté le même que ci-devant et ne s'était augmenté que de Latoche, L'hérondel et Derubéis. Nous manquons de renseignements sur les deux premiers, qui n'ont passé que fort peu de temps dans les bureaux. Quant à Derubéis, employé depuis 1762 dans les bureaux de l'administration des bâtiments du Roi, il avait été nommé le 11 mai 1793, en remplacement d'un employé, devenu commissaire des guerres. Peut-être sa situation de président de la douzième section de la commune de Versailles n'avait-elle pas été indifférente à sa nomination. Rien n'avait troublé la tranquillité du dépôt si ce n'est la présence de Hammerville, relieur, payé 3,000 livres sur les fonds secrets pour enlever les armoiries frappées sur les volumes de correspondance, et les remplacer par une allégorie républicaine. Les belles reliures aux armes de Colbert furent ainsi odieusement saccagées.

Enfin, le secrétariat devenu, par l'impuissance de Buchot, le ressort principal de la commission, chargé par la nouvelle organisation de l'ouverture des paquets, des comptes décadaires des chefs de bureau, de la communication au Comité de salut public des dépêches importantes, de la partie des passe-ports et des légalisations, de l'envoi des lois et arrêtés, des circulaires pour l'envoi des lois, de la garde des livres et atlas de la commission, avait conservé son chef Miot, et seulement augmenté le nombre de ses employés. Six commis travaillaient au secrétariat proprement dit : c'étaient Mornard, Lequoy, Bonneau, Bierry, Thuillier et Jacques Miot. Lequoy est anciennement connu [1]. André-Isidore-Louis Louis, dit de Mornard, né à Versailles, le 15 mai 1750, devait fournir au Département une longue carrière. Avant la Révolution, il avait été d'abord secrétaire du duc de Fleury, premier gentilhomme de la chambre ; en 1773, secrétaire des provinces de Lorraine et de Barrois, dont le duc de Fleury était gouverneur ; en 1783, secrétaire de la musique du Roi, et secrétaire du cabinet de madame Victoire de France. A la Révolution, il s'était retiré à Béziers, et fut chargé par ses concitoyens d'une mission relative au quatrième bataillon de l'Hérault. Il resta à Paris, fut nommé, en 1793, chef de correspondance à l'administration des transports militaires, puis secrétaire général de cette administration. Il y connut Miot, qui l'amena ensuite avec lui aux Affaires étrangères. Bonneau servait depuis 1792. Bierry, ouvrier tapissier, avait été soldat et blessé à Jemmapes. Jacques Miot, âgé de quatorze ans en 1793, avait été placé par son frère. Il était destiné à une triste réputation [2]. Thuillier était avant la Révolution sculpteur-marbrier, puis avait travaillé chez un architecte. Il avait soixante et un ans.

Au bureau d'enregistrement, trois anciens : Loiselet, Léchaudé, Leroyer, et un nouveau, Fourcade, âgé de seize ans. Au dépôt des lois : Macarel, déjà connu ; Maurin, révolutionnaire pur sang, qui, depuis le 10 août, avait rempli diverses missions, entre autres à Valenciennes, où il avait prononcé l'éloge de Lepelletier [3], et à Grenoble, où il s'était distingué comme maratiste ; enfin Barbry, entré en

---

[1] Entré à la fin de 1792, ancien sous-chef au bureau de Constantinople et d'Asie.

[2] Jacques Miot, après avoir accompagné son frère dans ses diverses missions à l'étranger, devint adjoint aux commissaires des guerres et fut employé à l'armée d'Italie, puis à l'armée d'Égypte. En l'an IX, il obtint d'être nommé capitaine au 4ᵉ régiment de ligne, alors commandé par Joseph Bonaparte, fut fait chef d'escadron pendant la campagne de Catalogne, écuyer du roi Joseph et colonel dans sa garde. Après être rentré avec son grade, en 1814, au service de la France, il publia le pamphlet intitulé : *Mémoires pour servir à l'histoire des expéditions d'Égypte et de Syrie*. 2ᵉ édit., Paris, 1814, 1 vol. in-8°. Il a publié encore : *Nouvelles Recherches sur un bas-relief de Medinet-Abou*, Paris, 1820, in-8°.

[3] Imprimé. Maurin a publié, en outre : *Maurin, employé au département des Affaires étrangères, à ses concitoyens*, s. l. n. d., in-4° de 7 p. (relatif à l'épuration des Jacobins, postérieure à l'exécution d'Hébert), et *Entretiens d'un citoyen de Philadelphie et d'un républicain français qui a servi sous Washington*, prononcés au temple de la Raison de la section Bonne-Nouvelle. Germinal an II; in-8° de 32 p.

1793, et employé d'abord au bureau des agents secrets au Comité de salut public.

Le Comité de salut public avait ajouté, par son arrêté du 13 prairial an II (1er juin 1794), un rouage spécial à tous les ministères : il avait mis la dénonciation à l'ordre du jour et créé un espion officiel. « Il sera nommé par chaque commission un citoyen chargé de rendre compte journellement au commissaire de chacune d'elles de l'exactitude de tous les employés à se trouver ponctuellement à leurs bureaux, aux heures qui seront indiquées ci-après. Ce citoyen n'exercera dans les bureaux aucune autre fonction, et son traitement sera de 2,400 livres par an. » D'autres articles de cet arrêté étaient relatifs aux heures de travail ; le dernier chargeait le citoyen surveillant de la police des garçons de bureau. L'arrêté était signé : Robert Lindet, Carnot, Prieur, Barère, Collot d'Herbois, Couthon, Robespierre, Billaud-Varennes.

Le surveillant nommé le 1er brumaire an II fut Louis-Gabriel Pigneux, qui, avant la Révolution, était menuisier.

Quatorze garçons de bureau, sept colleurs de chiffres, frotteurs, etc., étaient au service de la commission.

La situation des employés empirait chaque jour. Le Comité de salut public n'était pas un maître facile. Dès le 18 germinal (7 avril 1794), « informé que depuis le décret qui supprime les ministres, et lui substitue des commissions, les affaires sont négligées par les employés du ministère, moins sensibles à l'intérêt public qu'à leur intérêt personnel, le Comité de salut public déclare que, conformément aux décrets de la Convention nationale, il poursuivra selon la rigueur des lois tout agent du gouvernement qui aurait négligé ses fonctions et compromis le service, jusqu'à l'établissement des commissions ». La lettre était signée : Saint-Just, Prieur, Billaud-Varennes, Robespierre, Collot d'Herbois, Carnot, Couthon, Lindet. Un autre arrêté ordonnait que les copies dont l'expédition serait faite seraient toutes collationnées et signées par le chef de la division. Aussitôt que le commissaire fut nommé, il reçut l'ordre de venir chaque jour à dix heures du soir au lieu des séances du Comité, pour y rendre compte du résultat de ses opérations. Lui-même ordonna aux chefs de bureau d'envoyer au secrétariat, deux jours au plus après la réception des arrêtés du Comité, la note des mesures qu'ils auraient prises et des ordres qu'ils auraient donnés. Bien plus, pour gagner du temps, le Comité fit imprimer du papier in-4° à deux colonnes. Dans la première colonne, se trouvait la demande qu'il adressait ; dans la seconde, on devait inscrire la réponse. Les traducteurs du Département étaient mis en réquisition pour former un bureau près du Comité (2 floréal-21 avril). Chaque jour le Comité pressait l'organisation, demandait des renseignements sur les attributions, le mode de fonctionnement, la méthode de travail usitée dans chaque commission (10 floréal). Il ordonnait que les commissaires signeraient et dateraient les rapports qui lui seraient présentés. En même temps, il s'occupait du local à donner à chaque commission, rapportait les décrets antérieurs relatifs à celle des Affaires étrangères, et lui assignait les maisons ci-devant Maurepas rue de Grenelle-Saint-Germain (2 floréal), puis annulait sur cette décision, et confirmait le choix déjà fait de la maison Galiffet, rue du Bac (19 floréal). Il ordonnait l'inventaire des meubles existant dans les maisons des commissions, se faisait remettre par le commissaire (20 floréal) le reliquat des fonds secrets restés entre les mains de son prédécesseur, et lui attribuait pour les dépenses secrètes une somme de 100,000 livres à prendre sur le fonds de 50 millions[1].

Bientôt il revenait sur le compte des employés. Un long rapport exposait les principes qu'il voulait suivre : « Les emplois sont pour des patriotes, des pères de famille, et les denrées sont chères. On ne pourra que plus tard réduire les traitements sans souffrances, et par conséquent sans injustice; mais, au règne de l'égalité, peut-on laisser exister une disproportion énorme entre deux hommes qui, rapprochés de la nature par le régime républicain, sont présumés n'avoir à peu près que les mêmes besoins? Les talents, dira-t-on? Sans doute, il est permis d'y avoir égard, mais il faut graduer par des nuances insensibles et le talent, et le salaire. Celui qui a plus de talent doit trouver son excédant de jouissance dans ce même talent, et non pas la chercher dans une augmentation de traitement. » D'après ces principes, le Comité de salut public prend un arrêté, fixe un taux moyen de 3,000 livres, et octroie aux chefs un maximum de 6,000 livres. Les employés sont divisés en quatre classes : la première à 2,400 livres; la deuxième à 3,000 livres; la troisième à 4,000 livres, la quatrième à 6,000 livres (25 floréal. 15 prairial mai-juin 1794).

Moyennant ce traitement, les employés, sous la surveillance du citoyen Pigneux, qui rendait journellement compte au commissaire de l'exactitude de tous les employés à se trouver ponctuellement à leurs bureaux, devaient donner de huit heures précises à deux heures après midi et de cinq heures du soir à huit heures et demie. A la

[1] Sur le rapport de Cambon, séance du 30 germinal, il fut décrété que la comptabilité des commissions serait absolument distincte de celle des ministères supprimés, et qu'en attendant que les états fussent fournis, une somme de un million serait mise à la disposition de la commission des Relations extérieures.

vérité, les décadis, ils étaient dispensés de la séance du soir. Ils ne pouvaient quitter leurs fonctions actuelles pour d'autres fonctions, et les commissaires qui présentaient au Comité des propositions de démission étaient responsables de la légitimité des motifs indiqués.

Tel est à ce moment l'état des bureaux. Ce régime ne méritait-il pas le nom qu'il a pris, et que l'histoire lui a conservé : la Terreur !

D'ailleurs, en matière diplomatique, cette époque est vide. Saint-Just fait son rapport sur la police intérieure; Billaud-Varennes fait son rapport sur la situation de la République; on insulte Pitt et Cobourg, l'Angleterre et l'Empire. C'est tout. Barère, qui, d'après ses Mémoires et les Mémoires sur Carnot, était à ce moment chargé, dans le Comité, des affaires étrangères, dit lui-même que les relations extérieures l'occupaient peu, et qu'il n'y eut à traiter que l'alliance de la Suède, des États-Unis, de la Porte Ottomane et de la Suisse. Ces prétendues alliances n'étaient que des déclarations de neutralité. Elles sont d'ailleurs toutes antérieures à l'établissement des commissions. Si l'on veut réellement s'éclairer sur les procédés du Comité vis-à-vis des nations dont on réclamait la neutralité, il suffit de se reporter au livre déjà fréquemment cité de Gouverneur Moris.

Le 9 thermidor (27 juillet 1794) fut pour les employés du Département, comme pour toute la France, le jour de la délivrance. Miot prétend que les premiers commis étaient menacés d'une façon toute particulière, qu'ils avaient été dénoncés par Buchot comme modérés, et que, le 8 thermidor, des mandats d'arrêt avaient été décernés contre lui, contre Otto, Colchen et Reinhard. Le 9 thermidor les sauva. Mais, malgré la chute du dictateur, les agents du Comité de sûreté générale n'en voulaient pas moins mettre leurs mandats à exécution. Il fallut, pour les en empêcher, l'intervention d'Humbert, resté toujours puissant. Encore, le 12 brumaire (2 novembre) suivant, Otto fut-il brusquement arrêté, conduit au Luxembourg, mis au secret. Les scellés furent apposés sur ses papiers à la suite d'un ordre spécial de Merlin de Douai; il sembla qu'on eût découvert une redoutable conspiration. Otto était soupçonné[1] d'avoir entretenu avec la Marjellière, agent secret à Londres, une correspondance mercantile; d'avoir fait le commerce pendant son séjour aux États-Unis, et d'y avoir laissé des fonds; d'avoir eu des relations avec les citoyens Laforest et Petry, consuls aux États-Unis, accusés de malversations et d'aristocratie. Otto répondit que la correspondance avec les agents secrets était

---

[1] D'après un mémoire remis par lui au Comité de salut public, le 25 brumaire an III.

toujours déguisée sous des phrases commerciales; qu'à la vérité la dot de sa femme était placée en Amérique, mais il ne possédait que cette dot (37,000 livres) et son mobilier. Quant à Laforest et Petry, ils étaient et devaient être encore, disait Otto, des agents remarquables par leur probité et leurs talents.

Deforgues [1] s'entremit; Miot réclama près de ses amis, le ministère tout entier s'émut. A la fin de frimaire, Otto fut rendu à la liberté, et sa détention ne lui nuisit pas dans l'esprit des dictateurs.

La révolution de thermidor n'avait, au reste, rien changé au gouvernement ni aux agents immédiats du gouvernement. Le Comité de salut public régnait et gouvernait. Au lieu de se nommer Robespierre, Saint-Just, Couthon, Barère, Collot d'Herbois, Billaud-Varennes, Lindet, Carnot et Prieur, les dictateurs s'appellent Laloi, Eschassériaux, Treilhard, Thuriot, Cochon, Bréard, Merlin de Douai, Delmas, Fourcroy, et encore conserva-t-on quelque temps de l'ancien comité ceux que la guillotine avait épargnés.

Aussi ne faut-il pas s'étonner si, après le 9 thermidor, près de trois mois se perdent en tâtonnements. L'administration est tout entière à relever, à réorganiser. Il faut faire face à l'étranger, maintenir au dehors l'action des armées, et en même temps le Comité de salut public, quoiqu'il craigne que le mouvement de réaction ne finisse par l'entraîner, est bien obligé de céder, dans une certaine mesure, au sentiment populaire et d'entre-bâiller au moins les portes des prisons. Les relations extérieures sont donc un des objets les moins importants pour l'instant, et il est naturel que le Comité les néglige. Il n'adopte que quelques mesures d'ordre, telles que la division des employés en sept classes, d'après leur traitement[2], fixant le maximum à 6,000 livres et le minimum à 1400 livres, déclarant que les talents, le zèle et l'assiduité seront désormais la seule règle d'avancement d'une classe dans l'autre (21 thermidor an II - 8 août). Le 2 fructidor (19 août), considérant que le prochain retour de l'ar-

---

[1] D'après le Mémorial de Gouverneur Morris, il paraît qu'en octobre 1793, Deforgues aurait eu l'idée de se faire plénipotentiaire en Amérique pour arranger les sottises de Genet et d'emmener Otto avec lui. La nomination de la commission chargée de régler le différend des deux États empêcha la réalisation de cette pensée.

[2] Chefs et employés de la 1re classe : 6,000 livres.
— de la 2e — : 4,200 à 5,000 livres.
— de la 3e — : 3,200 à 4,000 —
— de la 4e — : 2,500 à 3,000 —
— de la 5e — : 2,000 à 2,400 —
— de la 6e — : 1,500 à 1,800 —
— de la 7e — : 1,200 à 1,400 —

rière-saison ne permettra bientôt plus le travail du soir dans les bureaux, confiant d'ailleurs dans le zèle et le civisme des employés, il établit les séances de travail de neuf heures du matin à quatre heures de l'après-midi, supprime les surveillants créés par l'arrêt du 13 prairial, et ordonne des audiences publiques quotidiennes des commissaires de deux à quatre heures de l'après-midi. Il rétablit le bureau des limites près de la commission, avec ses anciens employés, Chrétien et Brossier ; renvoie au commissaire le soin de délivrer les passeports et de certifier la signature des ministres étrangers; supprime les congés avec traitement pour les employés ; crée près de la commission un bureau des traducteurs et de déchiffreurs composé de un chef, deux déchiffreurs, deux traducteurs et un expéditionnaire ; s'occupe de faire payer les traitements des agents à l'extérieur et des agents que la guerre a forcés de rentrer en France ; prescrit à tous les représentants à l'étranger de correspondre avec lui sur les objets qui pourront intéresser les sciences et les arts [1], et enfin prépare l'organisation des bureaux politiques qu'il veut s'adjoindre.

Pendant ce temps, la commission opère son déménagement, le troisième depuis que le Département était venu s'installer à Paris. Au

---

[1] « 5 brumaire an III (26 octobre 1794).

« CIRCULAIRE DU COMITÉ DE SALUT PUBLIC RELATIVE AUX SCIENCES ET ARTS.

« Il était impossible que le mouvement rapide de la Révolution ne ralentît les progrès de l'esprit humain dans ce qui ne tendait pas directement à l'amélioration du corps social et à la recherche des moyens de résister aux efforts des ennemis de la Liberté pour détruire la République dès sa naissance. Les événements glorieux de la campagne, et le triomphe des principes régénérateurs, rendent au Gouvernement la faculté de porter son attention sur tout ce qui peut contribuer à la prospérité, autant qu'à la gloire nationale, et à porter le peuple français au rang qui lui est dû parmi les nations policées et que sa bravoure et sa sagesse lui ont déjà assuré parmi les puissances de la terre.

« La culture des sciences et des arts ayant été de tout temps l'occupation chérie des hommes libres, un des services les plus éminents que les agents de la République en pays étranger puissent rendre à leur patrie est d'étudier les moyens propres à faire fleurir dans son sein les connaissances sublimes qui ont illustré les peuples et civilisé la plus grande partie du globe. Les découvertes qui favorisent le développement de l'industrie requièrent au même point leur sollicitude.

« Nous te prévenons donc qu'à l'avenir, une partie essentielle de tes devoirs sera de recueillir dans le pays où tu résides tout ce qui pourra donner de nouvelles lumières sur les sciences et sur les arts. La prospérité publique devant être ton principal but, tu t'attacheras surtout à transmettre les notions utiles pour l'éducation, l'agriculture, le commerce, la navigation, les manufactures et métiers de toute espèce. Tu entretiendras, à cet effet, une correspondance suivie avec ceux qui pourront te fournir des renseignements exacts sur ces différents objets, et tu en feras passer les résultats au commissaire des relations extérieures.

« Nous comptons sur ton zèle pour donner à cette branche intéressante de nos rapports avec les nations étrangères toute l'extension dont elle est susceptible. »

reste, l'hôtel de la rue Cérutti était dans une position médiocrement sûre. Dès juillet 1793, Deforgues écrivait au ministre de l'Intérieur pour lui exprimer ses inquiétudes à ce sujet. Il était nécessaire de faire garder les derrières du côté du jardin : « Ce jardin donnait dans une rue peu fréquentée et était fermé d'un mur très-peu élevé, dans lequel on avait pratiqué une porte, commode à la vérité, mais à la faveur de laquelle des malveillants pouvaient s'introduire. » On avait dû, outre le poste de gendarmes à cheval pour estafettes, établir un poste d'invalides. Les mêmes dangers n'étaient pas à craindre dans l'hôtel Galiffet [1], où, après tant de décrets et d'arrêtés contradictoires, la commission allait s'installer. Avant de commencer les travaux, Buchot demanda un devis au nommé Montamant, architecte. Ce devis s'élevait à 9,873 livres, sur lesquelles on prétendait encore pouvoir économiser. Or, au 1er nivôse an III (21 décembre 1794), la commission avait déjà payé par à-comptes plus de 80,000 livres, et elle ne pouvait plus cette fois faire solder la dépense par une succession, comme elle l'avait fait pour la rue Cérutti. Encore cette installation ne fut-elle complétée que bien postérieurement, sous le Directoire, lorsque les Archives, restées à Versailles, furent enfin réunies à l'administration centrale.

Cependant, le Comité de salut public, qui avait senti l'insuffisance de Buchot, lui cherchait depuis quelque temps déjà un successeur. Le 13 brumaire an III, Richard venait proposer à la Convention, au nom du Comité de salut public, la nomination du citoyen Mangourit, ci-devant consul de la République près des États-Unis, au poste de commissaire [2].

---

[1] D'après Théoph. Lavallée, *Hist. de Paris*, l'hôtel de la rue du Bacq occupait le n° 84.

[2] Ce Mangourit mérite qu'on s'arrête à son nom, car il donna un exemple rare de modestie et de désintéressement.

Michel-Ange-Bernard Mangourit était né à Rennes, le 21 août 1752; il fut d'abord lieutenant au bataillon garde-côte de Pontorson, depuis 1770 jusqu'en 1777, époque où il fut pourvu de l'office de lieutenant criminel au présidial de Rennes. Là, suivant le *Journal de Perlet**, il fabriquait de concert avec son secrétaire des exploits qu'il donnait à des personnages fictifs et qui étaient ainsi supposés comparaître à son rapport; ces exploits étaient payés par le Trésor. Mallet du Pan l'accuse de son côté ** d'avoir tenté un viol sur une jeune fille qu'il était chargé d'interroger et de n'avoir pu éviter la corde que par une prompte fuite. En 1787, il publiait diverses brochures ***, condamnées et brûlées par arrêt du

---

* *Journal de Perlet*, n° 362, 19 brumaire an V.

** *Mercure britannique*, t. I, p. 139.

*** *Le pour et le contre au sujet des grands bailliages*, in-8°; *le Tribun du peuple* in-8°; *les Gracches français*, in-8°.

Mais Mangourit refusa par la lettre suivante :

> « Paris, quintidi de la 2ᵉ décade de brumaire, l'an second (*sic*) de la République française, une et indivisible (5 novembre 1794).

« REPRÉSENTANTS DU PEUPLE COMPOSANT LE COMITÉ
DE SALUT PUBLIC,

« Nommé par le gouvernement français consul à Charlestown, je me suis rendu dans les États-Unis, et je crois avoir répondu à la confiance dont on m'avait honoré. Appelé par décret à la place de commissaire des Relations extérieures, je regarde comme un devoir sacré de déclarer que je ne me crois point assez de lumières pour remplir ce poste important. Je vous supplie d'agréer que je vous invite à faire un autre choix et à être convaincus que les moments les plus précieux de ma vie seront toujours ceux où je pourrai servir la cause de la liberté et de l'égalité.

« Salut et fraternité.

« MANGOURIT[1]. »

Ce singulier désintéressement n'était pas de ceux qui trouvent beaucoup d'imitateurs. Les principaux chefs de service, Miot, Otto, Col-

---

parlement de Bretagne, arrivait à Paris à la fin de 1788; et rédigeait du 1ᵉʳ janvier au 30 juin 1789 un journal : *le Héraut de la nation sous les auspices de la patrie*, 63 nᵒˢ in-8°. Cette singulière feuille, qui portait pour épigraphe : *Montjoie Saint-Denis!* combattait en faveur de la royauté contre la noblesse, et était, dit-on, subventionnée par la Cour. Mangourit n'en fut pas moins un des vainqueurs de la Bastille. Le 28 juin 1791, il prononça à la barre de l'Assemblée nationale, *au nom de ses frères d'armes*, un discours qui eut les honneurs de l'impression (in-4° de 4 p.). Il se faisait l'orateur de sa section, celle des Gravilliers, et le rédacteur de ses pétitions. Ces services civiques lui valaient, le 2 mars 1792, la place de consul à Charlestown. Renvoyé d'Amérique, avec tous les agents français, à la suite des folies du citoyen Genêt, ministre plénipotentiaire, il arrivait à Paris le 6 fructidor de l'an II, se hâtait de faire imprimer sous le titre de : *Mémoire de Mangourit* (in-4° de 12 p., s. l. n. d.) les adresses qu'il prétendait lui avoir été remises avant son départ par le gouverneur et les citoyens de la Caroline du Sud, et accablait de lettres et d'importunités le Comité de salut public, qui finissait par le charger d'un travail sur la situation de la France vis-à-vis des Deux-Siciles et de l'Espagne.

[1] Après cet acte qui l'honore, Mangourit recommença ses sollicitations. Arrêté en prairial comme terroriste, le 13 vendémiaire, il combattait contre les sections dans les rangs de la 1ʳᵉ compagnie du 1ᵉʳ bataillon des patriotes de 1789. Il obtenait enfin d'être nommé premier secrétaire de légation en Espagne (6 frimaire an IV-27 novembre 1795), mais il passait son temps à fonder des clubs et à dénoncer l'ambassadeur; il poussait la propagande si loin que le gouvernement espagnol demandait son rappel. Nommé chargé d'affaires près les États-Unis, le 8 thermidor an IV (26 juillet 1796), peut-être n'y alla-t-il pas. A coup sûr il publia, en l'an V, à Paris, un pamphlet contre Carnot (*la Tyrannie de C..., ou les*

chen, Reinhard, furent appelés au Comité de salut public, où ils furent examinés par les représentants chargés de la section diplomatique. Miot échut à Thuriot, qui l'interrogea sur ses antécédents, ses études, ses connaissances, et termina en lui annonçant que le Comité voulait donner à la commission une organisation nouvelle, la charger de suivre les négociations entamées et de remettre de l'ordre dans les services diplomatiques.

A la suite de cette conversation, Miot fut nommé commissaire des Relations extérieures le 18 brumaire an III (8 novembre 1794). Quant au malheureux Buchot, qui n'avait été instruit de sa destitution que par un journal qu'il avait acheté le soir dans la rue, il parut fort peu sensible aux compliments de condoléance de son successeur, lui demanda s'il exigeait qu'il quittât immédiatement le logement qu'il occupait dans l'hôtel, se plaignit qu'on l'eût fait venir de province pour le laisser ainsi sur le pavé de Paris; finalement, demanda une place dans les bureaux. Miot lui représenta l'inconvenance qu'il y aurait à le faire descendre à un rang secondaire dans l'administration dont il avait été le chef. Mais Buchot crut que c'était là une défaite, s'imagina seulement qu'on doutait de ses talents, et acheva en disant que, s on ne le jugeait pas digne d'une place de commis, on lui en accordât

---

carnutes. Paris, an VI, in-8°), dont il prétendait avoir à se plaindre. Nommé chargé d'affaires près la république du Valais, le 26 brumaire an VI (16 novembre 1797), il y prêcha la haine des prêtres, et se fit le propagateur des doctrines qui devaient ouvrir la Suisse entière aux rapines du Directoire. A la suite de la révolution qu'il provoqua dans le Valais, il reçut une médaille dont on peut voir le détail dans Hennin (*Histoire numismatique de la Révolution*, p. 616). Rappelé en prairial même année, et nommé secrétaire de légation à Naples, avec Lacombe Saint-Michel, il ne fut pas reçu; fut ensuite nommé commissaire des relations extérieures à Ancône et membre de l'agence pour l'armée d'Égypte, l'Archipel, la Morée. Cette agence était chargée d'appeler les Grecs à l'insurrection et d'opérer en faveur de l'armée d'Égypte une diversion dans l'Albanie, l'Épire et la Morée. (Consulter : *Correspondances de Paris, Vienne, Berlin, Varsovie, Constantinople* (1788-1795), publiées par Jules Lair et Émile Legrand, et les *Lundis révolutionnaires* de M. Avenel.) Pillé à Viterbe en 1798 (voir le livre de Mangourit : *le Mont Joux*, etc., suivi de *la Journée de Viterbe*, Paris, an IX, de 98 p., et surtout : *Précis de mon voyage et de ma mission en Italie dans les années* 1798, 1799, et *Relation des événements qui ont eu lieu à Viterbe*, par M. Méchin, Laon, 1808, in-8°), assiégé dans Ancône, un des commissaires nommés pour la reddition de la place après cent cinq jours de siège (voir : *Défense d'Ancône et des départements*, par Mangourit. Paris, an X, 2 vol. in-8°); appelé ensuite à la commission dite des Émigrés, il reçut sous l'Empire la proposition du vice-consulat de Savannah qu'il refusa, se fit admettre membre d'un certain nombre de sociétés savantes, s'occupa de la franc-maçonnerie et gagna ainsi 1814, époque où il demanda la croix de la Légion d'honneur: « Car d'ailleurs, dit-il, j'ai de la fortune, au moins dix mille livres de rente. » Il publie encore des brochures et des livres, et meurt seulement le 17 février 1829.

une de garçon de bureau. Miot s'excusa; l'ancien commissaire continua encore pendant quelque temps à venir coucher dans l'hôtel. Un beau jour, il prit ses effets et disparut. Lebas prétend qu'avant de s'en aller, il fit faire, en sa faveur, une collecte dans les bureaux. De chute en chute, il en arriva à être commis de l'octroi sur le quai de la Tournelle, échoppe n° 2. Il y était, en 1808, recenseur des ports, et demandait une pension comme ancien ministre. Le commis de l'octroi, suivant une lettre de Frochot en réponse à la demande de renseignements de M. de Champagny[1], semblait n'avoir jamais fait autre chose de sa vie. L'Empereur, à la suite de cette information, lui accorda, le 12 février 1808, sur les fonds secrets, une pension de 6,000 livres qui, le 29 novembre 1810, fut portée sur les fonds ostensibles. Buchot en jouit jusqu'à sa mort, survenue le 1er septembre 1813.

II

L'organisation du gouvernement révolutionnaire, en ce qui regarde les Affaires étrangères, fut donc postérieure à la chute de Robespierre. L'instrument inventé par Saint-Just, proposé par Carnot, destiné à assurer la tyrannie de l'*Incorruptible,* fut ramassé par les thermidoriens, affiné par eux, et leur servit à prendre le pouvoir tout entier. Si le Comité de salut public avait pu choisir dans son sein l'homme de gouvernement et nommer ministre un membre de la Convention tellement engagé avec la majorité qu'il ne pût la trahir, peut-être eût-il abandonné une part du gouvernement; mais, par une singulière suite d'idées, en matière d'incompatibilités, cette Constitution de 1791, morte et jetée au vent depuis le 10 août, était encore sinon la loi, au moins la coutume. Les conventionnels, ne pouvant se aire eux-mêmes ministres, supprimèrent les ministères et s'attribuèrent, outre la puissance qu'avaient eue jusque-là les ministres, le droit de décision qui n'avait appartenu qu'au pouvoir exécutif suprême; ils se firent à la fois déterminateurs et exécuteurs, maîtres

---

[1] Voici la lettre de M. de Champagny : « Monsieur, parmi les commis subalternes de l'octroi de Paris, se trouve un M. Buchot, qui a été ministre, puis commissaire des relations extérieures pendant la Révolution sous le règne du Comité de salut public. Quelle que soit l'époque à laquelle il a rempli ces éminentes fonctions, l'honneur de la place, peut-être même la décence publique, exigeraient que cet homme ne figurât pas dans une classe d'employés que l'opinion a toujours regardée comme la dernière de toutes. »

absolus de la politique de la France, ne laissant subsister une commission des Relations extérieures que pour le matériel de l'ouvrage : les consulats et les chancelleries.

Bientôt ils furent amenés à créer près d'eux des bureaux indépendants des bureaux de la commission, et chargés de rédiger et d'expédier leurs dépêches. Les principes d'après lesquels le Comité de salut public semblait devoir négocier se rapprochaient, du reste, autant des principes adoptés par l'ancien régime que leur système de centralisation. Ils paraissaient avoir abandonné la politique de *fous furieux*, mise en œuvre par Saint-Just et Barère. Ils reconnaissaient que la politique ancienne pouvait avoir du bon. On lit dans un rapport de la fin de l'an II sur l'organisation à donner aux bureaux du Comité : « Le département des Affaires étrangères, sous la monarchie, était le seul bien administré. Depuis Henri IV jusqu'en 1756 [1], les Bourbons n'ont pas commis une seule faute majeure. Depuis Henri IV jusqu'au Régent, les rois ou un premier ministre dirigeaient, lisaient et signaient de leur propre main les dépêches. Le ministre n'était qu'un scribe, un secrétaire d'État des volontés du maître. Ce maître était l'héritier de quelques principes de famille, de quelques axiomes, bases des vues ambitieuses de la maison de Bourbon au préjudice des maisons rivales. Nos tyrans ne s'écartèrent jamais de ces axiomes, et, forts de l'industrie nationale, ils parvinrent à donner à la France les degrés d'étendue qui en ont fait la puissance la plus terrible au dehors. Dans toutes nos guerres, une province nouvelle était la récompense de notre politique et de l'usage de nos forces. » Le rôle dominant de la royauté, le Comité de salut public se le réserva et le délégua à une section diplomatique dont les hommes principaux paraissent avoir été Merlin de Douai, Cambacérès, Boissy d'Anglas, Louvet, Treilhard et Jean de Bry. Mais pendant la période où Miot fut commissaire, Merlin fut évidemment le principal directeur de la politique de la France.

Le Comité de salut public, par un arrêté du 23 vendémiaire (14 octobre 1794), visant le décret de la Convention nationale du 7 fructidor (24 août)[2], qui lui avait attribué la direction de la partie politique et la surveillance de la partie administrative des relations

---

[1] Toujours la continuation de la calomnie de Brissot. Brissot est mort, la calomnie est restée. Elle sert encore! La famille de Bernis a bien voulu me confier la publication des *Mémoires inédits du cardinal de Bernis*, le négociateur du traité de 1756. Ces mémoires, j'en ai la conviction, porteront un coup décisif à ces calomnies.

[2] Décret du 7 fructidor (I, B. 46, n° 234).

extérieures, avait réglé d'une façon complète l'organisation de ses bureaux. Le travail politique était réparti entre trois divisions, composées chacune d'un chef, d'un sous-chef et de deux commis. La première division comprenait : les Cantons helvétiques, l'Espagne, le Portugal, Malte, les Deux-Siciles, Parme, Rome, Modène, la Sardaigne, la Toscane, le Milanais, Venise et Gênes; la deuxième : Maroc, Alger, Tunis, Tripoli, la Porte, les Indes, la Pologne, la Prusse et la Russie; la troisième enfin : les États-Unis, la Suède, le Danemark, l'Angleterre, l'Allemagne, les Provinces-Unies et l'Autriche. Outre ces trois divisions, le Comité avait encore un secrétariat chargé de l'enregistrement et de la distribution des papiers, et un bureau du chiffre, dont l'organisation fut plusieurs fois modifiée.

Il est difficile, sinon presque impossible, de retrouver au complet l'organisation des bureaux du Comité, et particulièrement de discerner à quelle division certains hommes ont été attachés. Néanmoins, nous croyons être parvenu à délimiter les fonctions principales. A la première division, Otto était devenu chef, et avait emmené avec lui comme sous-chef Boissonade. Dans cette première division, nous ne trouvons comme commis que Maximilien Villot-Fréville (est-ce le même dont le président Boyer parle dans ses *Souvenirs et causeries*[1]?); Fourier, ancien employé de la trésorerie, chargé de copier les traités; Florent, protégé de Daunou, et futur préfet de Nice et de Mende, qui devait continuer sa carrière au ministère.

A la deuxième division, les représentants avaient choisi pour chef de bureau Reinhard. Il devait aussi être chargé de préparer la paix avec la Prusse. Sous les ordres de Reinhard, Lemaistre, de Genève, employé dans les bureaux depuis octobre 1792, était sous-chef (arrêté du 27 frimaire an III - 27 novembre 1794), et au nombre des commis, on comptait Neuville, qui, en thermidor, devait succéder à Lemaistre, et qui était entré aux Affaires étrangères en avril 1793; Ducroc, parent de Dugazon, volontaire de 1792, et Pierre-Honoré Félix, le frère de Félix Beaujour.

Enfin, la troisième division avait eu quelque temps pour chef le citoyen Colchen, mais le 16 brumaire (6 novembre) il fut remplacé

---

[1] P. 110. Barère, qui l'avait mis lui-même en réquisition, « Barère fit plus. Il me fit délivrer, sur ma demande, de semblables réquisitions pour deux ou trois de mes amis, dont une entre autres pour M. Villot de Fréville, père de mon honorable collègue à la Chambre des pairs et qui avait été attaché comme moi au duc de Penthièvre. Il s'était réfugié à Belleville, où j'allai lui porter ce brevet de délivrance, et la chaleur de ses embrassements me prouva combien cet excellent homme était heureux de pouvoir retrouver à Paris sa paroisse, ses amis, sa table et sa partie de piquet, toutes choses qui composaient le bonheur de sa vie. »

par Jean-André Perreau, membre du Comité révolutionnaire du dixième arrondissement de Paris. Ce Perreau, un des jurisconsultes les plus éminents du dix-huitième siècle, qui devait mourir en juillet 1813, inspecteur général des écoles de droit, avait déjà, en l'an III, une réputation comme littérateur. Né à Nemours en 1749, il avait débuté en 1771 par le *Drame de Clarisse*, avait été ensuite précepteur des enfants de M. de Caraman, avait publié un grand nombre d'ouvrages philosophiques : *les Éléments de l'histoire des anciens peuples* (1775) ; l'*Éloge du chancelier de l'Hôpital* (1777) ; *Mirzim, ou le sage à la cour* (1781) ; *le Roi voyageur, ou examen des abus de l'administration de la Lydie* (1784) ; *Lettres illinoises* (1792). En 1791, il entreprit la rédaction d'un journal : *le Vrai Citoyen*; et devint professeur de morale et de droit public au lycée. Au reste, après son court passage au Comité de salut public, il entra dans l'enseignement supérieur, devint en 1799 professeur à l'École centrale du Panthéon; puis professeur suppléant de droit des gens au Collège de France, fut tribun en 1801, et à ce titre eut l'honneur d'être rapporteur du Code civil. Sous ses ordres travaillaient comme sous-chef Antoine Liébaud, et comme employés Jugla et Derché. Antoine Liébaud, du Jura, ancien familier de Mirabeau, publiciste pendant la Révolution, emprisonné sous la Terreur, devait connaître sous l'Empire l'exil et les prisons d'État.

Enfin le Comité de salut public avait organisé près de lui un bureau de déchiffrement, dont le chef était un nommé Patris, et un secrétariat dirigé par Halé. Dans ces divers bureaux étaient employés Biton, Simon, Paillot, Patois, le Picart, Joveneau, Ducos père, Hainault, Simonet, Langlois, Denizard, Talbot[1], à la fin de brumaire an III. Mais le nombre des commis s'était vraisemblablement fort accru dans la troisième année républicaine, car les listes des employés du Comité de salut public, comprenant non-seulement les bureaux politiques, mais ceux de la Guerre, etc., contiennent plus de deux cents noms.

C'est sur l'organisation primitive des bureaux politiques du Comité qu'avait été calquée l'organisation des bureaux de la commission. Le même arrêté du 23 vendémiaire déterminait la composition des uns et des autres. La commission, donc, se composait de trois bureaux de correspondance, d'un bureau de dépôt, d'un bureau des lois, d'un secrétariat général et d'un bureau des fonds. Les employés des bureaux supprimés étaient répartis dans les divisions conservées. Dans les bureaux de correspondance, le travail devait être réparti,

---

[1] On retrouvera plus tard Simon et le Picart.

quant aux pays, de la même manière que dans les bureaux du Comité, mais la correspondance ne devait rouler que sur les affaires consulaires, commerciales, contentieuses et particulières, sur ce qui avait rapport à l'administration, à l'économie politique, aux arts, aux sciences, aux découvertes utiles faites à l'étranger. Tous les détails politiques devaient être sur-le-champ renvoyés au Comité.

Le premier bureau correspondait pour les affaires consulaires et commerciales, les affaires contentieuses et particulières, l'économie politique, les sciences, arts et découvertes utiles en pays étrangers, avec la Suisse, l'Italie, l'Espagne et le Portugal. La plupart des employés étaient déjà, depuis quelque temps, attachés au Département. C'était Rosenstiel, l'ancien traducteur du temps de M. Genet, qui venait du bureau du contentieux, et que la nouvelle organisation avait fait chef de la division. Le sous-chef était Goffinet, aussi un ancien serviteur, qui avait amené avec lui, du quatrième bureau, Lemarchand, Caillard, Soulaire, Bonhomme, Pargon fils, Destournelles et Lacroix, puis Lemoyne, venant des archives, et Férandel du bureau des fonds. Des nouveaux venus, on connaît déjà Maindouze, fils du directeur des fonds de l'organisation de Dumouriez, guillotiné avec les girondins. Pargon père, qui avait demandé à travailler avec son fils, était un vieux maître d'école du département du Jura. Charles-Abraham la Carrière avait été conseiller au Châtelet de 1777 à 1788, et était l'auteur d'un certain nombre d'ouvrages en vers, et d'un poëme lyrique : *la Liberté rendue à la Grèce*. Nommé le 7 brumaire an III (18 octobre 1794) au premier bureau, confirmé le 28 frimaire, il fut nommé le 9 fructidor an III (26 août 1793) au consulat de Santander, où il resta jusqu'en l'an VII. Jean-Frédéric Barthel, de Strasbourg, destiné à mourir au service du Département, le 1er décembre 1816, était entré le 8 frimaire an III. C'était un de ces braves Alsaciens, savants, modestes, utiles, qui, jusqu'à leur dernier jour, rendent service.

Au second bureau, chargé du même détail que le premier pour le Maroc, Alger, Tunis, Tripoli, l'Égypte, Constantinople, les Échelles, les Indes orientales, la Russie, la Pologne et la Prusse, Boulouvard, l'ancien chef du contentieux, est premier commis; Lebartz, un commis du temps de Vergennes, est sous-chef. On connaît déjà Butet, qui vient des consulats, où il a cessé de travailler seulement pendant le ministère de Deforgues; Joly, l'ami de Baudry, relaxé et remis en place; Pascal, le fils de l'ancien secrétaire de Dumouriez et de Lebrun; Bourdon, Carbonnier, Rose et Dupoix, qui viennent de la troisième division; Bermond et Werel, ci-devant employés au contentieux ; enfin Pigneux, le surveillant éphémère du temps de Robespierre, devenu expéditionnaire. En fait de nouveaux visages, il n'y a que Volney, Duperou, Mollien et Desforges-Parny.

Volney est bien ce Chasseboeuf de Volney, qui fut sénateur, commandeur de la Légion d'honneur et comte de l'Empire [1], et qui reste l'auteur des *Ruines*. Les biographes ne parlent point de son passage au Département ; pourtant, il eut avec les Affaires étrangères de fréquents rapports pendant la Révolution. Le vingt-cinquième jour du premier mois de l'an II, Deforgues, alors ministre, écrivait au ministre de l'Intérieur, Garat, qu'il lui était impossible, pour le moment, d'employer Volney dans une mission politique, mais qu'il proposerait au Conseil de lui donner à faire un voyage dans le pays qu'il préférerait. Deux jours après, il proposait de l'envoyer dans l'Amérique septentrionale, et la même semaine écrivait aux officiers municipaux de la commune du Havre de faciliter son voyage et de ne point l'ébruiter. Ce projet ne fut pas réalisé à cette date, et, le 8 frimaire an III (28 novembre 1794), le commissaire des relations extérieures écrivait à Volney que, par suite de la nouvelle organisation, le Comité de salut public avait jugé nécessaire d'attacher aux bureaux de la commission un citoyen versé dans la connaissance des langues orientales, qui fût chargé de la correspondance relative aux sciences, arts et découvertes en Orient, et des détails relatifs à l'éducation des enfants de langue et à l'avancement des drogmans. « Le grand intérêt de semblables fonctions, disait Miot, exigeait pour les remplir un homme qui joignît à la connaissance des langues de l'Orient une vie consacrée à l'étude des sciences et à l'amour des arts. Le Comité de salut public s'est déterminé, citoyen, à te confier cette place importante, et il me charge de t'annoncer que tu es en conséquence attaché au second bureau avec le traitement de la première classe. » C'est à cette époque que se rapporte l'impression payée par le Département (10,000 livres) de la *Simplification des langues orientales* [2], ouvrage qui fut ensuite distribué, par ordre du Comité, dans le monde entier. Au reste, Volney resta peu de temps en place ; le 9 prairial an III (28 mai 1795), il recevait l'autorisation du Comité de salut public de se rendre en Amérique. Sa vie, depuis cette date, appartient à l'histoire générale.

---

[1] Rappelons les armoiries que l'Empereur avait données à Volney : *De sable à deux colonnes ruinées d'or, surmontées d'une hirondelle d'argent ; franc quartier de comte sénateur.*

[2] *Simplification des langues orientales, ou méthode nouvelle et facile d'apprendre les langues arabe, persane et turque, avec les caractères européens*, par Volney. Imp. nat., an III, in-8° carré ordinaire.

Mollien (Antoine-Élisabeth-Erard), cousin du futur comte Mollien, le ministre du trésor public de l'Empereur, était un homme de loi, défenseur officieux à Paris, né à Calais vers 1754. Il fut attaché au deuxième bureau, le 8 frimaire an III (28 novembre 1794), et destitué, comme suspect d'opposition, le 17 brumaire an VI (7 novembre 1797). A cette date, il fut même arrêté ainsi que son frère, mais relâché après vingt-trois jours de détention. Mollien fut le père de ce Gaspard-Théodore Mollien, un des naufragés de la *Méduse*, voyageur intrépide en Afrique et en Colombie, consul général dans divers postes d'Amérique, et, en dernier lieu, à la Havane, mis à la retraite le 17 avril 1848, et mort à Nice le 27 juin 1872. L'auteur de ce livre serait ingrat s'il ne donnait un souvenir d'affection et de reconnaissance à cet honnête serviteur de la France, qui a bien voulu, jadis, lui témoigner des bontés qu'il n'a point oubliées.

Les deux employés qui complétaient la deuxième division étaient Dupérou et Desforges-Parny. Desforges-Parny, qu'il ne faut pas confondre avec ses nombreux homonymes, était un noble créole, parent du général Beurnonville, qui, avant 1789, avait été premier page de Monsieur, et qui avait ensuite servi comme capitaine de cavalerie. Blessé sérieusement, il était parvenu à entrer dans les bureaux vers brumaire an III. Il fut, plus tard, renvoyé comme noble, sous le ministère de Charles Delacroix. En 1814, il sollicitait pour être replacé au ministère.

Quant à Dupérou, c'est un personnage étrange, sur lequel il est assez difficile de trouver la vérité. Mêlé à toutes les affaires mystérieuses depuis 1789, espion de toutes les polices, déguisé sous des noms divers, agent de toutes les conspirations, il glisse à travers les événements sans laisser à l'histoire le moyen de le saisir. Au ministère, il s'appelle Louis Dupérou; dans les clubs, Junius Brutus; dans les conspirations royalistes, Marchand. Voici ce qu'il est possible de constater. Ce Louis Dupérou serait le fils d'un Charles-François Dupérou, qui, pendant trente ans, avait été officier de chambre à la cour de Manheim. Ce valet, en correspondance avec des généraux, des représentants et le président de la Société populaire de Strasbourg, avait été, en 1792, chassé par ses maîtres. Il vint à Strasbourg, puis à Paris, où il se fit nommer commissaire des guerres. Son fils, Louis Dupérou, qui avait étudié à l'Université de Heidelberg, l'accompagna à Paris, se montra dans les clubs, se décora des prénoms de Junius Brutus et, après le 10 août, fut envoyé par Lebrun, comme agent secret, sur les frontières. Le 1er fructidor an II (18 août 1794), il fut admis à la troisième division du commissariat; continua là ses manœuvres étranges et ses liaisons, particulièrement avec le général Miranda; donna sa démission en floréal an IV (mai 1796), après une discussion avec Boulouvard; passa en Angleterre, se fit l'agent des princes, et continua à rester en relation avec la police du Directoire et du Consulat. Il fut l'agent révélateur de la conspiration de Georges, sous le nom de Marchand, alla s'établir à Grenoble, où il servit encore la police lors de l'affaire de Didier, et mérita ainsi que la Restauration lui donnât la croix de la Légion d'honneur.

Au troisième bureau, chargé du même détail pour les États-Unis, la Suède, le Danemark, l'Angleterre, l'Allemagne, les Provinces-Unies et l'Autriche, Vieilh Boisjolin était chef et avait gardé avec lui bon nombre de ses employés de son ancienne deuxième division : son sous-chef, Gambier-Campy, et les commis, d'Ervillé, Place, Cornillot et Lefebvre. Lequoy venait du secrétariat, Quiret et Guillétand, de l'ancien premier bureau; Agasse rentrait de l'armée. Restaient, en fait de nouveaux venus : Lemierre, Millon, Victor Dupont et Joanne. On ne trouve aucun renseignement sur Millon et Joanne, qui ne firent que passer au Département. Quant à Lemierre, Lemierre d'Argy, c'est le neveu de l'auteur de la *Veuve du Malabar*. Il était employé à la commission des Armées de terre, et sollicita, en vendémiaire, d'être attaché aux Relations extérieures. « Une connaissance approfondie des langues anglaise, allemande, italienne et espagnole, connaissance prouvée par différentes traductions déjà publiées, un goût réfléchi pour les affaires politiques, quelque expérience dans les lettres, tels étaient les titres qu'il invoquait. » Il avait, en effet, publié divers romans traduits de l'anglais, le *Nouveau Code criminel de l'empereur Joseph II* (1788), et fait représenter, au Théâtre-Français, le 17 décembre 1790, un drame en quatre actes, *Calas, ou le Fanatisme*. Ce Lemierre, qui donna sa démission le 8 fructidor an III (25 août 1795), pour entreprendre le commerce de librairie, devint, plus tard, traducteur assermenté près les tribunaux; fut chassé de partout à cause de ses goûts honteux et de son état d'ivresse presque continuel, et mourut dans un hôpital de Paris, le 12 novembre 1815. Victor Dupont était le fils de ce Dupont de Nemours, dont la réputation comme économiste fut si grande et si creuse, et qui, après avoir été inspecteur général du commerce, avoir longtemps sollicité de M. de Vergennes la place de secrétaire du conseil des finances, et avoir été quelque temps porté sur l'*Almanach royal* à la suite de ce ministère des Affaires étrangères, auquel il aurait tant voulu appartenir; après avoir eu l'honneur de représenter son pays, finit par se naturaliser citoyen américain. Son fils était plus Américain que Français. Il se recommandait volontiers au souvenir du vertueux Franklin, ce faux bonhomme, à l'air paysan, qui roua si bien la cour de France. Avant la Révolution, il avait travaillé au consulat général dans les États-Unis. Il revint en France avec des dépêches, en 1793, et, le 18 frimaire an III (8 décembre 1794), fut attaché au troisième bureau. Il y resta peu, fut envoyé, le 25 nivôse (8 janvier 1795) même année, premier secrétaire aux États-Unis, fut ensuite consul à Charlestown, puis à Philadelphie, et, en 'an IX (1800), malgré un nouveau voyage en France, cessa d'appartenir aux consulats, parce qu'il faisait en même temps des affaires dans la maison de commerce fondée par son père.

En messidor (juillet 1795), on trouve deux commis nouveaux, Michaud et Marron. Tous deux étaient destinés à des places brillantes, et ne se sont pas plus souciés l'un que l'autre de rappeler, dans les nombreuses biographies qui leur ont été consacrées, leur passage à la commission républicaine des relations extérieures.

Joseph Michaud, qui, le 1ᵉʳ pluviôse an III (20 janvier 1795), formait une demande pour être employé, se faisait appuyer par la députation du département de l'Ain et écrivait : « Je te donne pour garants de ma probité et de mon civisme les représentants du peuple qui signent ma demande, et quelques ouvrages patriotiques, que j'ai publiés dans les différentes époques de la Révolution. » Le citoyen Joseph Michaud faisait-il allusion à son poëme *la Déclaration des droits de l'homme, suivie de l'apothéose de Franklin, législateur du nouveau monde* [1], ou à son autre poëme *l'Immortalité de l'âme,* où se trouvent ces vers, si souvent cités :

> Oh! si jamais des rois et de la tyrannie
> Mon front républicain subit le joug impie,
> La tombe me rendra mes droits, ma liberté,
> Et mon dernier asile est l'Immortalité.
> Oui, si le despotisme opprime encor les hommes,
> Rappelle-moi, grand Dieu, de la terre où nous sommes,
> Et parmi les Catons, les Sydneys, les Brutus,
> Fais-moi goûter encor le charme des vertus....

Le citoyen Joseph Michaud fut admis, le 25 pluviôse (13 février), avec un traitement qui, compris les indemnités, était de 9,000 livres par an, mais payables en assignats! Le 8 fructidor (26 août), il écrit « que le mauvais état de sa santé, et la nécessité de s'occuper d'un travail dont la publication peut être utile dans les circonstances pré-

---

[1] Paris, Girod et Tessier, 1792, in-32.

sentes, ne lui permettent plus de se rendre à la commission des relations extérieures avec l'exactitude que le gouvernement a le droit d'exiger des hommes qu'il emploie ». Il envoie sa démission et reçoit une attestation de ses services. C'est le même Michaud qui fut un des premiers rédacteurs de la *Quotidienne,* lecteur de Charles X, député de l'extrême droite et membre de l'Académie française. A la vérité, le séjour a été de courte durée, mais il fallait d'autant moins l'omettre qu'on a eu plus soin de le dissimuler [1].

Presque en même temps que Michaud, Miot avait admis dans ses bureaux un homme que ses palinodies auraient dû mettre en relief, si l'intérêt jaloux de ses coreligionnaires ne l'eût protégé contre toute attaque. Paul-Henri Marron, futur président du consistoire de l'Église réformée de Paris, et membre de la Légion d'honneur, était né à Leyde, le 17 avril 1754, d'une famille française réfugiée. Après de fortes études, tournées surtout vers la poésie latine, il fut pendant six années pasteur de l'Église française de Dordrecht, et vint en France en 1782, comme aumônier de la légation de Hollande. Fixé en France à partir de 1787, à la suite de l'édit sur les protestants, il collabora à la brochure de Mirabeau : *Aux Bataves, sur le stathoudérat.* Il exerçait à Paris le ministère, prononçait des discours à l'occasion de l'achèvement de la Constitution (1796, in-8°), et, malgré ses protestations de dévouement à la République, malgré une lettre qu'il écrivait, le 5 floréal an II (24 avril 1794), au Comité de salut public, dans laquelle il demandait que la loi sur les étrangers ne lui fût pas appliquée, et qu'il terminait ainsi : « Ma devise favorite est : unité, indivisibilité de la République, liberté, égalité, fraternité ou la mort », Marron n'en était pas moins enfermé quelque temps jusqu'à la chute de Robespierre, à ce qu'il résulte d'une brochure : *Paul-Henri Marron à la citoyenne Hélène-Marie Williams*[2]. En frimaire an III (novembre 1794), il demandait à être employé à la correspondance pour les progrès des sciences et des arts ; sa pétition, appuyée par la section de Brutus, était accueillie le 8 frimaire (28 novembre). Marron entrait, avec un traitement de 3ᵉ classe. Détaché quelque temps, comme traducteur, à la commission de la Marine et des Colonies, il était destitué le 9 ventôse an VI (28 février 1796), par une lettre de Charles Delacroix, dont voici un passage : « Il m'est revenu sur votre

---

[1] On sait que Michaud fut un des rédacteurs de la *Biographie des hommes vivants,* publiée par son frère. La notice qui lui est consacrée ne dit rien de son séjour au ministère, pas plus que la *Notice historique sur Joseph Michaud,* par M. Villenave. Paris, 1840, in-8°.

[2] Paris, an III, in-8°.

compte, citoyen, des faits qui laissent des impressions fâcheuses. Tous ceux qui travaillent dans mes bureaux devant être exempts même de soupçons, je dois vous inviter à vous retirer. » Marron était accusé d'être, en politique, de l'opinion des sectionnaires, de continuer sa correspondance avec la Hollande et d'y soutenir le parti stathoudérien. En l'an VI, le directoire de la République batave demandait son expulsion du territoire français. Il ne l'obtint pas, et Marron, au moment du rétablissement des cultes, sut s'attribuer un rôle prédominant dans son Église. Il fut, paraît-il, un des rédacteurs du projet d'organisation du culte protestant, et Marron se plaignit qu'on eût tronqué son projet. Ses plaintes ne l'empêchèrent pas d'accabler de ses discours et de ses poëmes, latins et français, Napoléon d'abord, puis Louis XVIII, puis Charles X.

Au bureau des dépenses, par suite du départ du citoyen Humbert, Févelat trônait. On connaît cet employé étrange, donné par Dumouriez au Département, et qui « avait le premier *affublé* le bonnet rouge ». Il avait traversé assez tranquillement la Révolution, avait eu une mission en Vendée pendant le second trimestre de 1793, avait été incarcéré pendant quelques jours au mois de germinal an II, avait même été dénoncé aux jacobins, mais finalement s'était tenu coi, et, maintenant chef de bureau, aspirait à un consulat en Espagne ou en Italie[1]. Sous ses ordres : Vitry et Dumey, déjà connus ; Guillois, vieux serviteur qui avait obtenu de rentrer[2] ; Madaule, nommé par le Comité de salut public, et Ruffier, pendant dix ans employé dans des maisons de commerce. En messidor an III, on y comptait de plus Jean-Baptiste Audiffret, futur collaborateur de la *Biographie universelle,* né à Avignon en 1773, employé au bureau des consulats en 1793, arrêté et incarcéré à cette époque jusqu'au 15 thermidor, replacé à cette date ; sous l'Empire, directeur du dépôt de mendicité de Nantes, et enfin employé à la Bibliothèque royale[3].

Au bureau des lois, chargé de recueillir, de classer, d'expédier les lois, les arrêtés du Comité de salut public, les journaux, les rapports et les bulletins, les employés avaient été conservés : Maurin, chef ; Macarel, sous-chef ; commis : Barbry et Le Tellier, lequel venait de la première division. En fait de figures nouvelles : Desforges-Beaumé, un des anciens missionnaires de Lebrun en Belgique, et Baudet[4], un

---

[1] Né à Bourg, le 30 septembre 1755, il y mourut le 8 novembre 1818, après avoir été consul à la Corogne, à Carthagène, à Elbing et à Dantzick.

[2] Entré en 1767 au bureau des fonds.

[3] Consulter la *Biographie portative des contemporains*. Sauf l'erreur relevée plus haut, l'article est exact.

[4] Avant la Révolution, employé à la régie générale.

vieillard âgé de soixante-dix ans, recueilli par charité depuis le 17 brumaire an II.

Au dépôt national, toujours les mêmes hommes : Geoffroy, Poisson, Gamet, Bonnet, Fournier, Derubéis et Dequeux. Deux nouveaux : Sudreau et Baud. Celui-ci était le vieil employé que Dumouriez avait chassé après vingt-huit ans et onze mois de service, l'ancien échevin de Strasbourg, bien heureux qu'on lui donnât un morceau de pain. Quant à Sudreau de la Roche, ancien employé du ministère de la Guerre, entré le 1er brumaire an II, il devait bientôt quitter le dépôt des Affaires étrangères pour le dépôt des remontes de Versailles. Il sera temps de revenir sur le dépôt lors de sa translation à Paris, laquelle n'est point encore sur le point de s'effectuer. L'arrêté du Comité déterminait que, jusqu'à ce moment, il n'y aurait aucun changement dans son organisation.

Au secrétariat, bien plus qu'ailleurs, abondance de commis nouveaux. C'était là que le travail de la Commission s'était concentré. Le secrétariat était chargé de la réception de tous les paquets, de leur enregistrement et de leur répartition dans les différents bureaux, de la légalisation de toutes les pièces présentées à la Commission, de l'expédition des passe-ports, de leur enregistrement, de la garde des livres et cartes, de l'envoi au Comité des gazettes étrangères, d'une foule de détails enfin qui en faisaient le seul rouage réel du ministère.

Le Mornard avait succédé à son ami Miot dans la place de secrétaire général. Sous ses ordres, dix-sept employés : Bonneau, Loiselet, Léchaudé, Lebreton, Fourcade, Picard, tous plus ou moins anciens, mais déjà connus; puis Arcambal, un employé des subsistances militaires qui, plus tard, fut archiviste du dépôt de la guerre; Livron, Grenier, des inconnus; Guillette, un traducteur âgé de vingt-deux ans; Terrasse, un expéditionnaire de seize ans que Miot avait vu naître; Couture, peut-être le même que Louis-Jean-Baptiste Couture, qui fut avocat à la cour royale de Paris et laissa au barreau une brillante réputation; Charles-Henri Laveau, de la Villette, détaché au premier bureau du Comité de salut public; enfin, quelques hommes plus distingués par la situation qu'ils devaient occuper ou par l'éclat qu'ils avaient déjà jeté : Baldwin, d'abord, un Irlandais né à Cork, qu'on soupçonnait, dès 1782, d'être espion anglais, et qui, même à la Commission, passait pour fournir des articles aux journaux de son pays. Il a laissé des livres de pédagogie estimés. Puis Kieffer (Jean-Daniel), qui devait honorer la carrière du drogmanat, traduire en langue turque la Bible et les *Bulletins de la Grande-Armée* (Paris, imprimerie impériale, 1805-1806-1807, 3 vol. in-4°), premier secrétaire-interprète du Roi et des Affaires étrangères et professeur de turc au Collége de France[1]. Kieffer, né à Strasbourg le 4 mai 1761, était entré au ministère comme traducteur de la langue allemande le 3 frimaire an III (23 novembre 1794). Il devait partir pour Constantinople le 13 ventôse an IV (3 mars 1796) en qualité de second secrétaire-interprète[2]. Enfin, le plus connu de tous ces employés était, sans contredit, Antoine-Joseph Dorsch, un Mayençais, jadis professeur de philosophie à Mayence, puis vicaire général de l'évêque constitutionnel de Strasbourg, dont l'existence jusqu'à son entrée au Département avait suivi toutes les vicissitudes de l'armée française. Custine, lors de la conquête de Mayence, l'avait emmené avec lui pour fonder le premier club dans la ville électorale. Il avait été président de l'administration provisoire dans le pays conquis, puis envoyé en mission dans l'évêché de Spire, puis nommé membre de la Convention rhéno-germanique. Pendant le siége de Mayence, il avait été chargé de la fabrication de la monnaie obsidionale[3]; s'était échappé avec la première colonne de l'armée française, et, revenu en France, avait été chargé de missions secrètes en Suisse et à Thionville. Employé alors au Comité d'instruction publique, il avait été ensuite chargé par les représentants Haussmann et Portiez (de l'Oise) de l'organisation des pays entre Meuse et Rhin et nommé président de l'administration centrale séant à Aix-la-Chapelle. En son absence, le Comité de salut public lui avait conféré (nivôse an III) la place de bibliothécaire des Relations extérieures. A la vérité, la bibliothèque n'existait guère, mais on comptait la former avec les livres des émigrés[4].

Enfin, comme service accessoire, le bureau de la démarcation des limites existait toujours, renforcé même d'un nommé Duhautoire, ancien dessinateur au dépôt de la guerre. Mais les employés étaient détachés au cabinet topographique militaire du Comité de salut public ou dans les armées.

Le Ministère, ainsi décapité, n'était plus qu'un fantôme de Ministère, et le Comité de salut public entendait que ses arrêtés ne restassent point à l'état de lettre morte. Ainsi, s'il abandonnait à la Commission le soin de délivrer les certificats et les passe-ports, il ne

---

[1] Voir la *Notice sur M. Kieffer*, par X. BIANCHI, en tête du catalogue de la bibliothèque vendue le 21 octobre 1833. Paris, Sylvestre, 1833.

[2] Mis à la retraite en octobre 1829, M. Kieffer est mort le 29 janvier 1833.

[3] Voir HENNIN, *Histoire numismatique*, p. 339, n°° 504 et suiv.

[4] Outre une grande quantité d'ouvrages philosophiques et théologiques, Dorsch a publié : *Quelques réflexions sur l'établissement de la République cisalpine*. Paris, 1798, in-8°.

souffrait point qu'un autre que lui donnât des instructions, même aux consuls. Il signait les lettres de service, se faisait soumettre les rapports sur le contentieux, ordonnait le transport dans ses bureaux de tous les papiers concernant la partie politique, et s'il laissait au Commissaire le renouvellement des chiffres, il s'en réservait l'usage et la surveillance. Pour le chiffrement et le déchiffrement, il édictait un règlement sévère : les minutes chiffrées devaient être remises avec un certificat du chef du bureau et les signatures des membres du Comité écrites en chiffres. Pour les traductions, après avoir essayé divers systèmes, il s'arrêtait à celui d'un bureau composé d'un chef et de sept traducteurs, attaché spécialement à la Commission et dont le secrétaire général devait transmettre le travail au Comité.

Bientôt le Comité de salut public s'apercevait, en présence des négociations qu'il avait à mener, de l'insuffisance de ses connaissances pratiques. L'étude de l'histoire, la science de cette politique de la France, toujours une à travers des époques si diverses, manquait à la plupart de ces hommes ; mais ils eurent du moins la bonne foi d'en convenir. C'est à leur grande gloire qu'il faut le dire : tant d'autres, depuis cent ans, sont entrés en conquérants, sans rien connaître du passé, sans se douter de ce qu'avaient fait leurs prédécesseurs, dans ce domaine des choses politiques, terrain réservé où l'on ne peut marcher que lentement, en connaissance de cause, en regardant ce qu'ont fait les devanciers et en songeant à ce que feront les successeurs ; tant d'autres se sont crus de grands politiques alors qu'ils n'avaient pas même les notions les plus élémentaires du droit des gens, qu'ils ne connaissaient même pas les formules de chancellerie les plus usitées ; tant d'autres ont prétendu faire table rase de ce qu'avaient fait, pensé, prévu, préparé les hommes qui avaient gouverné la France avant eux ; tant d'autres ont eu seulement leur ignorance pour limite à leur vanité, qu'on doit savoir gré à ces démolisseurs, à ces hommes du nouveau régime qui, en commençant à faire œuvre diplomatique, n'ont eu d'autre souci que de rattacher la France moderne à la France ancienne, que de chercher les traditions et de les appliquer, que de se faire sagement et honnêtement les continuateurs des Vergennes, des Mazarin, des Torcy et des Rois Bourbons.

Le 18 brumaire, le Comité de salut public arrête la formation d'un bureau « chargé de rédiger un extrait analytique et un précis historique propres à indiquer les bases des intérêts politiques et commerciaux qui ont existé jusqu'à ce jour entre la nation française et les autres peuples de l'univers ». Ce bureau devait être divisé en trois sections. La première, résidant à Versailles, devait s'occuper de la période comprise entre le traité de Westphalie et 1748. La seconde partie du travail, qui devait s'accomplir à Paris, dans les bureaux de la Commission, comprenait les relations politiques et commerciales de la France de 1748 à 1788. Enfin, on devait analyser, dans les bureaux du Comité de salut public, la correspondance de 1788 jusqu'à l'heure présente. Une lettre du Comité, signée Cambacérès, Thuriot et Merlin de Douay, précisait le but de la nouvelle institution : il fallait, disaient les représentants, exécuter le travail avec ordre, promptitude et discernement; n'y employer que des hommes dont la probité et l'intelligence seraient connues ; transmettre les rapports aussitôt qu'ils seraient terminés. Suivant un rapport du Commissaire, le travail fut distribué de la façon suivante : à Versailles, Montucla et Anquetil ; à Paris, aux bureaux de la Commission, Chapper, Sautereau et Beaufort; au Comité de salut public, Lagarde, Florent et Ducos, bientôt remplacé par Flassan et Laborie.

Jean-Étienne Montucla, l'auteur de l'*Histoire des mathématiques,* et d'un grand nombre d'autres écrits [1], né à Lyon le 5 septembre 1725, avait été, de 1766 à 1792, premier commis dans les bureaux des bâtiments du Roi. Il ne resta au bureau d'analyse que jusqu'au mois de thermidor an V, mais pendant ces deux années il analysa les négociations du traité de Ryswick (1697), des deux traités de partage de la monarchie espagnole (1699 à 1700), du traité d'Utrecht (1713), et de la période de 1713 à 1738, enfin, les traités de commerce entre la France et la Perse.

Anquetil, a, comme historien diplomatique, une réputation incontestée [2]. Né à Paris, le 21 janvier 1723, élevé au collége Mazarin, chanoine régulier de Sainte-Geneviève, professeur de philosophie et de théologie au collége de Saint-Jean, à Sens, puis directeur du séminaire de Reims, prieur de l'abbaye de la Roë, en Anjou, directeur du collége de Senlis, curé de Chateaurenard, dans l'Orléanais, enfin curé de la Villette, près Paris, au moment de la Révolution, Anquetil, malgré cette vie toute consacrée au travail, à l'enseignement et à la prière, n'échappa point aux persécutions révolutionnaires; le 16 août 1793, il fut incarcéré à Saint-Lazare. On l'y oublia. A sa sortie de prison, il fut nommé membre de l'Institut (section des sciences morales et politiques, qui fut transformée ensuite en section d'histoire et de littérature ancienne). Avant la Révolution, il

---

[1] On peut consulter l'éloge de Montucla, par Savinien LEBLOND, en tête du 4e volume de l'*Histoire des mathématiques.* Montucla était membre de l'Institut.

[2] Voir, sur Anquetil, la notice que lui a consacrée M. DACIER, *Histoire et Mémoires de l'Institut royal de France,* t. IV.

était déjà correspondant de l'Académie des belles-lettres. Le 13 frimaire an III (3 décembre 1794), il fut appelé à la première section du bureau d'analyse, et fut chargé de l'analyse de la période qui s'étend de la paix de Westphalie (1648) à celle de Ryswick (1697). Anquetil resta au service du ministère jusqu'en 1808, époque de sa mort. Outre son grand travail d'analyse complet en neuf mémoires, il accumula les mémoires sur toutes les questions qui se présentaient, éclairant par l'histoire les événements contemporains, non-seulement démêlant leurs causes, mais prédisant leurs résultats. Deux de ses Mémoires historiques, les deux premiers, ont été publiés dans le premier volume des *Mémoires de la classe des sciences morales et politiques*. Il avait, de plus, lu à l'Institut le mémoire sur la paix de Westphalie. Enfin, la plus grande partie de ses travaux se trouve condensée dans un volume qu'il publia en l'an VI, et dans lequel on trouve de précieuses indications[1]. Les *Motifs des guerres et des traités de paix* sont dédiés au citoyen Talleyrand, qui, au 30 messidor an V (18 juillet 1797), avait rétabli la place d'Anquetil, un instant supprimée par son prédécesseur.

Le 12 thermidor an III (30 juillet 1795), le Comité adjoignit à Anquetil et à Montucla un nommé Raymond Lebon, qui depuis 1783 accablait les ministres de mémoires relatifs au rétablissement du port d'Ambleteuse, et qui avait enfin obtenu de Louis XVI une commission et des pouvoirs. Sa mission était terminée depuis le 26 nivôse an III, et il entra presque immédiatement au dépôt. C'était, au reste, une tête vide, sinon folle, incapable de travail suivi. Raymond Lebon mourut à Auteuil, le 18 nivôse an IV (8 janvier 1796). Il touchait le même traitement que Montucla.

La seconde section du bureau d'analyse comprenait les employés qui travaillaient au Comité de salut public : Lagarde, Florent, Ducos et Locard fils ; ces deux derniers bientôt remplacés par Flassan et Laborie. Ce Lagarde, dont il est ici question, est le même qui fut depuis directeur de la police du grand-duché de Toscane, et maître des requêtes au conseil d'État, et qui, avant la Révolution, était, comme le dit une note de Flassan, professeur de belles-lettres de l'Université de Paris. Il était né à Paimpol, le 11 avril 1769, avait fait de brillantes études au collége Louis-le-Grand, et, en 1790, avait obtenu la chaire de rhétorique qu'occupait Noël. Placé dans les bureaux de la Marine, il y travailla jusqu'au 9 thermidor, et entra ensuite

---

[1] *Motifs des guerres et des traités de la France pendant les règnes de Louis XIV, Louis XV et Louis XVI*. Paris, imp. Lesguillier an VI, in-12.

dans la section d'analyse du Comité de salut public, où il fut employé à la besogne courante et à des travaux demandés par les représentants. Rédacteur principal du *Journal de Perlet* après la mise en activité du gouvernement directorial, proscrit au 18 fructidor, il était destiné à de hautes fonctions sous l'Empire et la Restauration.

Florent, protégé de Daunou, entré au Comité de salut public (bureau d'analyse) en nivôse an III (décembre 1794), avait été administrateur du district de Gonesse, puis employé au Comité de législation. Il devait rester quelque temps aux Affaires étrangères, où l'on aura occasion de reparler de lui. Ducos, employé d'abord au bureau d'analyse, puis sous-chef au bureau politique, devait être sous l'Empire receveur général des finances dans le Bas-Rhin, et régent de la Banque de France. Il fut remplacé d'abord par Locard fils, nommé le 3 fructidor, puis par Laborie. Celui-ci est bien cet Antoine-Athanase Roux de Laborie, que l'affaire Maubreuil a rendu si tristement célèbre. Au milieu des obscurités dont il a pris soin de faire charger sa biographie par des écrivains complaisants, on démêle que, né en 1769 à Albert (Somme), domicilié à Paris depuis 1780, il parut d'abord se vouer à la profession d'avocat. En 1788, il publie l'*Éloge du cardinal d'Estouteville* (Paris, in-8°), et en 1789, une brochure : *Unité du culte public* (1789, in-8°), essaye du professorat, et, à ce qu'il prétend, est en 1792 secrétaire de Bigot de Sainte-Croix, pendant son ministère éphémère. Il est appelé par la réquisition, et devient secrétaire du contre-amiral Cornic. Il entre au bureau d'analyse sur la recommandation de la Harpe, de Daunou et de Boissy d'Anglas. Il fut plus tard employé par Talleyrand.

Enfin, Flassan, le plus connu diplomatiquement de ces employés de passage, l'auteur de l'*Histoire de la diplomatie française*, de l'*Histoire du Congrès de Vienne*, et d'un grand nombre de livres et de brochures, était entré au bureau le 14 thermidor. Baptiste-Gaëtan de Raxis de Flassan était né à Bédouin (comtat Venaissin), le 7 août 1760 [1]; il avait été élevé à l'École militaire de Paris, et avait fait ensuite divers voyages à Rome, où son frère était officier supérieur des gardes de Sa Sainteté. Revenu à Paris, en 1787, les événements du Comtat et ceux de Paris l'avaient déterminé à émigrer; en 1789, il s'était engagé dans l'armée des Princes, et avait fait campagne; puis, après le licenciement, avait de nouveau parcouru l'Italie. Après le 9 thermidor, il était revenu à Paris, et était parvenu à entrer au Comité de salut public.

[1] Son père était noble messire Joseph-Dominique de Raxis de Flassan, et sa mère dame Marie-Thérèse de Joannis de Vereles.

Le bureau d'analyse établi près du Comité, malgré les ordres impératifs donnés par les représentants pour la remise des travaux à la fin de chaque mois, fut presque constamment détourné de son objet. Flassan, pourtant, s'y consacrait et accumulait les projets de travail, mais la besogne courante absorbait tout le temps des employés. Il aurait fallu d'abord remettre de l'ordre dans les cartons qui avaient été transportés au Comité. Ces cartons remontaient à 1788, et un grand nombre de papiers en avaient été distraits. Il fallait rassembler ceux qui avaient été déposés au Comité diplomatique, au Comité de sûreté générale, à l'ancien Comité de salut public, à la haute Cour de justice de 1791, au tribunal révolutionnaire. Il y avait de ces papiers sous scellés dans les appartements des députés condamnés et mis hors la loi. Des pièces diplomatiques se vendaient avec les cartonniers dans les encans de mobiliers d'émigrés ou d'ambassadeurs [1]. Avant tout, il aurait fallu réunir tous ces éléments épars, et l'on aurait pu alors commencer le travail compliqué qu'indiquait Flassan, et qui resta à l'état de projet.

Les employés de la troisième section, établie près de la Commission, furent, eux aussi, détournés de leurs occupations pendant le temps du Comité de salut public. Trois employés étaient attachés à cette section : Chapper, sur lequel nous ne trouvons pas de renseignements précis, et qui fut bientôt remplacé par Galon-Boyer, Sautereau et Beaufort.

Pierre-Louis Beaufort, qui devait passer peu de temps à la Commission et rentrer dans l'armée, dont il était momentanément sorti, avait été, en 1786, après une existence plus qu'aventureuse, secrétaire du comte O'Kelly, ministre plénipotentiaire près l'électeur de Mayence. On sait que ces places n'avaient aucun rapport avec le Département. Beaufort n'en prit pas moins texte pour accabler de ses demandes MM. de Vergennes et de Montmorin. En 1789, il publiait une statistique générale de l'Europe, qu'il intitulait : *le Grand Portefeuille politique,* et sur le titre de laquelle il se qualifiait de secrétaire d'ambassade. Montmorin lui fit intimer l'ordre de supprimer cette désignation, qu'il remplaça par celle d'employé ci-devant dans les missions des cours étrangères. Attaché, le 13 frimaire an III (décembre 1794), au bureau d'analyse, il fut employé aux traductions, et fut renvoyé le 30 floréal (mai 1795) pour inexactitudes dans son service.

Ses deux collaborateurs, Sautereau et Galon-Boyer, sont restés

---

[1] *Mémoires de Sénart.*

longtemps attachés au Département. Le premier, Sautereau de Marsy, dont le nom, comme homme de lettres, n'est guère connu que par sa longue direction de l'*Almanach des Muses*, a publié, en 1790, les *Mémoires secrets de Duclos*, et en 1793, avec Noël, le *Nouveau Siècle de Louis XIV*, recueil de chansons trouvées peut-être dans le portefeuille de Saint-Simon. En 1806, il devait donner une bonne édition des lettres de madame de Maintenon. C'était, au point de vue du Département, un employé précieux, sachant beaucoup, au fait de tous les secrets de la politique du dix-huitième siècle, qu'il connaissait mieux que M. d'Hauterive, son chef, de l'aveu de celui-ci même, d'une discrétion à toute épreuve et d'un travail sûr. Il mourut le 5 août 1815, et fut employé jusqu'à la fin de sa vie. Son collègue, Galon-Boyer, ancien agent secret du Département, ancien secrétaire de Pomme l'Américain, dans sa mission à l'armée des côtes de Cherbourg, fut nommé sous-chef du bureau d'analyse, le 30 vendémiaire an IV (22 octobre 1795), et ne quitta le ministère, pour être pensionné, qu'en 1809.

Le bureau d'analyse ne donna certainement pas tout ce qu'on aurait été en droit d'en attendre. Une seule section se livra consciencieusement à ses fonctions, et le résultat fut l'analyse complète des négociations depuis 1648 jusqu'en 1738. Si les deux autres sections n'avaient point été détournées du but de leur institution, l'exposé complet de la diplomatie française se serait trouvé rédigé.

Mais l'activité que le nouveau Comité allait donner aux relations diplomatiques, l'attente de grands événements, le relâchement naturel après la période révolutionnaire, rendaient à Paris le travail difficile. Comment s'occuper des anciens quand les modernes faisaient chaque jour de l'histoire? Ceux-là seuls qui vivaient en bénédictins à Versailles pouvaient encore songer aux époques écoulées.

C'est cette brillante époque du rétablissement de la paix, racontée d'une manière si ferme par le baron Fain, dans son *Manuscrit de l'an III*, qu'il faut envisager maintenant au point de vue du département des Affaires étrangères.

A la fin de l'an II, les relations politiques de la France se bornaient à un nombre d'États tellement restreint qu'il était difficile, sinon impossible, de donner le nom de corps diplomatique aux quelques étrangers, constamment soupçonnés, qui étaient chargés de la protection de leurs nationaux. Les puissances neutres n'avaient point renouvelé les lettres de créance de leurs agents depuis le 10 août, de sorte que les quelques légations subsistantes étaient gérées par des chargés d'affaires [1]. Au reste, aux termes des décrets de la Convention des 20 mai, 30 juin, 17 novembre et 22 décembre 1793, la France n'avait conservé de relations amicales qu'avec Alger, Tripoli, les États-Unis, la Suisse et la république de Gênes. Il faut y joindre la Turquie et la Suède, revenue à la neutralité depuis la mort de Gustave III, mais avec qui la France n'avait point échangé de déclaration.

Encore les relations avec les États-Unis étaient-elles troublées. Le gouvernement américain venait de demander le rappel de Genet, qui ne cherchait à se servir de la neutralité du peuple chez lequel il résidait que pour placer les nombreuses lettres de marque que le Comité de salut public lui avait remises avant son départ. Le Comité, par réciprocité, exigea le rappel de Gouverneur-Morris, lequel, à la vérité, s'ingérait outre mesure dans les affaires de France, et se posait, là comme ailleurs, en donneur de conseils. Gouverneur-Morris eut pour successeur James Monroë, le futur président des États-Unis [2]. Monroë, arrivé au Havre le 13 thermidor (31 juillet 1794), entra à Paris le 22 thermidor (9 août). Robespierre venait de tomber. Le 26 thermidor (13 août), il écrit au président de la Convention pour demander à être reconnu [3]. Le 27, la Convention rend un décret sur le cérémonial, qu'elle réduit à deux discours et à l'accolade fraternelle donnée par le président. Le 28 a lieu l'audience solennelle, Monroë se trouve accrédité; mais, chose bizarre à coup sûr, et qui est en dehors de toutes les habitudes diplomatiques, son prédécesseur, bien qu'il ait été considéré comme officiellement employé, puisqu'il avait conduit des négociations directes avec le Conseil exécutif, ne reçoit ni ne présente de lettres officielles de rappel. Il n'est plus question de lui, et Monroë a soin d'insister sur ce fait, qu'il n'a point vu son prédécesseur; qu'il ne sait à qui s'adresser; qu'il est, en un mot, chargé d'établir des relations entre les deux pays et non de continuer la politique de son prédécesseur.

Pour symboliser l'alliance conclue entre les deux Républiques, la Convention, sur la proposition de Moïse Bayle, avait décrété que le drapeau américain serait uni au drapeau français dans le lieu de ses séances. Le 25 fructidor (11 septembre), le capitaine Bernery, « offi-

---

[1] Kouneman, chargé d'affaires de Danemark; Boccardi, de Gênes; Cibon, de Malte.

[2] *A wiew of the conduct of the United States connected with the mission to the French Republic during the years 1794, 1795 et 1796*, by James MONROE, *illustrated by his instructions, correspondence*. Philadelphia, at the office of Aurora, in-8° de LXVII-407 pages.

[3] Lettre au président de la Convention : « Not knowing the competent Department nor the forms established by law for my reception..... »

cier d'un mérite distingué », apportait, de la part de Monroë, un drapeau « confectionné d'après la forme récemment décrétée par le Congrès », prononçait un discours et recevait l'accolade fraternelle.

Le 6 fructidor (23 août), Reybaz, ministre de la république de Genève, était admis à présenter ses lettres de créance[1]. La Convention décrétait que le drapeau génevois « *flotterait* dans son enceinte à côté des drapeaux français et américains », et le 8 septembre, Reybaz envoyait un drapeau génevois. Bientôt, des alliés plus sérieux allaient venir trouver la Convention. C'était pour se préparer à les recevoir, pour se mettre en mesure de traiter utilement et secrètement avec les puissances, que le Comité de salut public avait concentré tout le pouvoir entre ses propres mains, et enlevé toute action au ci-devant ministère.

Dans la Commission, telle qu'elle était maintenant organisée, le travail de Miot devait être, et fut en effet, presque nul. Le Commissaire ne pouvait avoir pour but, puisque toute la partie politique lui échappait, que de remettre quelque ordre dans la partie administrative, de placer des agents honnêtes dans les consulats nouveaux, de fournir des remplaçants aux consuls que leur âge forçait de se démettre. Aussi ses premiers actes furent de régler les frais de voyage des agents[2] (27 brumaire an III-18 octobre), d'obtenir du Comité de nombreuses nominations, d'envoyer particulièrement des agents en Suisse, où Barthélemy était devenu le centre de la politique du Comité ; d'ordonner le payement des agents à l'extérieur et l'apurement de leurs comptes de dépenses extraordinaires et imprévues, d'arrêter le nouvel uniforme des consuls généraux, consuls et vice-consuls, uniforme qui, à peu de chose près, est le même qui devrait être porté aujourd'hui[3] ; de déterminer les droits spéciaux des consuls, et les départements avec lesquels ils pourraient directement entretenir une correspondance.

---

[1] Il y eut évidemment quelques difficultés, car la Convention décréta, ce même jour, qu'à l'avenir les envoyés introduits auprès de la Représentation nationale ne seraient entendus qu'après la lecture et l'acceptation de leurs lettres de créance.

[2] Les frais de poste variaient de 40 livres par poste pour un ambassadeur, à 15 livres pour les vice-consuls, secrétaires de légation et chanceliers.

[3] L'uniforme des consuls avait été antérieurement réglé par une ordonnance du 9 décembre 1776. Le nouvel uniforme réglé par l'arrêté du 11 frimaire an III (1er décembre) était ainsi établi : habit de drap bleu national, doublé d'une serge écarlate, collet et parements de drap écarlate, veste et culotte de drap blanc, boutons de cuivre dorés timbres au sceau de la République, broderie au collet et aux parements figurant des branches de laurier et d'olivier entrelacés, de 12 lignes à deux rangs pour les consuls généraux, à un rang pour les consuls, de 8 lignes à un rang pour les vice-consuls.

Sur le rapport de Miot, le 21 frimaire (11 décembre), le Comité entrait franchement dans la voie diplomatique tracée par les Rois Bourbons. Il établissait, en principe, que les agents politiques à l'étranger garderaient la même organisation que sous l'ancien régime, que les mêmes postes seraient occupés, et les mêmes frais d'établissement (moitié du traitement) accordés qu'avant 1789; les traitements, à la vérité, étaient fortement diminués; mais ils étaient stipulés, payables en numéraire métallique [1]. Le Comité prenait certaines mesures adroites qui, sans le compromettre, montraient aux puissances étrangères la volonté qu'il avait de faire rentrer la France dans le droit commun; ainsi, il faisait lever les scellés apposés sur les effets du comte de Merci-Argenteau, ci-devant ambassadeur de l'Empereur en France (4 nivôse-24 décembre); sur les effets et propriétés du comte de Fernand Nuñez, ex-ambassadeur d'Espagne (17 pluviôse-5 février 1795); sur les papiers du comte de Souza, ambassadeur du Portugal, mort en avril 1793; il s'occupait avec activité des présents à offrir aux puissances barbaresques; ordonnait l'envoi à Constantinople d'un matériel d'imprimerie, et d'un personnel d'ouvriers habiles (15 pluviôse-3 février); faisait choisir dans ses garde-meubles, remplis de toutes les richesses des maisons royales et des maisons nobles, « les divers objets appropriés au goût des Turcs ». Le bijoutier Ménière était chargé de cette opération, et, outre l'orfévrerie, prenait du garde-meuble : « un beau lustre, provenant de Brunoy, un lustre en cristal de roche, une pendule en lyre, provenant de Brunoy, et deux lames de poignard »; de la Savonnerie, « huit tapis, sur lesquels il faisait disparaître les signes de la féodalité » (12 pluviôse-31 janvier), plus cinq glaces. Le Comité organisait d'une façon définitive, et telle qu'elle a subsisté jusqu'en 1874, cette agence des relations extérieures à Marseille, trait d'union entre l'Orient et la France, où pendant si longtemps nos consuls ont rencontré de serviables et infatigables correspondants (7 pluviôse-26 janvier). Toujours sur le rapport de Miot, il réorganisait l'administration de la *Gazette de France,* en remettait la rédaction et la distribution au citoyen Clavelin, son propriétaire (frimaire), et n'appuyait l'entreprise que par des communications de gazettes étrangères

---

[1] Ambassadeurs et envoyés extraordinaires : 60,000 livres.
Ministres, de 18,000 à 60,000 livres ⎫
Résidents, de 20,000 à 24,000 — ⎬ selon les localités.
Chargés d'affaires, de 5,000 à 12,000 — ⎭
Premiers secrétaires, de 6,000 —
Seconds secrétaires, de 1,200 à 5,000 —

et par 350 abonnements (3 pluviôse-22 janvier). Signe caractéristique : il autorisait le commissaire à prendre sur les fonds mis à sa disposition les dépenses qu'il aurait été dans le cas de faire, lorsqu'il aurait été chargé, par le Comité de salut public, de faire accueil à des étrangers (7 frimaire-27 novembre 1794). Tout indique, tout fait pressentir que l'époque de la pacification est arrivée.

Le 21 pluviôse (9 février), le premier traité est signé ; le premier ambassadeur d'une puissance monarchique fait son entrée dans la Convention. Francesco Saverio Carletti, chevalier de l'ordre noble toscan de saint Étienne, pape et martyr, chambellan du grand-duc de Toscane, prince royal de Hongrie et de Bohême, arrive à Paris le 2 pluviôse. Dix jours après, le représentant Richard monte à la tribune, et, au nom du Comité de salut public, propose le rétablissement de la neutralité avec la Toscane. On allait ratifier le traité séance tenante, quand Thibaudeau demande l'impression. « Ce n'est pas, dit-il, avec le Comité de salut public, mais avec la Convention que les puissances font la paix. » « Il ne faut pas, s'écrie Bourdon de l'Oise, qu'on croie que nous avons soif de la paix. » L'impression et l'ajournement sont adoptés, et le 25 pluviôse (13 février) la Convention ratifie le traité[1]. Le 28 ventôse (18 mars), le comte Carletti vient présenter à la Convention ses lettres de créance. Thibaudeau préside. On échange des discours. Puis le Président donne au nouveau ministre plénipotentiaire l'accolade patriotique, et l'invite aux honneurs de la séance. Voilà toute l'étiquette[2].

Miot n'avait point eu à intervenir officiellement dans le traité signé uniquement par les membres du Comité, cette fois au complet ; néanmoins ses formes aimables lui avaient attiré la confiance du ministre du grand-duc. Sa modération, son passé, qui le rattachaient plutôt à l'ancien régime qu'au nouveau, son habitude des bureaux, en faisaient un sujet précieux. Aussi Carletti apprit-il avec joie la nouvelle de la nomination de Miot au poste de ministre plénipotentiaire près du gouvernement de Toscane[3].

---

[1] Ce n'est pas sans une certaine discussion dans laquelle on peut pressentir déjà une certaine hostilité contre le Comité de salut public. Rouzet, Charlier, Roger-Ducos, attaquent la forme du traité que défendent Cambacérès, Merlin de Douai et Boissy d'Anglas. Cette discussion contient en germe les délibérations relatives au mode que la Convention devra adopter pour traiter avec les autres puissances étrangères. Nous aurons à y revenir.

[2] THIBAUDEAU, Mémoires, t. I, p. 128 ; FAIN, Man. de l'an III, 102 ; PORTIEZ DE L'OISE, Code diplomatique, t. I.

[3] Avant son départ de la Commission, Miot prit encore certaines mesures d'ordre intérieur qui intéressent la réorganisation du Département. Les employés,

III

Le successeur de Miot[1] à la Commission fut un de ses anciens collaborateurs, Colchen. Il prit possession du Département dans les premiers jours de ventôse. Colchen était employé au ministère depuis mai 1792 ; après avoir été quelque peu terroriste, ou du moins après

vu la baisse des assignats, se trouvaient dans la plus effroyable pénurie. Depuis le 9 thermidor, la baisse avait été constante et terrible. L'assignat de 100 livres qui valait, en août 1794, 32 livres valeur métallique, était tombé successivement à 29 livres en octobre, 25 livres en novembre, 22 livres en décembre. Il correspondait en janvier 1795 (pluviôse an III) à 19 livres 10 sous. Les traitements de la 1re classe (6,000 livres) équivalaient donc à 1,170 livres valeur métallique, et ceux de la dernière classe (1,200 livres) à 234 livres. La loi du 4 pluviôse (23 janvier) * avait eu pour but de remédier à cet état de choses en donnant aux employés une indemnité calculée sur le traitement. Cette indemnité, de 150 livres par mois pour les traitements annuels de 6,000 livres, descendait à 67 livres pour les traitements annuels de 900 livres et à 70 livres pour les traitements de 1200 livres. Cette indemnité dérisoire, en présence de la dépréciation des assignats, n'en formait pas moins une somme considérable à la fin de l'exercice. Si l'on prend une année, de floréal an II à floréal an III, la dépense pour les traitements des employés des bureaux monte, y compris le traitement du commissaire (12,000 livres par an), à 404,479 livres. Les employés rémunérés de cette façon large en apparence et dérisoire en réalité n'avaient rien à faire. Tout le travail était concentré dans les bureaux du Comité, et la Commission attendait les fameux rapports que les consuls devaient lui envoyer. Pour occuper l'oisiveté de ses commis, Miot avait imaginé de leur faire traduire des « ouvrages estimables relatifs aux arts et aux sciences, écrits en langues étrangères et dont le peuple français demeure privés ». Ces traductions devaient être imprimées sur un arrêté du Comité de salut public. L'impression devait être faite au frais de la Commission, qui devait se rembourser sur les premiers produits. La propriété devait ensuite appartenir aux traducteurs.

Miot avait aussi obtenu du Comité que Caillard, agent de la République à Altona, serait chargé de prendre les informations les plus promptes et les plus exactes sur les moyens d'acquérir le cabinet géographique du célèbre Busching. Miot avait l'ambition de joindre cette collection au dépôt déjà si riche des Affaires étrangères. Ce projet ne fut malheureusement pas réalisé.

[1] Les *Mémoires de Miot*, dont nous avons pu constater l'exactitude, sauf sur des points de détail presque indifférents, méritent d'être lus. Ils donnent l'idée d'un beau caractère et d'une vie consacrée tout entière au service de la patrie. Comme ministre de la République en Toscane, Miot se trouva associé aux triomphes du général Bonaparte et servit utilement son pays dans les négociations avec les diverses cours d'Italie. Envoyé en mission en Corse en 1796, ambassadeur à Turin la même année, il déplut au Directoire, et, pour éviter des persécutions

* La présentation de cette loi avait été motivée par les plaintes réitérées des employés, et elle avait été décrétée dans la séance du 23 nivôse.

avoir été lié avec les principaux de la faction, il cherchait en ce moment à faire son évolution et se tournait vers la réaction[1]. Les bureaux avaient été purgés par Miot à peu près de tous les hommes dangereux ; Colchen se fit le protecteur des modérés, et même de quelques royalistes. Au reste, loin de s'agrandir, son rôle diminua plutôt encore par suite de l'omnipotence chaque jour croissante du Comité de salut public.

En effet, la discussion qui s'était élevée à propos du traité avec la Toscane avait prouvé au Comité de salut public la nécessité de faire déterminer ses droits par la Convention, et d'obtenir pour les traités qui se préparaient des pleins pouvoirs en forme. Un certain nombre de membres de la Convention[2] et du Comité avaient préalablement indiqué les bases nouvelles qu'ils entendaient donner à la diplomatie. Ils n'avaient guère fait que renouveler des déclamations ampoulées sur Machiavel, les Papes, les Médicis et Mazarin; sur la convention de Pilnitz ; « sur les lignes formées par l'ambition des princes » ; et des déclarations de principes dans l'esprit de la Constitution de 1793 :

« *Sa ligne :* Il est armé par la nature contre tout tyran qui veut opprimer ou envahir.

« *Sa confédération :* Avec tous les peuples amis de la liberté.

« *Sa monarchie universelle :* La liberté des mers.

« *Ses projets d'agrandissement et de conquêtes :* De respecter le territoire, les lois et le sang des peuples. »

Ces théories, particulièrement étranges à un moment où la France, devenue conquérante, rançonnait et s'annexait même les nations auxquelles elle avait promis la liberté, étaient beaucoup moins goûtées dans le Comité de salut public que dans l'Assemblée. Les dis-

---

menaçantes, accompagna Deforgues à la Haye. Secrétaire général du ministère de la Guerre après le 18 brumaire, puis tribun, puis conseiller d'État, il suivit Joseph Napoléon à Naples, comme ministre de l'Intérieur, puis en Espagne, comme administrateur général de ses domaines. Redevenu simple citoyen après le retour des Bourbons, il consacra ses loisirs à une traduction d'*Hérodote*, Paris, 1822, 3 vol. in-8°, qui est restée classique et qui lui valut le titre de membre libre de l'Académie des inscriptions, et à une traduction de *Diodore de Sicile*, 1835-1838, 7 vol. in-8°. Créé comte par l'Empereur et comte de Mélito par le roi Joseph, Miot est mort à Paris le 5 janvier 1841. Son fils et son gendre avaient été tués à Waterloo.

[1] Dénonciation portée à la Commission des 17.

[2] Voir particulièrement : *De la Diplomatie; des droits des peuples, des principes qui doivent diriger un peuple républicain dans les relations étrangères*, par Eschassériaux aîné. Vend. an III.

cours de Boissy, surtout celui du 11 pluviôse (30 janvier) « sur les véritables intérêts de quelques-unes des puissances coalisées et sur les bases d'une paix durable », en sont la preuve manifeste. Ce n'est plus un appel à l'insurrection que Boissy adresse aux autres nations : « La nation française respectera toujours l'opinion des peuples, quel que soit leur gouvernement. » Si l'orateur se croit encore en droit d'accabler de son éloquence la Russie, l'Angleterre et l'Autriche, le roi de Prusse a toutes ses louanges. On sent que ce conventionnel a remporté des prix d'Académie. « On vous fait craindre la France ! quelle étrange erreur ! » La paix ! la paix !

C'est pour répondre à cette aspiration nationale que le Comité de salut public, par l'organe de Cambacérès, demande, le 13 ventôse (3 mars), des pouvoirs exceptionnels. Son projet peut se résumer en ceci : Le Comité, seul chargé de négocier les traités, d'en faciliter et accélérer la conclusion, ne présentera à la Convention que les clauses patentes des traités définitifs. C'est, pour le dire d'un mot, la suppression de ce fameux décret sur le droit de paix et de guerre, qui a coûté le trône à Louis XVI.

Après lecture du rapport de Cambacérès et du projet de décret, la Convention vote l'ajournement. Reprise le 22 ventôse (12 mars), la délibération n'offre d'intérêt qu'à partir de l'article 5. Les articles précédents sont adoptés sans discussion.

Article premier. — Le Comité de salut public, chargé par la loi du 7 fructidor de la direction des relations extérieures, négocie, au nom de la République, les trêves, les traités de paix, d'alliance et de commerce ; il en arrête les conditions.

Art. 2. — Il prend toutes les mesures nécessaires pour accélérer et pour faciliter la conclusion de ces traités.

Art. 3. — Les traités sont signés par les membres du Comité, lorsqu'ils ont traité directement avec les envoyés des puissances étrangères, soit par les ministres plénipotentiaires auxquels le Comité a délégué à cet effet des pouvoirs.

Art. 4. — Les traités ne sont valables qu'après avoir été examinés, ratifiés et confirmés par la Convention nationale sur le rapport du Comité de salut public.

Art. 5. — Les conventions préliminaires, telles que les armistices et les neutralisations, sont comprises dans l'article 2, et ne sont pas sujettes à la ratification.

Ici le débat s'engage. Les montagnards Prieur, Merlin, Duhem,

Goujon, veulent que les armistices soient soumis à la ratification de la Convention, que les neutralisations ne puissent être autorisées que par le Comité. On arrive à une transaction en ajoutant après le mot *neutralisations* les mots *y relatives*.

L'article 6 est le plus discutable. « Le Comité de salut public sera-t-il autorisé à signer des articles secrets sans avoir communiqué les négociations, soit à un comité spécial de douze membres, soit au comité de législation ? » L'idée de communication est écartée par la question préalable. On finit par déclarer que le Comité de salut public aura le droit de signer des articles secrets, pourvu qu'ils n'atténuent pas les articles patents.

Enfin, les articles 7, 8 et 9 du décret sont votés sans discussion. « Les traités ne sont valables qu'après avoir été examinés, ratifiés et confirmés par la Convention nationale sur le rapport du Comité de salut public. Néanmoins, les conditions arrêtées dans les engagements secrets reçoivent leur exécution comme si elles avaient été ratifiées. Aussitôt que les circonstances permettent de rendre publiques les opérations politiques qui ont donné lieu à des conventions secrètes, le Comité rend compte à la Convention nationale de l'objet de la négociation et des mesures qu'il a prises. »

On le voit, sauf quelques restrictions purement apparentes, les pouvoirs accordés au Comité de salut public sont autrement larges que ceux jadis concédés au Roi.

Grâce à ce décret, le Comité de salut public peut suivre avec une activité croissante les négociations engagées. Le 5 avril (16 germinal), Barthélemy, ministre en Suisse, conclut à Bâle, avec le baron de Hardenberg, le traité de paix avec la Prusse, et, le 25 du même mois, le traité est ratifié par la Convention. Grâce à ces pouvoirs qu'il s'est fait donner par l'article 5 du décret du 22 ventôse, le Comité fait conclure, le 7 germinal (26 mars) et le 18 germinal (7 avril), à Bruxelles et Heidelberg, une convention relative aux individus qui n'auraient point été pris les armes à la main. Le 4 floréal (23 avril), le baron de Staël, ambassadeur de Suède, est reçu à la Convention avec un cérémonial particulier : on désigne à l'ambassadeur un fauteuil vis-à-vis du président; le baron de Staël parle assis ; son cortége est placé sur des banquettes à droite et à gauche; enfin, on lui donne tous les titres contenus dans ses lettres de créance. Le président ajoute à ces cérémonies l'accolade fraternelle, et un membre trop ardent demande même que le drapeau suédois soit réuni à ceux des autres Républiques dans la salle des séances. Le discours du baron Eric-Magnus de Staël Holstein est, ainsi que le procès-verbal, traduit dans toutes les langues et envoyé à tous les gouvernements, aux armées et aux départements.

Le 27 floréal (16 mai), Rewbell et Sieyès signent, à la Haye, le traité d'alliance offensive et défensive avec la république des Provinces-Unies. Le 28 floréal (17 mai), Barthélemy et Hardenberg signent, à Bâle, un nouveau traité qui étend à une grande partie de l'Allemagne la neutralité rétablie entre la France et la Prusse, et, en créant une zone neutre sous prétexte d'éloigner la guerre du nord de l'Allemagne, rend plus incertain encore le triomphe de la coalition. Le 4 thermidor (22 juillet), Barthélemy signe, à Bâle, avec don Domingo d'Yriarte, la paix avec l'Espagne. Le 11 fructidor (28 août), paix avec le landgrave de Hesse-Cassel [1]. En vendémiaire, s'il reste encore des ennemis à combattre, si l'Autriche, la Russie et l'Angleterre continuent activement la guerre, du moins la coalition a cessé d'être européenne, et l'on peut affirmer que ce n'est plus là une croisade des rois contre les régicides, une guerre de principes, mais une guerre d'ambition et de conquête [2].

A la vérité, les dictateurs du Comité de salut public ont dû, pour traiter ainsi avec une grande partie de l'Europe féodale, laisser de côté ces principes si souvent invoqués, inscrits en si grosses lettres au fronton de toutes les Constitutions. Ils ont dû rejeter dans l'oubli toutes les fameuses déclamations sur la diplomatie et les diplomates, et confier la conduite de leurs affaires à un homme d'ancien régime, de roture à la vérité, mais qui, instruit dans le département des Affaires étrangères, secrétaire d'ambassade à Londres avant 1789, est au courant des intérêts, sait les ménager, et met dans ses rapports avec les étrangers la politesse la plus aristocratique. Bien plus, Boissy, Cambacérès, Treilhard, Sieyès, Rewbell [3], ont mis en réquisition, pour les éclairer de leurs lumières, nombre d'hommes de l'ancien régime : Bourgoing, ancien chargé d'affaires ; Thérémin, ancien secrétaire de la légation de Prusse, et enfin, chose inconnue, le grand homme qui devait être le révélateur de la vérité économique, Henri Saint-Simon [4].

Bientôt, d'ailleurs, en annexant à la France la Belgique et le pays

---

[1] Le 29 thermidor la Convention avait ratifié le traité conclu le 6 prairial, à Tunis, entre le consul général de France et le Bey.

[2] Il faut suivre ces négociations dans SYBEL, dans le *Manuscrit de l'an III* du baron FAIN et dans les *Mémoires d'un homme d'État*. On n'a encore rien publié de plus complet sur cette époque.

[3] Sieyès, Treilhard et Rewbell avaient été chargés des relations extérieures depuis le 15 prairial ; à partir du 15 messidor, Boissy d'Anglas leur fut adjoint.

[4] Réquisition du 5 fructidor.

de Liége, les conventionnels devaient violer bien d'autres principes, et de ceux qu'on ne viole pas impunément.

Pour suffire à la masse de travail qu'amenaient ces négociations, le Comité avait dû considérablement augmenter le nombre de ses employés. D'ailleurs, le rétablissement des bonnes relations avait nécessité l'envoi à l'étranger d'un certain nombre d'agents, que le Comité avait pris dans ses bureaux, parmi les hommes qu'il avait pu le mieux apprécier[1]. C'est ainsi que Caillard avait été nommé, le 23 messidor (11 juillet), ministre plénipotentiaire près le roi de Prusse, et que, le 6 messidor (24 juin), Reinhard avait été nommé ministre près des villes hanséatiques. Il fallait évidemment remplacer immédiatement Reinhard dans la deuxième division, car il emmenait avec lui son sous-chef de bureau, Jean-Bénédict Lemaistre; la place de chef de cette section fut donnée, le 14 thermidor (1er août), à Ducos. Les trois chefs de bureau, Otto, Ducos et Perreau, furent alors chargés du détail complet des Relations politiques. Le Comité supprima le Bureau du chiffre, et chargea les chefs de bureau d'en exercer les fonctions. Il retira à la Commission des Relations extérieures le soin de faire apposer le grand sceau sur les traités conclus par la République. Un des chefs de bureau fut chargé de ce soin. On ne laissa même pas à Colchen le soin de « faire copier les actes extérieurs par d'habiles écrivains, et sur le plus beau papier des manufactures nationales (de la fabrique des frères Johannot, d'Annonay), de façon à donner aux puissances étrangères une preuve convenable de la dignité de la République et de ses succès dans les arts ».

La Commission se trouvait donc réduite à des occupations bien mesquines, bien peu variées, et qui ne présentaient qu'un intérêt bien restreint. C'étaient uniquement les enregistrements des décisions souveraines du Comité, où les directeurs de la cinquième division[2] étaient devenus de vrais ministres des Affaires étrangères; les ampliations de

---

[1] A la première division : Otto, chef; Beuchère, Jugla, Cantin, Mimon;
A la deuxième division : Ducos, Neuville, Caze, Locard, Ducroc, Mendouze, Ropra, Laveau, Minier, Betmeterder, Delassy, Ducuing, Halle, Moriceau, Lubeau, Madget, Palomba, Joveneau;
A la troisième division : Perreau, Simon, Paillot, Patois, Le Picard, Goresseau, Ducos père, Brosseau, Gastebois, Liébaud.

[2] Le Comité de salut public avait partagé ses attributions entre cinq divisions. La première comprenait la Guerre. Première section : bureau central; deuxième section : armées de Sambre-et-Meuse, du Nord, du Rhin, des Alpes et d'Italie; troisième section : armées des Pyrénées orientales et occidentales; quatrième section : armée de l'Ouest. Deuxième division : Marine; troisième : Armes et poudres; quatrième : Intérieur; cinquième : Relations extérieures, correspondance avec les représentants en mission, surveillance des hôpitaux militaires.

nominations des consuls envoyés à la suite de la paix en Prusse (création des consulats d'Elbing et de Stettin : Rosenstiel était nommé consul à Elbing), et surtout en Espagne et en Italie ; enfin, la correspondance pour les sciences et les arts, correspondance qui, malgré les votes de remercîments adressés le 3 brumaire an IV (25 octobre 1795) par le Comité d'instruction publique, se borne à un seul rapport de la commission [1]. Que trouve-t-on encore? La confiscation des livres en langue turque de Choiseul-Gouffier et leur expédition à Constantinople ; le travail relatif aux présents à offrir aux puissances barbaresques ; le remplacement de la *Gazette nationale,* devenue partiale dans son compte rendu des débats de la Convention, par un journal plus agréable, auquel la commission pourra prendre trois cent cinquante abonnements (17 germinal - 6 avril 1795) ; l'expédition des bulletins et des discours aux agents à l'étranger ; la constante augmentation des traitements, par suite de la démonétisation des assignats : le 2 messidor (20 juin), le Comité des finances accorde, comme indemnité aux employés, la moitié du total représenté par leur traitement et leur indemnité réunis ; le 28 fructidor (14 septembre), le double du traitement fixe et de l'indemnité ; des levées de scellés sur les papiers des légations de Portugal, de Wurtembrg, de Salm-Salm ; l'armement des courriers du Département, qui ont tout à craindre des brigands qui infestent toutes les routes (6 thermidor - 24 juillet) ; des fixations de frais de voyages dans l'intérieur (400 livres assignats par poste pour les ambassadeurs, 150 livres sur les vice-consuls) (5 fructidor - 22 août) ; enfin, des attributions de denrées : ainsi, les consuls reçoivent, avant de partir pour l'étranger, les étoffes pour se faire confectionner leur uniforme [2], et les employés obtiennent de participer à cette faveur.

Mais la Constitution va être votée. Le Comité de salut public, qui compte sur les employés du Département, espère qu'ils feront, pour l'acceptation des lois nouvelles, une forte propagande. Il prend un arrêté par lequel les trois quarts des employés ne vien-

---

[1] Ce rapport unique comprend des travaux sur l'agriculture en Toscane, sur la paille d'Italie dont on fait les chapeaux, l'éducation du gros bétail, l'élève des vers à soie, les cuisines économiques, les cires anatomiques coloriées. C'est Cacault, agent en Italie, le futur fondateur de Clisson, qui en a fourni les éléments.

[2] Pour les consuls : cinq aunes un quart drap bleu de Louviers ou de Sedan, cinq quarts une demi-aune de drap écarlate Sedan cinq quarts, sept aunes serge écarlate fine, huit aunes et demie toile de coton blanche. Une lettre de Montucla nous apprend que des distributions de même nature avaient été faites aux employés.

dront à la Commission que de sept heures à dix heures du matin, et de sept heures à dix heures du soir. Le Comité de salut public se trompe. Si quelques-uns des commis ont jadis pris part aux événements du 10 août, beaucoup, comme nous le verrons, se rangèrent, le 13 vendémiaire, dans les rangs de la garde nationale parisienne et combattirent avec elle. Ils payèrent leur opposition de leur place. Ce fut le ministre du Directoire qui fut chargé de ces épurations. Mais il importe, d'abord, de voir de quelle façon la Convention nationale avait divisé les pouvoirs, et quelle organisation elle avait prétendu donner au département des Relations extérieures.

CHAPITRE X

CHARLES DELACROIX, MINISTRE DES RELATIONS EXTÉRIEURES.
13 BRUMAIRE AN IV, — 30 MESSIDOR AN V.
(4 *novembre* 1795 — 18 *iuillet* 1797).

La Constitution de l'an III et le Département. — Le droit de paix et de guerre. Le ministère. — Fonctions du ministre des Relations extérieures. — Son costume. — 13 vendémiaire. — Choix d'un ministre. — Charles Delacroix. — Ses votes. — Sa vie politique. — Organisation du ministère. — Les exclusions à la suite de vendémiaire. — Le secrétariat. — Divisions politiques. — Duran de Mareuil. — Méhée. — Contentieux. — Paganel. — Bureau des fonds. — Dépôt des archives. — Vol commis par un employé. — Opinions politiques des employés. — Mesures d'économie. — Situation des employés. — Leur traitement. — Budget du Département. — Discussion au conseil des Cinq-Cents et au conseil des Anciens. — Camus et Barbé-Marbois. — Réformes dans le ministère. — Bonaparte. — Traités signés par lui. — Delacroix et les Conseils. — Delacroix et les ambassadeurs étrangers. — Diplomatie de Charles Delacroix. — Ruptures avec diverses puissances. — L'ambassadeur Turc. — Les ambassadeurs de France à l'étranger. — Incapacité de Delacroix. — Il quitte le ministère.

La Constitution de l'an III était le résultat suprême de la Révolution; tentative de conciliation entre la liberté et l'autorité, elle admettait en principe bien des institutions condamnées par les premiers révolutionnaires, poursuivies par la Convention elle-même, et à propos desquelles Fouquier-Tinville avait requis bien des têtes. Le système d'un gouvernement concentré entre les mains de cinq hommes choisis par les Assemblées et non par le peuple, la machine compliquée de deux Chambres, dont les membres, revêtus d'après la Constitution d'un pouvoir plus ou moins étendu, sortaient des mêmes élections, avaient la même origine législative et n'étaient différenciés que par leur âge, enfin le vice étrange de cette Constitution continuant dans leurs pouvoirs ceux-là mêmes que la France voulait chasser à tout prix, tout avait le droit d'étonner et de surprendre. On n'a pas à examiner ici en quoi la Constitution de 1795 différait de celles de 1793 et de 1791 quant à l'état des citoyens, à la forme des Assemblées électorales et aux droits particuliers dévolus à chacun des pouvoirs dans la confection des lois ordinaires. Les deux points que l'on a à rechercher sont ceux-ci : à qui est attribué le droit de paix et de guerre? qui est chargé des négociations et qui doit les surveiller?

Suivant le titre XIII, la guerre ne peut être décidée que par le Corps législatif, sur la proposition formelle et nécessaire du pouvoir exécutif. Le décret de déclaration de guerre est rendu par les deux Chambres dans les formes ordinaires, c'est-à-dire voté d'abord par le conseil des Cinq-Cents, puis par le conseil des Anciens. En cas d'hostilités imminentes ou de préparatifs de guerre contre la France, le Directoire est tenu d'employer à la défense de l'État les moyens mis à sa disposition, à la charge d'en avertir immédiatement le Corps législatif. Les deux Chambres ne peuvent délibérer sur la paix et sur la guerre qu'en comité général. Enfin, le Directoire a seul le droit d'entretenir des relations politiques au dehors, de conduire les négociations, de faire les stipulations préliminaires telles qu'armistices et neutralisations, de nommer les agents diplomatiques et de les destituer, de signer tous les traités, même les traités secrets dont il peut requérir l'exécution provisoire, pourvu que ces articles secrets ne soient pas destructifs d'articles patents et ne contiennent aucune cession de territoire. Les autres traités, quels qu'ils soient, doivent être ratifiés par le Corps législatif.

Ainsi, la Constitution de 1795 donne au Directoire des pouvoirs au moins égaux à ceux que la Constitution de 1791 conférait au Roi. Il n'est plus question de ces obstacles constants qu'apporte au pouvoir exécutif le pouvoir législatif. Les conventionnels vont plus loin : ils interdisent d'une façon absolue ces comités permanents (titre V, article 67, § 1er) qui ont tué la monarchie. Ils laissent, par conséquent, au pouvoir exécutif une liberté d'action pleine et entière, abandonnent tout moyen d'investigation sur les négociations pendantes, et se résignent au rôle de législateurs.

Le pouvoir exécutif sort donc de la Terreur fortifié par ceux-là mêmes qui ont détruit la Royauté à cause de ses prérogatives. Le Directoire de l'an IV, non-seulement est investi d'une puissance plus étendue que la Royauté en 1791, mais cette puissance même, certains, dans la Convention, la trouvent encore trop mesquine et voudraient l'augmenter.

L'organisation du ministère, telle qu'elle est proposée par Thibaudeau le 26 fructidor an III (14 juillet) et adoptée le 30 fructidor (18 juillet), ne diffère pas par des côtés sensibles de l'organisation de 1791. Seulement, on a eu soin de distinguer philosophiquement les fonctions qui sont attribuées aux ministres et celles qui sont réservées au Directoire. « Cette distinction n'était pas nouvelle peut-être, mais on ne la trouvait nulle part assez fortement exprimée[1]. » Dans le Directoire résident la pensée, la délibération et l'ensemble du gouvernement. Semblable à un conseil d'État, il gouverne seulement, et les ministres agissent. Ces ministres sont nommés par le Directoire, hors de son sein, et sont révocables à sa volonté[2]. Ils ne peuvent avoir moins de trente ans, ni être parents ou alliés des membres du Directoire[3]. Ils correspondent immédiatement avec les autorités qui leur sont subordonnées; ils ne forment pas conseil et sont respectivement responsables tant de l'inexécution des lois que de l'inexécution des arrêtés du Directoire. Quant à leur nombre (six au moins, huit au plus) et à leurs attributions, la Convention diffère d'opinions. Quel rôle sera attribué au ministre de l'intérieur? Ce titre même sera-t-il adopté? Eschassériaux aîné propose que ces fonctions, trop lourdes pour un seul homme, soient partagées entre deux administrateurs, dont l'un sera particulièrement chargé de l'agriculture, de l'industrie et du commerce; mais Thibaudeau tient à l'organisation qu'il propose et qui est, en effet, décrétée.

Il y a six ministres, savoir : un ministre de la Justice, un ministre de l'Intérieur, un ministre des Finances, un ministre de la Guerre, un ministre de la Marine et un ministre des Relations extérieures. Ils sont nommés par le Directoire et révoqués par lui. Ils sont responsables, mais ne peuvent délibérer en conseil et prendre une résolution collective. Ils ne peuvent point correspondre directement avec le Corps législatif. Le ministre des Relations extérieures a pour attributions : la correspondance avec les ambassadeurs, les ministres, résidents ou agents que le Directoire enverra ou entretiendra auprès des puissances étrangères; l'exécution des décrets, les consulats. Sur ce point encore, il y a contestation. L'article relatif aux consulats est renvoyé à une autre séance et rapporté par Thibaudeau le 10 vendémiaire an IV. Un membre fait observer que, sur cent lettres qu'écrivent les consuls, quatre-vingt-dix-neuf sont adressées au ministre de la Marine; que les consuls sont spécialement chargés de diriger le commerce, de donner des instructions et des éclaircissements aux négociants, capitaines, etc., quelquefois de ravitailler les escadres, et qu'il n'y a rien de diplomatique dans leurs fonctions. On ajoute que, se

---

[1] Discours de Thibaudeau du 26 fructidor an III.
[2] Constitution de l'an III, titre VI, art. 148 et suiv.
[3] Ascendant et descendant en ligne directe, frères, oncle ou neveu, cousins au premier degré, alliés à ces degrés.

figurant être des agents politiques, ils s'occuperont, non du commerce de leurs nationaux, mais des intérêts de l'Europe; que, peu surveillés par le ministère des Affaires étrangères, ils céderont peut-être à certaines tentations dont les garantiraient les visites répétées des officiers de vaisseaux; qu'enfin si Colbert a ainsi réglé les choses, si elles sont restées telles pendant un siècle sans qu'on y trouvât d'inconvénients, il est inutile d'innover, surtout en présence des dangers qu'on prévoit. On est au 10 vendémiaire, les sections s'agitent, les députations se succèdent à la barre; il s'agit, pour les conventionnels, de leur tête et non des consulats. On adopte donc la proposition de Thibaudeau avec cette restriction que les consuls pourront correspondre directement avec le ministère de la Marine.

Un article particulier, sans précédent dans les autres Constitutions et dû à l'influence des idées de David, règle d'une façon spéciale le costume des ministres : habit-manteau à revers et à manches couleur noire, doublé de ponceau, brodé en soie de couleur sur l'extérieur et les revers. Veste longue et croisée couleur ponceau. Pantalon (plutôt maillot) ponceau. L'écharpe en ceinture, blanche. Le tout en soie et orné de broderies de couleur. Le chapeau noir rond, retroussé d'un côté et orné d'un panache ponceau. Le baudrier de l'épée noir, porté sous l'habit-manteau [1].

Enfin le traitement du ministre des Relations extérieures est fixé aux deux tiers du traitement des membres du Directoire, soit à 37,500 myriagrammes de froment, faisant par an 7,666 quintaux et demi en valeur représentative. On verra plus loin à quelle valeur argent ces quintaux de blé équivalent.

On sait quel fut le sort de la Constitution ; les conventionnels, craignant pour leur tête, ne la présentèrent aux suffrages du peuple qu'en y joignant un décret qui leur continuait le pouvoir. Paris et les départements protestèrent ; mais, dans Paris, l'élément qui protesta n'était point habitué aux victoires. La bourgeoisie, qui essayait ce jour-là de résister, avait pour chefs, pour conducteurs, pour cadres, les hommes qui, au 20 juin et au 10 août, avaient tenté le combat pour la Royauté, qui, en prairial an III, avaient sauvé la Convention. L'Assemblée se défendait avec les faubourgs; puis, jugeant trop faibles ses anciens amis les jacobins, elle ramassait une épée, et la confiait à un soldat. L'armée intervenait. C'est la première fois depuis 1789.

Qui cependant va être chargé du ministère des Relations exté-

---

[1] Voir : *Costumes des représentants du peuple, du Directoire exécutif, des ministres*, etc., par GRASSET SAINT-SAUVEUR et LABROUSSE. Paris, chez Deroy, in-8°, pl. col.

rieures ? La charge est lourde, car il s'agit à présent de maintenir cette paix que le Comité de salut public est parvenu à conclure. Prendra-t-on Cambacérès ou Merlin (de Douai), les hommes qui ont mené cette politique et qui sont capables de la suivre? Choisira-t-on quelqu'un que ses études antérieures, sa connaissance du droit public, l'habitude des négociations, l'usage, sinon des cours, du moins des salons, désignent à l'opinion publique? Il s'agit bien de pareilles futilités ! Qu'a-t-on demandé aux cinq directeurs : à Rewbell, à la Révellière-Lépaux, à Letourneur, à Carnot, à Barras ? On ne s'est point inquiété de leurs talents, de leur valeur morale, de leur intégrité, mais de leur vote dans l'affaire de Louis Capet. S'ils ont voté la mort, qu'importe le reste? Dans les ministères, les directeurs ne nomment à leur tour que d'anciens collègues qui ont voté la mort. Voici un conventionnel qui aspire à un portefeuille, qu'a-t-il dit lors du procès de Capet ? « Comme représentant du peuple, je dois apporter ici, moins l'expression de ma volonté particulière, que celle de la volonté générale. La volonté générale a appliqué la peine de mort aux crimes dont Louis est convaincu ; je vote pour la mort. » A la vérité, certains ont trouvé mieux ; mais ce citoyen a fait ce qu'il a pu ; il n'a voté ni l'appel au peuple, ni le sursis. Il est nommé ministre des Affaires étrangères. C'est Charles de Lacroix de Constant; il ne s'est jamais occupé de questions diplomatiques ; il n'a jamais siégé au Comité spécial ou au Comité de salut public ; il n'a jamais parlé, écrit, on peut dire même, pensé, sur la diplomatie; il n'a aucune compétence, ne peut avoir aucune autorité. Bien, dit Rewbell, c'est l'homme qu'il nous faut. Car les directeurs caressent l'idée de surveiller chacun un Département ministériel, et Rewbell, qui est né près de Strasbourg, où l'on enseignait jadis le droit public, qui a prononcé de nombreux discours à la Constituante, se croit le plus compétent des diplomates, et se réserve les Affaires étrangères.

Charles Delacroix n'était pas de nature à défendre son portefeuille. L'histoire passerait indifférente à côté de lui, s'il n'avait pas eu l'honneur de donner son nom à un des peintres les plus illustres de tous les temps : Eugène Delacroix. Charles Delacroix était né en 1754, à Givry, en Champagne (Haute-Saône), d'une famille de petite noblesse; il occupait un emploi de chef de bureau dans les Finances, quand il fut en 1792 élu député du département de la Marne. On a vu quel avait été son vote lors du procès de Louis XVI: *Oui* sur la culpabilité, *non* sur l'appel au peuple ; *la mort*. Il marqua peu dans l'Assemblée, et préféra aux débats tumultueux de la Convention des missions plutôt d'administration que de gouvernement. C'est ainsi qu'il fut chargé, en 1792, de seconder la levée en masse, et pendant presque toute la durée de la Terreur, de surveiller la manufacture d'armes et la ville de Versailles ; il prit ainsi quelque part à divers arrêtés relatifs au dépôt des archives des Affaires étrangères. Après le 9 thermidor, il fut envoyé en mission dans les départements des Ardennes et de la Meuse, et quoiqu'il eût passé jusquelà pour jacobin, il comprima violemment les terroristes. Ce n'était que suivre le jeu ordinaire des thermidoriens. Au reste, il obligea en même temps les prêtres insermentés à se rendre aux chefs-lieux, où il les soumit, par un arrêté, à la stricte surveillance des autorités. De retour à la Convention, il montra bientôt de quel côté étaient ses préférences, en s'opposant avec la dernière énergie à ce qu'on rendît aux familles des suppliciés les biens confisqués qui n'avaient pas encore été vendus. Appliquant ensuite son système de bascule, il dénonça Joseph Lebon, le bourreau d'Arras, prononça quelques mots à propos du projet de Constitution, et des paroles sur le traité de paix conclu avec l'Espagne. Il est, somme toute, assez difficile de désigner, d'une façon précise, à quel parti se rattache Charles Delacroix. Quoique élu membre du premier Comité de salut public, et nommé par ses collègues secrétaire de la Convention, il semble, sauf des inconséquences de mouton enragé, se dissimuler dans la plaine. Son vote dans l'affaire du Roi ne peut servir de base à une appréciation ; combien ont voté par peur, qui étaient plus hommes à coup sûr que Charles Delacroix ne l'était, à ce que prétend la chronique scandaleuse ! Il est impossible de trouver une ligne de conduite définie dans les discours qu'il prononce à la Convention. Tantôt il provoque des décrets sur les émigrés, tantôt s'oppose à la mise hors la loi de Wimpffen, le général de la Gironde, tantôt demande qu'on paye les dettes du Roi, et tantôt dénonce Hébert. Il est plutôt par tous ces côtés girondin que montagnard, sans couleur à vrai dire, et en ce temps où les nuances n'existent pas, cherchant les demi-teintes. Nommé membre du conseil des Anciens par ses collègues de la Convention, il a été dès la première séance (6 brumaire an IV-28 octobre) honoré des fonctions de secrétaire. Le 13 brumaire (4 novembre), il annonce au Conseil sa nomination par une lettre, pleine des lieux communs habituels. Dans cette lettre, ceci seulement est remarquable, que Delacroix continue à suivre exactement le protocole républicain et tutoie le président du Conseil.

Quelle organisation ce ministre républicain allait-il donner au Département ? Quelles améliorations allait-il introduire ? Comment voudrait-il comprendre son rôle de réformateur? Quelles garanties d'ordre, de sécurité, de discrétion, la République allait-elle donner aux citoyens français? Par quelles vertus civiques devrait-on se distinguer pour obtenir dans la carrière administrative un avancement quelconque? Quel avenir, quel lendemain, le gouvernement légal de la France assurerait-il aux employés? Quelles économies parviendrait-il à réaliser?

Le ministère des Relations extérieures est divisé en dix bureaux, réduits postérieurement à neuf : secrétariat intime, secrétariat général; divisions politiques, au nombre de quatre, bureaux des consulats, du contentieux, des archives et des dépenses. Le secrétariat intime a pour attributions la partie secrète des relations extérieures, l'enregistrement, les traductions, le chiffre et les analyses. Le secrétariat général s'occupe de la légalisation des pièces présentées au Département, de l'expédition des passe-ports, de la correspondance, du dépôt et du classement des lois et arrêtés du Directoire exécutif, des journaux, des rapports etc., de leur envoi aux agents, des détails relatifs à tout ce qui s'imprime pour le service du Département et des fournitures de bureau. Les divisions politiques se partagent le monde : la première prend l'Allemagne, les villes hanséatiques, la Suède et le Danemark; la deuxième : la Prusse, la Pologne, la Russie, la Turquie et les Barbaresques; la troisième : l'Italie, les Deux-Siciles, l'Espagne, le Portugal et la Suisse; la quatrième : les États-Unis, l'Angleterre et la Hollande. Le bureau des consulats doit suffire à la correspondance et aux détails relatifs aux consulats des quatre parties du monde. Les bureaux du contentieux, des archives et des dépenses gardent leurs attributions antérieures.

Delacroix, dans un rapport qu'il soumet au Directoire, le 22 frimaire an IV (13 décembre), fixe à seize employés pour le secrétariat intime, à sept pour le secrétariat général, le nombre des commis de ce bureau qui, en 1787, comprenait trois employés. Dans chacune des divisions politiques, il n'admet que cinq employés; huit aux consulats, six au contentieux, treize aux archives et au dépôt géographique, six aux Fonds. En tout, soixante-seize employés de tout grade. Les employés doivent être à leur bureau de neuf heures à quatre heures. Le soir, un chef de bureau est de service. Le ministre a des audiences publiques les jours impairs des décades, de une heure à trois heures. C'est là un beau rêve de réforme et d'austérité. Peu de temps suffit pour qu'il soit dissipé.

Pourtant combien d'employés de l'ancienne Commission avaient été destitués par la fameuse Commission de représentants du peuple, chargée de rechercher les complices avoués ou latents des événements de vendémiaire ! Point d'instruction préalable, point de plaidoyer pour l'accusé ; on ne le met même point en demeure de se défendre. Une commission anonyme destitue sur des dénonciations anonymes. Ce que jamais gouvernement despotique n'a fait, le Directoire l'accomplit tout uniment. Ce n'est pas pour des faits qu'il condamne, c'est pour des tendances. Il prive non-seulement de leurs places, mais même du droit à la retraite qu'ils peuvent avoir, une foule de malheureux employés, d'individus obscurs à la vérité, mais dont on n'a prouvé ni les crimes, ni l'incapacité. La République licencie ainsi cette armée d'employés qu'elle a enrégimentés dans le Comité de salut public, devenu la grande succursale de tous les ministères. Aux Relations extérieures, quatre chefs, onze sous-chefs, neuf commis principaux, dix expéditionnaires sont réformés « par suite de la mise en activité de la Constitution ». Geoffroy[1], le garde du dépôt, est du nombre des proscrits, avec Goffinet, Le Bartz, Baud, Fournier, tous ceux qui restent de l'ancien temps. Le ministère fait peau neuve. A-t-il gagné au change ?

L'organisation du secrétariat est toute nouvelle. L'importance qu'a prise ce rouage du ministère est faite pour surprendre. Il comprenait trente-huit employés au lieu de trois qu'il comptait au temps de Montmorin, et il s'était, peu à peu, attribué les services du Département tout entier : les traductions, le chiffre[2], l'enregistrement, qui jadis étaient le travail particulier de chaque division.

Le partage en secrétariat intime et secrétariat général ne subsista que peu de temps, et les employés du secrétariat intime furent tous ou presque tous versés dans les cadres du secrétariat général dès germinal an IV (avril 1796).

Le secrétariat intime comprenait cinq employés[3] et avait pour chef cet Ysabeau jeune, entré aux Affaires étrangères en mars 1792, puis nommé secrétaire général de Lebrun, enfin consul général à Venise. Chassé de Venise, il avait accompagné à Bordeaux son frère, membre de la Convention, un des proconsuls qui, avec Tallien, désolèrent la

---

[1] En 1816, le Département payait une pension de 800 francs à Théophile-Hélène-Suzanne-Sophie Wsgat, veuve d'Auguste Geoffroy.

[2] Il y avait vers 1750 un bureau du chiffre, composé de commis tirés des deux grandes directions ; mais ce bureau n'eut qu'une durée éphémère. Il tomba devant les réclamations des employés, auxquels cette création parut une marque de défiance.

[3] Il en avait sept en frimaire an IV, mais nous préférons adopter les chiffres définitifs de nivôse, époque à laquelle on peut considérer le ministère comme complètement installé.

grande ville. Il joua là un rôle bizarre, continuant à toucher sur les fonds secrets des Affaires étrangères un traitement de 666 livres 13 sous 4 deniers par mois, et, le 9 fructidor an III (26 août 1795), il fut nommé chargé d'affaires près les Ligues grises. Ysabeau était le légataire universel d'Hérault de Séchelles, et lorsqu'il fut mis en possession « du faible patrimoine que lui avait laissé celui-ci », il quitta les Relations extérieures, 2 prairial an IV (21 mai 1796).

En germinal, le secrétariat général ayant absorbé le secrétariat intime, Ysabeau en fut le chef pendant un mois. Jusque-là, la place avait été occupée par le citoyen Lamare ou de Lamare, que Delacroix y avait trouvé et qui l'occupait depuis le départ de de Mornard pour le consulat de Gijon. Ce Lamare, traducteur d'une multitude d'ouvrages anglais, italiens et allemands[1], rédacteur de la *Cocarde nationale*, journal qui, en 1790, avait eu seize numéros, avait été, sous l'ancien régime, protégé de Malesherbes. Depuis 1792, il ne cessait d'accabler de ses demandes tous les ministres, se déclarant aussi propre à être ambassadeur que petit commis (4 mars, 10 mars, 12 et 19 juillet, 14 septembre 1793, etc.). Après avoir été commissaire civil aux îles du Vent et chef de bureau à la commission d'instruction publique, il était parvenu à se faire nommer secrétaire des Relations extérieures, le 9 fructidor an III (26 août 1795). Réformé en germinal, il rentra en l'an XI, devint second secrétaire de l'ambassade près la Porte Ottomane, vice-consul à Varna, et mourut en 1809 gérant du consulat de France à Bucharest.

Le successeur d'Ysabeau (prairial an IV-mai 1796), comme chef du secrétariat général, fut Charles-Philippe-Toussaint Guiraudet, un homme qu'a sauvé de l'obscurité sa collaboration avec Mirabeau et avec André Chénier. Avec le premier, il a traduit l'*Histoire de la révolution d'Angleterre* de C. Macauley Graham, cinq volumes in-8°; avec le second, il a rédigé cet éphémère *Journal de la Société de* 1789, qui n'eut que quinze numéros. Avant d'entrer aux Relations extérieures, où il devait être chef du secrétariat jusqu'en vendémiaire an VI (septembre 1797), Guiraudet, né à Alais en 1754, avait été précepteur du prince Charles de Rohan-Rochefort, puis lecteur de

---

[1] *Voyage de Sparman au cap de Bonne-Espérance; Fragments de la zoologie de Pennant; Voyage de Riesbeck en Allemagne; Mathilde, ou le Souterrain; le Sylphe; Herbert, ou Adieu, richesses,* romans; *la Vie de Trenck; les Quatre Ages d'Alcibiade; Réfutation de Burke par Priestley; l'Équipondérateur; le Fédéraliste américain; Voyage de Benjouski, patriote polonais,* etc. Voir pour plus de détails : QUÉRARD, *Fr. litt.*, et HATIN, *Bibl. de la Presse*, p. 167, pour la *Cocarde nationale.*

Madame. En 1790, il avait été député extraordinairement à l'Assemblée nationale par sa ville natale, s'était trouvé mêlé au mouvement politique et était devenu, grâce à ses amis de la *Société de 1789*, secrétaire en chef de la mairie de Paris; il avait publié pendant la Révolution quelques brochures qui témoignent, comme le dit Mirabeau[1], « d'un bon esprit étamé de caractère »; mais son titre principal est sa traduction des *OEuvres complètes de Machiavel,* précédée d'un remarquable discours. En l'an X, il fut nommé préfet de la Côte-d'Or, et mourut à Dijon le 5 février 1804.

Le secrétariat intime, réuni au secrétariat général, en forma la première section. Des cinq employés qui y travaillaient : Sergent, Pierd'houy, Hubert, Pargon fils et Bonneau, on connaît déjà les deux derniers. Sergent, sous-chef du bureau, avait quelque temps travaillé dans un bureau annexe du Comité de salut public. Il ne tarda pas à être remplacé par Dervillé, ancien commissaire des guerres, entré au ministère depuis l'an II. Pierd'houy, vieillard de soixante-douze ans, père de dix-sept enfants, « avait été *presque victime* du despotisme sous Louis XV ». A ce titre, il fut nommé administrateur du département de la Marne en 1792, chef de bureau au Comité de salut public en l'an II, enfin commis au secrétariat. Hubert, dit Nicolas, était un prêtre défroqué, que Charles Delacroix avait sauvé à Versailles, et auquel il s'intéressait. Il fut employé de l'an IV à l'an VIII.

La deuxième section, comprenant le bureau des traducteurs, était composée de huit employés : Dorsch, Madjet, Vianelli, Appia, Terry, Sullivan, Palomba, Lafée. Madjet est Anglais et a été employé au Comité de salut public; Appia, traducteur pour les langues du Nord, Italien d'origine, a été aussi commis de la Convention. Vianelli est un Vénitien, qui a été employé comme traducteur par le Comité de salut public. On en fera un consul à Savone, à Port-Maurice, à Otrante et à Cadix. Ignace Palomba est aussi un Italien, auquel le comte d'Artois avait accordé une pension de 400 livres sur sa cassette. Il a traduit la Constitution en espagnol et en italien, composé le *Secrétaire de Banque français et espagnol,* et sa pension de 400 livres ayant été réduite à 100 livres par la Convention, il a été employé au Comité de salut public depuis nivôse an II (décembre 1794). Il fut réformé en l'an V, à l'âge de soixante-dix-huit ans. Sullivan, né en Irlande, instituteur au collége militaire de la Flèche de 1786 à 1793, entra au bureau de traduction de la marine, fut chargé de missions près des prisonniers de guerre anglais, puis employé au bureau des traduc-

---

[1] Introduction de la traduction de l'*Histoire de la Révolution d'Angleterre.*

teurs en vendémiaire an IV ; enfin, réformé en vendémiaire an V, il partit pour l'expédition d'Irlande comme capitaine aide de camp du général Humbert, prit part ensuite à l'expédition de Saint-Domingue et mourut dans cette île.

La troisième section (le chiffre) comprend cinq employés. Les deux principaux, Gambier-Campy et Cornillot, sont presque, dans tout le ministère, les seuls qui puissent parler en connaissance de cause de l'ancien temps. Ils se sont adjoint Desnaux, Satur et Rottier. Desnaux a été recruté par Gambier, dont il est parent. Quant à Satur (Marie-Joseph), professeur de littérature à l'école nationale Popincourt, admis comme surnuméraire en l'an IV et réformé en l'an V, il fut, plus tard, désigné pour être joint à la Commission de Malte. Rottier était un ancien employé du Comité de salut public.

La quatrième section (analyse) a un instant pour chef Florent, ce protégé de Daunou, qui est entré au ministère en l'an III ; et, après des vicissitudes trop longues à raconter, qui font passer dans ce bureau un nombre considérable d'employés, le personnel finit par être arrêté à quatre commis : Hortode, Rouillon, Blanquet, Molin. Hortode était dans l'administration avant 1789, fut sous-chef au Comité de la Guerre et entra, en l'an IV, au ministère. Rouillon était un Vendéen qui avait émigré à Saint-Domingue et que la Révolution avait réduit à la plus profonde misère. Hortode, Blanquet et Rouillon furent réformés en vendémiaire an V. Quant à Molin, ancien vicaire général de l'évêque de Lyon, il devait être postérieurement employé au contentieux, puis envoyé vice-consul à Barcelone, où il eut des aventures bizarres.

A la cinquième section (passe-ports, légalisations, correspondance relative aux sciences, départ des dépêches, distribution des imprimés, fournitures des bureaux), le nombre des employés était considérable. En messidor (juin 1796), Florent, qui avait quitté la quatrième section, y occupait la place de chef de bureau, vacante par suite du départ de Grenier. Sous ses ordres : Picard, Baudet, Moussard, Lefebvre, Breton, Reveillon, Barbry, Pargon père ; les trois premiers furent renvoyés en germinal (avril 1796) et remplacés par La Besnardière, Lebrun, Brulé et Couture. Parmi ces hommes, un certain nombre sont déjà connus : ainsi Breton, Picard, Barbry, Pargon père. D'autres sont destinés à une carrière honorable et longue dans le ministère : ainsi Brulé, Brulé jeune, chef du bureau des passe-ports, dont on se rappelle encore l'inaltérable bienveillance ; toute sa vie, il la vécut dans les passe-ports, entra dans le bureau le 22 novembre 1795, y fut commis jusqu'en 1814, et devint chef jusqu'au 31 décembre 1825. Il obtint sa retraite en 1826. D'autres doivent jeter quelque éclat sur le Département : tels sont Jean-Baptiste de Gouy, comte de La Besnardière, et Pierre-Michel-Édouard Lefebvre ; l'un était destiné à être le confident de Talleyrand et un des directeurs de la politique de la France ; l'autre, non moins capable, successivement chargé de plusieurs postes d'une importance considérable, devait être le chef d'une de ces familles diplomatiques qui honorent et soutiennent le nom de la France [1].

La Besnardière, né à Périers, département de la Manche, avait fait ses études à Paris et s'était destiné à l'Oratoire. La Révolution étant survenue, il était entré comme précepteur dans une famille protestante. Ses élèves devinrent des officiers distingués. Le 26 floréal an III (15 mai 1795), La Besnardière demandait à être employé dans un des bureaux du Comité de salut public, particulièrement aux Relations extérieures. Il se recommandait des citoyens Guéroult l'aîné, professeur aux Écoles centrales de Paris ; Bernardin de Saint-Pierre, Lalonde, président du tribunal de cassation. Employé, comme principal commis, le 25 germinal an IV (14 avril 1796), dans la section des passeports, réformé le 7 vendémiaire an V (28 septembre 1796), il rentra dans le courant de cette même année ; à partir de vendémiaire an VIII (septembre 1799), il grandit rapidement et arriva aux situations où un homme peut montrer sa valeur. Quant à Édouard Lefebvre, né à Hirson, département de l'Aisne, le 18 décembre 1769, d'une famille de bonne bourgeoisie, neveu de l'évêque d'Adran, Mgr Pigneau de Béhaine, il avait voyagé en Afrique, en Asie et en Amérique, avait été pendant trois ans à la tête de la Bibliographie nationale, avait ensuite occupé pendant deux années une place de sous-chef au Comité de salut public, avait été secrétaire du représentant Hourier-Éloy pendant sa mission ; puis admis dans les bureaux du ministère le

---

[1] Un sentiment que le lecteur comprendra ne me permet pas d'insister sur les mérites particuliers d'une famille à laquelle me rattachent des liens si étroits de famille et d'amitié. Je me contenterai de dire que le fils de M. Édouard Lefebvre, M. Armand Lefebvre, a été conseiller d'État de l'Empereur, ministre plénipotentiaire à Carlsruhe, à Munich et à Berlin ; directeur des Affaires politiques au Département, membre de l'Institut, etc. ; qu'il est l'auteur de cette *Histoire des cabinets de l'Europe*, livre classique pour quiconque s'intéresse aux choses politiques ; que le fils de M. Armand Lefebvre, M. le comte Édouard Lefebvre de Béhaine, a successivement été premier secrétaire à Berlin et à Rome et chargé d'affaires dans ces deux postes aux époques les plus difficiles que notre diplomatie ait eu à traverser : en 1866, pendant la campagne des Sept jours ; en 1870, au moment du bombardement de Rome ; qu'il est aujourd'hui ministre plénipotentiaire, chargé d'affaires à Munich. M. le comte Lefebvre de Béhaine a continué le livre de son père ; il a de plus publié divers articles dans la *Revue des Deux Mondes*, entre autres une retentissante étude sur l'*Armée prussienne*.

8 frimaire an III (28 novembre 1794) comme sous-chef de correspondance au secrétariat général. En messidor an V (juin 1797), il donna sa démission pour accompagner à Saint-Domingue Hédouville, son compatriote; une longue maladie l'empêcha de partir. Il utilisa ce loisir forcé pour écrire et publier une remarquable brochure : *Considérations politiques et morales sur la France constituée en République*. Rentré au ministère à la fin de l'an VI, il fut nommé président de la commission formée près du Département pour distribuer des secours aux Napolitains réfugiés, et partit le 1er fructidor (18 août 1798) pour Malte, comme secrétaire de la Commission du gouvernement de France[1].

A la première division politique, le personnel se compose de Flassan, chef; Mollien, sous-chef; Dervillé, Marron et Joly, expéditionnaires. En germinal an IV (mars 1796), Dervillé passe au secrétariat général, Marron est destitué et Joly employé au contentieux; ils sont remplacés par X. Guiraudet, le frère du secrétaire général; par Cardonne, destitué jadis par Lebrun le 1er septembre 1792, qui a obtenu de rentrer, et par Baudry, fils de Baudry secrétaire de Lebrun; enfin, en thermidor (juillet 1796), Flassan et Mollien quittent la direction. Mollien passe au contentieux. Flassan, prévenu d'émigration et recherché par les gendarmes, ne s'échappe qu'en enfermant dans son appartement le commissaire de police, son adjoint et les soldats venus pour l'arrêter. Il se réfugie à Marseille, y attend l'époque où il pourra revenir à Paris écrire son *Histoire de la Diplomatie*[2].

Flassan eut pour successeur un homme destiné aux plus hautes fonctions du Département, Durant, plus tard Durant de Mareuil et baron de Mareuil. Il était né, le 10 novembre 1769, à Paris, où son père était receveur général des entrées; lui-même obtint la survivance de cette place, mais elle fut supprimée en 1791. Après un séjour au Havre, où il alla étudier le commerce, et où il se livra à

---

[1] M. Édouard Lefebvre, dont la carrière devient alors presque tout extérieure, fut successivement secrétaire à Florence, à Naples et à Rome avec Alquier, à Cassel avec Reinhard, enfin à Berlin avec M. de Saint-Marsan; il se trouvait dans ce dernier poste en 1813, fut fait prisonnier à Potsdam, relégué sur les bords du Volga, et ne rentra en France qu'à la paix de 1814. Après deux ans d'inactivité, il fut chargé, en 1816, d'écrire l'*Histoire de la Diplomatie française de 1763 à 1805*, et ce fut lui qui rassembla la plus grande partie des documents que son fils, M. Armand Lefebvre, devait mettre en ordre dans sa belle *Histoire des Cabinets de l'Europe*. M. Édouard Lefebvre, qui était officier de la Légion d'honneur et commandeur de l'Aigle rouge de Prusse, mourut le 28 novembre 1828.

[2] En 1812, Flassan devint professeur d'histoire à l'École de cavalerie de Saint-Germain. Le 1er mai il fut nommé historiographe du ministre des Affaires étrangères, et fut réformé le 31 décembre 1829.

des spéculations peu heureuses, il revint à Paris, devint inspecteur général de la fabrication des assignats, puis se fit présenter à Lebrun qui, le 17 mai 1793, le nomma secrétaire de légation à Stuttgard. L'époque n'était guère bonne pour un début diplomatique. Durant le comprit ; il s'arrêta à Metz, se fit attacher comme adjoint au corps du génie, servit treize mois à l'armée du Rhin, passa l'examen d'officier, et fut employé comme tel jusqu'au 1er vendémiaire an IV (23 septembre 1795), époque où un Mémoire qu'il avait envoyé au Comité de salut public le fit rechercher et nommer secrétaire de légation à Copenhague. Durant devait se souvenir plus tard qu'avant d'avoir au côté l'épée du diplomate, il avait porté une épée de soldat[1]. Sous-chef de division en prairial an IV (mai 1796), il fut nommé chef de la première division le 1er thermidor (19 juillet). Il devait rester dans cette place jusqu'au 30 ventôse an XIII (21 mars 1805), sauf un court espace de temps pendant lequel il fut appelé à gérer l'agence politique d'Altona.

Le sous-directeur, qui succéda à Mollien, avait déjà une certaine notoriété politique, et en aurait acquis une bien plus grande, si les séductions des princes allemands de la Diète de Ratisbonne n'avaient eu prise sur lui. Jacques Mathieu, qu'un principicule allemand créa plus tard baron de Resoffen, avait été secrétaire de l'assemblée provinciale d'Alsace, en 1787, puis procureur général syndic du département du Haut-Rhin. Son département natal[2] l'envoya siéger à la première législature, où il ne marqua point, et le 19 thermidor an IV (7 juillet (1797) il fut nommé sous-chef à la première division politique. Envoyé à la Diète de Ratisbonne, pour traiter des indemnités à donner aux princes possessionnés, il y fit, dit-on, sa fortune, mais fut destitué le 17 thermidor an XIII (5 août 1805).

A la deuxième division, chef : Méhée; sous-chef : Lefebvre-Villebrune. Employés : Lequoy, Decaisne, Carbonnier, Leclercq. De ceux-ci, Lequoy et Carbonnier étaient employés depuis 1792 ; Leclercq,

---

[1] L'ambassadeur de Russie Dolgorouki voulut avoir le pas sur lui le 1er janvier 1812, parce que Durant n'avait que le titre de plénipotentiaire. « L'ambassadeur de Russie était d'une taille imposante et d'un aspect martial; le Français était petit et chétif, tous deux sur le déclin de l'âge. Ils s'avancèrent en même temps vers la salle du trône; mais, Dolgorouki dépassant Durant, celui-ci l'arrêta par le bras. Le Russe mit la main à son épée, mais le Roi intervint.

« Le lendemain cartels échangés et duel à Pozzuoli, dans le temple de Sérapis. Le maréchal du palais Exelmans se battit aussi avec Benkendorff, secrétaire de la légation russe. Dolgorouki fut touché à l'oreille. La police vint séparer les combattants. » (COLLETTA, *Hist. de Naples*, t. III, p. 208.)

[2] Il était fils d'un fabricant de pâtés de foies gras de Strasbourg.

des Vosges, était destiné à émouvoir un gros orage, au conseil des Cinq-Cents, pour ses articles dans l'*Ami des Lois,* un des journaux les mieux rédigés du temps (an III-an VIII, 1726 n°⁸ in-4°), et pour sa bluette imitée de Voltaire, le *Russe à Paris,* petit poëme en vers alexandrins (Paris an VII, in-8° de 28 p.). On prétend qu'il avait été membre de la Commune, et à ce titre il devait avoir toutes sortes de droits à la protection de son directeur.

Méhée, directeur de la seconde division, est, en effet, le jacobin Méhée fils, secrétaire de la Commune, le chevalier Méhée de la Touche, le réactionnaire Felhémési, l'espion Méhée. Jean-Claude Méhée était, comme on sait, né à Meaux, et fils d'un chirurgien célèbre ; il avait été employé en Pologne, où il avait rédigé, en 1791 et 1792, le *Journal de Varsovie* (petit in-folio), dans lequel il developpait les principes révolutionnaires. Expulsé par la Russie, en 1792, il revint à Paris, et fut nommé secrétaire-greffier adjoint de la Commune du 10 août. A ce titre, il contre-signa les arrêtés relatifs aux massacres de septembre ; il essaya plus tard de se disculper de cette complicité ; mais la brochure où il a publié la *Vérité sur les auteurs de la journée du 2 septembre* (1794, in-8°) est bien d'un témoin et d'un acteur. Secrétaire de Tallien, et lié à la faction dantoniste, il combattit Robespierre dans une lettre aux quarante-huit sections, qui fut dénoncée à la Commune et brûlée publiquement. Nommé, malgré cette lettre, inspecteur général des charrois, il se distingua, après le 9 thermidor, par ses attaques contre les robespierristes ; il publia d'abord le *Journal des patriotes* de 1789, puis une foule de brochures qui passionnèrent l'opinion publique (*la Queue de Robespierre, Rendez-moi ma queue, Coupez-lui la queue,* etc.). En octobre 1795 (brumaire an IV), il fut mis sur les listes d'élection au Directoire ; ne fut pas nommé, et obtint en dédommagement, d'abord une place au ministère de la Guerre, puis, dès nivôse an IV (1ᵉʳ décembre 1795), la position de chef de la deuxième division aux Relations extérieures. En floréal (avril 1796), poursuivi par l'accusation d'avoir pris part aux massacres, il donne sa démission. On sait le rôle qu'il joua plus tard lors du Consulat, dans l'affaire Drake, et dans l'affaire du duc d'Enghien. Certains terroristes peuvent invoquer à leur profit les circonstances atténuantes. Méhée, instruit, lettré, intelligent, n'a droit qu'au mépris de tous les partis.

Le sous-chef qu'il avait sous ses ordres, plus lettré et plus instruit encore, le valait presque comme jacobinisme. Lefebvre-Villebrune, docteur en médecine de la Faculté de Paris, homme d'une prodigieuse érudition, qui parlait treize langues, non compris le français, avait été lui aussi un jacobin déterminé. Ses opinions politiques ne l'empêchaient pas d'apprécier les émoluments de ses places. En 1793, il était à la fois professeur de littérature grecque au Collége de France, professeur de physique et de chimie à l'École centrale, et garde unique à la Bibliothèque nationale. Il y avait transporté lui-même son mobilier, dans une charrette à bras, et la première lettre qu'il signa en sa nouvelle qualité fut une dénonciation contre tous les employés, et en particulier contre le célèbre bibliographe Van Praet. Révoqué en l'an IV sur la réclamation de tous ses collègues et de tous les employés, exaspérés par l'atrocité de son caractère, il était venu chercher un asile aux Affaires étrangères, où il fut d'abord employé aux analyses, puis sous-chef à la deuxième direction. En vendémiaire an V (septembre 1796), il ne faisait plus partie du Département.

A la troisième division, Derché était chef, et avait pour employés: Anric, Guyétand, Soulaire et Barthel. A ceux-ci s'étaient joints, en thermidor an IV (juillet 1796), David, sous-chef, et Legrip, commis. Guyétand, Soulaire et Barthel sont déjà connus. Legrip, employé par charité, fut réformé en l'an V. Auric (Auguste) avait été, avant 1792, secrétaire de M. de Widseck, ministre impérial à Milan, était revenu en France au moment de la déclaration de guerre, et s'était engagé dans l'armée. Employé à la section des Relations extérieures au Comité de salut public, il entra ensuite au ministère, et en l'an IV fut nommé vice-consul à Alicante. Successivement secrétaire de légation à Munich en l'an VI, et commissaire à Majorque en l'an VII, il fut définitivement révoqué le 16 nivôse an VIII (6 janvier 1800).

A la quatrième division, le chef, Louis Caille, avait joué un certain rôle dans l'insurrection girondine du Calvados. Il était professeur de rhétorique à l'Université de Caen au moment de la Révolution, se distingua par l'ardeur de ses opinions, présida, en 1792, le Comité des fédérés, les accompagna à Paris, présenta en leur nom, le 15 juillet 1792, une adresse pour demander la déchéance du Roi, devint procureur-syndic du district de Caen, puis commissaire du pouvoir exécutif, accusateur public près le tribunal criminel, enfin procureur général syndic du département du Calvados[1]; il avait obtenu cette

---

[1] Ces renseignements extraits des lettres de Louis Caille sont légèrement en contradiction avec les quelques lignes que lui a consacrées M. J. VAULTIER, dans ses *Souvenirs de l'insurrection normande dite du fédéralisme*, Caen, 1858. Le lecteur pourra comparer les deux versions; voici celle de M. Vaultier:

« M. Caille n'avait pas plus de vingt-trois ans en 1793. Il avait récemment débuté comme avocat et promettait un sujet brillant au barreau. Au club il fut tout de

place après le massacre de Bayeux, soupçonné de complots royalistes avec de Lessart et Montmorin. On prétend qu'il avait ameuté la populace contre ce malheureux. Caille prit parti pour les girondins, marcha sur Vernon avec l'armée de Wimpffen, fut mis hors la loi, sur une dénonciation de Lacroix (11 juillet 1793), rentra en fonction après le 9 thermidor, revint à Paris en prairial an III (mai 1795) pour dénoncer les royalistes et les chouans, parvint en thermidor an III (juillet 1795) à se faire nommer chef d'un bureau diplomatique au Comité de salut public, et de là passa au ministère. Le sous-chef, Louis-André Pichon, destiné à une carrière brillante, interrompue sous l'Empire par une destitution, et reprise en 1814 après le retour des Bourbons, était né à Nantes en 1771, et en 1791 était passé en Amérique. Les premiers troubles de Saint-Domingue le jetèrent, en 1793, à Philadelphie, où il obtint d'être employé dans les bureaux de la légation de France. Il y remplit, en 1793, 1794 et 1795, l'intérim de second secrétaire de légation, revint en Europe en 1795, et publia à ce moment : *Deux Lettres d'un Français à M. Pitt, ou Examen du système suivi par le gouvernement britannique envers la France, durant les dernières années de la Monarchie, et depuis l'établissement de la République.* Ces brochures et d'autres, publiées en l'an IV, attirèrent sur lui l'attention du gouvernement ; elles contenaient des détails curieux, des vues impartiales, et étaient écrites d'un bon style, ferme et nourri. Pichon fut nommé sous-chef de la quatrième division, le 15 ventôse an IV (16 mars 1796); il devait rester employé à l'Intérieur jusqu'au 18 brumaire an IX (30 octobre 1800).

Sous les ordres de Caille et de Pichon, travaillaient Moriceau, Jouenne[1], Jugla, anciens employés au Comité de salut public, et Mutel, né à Bayeux, protégé de Caille.

Le bureau des consulats reconstitué ne comprenait presque que d'anciens employés. On connaît déjà Boulouvard, qui en était chef; Butet, sous-chef; Dupérou, Quiret, Dupoy, Rose, Parny, Verel, Fourcade, commis. Le seul nouveau venu était un frère de Dupérou, âgé de dix-huit ans.

---

suite dans la perfection du genre. Au mois de juin 1792, envoyé à Paris pour prendre connaissance des projets de déchéance débattus, il se trouva dès lors en opposition avec Robespierre et se mit en relation avec les chefs de parti de Marseille et de la Gironde. Un des plus ardents promoteurs de l'insurrection du 31 mai, il accompagna le contingent du Calvados dans sa campagne de l'Eure. Partout, il montra un zèle infatigable, de la conscience et du talent. Activement recherché après la défaite, on fouilla pour le trouver toute la ville du Havre. Il ne sortit de son asile qu'après le 9 thermidor. »

[1] Jouenne fut, en l'an V, agent de la République à Francfort-sur-le-Mein.

Au bureau du contentieux se trouvaient, par contre, quelques hommes nouveaux, entre autres le chef : Paganel. Celui-ci, né à Villeneuve d'Agen, le 31 juillet 1745, ordonné prêtre en 1773, chanoine à Pujols, fondateur, avec Lacépède et Lacuée, de la Société d'agriculture, sciences et arts d'Agen, avait occupé diverses cures, lorsqu'en 1790 il fut élu procureur-syndic du district de Villeneuve. Député à la Législative, puis à la Convention, il se renferma dans une spécialité, celle des secours publics, sur lesquels il fit de nombreux rapports, et s'il crut devoir céder aux nécessités du temps en se mariant et en votant la mort du Roi avec sursis, il est certain du moins que, dans les missions qui lui furent confiées, il fit tout le bien qui était en son pouvoir [1]. Non réélu aux Conseils, il était devenu chef du bureau du contentieux. Paganel n'était point un révolutionnaire en matière de diplomatie, il réprouvait « la bizarrerie des réformateurs de l'an II » ; il portait sur leurs actes le jugement le plus sévère et se rattachait nettement aux traditions anciennes [2]. Il avait appelé dans son bureau un autre prêtre défroqué, Molin, dont on a déjà parlé. Mollien, Féraudel, Joly et Moussard complétaient son personnel.

Au bureau des dépenses, tous les employés : Vitry, Lemoine, Guillois, Beuscher, Picard, étaient anciens, sauf le chef, Grandjean. Celui-ci, Jean-Baptiste Grandjean de Flévy, a toutes les allures d'un chevalier d'industrie. Il paraît qu'en 1780, 1781 et 1782, il avait été employé comme secrétaire de l'état-major de l'armée de Rochambeau, puis employé à la reddition des comptes de l'état-major de l'armée, secrétaire de la commission pour la compulsation des archives de la marine, puis gendarme dans la compagnie des Écossais. Envoyé, en 1789, à Londres avec une mission secrète du ministre de la marine, rentré en France en 1792, commis au bureau de la comptabilité de la guerre, il en était sorti en vendémiaire an IV (septembre 1795) pour devenir chef du bureau des dépenses aux Relations extérieures.

Le dépôt des archives avait été de beaucoup le plus remanié par le nouveau ministre. S'il avait presque échappé jusque-là aux mesures qui avaient atteint les autres bureaux du Département, il l'avait dû à son éloignement de Paris, à la quasi-indépendance qu'avait conservée son chef. On n'y avait introduit que quelques modifications de personnel, dont on a rendu compte en leur temps ; on y avait ajouté l'utile bureau d'analyse (1re section), composé de deux vieillards in-

---

[1] Voir, sur Paganel, une bonne notice dans les *Annales biographiques*, 1827, 1re partie. Il a publié, outre divers opuscules, un assez curieux *Essai historique et critique sur la Révolution*. Paris, Panckoucke, 1815, 3 vol. in-8°.
[2] Voir *Essai*, déjà cité, t. II, p. 36 et 37.

struits ; rien, sauf les dénonciations de Bonnet, les recherches inquisitoriales de Soulavie, n'était encore venu troubler la douce quiétude dont jouissaient les employés du dépôt. Ils avaient bien eu quelques alertes comme, en 1794, la visite des citoyens Langlès et Buache, délégués par le Comité d'instruction publique pour diriger et surveiller le transport du dépôt de Versailles à Paris ; mais le ministre répondit aux délégués qu'il n'y avait pas de local dans la maison qu'il occupait, que cette maison ne pouvait suffire à son Département depuis que les douanes y étaient réunies, que les bureaux étaient d'ailleurs très-mal placés, et qu'il se proposait, en conséquence, de demander une autre maison à la Convention nationale ; que, d'ailleurs, il connaissait l'importance du dépôt qui lui était confié, qu'il avait l'intention de réunir les archives aux autres bureaux, mais qu'il était nécessaire que le transport fût fait avec le plus grand soin et que les objets fussent replacés dans l'ordre qu'ils occupaient à Versailles. Deforgues avait conclu en engageant les deux commissaires à se rendre compte par eux-mêmes de la difficulté que présentait ce projet de déménagement. Les commissaires avaient trouvé à Versailles le dépôt dans le meilleur état ; ils rapportèrent que les représentants du peuple, en mission dans le département de Seine-et-Oise, étaient fort satisfaits des éclaircissements qui leur avaient été donnés par les employés. Ils reconnurent qu'il serait difficile de trouver à Paris un local aussi bien abrité du feu, aussi spacieux, pouvant contenir les 14,000 volumes in-folios et la masse de papiers en liasse ; qu'à Versailles on avait été obligé de placer jusqu'à quatorze pieds de hauteur. Ils ajoutèrent qu'au dépôt des archives il serait nécessaire de réunir la Bibliothèque diplomatique, restée dans le pavillon des anciens ministres au château ; enfin, que sans nul doute les bibliothèques des émigrés formeraient encore un accroissement important.

En l'an III, lorsque le ministère eut été transféré de la rue Cérutti à la rue du Bac, il n'y eut plus de raison plausible pour différer le déménagement. Le commissaire donna des ordres formels, fit choix du citoyen Renard, architecte, et, malgré les avertissements de Geoffroy sur l'insuffisance du local préparé, le déménagement fut ordonné. Au commencement de l'an IV, le transport des volumes, des documents, des traités était commencé. Les Archives quittaient, pour n'y plus revenir, leur hôtel de Versailles, construit et aménagé pour elles, les gouaches de Blarenberg, leur table de marbre, sur laquelle les grands ministres avaient signé des traités. Elles entraient dans cet hôtel Galiffet, où elles ne devaient rester que deux années ; séjour précaire, au reste, car les planchers étaient trop faibles pour supporter le poids des papiers. De plus, le dépôt était constamment exposé à l'incendie, par la contiguïté des bureaux, par les fêtes que le ministre donnait au rez-de-chaussée, et, pour combattre cet incendie possible, il n'y avait qu'un seul puits. Sous le ministère même de Charles Delacroix, une pièce, consacrée à la Bibliothèque, fut transformée en salon; on dut encombrer la grande galerie de tous les livres rapportés de Versailles. En sortant de l'hôtel construit par Choiseul, c'était une vraie déchéance.

Mais qu'importait à ces employés, nouveaux venus dans la maison, dont pas un n'avait la tradition des Le Dran et des Sémonin? Geoffroy avait été chassé comme complice du 13 vendémiaire; Poisson, Huet, avaient été mis à la retraite, et quelle retraite! on leur accordait une aumône de 500 livres par an, en attendant que leur pension fût liquidée. Il ne restait de l'ancienne maison que Bonnet, et pour celui-ci, le déménagement fut une occasion à ne pas manquer : le dénonciateur du comte d'Ornano, l'homme qui, en frimaire an IV, adressait au ministre une note sur ses collègues, disant que « c'étaient tous des chouans indignes d'être salariés par la nation », vola soixante-dix-sept boîtes d'argent et de vermeil contenant les sceaux attachés aux traités. Ce vol ne fut découvert qu'en thermidor an VIII (juillet 1800).

Les remplaçants des anciens commis du dépôt étaient : Resnier, chef; Gallon-Boyer, sous-chef; Jorelle, Fontaine, Schmutz, Pourlier, Besson. Sautereau, Anquetil et Montucla faisaient toujours partie du bureau d'analyse. Chrétien, Vitry et Goubault occupaient pour quelque temps encore le dépôt de géographie, d'où Charles Delacroix allait bientôt les chasser par mesure d'économie.

Resnier avait été nommé chef du dépôt le 16 fructidor an III (2 septembre 1795). Le commissaire Colchen, en lui annonçant sa nomination, lui écrivait : « Le dépôt le plus riche et le plus précieux de l'Europe ne peut être confié qu'aux soins d'un homme très-instruit et aussi propre que vous à en apprécier l'importance. Puissiez-vous trouver autant de plaisir à accepter cette place que j'en ai à vous l'offrir, et à vous assurer des sentiments d'estime et d'attachement que vous m'inspirez. » Ce n'est pas là une formule ordinaire de nomination. Cette place, ainsi donnée, était évidemment la récompense de services et de travaux exceptionnels. Ces services, c'est en vain qu'on chercherait à s'en rendre un compte exact. Louis-Pierre-Pantaléon Resnier était né à Paris, le 23 novembre 1759; il avait fait représenter, en 1776 et 1777, quelques petites pièces au théâtre de la rue Favart : la *Bonne Femme, ou le Phénix*, parodie d'*Alceste*, en deux actes, en vers, mêlée de vaudevilles (1776); l'*Opéra de province*, parodie d'*Armide,* en deux actes, en vers, mêlée de vaudevilles; le *Compliment de clôture donné à la suite des Trois Sultanes* (in-8°, 1778). Pour ces trois bluettes, Resnier avait eu pour collaborateurs Piis et Després. A la fin de 1792, on le retrouve rédacteur de la *Gazette de France,* aux appointements de 500 livres par mois, sur les fonds secrets des Affaires étrangères. Il collabore ensuite au *Moniteur,* et est enfin nommé sous-bibliothécaire à la bibliothèque Mazarine; c'est là que vient le chercher son élévation à la place de garde des Archives. Le 26 fructidor (12 septembre), dix jours après, il est chargé d'une mission spéciale à Genève. L'arrêté est signé de Cambacérès, Boissy, Sieyès, Révellière-Lepeaux, Berlier; il est écrit en entier de la main de La Révellière. Au 15 frimaire an IV (6 décembre), il est remplacé sur l'état de payement des employés du dépôt par Geoffroy, l'ancien chef; informé aussitôt, il écrit, le 21 frimaire (12 décembre), au ministre pour lui rappeler qu'il a été convenu qu'il serait remplacé par intérim par Poisson; il demande s'il a démérité. Charles Delacroix lui répond qu'il est mal informé et que sa place est à lui. Il revient à Paris le 15 germinal an V (4 avril 1796), et prend possession. Pendant son absence, le transport du dépôt a été entièrement effectué par les soins de Poisson. Resnier, dont le rôle fut nul aux Archives, resta chef du dépôt jusqu'au 26 frimaire an VIII (21 décembre 1799). Il fit partie du Sénat lors de sa création (*Moniteur,* an VIII, t. I, p. 384), fut nommé commandant de la Légion d'honneur à la promotion du 14 juin 1804, et mourut le 8 octobre 1807. Cette carrière inexplicable, eu égard aux titres apparents de l'homme qui occupa toutes les fonctions et finit, à quarante ans, par être revêtu de la haute dignité de sénateur de l'Empire, ne peut être justifiée que par de hautes et influentes amitiés, telles que celles de Maret et de Rœderer, par des services occultes, tels que la rédaction de la *Gazette* et du *Moniteur,* journaux qui ont poussé leurs auteurs aux places les plus éminentes.

Des collaborateurs de Resnier, Gallon-Boyer est déjà connu. On a vu qu'il était entré aux Relations extérieures en alléguant son indigence. Jorelle et Besson sont destinés à vivre et à mourir au Département. Fontaine (Claude), employé avant la Révolution dans l'instruction publique, puis sous-chef au Comité de sûreté générale, enfin secrétaire d'un représentant en mission, ne resta aux Archives que quelques mois, de germinal an IV (mars 1795) à vendémiaire an V (septembre 1796). Louis Schmutz mérite plus d'intérêt. Né à Strasbourg, y ayant fait des études de droit public, il ne revint dans sa ville natale, après de nombreux voyages, qu'en 1789. Il fut alors employé au district et joua à Strasbourg un rôle révolutionnaire. Dans le peu de temps qu'il resta aux Archives, car il fut aussi réformé au commencement de l'an V, Schmutz, chargé de mettre en ordre la bibliothèque qui venait d'être transportée de Versailles, reçut, par surcroît, la mission de faire un choix d'environ 3,000 volumes parmi les livres provenant de maisons ecclésiastiques et de biens d'émigrés. Ce fut là, avec l'ancien fonds de Versailles et la bibliothèque de Pfeffel, le noyau de la Bibliothèque actuelle du Département.

Le bureau topographique, composé de Chrestien, Vitry et Goubault, fut supprimé le 29 messidor (17 juillet 1796); ces trois employés furent réintégrés dans leurs fonctions par Talleyrand. Du bureau d'analyse, Sautereau devait passer à une place active au dépôt; Montucla donnera sa démission en l'an V; enfin, Anquetil restera attaché au ministère jusqu'en l'an VIII.

Tel était le personnel du Département. Au lieu des soixante-seize employés que comporte le projet de Charles Delacroix, on en compte quatre-vingt-quatorze en nivôse an IV (décembre 1795), quatre-vingt-dix en germinal (avril 1796), quatre-vingt-sept en thermidor (juillet 1796). Il faut une année et des ordres sans cesse réitérés du Directoire et des conseils pour que le ministre se détermine à réduire ce nombre exagéré de commis. Lorsque, par des mesures radicales, on les réformera par bureaux tout entiers, on verra avec quel mépris des droits acquis procède le Directoire.

Avant tout, la grande préoccupation du Directoire est de s'assurer du civisme et du républicanisme des commis du ministère; il tient énergiquement la main à l'exécution des jugements de la Commission des dix-sept, réclame avec instance des états généraux du personnel, indiquant ce que chaque employé a fait pour la République, avant et depuis le 13 vendémiaire (18 brumaire-9 novembre, 7 et 9 frimaire-28 et 30 novembre). Il veut une pièce de la main de chacun des employés (2 nivôse-23 décembre); il exige le serment écrit et signé : « d'être sincèrement attaché à la République et de vouer une haine éternelle à la Royauté ». Le 24 messidor (12 juillet 1796), il en arrive à écrire cette circulaire :

« Si, dans ces derniers temps, citoyen, le langage républicain s'est altéré, et si l'expression la plus honorable pour tout Français qui sent la dignité de son être semble aujourd'hui dédaignée par les amis de l'ancien régime, ce n'en est pas moins un vrai scandale qu'il se trouve dans les administrations générales ou locales des employés qui affectent eux-mêmes de substituer le mot *monsieur* à celui de *citoyen*.

« Sans doute, ce n'est pas à la loi de commander en pareil cas, ni d'exercer son empire sur l'idiome privé des individus ; il est des objets qui sont inaccessibles pour elle.

« Dans l'ancienne Grèce, les habitants d'une de ses villes s'étaient livrés à une incontinence extrême. Un décret qui n'était qu'une satire sanglante leur permit de s'enivrer. Qu'il soit de même permis à tous ceux qui ne se sentent pas dignes de porter le nom de *citoyen,* de s'en attribuer un autre. Il restera sans doute assez de républicains qui le tiendront à honneur et sauront le faire respecter.

« Que ceux qui veulent *monsieuriser* rentrent dans les coteries qui admettent ce langage, mais ces messieurs doivent renoncer à être employés par la République.

« Nous connaissons l'influence des mots sur les choses, et nous venons, citoyen, de vous exprimer notre volonté constante.

« Vous voudrez donc bien prendre les mesures nécessaires pour la faire observer de toutes les parties de l'administration publique qui correspond au Département dont vous êtes chargé.

« *Signé :* Carnot, président.
« *Par le Directoire exécutif :* Lagarde. »

Et cette lettre, n'ayant pas produit tous les effets qu'on en attendait, était suivie d'un arrêté du 18 fructidor (4 septembre) :

« Le Directoire exécutif arrête que les ambassadeurs, envoyés, consuls et autres personnes de telle classe que ce soit, employés au dehors de la République, ne se donneront et ne recevront officiellement d'autre qualité ou dénomination que celle de *citoyen.* »

Mais en même temps qu'il exige des employés un civisme à toute épreuve, le Directoire prêche une économie absolue. Il écrit au ministre que « l'homme d'État doit être impassible quand il s'agit de ses devoirs ». « Trop longtemps une cour corruptrice et les factions qui lui succédèrent, avant l'établissement de la République, créèrent une foule d'emplois inutiles, et permirent d'horribles dilapidations pour se faire des créatures ou satisfaire à des sollicitations puissantes. Encore aujourd'hui, une foule d'hommes inutiles ne peuplent les bureaux que pour afficher un luxe corrupteur, et dévorer la substance de l'État. Il n'est plus possible de souffrir des abus aussi criants. »

Il arrête (9 nivôse-30 décembre) qu'aucune somme ne sera payée pour l'acquittement des traitements des employés et des frais de bureau sans un visa de lui, supprime tout payement d'arriéré (23 nivôse-13 janvier 1796), pousse l'économie jusqu'à l'infime détail arrêtant, le 28 messidor (16 juillet), que chaque employé se fournira de tous les ustensiles de bureau, à l'exception du papier, encre, fil, épingles, pains et cire à cacheter, et recevra à cet effet trois francs par mois en valeur métallique (mandats territoriaux) ; arrêtant, le 28 messidor (16 juillet), que les employés seront réunis en plus grand nombre possible dans chaque bureau, pour diminuer le nombre des feux, fixant le bois à brûler à cinq voies par cheminée, décrétant que ce qui ne sera pas consommé sera partagé entre les employés.

Quant aux traitements, leur baisse suit la baisse des assignats; en frimaire, le Directoire les a fixés de la manière suivante, en valeur de 1790 : les chefs de division, de 6,000 à 8,000 livres ; les chefs de bureau, de 6,000 à 4,800 livres ; les sous-chefs, de 4,200 à 3,000 livres ; les commis principaux, de 3,600 à 2,400 livres ; les expéditionnaires, de 2,400 à 1800 livres. Les traitements doivent être payés en assignats à raison de trente fois la somme. En thermidor, après la banqueroute complète des assignats, le Directoire, maintenant à peu près les mêmes classes, stipule que les traitements seront payés en valeur métallique. Cette valeur métallique est représentée par des mandats dont la baisse est bientôt aussi rapide que celle des assignats.

Ainsi payés et rémunérés, les employés du Département ne se croyaient pas obligés à beaucoup de travail. En vain Delacroix donnait les ordres les plus sévères, interdisait l'entrée des étrangers dans les bureaux, ordonnait que les déchiffrements seraient signés par les déchiffreurs, qui remettraient la lettre signée, le déchiffrement et la copie ; édictait, le 26 frimaire (17 décembre 1795), un règlement qui devait être affiché dans tous les bureaux du ministère, règlement qui fixait les heures de travail de neuf heures à quatre heures, réitérait la défense de laisser entrer dans les bureaux, donnait les heures et les jours des audiences du ministre ; en vain il réclamait de ses chefs de bureau des explications sur l'inexactitude absolue des commis, et, pour enlever à la négligence des chefs un prétexte dont on abusait, en vain il les faisait exempter du service de la garde nationale (14 pluviôse an IV-3 février 1795); rien n'y faisait, les plaintes arrivaient de tous côtés. Les employés étaient grossiers vis-à-vis du public[1]. Ils délivraient aux intéressés et à ceux qui les demandaient

---

[1] Lettre du Directoire du 9 nivôse an V (19 janvier 1796) : « On se plaint que plusieurs employés de vos bureaux traitent les citoyens avec beaucoup de hauteur ou les brusquent avec humeur. C'est ce qui ne doit pas exister sous un régime républicain. Les particuliers, il est vrai, ne doivent pas abuser du temps des personnes employées pour le compte de l'État, puisque c'est alors un vol que chacun fait à son tour. Mais aussi les employés ne doivent jamais oublier que si leurs

en leur nom, les originaux ou les copies des rapports du ministre au Directoire (15 thermidor an IV-2 août 1796). Il en résultait un trafic inouï ; dans les couloirs du ministère, se tenait une sorte de bourse des décisions, des arrêtés et des faveurs du gouvernement. Tout le monde se plaignait, adressait des observations. Un employé, nommé Moriceau, recommandait que les chefs et sous-chefs fissent eux-mêmes les expéditions ; le pétitionnaire était lui-même expéditionnaire ; il voulait qu'on séparât les commis, qu'on les empêchât de communiquer entre eux ; dénonçait la masse des employés inutiles, l'affluence du public. Un autre, Mangourit, écrivait : « Je vous demanderai, citoyen, si, malgré l'honorable et vigoureuse purgation de vos bureaux, il n'y existe pas encore, en petite quantité sans doute, quelques êtres dangereux. J'ajouterai que le travail n'est pas encore à *mettiers battants*, que les séances sont courtes, qu'on passe beaucoup de temps à lire les gazettes, ce qu'on pourrait faire chez soi par récréation et en famille par mode d'éducation. »

Charles Delacroix essaye vainement d'obtenir un peu plus de travail et de secret, en réunissant au secrétariat tous les expéditionnaires de chaque division (fructidor an IV-août 1796). Les chefs de bureau protestent contre une semblable mesure, déclarent qu'un pareil système retarderait les expéditions, ébruiterait les secrets, rendrait le travail des directions impossible. Et le projet de Delacroix reste en suspens.

Au reste, quels services attendre de ces malheureux employés, payés d'abord en assignats sans valeur, puis deux tiers en mandats, dont la baisse allait suivre celle des assignats ? Les plus savants, les mieux protégés en étaient réduits, comme Montucla et Anquetil (lettres de brumaire an IV), à solliciter la fourniture de quelques aunes de drap, au prix fixé par la République. Un écrivain du temps[1] a résumé, dans un tableau auquel il n'y a point un trait à ajouter, cette situation de commis pendant le Directoire : « La hiérarchie morale des commis, dit-il, est changée depuis dix ans. Autrefois, le commis de bureau prenait le pas sur le commis du banquier, et regardait avec dédain le commis-marchand, qu'il appelait un *courtaud de boutique*. Aujourd'hui, ce dernier est le seul qui, par sa tournure, se fasse remarquer. Le commis de banquier vient après, et le pauvre commis de bureau se traîne ensuite. Il y avait autrefois trop de com-

occupations multipliées ne leur permettent pas de longs entretiens avec les personnes qui leur font des demandes, ils ne doivent pas moins les traiter avec honnêteté. »

[1] *Paris à la fin du dix-huitième siècle*, par Pujoulx. Paris, an IX.

mis dans les bureaux, relativement à l'ouvrage ; il y en a aujourd'hui trois fois davantage, et l'on pense qu'il n'y en a pas encore assez. Voici le mot : le travail de bureau n'étant qu'une routine minutieuse, le plus ancien commis est toujours le plus instruit : d'où il suit que chaque fois que l'on déplace un ancien employé (ce qui arrive souvent), on est obligé de le remplacer par deux ou trois autres... Il y a des souverains assez puissants qui ne peuvent pas mettre sur pied une armée aussi considérable que celle que forment les commis en France. A Paris seulement, il y en a plus de trente mille ; sur ce nombre, six mille au plus écrivent des choses nécessaires, le reste taille des plumes, use de l'encre et noircit du papier. Le plus riche particulier de l'Europe serait celui qui aurait pour fortune une somme équivalente à la valeur annuelle du papier que l'encre et l'impression salissent inutilement en France. »

C'était vrai. Si mal payés et si indigents qu'ils fussent, ces commis coûtaient cher. Le budget de l'an IV pour les Affaires étrangères donne des chiffres dont il est difficile, à la vérité, de déterminer la valeur réelle, mais qui n'en surprennent pas moins.

Le département des Relations extérieures a dépensé en une année 51,814,858 livres 9 sous 1 denier en *assignats ;* 1,844,051 livres 7 sous 7 deniers en *valeur métallique*, et 459,224 livres 14 sous 1 denier 1/3 en valeur fixe, c'est-à-dire en *mandats*.

Les crédits étaient de 50 millions en *assignats*, 2 millions en *numéraire*, 500,000 livres en *mandats*. L'excédant de dépenses sur les *assignats* se trouve donc et au delà compensé par l'excédant des recettes sur les *mandats* et le *numéraire*.

Ce budget de dépenses est divisé en quatre chapitres : Le premier comprend les appointements aux envoyés à l'étranger. Il se monte à 98,961 livres 15 sous 3 deniers en *assignats ;* 5,016 livres 13 sous 4 deniers en *mandats ;* 1,091,364 livres 4 sous 8 deniers en *numéraire*. Les traitements étaient réglés suivant un taux qui se rapproche de celui de l'ancien régime (Madrid, Constantinople : 150,000 livres ; Bâle : 80,000 livres ; Stockholm, Berlin, Philadelphie, 60,000 livres ; les secrétaires, de 12,000 à 6,000 livres).

Le deuxième chapitre montait à 1,692,423 livres en *assignats*, 19,276 livres 10 sous 8 deniers en *mandats*, 876,323 livres 8 sous 10 deniers en *numéraire*. Il comprenait les frais de voyage et l'établissement, les présents faits aux divers ministres étrangers, avec qui la France avait eu à négocier[1].

---

[1] Présents de porcelaine, à M. de Weitz, 160,500 livres *assignats ;* au frère de

Au troisième chapitre, traitement du ministre et des bureaux ; le traitement du ministre, comme on a vu, était déterminé par la Constitution à 37,500 myriagrammes de froment faisant par an 7,666 quintaux et demi valeur représentative. Or ces quintaux de froment se trouvent valoir en l'an IV :

2,437,466 livres 10 sous. . . . . . en *assignats*.
536,733 livres 19 sous 6 deniers en *mandats*.
11,745 livres 14 sous 10 deniers en *argent*.

Quant aux bureaux, ils sont payés uniquement en *assignats* de brumaire à germinal, et en *mandats* depuis cette date. On ne trouve en *numéraire* qu'une somme de 32,980 livres 17 sous 6 deniers 1/3, qui a été attribuée à des employés spécialement favorisés. Les dépenses pour cet objet varient de la façon la plus étrange avec les différents mois. En frimaire, 1,153,512 livres (*assignats*), et 591,000 seulement en ventôse. Au total : 4,882,660 livres 6 sous 8 deniers (*assignats*), à laquelle somme il faut encore ajouter 882,183 livres 6 sous 8 deniers (*assignats*) payés aux employés réformés, plus 279,922 livres 2 sous 6 deniers *mandats*, plus 1300 livres *mandats* payées aux employés réformés, plus enfin 32,980 livres 17 sous 6 deniers 1/3 en *numéraire*. Le tout formait pour le chapitre la somme de :

8,998,178 livres 3 sous 10 deniers *assignats*.
898,272 livres 2 sous 8 deniers *mandats*.
49,309 livres 6 sous 7 1/3 *numéraire*.

Enfin le quatrième chapitre (dépenses secrètes) s'élevait à :

7,000,000 livres *assignats*.
251,000 livres *mandats*.
240,600 livres *numéraire*.

Le ministre rendait directement compte au Directoire des dépenses portées sous cet article.

Ce n'était pas tout. Il restait un arriéré de l'an IV, qui fut soldé de l'an VII à l'an X, et cet arriéré montait à 372,546 livres.

Lorsqu'on présenta le budget de l'an IV, les dépenses étaient faites, les Conseils ne pouvaient plus faire d'objections, mais le projet pré-

---

l'ambassadeur d'Espagne qui avait négocié la paix, 547,040 livres *assignats*; aux ministres du roi de Sardaigne, 24,000 livres *numéraire*. Il s'agit, bien entendu, de porcelaines de Sèvres.

senté pour l'an V, et qui ne faisait que reproduire les chapitres de l'an IV, fut vivement attaqué au conseil des Cinq-Cents, le 17 prairial an IV (5 juin 1797), par le représentant Camus, rapporteur de la Commission des dépenses. Il démontra avec netteté que les dépenses des bureaux montaient plus qu'au double de ce qui avait été réglé en juin 1790, sur le rapport de Lebrun, en 1792, sur le rapport de Laffon. En 1789, les appointements des bureaux allaient à 300,000 livres (compte du 1er mai 1789). Ils sont réglés à 293,150 livres en 1790; à 291,884 livres (état du 15 février 1792); à 235,100 livres d'après l'état fourni le 7 du deuxième mois de l'an II de la République. Or, en prenant les plus fortes évaluations sur le discrédit du papier-monnaie, ils montent en l'an IV à 505,000 livres.

Pour les ambassades, l'augmentation est analogue. En 1790, la dépense s'élève à 2,227,600 livres; l'Assemblée législative la réduit à 2,014,025 livres. Elle sera, en l'an IV, de 2,685,200 francs, quand toutes les résidences seront occupées.

Arrivant aux consulats, Camus trouve une différence en moins pour l'an IV comparé à 1790 et 1792, mais les cadres sont loin d'être au complet. Pour les dépenses secrètes, en 1790, 200,000 livres; en l'an IV, 2,000,000. Le ministre, enfin, demande des fonds pour les pensions suisses, et Camus entre dans une discussion pour démontrer que les sommes demandées sont encore plus fortes que celles accordées en 1790 et 1792.

Entrant dans le détail des chapitres, et s'attachant particulièrement à celui qui nous intéresse spécialement, le rapporteur établit qu'en 1790 le nombre des employés était de quarante-six, y compris les garçons de bureau, qu'en 1793 il était de soixante-quatorze, et qu'en l'an IV il était de cent six. Il recherchait de quelle utilité pouvait être le secrétariat général, annulant les directions politiques ou annulé par elles, rendait justice au bureau des archives, demandait la réunion du dépôt géographique à ceux de la guerre et de la marine, voulait la suppression du bureau des fonds, sauf deux employés. Enfin, reconnaissant la vérité des principes de l'ancienne monarchie, il demandait pour les employés des traitements plus forts, une moyenne de 4,000 livres pour les traitements au lieu de 3,000 livres. Ainsi, par la suppression des bureaux politiques et de celui du contentieux, il arrivait à réduire les dépenses de ce chapitre à 225,000 francs.

Il était impossible de rencontrer un homme plus au courant à la fois des finances et de la diplomatie que celui qui fut chargé, au conseil des Anciens, de faire le rapport sur la résolution du conseil des Cinq-Cents; Barbé-Marbois était un des enfants de ce ministère des Affaires étrangères; il y avait brillamment commencé une carrière que la Révolution vint interrompre. Il était en train de se faire, dans les assemblées parlementaires, cette réputation d'intrépidité politique et financière qui le désigna plus tard au choix de l'empereur Napoléon et du roi Louis XVIII. Le rapport de Barbé-Marbois (48 pages in-quarto) est un véritable précis de l'histoire antérieure du Département. Barbé-Marbois rend, en passant, justice à ces hommes, les Hennin, les Rayneval, les Pfeffel, qu'il avait vus à l'œuvre. Il prend pour terme de comparaison avec l'an V l'année 1789, se sert des mêmes arguments que Camus, mais avec une connaissance intime des faits que Camus ne pouvait avoir. De même que Camus, il établit successivement l'inutilité de chacun de ces bureaux nouveaux, sauf, néanmoins, le bureau du contentieux, pour lequel il redemande un Pfeffel.

Barbé-Marbois ne se fait pas faute, en passant, de dire leur fait aux directeurs. Il dévoile l'existence près du Directoire d'un bureau secret des Relations extérieure. Il demande s'il est constitutionnel que le ministre soit ainsi supprimé par un ministre caché dans le voisinage du Luxembourg. Puis, après avoir ainsi disséqué le budget intérieur, il arrive à l'extérieur. Pourquoi neuf secrétaires d'ambassade à Constantinople, sans compter les drogmans? deux secrétaires et un ministre à Genève? Et ce corps de secrétaires, comment encore est-il recruté? Des jeunes gens sans instruction, sans expérience, ne sachant rien de la langue, des mœurs, de l'histoire du pays où ils vont résider, et ne cherchant dans les missions à l'extérieur qu'un moyen d'échapper à la réquisition.

Terminant par un argument topique, Barbé-Marbois donne les chiffres des dépenses des cinq grandes puissances de l'Europe, pour le service des Relations extérieures :

La République française...	6,104,255 livres 1 sou 8 deniers.
L'empereur d'Allemagne...	2,150,000
Le roi d'Espagne...	1,650,000
Le roi d'Angleterre...	1,810,000
La Russie...	1,600,000
Le roi de Prusse...	1,450,000

Pour les puissances étrangères, ces chiffres étaient ceux de 1791; mais ils avaient, depuis cette date, plutôt diminué qu'augmenté.

Par un procédé digne de la vérité qu'il défendait, Barbé-Marbois avait joint à son rapport les réponses que Charles Delacroix avait faites à certaines accusations. Par exemple, le rapporteur disait que la journée des employés des Relations extérieures était de trois ou quatre heures seulement; Delacroix répond : « Voyez le règlement, le tableau d'organisation, sept heures, huit heures de travail ! » Le rapporteur disait qu'avec le triple d'employés, le ministère avait une correspondance moitié moins active qu'en 1789. Delacroix répond : « Nous avons enregistré 18,000 pièces en dix-neuf mois », et il ne comprend pas que cette masse de papiers ne constitue pas de la correspondance, que les lettres, les imprimés, les papiers à tête ont été multipliés de façon à tout encombrer, et que cette multiplication même des pièces est la preuve que « dans ce Département, où jadis on excellait à bien écrire et à bien dire [1] », on ne fait plus de la diplomatie, mais de la bureaucratie.

Charles Delacroix consacre la fin de son rapport à développer cette idée que l'année est bien avancée, et que le conseil des Anciens est bien obligé d'accepter les dépenses faites. Le rapport de Marbois, lu à la séance du 16 prairial an V (4 juin 1797), n'a, en effet, été imprimé qu'en messidor (juillet). Une nouvelle commission a été nommée, qui a choisi pour rapporteur Dupont (de Nemours), et celui-ci, dans la séance du 15 fructidor (1er septembre), vient démontrer, pièces en main, que les Relations extérieures de la République ont coûté, en l'an V, 251,843 livres 18 sous 6 deniers de plus que le ministre n'avait demandé; et il reste, en outre, un arriéré de 857,953 livres 12 sous 9 deniers pour une multitude de dépenses faites dans le cours des années antérieures. Mais quoi ! « on est réduit, comme dit Dupont, à baisser la tête, à murmurer, à blâmer, à réprimander et à payer : ce qui suffit ordinairement pour consoler ceux qu'on réprimande ». Dupont conclut en demandant une loi qui ne laisse plus la responsabilité des ministres à la discrétion du Directoire seul, n'en fasse qu'un vain mot, et rende illusoire le vœu de la Constitution.

La Constitution ! On est au 15 fructidor. Dans trois jours, Barbé-Marbois, déporté à Sinnamari, traversera la France dans une cage de fer ; Dupont donnera sa démission, et le ministère des Relations extérieures pourra continuer à excéder son budget. Qui sait si cette connaissance des chiffres, cette intégrité de caractère, cette science financière que déployaient les adversaires du Directoire n'est pas entrée pour une part dans la haine que leur ont prouvée les directeurs?

Néanmoins, en l'an V, le Directoire avait dû faire parade de ses

---

[1] Fontenelle au cardinal de Fleury.

bonnes intentions, ordonner des économies, pousser à la réforme. « Le républicanisme prononcé, écrivait-il le 5 vendémiaire an V (27 septembre 1796), l'attachement constant à la Constitution de l'an III, sont les seuls titres qui doivent vous déterminer. » Et dès ce moment, Delacroix supprime la division des Consulats, qui est de nouveau répartie dans les autres divisions politiques auxquelles appartient le pays où est situé chaque consulat. Boulouvard remplace alors Méhée à la tête du troisième bureau politique, et substitue la plupart des employés de son ancienne division à ceux qu'avaient introduits avec eux Méhée et Villebrune.

Malgré cette suppression, le nombre des employés s'élevait encore à quatre-vingt-quatre. Le Directoire, le 29 vendémiaire (20 octobre), demandait un nouveau projet de fixation du nombre et du traitement des employés. Pour en écarter quelques-uns, il saisit l'occasion de la loi du 14 frimaire (4 décembre) qui interdit à ceux qui ont profité de l'amnistie de brumaire, d'occuper des fonctions publiques, et demande de nouveau aux ministres l'état de leurs employés; il réclame de nouveau cet état le 9 messidor (27 juin 1797), le 14, le 15 du même mois : Delacroix se décide enfin à la réforme qu'il annonce de la manière suivante aux chefs de ses bureaux :

« La nécessité où je me trouve, citoyen, de faire de grandes réformes dans le Département qui m'est confié, me force, pour le bien du service et l'exactitude de la correspondance, d'exiger plus de travail de la part de ceux de mes coopérateurs qui sont conservés. Dans leurs bureaux respectifs, les chefs de division sont seuls à portée de veiller à ce que chacun des employés soit rendu à son poste à l'heure indiquée pour le travail. Le règlement de l'administration porte que les heures de bureau sont depuis neuf heures du matin jusqu'à quatre heures après midi. Cet ordre est de rigueur, et les chefs de division sont chargés sous leur propre responsabilité de le faire observer exactement.

« S'il arrive qu'un employé se rende trois fois de suite à son bureau après dix heures, ou qu'il en sorte avant trois heures et demie, le chef sera tenu d'en avertir le ministre ; il en sera de même si un employé, excepté les jours de garde, s'absente deux fois de suite de son bureau. Il est un autre objet sur lequel le Directoire exécutif m'a chargé d'apporter la plus sérieuse attention : c'est d'empêcher qu'aucun des employés de mon Département ne dérobe une partie du temps qu'il doit tout entier à ses devoirs pour travailler à des journaux, ou fournir des articles aux journalistes ; il me sera impossible de conserver un employé qui prendrait sur lui de faire l'un ou l'autre... »

Cette réforme, en date du 29 messidor (17 juillet 1797), et faite par Charles Delacroix, bien que depuis la veille son successeur fût nommé, comprenait vingt employés entre autres, tous ceux de la quatrième division politique, celle dont Caille était chef[1]. Par suite de la suppression de ce bureau, la Suisse et la Hollande étaient attribuées à la première division politique, qui correspondait en outre avec l'Allemagne, la Prusse, les villes hanséatiques, le Danemarck et la Suède. La seconde division a gardé la Russie, la Porte, la Barbarie et les consulats de la Méditerranée. La troisième, enfin, a pour domaine l'Italie, les Deux-Siciles, l'Espagne, le Portugal, l'Angleterre et les États-Unis.

Le nombre des employés est restreint ; le travail est centralisé ; les chefs de bureau ont quelque valeur ; l'instrument est encore inférieur, à coup sûr, à celui que Vergennes a eu entre les mains ; mais qu'il vienne un grand ministre, que cet homme achève la réforme et mette en leur lieu quelques-uns des vieux serviteurs de l'ancienne diplomatie, et il y aura enfin un ministère des Relations extérieures.

Quant au personnel des légations à l'extérieur, mieux rétribué, plus en vue, beaucoup d'hommes du nouveau régime, de ceux qui n'étaient pas du *monde* sous l'ancienne monarchie, voulaient s'y pousser, en forcer les portes. C'était un moyen de s'introduire dans la société, de se rendre importants ; ils obtenaient un uniforme, le même que celui des commissaires du Directoire aux armées : habit bleu, veste et culotte de même, ceinture rouge et blanche avec franges tricolores, chapeau rond avec une plume tricolore[2] (4 messidor - 22 juin 1796).

Ces ambassadeurs, le *Moniteur* les fournissait. Ginguené menait avec lui l'*ambassadrice* de France, prétendait la faire entrer à la cour de Sardaigne, en chapeau et en bas de coton blancs. Garat regrettait de ne pas avoir d'*ambassadrice* à présenter dans le même costume à la cour de Naples[3]. Ce n'était là encore qu'une parodie plus ou moins courtoise de l'entrée de Roland à la cour de France, et ces momeries étaient de nature à plaire à ces directeurs qui refu-

---

[1] Réformés à partir du 1er thermidor : Florent, Lebrun, Satur, Madjet, Bonneau, Serrurier, Barbry, Cardonne, Legrip, Baudry, Caille, Moriceau, Mutel, Moulin, Joly, Schmutz, Pourlier, Lemoine, Beuscher, Vianelly ; avaient de plus donné leur démission : Dervillé, Appia, Lefebvre, Révillon, X. Guiraudet, Jugla. Parny, enfin, avait été exclu comme noble.

[2] Jusque-là les ambassadeurs portaient la tenue qu'ils préféraient. Quelques-uns endossaient l'habit de garde nationale. *Mémoires de Miot*. In-12, t. I, p. 107.

[3] *Mémoires de Miot*, t. I, p. 194.

saient de recevoir, des ministres étrangers, d'autres titres que celui de *citoyen*, mais qui l'exigeaient sous peine de renvoi. Il était d'autres faits qui pouvaient avoir des conséquences graves. Certains envoyés profitaient de leur situation pour se marier. Et, comme c'était là, suivant eux, un acte de vie privée, ils le faisaient sans donner avis de leur détermination, et sans demander l'autorisation du ministre. Le 14 floréal an V (3 mai 1797), le Directoire prend, sur la proposition du ministre des Relations extérieures, un arrêté par lequel sont réglées les formalités à remplir par les agents, avant qu'ils puissent se marier à l'étranger.

« Le Directoire doit exiger, disait un des considérants, que rien n'altère l'indépendance et n'atténue le patriotisme qui doivent distinguer le caractère de représentant diplomatique du gouvernement français. » Il veut, au cas où un agent français viendrait à vouloir se marier, qu'on lui transmette les renseignements les plus détaillés sur la famille, le nom, la fortune et les alliances de la jeune fille. Le ministre remettra un rapport concluant pour ou contre, et le Directoire décidera. Toute contravention à l'arrêté doit être considérée comme démission. On ne peut que louer l'esprit qui avait dicté cette mesure. La preuve qu'elle était bonne est l'application constante qu'en ont réclamée tous les régimes depuis l'an V. On l'a même étendue aux employés de l'intérieur qui peuvent être appelés à servir à l'extérieur.

Si l'on considère maintenant cette période au point de vue de la politique, le ministère de Charles Delacroix fut sans doute, depuis l'origine de la monarchie française, celui qui vit le plus d'actes internationaux. Mais ce n'est point le ministre des Relations extérieures qui a signé ces traités, ce ne sont point les agents du Département qui en ont été les négociateurs.

Le général Bonaparte entre en scène, et le ministre des Relations extérieures n'a plus qu'à enregistrer ses décisions. C'est Bonaparte qui signe avec la Sardaigne l'armistice de Chérasco (9 floréal-28 avril 1796); avec le duc de Parme, l'armistice de Plaisance (20 floréal-9 mai); avec le duc de Modène, l'armistice du 23 floréal (12 mai); avec le roi des Deux-Siciles, l'armistice de Brescia (17 plairial-5 juin); avec le Saint-Père, l'armistice de Bologne (5 messidor-28 juin). C'est lui qui signe la Convention du 10 janvier 1797 avec la Toscane (Bologne), le traité de paix de Tolentino (19 février) avec le Pape, les préliminaires de Léoben (18 avril) avec l'Autriche. C'est Moreau, son émule de gloire, qui signe à Bade l'armistice du 17 juillet 1796 avec le Wurtemberg; à Stuttgard, l'armistice du 25 juillet avec Bade;

à Stuttgard encore, l'armistice du 27 juillet avec la noblesse immédiate du cercle de Souabe ; à Wurtzbourg, l'armistice du 7 août avec le cercle de Franconie ; à Heidelberg, l'armistice du 11 mai 1797 avec l'Autriche. Delacroix ne signe même pas l'alliance avec l'Espagne (Saint-Ildefonse, 19 août 1796), l'alliance avec le Nord (5 août, Berlin).

Bonaparte et Moreau remportent des victoires et signent des traités. Encore faut-il que les traités conclus soient respectés, que la paix rétablie soit maintenue, que le ministre des Relations extérieures ne paraisse pas prendre à tâche de heurter tous les sentiments, toutes les susceptibilités des représentants des puissances étrangères.

Or, dès le premier jour, par le ton de la lettre qu'envoie Charles Delacroix au président du conseil des Anciens, pour lui faire part de sa nomination [1], on peut juger quel sera le ministre. Quoique, pour former Delacroix et lui donner des traditions, on ait conservé près du ministre le citoyen Colchen, les ambassadeurs étrangers ne tardent pas à apprendre par eux-mêmes ce que vaut la République régicide. Carletti, le ministre plénipotentiaire du grand-duc de Toscane, a demandé à présenter ses respects à Marie-Thérèse-Charlotte, fille de Louis XVI, avant son départ de Paris (28 frimaire - 19 décembre 1795) ; il reçoit ses passe-ports, et l'ordre de quitter Paris. Le 1er pluviôse (21 janvier), à la fête de l'anniversaire de l'exécution de Louis XVI, Delacroix invite les ambassadeurs d'Espagne et de Prusse. Ici comme là, il ne fait qu'exécuter les ordres des directeurs, mais les directeurs ont bien choisi leur intermédiaire. C'est Delacroix qui, le 16 ventôse, « notifie à M. Querini et au sénat de Venise le mécontentement qu'éprouve le Directoire, du séjour du prétendu Louis XVIII à Vérone, devenu le centre de toutes les in-

---

[1] « Le 13 brumaire de l'an IV de la République française, une et indivisible.

« Citoyen président, le Directoire exécutif vient de me choisir pour ministre des Relations extérieures. Quoique le fardeau qu'il m'impose me paraisse bien au-dessus de mes forces, je me suis fait un devoir de l'accepter. Je te prie, citoyen président, de le déclarer au Conseil et de lui faire agréer l'hommage de mon dévouement à la sûreté, à l'affermissement et à la prospérité de la République.

« Salut et fraternité.
« Ch. DELACROIX. »

Le Directoire envoie en même temps un message pour demander au Conseil qu'en vertu de l'article 14 de la loi du 30 vendémiaire, son remplaçant au Conseil, ainsi que celui de Merlin de Thionville, nommé ministre de la Justice, soit pris parmi les anciens conventionnels. En vain Dupont de Nemours essaye de s'opposer à la prise en considération du message, en vain discute-t-il la légalité même de la loi du 30 vendémiaire, la théorie du Directoire triomphe.

trigues contre la République française ». C'est lui qui écrit à Noël, ministre à la Haye, « pour que M. Van Berkel, envoyé des États Généraux près les États-Unis d'Amérique, soit rappelé » (16 ventôse).

Le 18 thermidor (5 août), il a avec M. de Staël, ministre de Suède, cette célèbre querelle sur le refus d'admettre un chargé d'affaires qui déplaît au Directoire, M. de Rehausen, et, plutôt que de céder, rappelle tous les agents français résidant en Suède. Plus tard, il échange avec lord Malmesbury cette correspondance insérée dans le *Moniteur* des 24 brumaire (14 novembre), 9 frimaire (29 novembre), 10 frimaire (30 novembre) et 4 nivôse (24 décembre) an V, qu témoigne d'une ignorance complète des formes diplomatiques, de peu de sincérité et d'encore moins d'habileté [1]. Le 3 frimaire (23 novembre 1796), Delacroix a exécuté l'ordre du Directoire d'expulser les agents et chargés d'affaires de Suède. Le 20 frimaire (10 décembre), il rompt toute relation avec les États-Unis et cesse de reconnaître le caractère de James Monroë ; le 19 nivôse (8 janvier), il refuse de recevoir M. Kœnig, chargé d'affaires de Suède, « attendu qu'il n'est d'usage d'accréditer un chargé d'affaires que lorsqu'il y a un ambassadeur de nommé ». Le 19 nivôse, il met Querini en demeure d'avoir à verser entre ses mains une somme de 40,000 piastres qui, en 1792, a été confiée comme dépôt à M. Gorgoglione, consul de Venise à Tunis, par M. de Châteauneuf, consul de France au même lieu, lequel est considéré comme émigré, à cause de son refus de serment, et, le 27 floréal (16 mai 1797), Delacroix notifie à M. Querini, envoyé de la république de Venise, d'avoir à se retirer de Paris dans trois fois vingt-quatre heures.

Pour se consoler de ces départs, on a l'arrivée de l'ambassadeur turc. A Marseille, il est salué par le canon des forts, logé au Lazaret, richement, mais à ses frais ; reçu à sa sortie du Lazaret par les autorités civiles et militaires, escorté d'une garde d'honneur de cent

---

[1] A ce moment le corps diplomatique, présent à Paris, se compose (10 nivôse an V) de Mehemet Coggea, envoyé d'Hamonde Pacha, bey de Tunis ; du marquis del Campo, ambassadeur d'Espagne et chargé d'affaires du duc de Parme ; du comte Balbo, ambassadeur de Sardaigne ; du citoyen Monroë, ministre des États-Unis ; du comte de Maudelsloh, ministre de Wurtemberg ; du baron de Sandoz-Rollin, ministre de Prusse ; de M. de Schenck, chargé d'affaires d'Orange-Nassau ; de M. Cetto, chargé d'affaires du duc de Deux-Ponts ; de M. le marquis de Spinola, ministre de Gênes ; du noble Querini, ministre de Venise ; de M. de Steube, ministre de Hesse-Cassel ; de M. Le Normann, envoyé du cercle de Souabe ; de M. Dettemart-Basse, député de Francfort ; du prince Néri Corsini, ministre de Toscane ; du général d'Est, envoyé de Modène ; du comte Ruffo, ministre de Naples ; du colonel Weiss, envoyé de Berne ; de M. Micheli, député de Genève, et de M. Meyer, envoyé de la République batave.

hommes, voituré dans trois calèches, mais à ses frais et sous la surveillance d'un capitaine de gendarmerie. Le voilà à Paris, et les femmes raffolent de lui, et sa pipe fait des rassemblements, et l'on donne pour lui, à propos de lui, fêtes sur fêtes. Qui lui donne ces fêtes? qui l'invite? Le Directoire? Non. Le ministre? Non. Les marchands de plaisirs, les entrepreneurs de spectacles qui se sauvent de la faillite, grâce au Turc [1].

Voilà l'homme! Et que fait-il d'ailleurs? Par quelles grandes mesures politiques ce ministre des Relations extérieures, qui semble n'avoir reçu son portefeuille que pour brouiller de nouveau la France avec toute l'Europe, par quelles nouveautés terribles, puisqu'il est incapable d'habileté et de douceur, le régicide va-t-il se signaler?

Son nom n'apparaît au *Moniteur* que le 22 pluviôse (11 février 1796). Il fait passer au conseil des Anciens un dessin du citoyen Beys, artiste français résidant en Italie, qu'il a reçu par l'intermédiaire du consul général à Livourne. Une commission est nommée pour l'examen du dessin où Minerve, Jupiter, le Tartare, la Constitution, les trois Parques, la Liberté, la Vérité, la Vigilance, la Force, l'Histoire, le Temps et différentes autres déesses jouent un rôle considérable, suivant le rapport de Chatry-Lafosse. Le conseil des Anciens décide que le dessin sera encadré et placé dans le salon de la Liberté. La diplomatie du ministre des Relations extérieures consiste à souscrire à mille exemplaires de l'ouvrage de Thomas Payne : *Décadence et chute du système de finances d'Angleterre* (8 floréal-27 avril 1796), à recommander qu'on garde secrets dans les bureaux les noms des dénonciateurs (23 floréal-12 mai), à ordonner que les employés ne se servent plus que de crayons Conté (28 prairial-16 juin). Delacroix passe son temps à organiser des services de police secrète en Suisse, à notifier les arrêtés du Directoire; car c'est le Directoire même qui négocie : témoin le traité du 5 janvier 1796 avec les Provinces-Unies, traité négocié par le canal de Noël et qui est « obligatoire pour la République sans qu'il soit besoin de la ratification ». Il envoie des espions en Italie pour observer le général Bonaparte, s'insinuer dans la confiance des gens qui l'entourent. C'est Nerciat, l'ancien agent de Lebrun et de Deforgues, qui est chargé par Delacroix de surveiller madame Bonaparte. Pour ce métier, Nerciat reçoit du Département 20,000 livres par an [2].

---

[1] *Histoire de la société française pendant le Directoire*, par Edmond et Jules DE GONCOURT, p. 217 et suiv.
[2] Mais sa femme est la maîtresse d'un secrétaire de Delacroix. Lettre de Sabatier de Castres, *Mémoires de Bourienne*, t. I, p. 147.

En vendémiaire an V (septembre 1796), Delacroix fait les honneurs de Paris au prince Henri de Prusse ; il lui offre un cadeau de 1800 livres, consistant en armes de la manufacture de Versailles, et lui fait hommage de douze exemplaires bien reliés de *Jacques le Fataliste,* de la *Religieuse* et du *Salon* de Diderot, en considération, dit l'arrêté, de l'hommage que le prince a fait du premier de ces manuscrits à l'Institut national. Qu'on ajoute quelques fêtes, des présentations des drapeaux conquis par Bonaparte, quelques arrêtés du Directoire, quelques dépêches du ministre, on a toute l'histoire du Département pendant ces deux années.

Mais voici l'heure des élections nouvelles. Le Directoire, qui, comme le disent MM. de Goncourt[1], « gagnait la France avec l'argent de la France », désire utiliser son armée. L'arrêté du 29 ventôse (19 mars 1797) détermine que, vu les assemblées primaires et les élections, les employés ne viendront plus à leurs bureaux pendant toute la durée des réunions primaires que le matin de sept heures à dix heures et le soir de sept heures à neuf heures.

On sait quel est le résultat des élections. Delacroix va être renvoyé du ministère par ses amis du Directoire. Il s'agit de faire place nette pour l'homme que chacun en France méprise et que tout le monde craint, celui qui, sans avoir rien fait, possède la réputation la plus étonnante, l'homme que tous les partis croient avoir acheté et qui n'est que de son parti : le sien. D'ailleurs, dans le Directoire, l'honnête, le savant, le vertueux Barthélemy [2], le vieux serviteur de

---

[1] *Histoire de la société française pendant le Directoire,* p. 186.

[2] Voici les dates principales de la carrière de M. Barthélemy. Il était né à Aubagne, diocèse de Marseille, le 20 octobre 1747. Au commencement de 1768, il fut nommé secrétaire d'ambassade en Suède, avec 1200 livres d'appointements. Son voyage et sa garde-robe furent payés par son oncle. A cette époque, les employés dans les missions étrangères n'avaient point de costume ; ils étaient obligés de se conformer à l'usage établi partout, d'aller à la Cour et dans les salons avec des habits de diverses saisons et des manchettes de dentelle. L'ambassadeur de France sous lequel Barthélemy avait débuté, et en l'absence duquel il géra quelque temps les affaires, M. Raymond, comte de Modène, fut remplacé en 1771 par M. le comte de Vergennes. Les appointements de Barthélemy furent alors portés à 3,000 livres. Mais M. de Vergennes avait une telle ardeur de travail et une correspondance politique et financière tellement considérable, que Barthélemy, chargé de chiffrer « ces volumineuses écritures », seul secrétaire de l'ambassadeur, car Vergennes n'en avait pas de particulier, et Chrestien de la Croix, père et fils *, qui se trouvaient aussi à Stockholm à ce moment, étaient uniquement occupés de la correspondance secrète, seul intermédiaire entre son ambassadeur et le roi Gustave, seul commissionnaire au moment des diètes pour porter de

---

* Le même qui fut pendant cinquante ans chef du bureau topographique au Département.

la France, l'ancien ministre à Londres, le pacificateur de l'Europe, a remplacé (7 prairial) Letourneur (de la Manche) exclu par le

l'argent, des avis ou des instructions, manqua d'y périr à la tâche. Il eut un rôle considérable dans la révolution de 1771; fut le confident dont se servit M. de Vergennes pour communiquer à M. Beylon, lecteur du Roi et son confident, les pièces et les avis qu'il jugeait nécessaire. Lorsqu'en 1774 l'ambassadeur en Suède fut nommé ministre des Affaires étrangères, il laissa à Stockholm comme chargé d'affaires M. Barthélemy, auquel il ne cessa de témoigner dans ses dépêches et ses lettres particulières le contentement qu'il avait de ses services et de sa conduite. En 1775, le baron de Breteuil, ambassadeur à Vienne, auquel le duc de Choiseul avait recommandé le neveu de son vieil abbé, demanda Barthélemy pour secrétaire de son ambassade. En même temps, le nouveau secrétaire d'ambassade à Vienne reçut du Roi une pension de 1500 livres et 6,000 livres de gratification extraordinaire. Son traitement à Vienne était de 3,000 livres. Il y résida jusqu'en juillet 1784, y fut chargé d'affaires pendant le traité de Teschen; mais au point de vue pécuniaire, il n'y fut pas heureux, comme le lui dit le baron de Breteuil, car tout ce qu'il y obtint fut une pension de 3,000 livres, à charge de la solliciter chaque année. Encore, en 1783, cette gratification ne lui fut pas accordée. Barthélemy fut nommé secrétaire à Londres en 1784. Pourtant M. de Breteuil le protégeait et, dès 1781, avait demandé pour lui une petite place politique. M. de Vergennes l'estimait et avait été à même de l'apprécier pendant son ambassade en Suède. Néanmoins, on lui refusa une augmentation de pension, on ne lui accorda que 8,000 livres de gratification et 12,000 livres comme secrétaire à Londres. Il y fut chargé d'affaires d'une façon presque continue, car le comte d'Adhémar, ambassadeur, paraît avoir fort peu résidé à son poste. Ainsi, Barthélemy arrive à Londres le 4 août 1784, M. d'Adhémar en part le 22 du même mois, laissant son chargé d'affaires avec son simple traitement de secrétaire; ne revient à son poste qu'à la fin de novembre; part pour Bath au commencement d'avril 1785; reparaît quelques jours à Londres en juillet; en repart pour Brighthelmstone; touche à l'ambassade le 31 juillet; en repart le 2 août pour Bruxelles et Spa; ne revient à son poste qu'en février 1786; y passe deux mois et repart pour Bath et en juin pour la France. Ce furent même ces absences continuelles qui donnèrent lieu à la circulaire de Vergennes, en date du 18 décembre 1785, qui régla la partie des appointements des ambassadeurs qui devait en leur absence être dévolue aux chargés d'affaires. Nommé, le 2 février 1792, ministre, puis ambassadeur en Suisse, Barthélemy prit une place prépondérante dans les affaires diplomatiques de la France. Sans refuser son adhésion à un gouvernement dont il n'avait pu juger *de visu* les excès du pouvoir, il se maintint constamment dans une réserve qui fit de lui, au jour où les puissances essayèrent de traiter avec la France, le seul négociateur qu'elles pussent agréer. Élu le 7 prairial an V membre du Directoire en remplacement de Letourneur, sa carrière désormais appartient à l'histoire générale. Déporté à Sinnamari le 18 fructidor, il parvint à s'échapper au milieu des dangers les plus atroces, passa aux États-Unis, puis en Angleterre; les portes de la France lui furent rouvertes au 18 brumaire. Napoléon le nomma vice-président du Sénat, commandeur de la Légion d'honneur et comte de l'Empire. Pourquoi faut-il ajouter que M. Barthélemy, président du Sénat en 1814, s'associa à l'acte de déchéance et complimenta au nom du Sénat l'empereur Alexandre? Pair de France le 4 juin 1814, grand officier de la Légion d'honneur le 4 janvier 1815, ministre d'État le 5 octobre suivant, membre du Conseil privé du Roi, grand-croix de la Légion d'honneur, marquis par la grâce de Louis XVIII, Barthélemy mourut en son hôtel, rue de la Chaussée-d'Antin, n° 31, le samedi 8 avril 1830, à l'âge de quatre-vingt-trois ans.

sort. Barthélemy va nécessairement s'occuper des affaires diplomatiques. D'accord avec la majorité des Conseils, il voudra changer cette politique qui n'a eu pour résultat que de mécontenter l'Europe. Rewbell tremble pour son pouvoir.

Puis, les vaincus de vendémiaire, non les royalistes, comme il plaît aux anciens conventionnels de le dire, mais les Français, sont en train de montrer qu'ils forment en France la majorité, que le canon, si puissant qu'il soit comme argument, ne saurait jamais prévaloir contre la volonté d'une nation. On n'a massacré sur les marches de Saint-Roch qu'une avant-garde. L'armée n'a point engagé le combat. Elle s'est déterminée à attendre, confiante qu'elle était dans sa force, patiente par cela même. Et peu à peu, à chaque élection, elle a renforcé cette minorité chargée de défendre ses droits et de dire sa volonté. Cette minorité est aujourd'hui la majorité dans les Conseils; dans le Directoire, Carnot s'y est rallié. Barthélemy en est un des chefs. La lutte entre les deux pouvoirs va s'engager.

C'est pour cela que les conventionnels, qui forment encore la majorité dans le Directoire et qui détiennent la force publique, veulent à tout prix s'assurer d'hommes qui leur soient dévoués et dont l'intelligence et les scrupules soient à la hauteur de la mission qu'ils veulent leur confier. Talleyrand-Périgord, ci-devant évêque d'Autun, ancien émissaire de Danton en Angleterre, est nommé ministre des Relations extérieures. François de Neufchâteau prend l'Intérieur, Pléville Pelay la Marine, Scherer la Guerre, Sottin la Police.

Le Directoire peut agir [1].

---

[1] En sortant du ministère, Charles Delacroix resta quelque temps sans être employé. Il reçut, à la vérité, diverses grâces pécuniaires et fut même, le 21 fructidor, porté, par le conseil des Cinq-Cents épuré, sur la liste formée pour le remplacement de Barthélemy, déporté. Il était inscrit le neuvième et obtint cent quatre-vingt-quinze voix. On voit que si le Directoire le jugeait incapable, il le croyait du moins tout dévoué. Nommé ministre plénipotentiaire près la république batave, par arrêté du 16 brumaire an VI, il se distingua par son arrogance, sa hauteur et sa sottise. Il s'était, à ce moment, rapproché des terroristes purs, correspondait avec les sociétés jacobines reformées à Paris, essayait d'appliquer ses doctrines en Hollande. Rappelé le 6 prairial an VI, et remplacé par Roberjot, il assista néanmoins à la révolution antidémocratique de Daendels. De retour à Paris et retiré à Charenton, où naquit, le 7 floréal an VI, son illustre fils, Ferdinand-Victor-Eugène Delacroix, il fut diverses fois mis sur les listes des candidats au Directoire. Il avait, en effet, donné, le 24 prairial an VI, sa démission de membre du conseil des Anciens. Ainsi, le 28 floréal, il obtient 203 voix et la seconde place pour remplacer Rewbell; le 29 prairial, 16 voix seulement, mais encore la seconde place pour remplacer Treilhard. Malgré une vive polémique avec Talleyrand, relativement à l'expédition d'Égypte (*Moniteur* du 30 messidor et 9 thermidor an VII), malgré les souvenirs peu favorables que devait avoir laissés à Bonaparte le ministre des relations extérieures du Directoire, Charles Delacroix

fut employé presque aussitôt après le 18 brumaire. Le 3 mars 1800, il fut nommé préfet des Bouches-du-Rhône. Il réussit peu à Marseille, qui lui doit pourtant de belles promenades, des monuments et des institutions utiles. Transféré, le 4 mars 1803, à Bordeaux, il y mourut le 4 novembre 1805 d'une rétention d'urine dont il souffrait depuis plusieurs années (*the Argus*, 13 novembre 1805) et pour laquelle il avait déjà été opéré à la Haye (*Moniteur*, an VI). Outre son fils, Charles Delacroix aurait laissé, suivant la *Biographie des ministres*, une fille qui fut mariée à M. Verninac de Saint-Maur, qui fut successivement commissaire à Avignon, ministre en Suède, envoyé extraordinaire à Constantinople, préfet du Rhône, etc.

CHAPITRE XI

TALLEYRAND, REINHARD, MINISTRES DES RELATIONS EXTÉRIEURES.
30 MESSIDOR AN V — 1ᵉʳ FRIMAIRE AN VIII
(18 *juillet* 1797 — 12 *novembre* 1799).

Charles-Maurice DE TALLEYRAND-PÉRIGORD. — Livres publiés sur lui. — Ses Œuvres. — Talleyrand et ses collaborateurs. — Sa vie antérieure. — Ses lectures à l'Académie. — Son entrée au ministère. — Organisation du Département. — Transport des Archives à l'hôtel Maurepas. — Le bureau des fonds, M. de La Forêt. — Le bureau des consulats. — D'Hermand. — D'Hauterive. — L'École des jeunes de langue. — L'hôtel du ministère. — Talleyrand, le Directoire et les employés. — Part du Directoire, part du ministre dans les arrêtés d'organisation. — Budget du ministère. — Talleyrand et Bonaparte. — La fête de l'hôtel des relations extérieures. — Politique du Directoire. — Talleyrand se retire. — REINHARD, son successeur. — Reinhard jugé par Talleyrand et par Bignon. — Lettres de Reinhard. — Attaques contre lui. — Réformes faites par lui. — Circulaire de Reinhard. — Talleyrand rentre au ministère.

Ce n'est point ici le lieu de tenter la biographie de Charles-Maurice de Talleyrand-Périgord. Une légende s'est construite autour de cet homme; tous les partis ont dit leur mot; aucun n'a trouvé la vérité. Peut-être faut-il penser de Talleyrand ce qu'a dit Lamartine[1] : « Courtisan du destin, il accompagnait le bonheur. Il servait les forts, il méprisait les maladroits, il abandonnait les malheureux. » C'est à peu près ce que dit l'Empereur, dans le *Mémorial :* « M. de Talleyrand était toujours en état de trahison, mais c'était de complicité avec la fortune. »

Quant aux volumes, si nombreux que soient ceux qu'on a publiés sur lui, si curieux qu'on ait cherché à les rendre à coup d'anecdotes inventées, si passionnants qu'on ait voulu les faire en accumulant les injures, ils ne contiennent point les explications de ses revirements soudains. Sauf le volume de Sir Lytton Bulwer, qui semble une apologie sans mesure, pas une de ces publications n'est un livre, n'a

---

[1] LAMARTINE, *Cours familier de littérature*, LIXᵉ, LXᵉ et LXIᵉ entretiens. *La littérature diplomatique.*

été composée avec conscience et souci de l'histoire. Ce ne sont que des pamphlets d'ennemis personnels ou des spéculations de libraires [1].

[1] Voici la liste des divers ouvrages que nous avons consultés sur Talleyrand, liste que nous croyons assez complète :

Précis de la vie de M. l'évêque d'Autun. S. l. n. d., in-4°.

Précis de la vie du prélat d'Autun, digne ministre de la fédération. Paris, 1790, in-8°.

Tusset. *Vie politique et privée des sept ministres de la République.* Paris, an VI, in-8°.

Masque arraché, ou Ma pensée contre Talleyrand, encore ministre des relations extérieures !!! par un Républicain de Mâcon. S. l. n. d., in-8°.

Le Masque tombé, ou Talleyrand-Périgord, ce qu'il est, ce qu'il fut, ce qu'il sera toujours. Paris, 1815, in-8°.

Talleyrand-Périgord et l'abbé de Montesquiou. Paris, veuve Jeunehomme, in-4°.

Album perdu. Paris, 1829, in 12.

Monsieur de Talleyrand. Paris, Roret, 1835, 4 vol. in-8°.

Life of the prince Talleyrand. Philadelphie, 1834, in-8°.

Extraits des mémoires du prince de Talleyrand-Périgord, publiés par la comtesse O. de C. Paris, 1838, 2 vol. in-8°.

Gustave Vogel. *Talleyrand der grösste diplomat seiner zeit.* Leipzig, 1838, in-8°.

Le Prince de Talleyrand, sa vie et sa confession. Paris, 1838, in-8°.

Histoire de la vie et de la mort de M. de Talleyrand, avec un grand nombre de documents et de pièces historiques, par S. D. Paris, 1838, in-8°.

M. de Talleyrand jugé par un homme de rien (M. de Loménie). Paris, 1838, in-8°.

Vie politique de Charles-Maurice, prince de Talleyrand, par Alexandre Sallé. Paris, L. J. Hivert, 1834, in-8°.

La Mort d'un grand coupable, par Henri Carion. 1838, pièce.

Talleyrand. *Poëme, composé à Paris à grande haste, le 18e jour de mai 1838.*

« A été tiré à trois ou quatre exemplaires,
 et c'est trop,
  Ledit poëme de Talleyrand,
 composé je ne sais comment,
 imprimé je ne sais où,
 pour être lu par je ne sais qui. »

(Caractères gothiques.)

Vie religieuse et politique de Talleyrand, par Louis Bastide. Paris, 1838, in-8°.

Histoire politique et privée de Charles-Maurice de Talleyrand, par S. L. Michaud. Paris, 1853, in-8°.

Mémoire sur M. de Talleyrand, sa vie politique et sa vie intime, par Ch. Place et J. Florens. Paris, 1838, in-8°.

Histoire du soufflet donné à M. de Talleyrand-Périgord, par M. Marie-Armand comte de Guerry-Maubreuil, marquis d'Orvault. Paris, 1861, in-8°.

Cour royale. Précis de ce qui a été dit, principalement par M. de Maubreuil (séance du 29 août 1827). Imp. Guiraudet.

Histoire politique et vie intime de Charles-Maurice Talleyrand, prince de Bénévent, par G. Touchard-Lafosse. Paris, 1848, in-12.

Quelques Mots sur deux ministres (Talleyrand et Fouché), par Liébaud,

Nous en avons consulté beaucoup. Que de pièces, que de pamphlets nous ont encore échappé! Pour arriver à dresser la bibliographie complète des ouvrages relatifs à Talleyrand, ne faudrait-il pas reprendre tous les recueils de poésies, toutes les revues parues depuis 1800?

Jusqu'ici, ce sont les Anglais qui, seuls, ont fourni quelques éléments aux futurs biographes du prince. Les ouvrages de Sir Henry Bulwer et de M. Colmache contiennent des passages d'un intérêt véritable et des appréciations qui ne manquent pas de justesse. Les *Mémoires* de Fox, publiés par M. J. B. Trotter, peuvent aussi être utiles à ceux qui étudient la politique de Talleyrand vis-à-vis de l'Angleterre [1]. Mais tant qu'on n'aura pas donné l'analyse complète des négociations de la France pendant les trois ministères et les diverses ambassades de Talleyrand; tant qu'on n'aura pas publié ces Mémoires si attendus et qui seront peut-être une déception; tant qu'on ne sera pas parvenu à éclaircir, par des documents de famille, les côtés financiers de la vie du prince; tant qu'on n'aura pas étudié certaines pages encore inconnues de son existence, entre autres son administration de la principauté de Bénévent, il sera impossible de se former sur cet homme, ce sphinx, une opinion définitive. Et encore que de points resteront ignorés, que de pièces compromettantes n'a-t-il pas dû faire disparaître, que de secrets n'a-t-il pas gardés pour lui seul!

Les autres hommes d'État qui ont gouverné le département des Affaires étrangères n'ont tous, ceux du moins qu'il importe de connaître et que l'histoire a besoin d'étudier, éprouvé qu'une passion : celle de la grandeur de la France. S'ils ont eu des secrets, c'étaient les secrets de la France, et ils en devaient compte à leurs successeurs. S'ils ont eu des ambitions, même exagérées ou inouïes, c'était l'am-

---

ancien employé au Comité de salut public. Paris, 1815, brochure in-8°.

Bonaparte, Talleyrand et Stapfer. 1800-1803; Zurich et Paris, 1869, in-8° (publié par M. Albert Jahn).

Sir Henry Lytton Bulwer. *Essai sur Talleyrand*, traduit par Georges Perrot. Paris, Reinwald, 1868, in-8°.

Notice historique sur M. de Talleyrand, par M. Mignet. Paris, 11 mai 1839.

M. de Talleyrand, étude par C. A. Sainte-Beuve. Paris, 1870, in-12.

Souvenirs intimes sur M. de Talleyrand, recueillis par Amédée Pichot. Paris, 1870, in-12.

Revelations of the life of the prince Talleyrand, edited from the papers of the lathe M. Colmache, *private secretary of the prince.* London, H. Colburn, 1850, in-12.

[1] *Memoirs of the latter years of the right honorable Charles-James Fox, with a postcript by John-Bernard* Trotter, *esq. private secretary to Mr.* Fox. 8 vol., p. 552, Philips., London, 1811.

bition de la grandeur de la France, et de ces ambitions ils ont laissé trace. Pour élever en gloire et en puissance un grand pays, un homme, quel que soit son génie, a besoin de collaborateurs, d'instruments, si l'on veut; il lui faut des confidents, des agents, des compagnons pour la gloire ou le désastre. Ceux-là parlent. Les correspondances se retrouvent, et si vaste qu'ait été l'entreprise, si démesuré qu'ait pu être le dessein, l'histoire peut arriver à en déterminer la conception, le développement et le but. Mais si un homme a concentré ses facultés sur ce projet d'agrandir sa fortune et de conserver sa place; si cet homme a constamment évolué de parti en parti, cherchant son intérêt seul et non celui de la patrie; s'il a été mêlé à toutes les conspirations; s'il a eu un pied dans toutes les intrigues; s'il a déserté toutes les causes; s'il a prêté tous les serments, croit-on qu'il aura laissé à ses successeurs l'explication de ces trahisons, de ces désertions, de ces intrigues et de ces conspirations? Quel est donc l'homme, si blasé qu'il soit sur ce que les autres appellent la fidélité, qui ne pourrait pas essayer d'anéantir de telles traces et à chaque défection nouvelle ne voudrait se refaire un honneur?

Ce qui reste de M. de Talleyrand, ce sont ces pièces éparses qu'il a publiées. Celles-là, quoique indignes du nom d'œuvres, méritent une attention sérieuse. On affirme qu'un certain nombre de ces discours et de ces mémoires n'émanent point directement de lui; que divers *teinturiers,* comme on dit, Desrenaudes et d'Hauterive particulièrement, lui ont prêté leur plume. En tout cas, elles ont été revues et signées par lui, et certaines, du moins, portent d'une façon incontestable la marque de son génie [1].

Ce qui reste de lui, par-dessus tout, c'est son action personnelle

---

[1] *Adresse aux Français par M. l'évêque d'Autun.* 1789, in-8°.
Des Loteries. Paris, 1789, in-8°.
Motion de M. l'évêque d'Autun sur les mandats impératifs (7 juillet 1789). Réimp., Paris, 1823, in-8°.
Motion de M. l'évêque d'Autun sur la proposition d'un emprunt faite à l'Assemblée nationale par le premier ministre des finances (27 août 1789). Réimp., 1823.
Motion de M. l'évêque d'Autun sur les biens ecclésiastiques (10 octobre 1789). Réimp., Paris, 1823.
Opinion de M. l'évêque d'Autun sur la question des biens ecclésiastiques. Réimp., Paris, 1823.
Opinion de M. l'évêque d'Autun sur les banques (4 décembre 1789). Réimp., Paris, 1823.
Opinion sur les assignats forcés. Paris, 1790, in-8°.
Proposition sur les poids et mesures. Paris, 1790, in-8°.
Opinion sur la vente des biens nationaux. 1790, in-8°.
Rapport sur l'instruction publique (10, 11 et 19 septembre 1791). Paris,

sur le ministère des Affaires étrangères, c'est l'organisation qu'il a su donner à ses bureaux, c'est la marche qu'il a imprimée à ses collaborateurs, c'est le choix même de ces premiers commis qui, avec lui pendant la première moitié de l'Empire, sans lui depuis cette époque, ont maintenu et gardé la politique de la France digne, calme, sereine, au-dessus des passions du temps; qui ne se sont laissés ni griser par la gloire, ni avilir par la défaite; qui, au nom des intérêts de l'Europe, ont plaidé pour les vaincus devant Napoléon victorieux, ont protesté au nom des principes, ont maintenu intact le droit des gens quand l'Empereur était seul à parler dans le monde, et qui, plus tard, ont élevé la voix avec la même hardiesse, exposé devant l'Europe les mêmes principes avec la même hauteur, affirmé le même droit avec la même inflexibilité, lorsque la France vaincue n'avait plus pour ainsi dire d'existence légale, lorsqu'elle n'avait plus ni armée, ni flotte, et que ces premiers commis du Département n'avaient pour arme à leur service qu'une plume.

Aussi préférons-nous dans la vie de Talleyrand cette part qui échoit à nos études. Nous n'aurons point à étudier l'ensemble de cette existence si troublée; nous ne chercherons point quelles préoccupa-

Baudoin, in-4° de 216 pages et 8 tableaux in-folio (par Desrenaudes.)

Talleyrand à ses concitoyens. 12 décembre 1792, Paris, Plassan, in-fol., plano.

Pétition de Charles-Maurice Talleyrand à la Convention nationale. 28 prairial, an III, veuve Gorsas, in-4°.

Mémoire sur les relations commerciales des États-Unis avec l'Angleterre, lu le 15 germinal an V. Dans *Mémoires de l'Institut national des sciences et arts, sciences morales et politiques.* T. II, Paris, an VII, in-4°.

Essai sur les avantages à retirer des colonies nouvelles, lu à la séance publique du 15 messidor an V. *Ibidem.* Ces deux mémoires ont été réimprimés par M. Perrot, à la suite de la traduction du livre de Sir Lytton-Bulwer. *Vide supra.*

Éclaircissements donnés à ses concitoyens. Paris, an VII, in-8°.

Discours de M. le prince de Bénévent au Roi, en lui présentant le Sénat, le 24 mai 1814. Paris, 1822, in-8° de 4 p.

Proposition faite à la Chambre des pairs, par le prince de Talleyrand, dans la séance du jeudi 23 janvier 1817. Paris, 1817, in-8° de 8 pages.

Opinion de M. le prince de Talleyrand contre le renouvellement de la censure. Séance du 24 juillet 1821. Paris, 1821, in-8° de 12 pages.

Discours prononcé à l'occasion du décès de M. le comte Bourlier, évêque d'Évreux (13 novembre 1821). In-8° de 16 pages.

Discours sur le projet de loi relatif aux délits de presse. Paris, 1822, in-8° de 8 pages.

Opinion sur le projet d'adresse en réponse au discours du Roi (3 février 1823). Paris, 1823, in-8° de 12 pages.

Éloge de M. le comte Reinhard, prononcé à l'Académie des sciences morales et politiques, dans la séance du 3 mai 1838. Paris, Didot, in-8° de 32 pages.

(Réimprimé par A. Pichot dans ses *Souvenirs intimes sur M. de Talleyrand. Vide supra.*)

tions ont dominé cette vie ; nous ne tenterons pas de donner l'histoire et l'appréciation de la carrière diplomatique de Talleyrand : ce qu'il a fait dans ce département des Relations extérieures, au point de vue des réformes, de l'organisation, du recrutement, voilà ce que nous rechercherons. Mais il est nécessaire d'indiquer d'abord par quelques dates les points principaux de la carrière déjà parcourue par Talleyrand et de montrer par suite de quelles circonstances il a été mis en possession du portefeuille des Affaires étrangères.

Charles-Maurice Talleyrand appartenait à une des familles les plus anciennes et les plus nobles de la vieille France. Il était le seizième descendant d'Hélie Talleyrand, premier du nom, fils puîné d'Hélie V, surnommé Talleyrand, comte de Périgord, et frère d'Archambaud Ier, aussi comte de Périgord. Hélie V était lui-même le huitième descendant de Boson Ier, comte de la Marche et de Périgord, lequel vivait en 944[1]. Charles-Maurice appartenait à la branche cadette. La branche aînée portait le titre de prince de Chalais. C'était d'elle qu'était sorti ce comte de Chalais, conspirateur de vingt ans, qui eut une si effroyable mort. La famille de Talleyrand portait *de gueules à trois lions d'or, lampassés, armés et couronnés d'azur.* — Devise : RE QUE DIOU [2].

Charles-Maurice de Talleyrand-Périgord, né à Paris le 13 février 1754, était le fils puîné de Charles-Daniel, comte de Talleyrand-Périgord, menin de Mgr le Dauphin en 1759, mestre de camp du régiment de Talleyrand, incorporé en 1761 dans le régiment de Royal-Piémont, brigadier de cavalerie le 25 juillet 1762, maréchal de camp le 3 janvier 1770, chevalier des Ordres du Roi le 1er janvier 1776, lieutenant général des armées du Roi le 1er janvier 1784, décédé à Paris le 4 novembre 1788, et de Alexandrine-Victoire-Éléonore Damas d'Antigny, mariée le 12 janvier 1751, et morte le 24 juin 1809. Charles-Maurice, qui, par suite d'un accident survenu dans son bas âge, avait dû, à la mort de son frère aîné, né en 1752, mort en 1760, renoncer à l'héritage des titres et dignités de son père, entra au séminaire de Saint-Sulpice, fut nommé agent général du clergé en 1780, et sacré évêque d'Autun le 4 janvier 1789. Député du clergé de son diocèse aux États Généraux, il se réunit au Tiers État le 19 juin 1789. Il n'y a point à revenir sur son rôle aux États Généraux ; l'homme a ici des mobiles

---

[1] Père ANSELME. COURCELLES.
[2] Plus tard, quand Talleyrand fut vice-grand électeur, grand aigle de la Légion d'honneur et prince de Bénévent, il porta : *Parti au premier de gueules aux trois lions rampans et couronnés d'or, au deuxième d'or au sanglier passant de sable, chargé sur le dos d'une housse d'argent, chef d'azur à l'aigle d'or, les ailes étendues, empiétant un foudre du même.*

d'action qui nous sont inconnus. Il fut membre du premier et du second comité de constitution; il fut un des auteurs de la déclaration des droits de l'homme; il fut président de l'Assemblée nationale; il fut du Comité diplomatique en remplacement de Mirabeau [1]; il fut l'initiateur de la loi sur les biens ecclésiastiques [2]; il fut le célébrant de la messe de la fédération [3]; il fut membre du département de Paris [4]; il fut le consécrateur des évêques constitutionnels [5].

On prête à Talleyrand, au Comité diplomatique, des actes dont la seule inspection des dates suffit pour démontrer la fausseté [6]. Après la clôture de l'Assemblée constituante, il aspire à une place diplomatique. La loi s'oppose à ce qu'un député soit employé à titre patent. Qu'importe! Il se fera agent secret. Il part en Angleterre avec l'ambassade de Chauvelin; il est à la fois l'agent des trois cours: celle des Tuileries, la moins bien servie; celle du Palais-Royal, la plus trompée; celle de l'Hôtel de ville, la plus crainte et conséquemment la mieux obéie. Au 10 août, Talleyrand se trouve à Paris [7]; il en repart le 7 septembre, avec un passe-port signé de tous les membres du Conseil exécutif et délivré sur la motion de Danton. De Londres, il continue ses rapports avec celui-ci, témoin ce fameux Mémoire du 25 novembre 1792, dont Chénier doit faire l'éloge en l'an IV. Toutefois, le 6 décembre 1792, sur la lecture, à la Convention, d'une lettre de Laporte, dans laquelle Talleyrand était représenté comme disposé à servir Louis XVI, il est décrété d'accusation ce jour même et inscrit sur la liste des émigrés. En vain se fait-il défendre dans le *Moniteur* du 15 [8]. En vain écrit-il lui-même de Londres une lettre justificative, insérée dans le *Moniteur* du 24, la Convention refuse de revenir sur sa détermination. Et à Londres, on ne croit guère à la réalité de cette proscription; on la présente comme convenue et arrangée; l'*alien bill* est appliqué à Talleyrand. Il s'embarque sur un vaisseau danois, arrive

---

[1] 7 avril 1791. Le compte rendu note des applaudissements.
[2] 18 octobre 1789.
[3] 14 juillet 1790.
[4] En remplacement de Mirabeau.
[5] 25 janvier 1791.
[6] Louis Bastide (*loco cit.*) l'accuse, d'après le *Monsieur de Talleyrand*, en 4 volumes (Roret), d'avoir reçu une somme considérable de l'ambassadeur d'Espagne, pour peser en faveur du renouvellement de l'alliance avec l'Espagne. Or, la déclaration de l'Assemblée nationale pour le maintien des traités existants est du 29 juillet 1790, et Talleyrand n'est entré au Comité diplomatique que le 7 avril 1791.
[7] Voir dans Michaud le rôle de Talleyrand au 10 août et relativement aux négociations de Dumouriez avec Brunswick.
[8] L'article signé D. est attribué à Des Renaudes.

aux État-Unis, s'y lie avec certaines personnes investies de fonctions consulaires, qu'il fit plus tard entrer dans son ministère. Après la mort de Robespierre, il se met en campagne, écrit à ses amis de Paris, fait agir son ami et ancien grand vicaire, son acolyte de la messe de la fédération, Desrenaudes[1]; rappelle à ses anciennes maîtresses le souvenir de ses anciennes bonnes fortunes; aux amis de Danton, les rapports qu'il a eus avec leur chef; aux agioteurs d'autrefois, les spéculations qui l'ont fait leur maître. Legendre est pour lui, et madame de Staël et Boissy d'Anglas; madame de la Bouchardie, l'amie de Chénier, chaque jour, au moment où Chénier arrive dans son petit hôtel, près de la Bastille, chante la romance du proscrit, et lorsqu'enfin Chénier se décide à faire sa proposition, madame de la Bouchardie est là, à la porte même de la Convention, qui chante au représentant le premier couplet de la romance[2].

La pétition de Talleyrand, datée de Philadelphie, le 28 prairial an III (16 juin 1795)[3], est appuyée par Chénier, dans la séance du 18 fructidor an III (4 septembre). Le rappel de Montesquiou fournit l'occasion; l'éloge de Danton sert la cause. Le décret d'accusation est rapporté. Aussitôt que Talleyrand en reçoit avis, il se hâte de s'embarquer. Sa volonté, ou peut-être le hasard, lui fait prendre passage sur un navire danois qui fait voile vers Hambourg. Dans cette ville sont rassemblés les débris du parti d'Orléans. Talleyrand les vit-il? Se mit-il en rapport avec eux? C'est possible. En tout cas, il ne se cacha pas, et il est probable que s'il eut des conversations politiques, ce fut de préférence avec Reinhard, alors résident à Hambourg, l'ancien secrétaire de l'ambassade Chauvelin[4]. D'ailleurs, dès ce moment, on affirme qu'il reçut du Directoire une mission secrète pour Berlin, où il résida trois mois. Il partit de là pour revenir à Paris, où il arriva dans les derniers jours de l'an IV. Bonaparte était déjà depuis cinq ou six mois à l'armée d'Italie.

En arrivant à Paris, Talleyrand se rapprocha tout d'abord de madame de Staël. Elle et son père étaient pour lui de vieilles connaissances; il fit de l'épouse de l'ambassadeur de Suède le chantre ordinaire de ses mérites, de ses talents diplomatiques, de son habileté à tout deviner et à tout conduire. Par elle, la familière du Directoire, il arriva à Barras. Le vicomte avait, outre ses autres défauts, cette sorte de sentimentalité banale qui pousse à l'épanchement. Un jour, dans

[1] *Mémoire de Stanislas Girardin*, t. III, p. 259.
[2] Colmache, *loco cit.*
[3] Reproduite par Bastide, *loco cit.*, p. 158.
[4] *Éclaircissements*, p. 13.

une partie de campagne au bord de la Seine, où se trouvaient réunis Barras, Talleyrand, madame de Staël et diverses personnes, un jeune ami de Barras alla se baigner avant le dîner et se noya. Barras pleura, Talleyrand le consola et revint avec lui dans sa voiture. L'intimité était établie.

En même temps, Talleyrand, membre de l'Institut national (classe des sciences morales et politiques), fait parler de lui. Voici qu'il lit aux membres de sa classe des mémoires, et ce ne sont point des futilités ; la matière, déjà peu agréable, est traitée lourdement ; le *Mémoire sur les relations commerciales de l'Amérique et de l'Angleterre,* lu le 15 germinal an V (4 avril 1797), est une nouvelle découverte de l'Amérique : mœurs, lois, caractère, religion, intérêts des États-Unis, il a tout condensé en quelques pages. Dans l'*Essai sur les avantages à retirer de colonies nouvelles* (15 messidor an V - 3 juillet 1797), Talleyrand démontre d'une façon trop évidente que l'émancipation des esclaves doit nécessairement amener la perte pour la France des colonies où les esclaves sont indispensables ; il faut en créer de nouvelles, et, prophétiquement, il indique l'Égypte et la côte septentrionale de l'Afrique.

Ainsi, le Directoire est conquis, l'Institut est subjugué, et l'Institut est le seul corps de l'État qui, parce qu'il n'est pas politique, jouisse de la considération publique ; l'ancien évêque a les femmes, il a même une partie des Conseils, et la bonne, la majorité, qui, sinon l'aime, du moins le craint et le flatte. Carnot seul s'oppose à son entrée aux Affaires. « Qu'on ne lui en parle pas ! Il a vendu son Ordre, son Roi, son Dieu ! ce Catelan de prêtre vendra le Directoire tout entier. » En Talleyrand, Rewbell admire un diplomate, la Révellière choie un néophyte, Barras cherche un complice. On vote. La chose est faite ; voilà ministre l'homme auquel, disait madame de Montesson, on pouvait tout accorder, sauf sa confiance. Et qui plus est, les Conseils n'accueillent pas mal cette nomination ; Dupont de Nemours, orateur de la majorité, un peu suspect à vrai dire, car son fils est sous les ordres de Talleyrand, parle « de la véritable capacité du nouveau ministre, de ses idées nettes, de son talent facile, de son caractère ferme, de son grand désir de mériter l'opinion publique par des services réels [1] ».

Le 30 messidor (18 juillet 1797), Talleyrand a reçu du Directoire une lettre ainsi conçue :

---

[1] *Rapport sur une proposition relative aux finances du Département* 15 fructidor an V.

« Le Directoire exécutif vous invite, citoyen, à vous rendre demain, à dix heures du matin, à la maison des Relations extérieures, pour la remise que le citoyen Charles Delacroix, ministre de cette partie, doit vous faire du portefeuille de son Département.

« *Le Président du Directoire exécutif,*

« CARNOT. »

Carnot a été obligé d'enregistrer sa défaite.

Dans quel état Talleyrand trouvait-il le Département, et quels furent, pendant le cours de son administration, les changements qu'il introduisit ? On a vu que Charles Delacroix avait consacré les derniers jours de son ministère à une épuration considérable. Un grand nombre d'employés avaient été réformés, une des divisions politiques avait été supprimée, le secrétariat avait été réduit à des proportions plus normales. Talleyrand n'eut qu'à accepter l'œuvre de Charles Delacroix, en en modifiant seulement quelques détails.

Au secrétariat, le personnel reste le même, sauf deux ou trois mutations dans les rangs inférieurs. Le bureau seulement change de chef. Paganel, l'ancien conventionnel, l'ancien prêtre, remplace Guiraudet. Campy, Cornillot et Desnaux forment toujours la section du chiffre ; à l'enregistrement, Hubert est encore employé ; Pierd'houy est toujours au bureau d'analyse ; Flassan en disparaît en ventôse, il est remplacé par un nommé Seignette, fils d'un juge au tribunal de cassation, plus tard secrétaire particulier de Guillemaret, en Espagne, remplacé alors au bureau par Moussard, un ancien employé. Théremin, Prussien d'origine, conseiller d'ambassade du roi de Prusse, écrivain assez distingué, employé depuis l'an III à diverses besognes secrètes par le Comité de salut public, reste jusqu'en fructidor an VI[1] ; Sauvage, né à Metz, beau-frère du futur ministre du Trésor public (Marbois), est encore là au milieu de l'an VII. Au bureau du détail, la Besnardière, Féraudel, Barbry, Brulé, n'ont éprouvé qu'une mutation. Beuscher, le volontaire de 1792, a remplacé Féraudel, passé aux consulats. Les expéditionnaires, Pargon père et fils et Rottier, sont les mêmes. Le bureau s'est seulement augmenté du nommé Detchaudy.

A la première division politique, X. Guiraudet, le frère de l'ex-

---

[1] Il fut plus tard sous-préfet à Monaco et à Birkenfeld, puis consul à Leipzig jusqu'en 1813. La principale mission secrète de Théremin est en l'an VI ; il est envoyé à Bâle pour s'entendre avec Degelman, agent secret de la Cour de Vienne. Il fut aussi chargé de diverses missions en Allemagne, en l'an VII.

secrétaire général, est remplacé par André Durant, le frère du directeur, futur consul général à Venise et à Madrid, dont on aura plus tard à s'occuper.

A la seconde division, une simple mutation ; Desmazières, fils d'un membre du conseil des Anciens, et neveu de la Revellière-Lepaux, remplace Parny ; il est, du reste, envoyé à la Haye, comme secrétaire de légation, en fructidor an VI (septembre 1798). A la troisième division, David part comme secrétaire d'ambassade, d'abord à Milan, puis à Stuttgard ; il reviendra en l'an VIII (1799), et sera employé jusqu'en l'an X (1802) à rédiger le précis historique des négociations du congrès de Rastadt [1] ; il est remplacé par le vieux Goffinet, un ancien du Département qui obtient de reprendre sa place. Moussard, enfin, est passé au secrétariat.

Aux Archives, point de changements pendant ces deux années. C'est à la direction des Fonds que les mutations sont les plus nombreuses. Tout d'abord, Talleyrand remercie le citoyen Grandjean de Flévy, dont les comptes étaient par trop irréguliers. Grandjean prétendit plus tard qu'il n'avait été destitué que parce que le ministre avait besoin de sa place. La vérité est que ce ne fut que sur ses supplications, et sur sa promesse de reverser, qu'on lui épargna une condamnation, et qu'il ne parvint à solder son déficit qu'en l'an VIII. Grandjean est immédiatement remplacé par Antoine-René-Charles-Mathurin de Laforêt, au nom duquel il est nécessaire de s'arrêter, car, outre qu'il a parcouru dans le Département une carrière digne des respects de tous, il a été le grand-père d'un de nos ministres les plus éminents, M. le marquis de Moustier.

M. de Laforêt, ou de la Forêt, était né à Aire, en Artois, le 7 août 1756. Son père, Jacques de la Forêt, était à ce moment aide-major dans cette ville, et mourut le 27 septembre 1786, à l'âge de quatre-vingt et un ans, chevalier de Saint-Louis et capitaine aide-major. Sa mère se nommait Catherine Hecquet. Le jeune Laforêt eut pour parrain Antoine-René de Voyer d'Argenson, marquis de Paulmy, secrétaire d'État au département de la Guerre. Sous-lieutenant en 1772 (août), il fut attaché au Département, en qualité d'élève, le 14 décembre 1774 ; il publia quelques nouvelles dans cette *Bibliothèque universelle des romans,* dont le marquis de Paulmy était un des prin-

---

[1] David, secrétaire de légation à Malte, du 20 juin 1802 au 30 septembre 1806, fut ensuite consul en Bosnie jusqu'en 1814, en inactivité jusqu'en 1819, et termina sa carrière comme consul général à Smyrne, en 1826. On trouvera des détails sur son administration dans sa *Réponse à la pétition du sieur Marc Vigouroux contre l'administration consulaire du Levant.* Paris, Didot, 1828, in-8° de 80 pages.

cipaux collaborateurs. Attaché à la Légation de France aux États-Unis, le 5 novembre 1778, il servit d'abord sous M. Gérard, puis sous M. de la Luzerne ; fut nommé vice-consul de France à Savannah (Géorgie) le 20 août 1783, et chargé le 22 juin 1785 de la gestion du consulat général aux États-Unis ; il remplaça Barbé-Marbois dans ce poste, et sur place fut nommé consul général titulaire, le 2 mars 1792. Rappelé le 17 novembre 1792 avec les autres agents qui avaient servi la Royauté, il reçut ses lettres de rappel le 18 mai 1793, mais n'obéit pas et resta en Amérique ; il ne se décida à partir que sur les instances de Washington, pour empêcher une crise fatale entre la France et les États-Unis, lassés des folies républicaines de Genet ; il fut bien accueilli à Paris, et en repartit, nommé de nouveau consul général le 16 novembre 1793. Ce ne fut que le 3 vendémiaire an III (24 septembre 1794) que ses pouvoirs furent révoqués, par arrêté du Comité de salut public. Talleyrand, qu'il avait beaucoup connu aux États-Unis, le nomma, dès son entrée au ministère, chef de la direction des Fonds, et c'est à lui que le Département est redevable de la plupart des mesures d'ordre qui furent prises à ce moment.

Sous les ordres de Laforêt, travaillaient Vitry, Guillois, Hugues, Picard, Mollin, tous déjà connus. Laforêt s'adjoignit comme sous-chef de la Fléchelle (Jacques Gilles), un honnête homme, ancien commis dans la maison Lecouteulx-Canteleu, puis employé par Denormandie à la liquidation de la liste civile, ensuite sous-chef de la commission des approvisionnements ; et comme commis, Mahélin et Grandmaison ; ce dernier remplaça Mollin. Mahélin, devait, en l'an VIII, quitter le bureau pour l'emploi de chancelier à Madrid. Après des aventures diverses, il finit, en 1839, par être retraité consul général et officier de la Légion d'honneur.

Au commencement de l'an VII, Talleyrand prend une mesure d'une utilité incontestable, en rétablissant la direction des consulats sur le pied où elle existait avant que ses travaux fussent partagés entre les divisions politiques du Département. Talleyrand n'avait pas été longtemps à reconnaître qu'il faut des hommes spéciaux pour traiter des affaires spéciales, que les préoccupations politiques, qui trop souvent absorbent les consuls, les empêchent de donner exclusivement leurs soins à la protection des nationaux et à leurs rapports commerciaux ; il voyait en outre, dans ce partage des attributions, d'autres avantages : celui de mettre plus d'ensemble et de régularité dans les rapports avec les agents consulaires, celui de simplifier et d'assurer en même temps la marche des opérations dont ceux-ci étaient chargés[1]. D'ailleurs, il composa le bureau des consulats d'hommes spéciaux d'une haute valeur, et dont deux ont laissé dans le Département des souvenirs presque glorieux. Le bureau ne comprenait que quatre employés. D'Hermand, un spécialiste, en était le chef; d'Hauterive, le sous-chef; Jolly et Féraudel étaient commis.

D'Hermand avait été admis dans la carrière des consulats le 1er janvier 1775; il avait été nommé vice-consul à Lisbonne en 1779, et consul à la Corogne en 1793. Nommé consul général à Lisbonne, rappelé par suite de la guerre, il avait passé à Paris vingt-sept mois d'inactivité. Dès que les relations avaient été rétablies avec l'Espagne, il y avait été envoyé comme consul général (6 vendémiaire an IV- 28 septembre 1795), et pendant quelque temps y avait été chargé des affaires de France. Rappelé en prairial an VI (mai 1798), il fut dès ce moment attaché au Département pour les affaires commerciales, et se trouva naturellement désigné comme chef de la nouvelle direction des consulats.

Quant à d'Hauterive, le sous-chef, l'homme qui a été l'honneur du Département, qui en a le mieux incarné la tradition, qui est resté le type de ces anciens premiers commis, gardiens fidèles et incorruptibles de l'honneur et des priviléges de la carrière, il mériterait qu'on lui consacrât un volume entier. Tous ceux qui l'ont connu, tous ceux qui ont servi sous ses ordres, ont d'ailleurs affirmé depuis longtemps leur respect pour sa mémoire. M. Artaud a écrit sa vie ; il lui devait peut-être la sienne. M. A. Lefebvre[2], M. de Carné[3], M. A. Pichot[4], lui ont rendu dans leurs écrits la justice qui lui était due. Sans entrer dans des détails qu'on trouvera dans le livre d'Artaud[5], et dans les ouvrages précédemment cités, on essayera seulement de résumer la carrière de M. d'Hauterive avant son entrée dans le service de l'Intérieur.

Alexandre-Maurice Blanc de la Nautte d'Hauterive était né le 14 avril 1754, à Aspres-lez-Corps (Dauphiné), d'une famille noble, mais pauvre. Instruit d'abord chez le curé de son village, puis placé dans un collége de l'Oratoire, il continua ses études, en professant dans diverses maisons de cet Ordre. D'Hauterive, d'ailleurs, ne s'engagea

---

[1] Circulaire de vendémiaire an VII.
[2] *Histoire des cabinets de l'Europe.*
[3] *Souvenirs de jeunesse.*
[4] *Revue Britannique*, n° de juin 1875.
[5] *Histoire de la vie et des travaux du comte d'Hauterive*, par M. Ch. ARTAUD DE MONTOR. 2e éd., Paris, 1839, in-8°.

Voir encore *Diplomates et publicistes*, M. d'Hauterive, par Ch. VERGÉ. Paris, Durand, 1856, in-8°.

point dans les devoirs de la prêtrise ; il attendait qu'une bonne chance vînt le tirer du collége, et le professorat n'était pour lui qu'un pis aller. La bonne chance vint. En 1780, il était professeur à Tours, et eut à complimenter, au nom du collége, le duc de Choiseul, gouverneur de la province ; il parla, plut, fut invité à venir à Chanteloup, et là sa carrière se dessina ; il rencontra dans cette maison, restée la première de France pour la politique, Gérard de Rayneval, et cet abbé de Périgord qui devait s'appeler plus tard le prince de Bénévent ; il y reçut surtout les leçons de ce grand maître en politique, de cet homme pour lequel l'histoire, longtemps aveuglée, commence seulement à être juste : le duc de Choiseul. Le duc de Choiseul fit attacher d'Hauterive comme gentilhomme d'ambassade à la mission à Constantinople de son neveu, le comte de Choiseul-Gouffier, l'auteur de ce *Voyage pittoresque de la Grèce,* dont le tome I parut en 1782, et les deux autres volumes de 1809 à 1824. D'Hauterive partit en 1784 avec l'ambassadeur, l'abbé Delille, l'abbé Lechevalier, Cassas, Fauvel ; une mission de lettrés et de savants plus que de diplomates. Peut-on oublier que dès le frontispice de son *Voyage en Grèce,* le comte de Choiseul s'était affirmé philhellène convaincu, avait fait représenter par Moreau le jeune la Grèce chargée de fers, et invoquant les mânes de ses grands hommes?

Hauterive n'avait alors qu'un traitement de 160 livres ; M. de Vergennes lui en accorda un de 1200 ; puis M. de Choiseul, qui l'avait apprécié, le fit nommer secrétaire du hospodar de Moldavie aux appointements de 15,000 livres. Ce fut ce séjour dans ces provinces qui lui permit d'écrire plus tard sa remarquable notice sur la Moldavie et la Valachie à la suite du *Tableau de Wilkinson* (1824, in-8°). De retour à Paris en 1787, marié et bien marié à une femme qui l'aime, il reste quelque temps dans la solitude, trouvant des distractions faciles et douces dans ses anciennes études.

Mais la Révolution arrive. D'Hauterive est presque ruiné. D'ailleurs, cette France lui fait honte et lui fait peur. Il demande un consulat à de Lessart, réitère sa demande à Lebrun, et, au commencement de 1793, est nommé consul à New-York. Destitué à la suite d'une dénonciation de Genet, d'Hauterive a quelque temps à souffrir de la misère, mais enfin le Comité de salut public lui rend justice, et un arrêté en date du 7 brumaire an III signé : Merlin de Douai, Delmas, Fourcroy, Bréard, Thuriot, Treilhard, Richard, porte : « Le ministre plénipotentiaire de la République française près les États-Unis d'Amérique prendra des renseignements sur les causes qui ont empêché jusqu'à présent le retour du citoyen Hauterive depuis la cessation de ses fonctions de consul à New-York, et, dans le cas où ces causes se trouveraient légitimes, il lui confiera provisoirement les fonctions auxquelles il le jugera le plus propre pour le bien du service de la République. » Sans doute Barthélemy, l'ambassadeur en Suisse, le protégé de Choiseul, l'ami de d'Hauterive, n'avait pas oublié l'ancien visiteur de Chanteloup. Puis Talleyrand, qu'il avait revu en Amérique, venait d'obtenir sa radiation. D'Hauterive part pour la France, arrive au Havre vers fructidor an V (septembre 1797), retrouve un de ses anciens amis ministre des Relations extérieures, si l'autre était déporté ; travaille quelque temps pour le ministère à des analyses de traités, et enfin, en vendémiaire an VII, est, en attendant mieux, nommé sous-chef du bureau des consulats.

Dès lors, commence cette féconde association que le duc de Choiseul indiquait aux deux amis dans ses conversations de Chanteloup : « Dans mon ministère, disait-il, j'ai toujours plus fait travailler que je n'ai travaillé moi-même. Il ne faut pas s enterrer sous les papiers; il faut trouver des hommes qui les débrouillent. Il faut gouverner les affaires d'un geste, d'un signe; mettre la virgule qui décide le sens. Un galant homme qui a de l'esprit se contente du second rôle auquel il faut aussi laisser de la dignité [1]. » Et il indiquait la première place à l'abbé de Périgord et la seconde à d'Hauterive, « un de ces hommes qu'il faudra faire travailler pour le bien des affaires, pour la gloire de ses chefs et pour son propre avantage à lui-même ». La liaison est désormais formée entre ces deux hommes qui se complètent l'un l'autre et qui bientôt vont avoir liberté d'allures.

Pour en finir avec le bureau des consulats, notons en passant que Joly et Féraudel sont connus depuis longtemps : l'un l'ancien tailleur de Niort, l'autre l'ex-sauveur de Marat.

Au bureau des consulats, Talleyrand rattache l'École des jeunes de langue, réorganisée et reconstituée. Dès nivôse an V (décembre 1796), le Département s'en était préoccupé, avait conçu un plan qui devait être soumis au Directoire, avait envoyé une circulaire aux parents des jeunes gens destinés à entrer dans la nouvelle École. Mais le ministre de l'Intérieur, Benezech, n'avait pas tardé à mettre des entraves aux projets du ministre des Affaires étrangères. Imbu des idées les plus singulières sur l'ancien régime et sur l'éducation qu'on donnait aux jeunes de langue, Benezech écrivait le 19 thermidor an V (6 août 1797) : « L'établissement des jeunes de langue participait aux vices

---

[1] ARTAUD, p. 16.

de l'ancien régime. Les élèves étaient mal instruits pour l'objet même de leur institution. Cependant, lorsque le gouvernement avait besoin d'interprètes pour le commerce du Levant, c'était là qu'il les prenait, et les élèves envoyés dans ces contrées n'apportaient la plupart à leur destination que des dispositions à la corruption des mœurs. » C'était, on l'avouera, rabaisser d'une façon particulière et traiter d'une manière étrange une institution qui, en moins de cent années, avait fourni à l'État des hommes comme les Ruffin, les Fonton, les Adanson, les Fornetti, les Chayolle et les Cardonne. Mais ces attaques avaient pour but, de la part du ministre de l'Intérieur, de rattacher à son département le choix et la surveillance des enfants de langue. Il voulait qu'on les prît uniquement parmi les boursiers tout élevés et tout instruits, et trouvait là un moyen d'émulation pour les sujets de l'Institut de l'Égalité.

Le département des Affaires étrangères, défendant les principes qui, depuis l'origine, avaient toujours été sagement appliqués, prétendait que, pour donner à des enfants le goût et l'attrait pour les langues d'Orient, on ne saurait les prendre trop jeunes; que, d'ailleurs, le climat, les mœurs, les rudes épreuves que devaient parfois subir les drogmans, exigeaient qu'on les recrutât pour la plupart dans des familles consacrées depuis des siècles à cette profession, établies depuis longtemps en Orient et se transmettant de génération en génération l'amour des choses de France et le dévouement pour ses intérêts. Talleyrand laissait à son collègue de l'Intérieur l'École des langues orientales de la Bibliothèque nationale, fondée par le décret de la Convention du 13 germinal an III (2 avril 1795), et il se réservait d'admettre les élèves de cette école libre dans la carrière du drogmanat après un examen sur les matières d'enseignement. En présence des vides faits par la Révolution dans les rangs des interprètes en Orient, il agréait quelques-uns de ces jeunes gens et en désignait quelques autres au choix du général Bonaparte lors de son départ pour l'Égypte [1]. Mais il voulait qu'on lui laissât l'entière disposition de l'École des jeunes de langue; il voulait le droit de nomination et de destitution des élèves comme des maîtres; il entendait conserver la surveillance absolue, et il n'admettait point que le

---

[1] « Paris, le 6 germinal an VI (26 mars 1798) de la République une et indivisible.

« Ayant besoin, citoyen ministre, pour remplir les intentions du Gouvernement, des citoyens Raize et Belletête, deux jeunes gens qui sont partis il y a quelque temps pour Constantinople et qui doivent être actuellement à Toulon, je vous prie de leur envoyer l'ordre de rester à Toulon. Je désirerais également que vous don-

directeur de l'Institut de l'Égalité, le citoyen Champagne, s'ingérât dans l'organisation de l'École. Il désignait, en pluviôse an V, pour les premières places, les fils des citoyens Brival, Auguis et Treilhard, représentants du peuple; les jeunes Nerciat, fils de l'espion; Lebrun, fils de l'ancien ministre; Tancoigne, fils d'un pharmacien; Cardin, petit-fils de Cardonne le vieil interprète. Il nommait instituteur le citoyen Simon, ancien employé à la section diplomatique du Comité de salut public, et sous-instituteur Ambroise Ortis, jadis missionnaire dans le Levant et aumônier de l'ambassade de France à Constantinople. L'École, dont Napoléon s'occupa tout particulièrement, comprenait dix-huit élèves en l'an X.

Il est temps, maintenant que le ministère est installé, que les changements de personnel et de bureaux vont devenir moins fréquents, d'entrer dans quelques détails sur le lieu où il s'était établi et où il devait ainsi avoir sa résidence jusqu'en 1820.

L'hôtel du ministère des Relations extérieures était une de ces nombreuses demeures aristocratiques que la loi révolutionnaire avait mises à la disposition de la République. On a vu plus haut quels motifs avaient conduit à la choisir. Le faubourg Saint-Germain délaissé, morne, où l'herbe croissait entre les pavés, où à chaque porte on lisait : *Maison à vendre*, allait, suivant le Comité de salut public, se trouver repeuplé par le déplacement des ministères. Pas de doute que la foule ne s'y portât et ne mît en valeur ces hôtels qu'on ne savait à qui louer, et qui, misérables, laissant battre leurs persiennes noircies sur leurs vitres brisées, semblaient l'image de la France. La maison choisie pour les Affaires étrangères, après des débats dont nous avons rendu compte, l'ancien hôtel Galiffet, était un monument presque neuf qui n'était pas encore achevé en 1786 et dans lequel les propriétaires avaient à peine pu s'installer. Il consistait en constructions sur la rue du Bac; en un second corps de bâtiment séparant en deux la profondeur du terrain jusqu'à l'hôtel principal et formant ainsi deux cours carrées d'inégale grandeur, communiquant par une voûte située en face de la porte cochère; enfin en l'habitation prin-

---

nassiez l'ordre aux citoyens Jobert, Chezy, Laporte, jeunes gens qui sont les plus avancés à l'École des langues orientales, à Paris, de se rendre à Constantinople et de leur envoyer contre-ordre à Toulon, pour qu'ils y attendent de nouveaux ordres.

« Je vous salue.
« BONAPARTE.

« Au ministre des Relations extérieures. »

Publié, *Correspondance de Napoléon*, avec indic. de source : Collection Napoléon. Original aux Archives des Affaires étrangères.

cipale située entre cour et jardin. Cette habitation, l'hôtel même, était, sur la cour, ornée d'un grand péristyle découvert, composé de colonnes ioniques de trente pieds de haut. A gauche, un autre péristyle en arrière-corps, décoré de colonnes doriques, formait passage à couvert pour communiquer au grand escalier. Sur le jardin, la façade était décorée aussi de colonnes ioniques. A gauche, une aile se détachait; dans cette aile, se trouvait une galerie de quatre-vingt-dix pieds où les Archives avaient été momentanément installées. Dans la partie du bâtiment qui séparait la seconde cour de la première, était la direction des fonds dont le chef était logé dans l'hôtel [1]. Les bureaux des deux premières directions étaient dans la première cour, à gauche; ceux de la troisième, dans l'hôtel même du ministre au quatrième étage. On y montait par un petit escalier dans l'angle à gauche de la cour d'honneur. A droite de la cour d'honneur, au rez-de-chaussée et à l'entre-sol, on installa plus tard les bureaux de la direction des consulats réorganisée, comme on l'a vu, sous le ministère de Talleyrand. De l'autre côté, la cour n'était bornée que par un mur à la suite duquel on entrait sous le péristyle couvert dont on a déjà parlé, qui tenait toute la profondeur de l'hôtel et se prolongeait en allée jusqu'à l'extrémité d'un très-petit jardin sur lequel donnaient les fenêtres des appartements du ministre. A droite, sous la voûte, était l'entrée de l'escalier conduisant aux appartements du premier; à gauche, au-dessus des offices, on montait aux étages supérieurs occupés par plusieurs bureaux dépendant des directions politiques et par le bureau du chiffre [2].

L'hôtel Galiffet, si vaste qu'il fût, ne suffisait pas à contenir tous les services du Département. Dès l'an IV, Charles Delacroix s'était préoccupé d'y réunir le petit hôtel Maurepas, situé rue de Grenelle Saint-Germain, n°* 73 et 73 bis. Il comptait y installer les Archives et rendre ainsi plus confortable l'habitation du ministre. A cette époque, le ministre des Finances s'opposa à la réalisation de ce vœu et objecta que la réunion de l'hôtel coûterait 482,600 livres. En l'an VI, le projet

---

[1] Ce fut chez M. Bresson, successeur de Laforêt à la direction des fonds, que fut caché, en 1815, M. Lavalette. On trouvera d'intéressants détails à ce sujet dans les *Mémoires de Lavalette*, t. II, p. 300 et suiv.

[2] *Guide des amateurs et étrangers dans Paris*, par THIERRY, Paris, 1786, 2 vol., et surtout GARDEN, *Histoire des traités*, introduction du tome X. Ces détails en sont extraits presque textuellement. Bien que dans Garden ils se rapportent à 1807, nous croyons pouvoir affirmer que l'organisation donnée par Talleyrand, en l'an VI, avait été la même, sauf l'appartement du secrétaire général annexé à l'appartement du ministre, en l'an VIII. On aura à revenir sur les appartements du ministre à propos des fêtes qu'il donna en l'an VI.

fut repris. On se fonda pour le faire réussir sur la faiblesse des planchers de l'hôtel Galiffet, sur la proximité des autres bureaux, l'insuffisance des moyens de remédier à un incendie, la nécessité d'augmenter la place disponible. A ces motifs principaux, il faut ajouter la facilité et l'occasion, car l'hôtel Maurepas comme l'hôtel Galiffet était un bien d'émigré, le désir qu'on avait de loger le garde des Archives, enfin l'heureuse pensée qu'avait Talleyrand de faire de la biliothèque un dépôt réellement utile. Le transport des Archives fut décidé. Il coûta 121,749 francs 52 centimes (dont un tiers fut dépensé dans l'hôtel Galiffet, pour approprier les salles laissées libres), fut commencé en fructidor an VI (septembre 1798), et continué sans interruption jusqu'en germinal an VII (avril 1799).

L'hôtel Maurepas ouvrait sur la rue de Grenelle par une cour entourée de bâtiments de service; le bâtiment principal, situé entre cette cour et un jardin laissé à l'abandon, se retournait d'équerre et se prolongeait jusqu'à la façade de la rue. Au rez-de-chaussée et dans une partie du premier étage on avait placé la Bibliothèque, augmentée par de nombreuses confiscations de livres d'émigrés et de couvents, et dans laquelle abondaient les riches reliures, les beaux maroquins aux armes des Condé, des Montmorency, des Bouillon, des la Rochefoucauld-Bayers, de Mesdames de France. Au premier étage, les archives et le logement du directeur. Au second, une autre partie des archives, le dépôt géographique, les bureaux et le logement du garçon de bureau. On communiquait de l'hôtel Galiffet à l'hôtel Talleyrand par les écuries du ministre [1].

Le ministère ainsi constitué et installé, comprenant un nombre d'employés qui n'était point trop élevé eu égard aux besoins du service courant, recruté parmi les anciens serviteurs du Département, il est intéressant d'étudier comment Talleyrand en comprit le fonctionnement, quelles luttes il eut à soutenir pour lui refaire une tradition, lui donner l'homogénéité d'un corps, le défendre contre les tentatives du Directoire, qui, à propos de politique, voulait désorganiser l'administration. On sait que le rapporteur du budget des Affaires étrangères, Barbé-Marbois, avait été compris un des premiers dans la liste des déportés. Cette exécution ne parut pas suffisante au Directoire, qui, dès le 1er jour complémentaire (17 septembre 1797), cherchait si parmi les commis il ne se trouverait pas des partisans des

---

[1] L'hôtel Maurepas, appartenant en 1824 à la famille de Guignes de Moreton de Chabrillan, fut vendu le 21 août de cette année à madame la princesse de Talmond, moyennant la somme principale de 302,050 francs. Il était estimé seulement 152,618 francs 02 centimes.

Conseils et réclamait pour une nouvelle épuration la liste des employés. La terreur des royalistes dictait à La Revellière une circulaire qui précise quelle inquisition voulaient appliquer à la France les gouvernants du nouveau régime [1].

Enfin, honteux de ne pas trouver les moyens de justifier son coup d'État, le Directoire ordonnait qu'on lui cherchât des arguments :

« Il est intéressant, citoyen ministre, que toute la France sache qu'il était temps que le Directoire frappât enfin le coup qu'il a porté le 18 fructidor aux agents du royalisme; que déjà leurs trames étaient ourdies, leurs ressorts tendus, leurs complots à l'instant d'éclater, et qu'un moment plus tard la République était perdue. Le Directoire exécutif fait rassembler, citoyen ministre, les preuves de cette grande vérité; il vous invite à recueillir celles qui pourraient se trouver à ce sujet dans vos bureaux, et à les lui faire passer le plus tôt possible. »

L'esprit qui avait présidé à ces diverses mesures se fit sentir encore pendant longtemps. C'est ainsi que, le 12 vendémiaire an VI (3 oc-

---

[1] « 1ᵉʳ jour complémentaire, an V.

« LE DIRECTOIRE EXÉCUTIF AU MINISTRE DES RELATIONS EXTÉRIEURES.

« Le Directoire est instruit, citoyen ministre, qu'il s'est introduit dans les bureaux des différents ministères des individus entachés d'incivisme et d'immoralité qui, salariés par la République et associés à vos importants travaux, sont justement suspectés de trahir votre confiance et les intérêts de la nation. Plusieurs d'entre eux ont sans doute cherché à déguiser leurs sentiments et à dérober à votre vigilance la trace de leurs forfaitures; mais le Gouvernement a la preuve qu'il existe des trahisons, une vénalité infâme, une corruption honteuse, et il ne peut les attribuer en général qu'à ces misérables transfuges qui joignent à l'odieux de la perfidie la lâcheté de se faire payer par la partie même qu'ils trahissent. D'autres, moins dissimulés ou moins prudents, se sont signalés eux-mêmes et doivent être facilement distingués. On les reconnaît à leurs relations habituelles, à l'empreinte caractéristique de leur travail, à la conformité de leur costume avec celui des ennemis de la patrie, à l'affectation de se faire donner et de donner eux-mêmes des dénominations proscrites dans le système de l'Egalité, enfin à leur haine pour les mœurs, pour les hommes, pour les institutions républicaines. Le Directoire exécutif voit avec autant d'indignation que de douleur cet étrange abus de la fortune et des emplois de la patrie. Tandis que le besoin assiége le patriote pur et sans reproche et paralyse ses talents, tandis qu'il est réduit à une inactivité douloureuse et dont l'État souffre autant que lui, de lâches parasites dévorent la substance publique, et vendent au poids de l'or au Gouvernement leur funeste aptitude à tromper, à corrompre et à trahir. Ils couvrent son atmosphère des nuages de la prévention et de la perfidie et usurpent des traitements et des places qui doivent être le patrimoine de l'homme probe, de l'ami sincère de la Constitution et de la Liberté. C'est ainsi que nos secrets sont vendus d'avance à l'ennemi étranger ou à celui de l'intérieur, c'est ainsi que retombent sur les ministres les imputations les plus odieuses, c'est ainsi que la défiance s'empare de tous les esprits et que l'indigence timide ou le républicanisme vertueux craignent d'aborder des bureaux où des employés corrompus ou royalistes n'accueillent que l'opulence séductrice ou l'orgueilleuse aristocratie. Le

tobre 1797), le Directoire réclame de nouveau l'état de tous les employés, avec une déclaration sur leurs actes révolutionnaires; que, par un arrêté du 12 brumaire (2 novembre), il déclare que toute personne (ambassadeur, général, envoyé, consul) qui prendra ou recevra d'autre qualité ou dénomination que celle de *citoyen* cessera d'être employée; que, le 15 brumaire (5 novembre), il ordonne la révocation de Mollien, employé au Département, dont le frère est soupçonné d'avoir collaboré à des journaux proscrits; que, le 25 frimaire (15 décembre), il veut que les ministres se fassent remettre à eux-mêmes et donnent, de leur main, reçu des paquets que le Directoire leur envoie; que, le 9 nivôse (29 décembre), « informé que plusieurs fonctionnaires publics, retenus par la crainte que leur correspondance ne soit communiquée, dans les bureaux des ministres, à des personnes malintentionnées, s'abstiennent de faire connaître au Gouvernement tous les abus et toutes les malversations qu'ils découvrent », il prend un arrêté pour inviter les ministres à réitérer dans leurs bureaux la défense de laisser pénétrer d'autres personnes que les employés. Les chefs de division et de bureau sont rendus responsables; les employés coupables d'indiscrétions doivent être renvoyés, et, au besoin, poursuivis devant les tribunaux. Pour donner plus de solennité à cet acte, l'arrêté doit être imprimé au *Bulletin des lois*.

Quelle existence faisait-on pourtant à ces malheureux employés, payés si irrégulièrement que l'arriéré qui leur était dû en pluviôse

---

Directoire exécutif, citoyen ministre, vous charge de vous faire rendre un compte exact de la moralité et du civisme de chacun de vos employés, d'expulser avec une inflexible sévérité tous ceux d'entre eux qui, sous ce double rapport, ne pourront soutenir un examen rigoureux, et de les remplacer par des citoyens qui joignent aux lumières et à la probité un patriotisme prononcé et irréprochable. Le Directoire vous recommande surtout d'exiger que dans tous vos bureaux il ne soit donné ni reçu par qui que ce soit d'autre dénomination que celle de *citoyen*. Cette qualification, dont les représentants du peuple, dont les magistrats s'honorent, est proscrite dans quelques bureaux avec une telle insolence, qu'on a refusé d'écouter, qu'on a feint de ne pas entendre des pétitionnaires républicains, qui la mêlaient à leur demande. Le Directoire exécutif en a acquis la certitude, et c'est un des points essentiels sur lesquels il croit devoir attirer votre attention.

« Ordonnez, citoyen ministre, que le titre de *citoyen* soit exclusivement employé dans vos bureaux, et regardez comme indignes de travailler avec vous tous les messieurs qui dédaigneraient de s'en servir. La République ne devrait compter en France que des amis. Mais du moins qu'elle ne salarie pas ses ennemis.

« Le Directoire exécutif connaît votre attachement à la cause de la Liberté. C'est un sûr garant pour lui de l'empressement que vous allez mettre à exécuter une mesure qui est déjà dans votre cœur, mais dont le Directoire vous fait une loi formelle.

« *Le Président* : M. REVELLIÈRE-LEPAUX. ».

an VI était de 17,097 francs 14 centimes, et en germinal, même année, de 16,677 francs 48 centimes? Dans ce même mois de germinal, le Directoire, « qui ne doutait pas que tous les employés ne s'empressassent de contribuer à l'emprunt contre l'Angleterre, régularisait, sur un désir manifesté par certains d'entre eux, l'effet du zèle de tous ». Il trouvait que chacun donnerait des preuves suffisantes de dévouement en prenant des portions d'intérêt à raison d'une demi-action par chaque 5,000 francs, et il ajoutait : « Il est inutile, sans doute, de vous faire observer, citoyen ministre, que les motifs qui ont empêché les employés d'écouter leur zèle dans cette circonstance ne doivent pas être des motifs généraux, tels que la rareté du numéraire, et ce que les employés ont souffert dans le temps où ils étaient payés en assignats. » On les taxa, purement et simplement, et les malheureux employés durent souscrire vingt-deux actions, soit 12,760 francs, qui leur furent retenus sur leur traitement.

Ces règlements directoriaux affectent toujours la forme générale. On croirait toujours que les directeurs parlent au monde entier et qu'ils vont le régénérer. Arrêté solennel, 14 germinal an VI (5 avril 1798), pour faire observer généralement et exclusivement le calendrier républicain, « attendu que le calendrier républicain, le seul que reconnaissent la Constitution et les lois, est une des institutions les plus propres à faire oublier jusqu'aux dernières traces du régime royal, nobiliaire et sacerdotal, et qu'on ne saurait trop s'occuper des moyens de faire cesser les résistances qu'il éprouve encore de la part des ennemis de la liberté et de tous les hommes liés par la force de l'habitude aux anciens préjugés ». Arrêté solennel pour rappeler aux ministres qu'ils doivent se trouver exactement aux séances du Directoire, 4 fructidor (21 août 1798). Arrêté sur ces malheureux employés, qu'une brochure du temps[1] envoie habiter rue des Jeûneurs. Arrêté terrible du 5 vendémiaire an VII (27 septembre 1798) : Les employés ne recevront pour leur rétribution que leur traitement fixe. Il ne leur sera fourni que le papier, l'encre, le pulvérin, le pain et la cire à cacheter; le bois pour le chauffage sera réglé pour chacun d'eux et ne pourra être excédé. Les expéditionnaires devront donner au moins sept heures de travail tous les jours, et le travail aura lieu de neuf heures à quatre heures. La feuille de présence devra être signée au moins trois fois par jour. Les absents seront privés, la première fois, de dix jours de traitement; la seconde, d'un mois; ils seront révoqués à la troisième absence. L'état des employés sera remis au Directoire

---

[1] *Changement de domicile.* Imp. de l'auteur, rue Perdue.

avec des notes des chefs de division, et l'on ne donnera d'avancement que sur ces notes.

Mais cette fois la gaieté française reprend le dessus. Sitôt l'arrêté inséré au *Bulletin des lois,* voici paraître l'*Ordonnance burlesque du Gouvernoire de la République iroquoise, traduite en français par Dulys, grammairien, rue de la Liberté,* n° 36. C'est la revanche des employés contre la Révolution, une revanche en douze pages : « Considérant que c'est à tort et injurieusement que sous une latitude boréale de quarante-neuf degrés, la nature donne aux Iroquois, tantôt des hivers secs, longs et rigoureux, tantôt des hivers courts, doux et pluvieux; que c'est malicieusement aussi qu'elle avance et retarde les saisons au lieu de les renfermer dans l'espace fixé par le calendrier iroquois... » Et un considérant sur les employés qui composent les bureaux dans *Laboue,* capitale de la république iroquoise; un autre sur les gredins introduits par la Révolution, et qui, seuls, par le nouveau système, doivent trôner; un autre sur la considération due aux employés, sur la pendule infaillible du ministre, sur l'égalité du travail des bras et de celui de l'esprit; « considérant, enfin, qu'il est reconnu par le Gouvernoire, seul très-sage, que vouloir fonder une République sur la réunion des talents et des vertus, est une chimère uniquement propre à bercer les idiots de mensonges flatteurs... » Et l'arrêté déroule ensuite ses trente-deux articles : arrêté qu'il est enjoint au septuagénaire et à l'invalide à jambe de bois de courir aussi vite que le jeune homme de quinze ans; arrêté que les maladies des gens de lettres sont supprimées comme vexatoires et oligarchiques; arrêté que l'aristocratie des talents est supprimée; qu'il est défendu aux horloges de se déranger; que chaque ministre aura une pendule infaillible, qu'il avancera et retardera pour obtenir le plus possible d'amendes et de travail effectif. Puis on recommande aux ministres de changer au moins une fois par mois l'organisation de leurs bureaux, de renouveler les réformes au moins quatre fois par an, et la farce se termine par cet article : « Il est défendu à tous les employés d'aimer le Gouvernoire, sous peine de voir leur sort empirer et de passer pour avoir le goût dépravé. »

Mais quoi ! une plaisanterie arrêtera-t-elle le Directoire? Les Français rient, qu'ils payent. Voici un autre arrêté, 28 vendémiaire an VII (17 octobre 1798), adressé cette fois directement au ministre, qui est invité à ne paraître que dans le costume déterminé par la loi aux audiences qu'il donne au public. Puis, du ministre on passe aux garçons de bureau; leurs appointements sont fixés à 720 francs par an (29 vendémiaire an VII-20 octobre), remis à 800 francs (3 floréal-22 avril 1799);

enfin, le Directoire ne dédaigne pas de régler, par arrêté, leur costume : habit et culotte de drap bleu national, gilet de casimir français chamois foncé, chapeau, deux paires de bas de coton et deux paires de souliers pour une année (27 brumaire-14 novembre).

Est-ce au Directoire ou à Talleyrand qu'appartient l'initiative de l'arrêté du 23 vendémiaire (17 octobre), qui interdit aux agents à l'extérieur les correspondances sur des objets politiques? A coup sûr l'arrêté était nécessaire, et en tout autre temps il n'aurait sans doute pas été besoin de rappeler aux envoyés de la France ce devoir primordial. Le Directoire commençait par établir que les agents extérieurs de la République sont les organes des intentions du gouvernement et les instruments de sa surveillance; que ces agents, en communiquant dans des correspondances privées leurs observations, leurs opinions, leurs conjectures et les faits même qui seraient à leur connaissance, pourraient, à leur insu, contrarier ses mesures ; que ces révélations, en éveillant la malveillance et la jalousie, les aideraient à pénétrer ses desseins ou les exposeraient à être mal interprétés; que la publicité qui pourrait résulter de ces communications mettrait à découvert le caractère personnel, le penchant et les vues des agents de la République; qu'en jetant un jour souvent faux et toujours dangereux sur les ordres dont ils sont chargés, elle pourrait préparer des entraves à leur exécution, et nuirait à la dignité de la représentation nationale; il concluait que la surveillance du gouvernement étant générale ne laissait qu'à lui la faculté d'apprécier l'importance des faits isolés qui lui étaient transmis, et que pouvant seul apprécier les rapports qui lient ces faits à la grande chaîne des événements politiques, il pouvait seul juger des dangers ou des avantages de leur publicité. Pour toutes ces considérations, le Directoire arrêtait que les agents extérieurs de la République seraient responsables de tout article imprimé qui pourrait être rédigé d'après leur correspondance sur des objets politiques.

Mais si cette mesure était bonne vis-à-vis des agents à l'extérieur, plus ménagés que ceux de l'intérieur, que dire de cette loi du 3 pluviôse (22 janvier 1798), qui retient un vingtième sur tous les traitements? et cela ne suffit pas. Voici une loi du 27 floréal (18 mai 1798), qui prescrit une retenue du dixième sur tous les traitements excédant 3,000 francs; ce n'est pas tout : voici la loi du 1er thermidor (19 juillet 1798), qui prend un dixième sur les traitements au-dessous de 2,000 francs, un sixième sur les traitements au-dessous de 3,000 francs, un quart sur ceux de 4,000 francs et au-dessus; encore ne peut-on toucher ce misérable reliquat qu'après avoir justifié de l'acquittement des contributions mobilières pour les années antérieures à l'an V[1].

Les mesures prises par Talleyrand lui-même sont d'un ordre moins général, d'une application plus facile, d'un retentissement moins voulu. Le Directoire se réserve les grandes proclamations « à tous les peuples et à tous les gouvernements », comme à propos de l'assassinat des plénipotentiaires de Rastadt (18 floréal-7 mai 1798); mais il est descendu si bas dans l'opinion qu'on le soupçonne d'avoir ordonné lui-même l'assassinat, pour avoir occasion d'en tirer vengeance. Talleyrand, lui, se charge des circulaires aux agents; il les fait courtes, précises, ordonnant des mesures utiles, et on lui obéit. En vendémiaire (septembre 1797), il indique la classification qu'il a adoptée pour la correspondance. Les lettres doivent être timbrées suivant les bureaux auxquels elles se rapportent (*Politique, Fonds, Affaires commerciales*) et numérotées. Chaque sujet doit être traité dans une dépêche spéciale; le texte analysé en tête de la dépêche, et des indications marginales placées pour indiquer les divisions du sujet. Les nouvelles et les détails isolés peuvent être expédiés sur un feuillet non numéroté et timbré : *Note* ou *Bulletin*. Le 24 et le 28 vendémiaire (15 et 19 octobre 1797), il fait signer au Directoire deux arrêtés qui ont fait longtemps autorité. Le premier stipule que le traitement de tout agent politique cessera le jour de la réception de sa lettre de rappel, règle les dates d'où commenceront à partir les traitements, ordonne que toutes les dépenses, autres que celles de courriers, d'envois de journaux, et les dépenses secrètes, seront désormais à la charge des agents, établit que les agents absents par congé jouiront de la moitié de leur traitement, et que, de l'autre moitié, un quart sera reversé au Département, et l'autre quart au chargé d'affaires, qui jouira, en outre, de la maison montée du ministre, dont celui-ci continuera à payer le loyer. Le second arrêté est relatif aux frais d'établissements et aux frais de route, fixe le maximum des frais d'établissements au tiers des appointements annuels, et les frais de route de 30 francs à 7 francs 50 centimes par poste, suivant le grade des agents [2].

En brumaire (octobre 1797), il réclame aux consuls l'envoi trimestriel des états de commerce et de navigation interrompus par la guerre. Il ne prescrit pas pour ces états de forme spéciale, il veut seulement qu'on y indique les lieux d'expédition et de destination des bâtiments, leur tonnage, leur pavillon, leur cargaison. Puis il de-

---

[1] Arrêté de Ramel, ministre des Finances, 7 prairial an VI.
[2] On peut comparer cet arrêté avec celui pris par Montmorin en 1787. V. p. 65.

mande un travail périodique sur les droits de douane et de tonnage, le prix courant des marchandises, etc., et il entend que peu à peu les lacunes dans les documents de cette nature puissent être comblées. Encore en brumaire, il s'inquiète de réunir les documents nécessaires à la rédaction d'un tarif uniforme des droits de chancellerie, et ordonne qu'on lui envoie le tableau des droits perçus. En frimaire (novembre), il règle l'ordre de la correspondance des consuls avec le Département, avec les agents politiques français accrédités auprès du gouvernement du pays où ils résident et avec les autres ministères en France. Il établit que la correspondance avec l'agent politique a pour objet de réclamer son intervention auprès du gouvernement local, de demander une direction dans les cas douteux, une autorisation dans les cas d'urgence, enfin de donner des informations qui jusqu'ici sont fournies avec peu d'empressement; que la correspondance avec le Département a pour objet d'informer le gouvernement de tout ce qui intéresse nos relations commerciales, de rendre compte de l'exercice des fonctions consulaires et de réclamer des autorisations. Il veut que tous les renseignements adressés aux autres ministères passent par le département des Relations extérieures. Enfin il subordonne les vice-consuls aux consuls, et ceux-ci au consul général, qui seul doit réclamer l'intervention de l'agent politique, et il restreint la correspondance des consuls avec l'agent politique à des transmissions de renseignements. Dans cette circulaire comme dans nombre d'autres documents, Talleyrand refuse absolument aux consuls la conduite de toute affaire politique.

En frimaire, le ministre détermine les trois sortes de contentieux qui peuvent résulter des prises maritimes, renvoie à la Marine le contentieux administratif, à la Justice le contentieux judiciaire, et ne conserve pour le Département que le contentieux diplomatique. Grâce à cette mesure, il parvient à supprimer le bureau du contentieux au Département et à le réduire à un seul employé : Rosenstiel. En ventôse (février 1799), il s'occupe de faire rassembler des documents sur la situation réelle des Français à l'étranger. Dans une circulaire qui est un chef-d'œuvre de clarté et de précision [1], il demande aux consuls, en vue des traités de commerce à conclure, un tableau des droits, immunités et priviléges des Français résultant des traités, l'historique de l'extension ou de la diminution de ces droits avant et depuis la Révolution, enfin un projet de traité de commerce.

Quoique chargé depuis le 7 germinal (27 mars 1799) de l'intérim

---

[1] Imprimée comme toutes les circulaires précédemment citées.

du ministère de la Marine, Talleyrand n'en continue pas moins vigoureusement à garder l'ordre dans son ministère. C'est ainsi que le 22 messidor (10 juillet 1799) il présente au Directoire un arrêté pour interdire à tous les agents du pouvoir exécutif d'avoir avec les étrangers accrédités en France des rapports sans son intermédiaire; qu'il adresse l'ordre aux consuls de n'avoir à correspondre qu'avec lui (25 messidor-13 juillet). Le 3 fructidor (20 août 1799), n'ayant plus le portefeuille qu'en attendant l'arrivée de son successeur, il expédie à tous les agents une circulaire importante en ce qu'elle montre en lui l'initiateur d'un mouvement dont notre temps verra peut-être la réalisation : l'uniformisation du système métrique. En ce moment les visées du ministre sont moins hautes, il se borne, en exprimant un vœu pour l'avenir, à recommander aux agents de lui envoyer le résultat de leurs recherches sur toutes les parties du système métrique de chaque pays, comparé avec celui de la République.

Il est nécessaire enfin d'examiner quel avait été, pendant le ministère de Talleyrand, le budget du Département. On a vu qu'en l'an V, le budget, réglé tardivement par le Corps législatif, avait été loin de suffire aux dépenses du Département. Le 1er fructidor an V (18 août 1797), 2,011,803 livres étaient encore accordées à nouveau, sur le rapport de Rouzet, pour dépenses ordinaires et extraordinaires. Heureusement, à partir de l'an VI, Talleyrand, aidé par Laforêt, parvient à introduire dans les finances du ministère un ordre et une économie dont on avait perdu l'habitude depuis 1791. Une résolution du conseil des Cinq-Cents du 18 floréal an V (7 mai 1797) avait d'abord accordé 4,118,066 livres pour les dépenses de l'an VI; mais cette résolution fut rejetée par le conseil des Anciens, qui n'accorda que 3,501,688 livres, encore en réclamant des économies pour l'avenir. Les dépenses prévues étaient comme d'ordinaire divisées en trois chapitres : service extérieur, service intérieur et service accessoire. Le premier chapitre, nécessairement le plus considérable, comprenait le traitement des agents politiques (1,061,000 livres) et consulaires (770,775 livres), les frais de premier établissement et de voyage (422,000 livres), les frais de service, etc. Les articles de ce chapitre n'ont pas été tous suivis. Les dépenses des bureaux étaient évaluées à 224,200 livres; on dépensa : 233,489 livres 8 sous. Les dépenses secrètes à 200,000 livres: on dépensa 128,569 livres 94 sous[1]; les dépenses accidentelles à 60,000 livres : elles s'élèvent à 75,635 livres; mais n'a-t-il pas fallu désintéresser le vertueux Charles Delacroix, et les

---

[1] Le Directoire en reçoit le compte le 24 thermidor an VII.

30,000 livres qu'on lui a payées ne doivent-elles pas être comptées? Quant au ministre personnellement, outre son traitement de 37,000 myriagrammes et demi de froment, évalués à 100,500 livres, il a reçu 7,000 francs pour l'entretien de sa maison et dépensé 55,500 francs pour l'entretien du mobilier et des voitures destinées à son usage. Encore toutes les voitures étaient-elles payées? Cette fameuse voiture blanche dont le carrossier réclamait en vain la facture, cette voiture que M. de Talleyrand voulait bien payer. « Mais quand? demandait le sellier. — Vous êtes bien curieux. »

Le compte de l'an VI se réglait définitivement en l'an XI par un excédant de crédit de 18,004 fr. 35 c.

En l'an VII le budget présenté au Corps législatif, rapporté aux Cinq-Cents par Destrem et aux Anciens par Beerenbroek, prévoyait un total de dépenses de 4,000,000. Talleyrand recevait, à propos de son administration, les plus grands éloges : « républicain éclairé, homme d'État de premier ordre, administrateur intelligent », les rapporteurs ne lui ménageaient pas l'encens. Pourtant, ce projet de dépenses était supérieur de près de 500,000 francs au budget de l'année précédente. L'article des agents politiques, porté à 1,646,000 francs, était cause de cette augmentation, ainsi que la commission des limites (59,200 francs). Les chiffres restaient les mêmes pour les bureaux, le traitement du ministre, etc. Le budget, néanmoins, se solda en excédant. A la vérité, deux lois, l'une du 28 prairial (16 juin), l'autre du 28 thermidor (15 août 1797), avaient ajouté au crédit principal de 4,000,000 de francs deux crédits, l'un de 200,000 francs, l'autre de 100,000 francs, mais uniquement destinés à des secours aux réfugiés cisalpins et piémontais, et qui firent l'objet de comptes particuliers. Le compte de l'an VII se soldait, en l'an XII, par un reliquat de 500,000 livres environ. Il est à remarquer que pendant ces deux années, quelques secours de 500 à 600 francs avaient été distribués à divers anciens employés du ministère entre autres, à Poisson, à Hennin et à Bonhomme.

Ces détails intérieurs occupent bien Talleyrand et le préoccupent, mais d'autres objets attirent en même temps son attention. Derrière le Directoire, le ministre des Relations extérieures est trop avisé pour ne pas voir Bonaparte. Aussi le trouve-t-on, dès le 10 fructidor (27 août 1797), assistant à la présentation de drapeaux conquis par l'armée d'Italie, faite au Directoire par le général Bernadotte. La présentation des drapeaux a un intérêt politique. Elle est l'affirmation de l'adhésion donnée par l'armée aux projets du Directoire, et Talleyrand, qui est un des principaux agents de la conspiration, ne peut manquer d'indiquer dans un discours, dont la présentation de l'ambassadeur de la République cisalpine lui fournit l'occasion, l'alliance intime du gouvernement et de l'armée. Mais Talleyrand n'a pas attendu ce jour-là pour affirmer son dévouement et faire à Bonaparte l'hommage de son portefeuille. Dès son entrée en fonction, il a écrit au général de l'armée d'Italie la lettre suivante :

« Paris, le 6 thermidor an V (24 juillet 1797).

« J'ai l'honneur de vous annoncer, général, que le Directoire exécutif m'a nommé ministre des Relations extérieures. Justement effrayé des fonctions dont je sens la périlleuse importance, j'ai besoin de me rassurer par le sentiment de ce que votre gloire doit apporter de moyens et de facilités dans les négociations. Le nom seul de Bonaparte est un auxiliaire qui doit tout aplanir. Je m'empresserai de vous faire parvenir toutes les vues que le Directoire me chargera de vous transmettre, et la Renommée, qui est votre organe ordinaire, me ravira souvent le bonheur de lui apprendre la manière dont vous les aurez remplies[1]. »

Désormais, son unique préoccupation, c'est ce que fait, ce que pense le général. Il cherche à se mettre en rapport avec lui, lui écrit, l'accable de ses louanges. C'est Talleyrand qui, le 6 brumaire (27 octobre 1797), contre-signe l'arrêté du Directoire qui nomme Bonaparte, Treilhard et Bonnier, ministres plénipotentiaires, négociateurs avec l'empire germanique, aux appointements, pour chacun d'eux, de 5,000 francs par mois, portés, le 8 pluviôse (27 janvier 1798), à 7,000 francs. C'est lui qui, le 10 brumaire (31 octobre 1797), présente au Directoire Berthier et Monge, porteurs du traité de paix définitive avec la maison d'Autriche. C'est la paix de Campo-Formio, «cette paix à la Bonaparte», à propos de laquelle «les expressions manquent au ministre pour exprimer au général pacificateur tout ce qu'il voudrait en ce moment». Il écrit : «Amitié, admiration, respect, reconnaissance; on ne sait où s'arrêter dans cette énumération. » Talleyrand trouve encore des qualificatifs dans la cérémonie de la présentation. Il fait l'éloge de Berthier avec les mots dont s'est servi Bonaparte ; n'est-ce pas reconnaître là : le Maître?

Que dira-t-il lorsque, le 2 frimaire (10 décembre 1797), il aura à présenter au Directoire Bonaparte lui-même? Le vainqueur est arrivé. Il est descendu rue Chantereine, débaptisée dans la nuit, et appelée

---

[1] Publiée par SAINTE-BEUVE. *M. de Talleyrand*, p. 56.

rue de la Victoire. Le 17 frimaire, le Directoire écrit à Talleyrand pour lui donner ses ordres. Il y aura cérémonie publique le décadi, 20 frimaire. « A cinq heures, il y aura un dîner auquel vous êtes invité de vous rendre en costume. La fête sera terminée par un bal chez le ministre de l'Intérieur, lors duquel seulement on quittera les costumes. On dînera le chapeau sur la tête, le chapeau faisant partie des costumes des membres du Directoire et de divers autres fonctionnaires. »

La cérémonie du matin a lieu dans la cour du Luxembourg, presque entièrement couverte par une tente superbement brodée, ornée de draperies aux trois couleurs, de crépines, de cordons et de glands en or. Au fond, sur une estrade garnie des plus riches tapisseries du garde-meuble et de la couronne, s'élève l'autel de la patrie en marbre blanc; au-dessus, la statue de la Liberté couronnée par la Victoire et soutenue par la Force. Les cinq directeurs, dans ce costume officiel qui fait l'orgueil du bossu La Revellière, les ministres, les fonctionnaires, les généraux entourent l'autel. Dans les tribunes, tout Paris. Les femmes, à demi nues, agrémentant de diamants leur nudité; des chœurs de l'Opéra chantant des cantates de Chénier[1] et de Lebrun. Enfin, une salve de coups de canon annonce l'arrivée de Bonaparte, et la foule, qui a chuté le Directoire, pousse de tels cris d'enthousiasme que les vivat couvrent tous les bruits, et réduisent au silence les douze cents musiciens[2]. Talleyrand prend la parole : « Citoyens directeurs, dit-il, j'ai l'honneur de présenter au Directoire exécutif le citoyen Bonaparte, qui apporte la ratification du traité de paix conclu avec l'Empereur. » Puis, dans un long discours, il cherche des louanges nouvelles et inédites : « La gloire du vainqueur de l'Italie appartient à la Révolution, car sans elle son génie eût langui dans de vulgaires honneurs; elle appartient au gouvernement qui a su deviner Bonaparte, aux héros qu'il a commandés, à tous les Français : tous les Français ont vaincu en Bonaparte. Il faut lui laisser, à lui, ce coup d'œil qui dérobe tout au hasard, cette prévoyance qui le rend maître de l'avenir, et les soudaines inspirations, et l'art de ranimer en un instant les courages ébranlés, et une audace sublime et l'hé-

---

[1] Chénier avait composé pour la circonstance le *Chant du retour*, musique de Méhul. Au reste, le nombre des pièces de poésie imprimées à cette occasion est effrayant. Voici, entre autres, un recueil de poésies : ode, acrostiche, madrigal, sonnet de l'adjudant général BOISSON-QUENCY.

[2] *Recueil complet des discours prononcés, etc., et accompagné de la description complète de cette fête et des hymnes qui y ont été chantés.* Paris, Marchant, in-8° de 25 pages.

roïsme nouveau, qui lui a fait mettre un frein à la victoire. » Puis Talleyrand admire que la grandeur de Bonaparte, loin de blesser l'égalité, en soit le plus beau triomphe. Puis il reprend le cours de ses épithètes. Ce qu'il loue maintenant, c'est la simplicité du héros, c'est son amour pour les sciences abstraites, ce sont ses lectures : « ce sublime Ossian, qui semble le détacher de la terre » ; c'est sa passion pour la retraite, « cette retraite dont il faudra l'arracher un jour pour le bonheur de la France ». Il ne s'interrompt que lorsqu'il ne trouve plus de mots pour ses flatteries. Bonaparte parle à son tour, nettement, en peu de mots, mais d'une éloquence militaire et héroïque. Barras répond faiblement. La fête se termine par une accolade fraternelle, où les directeurs se précipitent tous les cinq à la fois sur Bonaparte.

Ce n'est point assez pour Talleyrand, il veut Bonaparte pour lui et chez lui. Le Directoire, les ministres, les conseils n'ont reçu que Bonaparte, il veut que la fête qu'il donnera soit consacrée à *madame* Bonaparte. N'est-ce pas la meilleure flatterie qu'il puisse employer vis-à-vis de ce héros qui aime sa femme? On attend donc son retour, et elle n'arrive que le 13 nivôse (2 janvier 1798). Aussitôt les billets d'invitation sont lancés, et sur les billets on marque le désir que les marchandises anglaises soient exclues des toilettes de ceux qui doivent aller au bal[1]. L'hôtel Galiffet est paré depuis quatre ou cinq jours. L'escalier, ce magnifique escalier ovale décoré de colonnes ioniques, est couvert de plantes odoriférantes. Des musiciens, placés autour de la coupole décorée d'arabesques qui termine l'escalier, font entendre une musique délicieuse. Dès l'entrée, la fête commence. Une foule, un monde se presse dans les salons. Un peu trop de foule peut-être, mais peut-on s'en plaindre? Jamais, dit Girardin[2], on ne vit une réunion de plus jolies personnes. Tout est décoré de guirlandes de fleurs artificielles, que Nattier déjà célèbre a fournies. On a bouleversé les salons, repeint les murs, bâti un petit temple étrusque, dans lequel est placé le buste de Brutus que Bonaparte a jadis envoyé d'Italie. Ruggieri a fourni le feu d'artifice ; dans le jardin, on a rassemblé des tentes, des soldats de tous les corps en garnison à Paris. A minuit, la musique joue le *Chant du départ,* et toutes les femmes se rendent dans la galerie où étaient jadis les Archives, et se placent autour d'une table de trois cents couverts. Talleyrand porte les toasts ; chacun est suivi de couplets composés par Després et Despréaux, chantés par Laïs, Chenard et Chéron. Dans l'intervalle des

---

[1] *Moniteur.*
[2] *Mémoires,* t. III, p. 143.

chants, Dugazon raconte l'histoire d'un baron allemand. C'est le temps où ce genre de farces est fort apprécié, témoin les dîners de Cambacérès. Le héros du bal est arrivé avec Arnault [1], a fait le tour du bal avec lui ; puis, a été séparé par la foule de son compagnon. Arnault s'est retiré dans un coin, et assis sur une banquette. Madame de Staël vient le chercher : « Présentez-moi à votre général », lui dit-elle. Arnault, qui connait fort peu la dame, est obligé de la présenter. Elle interpelle Bonaparte : « Général, quelle est la femme que vous aimeriez le plus ? — La mienne. — C'est tout simple ; mais quelle est celle que vous estimeriez le plus ? — Celle qui sait le mieux s'occuper de son ménage. — Je le conçois encore. Mais enfin quelle serait pour vous la première des femmes, morte ou vivante [2] ? — Celle qui a fait le plus d'enfants », lui répond Bonaparte en souriant. — Et pour prouver ce qu'il a avancé, il va retrouver sa femme, reste auprès d'elle pendant tout le souper ; il est fort occupé d'elle ; il ne lui déplaît pas qu'on dise comme Girardin « qu'il en est très-amoureux et excessivement jaloux ». A une heure, il se retire, mais la fête a fait impression sur lui ; il dira dans ses Mémoires : « La fête du ministre Talleyrand était marquée au coin du bon goût. » Elle n'a point été sans coûter *gros,* comme on disait, à l'imitation de madame Angot. 12,730 livres, sans compter les chanteurs, le souper et la police, c'était cher pour un bal, mais Talleyrand trouvait que c'était bon marché pour l'avenir [3].

Dès le 2 pluviôse (21 janvier), il s'agit pour Talleyrand de rentrer dans une partie de ses frais. Bonaparte ne veut pas souiller sa gloire, en paraissant à la fête anniversaire de la mort de Louis XVI. Le Directoire dépêche Talleyrand vers la rue de la Victoire, et Talleyrand obtient que le héros consente à venir ; mais il se confondra dans les rangs de l'Institut, s'habillera de l'uniforme de l'Institut, montrera bien par là que lui n'est pas un régicide. Autre négociation à propos de cette horrible scène du café Garchy, de ces jeunes gens assassinés, de ces femmes dépouillées en plein Paris par une bande de jacobins ; Bonaparte ne parlera pas. Enfin, c'est Talleyrand qui fournit au général les documents à l'appui de son projet sur l'Égypte [4] ; il promet à Bonaparte, non de l'accompagner dans sa croisade, mais, aussitôt

---

[1] *Souvenirs d'un sexagénaire.*
[2] Cf. *Mémoires de Napoléon.*
[3] On trouvera aux pièces justificatives l'état détaillé des dépenses. Il nous a paru intéressant qu'on pût vérifier par le menu le prix d'une fête du Directoire.
[4] Voir une curieuse brochure qui n'est pas dans le commerce et que je crois rare : *Souvenirs sur Gaspard Monge, et ses rapports avec Napoléon,* de

après son départ, de se faire envoyer comme ambassadeur auprès du Divan, de convaincre les ministres du Sultan, de prouver la nécessité de l'alliance française et l'utilité de l'expédition d'Égypte. Mais quoi? voici que la flotte met à la voile le 30 floréal an VI (19 mai 1798). L'Égypte est loin; Bonaparte est loin. Et d'ailleurs ne va-t-on pas avoir à opérer toutes sortes de remaniements, avantageux pour un ministre intelligent, dans les frontières de la République? Talleyrand se détermine à rester à Paris, et il se contente d'écrire à Constantinople.

Aussi bien qu'aurait-il pu faire à Constantinople? C'était le Directoire, qui seul depuis le départ de Bonaparte avait pris en main, et de quelle façon! les Relations extérieures de la France. C'était lui qui avait fait rompre les conférences de Lille; lui qui avait renvoyé de Paris le négociateur du Portugal, M. d'Araujo; lui qui avait réuni plus ou moins violemment à la République française les républiques de Mulhausen et de Genève; lui qui avait violemment brisé l'alliance avec les États-Unis; lui qui avait dépossédé le roi de Sardaigne, au mépris des traités; lui qui dans cette révolution de la Suisse avait entassé toutes les injustices, fait usage de toutes les fourberies et de toutes les violences. Lui seul était cause de la guerre avec la maison d'Autriche et avec ses alliés. Rien de ce qui était relatif à l'Italie et à la Suisse n'avait été délibéré en présence du ministre[1]. Les ambassadeurs étaient nommés sans qu'il fût consulté, et on lui demandait même des lettres de créance en blanc[2]. S'il était présent aux délibérations, lorsque la protection d'un directeur faisait choisir un agent, cet agent devait partir sur l'heure, sans renseignements préalables, sans instructions, ayant puisé à table, d'un voisin complaisant, toutes les données qu'il emportait sur le pays où il devenait ambassadeur[3]. Les envoyés qui avaient rendu des services étaient rappelés; les ambassades devenaient des lieux de déportation amicale pour des révolutionnaires gênants ou des généraux compromis[4].

De tout cela on rendait Talleyrand responsable, mais les reproches qu'on adressait au ministre tombaient tous au premier examen. On lui reprochait de n'avoir pas encouragé la course, et il démontrait que

---

M. JOMARD. Paris, 1853, in-8°. Je trouve là des détails curieux sur la conception de l'expédition. Il faut, à la vérité, les rapprocher de la polémique entre Talleyrand et Ch. Delacroix, en l'an VIII.

[1] *Éclaircissements donnés par le citoyen Talleyrand*, p. 21.
[2] *Ibid.*, p. 21.
[3] *Mémoires de Lombard de Langres*, t. II, p. 240.
[4] *Mémoires de Miot* à propos de Deforgues et Pichegru.

le prix des assurances, pendant tout le temps de la course, avait été moins fort à Londres pour pavillon anglais que pour pavillon neutre, que 545 bâtiments armés en course avaient été capturés par les Anglais, que trente mille Français étaient prisonniers en Angleterre[1].

Qu'importait au *Journal des hommes libres*, ce journal protée qui changeait à chaque instant non d'esprit, mais de titre, ce *Journal des Tigres*, comme on l'appelait, qu'inspirait Charles Delacroix, et que protégeait la faction jacobine! Tous les jacobins hurlaient contre Talleyrand. Au Manége, la société reconstituée des républicains purs, c'était l'adjudant batave Quatremère Disjonval, plus connu par son *Aranéologie;* aux Jacobins, c'était l'adjudant général Jorry, qui, quoique condamné pour diffamation, n'en continuait pas moins à diffamer. A la tribune des Cinq-Cents, Lucien Bonaparte, esprit qui manquait de pondération, et que les jacobins tenaient encore; Briot, Garran, vingt autres. On accusait Talleyrand de n'être pas républicain, d'être vendu à l'Angleterre. Tous les arguments qui traînent dans le ruisseau, et que ramassent d'ordinaire les déclamateurs, on les employait contre lui. A vrai dire, on aurait pu trouver un argument bien fort. Talleyrand fut toujours vénal; il l'avait été, et si la négociation avec les États-Unis avait échoué, peut-être sa vénalité en avait-elle été cause.

D'ailleurs, le coup d'État du 30 prairial (18 juin), dirigé par la majorité des Conseils contre le Directoire, venait d'exclure du pouvoir exécutif Merlin, La Révellière et Treilhard. La Constitution de l'an III croulait de toutes parts. Barras négociait avec le Prétendant. Sieyès travaillait à une Constitution nouvelle. Dans cette maison qui tombait, qu'avait à faire Talleyrand ? Ne savait-il pas que l'ordre de revenir en France avait été expédié à Bonaparte ? Ne devait-il pas se retirer du pouvoir pour y rentrer consolidé et vainqueur avec Bonaparte? Il renouvela donc sa démission. Le Directoire, en l'acceptant, ne crut pas néanmoins qu'il lui fût possible de laisser partir ce complice de fructidor, l'homme qui avait le plus aidé à sa politique, sans lui adresser un témoignage particulier de sa gratitude. Voici la lettre qu'il lui écrivit :

« Le Directoire exécutif, citoyen ministre, avait reçu la démission

---

[1] Dans les *Éclaircissements de Talleyrand*, en l'an VII, justement à propos des reproches qu'on lui adresse, nous remarquons cette phrase : « Est-il étonnant qu'ils veuillent me faire rendre compte de la cession du duché de Bénévent, lorsque le duché de Bénévent n'a jamais été cédé au roi de Naples? » Le nom de Bénévent écrit par Talleyrand à cette date, son attention portée sur ce coin de l'Italie, n'est-ce pas quelque chose d'étrange comme ce mot de Napoléon enfant qui termine son cours de géographie : « Sainte-Hélène, petite île? »

que vous lui avez adressée le 25 messidor dernier (13 juillet 1799). Sur les nouvelles instances que vous lui faites parvenir, il vient de l'accepter, et vous a remplacé par le citoyen Reinhard, ministre plénipotentiaire près la République helvétique.

« Le Directoire regarde comme un acte de justice de vous témoigner, à cette occasion, combien il a été satisfait du zèle constant, du civisme et des lumières que vous avez apportés, tant dans les fonctions de votre ministère, que dans celles du ministère de la Marine, qui vous avaient été momentanément confiées.

« Le Directoire vous invite néanmoins à continuer le travail des Relations extérieures, jusqu'à l'arrivée de votre successeur; il ne doute pas que vous n'y apportiez le même zèle[1]. »

En effet, Reinhard était loin; il avait beaucoup voyagé, depuis le 6 messidor an III (24 juin 1795), où il avait été nommé par le Comité de salut public ministre à Hambourg. Admis à présenter ses lettres de créance, après une longue et difficile négociation, il n'avait pas tardé à s'établir d'une façon sérieuse dans un poste où sa mission apparente était beaucoup moins importante que sa mission secrète. Reinhard était chargé de maintenir le nord de l'Allemagne dans l'alliance française, et les traités qu'il prépara avec la Prusse sont la meilleure preuve qu'il y réussit;[2] il se plaça si haut dans l'estime des habitants de Hambourg, que le 23 vendémiaire an V (14 octobre 1796) il faisait part de son mariage avec la fille du docteur Reimarus. Les scrupules qu'il avait conçus à ce projet sur l'opportunité de la prolongation de son séjour dans une ville où il s'était marié, ne furent pas sans influence sur l'arrêté pris par le Directoire, sur le mariage des agents à l'étranger, arrêté plein de sagesse, indiqué plus haut.

Nommé ministre à Florence, par arrêté du 23 frimaire an VI (13 décembre 1797), Reinhard n'eut point à y déployer son caractère. « Les souverainetés, alors, comme le dit Bignon, n'étaient rien moins qu'inamovibles. » Reinhard échangea donc sa qualité de ministre plénipotentiaire contre celle de commissaire du gouvernement français pour la partie civile et politique (15 germinal an VII-4 avril 1799). L'arrêté de nomination lui attribue un pouvoir dictatorial sur l'administration du pays et les subsistances de l'armée : il sut s'acquitter de cette tâche difficile avec autant d'énergie que d'humanité. Obligé de se retirer devant les armées victorieuses de l'Autriche, il fut nommé

---

[1] *Moniteur.*
[2] Bignon, *Éloge.*

le 16 messidor an VII (4 juillet 1799) ministre plénipotentiaire près la République helvétique, et trouva à son arrivée au lazaret de Toulon l'arrêté du 2 thermidor (20 juillet) qui l'élevait aux fonctions de ministre des Relations extérieures.

Comme négociateur, Reinhard avait montré toutes les qualités qu'on devait attendre de lui, de la science, de l'honnêteté, mais, comme l'a dit Napoléon (*Mémoires*), un esprit ordinaire. Il pouvait servir de type à Talleyrand, cherchant à déterminer les qualités normales du chef de division et du consul général, justement parce qu'il n'avait point les dons exceptionnels qui font les grands diplomates. « M. Reinhard, dit Talleyrand [1], qui ne négligeait rien pour s'assurer de la justesse des informations qu'il était dans le cas de donner à son gouvernement, et des décisions qu'il devait prendre comme agent politique, comme agent consulaire, comme administrateur de la marine, avait fait une étude approfondie du droit des gens et du droit maritime. Cette étude l'avait conduit à croire qu'il arriverait un temps où, par des combinaisons habilement préparées, il s'établirait un système général de commerce et de navigation dans lequel les intérêts de toutes les nations seraient respectés, et dont les bases fussent telles, que la guerre elle-même n'en pût altérer le principe, dût-elle suspendre quelques-unes de ses conséquences ; il était aussi parvenu à résoudre avec sûreté et promptitude toutes questions de change, d'arbitrage, de conversion de monnaies, de poids et mesures, et tout cela, sans que jamais une réclamation se soit élevée contre les informations qu'il avait données, et contre les jugements qu'il avait rendus. »

Si Reinhard possédait ces qualités restreintes, était-il de taille à diriger pour cela la politique générale ? Ne serait-il pas dépaysé sur un théâtre plus grand que celui sur lequel il avait l'habitude d'agir ? « Il faut, disait Talleyrand, qu'un ministre des Affaires étrangères soit doué d'une sorte d'instinct qui, en l'avertissant promptement, l'empêche, avant toute discussion, de jamais se compromettre. Il lui faut la faculté de se montrer ouvert en restant impénétrable, d'être réservé avec les formes de l'abandon, d'être habile jusque dans le choix de ses distractions ; il faut que sa conversation soit simple, variée, inattendue, toujours naturelle et parfois naïve ; en un mot, il ne doit pas cesser un moment, dans les vingt-quatre heures, d'être ministre des Affaires étrangères. »

Ces qualités de don et de nature manquaient à Reinhard ; il lui en

---

[1] *Éloge de Reinhard.* Déjà cité.

manquait d'autres encore, mais dont l'utilité, à vrai dire, est plus contestable. Talleyrand lui fait un reproche de l'extrême difficulté qu'il avait à parler. «Cet homme, dit-il, qui voyait bien, qui entendait bien, qui, la plume à la main, rendait admirablement compte de ce qu'il avait vu, de ce qui lui avait été dit, avait besoin, pour accomplir ces actes, de plus de temps qu'il n'en pouvait obtenir dans la conversation. » Est-ce bien là un défaut? Nombre de bons esprits ne le pensent pas. Bignon, dans son discours à la Chambre des pairs, répondait à ce sujet au prince de Talleyrand d'une façon qui semble décisive : « Le préjugé qui veut qu'un négociateur soit *bien disant* appartient à des temps dont les habitudes étaient différentes des nôtres. Pour la discussion, ainsi qu'elle a lieu aujourd'hui dans des conférences particulières, la prestesse de la langue est quelquefois un inconvénient bien plutôt qu'un avantage. Elle ne sert souvent qu'à favoriser l'indiscrétion, tandis qu'une certaine lenteur prévient les imprudences en donnant le temps de trouver l'expression qui ne rend de la pensée que ce qu'on veut en laisser paraître. Beaucoup d'agents étrangers qui, au fond, possèdent notre langue aussi bien que nous, savent à merveille tirer parti de ce procédé, soit pour étendre, soit pour atténuer, selon leurs intérêts, le sens des mots dont ils font usage. » L'histoire diplomatique est pleine de ces bègues volontaires.

Quoi qu'il en soit, cette difficulté de prononciation, cette timidité invincible, jusqu'à son origine étrangère, tout effrayait Reinhard, et en même temps qu'il annonçait au Directoire son acceptation, il écrivait à Talleyrand ces deux lettres caractéristiques :

« Lazaret de Toulon, le 13 thermidor an V (31 juillet 1799).

« J'ai reçu, mon cher Talleyrand, l'obligeante lettre dont vous avez accompagné l'arrêté du Directoire exécutif qui me nomme votre successeur. Vous qui quittez sans regret le poste auquel je suis appelé, vous croirez facilement que je ne l'accepte ni avec plaisir, ni sans crainte, mais j'ai senti que je ne devais pas refuser.

« Je ne vous parlerai point de la difficulté de vous remplacer dans la situation d'âme où je me trouve, je ne voudrais pas même dire une vérité qui eût l'air d'un compliment. D'ailleurs, votre élève depuis longtemps, j'ai le droit de réclamer vos conseils et votre amitié. Les difficultés qui doivent m'effrayer surtout sont celles que vous-même n'avez pas pu surmonter.

« Vous me pressez d'arriver. La lettre que j'ai écrite au Directoire exécutif vous dira que cela ne dépend pas de moi. Au milieu du déplaisir que me cause ce délai, j'ai du moins la satisfaction de penser que, malgré vous, le moment de votre repos est ajourné, et que, pendant quelque temps encore, vous ferez mieux que je ne saurais faire.

« Je n'ai reçu depuis trois mois aucune lettre, ni officielle, ni particulière. J'attends de retour de Gênes celles qui ont pu être adressées au quartier général. J'en recevrai probablement qui vous donneront de nouveaux droits à ma reconnaissance.

« J'ai besoin de quelques jours de repos pour me recueillir. Mes idées et mes sentiments divaguent. Ils se concentreront bientôt dans le seul dévouement à la République.

« Salut et amitié.

« Reinhard. »

De Marseille, le 7 fructidor (24 août), il écrivait :

« Enfin, mon cher Talleyrand, me voilà en France ! Je ne sais de quelle nation étaient ceux qui me tenaient entre leurs griffes à Toulon, mais à coup sûr ce n'étaient pas des Français. Je me trouve déjà à moitié installé. Vous savez qu'il existe ici une colonie de consuls, dont plusieurs sont d'anciennes connaissances. Ils m'adressent beaucoup de demandes, et je leur donne ce qui est en mon pouvoir, des espérances. En attendant, je vois par les gazettes que l'affaire de ma nomination est toujours à l'ordre du jour. Elles ont assuré si positivement que j'étais remplacé par Lacombe-Saint-Michel, que j'y aurais cru si je n'avais pas su le contraire.

« Du reste, mon cher Talleyrand, me remplacer serait me rendre au repos et au bonheur, et certes ce ne sera pas vous qui douterez de la sincérité de cette déclaration. D'après les lettres que j'ai écrites de Toulon le 22, le Directoire exécutif peut me remplacer sans blesser ma dignité. On me dit que le courrier part ; je suis obligé de finir. C'est avec raison que la faction vous fait partager mes disgrâces, et je ne me plains pas de partager les vôtres.

« Salut et amitié.

« Reinhard.

« Je partirai demain de bonne heure, et s'il n'arrive point d'accident, je compte être rendu le même jour à Avignon. Il y a beaucoup de dangers pour les voyageurs, et les brigands sont tellement nombreux et tellement organisés que s'ils veulent faire un coup, il est presque impossible qu'ils le manquent. »

Reinhard avait raison de s'inquiéter de l'opinion publique. Elle ne lui était pas favorable. Dès le 4 thermidor (22 juillet), le *Journal des hommes libres,* organe attitré de la faction jacobine, l'attaquait de la façon la plus violente. Il l'accusait d'être étranger, d'avoir été secrétaire de Barthélemy, de mériter parfaitement la confiance de l'Anglais Wickham. « Enfin, dit-il, cette nomination prouve incontestablement que trente-deux jours après notre partielle régénération de prairial, la cour de Londres conserve encore tout son ascendant sur la suprême direction de notre diplomatie, en faisant tromper notre Directoire au gré de ses intérêts. La contre-révolution et Reinhard sont des synonymes. »

Et d'autre part, en lui accordant des éloges assez naturels et assez justes dans son *Mercure britannique*[1], Mallet du Pan le compromettait encore plus, non seulement aux yeux des forcenés, mais même des patriotes : « Après s'être fait un principe de ne résister à aucune des nominations nouvelles, Sieyès, disait-il, a cependant trouvé le secret de porter au ministère des Relations extérieures, déserté par Talleyrand, un Allemand nommé Reinhard, employé autrefois aux Affaires étrangères, ministre de la République à Hambourg et ensuite en Toscane. Prudent, modéré et intègre, cet agent a sauvé ce grand-duché du saccagement qu'a subi le reste de l'Italie. Observant les plus grands ménagements envers Son Altesse Royale, incorruptible et sensé, il a contrasté avec ce ramas de brigands, qui exécutent au dehors les ordonnances de la République.

« Sa conduite en Toscane lui ayant mérité l'estime et peut-être quelque faveur auprès des intéressés, sa nomination couvre évidemment le projet de travailler à persuader l'Europe que le gouvernement français change de maximes comme de ministres. La ressource des artifices, des décompositions et des négociations est à l'ordre du jour. Il importait de montrer dans l'administration des intérêts extérieurs un chef qui inspirât plus de confiance et à qui ses rapports précédents avec la cour de Toscane permissent de tenter des ouvertures auprès de la cour de Vienne. C'est le lion malade qui envoie des passe-ports aux animaux. »

Reinhard n'arrivait à Paris et ne prenait possession du portefeuille que le 19 fructidor. Le Directoire croyait utile de déclarer, par une note insérée au *Moniteur,* « que les calomnies dont ce citoyen avait été l'objet n'avaient pas altéré un seul instant la confiance qu'il avait en lui ». Ce qui n'empêchait pas que, dès le 26, « l'Allemand Reinhard, digne successeur de Talleyrand », était accusé par Marquézy, député au conseil des Cinq-Cents, d'avoir violé les règlements sanitaires, de

---

[1] T. III, p. 51.

s'être pourvu d'un certificat d'un officier anglais constatant que celui-ci n'avait visité, depuis deux mois qu'il tenait la mer dans la Méditerranée, d'autre bâtiment que celui qui portait Reinhard, et Marquézy en prenait texte pour tonner contre l'*ami des Anglais*.

Dès son entrée au ministère, Reinhard, convaincu de la nécessité d'une réforme dans ses bureaux, obtenait du Directoire un arrêté qui montre dans quel état d'anarchie était encore plongé le ministère des Affaires étrangères. Le considérant est court : « Le Directoire exécutif, voulant réformer des abus préjudiciables au secret et à la conduite des affaires politiques, arrête... » L'article 1er interdisait, sous peine de destitution, aux employés du Département de communiquer, de quelque manière que ce soit, avec les agents des puissances étrangères, à moins d'une commission expresse et particulière du ministre. L'article 2 interdisait toute communication entre les employés du Département et les agents français à l'extérieur. Ceux-ci devaient ne correspondre qu'avec le ministre et ne recevoir que de lui seul les indications et les instructions nécessaires (article 3). L'article 4 autorisait le ministre à organiser ses bureaux de manière à obtenir au plus haut degré possible unité, célérité et secret. Le ministre n'y devait conserver, en conséquence, que le nombre d'employés strictement nécessaire et supprimer le secrétariat général. C'était, comme on le voit, le triomphe de la doctrine exposée au conseil des Anciens par Barbé-Marbois. Enfin, l'article 5 portait : « Le ministre s'attachera à ce principe que chaque pièce de la correspondance, étant plus ou moins liée au secret de l'État, doit passer immédiatement, et sans aucun intermédiaire, des mains du ministre dans celles du chef de division chargé du travail auquel elle peut donner lieu, et qui en est responsable envers lui[1]. »

En vertu de l'article 4 de cet arrêté, Reinhard réforme un grand nombre d'employés : au secrétariat général, le personnel presque tout entier, y compris le chef, est supprimé. Au lieu de trois divisions politiques, le ministre n'en conserve que deux. L'une, sous le titre de première division, suit la correspondance politique avec l'Angleterre, la République batave, les cours de Vienne et de Berlin, l'Empire et les États germaniques, le Danemark, la Suède, la Russie et les États-Unis. La seconde division correspond avec l'Espagne, le Portugal, la République helvétique, les cours, républiques et États d'Italie, et la Porte Ottomane. C'est le système de 1789. Aux

---

[1] L'arrêté du Directoire est du 12 fructidor (29 août 1799). Mais il ne fut imprimé que le 1er jour complémentaire (17 septembre) et expédié avec une circulaire en date du 25 fructidor. Il est publié dans le *Rédacteur* du 4e jour complémentaire an VII.

deux divisions politiques est adjoint le bureau des consulats, chargé, outre ses fonctions commerciales, du contentieux politique des prises, de la légalisation des pièces présentées au Département, de l'expédition des passe-ports et des renseignements. Qu'on ajoute à ce corps dégagé de la masse d'employés inutiles qui l'alourdissaient et l'hébétaient, les services accessoires : les archives et le bureau des fonds, le Département sera reconstitué tel qu'il était au temps où l'on faisait la politique. Encore pourrait-on peut-être réformer encore quelques-uns des cinq chefs, des six sous-chefs, des vingt-huit employés, et de l'unique traducteur en fonction.

Si l'on entre dans le détail de cette réforme si nécessaire, on constate qu'elle a été accomplie avec un discernement, une sûreté de jugement, une connaissance de la maison tels qu'on pouvait seulement l'attendre d'un esprit aussi réfléchi et aussi honnête que celui de Reinhard. Point de faveurs, point de protections. Le secrétariat est décapité, réduit à un bureau du chiffre, composé des vieux serviteurs Campy et Cornillot et de Desnaux, déjà connu. Le ministre se réserve seulement trois places de secrétaires, attachés à sa personne. C'est encore le système, le nombre même adopté par Vergennes et ses prédécesseurs. Tout le reste est supprimé : On chasse les anciens conventionnels, les prêtres mariés, et les anciens maîtres d'école, Paganel, Nicolas, Pierd'houy, Moussard, Pargon, Rottier, Dorion, Sauvage, Appia, Pargon père.

A la tête de la première division politique, Reinhard met le citoyen Hauterive. Le voici enfin en sa place, ce bon serviteur de la France et de la politique, l'homme dont la tradition survivante est un encouragement pour les petits, et un exemple pour les grands, l'instituteur qui s'est perpétué lui-même dans ses livres que ne daigne plus lire la jeune génération diplomatique, l'écrivain qui a condensé sa science, son expérience, sa pratique des affaires dans des traités pleins de faits, de vie, de bonnes fortunes de mots, tout imprégnés de la tradition du temps passé, de cette tradition par laquelle vit et est le ministère des Relations extérieures. Avec lui, comme sous-chef : Mathieu déjà connu ; Drouin, Barthel, Bourjot, Guérard et Beuscher. Bourjot et Guérard sont les seuls nouveaux venus. L'un, Bourjot (Ange-François-Charles), né le 28 février 1780, était destiné à devenir le chef de ces bureaux, dans lequel il entrait le 1er vendémiaire an VIII (23 septembre 1799), comme petit commis. L'autre, promis à des destinées moins brillantes, mais non moins honorables, prit sa retraite comme sous-directeur des Archives.

A la tête de la deuxième division, Reinhard met le citoyen Jean

Jacob, qui, bien que nouveau venu à l'intérieur, appartient à la carrière depuis 1792. Jean Jacob, né le 28 mai 1750, à Sisteron (Basses-Alpes), était avocat au Parlement d'Aix, en Provence et occupa cette position jusqu'en 1792. En mai 1792, il fut nommé par Dumouriez secrétaire de légation à Venise, et resta dans ce poste jusqu'en octobre 1796; il sut y tenir une conduite honorable au milieu des difficultés sans nombre que ne cessa de lui créer l'attitude provocatrice de la Convention. D'octobre 1796 à octobre 1797, il fut chargé d'affaires à Turin, et passa ensuite, dans la même qualité, à Florence, où il resta jusqu'en juillet 1799; il avait eu occasion d'y connaître Reinhard qui l'appréciait, et l'appela auprès de lui. Pichon était conservé comme sous-chef de cette division, dans laquelle travaillaient comme commis : Guyétand, Carbonnier, Roux et Goffinet, tous anciens dans la maison.

Aux consulats, d'Hermand garde sa place de chef; la Besnardière, qui commence à monter en grade, est sous-chef. Les commis sont Butel, Féraudel et Joly. Brulé est chargé des passe-ports et des légalisations. Enfin, nous retrouvons aux consulats Rosenstiel, l'élève de Pfeffel, qui a connu M. de Vergennes, et qui depuis 1780 a assisté à ce passage de ministres à travers les Affaires étrangères. A Rastadt, où il a accompagné en qualité de secrétaire les plénipotentiaires du Directoire, il a agrandi cette belle réputation, qu'il avait si honnêtement gagnée[1]. Désormais, sa place est fixée au Département; à partir du 1er vendémiaire an VIII (23 septembre 1799), jusqu'au 4 février 1825, Rosenstiel est publiciste des Affaires étrangères, avec 8,000 francs de traitement. A lui seul, il représente le bureau du contentieux, et sa tête encyclopédique classe sans peine la masse de renseignements, de faits, d'espèces qu'il accumule.

Outre le contentieux, ainsi réuni en la personne de Rosenstiel, la direction des consulats avait encore dans ses attributions le bureau des traducteurs, réduit à un employé déjà connu : Palomba. Reinhard

[1] Le secrétaire en chef de la légation, M. Rosenstiel, mérite bien moins encore que Roberjot d'être confondu avec ses supérieurs. J'ai fréquenté huit ans consécutifs M. Rosenstiel, Alsacien, élève et ami du célèbre Pfeffel et employé dans le département des Affaires étrangères, où il avait acquis l'estime et la confiance des derniers ministres de la monarchie. Sa probité, son attachement au Roi et ses principes étaient tels qu'il fut réformé par Dumouriez, lorsque ce général entra aux Affaires étrangères. Personne ne détestait plus sincèrement la Révolution; elle l'en punit. Cassé, emprisonné ensuite, oublié, ruiné et père d'une nombreuse famille, il accepta en 1796, pour subsister, le consulat d'Elseneur. Comme il est peut-être le seul individu en France aujourd'hui versé dans la connaissance de l'histoire et du droit public de l'Empire, le Directoire l'a employé à Rastadt, où son aménité, sa modestie et sa prudence contrastaient avec le dévergondage des agents suprêmes de la République. *Mercure britannique*, t. III, p. 190.

avait en effet établi pour principes, d'abord que les employés du Département devaient connaître les langues européennes : l'anglais, l'allemand, l'italien et l'espagnol; il avait supprimé tout ce travail d'analyse des gazettes étrangères, qui ne pouvait avoir d'utilité, si les agents à l'extérieur faisaient leur métier, et signalaient les nouvelles importantes; il recommandait à ceux-ci, par une circulaire, qu'on joignît autant que possible les traductions aux pièces adressées au Département. Pour les cas pressés, les travaux de longue haleine, Palomba était là. Reinhard supprimait ainsi un bureau inutile et dangereux, Le recrutement est en effet plus difficile pour un semblable travail que pour n'importe lequel. Le nombre des polyglottes est restreint; la plupart de ceux qui se livrent à l'étude des langues ne sont pas Français. On a vu plus haut que c'est par ce bureau que s'étaient glissés dans le ministère, les espions de l'Angleterre.

Aux Archives, sept employés : Resnier, Gallon-Boyer, Sautereau, Buache, Bonnet, Jorelle, Jamain. Resnier va bientôt quitter l'hôtel Maurepas pour un siége au Sénat; Bonnet conserve inéluctablement sa place. On ne parle encore ni du comte d'Ornano, ni des boîtes de traités. Sautereau continue à analyser, et a pris pour domaine le règne de Louis XV; Buache, le membre de l'Institut [1], garde les cartes géographiques; Jorelle, le père Jorelle, dont la tradition est venue jusqu'à nous, s'est installé là pour la vie. Jamain surveille, et le temps passe assez doux encore, et propice aux longs travaux, dans les salles de la maison Maurepas.

A la direction des fonds et comptabilité, Reinhard a été plus libéral que dans les autres bureaux; il a conservé presque tout l'ancien personnel [2]. Laforest, chef; de la Fléchelle, sous-chef; Guillois, Barbry, Grandmaison; Picard, Mahélin, commis.

Les employés supprimés ont en général été placés à l'extérieur. Durant a été nommé agent politique à Altona [3]; Boulouvard, consul général à Gênes [4]; Derché, ami de Delacroix, a peut-être été envoyé à Francfort [5]; Paganel, consul à Palerme.

---

[1] Jean-Nicolas Buache, né en 1740 à la Neuville-au-Pont (Marne), était neveu de Philippe Buache, le grand géographe, et acquit de bonne heure une réputation et fut admis au bureau des cartes et plans de la Marine, fut successivement premier géographe du Roi, membre de l'Académie des sciences, professeur de géographie à l'École normale, membre de l'Institut, conservateur hydrographe et chef au dépôt de la Marine, et mourut en 1825, laissant de nombreux ouvrages. On l'a vu, en l'an II, inspectant les Archives des Affaires étrangères, à Versailles.

[2] Moins Vitry et Hugues.

[3] Dans ce bureau (1re div. pol.), supprimés : Durant, Durant (André), Jugla.

[4] Dans ce bureau (2e div. pol.), supprimés : Boulouvard, Quiret, Werel.

[5] Dans ce bureau (3e div. pol.), supprimés : Derché, Faure, Fleury, Besson-

Le 18 brumaire (9 novembre), pour compléter l'organisation administrative du Département, le ministre expédiait une autre circulaire, par laquelle il invitait chaque agent à lui transmettre sans délai ses prénoms et ceux des employés sous ses ordres, ainsi que les diverses indications qui pouvaient servir à distinguer les individus. Mais pendant que le ministre publiait ainsi un arrêté du Directoire, le Directoire même cessait d'exister.

A ses actes administratifs, Reinhard avait eu peu d'occasions de joindre des actes politiques. La seule convention internationale conclue pendant son ministère avait été celle d'Alkmaar (26 vendémiaire an VIII-18 octobre 1799), signée au nom de la France par le général Brune, au nom de l'armée anglo-russe par le duc d'York et le vice-amiral Mitchell. Reinhard n'eut point à y paraître. Le 1er vendémiaire an VIII, dans une séance solennelle du Directoire, il avait prononcé un discours en présentant aux membres du gouvernement M. Musquiz, nommé à l'ambassade d'Espagne, en remplacement de M. d'Azara. Ce discours, d'une bonne forme et d'une bonne politique, était l'affirmation d'une diplomatie sérieuse. Reinhard y disait « que les assurances d'amitié données par le roi d'Espagne prouveraient à l'Europe qu'indépendamment de la forme des gouvernements, il existait une identité d'intérêts naturels et populaires qui garantissait la solidité des alliances ».

Dans d'autres documents, à la vérité, Reinhard semblait affecter un ton révolutionnaire déplaisant. Ainsi ses circulaires du 23 vendémiaire an VIII (15 octobre 1792), sur l'emprisonnement de Dolomieu par la cour de Naples, et du 26 vendémiaire (18 octobre), sur l'arrestation à Hambourg de divers Anglais naturalisés Français, seraient de style à étonner, si l'on n'y reconnaissait la griffe du Directoire. Bien plus digne de la réputation de son signataire est la circulaire du 21 brumaire an VIII (12 novembre), par laquelle Reinhard annonce aux agents extérieurs de la République la révolution qui vient de s'accomplir [1].

---

[1] « Paris, le 21 brumaire an VIII.

« En vous transmettant, citoyens, la loi que le Corps législatif a rendue dans sa dernière séance du 19 brumaire, je vous annonce que les consuls de la République française ont pris aussitôt en main les rênes du gouvernement de la République.

« La Constitution de l'an III, ouvrage d'une expérience trop incomplète et de l'influence de quelques circonstances passagères, allait périr par ses propres imperfections et par les passions des hommes; trop souvent enfreinte par les premières autorités, tour à tour invoquée par toutes les factions, incessamment violée par toutes, elle n'obtenait plus le respect des Français ; elle avait cessé d'être

Le ministre du Directoire était resté en effet le ministre des Consuls, et bien que les documents contemporains ne nous fournissent guère de lumières à ce sujet, il nous semble certain que Reinhard n'avait pas pour cela contribué à préparer le coup d'État. Y avait-il eu d'ailleurs une préparation effective?

Ce ne fut point, en tout cas, au ministère des Relations extérieures

un moyen de salut pour la République. Il fallait empêcher que les principes sur lesquels elle reposait ne périssent avec elle.

« Une grande impulsion, donnée à toutes les volontés, pouvait seule rallier vers le même but les vœux et les espérances des citoyens, mettre en harmonie tous les pouvoirs, ranimer tous les ressorts de la force publique et assurer une énergie unanime, vigoureuse et vraiment républicaine à sa direction. L'impulsion a été donnée, et toutes les autorités aujourd'hui retrempées, puissantes de leur concert et de la confiance que la nation leur accorde, vont enfin travailler au grand ouvrage que les destinées de la République leur imposent : *organiser l'ordre dans toutes les parties de l'administration; rétablir la tranquillité intérieure, et procurer une paix honorable et solide.*

« Le serment, citoyens, qu'il vous est prescrit de faire est la preuve que les bases sur lesquelles s'appuient les espérances des Français et le bonheur des générations futures sont restées intactes. Les hommes placés à la tête du Gouvernement ont donné assez de gages à la Liberté, leurs noms commandent assez de respect et de confiance pour convaincre la France et l'Europe que ces bases seront garanties et des atteintes des ennemis extérieurs et des secousses des factions.

« Les consuls de la République, en vous autorisant à continuer les fonctions que vous avez remplies jusqu'à présent, me chargent de vous informer que j'ai notifié leur installation aux agents étrangers en résidence à Paris. Vous trouverez ci-joint une copie de ma circulaire. Ils me chargent en même temps de vous prescrire d'adresser au gouvernement près duquel vous résidez la notification des pouvoirs dont ils sont revêtus et des vues de sagesse et de concorde qui les animent. Vous aurez soin d'ajouter que, pour procurer à l'Europe une paix honorable et solide, il est nécessaire que la déclaration par laquelle je termine ma note circulaire aux agents étrangers soit fortement sentie, et que la foi à la loyauté, à la puissance, à la justice du gouvernement de la République, soit partout égale à la sincérité des vœux qu'il ne cessera de faire pour la paix et à la fidélité avec laquelle il est invariablement résolu de tenir ses engagements.

« Je vous transmets la formule du serment qui doit être prêté par tous les agents politiques et consulaires de la République, ainsi que par tous les citoyens français résidant en pays étranger et momentanément absents de leur patrie.....

« *Salut et fraternité* : REINHARD. »

Dans la circulaire adressée aux ministres étrangers on remarque ce paragraphe :

« Les rapports politiques de la France avec les autres peuples, les rapports diplomatiques de son gouvernement avec les autres gouvernements restent les mêmes. Seulement, la réunion éclatante de toutes les volontés, secondée par la direction éclairée, énergique et unanime, qui sera donnée à la force publique, en assurant désormais les destinées de la République française, doit relever aux yeux des gouvernements étrangers la valeur des rapports politiques qui les attachent à nous. »

que le général d'Italie et d'Égypte rencontra de l'opposition. Reinhard fut renommé ministre par les consuls, le 19 brumaire, et prêta, avec tous ses employés, le serment d'être fidèle à la République une et indivisible, fondée sur la liberté, l'égalité et le système représentatif.

Pour rassurer l'Europe, que le Directoire effrayait par système[1], Bonaparte ne procéda ni bruyamment, ni brusquement. Les mutations dans le personnel diplomatique et consulaire ne furent ni nombreuses, ni immédiates. Si quelques individus trop compromis, comme Deforgues et Boulouvard, furent révoqués, ceux que ne désignait point une notoriété trop éclatante furent conservés dans leurs postes, ou reçurent des compensations.

Mais pour ce travail, pour l'établissement de la politique qu'il méditait, Bonaparte avait besoin d'un homme plus délié et plus fin que Reinhard. Celui-ci était excellent pour les postes de second ordre, où il ne faut qu'observer et rendre compte ; il était un commis hors ligne ; mais surtout pour les premières années de son pouvoir, Bonaparte avait besoin de mieux que cela ; il l'a dit lui-même dans le *Mémorial* : « J'avais rendu tous mes ministères si faciles que je les avais mis à la portée de tout le monde, pourvu qu'on possédât du dévouement, du zèle, de l'activité, du travail ; il fallait en excepter tout au plus celui des Relations extérieures, parce qu'il s'agissait souvent, dans celui-là, d'improviser et de séduire. »

Où trouver celui qui devait *improviser* et *séduire*, sinon en celui-là même qui, dès le mois d'octobre 1797, avait deviné l'avenir du général de l'armée d'Italie, en « l'homme qui, comme le disait plus tard Napoléon au comte Mollien, connaissait le mieux le siècle et le monde, les cabinets et les peuples » ?

Le 1er frimaire an VIII (21 novembre 1799), les consuls acceptaient la démission de Reinhard, lequel était heureux de voir finir « *l'époque la plus malheureuse de sa vie* ». Le citoyen Talleyrand-Périgord était nommé ministre des Relations extérieures. Reinhard, d'ailleurs, recevait en même temps que sa démission une lettre honorable des consuls, « qui, connaissant les services qu'il avait rendus, et le zèle dont il avait été constamment animé, le rappelaient au poste qu'il occupait près de la République helvétique, lorsqu'il avait été appelé au ministère ». Les consuls disaient de plus « qu'ils avaient voulu lui donner une preuve de satisfaction, et qu'ils saisiraient toutes les occasions de faire quelque chose qui pût lui convenir ». Ce bon

---

[1] NAPOLÉON, *Mémoires*.

serviteur devait honorer pendant de longues années son pays d'adoption [1].

[1] Reinhard resta en Suisse jusqu'en septembre 1801, et s'efforça d'atténuer dans ce pays le contre-coup de la Révolution; mais le premier Consul pensa « qu'un nouveau ministre, n'ayant aucun ressentiment à ménager, ni aucune prévention à combattre, réussirait mieux à calmer l'effervescence des esprits exaltés (27 thermidor an IX) ». Sa disponibilité fut de courte durée. Par arrêté du 25 germinal an IX (15 avril 1802), il fut envoyé à Hambourg, comme ministre plénipotentiaire près du cercle de Basse-Saxe. Il y arriva le 6 juin 1802 et y resta jusqu'en juin 1805. Sa mission avait pour objet la surveillance des émigrés et des Anglais; il avait à s'occuper des emprunts à tirer des villes hanséatiques et à favoriser la marche des armées françaises. Reinhard ne dissimula pas son improbation lors de l'arrestation de l'agent anglais, sir Rumbolt; son attitude à ce moment amena son rappel. Il fut remplacé par Bourienne, et en juillet 1806 nommé résident et consul général en Moldavie. Il resta à Yassy jusqu'à la fin de 1806, fut enlevé par les Russes et conduit par eux à Krementschouy (gouvernement de Poltawa). Nommé ministre à Cassel, il y arriva le 3 octobre 1808 et y resta jusqu'en décembre 1813. Ce fut là qu'il forma, avec les hommes les plus distingués de l'Allemagne, principalement avec Gœthe, des liaisons dont sa correspondance publiée a révélé l'immense intérêt [*].

Le 14 mai 1814, Reinhard fut nommé par son ami de 1792, le prince de Talleyrand, directeur des chancelleries aux Affaires étrangères. C'était une place nouvelle, créée pour centraliser toutes les affaires non politiques, et que l'expérience condamna. Napoléon revint. Reinhard qui se trouvait momentanément chargé du portefeuille, en l'absence de Talleyrand, partit de Paris le 19 mars 1815 après avoir prévenu le corps diplomatique, et tenta de se retirer dans ses propriétés en Allemagne. Invité à revenir par une lettre que l'Empereur inspira, il répondit : « Ma conscience ne peut marcher d'un pas égal avec une nation qui a trop vite, ou renié son Empereur, ou renié son Roi. » Arrivé à Bruxelles, il envoya au Roi, à Mons, le sceau du ministère, et au moment où il continuait son voyage, il fut arrêté à Liége par les Prussiens, qui lui enlevèrent de vive force ses papiers pour les envoyer à Vienne, et qui le firent conduire à Francfort. Louis XVIII accumula sans résultat les réclamations auprès des généraux coalisés; ce fut le congrès de Vienne qui ordonna sa mise en liberté. Reinhard se rendit alors à Gand et reprit ses fonctions sous M. de Jaucourt.

Nommé conseiller d'État ordinaire en août 1815, élevé le même jour de la dignité de baron à celle de comte, Reinhard perdit sa femme, mademoiselle Reimarus, cette même année. Toujours en 1815, au mois de novembre, il fut nommé ministre plénipotentiaire près la diète de Francfort. Il résida dans cette ville jusqu'au 26 août 1829, y reçut successivement, en mai 1821, la plaque de grand officier de la Légion d'honneur, et, en août 1829, la grand'croix du même ordre. Chevalier de l'Empire, par lettres patentes du 24 février 1809, baron et confirmé dans ce titre par la Restauration, élevé à la dignité de comte le 22 août 1815 avec une pension de 12,000 francs, confirmé dans ce titre moyennant une constitution de majorat (31 juillet 1821), Reinhard se remaria, en avril 1825, avec mademoiselle Virginie de Wimpfen. Admis à la retraite le 26 août 1829, il reprit du ser-

[*] Outre sa correspondance avec Gœthe, qu'on peut utilement consulter, on doit voir sur cette époque la notice de Sainte-Beuve sur M. Armand Lefebvre (*Nouveaux Lundis*) et l'*Histoire des cabinets de l'Europe*, de M. LEFEBVRE.

vice sous la monarchie de Juillet. Le 14 octobre 1830, il fut nommé ministre plénipotentiaire près du roi de Saxe, et fut définitivement retraité le 11 juin 1832. Le 12 octobre de la même année, Louis-Philippe l'appela à la Chambre des pairs, et il mourut le 25 décembre 1837. Reinhard était membre de l'Institut depuis 1795. C'est à ce titre que Talleyrand prononça son éloge, de même que la notice que lui consacra Bignon fut lue à la Chambre des pairs.

CHAPITRE XII

TALLEYRAND, MINISTRE DES RELATIONS EXTÉRIEURES.
1ᵉʳ FRIMAIRE AN VIII (21 *novembre* 1799). — 17 JUIN 1807.

Talleyrand au 18 brumaire. — La Constitution de l'an VIII. — Réorganisation de l'administration diplomatique. — Première tentative. — Rapports de d'Hauterive. — Second arrêté. — Exécution de cet arrêté. — Grades et emplois. — Mode d'admission. — Essais divers. — Les auditeurs au Conseil d'État. — Les pensions et le mode de pensionnement. — Pensions accordées aux anciens employés : Hennin, Rayneval, Pfeffel. — Mode de destitution. — Part de Talleyrand dans la politique générale de Napoléon Iᵉʳ. — Son influence. — Ses fêtes. — Organisation du ministère. — Personnel. — Les premiers commis. — M. d'Hauterive. — Traditions exposées par M. d'Hauterive et codifiées par lui. — Les vieux employés. — Leurs destinées ultérieures. — Les archives. — Caillard. — M. d'Hauterive. — Opinions de M. d'Hauterive sur les communications de pièces. — Décrets de Napoléon sur les archives. — Publications du ministère. — D'Hauterive et Talleyrand. — Subordonnés de d'Hauterive. — Les consulats. — La division des fonds. — M. Bresson. — Secrétariat. — Le journal *l'Argus*. — Les collaborateurs secrets de M. de Talleyrand. — Budgets du ministère. — Hôtel projeté du ministère. — Conclusion.

Talleyrand avait rempli un rôle important dans la comédie de brumaire. Bruix et lui avaient été chargés d'aller trouver Barras et d'obtenir sa démission. Talleyrand, incapable de scrupules de conscience, et dégagé vis-à-vis du Directoire par sa démission, avait réussi sans grande peine, mis en voiture le ci-devant directeur, et était venu à Saint-Cloud guetter les nouvelles. Ce service ne devait pas trouver Bonaparte indifférent. Aussi, sans attendre que les rumeurs qui couraient sur le compte de Talleyrand fussent un peu apaisées, malgré Sieyès qui demandait toujours qui présiderait le Consulat, dès le 1ᵉʳ frimaire, l'ancien ministre des Affaires étrangères reprenait son portefeuille. Au reste, il n'y avait point de Consulat. Ce mot était rayé du protocole. On ne devait point l'employer en parlant du gouvernement[1]. A partir du 25 brumaire (16 novembre), il n'y a plus que les

---

[1] Lettre de Maret au ministre des Relations extérieures.

Consuls, en attendant que la Constitution du 22 frimaire (13 décembre) acceptée par trois millions onze mille sept citoyens, sur trois millions douze mille cinq cent soixante-neuf votants, ait proclamé Bonaparte premier Consul. Un autre changement de dénomination a été nécessité par le titre nouveau donné aux chefs du gouvernement. Les consuls de France à l'étranger s'appellent désormais commissaires ds Relations commerciales.

La Constitution de l'an VIII donnait au premier Consul le droit de nommer les ministres, les ambassadeurs et les autres agents en chef. Le gouvernement était chargé de pourvoir à la sûreté intérieure et à la défense extérieure de l'État; d'entretenir des relations politiques au dehors, de conduire les négociations, de faire les stipulations préliminaires, de signer, de faire signer et de conclure tous les traités de paix, d'alliance, de trêve, de neutralité, de commerce et autres conventions. Les déclarations de guerre et les traités de paix, d'alliance et de commerce devaient être proposés, discutés, décrétés et promulgués comme des lois, c'est-à-dire proposés par les Consuls, assistés du Conseil d'État, discutés par le Tribunat qui avait le droit de voter l'adoption et le rejet, et de soutenir son opinion devant le Corps législatif par l'organe de trois de ses membres, contradictoirement avec trois conseillers d'État délégués par le gouvernement, décrétés par le Corps législatif, et promulgués par les Consuls, sauf le cas d'inconstitutionnalité, sur lequel le [Sénat était juge en dernier ressort. Néanmoins, attendu que les séances ordinaires du Tribunat et du Corps législatif étaient publiques, la Constitution stipulait que les discussions et délibérations sur la paix et la guerre se feraient en Comité secret, si le gouvernement le demandait. Comme les Consuls s'étaient réservé le droit de signer des articles secrets, la Constitution ordonnait que ces articles secrets ne pussent jamais être destructifs des articles patents.

Telles étaient les règles fondamentales posées par la loi organique de l'an VIII. Mais depuis 1789, trois Constitutions avaient été votées, deux avaient été promulguées, et l'on sait comment la faiblesse et l'insuffisance des gouvernements les avaient laissées à l'état de lettre morte. Ce n'est plus à Louis XVI, ce n'est plus au Directoire qu'est confiée l'application de la loi. Les bases que le premier Consul a arrêtées, que la nation a acceptées, seront réellement, et pour la première fois depuis 1789, les bases réelles d'un gouvernement. D'après cette règle de conduite, soumise au peuple, et qui est devenue un contrat synallagmatique entre Bonaparte et lui, tout doit être institué, créé des éléments épars qui restent de l'ancienne France, et que la Révolution a dispersés. L'administration n'existe plus. Sans lois, sans but, sans direction, sans avenir, sans garantie, les employés cherchent leur intérêt, et ne s'inquiètent point de l'intérêt de l'État. C'est là tout d'abord qu'il faut porter l'ordre et la lumière. « Sans l'ordre, dit la proclamation du 4 nivôse (25 décembre), l'administration n'est qu'un chaos. » Cette carrière diplomatique est plus qu'aucune autre difficile à organiser. Elle est encombrée, dans les hauts grades, de sujets inutiles, dangereux, incapables, que l'Europe repousse, parce qu'ils n'ont aucune des habitudes, des traditions, des manières communes à la diplomatie et à la société polie de tous les pays. Dans les bas grades, comment pourrait-elle se recruter ? Il n'y a plus d'école de droit public ; l'école de Strasbourg a disparu. Il n'y a plus d'école de bonnes manières ; les salons sont fermés. Où trouver des attachés d'ambassade ? Les fortunes ont sombré. Où rencontrer la tradition diplomatique ? Le ministère tout entier a été dix fois renouvelé. Le style des chancelleries est oublié en France. L'habitude du monde a été pendant dix ans une cause de proscription. On a été guillotiné parce qu'on était modéré, et la modération est, en diplomatie, la qualité indispensable. En supposant qu'on parvienne à recruter des employés à peu près instruits, à peu près élevés, à peu près modérés, quel avenir la Révolution leur assure-t-elle ? N'a-t-on pas vu dix fois tous les bureaux licenciés ? N'a-t-on pas vu des tailleurs et des officiers municipaux premiers commis ? N'a-t-on pas vu des maîtres d'école ministres ? Comment demandera-t-on du travail à ceux auxquels on n'assure pas du pain ? Comment formera-t-on un corps avec des éléments ainsi rassemblés ? Tout est à faire ; et les difficultés d'organisation sont centuplées par la crise que la France a traversée, par la folie d'égalité qui a bouleversé tous les cerveaux, par le mépris qu'on a affecté pour les gens de plume, par la suppression de la classe même qui fournissait, pour l'extérieur, des sujets tout élevés, tout instruits, tout préparés, payant de leur bourse l'honneur de servir, ayant, par droit de naissance, leur entrée dans tous les salons et dans toutes les cours d'Europe, aussi bien à cause du nom qu'ils portaient que du caractère dont ils étaient revêtus.

Aussi, n'est-ce pas sans tâtonnements que le premier Consul parvient à organiser la carrière diplomatique ; il fait appel aux hommes qui possèdent la tradition du ministère, à ces anciens premiers commis que Dumouriez a chassés, et que, par bonheur, la Révolution a épargnés. Hennin, Rayneval, Durival, sortent de cette retraite, à laquelle les a contraints la dureté des temps. D'Hauterive est là, qui condense les matériaux et les combine. Talleyrand revoit les projets.

Le premier Consul y met la dernière main. On s'est trompé parfois ; on a cru pouvoir établir des règles invariables là où il faut moins fixer des principes que choisir des hommes. Soit, on recommencera ; il faudra six années pour mener le projet à bonne fin. On consultera le Conseil d'État ; on fera appel à l'Institut de France ; on fouillera les papiers des anciens ministres ; la vérité finira par sortir de tous ces travaux, et le résultat, ce sera cette diplomatie de la Restauration, dont nul ne peut nier l'immense valeur et les immenses services ; diplomatie constituée d'après les règles impériales, et qui, de plus que celle-ci, a pu utiliser un élément que l'Empire n'avait pas tout entier à sa disposition : la noblesse.

Un arrêté de pluviôse an VIII (janvier 1800) marque la première étape de la route poursuivie[1]. Cet arrêté divise le service du département des Relations extérieures en sept grades : 1° aspirant ; 2° secrétaire expéditionnaire ; 3° secrétaire rédacteur ; 4° secrétaire de légation de 2° classe ; 5° secrétaire de légation de 1re classe ; 6° ministre plénipotentiaire ; 7° ambassadeur. Nul ne pourra être promu à un grade qu'il n'ait successivement parcouru les grades précédents. Chaque grade comporte un traitement distinct, indépendant du traitement attaché à l'emploi auquel l'agent peut être appelé ; de telle façon que le traitement se compose du traitement de l'emploi et du traitement du grade. Ce dernier traitement sera conservé par les agents en inactivité, servira de base à la retraite, et ne pourra être supprimé qu'en vertu d'une décision provoquée par le rapport d'une commission instituée à cet effet, et composée d'un agent de chaque grade. Le premier Consul se réserve seulement le droit de faire descendre d'un grade les agents dont il serait particulièrement mécontent ; mais cette mesure ne peut être prise que par un arrêté spécial. Les promotions de grade, ainsi que les nominations aux emplois, seront toujours décidées par le premier Consul, qui ne laisse au ministre que le droit de conférer les grades d'aspirant et de secrétaire expéditionnaire. Les grades seront communs aux agents à l'extérieur, aux employés à l'intérieur, aux agents politiques et aux commissaires des relations commerciales. La règle sera établie d'alterner le service du dehors et celui de l'intérieur. Les employés seront alternativement envoyés dans les agences extérieures, et les agents extérieurs serviront au Département. La nomination à toutes les places extérieures sera faite par arrêté du premier Consul. La nomination à tous les emplois de l'intérieur sera faite par arrêté du ministre, lequel

---

[1] Nous reproduisons dans cette analyse les termes mêmes de l'arrêté.

ne sera pas tenu d'observer dans ses choix la règle des grades; seulement, l'agent nommé à un traitement, inférieur ou supérieur à son grade, touchera constamment le traitement du grade qui lui appartient et celui de l'emploi auquel il a été nommé. Enfin, l'arrêté règle l'équivalence des situations. Le ministre a le grade d'ambassadeur; les commissaires généraux des relations commerciales et les chefs de division, le grade de ministres plénipotentiaires; les commissaires des relations commerciales et les sous-chefs, celui de secrétaires de première classe; les vice-commissaires des relations commerciales, celui de secrétaires de deuxième classe; les chanceliers, celui de secrétaires rédacteurs; enfin, les élèves attachés aux divisions du Département ou à la suite des légations, sur le témoignage des chefs de division et de légation auxquelles ils appartiennent, reçoivent successivement du ministre le grade d'aspirant et celui de secrétaire expéditionnaire.

Cette organisation nouvelle présentait, il faut le reconnaître, des difficultés d'exécution presque insurmontables, et des obscurités presque impénétrables. La clarté manquait en même temps que la maturité à un arrêté qui, du reste, ne fut pas mis à exécution.

Le 5 germinal an VIII (26 mars 1800), intervint un rapport, signé de Talleyrand, et dont on ne peut hésiter à attribuer la rédaction à M. d'Hauterive[1]. Ce rapport était une étude sur la manière dont la carrière diplomatique devait être réglée, sur les qualités nécessaires à un bon agent, plutôt qu'un travail sur l'organisation. Néanmoins, il est utile d'en faire connaître les points principaux, car ils marquent la tendance qui a présidé à l'arrêté définitif. Après avoir établi que, dans tout État bien gouverné, il y a un esprit propre à chaque branche d'administration; que cet esprit donne de l'unité, de l'uniformité et une certaine énergie à la direction; transmet la tradition des devoirs, en perpétue le sentiment et l'observation, attache le corps et les individus qui en sont membres au gouvernement, le rédacteur du rapport exposait, dans ce tableau rapide, la marche suivie par la Révolution vis-à-vis de l'administration :

« La Révolution, en détruisant l'ancien gouvernement, a trouvé des administrations dont l'esprit était si fortement constitué sur les bases que je viens d'indiquer, et si invariablement dirigé vers le but que j'ai désigné, que ne pouvant changer ni cet esprit, ni cette direction, elle a été obligée de détruire toutes les administrations existantes;

---

[1] Publié par Rœderer : *Mémoires d'économie publique, de morale et de politique*, t. II, p. 418.

mais, en les remplaçant par de nouvelles institutions, on ne s'est occupé que du matériel de l'organisation. On a supposé que dans la conduite des affaires tout se réduit, soit à des lois simples, à un petit nombre de maximes et à des règlements d'une facile exécution. On a cru que le zèle était partout et pouvait tout; on a relégué dans les dictionnaires de l'ancien régime, comme des idées de hiérarchie et d'esprit de corporation, les degrés d'instruction, les titres de promotions, les droits de l'indispensable expérience. Je n'hésite pas à le déclarer, cette seule cause, agissant à la fois dans toutes les branches de l'administration de l'État, a suffi pour retarder l'époque de leur organisation, pour les frapper toutes d'instabilité, de stérilité; pour maintenir partout les affaires dans un état d'incertitude, les recettes dans un état d'insuffisance, les dépenses dans un état d'abus et de désordre, les factions dans un état perpétuel d'audace et d'insolence, le gouvernement dans un état permanent de dépendance et de versatilité. »

Talleyrand concluait à la nécessité de rétablir l'esprit d'administration, et pour cela il ne trouvait qu'un moyen : un système de promotion largement conçu et invariablement exécuté. Dans une administration qui n'a pas de système de promotion, les hommes qu'on occupe sont des salariés, qui ne voient devant eux aucune perspective, autour d'eux aucune garantie, au-dessous d'eux aucun motif de confiance, aucun ressort d'émulation, aucun élément de subordination. Après avoir développé les avantages qu'offrait au ministre, aussi bien qu'aux employés, un système de promotion invariable, le rédacteur en arrivait aux particularités qui lui paraissaient le mieux appropriées au ministère des Relations extérieures ; il examinait d'abord quels étaient l'esprit et l'honneur d'un employé de ce Département, car c'est cet esprit qu'il faut rendre permanent, c'est cet honneur qui doit être infusé à tous; il mettait d'abord hors de doute le patriotisme; puis, il rencontrait deux classes de qualités; il examinait les qualités de l'âme : la circonspection, la discrétion, un désintéressement à toute épreuve, enfin une certaine élévation de sentiments, qui fait qu'on sent tout ce qu'il y a de grand dans la fonction de représenter sa nation au dehors et de veiller au dedans à la conservation de ses intérêts politiques. C'étaient là, pour lui, les qualités primordiales, bien supérieures à celles de l'esprit, qui, isolées, ne font que les intrigants politiques. Du reste, celles-ci : le penchant pour les études politiques, la faculté de saisir et d'exprimer les objets, l'étendue des idées, ne font que les hommes de valeur, tandis que sans les autres il n'est poin d'homme d'honneur. Il reconnaissait enfin une troisième classe qualités tenant à la fois des deux autres : tout ce qui touche à l'habileté dans l'art de traiter les affaires; il développait ensuite, sous forme de proposition, les articles auxquels l'arrêté des Consuls du 3 floréal (23 avril) devait donner force de loi.

Cet arrêté reprenait et développait les bases posées en pluviôse, mais avec quelques modifications, que nous indiquerons successivement. Tout d'abord, il supprimait toute équivalence de grades entre les fonctions consulaires et les fonctions politiques. La division en grades était maintenue, mais les trois premiers étaient supprimés et remplacés par le grade d'élève des Relations extérieures, qui pouvait être conféré à des aspirants placés dans les bureaux ou à la suite des légations. Au reste, bien que l'équivalence entre les fonctions à l'intérieur et à l'extérieur fût réservée (les chefs de bureau politique devenant secrétaires de 2ᵉ classe, les sous-chefs de division, secrétaires de 1ʳᵉ classe, et les chefs de division, ministres plénipotentiaires), l'article relatif à l'échange constant d'employés entre l'intérieur et l'extérieur était supprimé, le service extérieur exigeant des qualités de monde, de naissance, de fortune, d'esprit, inutiles et presque nuisibles à l'intérieur. La distinction entre le grade et l'emploi, et les traitements attachés à l'un et à l'autre, étaient maintenues, ainsi que la garantie donnée aux employés que leur grade ne pourrait leur être enlevé que sur le rapport d'une commission de cinq membres, nommée par le premier Consul. Les traitements de grade étaient fixés de la manière suivante :

Ambassadeur.	10,000
Ministre plénipotentiaire.	6,000
Secrétaire de 1ʳᵉ classe.	2,400
— de 2ᵉ classe.	1,000
Élève breveté.	600

C'était ce traitement qui devait servir de base à la pension de retraite. Au bout de vingt ans, l'employé pouvait se retirer et jouissait de la moitié de son traitement de grade. Au bout de vingt-cinq ans, il jouissait de la totalité. De plus, un surcroît de retraite pouvait être accordé proportionnellement aux talents et aux services. Ce qui rendait cette mesure d'un intérêt particulier, c'est que le premier Consul l'étendait aux agents de l'ancien régime; il leur accordait le traitement du dernier grade qu'ils avaient occupé en 1789, et, à dater du 1ᵉʳ germinal an VIII (22 mars 1800), ordonnait que la pension leur fût payée un quartier d'avance. Ce fonds de pensions devait être constitué par une retenue proportionnelle sur tous les appointements des agents politiques.

Ainsi, garanties pour le présent, espérances pour la carrière à fournir, sécurité pour l'avenir, ce règlement assurait aux employés ce que la Révolution leur avait enlevé ; il leur donnait, de plus que sous l'ancien régime, des droits, et substituait le règne de la loi au règne du bon plaisir ; il importe d'examiner maintenant si le règlement fut appliqué, et quels inconvénients il présenta.

Tout d'abord, la question de la mise en pratique de la division en grades et en emplois, de la délivrance des brevets de grade, se posa d'une façon inquiétante. A la date du 16 floréal an VIII (6 mai), Talleyrand ordonnait des réunions quotidiennes des chefs de bureau, dans le but de préparer les voies ; le premier Consul réclamait le travail le 9 thermidor an VIII, et le ministre en rejetait encore la remise à vendémiaire suivant. Par un arrêté du 16 fructidor (3 septembre), il réitérait la mesure prise le 16 floréal, et enfin le comité ainsi institué déterminait, dans un rapport au ministre, les obstacles qu'avait rencontrés l'organisation nouvelle.

Après avoir constaté que l'abandon complet du système ferait le plus mauvais effet dans le public, qu'un recours à l'autorité consulaire donnerait au gouvernement un air d'irréflexion ou d'inconstance, et diminuerait la confiance dans la maturité de ses délibérations, le rapporteur concluait que dans l'essai qu'on allait tenter, il serait bon peut-être d'ajourner certaines mesures, mais de donner une suite immédiate aux articles sur les grades et les retraites, quitte à abandonner la question des grades après un essai qui aurait prouvé au public l'exécution de l'arrêté. Au reste, cet article sur les grades n'est pas, comme on serait tenté de le croire, tombé à l'heure présente en désuétude. Aujourd'hui même, dans le Département, des employés revêtus d'un grade occupent des emplois qui sembleraient réservés à des agents d'un grade inférieur. Des ministres plénipotentiaires tiennent des places de premiers secrétaires et de chargés d'affaires, des sous-directeurs sont personnellement revêtus du grade de ministre. La justification de ces faits se trouve dans l'arrêté de floréal. Mais ce n'était que par un assez long laps de temps que ces idées pouvaient avoir leur réalisation, et en l'an VIII, comme le dit, en 1806, d'Hauterive, dans un rapport de la section de l'Intérieur du conseil d'État, ces règles étaient prématurées ; « il y a un principe, ajoutait-il, qui est au-dessus de toutes les volontés, quelque constantes qu'elles puissent être : que toute règle établie dans des temps de transition, de perfectionnement et d'espérances, doit s'altérer à tous les progrès qui se font vers un état fixe, et tomber ou être déjà tombée en désuétude, au moment où tout ce qui tient au gouvernement a pris une assiette invariable et un caractère définitif. »

L'article sur les grades fut donc presque abandonné ; il en fut de même de l'article sur les admissions. Laissées à la disposition du ministre, les nominations s'accumulèrent bientôt. Les aspirants ne donnèrent que peu de travail, ne montrèrent que peu de bonne volonté. On se trouva avoir fait simplement une nouvelle expérience de cette Académie politique fondée en 1712 par le marquis de Torcy. La jeunesse de 1800, comme celle de 1712, était « vaine et mal disciplinée, et regardait toutes les occupations auxquelles on voulait la fixer comme au-dessous d'elle » ; il fallut plus tard aviser à un nouveau mode de recrutement.

Napoléon avait essayé à diverses reprises de faire lui-même choix de certains jeunes gens. Dans une de ses visites au Prytanée, il avait remarqué trois élèves, leur avait accordé une pension, et les avait fait entrer au ministère ; mais ce n'était là qu'une exception, un hasard heureux. Le premier Consul ne pouvait compter recruter la carrière de cette façon. D'autres fois, il détachait des officiers pendant quelque temps, en faisait des secrétaires de légation ; mais alors qu'on n'avait point assez d'officiers pour l'armée, pouvait-on en distraire pour la diplomatie ? Il fallait chercher ailleurs.

La Constitution de l'an VIII avait créé en France un rouage nouveau, d'une utilité incontestable, puisqu'il a survécu à toutes les révolutions, d'une grandeur éminente, et il l'a prouvé par ses services, d'un recrutement admirable, car là étaient rassemblés tous les hommes qui avaient consenti à se rallier sans arrière-pensée au gouvernement du premier Consul, et quel temps fut plus fertile en hommes remarquables ? Le Conseil d'État était comme le réservoir des forces vives de la France. Délibérant sous la présidence de l'Empereur, réunissant dans son sein les citoyens qui avaient fait preuve de talents réels dans l'administration, dans les assemblées, dans les divers services publics, le Conseil d'État était alors divisé en cinq sections : Législation, Intérieur, Finances, Guerre et Marine. Le ministère des Relations extérieures était représenté dans la section de l'Intérieur par d'Hauterive et par Miot. Mais le Conseil d'État n'était pas seulement la réunion des hommes les plus remarquables de l'Empire, il était en même temps la grande pépinière administrative dans laquelle Napoléon choisissait ses hommes d'exécution et ses *Missi Dominici*. Or, d'Hauterive avait établi dans un rapport lumineux que l'on trouvera reproduit en appendice, que les agents diplomatiques devaient être en communication directe et constante avec le chef du pouvoir, qu'ils devaient obéir à sa direction personnelle, immédiate et jamais interrompue, qu'ils formaient le cabinet même du souverain, et trouvaient dans le recours à une dépendance perpétuelle et de tous les instants une solution à toutes les difficultés qui pouvaient embarrasser leur service, un encouragement qui devait leur rendre heureux et facile l'accomplissement de tous leurs devoirs, et enfin la garantie assurée de toutes les vues de l'Empereur. Dans ces conditions, d'Hauterive pensait que le meilleur moyen de recruter le personnel des secrétaires de légation était de donner exclusivement ces places à des auditeurs au Conseil d'État après un temps déterminé d'assistance et d'étude aux séances ; il reconnaissait à ces jeunes gens deux qualités supérieures : d'abord la connaissance particulière du souverain, ensuite la part, si modeste qu'elle fût, prise par devoir à ces grandes discussions sur tous les intérêts du gouvernement. « Ici, disait d'Hauterive, se combinent tous les moyens d'entretenir la force de l'Empire, d'assurer dans son sein le respect des lois, de maintenir sa sûreté intérieure, de préserver et d'améliorer les principes de sa puissance et les sources de sa prospérité. » Et il faisait ressortir quelle règle l'imagination d'un jeune homme devait y trouver, quelles habitudes devait y prendre son discernement, quelle trempe son esprit devait en recevoir, quelle méthode ses études y rencontreraient, quels objets de comparaison son intelligence pourrait y puiser plus tard, et « soit qu'il persiste toute sa vie dans la carrière diplomatique, disait-il en terminant, soit que Sa Majesté l'appelle à la servir dans l'intérieur de l'Empire, elle trouvera toujours en lui le zèle éclairé d'un serviteur utile, l'expérience d'un homme instruit, et les sentiments d'un bon Français ».

Napoléon signait, le 27 mars 1806, le décret qui sanctionnait les conclusions de M. d'Hauterive. Ce décret portait que les places de secrétaires d'Ambassade et de Légation actuellement vacantes, ou qui pourraient vaquer au ministère des Relations extérieures, seraient données à l'avenir à des auditeurs au Conseil d'État, qui, dans ces places, conserveraient le titre d'auditeurs du Conseil d'État en service extraordinaire. Ces auditeurs ne pourraient être nommés à ces places qu'après un an d'assiduité aux séances du Conseil. Les secrétaires et ministres plénipotentiaires, servant à l'extérieur et à l'intérieur, conserveraient, au reste, leurs droits à l'avancement.

Il est à remarquer que les auditeurs du Conseil d'État, nommés par un acte direct de la volonté impériale, devaient avoir fait un cours de droit civil. C'était donc une garantie de plus que le Département acquérait du même coup.

Le décret de 1806 reçut surtout son application pour les agents extérieurs. L'*office des Relations extérieures* au conseil d'État paraît, suivant toute probabilité, s'être composé, pendant l'Empire, du comte d'Hauterive, de M. de la Besnardière et du duc de Dalberg, conseillers d'État en service ordinaire; parmi les conseillers en service extraordinaire, des comtes Otto, de La Forest et de Saint-Marsan; parmi les auditeurs de 1re classe en service ordinaire, de MM. Lelorgne d'Ideville, Brunet de Panat, Chaillou, Jordan Duplessis, de Gabriac, de Chasteau, Dasnières de la Châtaigneraye, Demarsieu, de Maussion, Marquet de Montbreton, de Laubépin, de Rumigny; enfin, parmi les auditeurs en service extraordinaire, détachés aux Relations extérieures, de MM. Bogne, secrétaire à Munich; de Malartic, secrétaire à Stuttgard; Latour-Maubourg, secrétaire à Constantinople; Prevost, secrétaire à Saint-Pétersbourg; Lajard, à Dresde; A. Jordan, à Wurtzbourg; de Cabre, à Stockolm; Lamoussaye, résident et consul général à Dantzick; de Galz-Malvirade, second secrétaire à Saint-Pétersbourg [1]. Pour compléter, même par le titre, l'assimilation avec le conseil d'État, les jeunes gens autorisés à prendre part aux travaux des ambassades portaient, en 1813, le titre d'auditeurs d'ambassade.

Ainsi, deux des points principaux visés par l'arrêté du 3 floréal an VIII avaient dû recevoir une organisation nouvelle. Ce qui subsista, et ce qui a donné une place à part à ce document, c'est le système des pensions établi par le premier Consul. C'était là l'objet le plus particulièrement intéressant, celui auquel Talleyrand attribuait une importance capitale. Dans la circulaire qu'il envoyait à tous les agents avec l'arrêté du 3 floréal, il insistait bien sur les avantages qu'offrait la nomination aux grades, mais c'était surtout sur la question des pensions qu'il attirait l'attention de ses correspondants. « L'agent sans reproche, disait-il, a désormais la garantie de son emploi, cette garantie qui donne l'attrait et la constance des devoirs. Ceux qui longtemps honorèrent le Département par leurs vertus et leurs talents sortent aujourd'hui de la détresse où ils étaient plongés, et le spectacle de leur infortune ne vous tourmentera plus de la crainte d'un sort pareil. » Et, après avoir indiqué que le fonds des

---

[1] Il est à remarquer que le titre d'auditeur était préféré à celui du grade occupé dans la carrière, et que l'avancement dans le Conseil n'était nullement subordonné à l'avancement dans la carrière. Ainsi, en 1813, M. de Latour-Maubourg, ministre à Stuttgard, conserve le titre d'auditeur que porte aussi son secrétaire, M. de Chasteau.

retraites serait constitué au moyen d'une retenue proportionnelle, fixée à un cinquantième pour l'an VIII, le ministre ajoutait : « Ce léger sacrifice sur vos appointements serait déjà suffisamment payé, puisqu'il vous associe au bonheur de consoler les dernières années de plusieurs hommes que le malheur des temps avait dévoués à tout ce que les privations ont de plus cruel et l'abandon public de plus désespérant; mais il vous prépare une ressource dans les hasards des événements et la nécessité de l'âge; il consacre votre droit à obtenir un jour de vos successeurs ce que vous faites aujourd'hui pour ceux qui vous ont précédés. »

En effet, dès floréal an VIII, en même temps que des brevets du grade de ministre plénipotentiaire étaient délivrés à Folard, à d'Aigremont, à Lallement, à Henin[1], tous anciens agents à l'extérieur, une pension était accordée au vieil Hennin, dont la vie avait été si rude pendant la Révolution, qui avait dû vendre, en 1793, ses livres et ses médailles, et qui maintenant, privé de ce qui avait été la joie et la consolation de sa vie, travaillait encore, apprenait des langues, s'était mis à un grand poëme : l'*Illusion*. Depuis que Talleyrand était au ministère, Hennin avait repris courage. N'était-il pas pour lui une connaissance de vieille date? Dès 1792, Talleyrand l'appréciait, le cultivait, l'appelait le *Médecin Tant-Pis*. En l'an V, en l'an VI et en l'an VII, il lui avait donné quelques secours, et Hennin même, inspiré par le ministre, avait songé à écrire une histoire des négociateurs français. Une pension, à son âge, valait mieux que du travail; et celle qu'il reçut fut la plus forte de toutes celles qui furent données à des agents diplomatiques. Il n'en jouit pas longtemps. Le 5 juillet 1807, il mourut plein de jours, l'esprit toujours présent, occupé maintenant de poëmes et de romans, car il avait abandonné les choses sérieuses, ne voulant plus en attrister ses derniers jours, ou pensant peut-être, ce sage, que les choses qu'on dit frivoles sont encore les plus sérieuses[2].

Après Hennin, Rayneval, auquel, le 4 frimaire an XI (25 novembre 1802), le premier Consul accorda un traitement de 4,000 francs sur les fonds de la retenue. Pour celui-ci, plus ingambe, plus jeune, et qui, en 1803, publiait ces *Institutions du droit de la nature et des*

---

[1] Hénin de Cuviliers, qu'il ne faut pas confondre avec l'ancien premier commis.

[2] Nous n'avons pas eu occasion de noter que, dans les papiers de la conspiration de l'an V, on avait trouvé une liste d'un ministère royaliste, et que Hennin figurait en tête de cette liste, comme ministre des Affaires étrangères. Le vieux premier commis ne fut point au reste inquiété à ce sujet.

gens, ouvrage capital, destiné à devenir et à rester classique [1], l'Empereur l'honorait, le 10 messidor an XII (29 juin 1804), de la croix de la Légion d'honneur, l'Institut le nommait, en 1804, son correspondant (classe d'histoire). Sa pension était portée à 6,000 francs en 1806, et en 1808 il était nommé vice-président d'une commission du protocole, avec 3,000 francs de traitement. Son fils faisait en même temps une brillante carrière aux Affaires étrangères. A la fin de 1808, Rayneval s'attira une désagréable affaire. Le dernier margrave de Bade s'était mis en relation avec lui et lui avait demandé une constitution pour ses États. Rayneval, là-dessus, bâtit un roman : il y aura à Bade un Sénat, un Conseil d'État, un Corps législatif; la nation aura le droit plébiscitaire à l'extinction de la maison de Bade. Puis Rayneval se transporte à Carlsruhe avec son plan de réforme. Au moment où il expose ses idées au grand-duc, le prince héréditaire survient, demande aux réformateurs s'ils ont des ordres de l'Empereur, fait arrêter les Badois, saisir les papiers des Français et reconduire ceux-ci à la frontière. Rayneval fut, dit-on, arrêté à son retour à Paris; mais, dès que l'Empereur revint de Bayonne, il le fit mettre en liberté [2]. Rayneval se consacra alors à son beau livre sur la *Liberté des mers,* qu'il publia en 1811. Il mourut l'année suivante, le 31 décembre 1812.

Pfeffel n'avait pas non plus été oublié dans ce généreux retour vers le passé. Quoique sa situation, et en quelque sorte son option pour la nationalité bavaroise, pussent donner lieu à des difficultés, le ministre, dès le 18 fructidor an VIII (5 septembre 1800), l'avait fait mettre en surveillance à Paris, en attendant sa radiation de la liste des émigrés. En l'an X, on lui rendait 136 arpents de bois non vendus. En l'an XI, le ministère, qui lui avait accordé une pension de 4,000 francs, se faisait l'interprète de ses réclamations contre le duc des Deux-Ponts. Il était décoré de la Légion d'honneur le 14 juin 1804, et jusqu'à sa mort, en 1806, restait pour Talleyrand un conseiller toujours écouté. On se souvient que sa bibliothèque avait été achetée en 1768 et livrée en 1792. Depuis cette époque il avait formé une nouvelle collection, qui fut achetée par le Département, en 1807,

---

[1] Rayneval fut, de l'an V à l'an XIII, collaborateur avec Garat, Pommereuil, Montlinot et Prenchat, de la *Clef du cabinet des souverains,* nouveau journal du soir et du matin, historique, politique, moral, économique et littéraire. (Voir Hattin, *Bibliogr. de la presse.*)

[2] Lewis Goldsmith, dans son *Histoire du cabinet de Napoléon,* p. 305, note 2, attribue cette arrestation aux affaires d'Espagne. C'est une fausseté de plus à enregistrer dans ce stupide pamphlet.

moyennant une pension de 2,400 francs faite à sa veuve, Marie-Catherine Stœrtz[1].

Pour compléter cette énumération des grâces accordées aux anciens premiers commis, il ne reste à citer que Durival. Celui-ci eut aussi sa part. Dès le 6 prairial an VIII (26 mai 1800), il écrivait à Talleyrand pour le féliciter sur l'arrêté de floréal : « Grâces en soient rendues, disait-il, aux tutélaires conceptions de votre génie ! » Le 5 frimaire an XI (26 novembre 1802), Talleyrand pouvait enfin lui annoncer une retraite de 2,000 francs et en plus une somme de 1,200 francs. Les termes vraiment nobles par lesquels il lui faisait part de cette faveur méritent d'être conservés. « Croyez, lui écrivait-il, que j'éprouve un vrai plaisir à donner un témoignage d'estime et de bienveillance à un vieillard dont la vie entière a été consacrée au service de son pays, et qui a honoré toutes les places qui lui ont été confiées, par les qualités de l'homme public et les vertus de l'homme privé. Vous avez laissé dans le Département les souvenirs les plus flatteurs, et votre nom rappelle toujours le zèle, le talent et la probité. J'espère que vous jouirez longtemps de la disposition que je viens de faire, et qu'elle éloignera de vous toute inquiétude de l'avenir. » Durival, si vieux qu'il fût, avait encore quelque ambition ; il aurait bien désiré le titre de légionnaire. L'Empereur ne put l'accorder à l'ancien directeur de la

---

[1] J'ai reçu à temps pour pouvoir l'utiliser une intéressante communication de M. le baron Pfeffel, relative à son grand-père. M. le baron Pfeffel est le détenteur des mémoires de Chrétien-Frédéric, son aïeul, et il se déterminera, j'espère, à les publier. Ils éclaireront à coup sûr nombre de points encore obscurs de l'histoire intime des relations entre le roi de France et les alliés d'outre-Rhin. Chrétien-Frédéric Pfeffel, dont nous avons indiqué la carrière, croyait descendre du fameux minnesinger Pfeffel, dont trois poëmes sont conservés à la Bibliothèque nationale de Paris. Par le mariage du père de Chrétien-Frédéric avec Catherine Herr de Colmar, les Pfeffel se trouvaient substitués aux droits et aux titres de la famille patricienne de Kriegelstein Wandelbourg, suivant un rescrit de l'empereur Rodolphe II, donné à Prague le 13 janvier 1598. On a vu que le fils de Chrétien-Frédéric, Chrétien-Hubert, qui avait obtenu la survivance de la place occupée par son père, l'accompagna dans l'émigration, entra alors au service bavarois et fut ministre plénipotentiaire à Dresde, à Londres, à Francfort et à Paris, où il mourut en 1831. Chrétien-Hubert n'acquit qu'en 1813 la nationalité bavaroise. Son fils était encore né français en 1811, et son petit-fils Chrétien-Hubert est venu réclamer hautement sa nationalité d'origine en venant en 1865 s'engager dans l'armée française, de la réserve de laquelle il fait encore partie. Ce n'était point de Marie Stoertz que Chrétien-Frédéric avait eu ses enfants, mais de Catherine de Gernler, d'une des plus anciennes familles de Bâle. La famille de Pfeffel porte écartelé au 1 et au 4 d'azur au soleil d'or, au chef d'or chargé de trois billettes d'azur posées 1 et 2 ; au 2 et au 3 d'argent à la tour de gueules ; sur le tout d'azur aux deux colombes d'argent, chapé d'argent au buste de femme de carnation drapé de gueules et coiffé d'une couronne impériale.

finance du Département, qui mourut à Heillecourt, le 4 février 1810.

Il ne faudrait pas croire que les chefs, les premiers commis, eussent été seuls favorisés. La bienveillance du premier Consul s'étendait à tous, aux plus obscurs, aux plus pauvres, à ceux qui étaient tombés la charge des bureaux de bienfaisance de leur quartier, à Corboz-Latour, à Desnaux, à Méroger, à Poulet, à Moreau, à Bermond, à Gallon-Boyer, à Baud, à Bedtinger, à Beschard, à Fournier, même à la veuve de l'infortuné Baudry. La solidarité était ainsi établie entre le présent et l'avenir du ministère, et il y avait peut-être dans l'idée de cette caisse des retraites instituée au Département quelque chose de plus personnel, de plus intime dans le bienfait, quelque chose qui rattachait davantage les obligés aux obligeants. Le système présent peut offrir des avantages au point de vue de la comptabilité générale. Il est, à coup sûr, moins conforme à l'esprit et à la tradition du département des Affaires étrangères.

Une dernière mesure établie par l'arrêté du 3 floréal subsista pendant tout l'Empire, et est assez particulièrement nouvelle pour mériter l'attention. On se souvient que l'arrêté de pluviôse, comme celui de floréal, garantissait aux employés du Département la propriété de leur grade; ils ne pouvaient en être privés que sur le rapport d'un conseil formé, suivant l'arrêté de pluviôse, d'un employé de chaque grade, suivant l'arrêté de floréal, de cinq membres nommés par le premier Consul. Ainsi, Bonaparte se dessaisit du droit de révocation. Le gouvernement du premier Consul accorde aux employés un droit sans précédents, et qui n'a été reconnu par aucun des régimes qui lui ont succédé. Ce règlement a eu, sous le Consulat et l'Empire, une exécution constante. Les employés ont, il est vrai, conservé le droit de se soustraire au jugement de la commission en adressant au ministre leur démission motivée. C'est le moyen que s'empresse de prendre le républicain Bonnet, convaincu du vol de soixante-dix-huit boîtes en argent. Mais qu'un employé, en possession d'un grade, ait commis une infraction à la discipline, manqué à son devoir, forfait à l'honneur, aussitôt le conseil est assemblé; il examine les accusations portées par le chef de l'individu dénoncé, reçoit le mémoire justificatif de l'inculpé, admet l'accusé à donner verbalement toutes les explications qu'il peut croire utiles à sa défense, rédige un rapport au ministre, et c'est sur ce rapport que l'Empereur prononce. C'est là ce qui se produisit vis-à-vis de Louis-André Pichon, consul général aux États-Unis depuis le 8 brumaire an IX (30 octobre 1800), et que nous avons laissé, en l'an VIII, sous-chef d'une division du ministère depuis le 15 ventôse an IV. Pichon fut rappelé par décision de l'Empereur, en date de Mayence, le 3 vendémiaire an XIII (15 septembre 1804), motivée par un rapport de Decrès, ministre de la Marine, en date de fructidor an XII. Un décret du 7 août 1806 nomme une commission du Conseil d'État, composée de MM. Defermont, Jaubert et Maret, pour examiner ses comptes. Cette commission présenta à l'Empereur, le 1er juillet 1807, un rapport et un projet de décret [1] par lequel Pichon était destitué. Le décret fut rendu en conseil d'État, dans la séance du 30 septembre 1807, et publié le 7 octobre. Ce décret n'empêcha pas Pichon, devenu royaliste et capitaine d'une compagnie de la 2e légion de la garde nationale, d'être nommé maître des requêtes au Conseil d'État en août 1815, conseiller d'État le 21 janvier 1820. Comme M. Courvoisier le rappelait en 1829 à M. de Polignac, « le baron Pichon a écrit contre Bonaparte. »

C'est la même procédure qui est suivie du 20 janvier au 5 février 1808 contre Artaud, secrétaire de légation à Florence, ce même Artaud auquel on doit de nombreux ouvrages sur la Papauté, et la biographie fréquemment citée du comte d'Hauterive. Dans l'affaire d'Artaud, il ne s'agit plus, comme dans le cas de Pichon, d'erreurs dans la comptabilité, mais de questions personnelles de hiérarchie et de discipline. Artaud était dénoncé par le ministre à Florence, M. d'Aubusson, comme ayant fait une visite à la reine d'Étrurie sans son agrément, et comme ayant tenté près d'elle diverses démarches sans son assentiment. D'Hauterive, rédacteur du rapport, saisit cette occasion pour établir la jurisprudence du Département sur plusieurs points qui pouvaient paraître susceptibles d'interprétations diverses. Cet exposé eut la haute approbation de l'Empereur, qui ordonna l'impression et l'envoi à tous les agents du rapport de d'Hauterive [2].

---

[1] Imprimerie impériale, 23 septembre 1807, in-4° de 48 pages.

[2] D'Hauterive disait :

« M. d'Aubusson paraît sans cesse occupé, dans ses lettres, du besoin de connaître l'étendue de son autorité et celle des devoirs des personnes qui lui sont subordonnées ; il devrait savoir que s'il existe une règle à cet égard, jamais on n'a senti le besoin d'en faire l'objet d'un texte littéral et réglementaire ; et lorsqu'une direction quelconque est confiée à un homme de jugement, ce n'est pas dans un code, mais dans sa volonté, qu'il sait trouver les motifs et la juste mesure du pouvoir qu'il doit exercer pour arriver au parfait accomplissement de ses devoirs. L'Empereur doit être servi, ses ordres doivent être exécutés, les instructions du ministère doivent être suivies : telles sont les règles, et elles sont immuables et absolues, de l'autorité des ministres et de l'obéissance de leurs subordonnés.

« Dans la carrière civile, comme dans la carrière militaire, l'autorité s'établit et s'exerce par les mêmes motifs et sur les mêmes lois ; mais il ne faut pas que dans la première on emprunte le mode d'obéissance et les formes du commandement qui sont propres à la seconde. M. d'Aubusson a demandé dans ses lettres s'il

Artaud fut destitué, mais l'Empereur ne lui tint pas rigueur ; employé au ministère aussitôt après, il fut nommé censeur impérial en 1811.

Ces deux exemples suffisent pour montrer qu'il exista sous l'Empire une juridiction particulière aux agents du Département, juridiction sans l'avis de laquelle il était impossible de prononcer sur le sort des employés, et qui garantissait à tous la propriété positive et constante du grade qu'ils avaient acquis [1].

---

avait le droit d'interdire un secrétaire de légation et de le mettre aux arrêts. Cette question est vide de sens et suppose une entière ignorance et surtout une grande inexpérience des moyens de se faire obéir.

« Dans l'état militaire, l'autorité se gradue sur une échelle qui se divise en un grand nombre de degrés ; là, un seul homme commande à une multitude d'hommes dont l'esprit n'est pas cultivé et qui ne pourraient hésiter, sans un extrême danger, sur l'obéissance prompte et absolue qu'ils doivent aux ordres qui leur sont donnés. Il a donc fallu que le droit de commander y fût facile à exercer ; et voilà pourquoi l'on y a rendu le commandement précis et simple, péremptoire et absolu ; et voilà pourquoi encore le plus léger défaut dans le mode et la mesure de l'obéissance y est signalé comme délit, et puni par des peines inévitables, quelquefois remarquables par leur extrême sévérité. Dans la carrière civile, au contraire, un homme commande à un petit nombre d'hommes, et souvent, comme dans le cas actuel, à un seul homme ; le commandement doit sans doute être absolu ; mais on s'en rapporte au discernement de celui qui exerce le pouvoir, pour le choix des moyens les plus propres à assurer son exercice. Ces moyens sont divers et nombreux : les plus sûrs sont ceux que l'expérience des affaires, la rectitude du jugement et l'usage du monde indiquent à un homme de caractère qui a reçu une bonne éducation ; rien ne peut suppléer à ces moyens, comme aussi rien ne résiste à leur usage ; et le supérieur qui en connaît la valeur et qui sait les mettre en œuvre ne demandera jamais jusqu'où s'étend le droit qu'il a de commander, comment il doit prévenir la résistance et s'il a le droit de la punir...

« L'institution des secrétaires de légation, ajoutait-il plus loin, n'a qu'un but essentiellement utile : c'est celui de fournir pendant la gérance d'un ministre en titre un agent capable de le suppléer en cas d'absence et propre surtout à maintenir et perpétuer l'esprit de la légation dans la suite non interrompue des ministres qui se succèdent dans la même résidence. D'après ce principe, il est évident que la première qualité d'un secrétaire de légation est cette flexibilité de caractère qui rend la subordination facile, qui fait que cette subordination n'est pas une affaire de choix ni d'affection et qui maintient le subordonné dans une disposition invariable de déférence et de respect vis-à-vis du chef auquel l'intérêt du service de son ministre lui prescrit de se soumettre... L'autorité, sans doute, impose des devoirs à celui qui l'exerce. Elle exige de lui des qualités sans lesquelles elle est exposée à rencontrer sans cesse des obstacles capables d'entraver ou de dérégler sa marche ; mais il est du devoir des subordonnés de ne voir dans l'autorité que la règle immuable de leur obéissance. »

[1] Nous pouvons citer d'autres espèces : Colaud, commissaire consul général, à Livourne, fut suspendu par décret du 12 avril 1806, sur un rapport du ministre et après examen de sa conduite par un comité. Mahélin (Augustin-Jean), vice-consul à Stralsund, fut destitué en 1812, sur le rapport d'une commission présidée par M. Bacher. Il fut, au reste, remis en activité en 1818.

Dans l'organisation intérieure qui doit maintenant nous occuper particulièrement, quel système avait adopté le premier Consul?

Le ministre des Relations extérieures avait une part considérable, non de la confiance, mais de l'intimité du premier Consul. Bonaparte conserva toujours un faible pour Talleyrand ; il trouvait que même en le trompant, Talleyrand conservait les formes. Il se laissait séduire par ces formes de grand seigneur, sentant la cour d'autrefois, et gardant toujours comme un parfum d'ancienne noblesse. Talleyrand fut le conseiller intime, l'exécuteur privilégié de ses desseins. Ce fut lui qui mena, et à son grand avantage, toute l'affaire préliminaire de Lunéville, qui tripota sans contrôle dans les petites paix partielles de la fin de l'année 1800. Ce fut lui qui s'opposa d'abord au concordat, puis le précipita, quand, par un bref particulier du Pape, il eut été autorisé à rentrer dans la vie civile. Ce fut lui encore qui conseilla l'enlèvement et le jugement du duc d'Enghien. Ce fut lui enfin qui poussa de toutes ses forces Bonaparte à ceindre la couronne impériale, et à rétablir les institutions monarchiques ; il en fut récompensé par un poste considérable dans la hiérarchie nouvelle ; l'Empereur le nomma son grand chambellan. A l'institution de la Légion d'honneur, il lui conféra le grand Aigle de l'Ordre. Le 5 juin 1806, il lui transféra la principauté de Bénévent, avec le titre de prince et de duc [1].

Il est vrai que le sénatus-consulte organique du 28 floréal an XII (18 mai 1804) retira au ministre des Relations extérieures certaines prérogatives, établit en quelque sorte un intermédiaire, ou du moins

---

[1] « Napoléon, par la grâce de Dieu et les constitutions Empereur des Français, Roi d'Italie, à tous présents et à venir, salut !

« Voulant donner à notre grand chambellan et ministre des Relations extérieures, Talleyrand, un témoignage de notre bienveillance pour les services qu'il a rendus à notre couronne, nous avons résolu de lui transférer, comme en effet nous lui transférons par les présentes, la principauté de Bénévent, avec le titre de prince et duc de Bénévent, pour la posséder en toute propriété et souveraineté et comme fief immédiat de notre couronne.

« Nous entendons qu'il transmettra ladite propriété à ses enfants mâles, légitimes et naturels, par ordre de progéniture, nous réservant, si sa descendance naturelle et légitime venait à s'éteindre, ce que Dieu ne veuille, de transmettre ladite principauté, aux mêmes titres et charges, à notre choix et ainsi que nous le jugerons convenable pour le bien de nos peuples et l'intérêt de notre couronne.

« Notre grand chambellan et ministre des Relations extérieures, Talleyrand, prêtera en nos mains et en sa qualité de prince et duc de Bénévent le serment de nous servir en bon et loyal sujet. Le même serment sera prêté à chaque vacance par ses successeurs.

« Donné en notre palais de Saint-Cloud, le 5 juin 1806.

« *Signé* : Napoléon.

plaça un témoin entre le souverain et lui. L'article 41 du titre V stipule que l'archichancelier d'État fera les fonctions de chancelier pour la promulgation des traités de paix et d'alliance, et, pour les déclarations de guerre, présentera à l'Empereur et signera les lettres de créance et la correspondance d'étiquette avec les différentes cours de l'Europe, rédigées suivant les formes du protocole impérial, dont il sera le gardien ; il devra être présent au travail annuel dans lequel le ministre des Relations extérieures rendra compte à l'Empereur de la situation politique de l'État ; il présentera les ambassadeurs et ministres de l'Empereur dans les cours étrangères au serment qu'ils prêtent entre les mains de Sa Majesté ; il recevra le serment des résidents, chargés d'affaires, secrétaires d'ambassade et de légation, et des commissaires généraux et commissaires des relations commerciales ; il présentera les ambassades extraordinaires, et les ambassadeurs et ministres français à l'étranger. Mais ces fonctions, conférées par l'Empereur à son fils adoptif, le prince Eugène Napoléon, déjà vice-roi d'Italie, prince de Venise, et prince héréditaire du grand-duché de Francfort, étaient purement honorifiques, et il est à douter qu'elles aient même jamais été remplies.

Le pouvoir de Talleyrand dans son ministère resta intact jusqu'au jour où l'Empereur lui demanda sa démission, en lui donnant une place plus élevée encore dans la hiérarchie impériale[1] ; mais dès l'an VIII, tout contribue à lui assurer une situation à part au milieu des grands dignitaires. Ses fêtes, aussi bien en l'an IX[2] qu'en 1806, font événement. Sa chienne Jonquille est la coqueluche du jour. On lui dédie des vers où on le compare au grand Condé[3] ; il est l'homme du jour, il invente les costumes des ministres pour le sacre de Napoléon : l'habit-manteau et la culotte de velours bleu brodés d'argent, doublure de soie blanche ; les parements du manteau en soie blanche brodés d'argent,

---

[1] Message au Sénat, 14 août 1807.

« Sénateurs, nous avons jugé convenable de nommer à la place de vice-grand électeur le prince de Bénévent. C'est une marque éclatante de notre satisfaction que nous avons voulu lui donner pour la manière distinguée dont il nous a constamment secondé dans la direction des affaires extérieures de l'Empire. »

[2] Talleyrand donna, le 19 prairial an IX, une fête à Neuilly au roi et à la reine d'Étrurie. C'était la nuit : tout était illuminé ; on commença par un concert. Le fond de la salle s'ouvrit, on vit la place de Florence, le palais Pitti, une fontaine, une colonne. Des Toscans s'y livraient à des jeux, à des danses, et chantèrent des couplets dont Leurs Majestés étaient l'objet. Il y eut dans cinq salles un souper trois fois renouvelé. Un bal magnifique termina cette féerie. THIBAUDEAU, *Mémoires sur le Consulat*. Voir le *Mercure de France* de la date et l'*Almanach des Muses de* 1802, poëme d'ESMENARD.

[3] *Mercure* de l'an IX.

la ceinture de moire blanche brodée et garnie de torsades d'or, la cravate de dentelle, le grand cordon sur l'habit, le chapeau de feutre noir retroussé et surmonté de plumes blanches. Dès l'an IX, ne pouvant supprimer le *citoyen* qui demeure encore officiel, il substitue du moins à la formule : *Salut et fraternité,* celle-ci : *Je vous salue.* Le *Monseigneur* et l'*Excellence* apparaissent dès l'an XIII, en attendant : l'*Altesse sérénissime* attaché au duché de Bénévent. Talleyrand a façonné sur lui son ministère, l'a poussé dans la voie où lui-même est entré, en a fait comme le ministère type du nouveau régime.

D'extérieur, rien n'est changé dans l'organisation introduite par Reinhard en l'an VIII : deux divisions politiques, une division des Consulats, une des Fonds et de la comptabilité, une des Archives, un très-modeste et très-peu nombreux secrétariat auprès du ministre. Quant au personnel, les changements qui sont intervenus n'ont pas pour cause, comme en 1793, la mise en accusation et la visite à la sainte guillotine. Si Resnier, le directeur des Archives, a quitté l'hôtel Maurepas, ç'a été pour un fauteuil au Sénat. Si Laforêt ne siége plus à la direction des Fonds, il est, depuis le 1er novembre 1799, commissaire du gouvernement près de l'administration des postes, et dès le 25 mars 1800 il a été chargé de suivre les négociations avec les États-Unis, puis le 8 octobre envoyé à Lunéville, attaché ensuite aux négociations de l'Empire germanique, enfin ministre plénipotentiaire à Munich (18 novembre 1801)[1]. Quant à Jacob, l'ancien chef de la première division, il est premier secrétaire à Madrid, et devient ensuite le principal chef de division du ministère des Relations extérieures du royaume d'Italie, établi à Paris.

Une mutation avait eu lieu entre les chefs des deux premières divisions. Durant est revenu depuis le 1er pluviôse an VIII (21 janvier 1800) reprendre sa place à la tête de la première division ; il doit y rester jusqu'au 30 ventôse an XIII (21 mars 1805), où il est nommé ministre plénipotentiaire à Dresde. A la tête de la seconde division chargée du Midi, est d'Hauterive. La situation de ces deux hommes, surtout du second, est considérable. L'Empereur se plaît à faire revivre pour eux le titre de premiers commis que portaient les chefs de division sous l'ancien régime[2]. A la création de son ordre, il leur donne la croix de chevalier de la Légion d'honneur, et l'Empire ne

---

[1] Voir, dans la *Biographie des hommes du jour,* un article très-complet sur M. de La Forêt.
[2] Voir le décret de nomination de Durant à la légation de Dresde.

passe point sans que les premiers commis aient été décorés de l'Aigle d'or. D'Hauterive est dès le 24 messidor an XIII appelé au conseil d'État ; il y est, comme ses collègues, élevé, après cinq années d'exercice, à la dignité de comte de l'Empire[1]. D'Hauterive, d'ailleurs, a pris une part importante à l'organisation de la nouvelle noblesse. Membre du Conseil du sceau des titres, il n'a pas été pour peu dans l'organisation de la hiérarchie nouvelle, dans la recherche des insignes que les nobles de l'Empire doivent conserver dans leurs écussons, comme marque indélébile de leur origine[2]. Il ne faut pas oublier qu'en vendémiaire an VIII (septembre 1799), le traitement des directeurs a été porté de 8,000 livres, chiffre du 9 messidor an V (juin 1797), à 10,000 livres; en vendémiaire an IX (septembre 1800), à 12,000 livres, et en vendémiaire an XI (septembre 1802) à 18,000 livres. Enfin, comme le dit d'Hauterive, une considération particulière les met à tous égards hors de comparaison avec les commis de l'ancien régime. « La position des chefs de division du ministère des Relations extérieures a été plus honorée par une circonstance remarquable de leur vie, dans ces dernières années, que n'a pu l'être celle de toute la suite de leurs prédécesseurs. Trois d'entre eux ont eu l'avantage signalé de travailler avec le premier Consul. »

D'Hauterive, tout pénétré de la tradition du Département, avait à un degré infini le sentiment de la dignité de sa charge, de la mission qui était donnée à l'administration dont le ministre était le chef : il voulait cette administration « docile, dévouée, d'intime confiance » ; il « voulait qu'elle suivît sans cesse l'impulsion du ministre, qu'elle recueillît et exprimât tout ce qu'il penserait ; qu'elle tînt pour lui registre de tout ce qui arriverait ; que, dans la succession des temps, elle conservât pour lui et ses successeurs la tradition constante et l'esprit même du ministère, qu'elle portât dans le travail une abnégation absolue de tous sentiments de personnalité, et enfin que, par ce sentiment d'abnégation, elle conservât et perpétuât dans son sein la réserve, le secret, la fidélité et le dévouement le plus entier aux intérêts de l'État et à la gloire du gouvernement ».

Aussi d'Hauterive maintenait-il ce qu'il croyait la dignité de sa place contre toute attaque. Il lui semblait qu'il n'avait pas le droit de

---

[1] Il portait : *Tiercé en écusson d'or, de sable et de gueules et une étoile d'argent, tiercé à la face de gueules, brochant sur le tout, franc quartier de comte, conseiller d'État (d'azur échiqueté d'or)*. Chevalier de l'Empire du 26 avril 1808, comte du 19 décembre 1809.

[2] Voir : *Statuts, décrets impériaux relatifs à l'établissement des titres héréditaires*, 1er recueil, 1810, 1 vol. in-8°, tiré à 200 exemplaires.

se laisser déchoir, et qu'il importait à la gloire de la France que ses agents directs fussent hautement considérés aussi bien par les étrangers que par les Français. Ainsi, le 17 thermidor an XI (5 août 1803), le gouvernement de la Porte lui ayant fait présent, à l'occasion de la paix, d'une vieille boîte d'or de forme mesquine et ayant longtemps servi, il y vit une offense à la fonction qu'il remplissait, et une marque de dédain pour lui-même. Il remit à la direction des Fonds la boîte qui lui avait été offerte par le gouvernement ottoman, et à ce propos rappelant à Talleyrand quelle avait été la situation de ses prédécesseurs, les avantages qui leur étaient faits, les présents qu'ils étaient dans l'usage de recevoir des gouvernements avec qui ils avaient eu à négocier, il lui écrivait : « Dans une grande et forte organisation tout se tient, s'ordonne et se relève à la fois. La France s'est placée au sommet de l'Europe ; son gouvernement éclate en gloire et en splendeur de toutes parts. Partout ses ministres excitent ou contiennent les cours par l'action irrésistible de leur influence. Je n'ai pas besoin d'indiquer la source d'où rejaillit tant de considération et de puissance, mais je me demande pourquoi ayant été assez heureux pour en approcher, cette distinction n'a pas valu aussitôt à ma place toutes les autres distinctions, et les droits et les avantages qui y étaient précédemment attachés. Je ne pense pas qu'après aucune paix, aucun des hommes qui nous ont précédés n'ait été récompensé de son zèle par une marque de la satisfaction du gouvernement. Je suis fermement persuadé que nous ne serons pas toujours privés de ce témoignage honorable de la bienveillance du premier Consul ; mais après le bonheur d'être l'objet de cette bienveillance, celui auquel je mets le plus de prix est l'assurance de pouvoir laisser à mes successeurs une place plus considérée et plus avantageuse qu'elle ne l'était lorsque je l'ai reçue. J'avoue, citoyen ministre, que je n'aurais pas pris sur moi de vous soumettre ces observations, si je n'avais été excité par une impression de ressentiment. Mais après avoir vu avec patience s'échapper toutes les occasions de retirer pour l'avenir, et d'une manière honorable, des moyens d'existence, je n'ai pas cru devoir me contenir, quand j'ai vu que la seule négociation où, par un incident fortuit, l'usage d'adresser un présent spécial à ma place se rétablissait, cet incident devenait pour moi l'occasion de recevoir un affront. »

Il s'était fait le gardien de la tradition du ministère et savait la défendre non sans courage contre le ministre lui-même. Témoin cette lettre qu'il adressait à M. de Talleyrand le 18 vendémiaire an XIV (10 octobre 1805), et qui peut donner une idée de sa fermeté pleine de sens avec laquelle il sauvegardait l'honneur et le prestige du Département : « Je vous renvoie la lettre à chiffrer pour Constantinople et les lettres à déchiffrer de Cassel; le peu de mémoire de ce pauvre ***, qui écrit sous dictée la moitié de vos lettres, me surprend : comment oublie-t-il aujourd'hui qu'il y a quatre ou cinq jours il a demandé que j'envoyasse tous les chiffres? Du moment que j'ai reçu cet ordre, je l'ai exécuté, à regret, à la vérité; mais je ne veux pas vous désobéir. Je suis seulement fâché qu'à tous les yeux, le chiffre du ministère porté dans trois paquets et exécuté par un élève de trois heures devienne si peu de chose. Vous avez détruit un prestige utile à votre ministère et utile aux affaires. Si le voyage du chiffre avait été indispensable, je lui aurais donné, non un cabriolet, mais un chariot en chemin, et, à Strasbourg, une maison et une garde, et j'aurais emmené tout le bureau avec moi. Mais à mon gré, ce transport pouvait être évité. Comptez aussi que votre ministère ne s'agrandit pas de tout ce qui favorise l'idée que les transmigrations sont faciles, qu'il se fait dans une auberge aussi bien que dans un palais, et que quand vous êtes accompagné de deux ou trois personnes, vous avez tout ce qu'il faut pour faire vos affaires. Je vieillis heureusement et je sens languir en moi cette verve de métier qui m'a toujours attaché par passion aux maximes professionnelles. Sans cela, je souffrirais plus que je ne puis vous le dire de voir la plus grave, la plus lente, la plus mystérieuse de toutes les administrations transformée d'abord en chambellanerie de Cour et ensuite en ambulance d'armée.

« Agréez les assurances de mon attachement et de mon respect. »

Cette résistance, il l'étendait au besoin jusqu'à l'Empereur. Sans parler de cette anecdote que rapporte Artaud[1], et où il montre le directeur arrachant des mains de Napoléon un rapport que celui-ci lui avait pris et le forçant à en écouter jusqu'au bout la lecture, n'est-ce rien pour la gloire d'un homme de la carrière, que d'avoir osé défendre et d'avoir sauvé de toute atteinte les immunités diplomatiques? Artaud, Pelet de la Lozère et Thibaudeau racontent, et les procès-verbaux du conseil d'État constatent que l'Empereur, exaspéré par les continuelles conspirations qui se tramaient à Paris dans les hôtels des ambassadeurs accrédités près de sa personne, avait songé à y mettre violemment un terme en supprimant leurs priviléges. Merlin était rapporteur du projet au conseil d'État et opinait dans le sens qu'il savait plaire. D'Hauterive compose un contre-mé-

---

[1] P. 221.

moire, le fait imprimer à un seul exemplaire *pour l'Empereur seul*, le fait déposer sur son bureau, et jamais la discussion ne fut appelée.

Si l'homme qu'on vient de voir à l'œuvre exigeait beaucoup pour lui-même et pour l'honneur de sa place, il avait à un aussi haut degré le sentiment de la responsabilité qui lui incombait et des devoirs qui lui étaient imposés. « Il est du devoir de toute personne dépendante du ministère, écrivait-il à M. de Champagny, le 15 juillet 1808, non-seulement de s'abstenir de toutes communications avec les ministres étrangers et même avec les étrangers non accrédités, mais encore de se renfermer dans une vie sédentaire et retirée, de borner sa société à sa famille, de fuir les assemblées et de s'interdire l'entrée des cafés, des salons, et de tous les lieux publics ou presque publics où il pourrait être engagé dans des conversations qui ne sont jamais sans dangers pour lui-même, lorsqu'il se contente d'écouter ou de ne parler toujours qu'avec une mesure convenable, parce que son langage et son silence sont également sujets à être mal interprétés. Les invitations faites ou reçues, même à l'égard des nationaux et surtout des gens en place, exposent un agent du ministère, si bien qu'il puisse s'en défendre, à se trouver en rapport momentané avec des étrangers qui, dans leur correspondance, peuvent se prévaloir d'une conversation futile et vague et lui prêter des écrits ou des raisonnements de leur propre invention, genre d'imputation dont il n'est pas possible de se garantir que par une séquestration presque absolue de la vie du monde. »

Il est impossible de ne pas reconnaître la trace de ces idées dans certaines dispositions d'un règlement d'une date postérieure. Il importe de les signaler, parce qu'elles ne sont que la codification des principes exposés par M. d'Hauterive.

Ce règlement, en date du 8 juin 1814, après avoir fixé la durée des séances à sept heures par jour, porte que les employés doivent, à toute heure de jour et de nuit, se tenir et être à la disposition des chefs comme ceux-ci à celle du ministre, et pour cet effet, tous les employés doivent se loger dans le voisinage du ministère et laisser chez eux, en sortant, des indications d'après lesquelles on puisse toujours les trouver. Moins d'un an plus tard, le nouveau règlement signé par le duc de Vicence (14 avril 1815) renchérit encore sur ces recommandations. L'article 46 porte : « Les commis du ministère de tous les grades doivent craindre même la fréquentation habituelle des sociétés et des réunions où ils seraient assurés de ne rencontrer que des Français. Les conversations de ce temps ayant généralement pour objet des questions, des intérêts ou des faits qui se rapportent à la politique extérieure, il faut qu'ils ne perdent jamais de vue que la notoriété de leur personne dans le ministère exagère nécessairement, au jugement de ceux qui les interrogent et qui les écoutent, l'importance de ce qu'ils pensent et de ce qu'ils disent. Ils peuvent être cités pour les paroles les plus indifférentes et pour les nouvelles les plus douteuses, et enfin ils doivent savoir qu'ils ont à répondre des inconvénients de la propagation de leurs opinions et de leurs discours sur tous les objets à l'égard desquels on peut supposer, même à faux, qu'ils ont parlé ou pensé d'après des impressions puisées dans les bureaux. » Enfin, les articles 49 et 50 interdisent sévèrement aux employés l'entrée des cafés et des jeux publics et leur défendent expressément de loger dans des hôtels garnis.

A coup sûr, ces règlements, cet esprit, cette tradition sont contraires aux données généralement admises par le public et renversent ce type d'employé au ministère des Affaires étrangères dont ont si fréquemment abusé les romanciers et les auteurs dramatiques. Mais tout, tradition et type, est conforme au passé du Département. C'était ainsi que vivaient et se conduisaient à Versailles les commis de M. de Torcy et de M. de Vergennes. La marque de la décadence, c'est justement qu'on dût mettre en forme d'ordonnance ces règles que chacun puisait jadis dans sa conscience, qui doivent être la loi morale de chacun des employés du Département et dont la stricte observation constitue le devoir professionnel.

Quelques mots ne seront point inutiles sur les divers collaborateurs de Durant et de Hauterive. Ce ne sont plus ici de ces personnages étranges, dont l'apparition imprévue a si souvent étonné le ministère pendant la Révolution. Le roman est fini. L'histoire recommence. A l'époque des aventures et des aventuriers a succédé l'époque des études patientes et des hommes de labeur. Plus de fortunes soudaines, de chutes pires que les fortunes, plus de dénonciations, de crimes, d'apologies, plus de révolutions dans cette maison où la Révolution a apporté la ruine et la mort. Ce sont maintenant de tranquilles existences, tout entières écoulées comme jadis, au service de la France, de longs travaux moins rémunérés qu'autrefois, mais rapportant à ceux qui en sont les auteurs anonymes la satisfaction profonde du devoir accompli. Par suite de la suppression de la noblesse ancienne, les échanges sont plus fréquents entre l'extérieur et l'intérieur. Est-ce un mal ou un bien ? Ce n'est point ici le lieu de l'examiner, mais on pourra remarquer que, toujours, les hommes qui ont bien servi à l'intérieur dans des places élevées ont eu une invincible répugnance pour les postes même les plus considérables de la carrière extérieure, et, de même que les bons agents à l'étranger, n'ont pu s'accoutumer au travail des bureaux. Il est bon, comme on le faisait sous l'ancien régime, que les employés qui se destinent à la carrière intérieure voyagent et se rendent compte par eux-mêmes de la politique, des intérêts, des mœurs des divers pays, non qu'ils séjournent à l'étranger, de crainte qu'ils n'y prennent vite un ton, des habitudes et un caractère incompatibles avec les traditions des bureaux [1].

L'agence politique était donc partagée en deux divisions. La première correspondait avec l'Angleterre, la république batave, les cours de Vienne et de Berlin, l'Empire et les États germaniques, le Danemark, la Suède et les États-Unis. Cette dernière puissance fut en l'an X transportée à la seconde division qui, d'ailleurs, avait dans ses attributions l'Espagne, le Portugal, la république helvétique, l'Italie tout entière, les républiques, les États, les cours de ce pays, et la Porte Ottomane.

On a vu que la première division, celle qui avait pour chef d'Hauterive, pour sous-chef Mathieu, pour employés Drouin, Barthel, Bourjot, Guérard et Beuscher, avait perdu en frimaire an VIII (novembre 1799) son chef, passé à la deuxième division et remplacé par Durant (de Mareuil) [2]. Mathieu avait été, en l'an X (1802), envoyé à Ratisbonne avec Laforêt; il s'y montra trop facile vis-à-vis des étrangers avec qui il avait à traiter, et fut destitué le 17 thermidor an XIII (5 août 1805). André Durant, frère du directeur, lui succéda le 1ᵉʳ vendémiaire an XI (23 septembre 1802). On a déjà vu cet

---

[1] Il y avait jadis un certain nombre de postes où un homme non titré, mais de bonne famille, pouvait se former aux affaires, apprendre à voir, d'où l'on pouvait, sans exercer une influence sur la politique générale, l'observer et s'en rendre compte : pays de républiques, où les factions et les intrigues avaient toujours leur écho dans le cabinet du résident; pays de Diète, où il y avait à marchander des voix et à acheter des consciences; pays d'oligarchie, où il fallait distribuer les pensions : Genève, Venise, Stockholm, Varsovie, la Haye et les quatre légations de Suisse, et Raguse, et Dantzick et Francfort. Là, pouvaient se former même pour l'intérieur, de bons agents. On n'avait point à y paraître, presque point à s'y nommer. Mais ces pays sont annexés aujourd'hui. La politique a une autre allure. Les mêmes moyens pourraient bien être employés. Mais quel gouvernement a des fonds secrets assez considérables pour exercer une action sérieuse dans les parlements des autres nations?

[2] Créé baron par lettres patentes du 24 février 1809. Le Mareuil dont M. Durant prit son nom était, je pense, la terre de Mareuil sur Ay, possédée avant 1789 par M. de Pange, et dont André Chénier parle (élég. XVI, v. 10, p. 42, éd. Gab. de Chénier).

André Durant, depuis Durant de Saint-André, commis dans cette même division de l'an VI à l'an VII. Réformé par Reinhard, il avait été en l'an VIII nommé secrétaire à Madrid, puis à Naples ; il devait rester sous-chef de la première division jusqu'au 1er avril 1812[1].

Les autres commis de l'an VIII se retrouvaient en l'an XIII, sauf Drouin. C'étaient Barthel, qui mourut le 1er décembre 1816, toujours employé à la direction du Nord ; Bourjot (Ange-François-Charles), détaché au secrétariat intime du ministre jusqu'au 1er mai 1807, puis sous-chef de la direction du Midi de 1807 à 1814, enfin chef de la division du Nord de 1814 à 1829, élevé par le Roi à la dignité de baron, et nommé ministre à Francfort le 1er octobre 1829, retraité en juillet 1830, et mort le 14 août 1832[2] ; Guérard (François-Marie), commis dans les bureaux jusqu'en 1824, puis sous-chef aux Archives en 1824, enfin sous-directeur à la première division en 1829, l'auteur de la *Liste des ambassadeurs, envoyés, ministres, et autres agents politiques de la cour de France, auprès des principales puissances européennes* (Paris, Pihan de Laforest, 1833, in-8°) ; Beuscher, ce neveu du vieux Lebartz, employé à la première division jusqu'en 1806, et ensuite au bureau du chiffre jusqu'au 28 janvier 1830. Un employé avait été nommé en remplacement de Drouin : Duault, né à Saint-Malo, en 1757, entré au service de la marine en 1775, sous-commissaire de la marine à Nantes, et qui, depuis 1775, favorisait de sa collaboration l'*Almanach des Muses*. Emprisonné à Saint-Malo pendant la Terreur, rimant en prison, et se faisant pardonner, par son courage, ses vers, dont Rivarol s'était moqué dans son *Petit Almanach*, ce pauvre poëte avait été nommé commis aux Relations extérieures, le 1er vendémiaire an IX (28 septembre 1800) ; il ne devait en sortir, en 1829, que pour prendre sa retraite[3].

A la deuxième division, celle dont d'Hauterive était le chef, le personnel était plus nombreux et les mutations avaient été plus fréquentes. On se souvient qu'en l'an VIII la division se composait de Jacob, chef ; Pichon, sous-chef ; Guyétand, Carbonnier, Roux et Goffinet, commis. On a vu de même quelles avaient

---

[1] M. Durant de Saint-André fut ensuite secrétaire à Copenhague jusqu'en 1814, consul à Venise de 1814 à 1816, consul général à Madrid, Washington et à Londres (1831) ; créé baron par lettres patentes du 25 octobre 1847.

[2] Le baron Bourjot était, à sa mort, officier de la Légion d'honneur, chevalier de Charles III et commandeur d'Isabelle la Catholique. Il était né le 28 février 1780.

[3] On trouvera une poésie de lui, non sans valeur, dans l'*Almanach des Muses* de 1806, p. 61. Voir aussi ses poésies. Paris, Debray, 1803 et 1807, réimprimées par Didot, 1823.

été les diverses destinées de Pichon, d'abord employé aux négociations de Lunéville, puis consul général à Washington ; et de Jacob, redevenu secrétaire de légation en Italie. D'Hauterive avait remplacé celui-ci. Quant à Pichon, son emploi était occupé depuis l'an IX par Roux de la Rochelle, dont on a noté l'entrée au ministère, en l'an V. Élevé, le 1ᵉʳ vendémiaire an IX (23 septembre 1800), à ces délicates fonctions, Roux acquit bientôt, sous les auspices du chef qui lui avait été donné, une autorité toute particulière. Envoyé en mission à Constantinople, pendant le premier trimestre de 1808, il fut à son retour, le 18 mai 1807, nommé chef de la division, lorsque M. d'Hauterive passa aux Archives. A cette occasion, le ministre lui écrivit de Finckenstein, le 1ᵉʳ mai 1807 : « Les onze années que vous avez passées dans cette division, le rang que vous y occupez, la connaissance que vous avez de tous les intérêts dont elle est chargée, les talents et le zèle dont vous avez fait preuve, vos services et vos qualités personnelles sont les motifs qui m'ont fait vous choisir pour occuper cette place ; il vous suffira, pour la remplir comme je le désire, de vous ressembler toujours à vous-même. »

Roux devait garder cette place jusqu'au 28 septembre 1825, où il fut nommé ministre d'abord à Hambourg, puis à Washington.

Roux de Rochelle a laissé une bonne histoire des États-Unis, une *Histoire du Régiment de Champagne,* dans lequel il avait servi avant la Révolution, des poëmes et des brochures de circonstance[1]. Il avait conservé sous ses ordres, de l'ancienne administration, le vieux Goffinet, un des plus anciens serviteurs du ministère, puisqu'il avait été employé à l'ambassade de Vienne, en 1755 (Goffinet comptait donc quarante-neuf ans de service en 1804), et le pauvre Guyétand, que ses poésies n'avaient toujours pas enrichi, et qui bientôt devint infirme. M. de Talleyrand lui conserva la moitié de son traitement, jusqu'à sa mort, en 1811.

Quant à leurs collègues, ils étaient destinés à des fortunes diverses, et quelques-uns devaient parvenir aux emplois les plus distingués du ministère. Osmond comptait dans ce bureau, et recevait un traitement de 12,000 francs sur le budget, bien qu'il fût plutôt le secrétaire intime et comme le chef de secrétariat de M. de Talleyrand ; il était en outre chargé de ses affaires particulières, et son frère était le précepteur des neveux du ministre : MM. Louis et Edmond de Périgord. Qu'était-ce que cet Osmond, personnage d'extraction humble, appar-

---

[1] Il était né à Lons-le-Saulnier, le 26 mars 1768, de Guillaume-François Roux de Rochelle, capitaine dans les grenadiers royaux, et de Marie Brency.

tenant plutôt à la domesticité du ministre qu'au personnel du ministère, et qui à cause de cette humilité même a tout vu et tout su dans un temps où l'on ne voyait pas et où l'on ne savait rien? Rœderer, le fils du comte Rœderer, partageait avec Osmond et Bourjot ces fonctions de secrétaire intime. Né à Metz, le 14 mai 1782, M. Rœderer avait à peine dix-sept ans quand Talleyrand le prit à son cabinet. Nommé, en 1805, auditeur au conseil d'État, il ne tarda pas à quitter la carrière diplomatique pour suivre son père à Naples, et y cumuler les fonctions de chambellan du Roi, de surintendant des théâtres de Naples, et de directeur des contributions directes; il revint plus tard en France, fut préfet de Trasimène, préfet de l'Aube, et se distingua par son courage, en 1814 et en 1815. Le roi Louis-Philippe l'éleva à la pairie, le 23 septembre 1845. Le baron Antoine-Marie Rœderer a personnellement beaucoup écrit[1], mais son titre littéraire le plus important reste l'édition définitive qu'il a donnée des œuvres de son père.

On manque de renseignements précis sur deux autres serviteurs de la deuxième direction, Goujon et Mathias (André), mort bibliothécaire des Relations extérieures, le 10 mars 1809; mais il reste à parler de trois jeunes gens, recrues nouvelles et destinées à fournir une carrière brillante. Marie-Hippolyte Gueulluy, comte de Rumigny, qui en l'an XIII était employé à 1200 francs, descendait d'une famille noble de Picardie[2]. Son père, ancien page de la Reine, officier au régiment de Royal-Roussillon, capitaine au régiment de Royal-Pologne, avait perdu toute sa fortune pendant l'émigration. De ses deux fils, l'aîné avait été placé aux Affaires étrangères par le premier Consul, le second servait dans l'armée, où il parvint aux grades les plus brillants[3].

---

[1] Voir QUÉRARD, *France littér.*, t. XII.

[2] La famille de Rumigny porte : *de gueules au lion d'argent, armé, lampassé et couronné d'or*.

[3] Après un stage assez long dans les bureaux, M. de Rumigny fut attaché, en 1808, à l'ambassade de France à Saint-Pétersbourg, passa en 1811 à Stuttgard, et en 1812 à Varsovie. Secrétaire du cabinet de l'Empereur en 1813 et chargé alors de diverses missions importantes, particulièrement au congrès de Chatillon, il déplut, paraît-il, à Napoléon au milieu de 1814 et fut nommé secrétaire à Stockholm le 7 juillet 1814. Ministre dans ce même poste en 1818, il passa à Dresde en 1820, à Munich en 1827, à Berlin en 1828. Sous Louis-Philippe, sa carrière devient plus brillante encore. Il est ambassadeur en Suisse en 1831, en Sardaigne en 1835, en Espagne en 1839, en Belgique en 1840. Il est pair de France, grand-croix de la Légion d'honneur. La révolution de 1848 arrive. Il prévient sa destitution en envoyant sa démission à M. de Lamartine, le 29 février, vit désormais dans la retraite et meurt à Bruxelles au milieu de nos désastres, le 14 février 1871.

M. de Laubépin, cousin des Gramont et des Lafayette, entre au ministère, sur la recommandation de Barthélemy, et sur les instances de madame de Lafayette, il est nommé aspirant le 13 floréal an VIII. Dès l'an XIII, il touche 3,200 francs de traitement ; il devait continuer ailleurs une carrière commencée sous les auspices du doyen des négociateurs français. Quant à M. Brenier, dont le nom est familier et cher à quiconque s'est occupé des Affaires étrangères sous la monarchie de Juillet, appointé le 22 janvier 1804, sous-chef de la division du Midi en 1819, chef de la comptabilité avec rang de directeur en 1829, retraité en 1847, il mourut en 1852, commandeur de la Légion d'honneur. M. Henri Brenier était le père de M. le baron Brenier, qui fut ministre à Naples, ministre des Affaires étrangères, et sénateur, et peut être considéré comme le chef de cette famille, dont plusieurs membres servent encore si utilement la France à l'étranger.

D'autres avaient passé à cette direction, mais avaient bien vite pris leur vol pour l'étranger ; tel était M. de Salignac (Antoine-Alexandre-Auguste), né à Levierre (Charente), le 15 février 1774, qui, entré au Département dans la première division, en octobre 1800, fut plus tard secrétaire de légation à Stockholm, à Ratisbonne et à Francfort, et prit sa retraite, ministre à Darmstadt, en 1832.

Aux Archives, on a vu que le chef imposé par le Directoire avait trouvé sous le Consulat, et dès les premiers jours, une fortune inespérée. Le sénateur Resnier avait été remplacé par Caillard. On connaît déjà de l'époque de Lebrun ce brave et honnête serviteur du ministère ; il n'est pas inutile pourtant d'insister sur un caractère qu'on n'a fait qu'effleurer.

Né à Aignay, en Bourgogne, le 28 septembre 1737, Antoine-Bernard Caillard avait commencé ses études au collège de Châtillon-sur-Seine, et les avait terminées au séminaire de Saint-Sulpice, à Paris ; il avait débuté dans la carrière des affaires publiques, en 1761, à l'intendance de Limoges, « sous les ordres du plus vertueux et du plus éclairé de tous les intendants de province d'alors, le grand Turgot. C'est lui, dit Caillard lui-même aux représentants du Comité de salut public, dans un mémoire remis le 6 messidor an III, c'est lui dont les conseils me forcèrent au travail, dont les leçons me donnèrent les premières idées saines sur la liberté, sur les gouvernements, sur toute l'économie politique. » Caillard resta à cette excellente école jusqu'en 1769 ; et à ce moment, M. de Boisgelin, un ami de Turgot, étant nommé ministre à Parme, il obtint de partir avec lui. Cette première mission prit fin en 1772 par la quasi-révolution de Parme. Le ministre de l'Infant fut renvoyé ; les ministres de France et d'Espagne rappelés. En 1773, le marquis de Vérac, ministre à Cassel, l'emmena avec lui. A Cassel, comme plus tard à Copenhague, où Caillard suivit son chef, en 1775, le marquis fort homme du monde, mais fort ignorant des affaires, laissa tout à faire à son secrétaire; en 1776, M. de Vérac revient en France; Caillard est chargé d'affaires jusqu'en 1780. Après avoir touché barre à Paris, en avril, il repart en mai pour Pétersbourg, où son chef est nommé; il y est encore chargé d'affaires en 1783, revient à Paris en 1784, presque aussitôt repart, toujours avec M. de Vérac, pour la Hollande, y reste comme chargé d'affaires en 1787, assiste à la Révolution, dont il raconte les phases dans le Mémoire précédemment cité; devient chargé d'affaires en pied après l'ambassade de M. de Saint-Priest[1], est appelé en 1792 à Paris, où on l'a vu chargé par Lebrun d'une grande partie de la correspondance politique; remplit de brumaire an II (octobre 1792) à germinal an III (mars 1795), au milieu des plus grands dangers, une mission secrète en Hollande et en Allemagne, est nommé ministre à Berlin par le Comité de salut public, le 23 messidor an III (11 juillet 1795), reste à Berlin jusqu'au 19 floréal an VI (8 mai 1798), au moment où Sieyès vient prendre possession de l'ambassade extraordinaire, et est enfin nommé garde des Archives en frimaire an VIII (novembre 1799). C'était une retraite que Caillard prétendait trouver dans la chartreuse des Archives. Il avait apporté à l'hôtel Maurepas ses livres admirablement choisis et magnifiquement reliés; il passait ses heures de loisir, et tout lui était loisir, à les admirer, à en faire la description, à rédiger le *Catalogue de mes livres,* imprimé à vingt-cinq exemplaires, en 1806; puis, s'il faut en croire M. de Garden, il ne dédaignait pas une autre bibliothèque, dans laquelle tous les plus célèbres vignobles étaient représentés, et parfois le garde des Archives prolongeait ses études dans cette collection spéciale.

Un homme ainsi fait n'était guère celui qu'il aurait fallu pour donner l'impulsion aux Archives réorganisées. Le système des élèves lui était à peu près aussi indifférent que le secret des Archives; et il n'est point étonnant que sous une pareille surveillance, Fox, autorisé par le premier Consul à consulter certains documents, abusant des facilités qu'on lui avait accordées pour ses recherches sur l'*Histoire des Stuarts,* ait pu copier tout ce qu'il voulait, pousser son « pillage moral », le mot est de M. Artaud, bien au delà de l'époque où il devait s'arrêter.

[1] *Lettres et instructions de Louis XVIII au comte de Saint-Priest.* Voir la notice de M. de Barante en tête de cette publication. Paris, Amyot, 1845, in-8°.

Toujours souffrant, toujours lisant Horace, ce poëte des blasés, Caillard se souciait peu de sa place et de ses fonctions; il eut pourtant le portefeuille par intérim, pendant un voyage de Talleyrand aux eaux de Bourbonne, en 1801 (décret du 18 juin) ; il signa le 24 août le traité de paix avec la Bavière ; il fut, comme ses collègues, décoré en l'an XII de l'étoile de la Légion d'honneur, mais à tout il préférait la vie tranquille et douce. Caillard mourut plein de jours, à l'hôtel Maurepas, le 6 mai 1807[1].

La place de Caillard échut à ce moment à M. d'Hauterive, et bien que l'entrée de M. d'Hauterive dans son nouveau domaine soit d'une date postérieure à celle où ce livre doit s'arrêter, il est utile néanmoins de rendre compte des mesures qu'il prit à l'égard des Archives, et de la façon dont il relia leur organisation à l'organisation générale, dont il était l'auteur.

On a reproché à M. d'Hauterive, garde des Archives du Département, d'avoir prétendu garder dans le dépôt qui lui était confié des papiers acquis à différentes dates par le Roi ou par les ministres, entrés dans ce dépôt d'une façon légitime et conforme aux lois et aux usages de la monarchie. On lui reproche de n'avoir pas consenti à ouvrir libéralement les Archives d'État à tous les curieux, quelle que fût leur nationalité. On l'accuse d'avoir tenu sous le boisseau la lumière historique, et de n'avoir pas voulu prêter les mains aux publications de papiers diplomatiques.

Sur ce dernier point, on doit observer que l'ancien régime, aussi bien que l'Empire, avait eu ses historiographes, que les Mémoires de Duclos, l'*Histoire de la Régence*, de Lemontrey, les travaux d'Anquetil, ceux de Lesur, ceux de M. Édouard Lefebvre, sont là pour prouver que le gouvernement français entendait publier l'histoire diplomatique, seulement qu'il se réservait le droit de la publier lui-même.

S'il fallait un autre exemple de cette libéralité, on le trouverait dans l'arrêté pris en 1815, par M. le duc de Vicence, sur l'organisation générale du Département. Par cet arrêté, un des sous-secrétaires d'État, M. le baron Bignon, est chargé de recueillir dans les Archives toutes les pièces de la diplomatie patente et secrète, dont la série doit composer l'histoire diplomatique du règne. Il doit rassembler des copies authentiques de toutes ces pièces, y joindre les travaux accessoires qui s'y rapportent, les

---

[1] On a publié sur lui : *Notice sur M. Ant.-Bern. Caillard.* S. l., 1807, in-8°. Sa bibliothèque, dont le catalogue a été réimprimé chez de Bure, fut vendue en 1810.

classer dans l'ordre de leur objet et de leurs dates, en lier la suite par une narration précise et substantielle. Napoléon, vaincu, captif, mourant, le lui recommande encore par son testament : « Je l'engage à écrire l'histoire de la diplomatie française de 1792 à 1815. » L'*Histoire de France depuis le 18 brumaire* est sortie de là. L'*Histoire des cabinets de l'Europe pendant le Consulat et l'Empire*, dont les documents ont été rassemblés, par ordre du ministère, par M. Édouard Lefebvre, et mis en œuvre par M. Armand Lefebvre, son fils, est l'œuvre d'hommes du Département, accrédités et autorisés par le gouvernement ; l'*Histoire du congrès de Vienne*, l'*Histoire de la diplomatie française*, qui donc les a écrites, sinon Flassan, historiographe des Affaires étrangères ? M. d'Hauterive croyait que l'histoire avait des droits à coup sûr, mais que la politique avait aussi les siens. Il envisageait cette politique, non comme une affaire qu'on traite en passant, où l'on n'a nul compte à tenir des hommes qui y ont jadis consacré leur vie, nul souci à prendre de ceux à qui on la transmettra, mais comme un onéreux héritage, glorieux et lourd, frappé en quelque sorte d'une perpétuelle substitution, auquel chacun a le droit d'ajouter, dont nul n'a le droit de retrancher un droit ou même une prétention. Alors la politique pouvait être patiente, parce qu'elle se sentait éternelle ; elle était, non chose du jour, mais œuvre des temps ; elle ne dépendait ni du gouvernement, ni des hommes mêmes que le gouvernement choisissait pour la conduire, mais d'un ensemble de traditions, de volontés, d'efforts accumulés par tous les hommes qui avaient gouverné, par tous ceux qui avaient songé aux choses de la politique et travaillé pour elle, par l'esprit même de la patrie.

Or, ces traditions, fallait-il les livrer au premier venu, et, gratuitement, en offrir le secret à nos ennemis ? Ces volontés, devait-on en supprimer le ressort en révélant le but de leurs aspirations ? Ces efforts, fallait-il les trahir et en rendre pour l'avenir la continuation impossible ? C'était là, dans ce dépôt des Affaires étrangères, que se trouvait la trace permanente et continue de cet esprit de la France. Ouvrir le dépôt, c'était déclarer qu'on ne faisait plus cas de la politique du passé, qu'on renonçait à relier les événements futurs aux événements accomplis, qu'on rompait avec la tradition de la France, et qu'on ne considérait plus ces papiers d'État que comme des parchemins bons à orner un musée, à égayer des savants ou à enrichir des éditeurs.

Telle était, sur le but et l'utilité des Archives diplomatiques, la pensée, juste ou fausse, de M. d'Hauterive. Il ne croyait même pas qu'on pût, sans danger, autoriser la publication des correspondances des agents.

« Il y a danger, écrivait-il, à montrer aux étrangers et aux ennemis de la France l'art par lequel un ministre zélé et intelligent sait mettre à profit les ambitions et les mésintelligences personnelles pour maintenir les droits et servir les intérêts de son souverain; on a toujours pensé que cet art et toutes les ressources qu'il emploie devaient être couverts d'un certain voile, et qu'il était utile à l'opinion générale qu'on doit avoir de son importance, de ne le laisser apprécier au public que par ses résultats. »

Ce fut en conformité des principes que nous venons d'indiquer que furent rendus, le 27 janvier et le 20 février 1809, les deux décrets suivants, qui ont été pendant près de soixante années la loi du dépôt des archives diplomatiques :

« Au palais des Tuileries, le 27 janvier 1809.

« Napoléon, Empereur des Français, Roi d'Italie et Protecteur de la Confédération du Rhin.

« Sur le rapport de notre ministre des Relations extérieures,

« Avons décrété et décrétons ce qui suit :

« ARTICLE PREMIER. — Les collections et pièces manuscrites existant au dépôt des archives du ministère des Relations extérieures ne pourront être communiquées, même aux agents de ce ministère, sans une autorisation spéciale et formelle du ministre de ce Département.

« ART. 2. — Les correspondances officielles des agents du ministère, les rapports ou mémoires manuscrits sur les intérêts de l'État adressés au gouvernement et déposés aux archives, les traités et conventions politiques ou de commerce qui n'ont pas été publiés, ne pourront être communiqués, en tout ou partie, qu'après un décret spécial émané de nous, sur le rapport de notre ministre des Relations extérieures.

« ART. 3. — Les personnes étrangères au ministère des Relations extérieures, auxquelles l'accès des archives de ce ministère aura été permis, ne pourront prendre des copies ni des extraits des pièces qui leur auront été communiquées, mais elles demanderont et indiqueront les copies et extraits dont elles auront besoin, et notre ministre des Relations extérieures pourra autoriser ce genre de communication, s'il juge qu'il n'entraîne aucun inconvénient pour notre service.

« ART. 4. — Notre ministre des Relations extérieures est chargé de l'exécution du présent décret.

« *Signé* : NAPOLÉON.
« *Par l'Empereur* : H. B. MARET.
« *Pour copie conforme* : CHAMPAGNY. »

« Au palais impérial des Tuileries, le 20 février 1809.

« Napoléon, Empereur des Français, Roi d'Italie, Protecteur de la Confédération du Rhin.

« Sur le rapport de notre ministre des Relations extérieures,

« Notre conseil d'État entendu,

« Avons décrété et décrétons ce qui suit :

« ARTICLE PREMIER. — Les manuscrits des Archives de notre ministère des Relations extérieures et ceux des bibliothèques impériales, départementales ou communales, ou des autres établissements de notre Empire, soit que ces manuscrits existent dans les dépôts auxquels ils appartiennent, soit qu'ils en aient été soustraits ou que leurs minutes n'y aient pas été déposées aux termes des anciens règlements, sont la propriété de l'État, et ne peuvent être imprimés et publiés sans autorisation.

« ART. 2. — Cette autorisation sera donnée par notre ministre des Relations extérieures pour la publication des ouvrages dans lesquels se trouveront des extraits, des copies ou fractions de manuscrits qui appartiennent aux archives de son ministère, et par notre ministre de l'Intérieur, pour celles des ouvrages qui appartiennent à l'un des autres établissements publics mentionnés dans l'article précédent.

« *Signé :* NAPOLÉON.
« *Par l'Empereur :* H. B. MARET. »

Ainsi, les Archives des Affaires étrangères étaient strictement fermées au public ; elles n'étaient ouvertes qu'au ministre seul ; mais, pour celui-ci, il n'était pas assez qu'elles livrassent leurs secrets. M. de Talleyrand pouvait, à coup sûr, demander telle ou telle correspondance, chercher dans tel ou tel mémoire, mais ce n'était pas là sa fonction ni son devoir. Un homme était dans ces archives, qui en connaissait les plus difficiles détours ; qui, de cette science emmagasinée là, tirait constamment le suc, et donnait au ministre l'essence ; qui, pour chaque événement, trouvait un précédent, racontait comment, dans telle occasion analogue, la France s'était conduite, quelles mesures elle avait adoptées, quels moyens elle avait employés, quelle était, vis-à-vis de telle puissance, la tradition politique ; un homme enfin qui, spectateur de toute l'action diplomatique, représentait le passé en face du présent, était comme le porte-parole de l'histoire, et par là même l'instituteur de la nation.

Ce rôle ne manquait ni de grandeur, ni de dignité. Pour le remplir utilement, ne fallait-il pas un homme comme celui que nous avons représenté : pénétré de l'importance de ses devoirs, amoureux de la gloire de la patrie, inquiet de tout ce qui pouvait lui faire ombrage, en même temps profondément versé dans toutes les questions de droit public et d'histoire politique? D'autres pourront essayer des moqueries contre ce grand vieillard aux longs cheveux flottants, aux sourcils épais et broussailleux, aux traits vigoureusement accentués et comme taillés au couteau, aux yeux enfoncés, perçants, pleins de la lueur de la conscience; ils pourront trouver ses précautions inutiles et ses retenues puériles. Cet homme a été apprécié par Napoléon, estimé par Louis XVIII; il a eu la confiance et l'amitié de tous les ministres, de Talleyrand à Polignac, le respect de tous ses subordonnés, la vénération de tous les agents politiques, cela suffit à sa mémoire [1].

Qu'on ne s'imagine pas, d'ailleurs, que cette réserve absolue, quant au passé, empêchât la publication des documents contemporains; que le ministère fît œuvre secrète, et gardât par devers lui, sans en faire part au public, les pièces des négociations; que le gouvernement de Napoléon, Premier Consul et Empereur, dissimulât les faits diplomatiques, et n'en rendît point compte à la nation. Jamais, au contraire, publicité plus large, mais en même temps plus sage et plus raisonnée, ne fut donnée aux documents diplomatiques.

Dès nivôse an VIII, M. de Talleyrand pensait à établir une feuille, paraissant deux fois par décade, contenant purement, sans réflexion, sans articles d'aucune espèce, les pièces officielles que, d'après la correspondance, on recueillerait des divers États de l'Europe. Après avoir écarté l'idée d'un journal nouveau, dont l'établissement aurait coûté des sommes considérables, Talleyrand examinait quel journal déjà fondé il pourrait choisir pour lui donner des communications. En échange, l'éditeur aurait fourni au Département un certain nombre d'exemplaires pour les agents à l'étranger. Outre cette garantie d'économie, un journal fondé par le ministère ne pouvait rester exclusivement diplomatique, et aurait fait exception à l'arrêté du gouvernement qui fixait le nombre des feuilles conservées. Enfin, après avoir examiné à quel journal il pourrait confier l'exécution de ce projet, le ministre écartait de prime abord le *Moniteur*, et s'arrêtait au *Journal des Défenseurs de la Patrie,* déjà chargé à plusieurs reprises de publier

---

[1] Il m'est impossible de ne pas indiquer le joli portrait d'un archiviste des Affaires étrangères qu'a tracé le plus grand romancier et un des plus grands philosophes de notre temps, H. de Balzac, dans l'*Histoire des Treize*. Jacquet est un de ces employés que nous avons vus à l'œuvre, et si l'exactitude pèche par quelques détails, la ressemblance n'en est pas moins parfaite.

des nouvelles diplomatiques. Le projet fut adopté, et, jusqu'à la fin de l'an XIII, le journal parut sous différents titres. Voilà pour la publicité quotidienne.

Mais cette publication ne s'adressait qu'à un public nécessairement restreint, aux agents diplomatiques et aux fonctionnaires. C'était à la nation tout entière que Bonaparte voulait parler. Dès le 4 brumaire an IX, il écrivait à Talleyrand la lettre suivante, dans laquelle est exposé le programme de son gouvernement :

« *Bonaparte, premier consul de la République,*
au ministre des Relations extérieures.

« C'est à l'époque où le Corps législatif doit se réunir, citoyen ministre, que le gouvernement veut et doit offrir au peuple français le tableau de son administration. Ce tableau ne peut être formé que des comptes particuliers des différents ministères, et il est nécessaire pour remplir ses vues que tous ces comptes lui soient fournis dans le courant de la décade.

« Le vôtre, citoyen ministre, comme ceux de tous vos collègues, commencera au 4 nivôse de l'an VIII, et continuera jusqu'au 1er frimaire. Vous direz :

« 1° Quelles étaient au 4 nivôse la situation de l'Europe et la position particulière de la France, quelles étaient ses relations et son influence ; vous le direz du ton simple de la vérité, sans blâmer le passé, sans flatter l'avenir.

« 2° Vous développerez ensuite tout ce qui peut être révélé des actes et de la marche de votre administration, dans le cours des dix mois suivants.

« 3° Vous dévoilerez les principes qui ont dirigé la politique du gouvernement, et vous ne cacherez ni ses fautes, ni ses erreurs.

« 4° Vous ferez connaître, autant qu'il sera convenable, les citoyens et les étrangers qui, dans leurs rapports avec votre Département, ont acquis des droits à la reconnaissance de la nation, et surtout les peuples et les souverains dont elle a reçu des marques d'affection et de confiance.

« 5° Vous rappellerez les améliorations qui ont eu lieu dans l'organisation de votre Département, et vous indiquerez celles dont vous croyez qu'il peut être encore susceptible.

« 6° Vous donnerez le tableau comparé de la dépense de l'an VIII et de celle qui a été arrêtée pour l'an IX, dans le conseil d'administration, et vous développerez les raisons qui ont motivé la différence en plus ou en moins.

« Les dépenses de votre Département et leur objet doivent être présentés avec autant de développements que le permet le secret nécessaire à ces opérations.

« Il faut que la nation n'ignore rien de ce qu'elle peut apprendre, sans blesser ses intérêts. De la précision, de la clarté, enfin des expressions aussi simples et aussi franches que l'est la conduite du gouvernement.

« *Signé* : BONAPARTE.

« *Par le premier Consul,*
« *Le Secrétaire d'État :* H. B. MARET. »

L'*Exposé de la situation de la République pour l'an IX* inaugure cette série de documents consciencieux qui, année par année, mettent sous les yeux de tous l'état de la France. Le gouvernement pouvait déjà annoncer que la paix était conclue avec les États barbaresques, qu'une convention était signée avec les États-Unis, que des négociations étaient engagées avec la Russie, et qu'à Lunéville le plénipotentiaire autrichien était arrivé. Il rappelait cette offre loyale de la paix que Bonaparte avait faite au roi d'Angleterre ; il posait enfin les principes de la politique nouvelle : « La nation française ne veut ni privilége exclusif, ni faveur partiale ; elle ne demande aux peuples amis que les droits de l'égalité. Qu'aucune nation ne soit plus favorisée qu'elle, qu'elle-même ne soit pas plus favorisée qu'une autre nation, tels sont ses prétentions et l'intérêt de tous les peuples qui contracteront avec elle[1]. »

Chaque année à l'ouverture des Chambres, Bonaparte donna à la France l'exposé de la politique qu'il avait suivie, les raisons qui l'avaient déterminé, l'état des succès qu'il avait obtenus. La collaboration du ministère des Relations extérieures à ces travaux est constante pendant tout l'Empire. L'histoire de la France pendant cette période est là, résumée par le Conseil d'État, signée par l'Empereur.

Cela ne suffit pas : les grandes négociations, les événements politiques importants, les traités, les correspondances sont livrés au public. De 1799 à 1806, sept cahiers de 91, 85, 75, 111, 102, 190 et 132 pages présentent la *Suite des pièces relatives aux discussions, communications et négociations qui ont eu lieu entre la France et l'Angleterre.* Les pièces sont expliquées, commentées, reliées par des

---

[1] A cet exposé de la situation pour l'an IX, il faut rattacher le livre si remarquable qu'écrivit M. d'Hauterive, par ordre du Consul : *De l'état de la France à la fin de l'an VIII.* Paris, chez Henrichs, rue de la Loi. Imprimerie nationale. Nous en reparlerons plus loin.

observations et des notes de M. d'Hauterive. En l'an IX, voici les *Pièces officielles relatives aux préliminaires de Londres et au traité d'Amiens;* en 1809, les *Pièces officielles relatives à l'agression de l'Autriche.* Quand une guerre s'engage, l'Empereur donne à la nation le résumé complet des négociations qu'il a suivies pour la prévenir; et en 1815, quand tout lui échappe, alliés et fortune, quand la France n'a plus à jouer dans cette grande partie engagée contre l'Europe qu'une armée de deux cent mille hommes, c'est encore la vérité que lui dit l'Empereur, et il met sous les yeux de la nation toutes les pièces relatives à la négociation qu'il a tenté d'ouvrir.

Cela ne suffit pas encore. Voilà les faits et les pièces, mais il est nécessaire d'exposer la doctrine qui inspire le gouvernement. En l'an VIII, la publication officieuse de M. d'Hauterive : *De l'état de la France à la fin de l'an VIII,* établit d'une façon admirable le sprincipes que compte suivre en matière diplomatique le nouveau gouvernement. Dans les six chapitres de cet ouvrage, le chef de la première division politique étudie la situation politique de l'Europe avant la guerre, la situation relative de la France à l'égard de ses alliés, de ses ennemis et des neutres ; il montre que la France qui tend par tous les moyens à l'abolition de la course et à la rédaction d'un grand acte de navigation, loin d'être dangereuse pour les autres États, doit nécessairement, du jour où la Révolution est terminée, rentrer dans un concert où l'appellent une communauté d'intérêts défensifs, le sentiment d'un besoin mutuel d'assistance, une parité de position qui recommande l'usage constant de la même surveillance contre les vues, les projets et les prétentions des mêmes ennemis.

Plus tard, M. d'Hauterive est encore le rédacteur de deux autres Mémoires : *Sur la conduite de la France et de l'Angleterre à l'égard des neutres* (Imprimerie impériale, 1810); *Sur les principes et les lois de la neutralité maritime* (Imprimerie impériale, 1812). M. de Rayneval publie sous la même inspiration son livre : *De la liberté des mers* (Paris, 1811, 2 vol. in-8°). Et ces divers ouvrages ont fait autorité jusqu'en 1855, jusqu'à l'époque où la déclaration du congrès de Paris vint établir pour le monde entier la règle que d'Hauterive avait posée en l'an IX.

Ainsi, publicité dans l'exposé de la situation de l'Empire, publicité dans les documents diplomatiques, publicité des faits et publicité des principes, le gouvernement de l'Empereur a mis à jour d'une façon courante sa politique extérieure. Si les Archives restaient fermées au public et aux curieux, on voit que le gouvernement y puisait volontiers des armes pour la défense de sa politique, et le grand fournisseur d'armes et de Mémoires, qui était-ce, sinon d'Hauterive lui-même, et avec d'Hauterive les employés des Archives, chargés de dégrossir la besogne?

Ces employés des Archives étaient presque tous de vieux employés. On connait de longue date le sous-chef, Galon Boyer, nommé sous-chef du bureau d'analyse le 30 vendémiaire an IV. Il devait obtenir sa retraite le 5 avril 1809. Rosenstiel, le publiciste du Département, est encore plus connu. Employé depuis 1780, il devait rester au ministère jusqu'en 1824. Il avait reçu la croix de la Légion d'honneur en l'an XIII. Queuxdame Tessier est aussi un bien vieux serviteur. En 1766, il était employé par M. Gérard à des règlements de limites; pendant la Révolution, il avait subi des fortunes diverses, avait été deux fois réformé; mais, depuis 1802, était définitivement rentré au ministère. Il remplissait les fonctions de directeur des élèves, essayait de maintenir l'ordre dans cette petite classe, peu disciplinée et peu travaillante, dont d'Hauterive allait bientôt provoquer la fermeture. Tessier remplaça Galon Boyer comme sous-chef, et ne prit sa retraite qu'en 1825, ayant près de soixante ans de service. L'oisiveté le tua, moins d'un mois après (12 mars 1825).

Quant aux élèves dont Tessier devait être le directeur, et dont il était plutôt le martyr, trois ou quatre seulement sont connus; peu ont persévéré dans la carrière diplomatique. La faute en est-elle à eux seuls? Non. L'institution de l'Académie politique, aussi bien de M. de Torcy que de M. de Talleyrand, ne pouvait donner de résultats sans une discipline constante, une surveillance continue. Les jeunes gens sortant du Prytanée, que Bonaparte avait choisis, et auxquels il avait donné une pension de 200 francs sur sa cassette, quittant le régime militaire pour la surveillance du vieux Tessier, ne rendaient pas grands services, et ne s'occupaient guère mieux que leurs prédécesseurs. Un de ces élèves, de ceux que Bonaparte avait désignés lui-même, mérite pourtant quelque attention. Maxime de Villemarest, l'auteur d'un grand nombre de Mémoires sur l'Empire : *M. de Talleyrand* (4 vol. in-8°), *Souvenirs de Blangini, Mémoires de mademoiselle Avrillon,* est né à Paris, le 22 avril 1785, d'une famille parlementaire. Condisciple de M. Decazes au collége de Verdun, il obtint ensuite une bourse au Prytanée, par la protection de son oncle, M. Abrial. Le premier Consul, dans une visite qu'il fit au Prytanée, l'interrogea et lui accorda, sur sa cassette, ainsi qu'à MM. de Lajonchère et Paulin Mahon, une pension de 200 francs, qui lui fut supprimée à la Restauration. Nommé élève des Relations extérieures, il se retira avec M. de Talleyrand, qui le protégeait à cause d'un de ses oncles, M. le baron de Saint-Étienne [1], et fut nommé, par la protection du vice-grand électeur et de Duroc, secrétaire de S. A. le prince Borghèse, gouverneur général des départements au delà des Alpes. Destitué en 1814, il demanda à Talleyrand à rentrer au ministère en 1814, et, n'obtenant rien, se consacra désormais à la littérature.

Sautreau de Marsy, l'analyseur, ne publiait plus d'*Almanach des Muses*. La Révolution y avait mis bon ordre ; mais il publiait les *Lettres de madame de Maintenon*, et le public en enlevait deux éditions (1806 et 1810). Sautreau devait vivre et être employé jusqu'au 5 août 1815. Besson, employé depuis l'an IV, fils d'un huissier audiencier d'Angers, était spécialement chargé du protocole. En 1815, on créa pour lui un bureau, dont il fut sous-chef, puis chef en 1824. Il se retira en 1832. Jorelle, entré aussi en l'an IV, commis principal en 1824, conservateur des manuscrits aux Archives en 1826, mourut à son poste en 1838 [2]. C'était un brave homme, fort honnête pour lui-même, très-instruit des choses des Archives, mais un peu faible, et dont la faiblesse a rendu possibles les vols commis à cette époque dans les collections. Le géographe Barbié du Bocage, rentré aux Archives en 1803, membre de l'Institut en 1806, s'indignait des conquêtes qui dérangeaient les contours de ses cartes géographiques ; il resta au ministère jusqu'à sa mort, en 1825. Caillard, le neveu de l'ancien directeur, passa aux Archives, mais n'y resta pas ; sa carrière, sauf de 1792 à 1795, et quelques séjours, vers 1800, 1807, etc., fut tout extérieure : à Berlin, à Stockholm, à Berlin encore, à Madrid et à Naples ; il se retira en 1822.

A ces employés permanents, il faut ajouter Baudus, qui joua un rôle si honorable lors de l'évasion de Lavalette. Marie-Jean-Louis-Amable de Baudus, historiographe des Relations extérieures depuis 1803, était, avant 1789, avocat du Roi à la cour du sénéchal et présidial de Cahors. En 1790, il fut élu par ses concitoyens procureur général syndic du département du Lot. En but à d'honorables inimitiés, il dut émigrer, et fit la campagne de 1792 dans la compagnie noble du Limousin à pied. Collaborateur de la *Gazette de Leyde*, de 1793 à 1795, il fut le rédacteur des articles *Paris*, *Bruxelles* et *Londres*, et publia, en 1794, une remarquable brochure : la *Lettre d'un cosmopolite à Robespierre*. Réfugié à Hambourg en 1795, il y fut, pendant six années, le rédacteur principal de la *Gazette d'Altona* et

---

[1] Voir sur ce baron de Saint-Étienne, commensal de M. de Talleyrand, Amédée Pichot, *Souvenirs sur M. de Talleyrand*, p. 72.

[2] Notice imprimée, signée H. L., s. l. n. d.

du *Spectateur du Nord,* deux journaux dont l'extrême importance ne peut échapper à quiconque fait une étude sérieuse du mouvement d'idées créé par la Révolution à l'étranger. En 1808, il quitta sa place d'historiographe pour celle de sous-gouverneur des fils du roi Murat, revint à Paris, rappelé par un décret de l'Empereur relatif aux Français employés à l'étranger, rentra au ministère en 1816, et, en 1820, devint membre de la commission de censure. Il mourut le 17 septembre 1822. Les ingénieurs Chrestien de la Croix, Vitry et Goubault étaient aussi rattachés au service des Archives. Chrestien ne se retira qu'en 1830, après cinquante-quatre ans et neuf mois de service. Napoléon Ier l'avait fait chevalier de la Légion d'honneur.

Au bureau du chiffre, même stabilité dans les employés, même souci des anciens services. C'est toujours Campy qui en est le chef, Gambier Campy, entré au ministère dans les derniers mois de 1772, et retraité en 1825, après cinquante-trois ans de service. Avec lui, Lebartz, entré au ministère en 1756, et retraité vers 1814; Cornillot, employé depuis 1766, retraité au 1er janvier 1816; Desnaux, enfin, employé depuis l'an VI, mort en fonction, le 1er juin 1808.

Ainsi, dans le bureau où il est nécessaire avant tout d'obtenir de complètes garanties au point de vue de la discrétion et de la probité, Talleyrand a eu soin de n'admettre que de vieux employés, ayant fait dans les bureaux un stage très-long, et présentant les meilleures conditions de travail et de secret.

Au bureau des consulats, même continuité dans les fonctions, mêmes choix parmi les anciens agents. Le chef est toujours d'Hermand, qui restera en place jusqu'en 1814, et sera, à cette époque, nommé inspecteur général des consulats[1]. Le sous-chef est La Besnardière, qui devient plus tard, en avril 1805 (germinal an XIII), chef de la deuxième division politique, et en 1807 chef de la division du Nord. Au reste, La Besnardière était destiné à une carrière plus brillante encore que la plupart de ses collègues. Collaborateur intime de M. de Talleyrand, auquel plaisaient sa personne et son travail, il accompagna le prince au congrès de Vienne; à son retour, fut titré comte par le Roi, le 22 août 1815, nommé conseiller d'État en service extraordinaire, et directeur des travaux politiques. A partir de 1816, l'État lui servit une pension de 6,000 francs, et, en 1819, il se retira complétement en Touraine, dans une propriété qui lui appartenait, et qui,

---

[1] D'Hermand, chevalier de l'Empire, portait *d'argent à la champagne de gueules, chargée de la croix de la Légion d'honneur, surmontée d'un chevron d'azur, accompagné de trois roses au naturel,* 2 *en chef,* 1 *en pointe.*

sauf erreur de souvenirs, nous dit un de nos vieux maîtres, s'appelait Longueplaine, et alors aurait été près de Montbazon [1]. « C'était en 1840, ajoute-t-il, un grand vieillard parfaitement droit, un regard fin et doux, et un langage légèrement caustique et railleur. » Entré au Département sans fortune, il se retira avec 25,000 à 30,000 livres de rente, qu'il devait à ses économies, aux cadeaux de la chancellerie et aux générosités de l'Empereur. Il passait chaque année quelques semaines à Paris, où il mourut le 30 avril 1843. »

Sous les ordres de ces deux chefs éminents, travaillaient des commis qu'on connaît d'ancienne date : Butet, attaché depuis 1767 au bureau des consulats, qui devient sous-chef et obtient sa retraite en 1819, après quarante-sept ans de service; Quiret, qui datait seulement de 1792 au ministère, qui devint aussi sous-chef, fut retraité en 1825, et mourut en 1857, à quatre-vingt-dix ans; Féraudel, l'ancien ami de Marat, qui, du reste, quitta bientôt le Département; Joly, l'ami de Baudry, capitaine de la garde nationale et inventeur de lampes à double courant d'air, encore un qui ne devait pas tarder à partir; enfin, trois employés nouveaux : Sauvage, sur lequel nous manquons de renseignements; Couteau, ancien soldat du 6ᵉ bataillon de Paris, entré au ministère en 1800, plus tard, en 1810, consul à Rostock, à Norfolk, à Corfou et à Tanger; Damour, qui resta peu aux consulats, passa au bureau du chiffre, y fit toute sa carrière, y devint sous-chef en 1807 et chef en 1825, et fut retraité en 1831.

A ces employés, il faut joindre Nicolas Brulé, qui fut Brulé jeune jusqu'en 1825, à sa retraite; commis des passe-ports, entre les mains de qui tous les voyageurs ont passé pendant un quart de siècle, l'homme des formules méthodiques, des cachets superbes et des imperturbables parafes.

On voit que le personnel de la division des consulats avait augmenté. Ses attributions s'étaient accrues en effet, et outre la correspondance avec les commissariats des Relations extérieures en Europe, en Amérique, au Levant et en Barbarie, il était chargé du contentieux politique des prises, des légalisations, de l'expédition des passe-ports et des renseignements.

Quant à la division des fonds et de la comptabilité, bien qu'on lui eût donné ce titre de division pour créer une situation à un honorable vétéran des assemblées parlementaires, elle n'avait guère, par ses attributions et par le nombre de ses employés, que l'importance d'un

---

[1] Peut-être le bien national de l'acquisition duquel il tirait un certificat de civisme en l'an II. C'est une note de M. Tétot qui me fournit ce détail.

bureau. Sept employés en tout y servaient; ils étaient chargés des travaux généraux et particuliers, relatifs aux finances du ministère, de la correspondance avec les agents politiques et commerciaux sur les matières de comptabilité, de tous les rapports qui en dépendent, de la répartition des fonds, du visa des traites, du dépôt des lois et des arrêtés du gouvernement.

Le chef de division était ce Jean-Baptiste-Marie-François Bresson, qu'a immortalisé non la part qu'il a prise aux discussions des chambres françaises, non la proscription qu'il a subie, mais la grandeur d'âme dont il fit preuve en risquant sa place, sa fortune et sa vie pour offrir un asile à un proscrit. M. Bresson était né le 15 août 1760 à Darney (Vosges), où son père, Louis Bresson, était lieutenant général au bailliage royal. Sa mère se nommait Anne Diez; il fit ses études dans sa ville natale, et la Révolution l'y trouva avocat; il appartenait à la fraction modérée du parti constitutionnel, et, le 17 juin 1790, il fut élu administrateur de son district; il fut député suppléant à la Législative, mais n'eut point à y siéger; il fut le septième représentant des Vosges à la Convention, et, lors du procès de Louis XVI, il reprocha à ses collègues la haine qu'ils faisaient paraître contre le Roi, déclara qu'il n'était pas son juge, vota la réclusion et le bannissement à la paix. A la suite du 31 mai, il fut mis hors la loi, se réfugia dans les Vosges chez des paysans, qui le cachèrent et le sauvèrent, reprit sa place après le 9 thermidor, et fut membre du conseil des Cinq-Cents, jusqu'au 1er prairial an VI. A sa sortie, il fut employé pendant une année dans les bureaux de comptabilité intermédiaire (1er messidor an VI-19 juin 1798, — 30 fructidor an VII-16 août 1799), et devint chef de la division des fonds au Département le 25 brumaire an VIII (16 novembre 1799), en remplacement de Laforêt : il resta en place jusqu'au 30 juin 1825[1].

---

[1] M. Bresson, directeur des fonds, avait abandonné à la Révolution la particule nobiliaire dont il avait droit. Sa famille, originaire de Frise, avait pris part aux croisades de la maison de Bourgogne au seizième siècle, et après l'extinction de cette maison était passée en Lorraine, où elle s'était attachée par des charges de judicature et de cour aux souverains de ce pays. Louis de Bresson, le père de celui qui nous occupe, lieutenant général de ce bailliage de Darney dont ses aïeux avaient été seigneurs au dix-septième siècle, eut sa noblesse confirmée par arrêt du conseil d'État du roi Stanislas du 23 août 1765 et par lettres patentes de Louis XV du 30 mars 1773. Élu à des fonctions municipales en un temps où sa noblesse l'aurait compromis, M. Bresson renonça à la particule dont il ne reprit l'usage qu'à la fin de sa vie. Son cousin, M. Charles Bresson, ministre aux États-Unis, ambassadeur en Belgique, en Espagne et à Naples, titré comte par Louis-Philippe en 1838 et dont le fils fut créé duc de Santa Isabel et grand d'Espagne par Sa Majesté Catholique, reprit aussi la particule à partir de son ambassade en

M. Bresson, marié à une femme digne de lui, qui avait partagé sa proscription en 1793, était un homme de bien dans toute l'acception du mot ; il faut lire dans les Mémoires de Lavalette (tome II, p. 295 et suiv.) les pages qui le concernent [1].

Sous les ordres de M. Bresson, travaillaient de la Fléchelle, sous-chef ; Guillois, Pelé, Picard, Vitry et Masson. On a vu de la Fléchelle entrer au ministère en l'an IV ; il devait y rester, comme sous-chef de la divivion des fonds, jusqu'à sa mort, en novembre 1818. On connaît de longue date Guillois, qui servait depuis 1758, et qui mourut commis, en 1811. Vitry (François-Antoine), était un employé nouveau, qu'il ne faut pas confondre avec l'autre Vitry, employé à ce même bureau. Celui de l'an VIII était le fils d'un domestique, avait été sous-officier au 10e bataillon de Seine-et-Oise, puis secrétaire à l'état-major de l'artillerie ; il entra aux Affaires étrangères en 1800, et n'en sortit qu'en 1830. Picard (François-Alexandre) est le même qui, employé en 1792, a été réformé en l'an IV ; il sera supprimé, en 1814, après vingt-deux ans de service. Masson (Étienne-Nicolas), ancien soldat, est attaché à la direction en 1802, et y reste jusqu'en 1832. Enfin Pelé reste attaché au bureau pendant toute la Restauration.

Outre ces bureaux patents, en quelque sorte, M. de Talleyrand avait organisé près de lui une sorte d'agence, destinée aux travaux confidentiels. On a déjà vu de qui se composait son secrétariat : Osmond, Bourjot, Rœderer, peut-être de Villemarest ; de tout jeunes gens, sauf Osmond, et sur qui il exerçait une influence absolue. Cette autorité, il se l'était acquise en inspirant à ces hommes, par l'attrait de son esprit et par la bonté de son cœur, un dévouement dont ils étaient chaque jour à même de constater les effets. M. de Talleyrand était, en réalité, son propre chef de cabinet. Point d'intermédiaire entre ses secrétaires et lui ; les secrétaires, en même nombre que sous MM. de Vergennes et de Montmorin. Une activité d'esprit, d'idées, de travail, qui leur permettait de suffire à une immense correspondance,

---

Espagne. Le titre de comte de Bresson s'étant éteint en 1864 par la mort du fils du comte Charles, l'Empereur le transmit en 1865 à son frère M. de Bresson, conseiller à la Cour de cassation. La famille de Bresson est aujourd'hui représentée dans la carrière par M. le vicomte de Bresson, secrétaire d'ambassade, qui porte dignement un nom entouré de respect et de la sympathie de tous.

[1] La famille de Bresson porte : *d'argent à une flèche de gueule posée en pal, la pointe en haut, chargée d'une croix de Bourgogne d'or, terminée à chaque pointe d'une étoile aussi de gueule et cantonnée de deux croissants de même, l'une à dextre, l'autre à senestre.* Supports : *deux lions* ; cimier : *la flèche et un des croissants de l'écu issant d'une couronne comtale.* Ces armoiries prouveraient, à défaut d'autres pièces, que la famille de Bresson a pris une part active aux guerres entreprises en Orient par la maison de Bourgogne.

de faire au complet leur devoir, et de vivre aussi dans le monde et du monde, sans oublier que la jeunesse a ses droits. Outre ces traitements de 12,000 francs pour Osmond, de 4,000 francs pour les autres, les gratifications ne manquaient point, et quand M. de Talleyrand était satisfait, il ordonnait volontiers à ses secrétaires de faire un tour chez M. Bresson. Enfin, qu'ils restassent ou non aux Affaires étrangères, leur position était assurée. Nous avons dit ce que devinrent Bourjot, Rœderer, Villemarest; c'est la protection du prince qui les suit et les épaule. Pour Osmond, le prince croyait en 1815 lui avoir assuré une vie heureuse, en le faisant nommer un des administrateurs généraux des postes. C'était une bonne place rapportant 12,000 francs de traitement fixe, et le double de bénéfices. Mais la place fut supprimée en 1817, et en 1818 Osmond se trouva sans pension et sans traitement; il fut réduit à vivre à la campagne.

Ce secrétariat, il n'était pas difficile d'en connaître les rouages, visibles pour tout le monde, mais d'autres instruments cachés servaient à M. de Talleyrand pour des œuvres mystérieuses. Quelle fut la part respective de ces collaborateurs secrets dans l'œuvre générale du prince, il est presque impossible de s'en rendre compte. On sait que J. B. Lechevallier, son bibliothécaire, l'auteur de l'*Ulysse-Homère* et du *Voyage de la Troade*, un des compagnons de M. d'Hauterive, dans l'expédition Choiseul-Gouffier, fut souvent chargé de travaux diplomatiques, rédigea des notes et des dépêches. A sa sortie du ministère, Talleyrand le fit nommer premier conservateur de la bibliothèque Sainte-Geneviève.

Lechevallier n'était et ne pouvait être qu'un collaborateur accidentel. Le ministre avait pour de certaines œuvres d'autres collaborateurs permanents. Ainsi c'était au ministère même que, sous la direction personnelle du ministre, Lewis Goldsmith, un juif anglais, qui est le type du pamphlétaire et de l'espion, fabriquait l'*Argus* et le *Mémorial antibritannique*. Il avait retrouvé pour ces basses œuvres la collaboration de Barère, son ancien inspirateur des *Crimes des cabinets*[1]. Chassé d'Angleterre, où il s'était fait condamner, ce Lewis Goldsmith était parvenu à extorquer d'Otto, alors commissaire à Londres pour l'échange des prisonniers, une lettre de recommandation pour Sémonville, alors ministre à la Haye. Arrivé à la Haye, il obtint un passe-port pour Paris, trouva moyen, une fois à Paris, de se faire employer par la police, fit encore divers voyages en Angleterre, mais cette fois aux frais du

---

[1] Voir BARÈRE, *Mémoires*.

ministère français, et revint se fixer à Paris, où, jusqu'en 1809, il servit de prête-nom au journal *The Argus*. En 1809, il repartit pour l'Angleterre, et, sans doute pour se faire pardonner ses erreurs de patriotisme, publia un pamphlet périodique : *The Antigallican,* dont le titre seul suffit pour indiquer l'esprit, et diverses autres œuvres de la même valeur.

Cet homme n'était que le gérant, tout au plus le traducteur de *The Argus*. Le journal bien fait, rédigé avec un calme auquel on n'est point habitué depuis 1789, bien informé, rempli de faits qui ne se retrouvent pas dans les feuilles de la même époque, avait pour auteurs réels André d'Arbelles et Lesur. André d'Arbelles, frère de l'évêque de Quimper, était un émigré rentré, qui, sous le Directoire, s'était signalé par sa collaboration active au *Messager du Soir* d'Isidore Langlois, ce journal le plus important de la période directorial. En 1814, André d'Arbelles était historiographe des Affaires étrangères. Attaché de cœur aux Bourbons, il refusa de prêter serment à l'Empereur au moment des Cent-Jours, fut destitué, et, au retour des Bourbons, nommé préfet d'abord de la Mayenne (17 juillet 1815), puis de la Sarthe (2 juin 1823) ; il fut tué par un cheval échappé, en 1825. Il est difficile de discerner absolument quels sont les ouvrages qui lui appartiennent, et ceux que M. Lesur a le droit de revendiquer. Il est probable néanmoins que le travail des journaux était plutôt le fait de M. d'Arbelles, et certaines publications quasi officielles le fruit des études de M. Lesur. Celui-ci, d'une bonne famille du département de l'Aisne, avait suivi d'abord la carrière des armes ; homme de lettres plus que soldat, il rimait plus volontiers qu'il ne marchait, et dès 1792 il fit représenter sur divers théâtres des pièces de circonstance, en vers, qui ne manquent pas de mérite. En l'an VII, il publie : les *Francs,* poème héroïque en dix chants, puis il entre aux Relations extérieures. Désormais, ses livres appartiennent à l'histoire, car ils sont le reflet de la pensée de l'Empereur ; c'est en 1807 : *De la politique et des progrès de la puissance russe depuis son origine jusqu'au commencement du* XIXe *siècle* [1] *;* en 1809 : *Que veut l'Autriche ;* en 1810 : *Tableau historique de la politique de Rome;* en 1814 : *Histoire des Cosaques.* Plus tard, en 1818, il commença cet annuaire, d'une utilité si constante pour quiconque a souci de l'histoire, publication sans précédent en France, qui, suspendue depuis près de quinze années, laisse les travailleurs sans réper-

---

[1] Réimprimé en 1811, à l'Imprimerie impériale.

toire, sans moyen de travail, sans aucune source première d'informations[1].

Ce bureau n'est encore que la dépendance du cabinet ; on pouvait le soupçonner, et l'histoire a pu le retrouver. Ce qu'elle aura peine à découvrir, c'est le rôle joué dans ce drame, dont Talleyrand est l'impresario, par tous ces agents volontaires, rétribués on ne sait comment, paraissant et disparaissant, occupés de politique, d'affaires, de spéculations, impassibles malgré toutes les responsabilités dont on les sent chargés, se révélant tout au plus par quelque bon mot qu'ils n'ont pu retenir, et découvrant alors des abîmes d'ignominie que l'histoire n'ose sonder, et qu'exploite la chronique scandaleuse. Quel rôle joue Laborie, ce Laborie qui vend des traités à l'Angleterre, le Laborie de Maubreuil et du gouvernement de 1814? Que fait Montrond[2]? que fait Sainte-Foy? que fait Cazenove? Ont-ils laissé quelque part trace de leur secret? J'en doute. Un homme qui écrit ses Mémoires ne le fait que pour se justifier et s'expliquer. Ce souvenir suppose une conscience ; il est permis de douter qu'à eux tous, ils en aient eu une.

Au surplus, ces hommes payés sur des profits ignorés, tout au plus sur des fonds secrets, ne pouvaient être pour Talleyrand que des auxiliaires pour ses basses œuvres ; ils ne touchaient point au ministère, n'avaient pas avec lui plus de rapports que n'en ont les espions utilisés par un général avec l'armée qu'il commande. Le ministère les ignorait, de même qu'eux ignoraient sa tradition, son honneur et sa pureté.

En 1804, cinquante et un employés suffisent donc au travail du Département. En 1811, le nombre a été augmenté d'un commis. A la vérité, l'argent n'est pas ménagé. La moyenne des traitements est de 6,094 francs, en comprenant dans cette moyenne, comme on le fait généralement, les cinq traitements de 18,000 francs des cinq directeurs. Et si, supprimant ce trompe-l'œil, on déduit les 90,000 francs payés annuellement aux chefs de service, on arrive à une moyenne de 4,806 francs par employé. On ne relève pas dans la direction politique un traitement au-dessous de 3,200 francs, dans tout le ministère un traitement au-dessous de 2,000 francs. Et ces traitements s'éche-

---

[1] La *Revue des Deux Mondes* a publié, depuis 1850, un annuaire d'une grande utilité, et d'autant plus précieux pour l'histoire qu'il est plein de pièces authentiques. Cette publication est aussi interrompue depuis 1868.

[2] Voir dans le *Journal officiel* une étude de M. de Lescure sur Montrond (5 et 22 janvier 1876). Voir aussi *Revue contemporaine*, 28 février 1858, art. de M. Villetard, sur les Mémoires d'un Snob.

lonnent de la manière suivante : un employé à 2,000 francs (direction des fonds), huit de 2,400 à 3,000, dix-sept de 3,200 à 4,000, sept de 4,000 à 5,000, deux de 5,000 à 6,000, six de 8,000 à 9,000, deux à 12,000, et cinq à 18,000.

Peu d'employés, mais des employés bien rétribués et travaillant beaucoup. Encore, cette rétribution, le ministre la trouve-t-il insuffisante, et, en 1811, bien que, comme on l'a dit, le personnel n'ait augmenté que d'un employé, le service intérieur des bureaux coûte 365,550 francs, soit, avec les 90,000 francs des gros traitements, une moyenne de 7,029 francs par employé, et, sans les 90,000 francs, une moyenne de 5,862 francs, répartis à peu près de la même façon qu'en 1804. Et pourtant le budget général du Département, malgré diverses grosses dépenses qui lui incombèrent plus tard, malgré les grandes ambassades luxueusement entretenues, et des fonds secrets montant, à partir de 1800, à un million et plus, n'atteint, en 1799, que le chiffre de 4,039,000 francs; en 1800, que le chiffre de 3,970,000 francs; en 1801, il arrive à 5,922,000 francs, et à partir de 1802, s'établit de 7 à 8 millions, somme égale comme apparence à celle de 1789, inférieure en réalité, vu la diminution du marc d'argent.

Dans cette somme de 7 millions (7,476,100 francs en 1802, 7,771,000 francs en 1803, 7,024,000 francs en 1804, 7,592,000 francs en 1805) le traitement du ministre entre pour une somme de 120,000 francs toujours identique, et les traitements des employés varient de 352,000 (minimum) à 459,000 francs (maximum). C'est sur le chapitre II (*traitements, frais d'établissement et frais de service des agents extérieurs*) que porte la grosse variation. Le total des traitements, qui est en 1800 de 1,038,000 francs, est en 1804 de 3,300,800 francs. Les frais de service montent à 57,000 francs en 1800, à 495,000 en 1804. Les frais d'établissement, considérables lors de la constitution du gouvernement (403,000 francs en 1801, 604,000 francs en 1802, 767,000 francs en 1803), s'abaissent à mesure que les grandes légations ont leur mobilier et que les agents sont rendus à leur poste, et ne sont plus que de 199,000 francs en 1804. Cette diminution se fait sentir de même dans les missions fortuites, qui atteignent leur chiffre maximum, en 1802, avec 845,000 francs, et retombent, en 1804, à 193,000 francs; dans les présents, qui montent à plus de 1 million en 1801 et 1802, et retombent vers 500,000 francs en 1803 et 1804; dans les dépenses secrètes, de plus de 1 million en 1801, 1802 et 1803, et de 823,000 francs en 1804; mais, par contre, l'augmentation des frais de courriers est continue et prouve l'activité de la correspondance : de 92,000 francs en 1799, ils montent à 357,000 francs en 1804. Ainsi, le budget des Relations extérieures, sous l'Empire, sauf les deux années 1806 et 1807, où, par suite de dépenses accidentelles, le chiffre total des dépenses dépasse 10 millions, varie entre 7 et 8 millions de 1802 à 1805, entre 8 et 9 millions de 1805 à 1815.

Ces chiffres pourront paraître exagérés, mais il faut se rendre compte de deux faits : le premier, que l'état de guerre contre une puissance maîtresse de la mer, et le système de guerre adopté contre elle, rendaient indispensables la multiplicité des agents et leur exacte surveillance ; que l'hostilité sourde de l'Europe exigeait autour des envoyés politiques un déploiement de luxe, une correspondance coûteuse, de continuels voyages et un état-major considérable d'agents patents et secrets; le second, que la constitution d'une multitude de souverainetés vassales de l'Empire devait amener dans chacune des capitales des royaumes et des principautés nouvelles un envoyé français, représentant plutôt d'un maître que d'un allié, obligé à un grand train de maison et à de larges dépenses. Enfin, il ne faut pas oublier que sur les fonds du Département étaient soldées ces ambassades lointaines, telles que celle du général Gardane, expéditions plutôt que légations, où un état-major de plus de vingt personnes entourait le ministre de l'Empereur.

Il faut tenir compte de tous ces faits pour reconnaître que dans ces conditions il était impossible de faire mieux avec moins d'argent. L'agence des Relations extérieures avait, en effet, une organisation mûrement combinée, des agents bien dotés, une administration recrutée sérieusement, une représentation directe dans le grand conseil du souverain. Il lui manquait seulement un hôtel digne d'elle, et dont les aménagements eussent été combinés uniquement en vue des divers services; un palais qui, dans ce Paris que l'Empereur allait rebâtir, fût d'une splendeur égale à celle du nouveau règne. D'ailleurs, au dépôt des Archives, les documents affluaient de toutes parts : archives politiques des pays annexés, papiers des légations supprimées, correspondances retrouvées, formaient un résidu considérable, auquel l'hôtel Maurepas avait peine à donner asile. La construction d'un palais fut décrété le 10 février 1810. L'emplacement choisi fut celui qui est aujourd'hui encore occupé par les ruines du palais de la Cour des comptes et du conseil d'État, c'est-à-dire le vaste quadrilatère décrit par le quai Bonaparte, la rue de Poitiers, la rue de Lille et la rue Bellechasse. Le palais, dont la façade principale devait s'étendre sur le quai Bonaparte, devait être un grand bâtiment éclairé par une vaste cour centrale ; des jardins couvraient les deux façades sur la rue de Poitiers et la rue Bellechasse. Les bureaux, situés du côté de la rue de Lille, prenaient jour sur deux cours intérieures, tandis que le bâtiment du devant était aussi desservi par deux plus petites cours destinées au service particulier du ministre. Cet hôtel, dont la première pierre, couverte d'inscriptions latines et françaises de M. Dacier, avait été posée le 4 avril 1810, coûta cher et ne fut jamais terminé[1]. En 1822, les bureaux furent transportés à l'hôtel Wagram, sur le boulevard des Capucines. Ce ne fut que bien plus tard, en 1853, que le ministère acquit enfin sa demeure définitive, et que se trouva réalisé le projet conçu par Napoléon Ier.

Tel fut le ministère des Relations extérieures sous Napoléon Ier ; telle fut l'agence chargée de donner un corps et une forme aux desseins de l'Empereur. Ces desseins, il n'entre point dans le plan de ce livre de les apprécier ; qu'ils n'aient point tous été bien conçus, que quelques-uns aient échoué par le fait de la mauvaise fortune, ces échecs n'ont point été le fait du Département. Les ministres des Relations extérieures de ce temps n'ont, pas plus que les secrétaires d'État de l'ancien régime, la responsabilité de la politique. Napoléon Ier, comme les rois Bourbons, concevait et décidait. Les employés des Relations extérieures n'avaient qu'à développer la conception et à faire prévaloir la décision. Quand, plus tard, le Département eut une action plus personnelle, plus active et plus libre sur les affaires politiques, on put mieux encore juger à quel point était parfaite l'organisation donnée par Napoléon, par Talleyrand et d'Hauterive au ministère politique.

Après les orages que le Département avait traversés, et qui l'avaient éprouvé, comme toute la France, après ce démembrement qui date de 1792, ces épurations successives, qui avaient jeté sur le pavé tous les anciens serviteurs, qui avaient supprimé l'esprit de tradition et l'avaient proscrit, qui avaient supprimé la diplomatie elle-même et l'avaient déclarée criminelle, un homme était venu qui, combinant dans un système nouveau tout ce que l'ancien régime avait accumulé e bons usages et tout ce que la Révolution pouvait avoir créé de saines lois, avait reconstitué et reformé, non-seulement une administration, mais l'esprit et l'honneur même, la tradition tout entière d'un corps, pour qui la tradition peut tenir lieu de tout, car, en re-

---

[1] Voir : Rapport de M. le comte de Saint-Angely, section de l'Intérieur du conseil d'État. Les terrains étaient évalués par les propriétaires à 1,147,500 francs, et un crédit de 1,601,540 francs avait été ouvert pour la construction en 1812. La dépense totale s'éleva à 5,354,101 francs.

gardant dans le passé, en s'inspirant des anciens, il ne peut que bien faire pour l'honneur, pour la gloire, pour l'intérêt de la patrie.

Et cette organisation a subsisté malgré tout. Des modifications de détail ont pu y être introduites [1]; la marche des affaires a pu nécessiter l'accroissement de certains bureaux; le système d'économie inauguré par le gouvernement de Juillet a pu supprimer des places utiles, la physionomie générale de l'édifice n'en a point été altérée. Le squelette, du moins, est resté; les lignes principales qu'avait tracées l'esprit du premier Consul, assisté de Talleyrand et de d'Hauterive, sont telles aujourd'hui que de son temps, et plus on se rapprochera du plan qu'ils avaient conçu, plus, sans nul doute, on se rapprochera de la vérité.

Cette conception de l'agence des Relations extérieures fut-elle tout entière le fait de l'Empereur? Le lecteur qui nous a suivi dans l'histoire du ministère pendant ces vingt années peut reconnaître qu'elle avait été le produit de l'expérience acquise, et la réglementation de la tradition plutôt qu'une création nouvelle. L'administration de l'ancien régime n'est si difficile à retrouver et à suivre que parce qu'elle n'avait pour lois que des coutumes. Napoléon a substitué à ces coutumes le droit écrit; mais, au fond, il n'a fait que rétablir ce que l'expérience des âges antérieurs avait peu à peu fondé; il a, si l'on peut dire, délimité ce terrain d'alluvions, bâti un mur d'enceinte à cette ville; il a relevé les points saillants, et, dans ces mémorables rapports du conseil d'État que nous avons cités, indiqué l'esprit qui devait désormais présider aux travaux du ministère.

Mais, de la Révolution, n'eut-il aussi rien à prendre? Dut-il emprunter quelque élément à cette époque de troubles et d'anarchie où la loi n'a été que l'instrument des passions du jour, où tout ordre a été suspect, toute diplomatie supprimée, toute justice proscrite? On peut en juger. On l'a vu dans ce livre : nulle part plus qu'en diplomatie, les principes proclamés par la Révolution n'ont été affirmés; nulle part ils n'ont été plus violés; nulle part la Révolution ne s'est donné à elle-même de plus sanglants démentis.

Et si des principes généraux du droit diplomatique, on descend aux principes particuliers de l'administration intérieure, en admettant qu'on puisse discerner des principes, là où l'on ne serait tenté de voir qu'une accumulation de faits sans suite et sans doctrine, qu'y trouve-t-on, sinon un incurable désordre, un mépris sans pudeur des droits

---

[1] Voir à l'appendice le résumé des divers systèmes d'organisation mis en pratique depuis 1814.

acquis, du travail accumulé, des labeurs accomplis? La Révolution a proclamé le respect de la vieillesse, elle commence par chasser des vieillards et leur refuse le pain qu'ils ont gagné par vingt années de travail, de probité et d'honneur. Elle a affirmé l'égalité ; le favoritisme est la seule règle de ses choix. Elle a déclaré qu'elle était l'économie ; le nombre des employés est double. Elle a juré qu'elle serait la probité ; ses protégés sont des voleurs et des escrocs. L'amour de la patrie devait être l'unique stimulant de ses employés ; elle organise l'espionnage. Le mérite était le seul moyen d'avancement ; des septembriseurs sont ministres des Affaires étrangères.

Et lorsqu'elle se détermine à adopter une conduite qui lui permette la paix avec l'Europe, n'est-ce pas encore par une violation de tous ses principes qu'elle procède? Les conventionnels se font ministres, négociateurs, ambassadeurs ; ils accumulent entre leurs mains tous les pouvoirs et toutes les fonctions, et, sous prétexte de liberté, se donnent à eux-mêmes un pouvoir que jamais les rois ne se sont attribué.

Le Directoire succède au Comité de salut public. Le désordre va-t-il enfin cesser devant un gouvernement constitutionnel et régulier? Au contraire, le désordre paraît encore augmenter. La stabilité dans les employés est encore plus précaire, le favoritisme plus audacieux, l'ignorance plus hardie, les dépenses plus folles, et lorsqu'une assemblée d'honnêtes gens prétend remédier à ces désastreuses tendances, le Directoire l'interrompt par un coup d'État, par la déportation à Sinnamary, par la *guillotine sèche*. Les ministres, qui essayent d'enrayer au moins cette marche insensée, n'ont ni pouvoir, ni action. Le gouvernement, ne croyant pas plus à lui-même qu'à la République, ne cherche qu'un enchérisseur pour lui vendre la France. Les nations alliées ne sont plus que des bêtes à impôts, des moutons que l'on tond avant de les égorger. La diplomatie révolutionnaire est remise en honneur, et l'on fait des ambassadeurs avec les criminels que la justice n'ose poursuivre, et que la France rejette.

Enfin, après dix années ainsi vécues, l'ordre renaît sous un gouvernement vigoureux et autoritaire. La France victorieuse et apaisée retrouve dans la tradition du passé le secret de sa force. Les hommes de la monarchie, les hommes qui ont l'usage et la science du droit international reviennent dans ce ministère, y ramenant les principes et la politique même. La France, après ce mauvais rêve de dix années, recommence une vie nouvelle. Que deux années s'écoulent, la paix générale sera signée avec toutes les puissances coalisées ; « à l'extérieur, le nom français sera respecté dans toutes les parties du monde », et quels que puissent être désormais les mauvais succès de la fortune, grâce à cette administration ainsi constituée, grâce à ces hommes que Napoléon a appelés à son service, si nos armées sont vaincues, si notre territoire est envahi, si notre capitale est livrée à l'étranger, la France sans soldats, sans argent, sans gouvernement même, comptera encore dans l'Europe, tentée de la méconnaître, par la seule autorité de ces diplomates, par l'unique puissance de cette tradition rétablie, par la seule force de cette tradition servie par des hommes dignes d'elle.

APPENDICES

I

ÉTAT DES TAPISSERIES DE LA MANUFACTURE DE BEAUVAIS
QUI SONT AU DÉPOT DES AFFAIRES ÉTRANGÈRES [1]

ESTIMATION.

6 pièces, *les Chinois*.......	7,678 liv.	20 s.
plus............	4,004	16
	11,682 liv.	36 s.
3 pièces de l'*Iliade* (de Deshayes)........	3,328	»
Amusements des champs (sans doute les *Amusements de la campagne*, de Casanova)....	10,954	»
6 *Jeux Russiens* (de Deshayes). 7,841 liv.		
plus............ 1,982		
	9,463	»
6 *Les Bohémiens* (de Casanova)..........	10,895	»
6 isolées. *Les Amusements des champs* (de Casanova)................	10,743	15
	57,168 liv.	51 s.

LA TENTURE, LES CHINOIS.
6 *pièces*.

1. *La Foire*.....	5 a.	11	
2. *Le Repas*.....	5	4	
3. *La Pêche*.....	4	12	
4. *La Chasse*.....	4	12	
5. *La Toilette*....	3	10	
6. *La Danse*.....	4	14	
28 aunes 15 à 575 liv. ..			16,639 liv.
1 sopha......	880 liv.		
8 fauteuils.....	1,760		
			2,650
			19,289 liv.

[1] *Recueil de statuts et documents relatifs à la corporation des tapissiers* par J. DEVILLE. Paris, 1875, in-8°.

APPENDICES.

L'ILIADE D'HOMÈRE (de Deshayes).
6 pièces.

Agamemnon. . . . . ⎫
Le Reproche d'Hector. . . . . . ⎬ 4,671 liv. 17 s.
Iphigénie. . . . . ⎭
1 sopha.   660   »
                                              5,331 liv. 17 s.

LES JEUX RUSSIENS.

1 sopha. . . . .   675 liv.
12 fauteuils à 225 liv. 2,700
                                              3,375 liv.

LES AMUSEMENTS DE LA CAMPAGNE (de Casanova).
6 pièces.

1. *Le Rendez-vous de chasse*. . . . . .   5 a. 5
2. *La Pêche*.   5   5
3. *La Chasse aux canards*.   4   5
4. *Le Repas*.   4   5
5. *Le Fauconnier*. .   2   5
6. *Les Blanchisseuses*   2   5
    23 aunes 14 à 575 liv. . .   13,728 liv.

    plus 3 *pièces*.

1. *Le Repas*. . . . .   5 a. 4
2. *La Chasse aux oiseaux*.   3   4
3. *Le Joueur de guitare*.   2   4
    10 aunes 12. . . .   6,181
                                              19,909 liv.

LES JEUX RUSSIENS (de Deshayes).
3 pièces.

1. *La Danse*. . . . .   5 a. 2
2. *La Bohémienne*. .   3   3
3. *La Laitière*. . . .   2   3
    10 aunes 8. . . . . . .   6,037 liv. 10 s.
                                              6,037 liv. 10 s.

APPENDICES.

DES BOHÉMIENS (de Casanova).

3 pièces.

1. *La Marche des Bohémiens*. . . 5 a. 3
2. *La Fontaine*. . . 4   2
3. *Le Repos*. 2   3
    11 aunes 8. . . . . 6,612 liv. 10 s.

                                                  6,612 liv. 10 s.

1 sopha. . . . . 690 liv.
1 id. 660
8 fauteuils. 1,840
8 id. 1,760
4 dessus de porte. 980
2 écrans. 650

                                                  6,580 liv.

DES BOHÉMIENS.

3 pièces.

1. *Le Vol de la malle*. 5 a. 3
2. *Le Partage du vol*. 4   3
3. *Le Dormeur*. . . 2   3
    11 aunes 9 à 575 liv. . 6,648 liv. 80 s.

                                                  6,648 liv. 80 s.

DES AMUSEMENTS DE LA CAMPAGNE.

4 pièces.

1. *La Chasse aux canards*. . . . . . 4 a. 5
2. *Le Repas*. 4   5
3. *Le Fauconnier*. . 2   6
4. *La Blanchisseuse*. 2   6
    13 aunes 6. . . . . 7,690 liv. 12 s.

                                                  7,690 liv. 12 s.

1 sopha. . . . . 675 liv.
1 id. 660
8 fauteuils, à 225 liv. 1,800
8 id.   à 220 liv. 1,760
1 écran. 340

                                                  5,235 liv.

DES AMUSEMENTS DE LA CAMPAGNE.

2 pièces.

1. *Le Rendez-vous de chasse*	5 a.	4	
2. *La Pêche*.	5	5	
10 aunes 9.		6,073 liv.	

                                                                          6,073 liv.

DE LA NOBLE PASTORALE (Boucher).

3 pièces.

1. *Le Joueur de flûte*.	3 a.	3
2. *Le Pescheur* . . .	3	5
3. *Le Retour de vendange*	2	15
9 aunes 7.		5,426 liv.

                                                       5,426 liv.

1 sopha	690 liv.
1 id.	660
8 fauteuils à 230 liv.	1,840
4 dessus de porte à 220 liv. .	880
2 écrans à 245 liv.	490
1 id. à 250 liv.	250

                                                       4,616 liv.

II

BUDGET DES AFFAIRES ÉTRANGÈRES EN 1787

Les *Observations sur le chapitre* VIII *d'un imprimé ayant pour titre* : LIVRE ROUGE, par M. de Montmorin (Imprimerie royale, 1790, de 8 pages in-4°), contiennent, page 5, un état des ordonnances expédiées pour le payement de la somme de 10,955,417 livres 17 sous 4 deniers, à laquelle ont monté les dépenses du service des Affaires étrangères pour l'exercice 1787.

Ces ordonnances sont de deux natures : nominatives et au porteur. La première classe comprend trois ordonnances :

une de 2,427,200 liv. » pour les appointements des employés du service extérieur.

une de 302,875 liv. » pour les appointements des employés du service intérieur.

une de 165,012 liv. 10 s. pour les courses.

Total 2,895,087 liv. 10 s.

La seconde classe comprend une ordonnance de 8,060,330 livres 7 sous 4 deniers sur laquelle ont été payés : les subsides, les secours aux princes et gentilshommes étrangers, les traitements conservés, les traitements aux Écossais et Irlandais, les divers objets de dépenses pour traitements particuliers, frais de service, etc., les fonds de la dépense secrète et les dépenses extraordinaires.

Les dépenses de frais de service, etc. (1,545,469 livres 3 sous 4 deniers), et les dépenses extraordinaires (3,328,560 livres 8 sous 6 deniers), forment évidemment le déficit sur le projet de compte précédemment donné. Mais si l'on retranche ces dépenses extraordinaires qui n'avaient point les Affaires étrangères pour objet, du chiffre total, on arrive au chiffre normal de 7,626,857 livres 9 sous 8 deniers. Si, au contraire, on ajoute au chiffre total celui du fonds politique de la Suisse (830,000 livres), et celui des pensions sur les Affaires étrangères, on arrive au chiffre formidable de 12,391,402 livres 5 sous.

D'après Montmorin, *loco cit.*, la dépense moyenne de 1774 à 1789 est environ de 10,715,000 livres. Suivant Calonne [1], les fonds ordonnés en 1787 montent à 10,400,000 livres, et la moyenne pour les années de 1781 à 1787 est d'environ 10,700,000 livres [2]. D'Hauterive, dans une de ses remarquables brochures, diminue les chiffres d'une façon évidemment exagérée. Il n'y comprend pas les ligues suisses, et diminue tacitement du total les articles de dépense qui ne tiennent pas directement au service. Son chiffre de 8,155,400 livres est au-dessous de la vérité.

Il est à remarquer que Calonne (*loco cit.*, pièce justificative XVII), ainsi que le compilateur de la « collection des comptes rendus » (Lausanne et Paris, 1788, in-4°), ne portent l'évaluation des dépenses du Département, compris les ligues suisses, qu'à 9,030,000 livres; ce qui, en tout état de cause, constitue une augmentation du déficit de plus de 2,000,000 livres.

[1] *Réponse de M. de Calonne à l'écrit de M. Necker.* Londres, janvier 1788, in-4°.

[2] *Faits, calculs et observations sur des dépenses d'une grande administration de l'État.* Paris, 1828.

III

TRAITEMENTS ANNUELS SUR LE FONDS LITTÉRAIRE

1° ANCIENS DIRECTEURS ET EMPLOYÉS DE LA *Gazette de France*.

Madame de Meslé, veuve de l'ancien privilégié de la *Gazette*.	7,500 liv.
De Meslé, fils de ladite dame.	1,500 »
Arnoul.	600 »
Veuve Godonèche.	300 »
Le Camus.	250 »
Suard.	3,700 »
Marin.	2,000 »
Le Camus, dame Legendre.	250 »
Arnoux, ancien caissier.	1,600 »
Dame veuve Querlon.	1,000 »
Bret.	3,200 »
Dames de Castellas.	300 »
Demoiselles Cremette.	300 »

2° HOMMES DE LETTRES ET AUTRES.

Dame Mesnières, veuve Belot.	1,200 liv.
Demoiselles d'Angeville.	2,400 »
Turpin.	1,500 »
Saint-Lambert.	1,500 »
Abbé de Lille.	1,000 »
Favart.	1,000 »
Puget de Saint-Pierre.	1,000 »
Requier.	1,000 »
Le Moyne.	1,000 »
Abbé Porquet.	500 »
Champfort.	1,500 »
Dame de Montanclos.	500 »
Jarla.	1,000 »

Abbé Sabatier	1,000 liv.
Demoiselle Albert	1,000 »
Palissot	6,000 »
Dame Prieur	1,200 »
Durival (trois frères)	1,200 »
Deville	1,000 »
Desantes	1,000 »
Bret	800 »
Blin de Sainmore	500 »
Ducis	500 »
Abbé Alex	1,400 »
Abbé Baudet	800 »
Aubry	500 »
Dame de Mortemar	500 »
Demoiselle Fréron	500 »
François Médecin	1,000 »
Florian	800 »
Rochefort	600 »
Flavigny	600 »
Madame Hennin	600 »
Bailly	800 »
Saint-Pierre	500 »
Dame Aubry	800 »

3° PREMIERS COMMIS DES AFFAIRES ÉTRANGÈRES ET AUTRES EMPLOYÉS POUR LE SERVICE DE LA *Gazette*.

Rayneval	2,400 liv.
Hennin	2,400 »
Durival	2,400 »
Genet	1,200 »
Chenuat	900 »
Gandolphe	600 »
Geoffroy	600 »
Abbé Aubert, directeur du privilége	5,600 »

IV

DUMOURIEZ ET SA VIE INTIME

Dans les papiers de Dumouriez, séquestrés révolutionnairement et conservés aux *Archives nationales* (t. 307-1-2), j'ai trouvé quelques détails qui, bien que relevant uniquement, à ce qu'il semble, de la vie privée du général, n'en sont pas moins de nature à intéresser l'histoire. On a vu dans le cours de ce livre (page 146) que Dumouriez avait pour maîtresse une madame d'Angelis ou de Saint-Angel, qui se qualifiait de baronne et qui était la sœur de Rivarol. Le vrai nom de cette femme est : Julie-Françoise de Rivarol, épouse de messire Jean-Casimir, baron d'Angelle et de Beauvert (cote 39-pièce 12); suivant la *Biographie portative des contemporains,* Barruel-Beauvert était cousin de Rivarol. Serait-ce un frère de Barruel-Beauvert qu'aurait épousé Julie-Françoise ? Quoi qu'il soit du baron d'Angelle, il apparaît, des pièces conservées (cote 39-p. 7, 9; cote 14-p. 2), que la séparation entre Dumouriez et sa femme légitime eut lieu le 11 juillet 1789, et qu'à partir de ce moment, Dumouriez, qui était déjà depuis 1788 (cote 48-p. 6, 7, 8) l'amant de madame d'Angelle, vécut maritalement avec elle d'abord à Versailles, ancien hôtel de la Guerre, rue de la Chancellerie, puis à Paris en 1791, rue Montmartre, au coin de la rue Joquelet, enfin, depuis juin 1792, rue Saint-Marc, n° 24, au premier.

Ladite baronne, qui tantôt s'appelle d'Angelle et tantôt de Beauvert, se livre à toutes sortes de spéculations d'armes, achète en Hollande des sabres, des fusils, des pistolets, en même temps intrigue à Paris, d'accord avec son amant, pour obtenir des fournitures et assurer des priviléges à certains individus [1].

En même temps, la baronne est pensionnée par le duc d'Orléans,

---

[1] « Je soussigné déclare qu'en reconnaissance des soins que madame la baronne de Beauvert s'est donnés pour faciliter la réussite du projet que j'ai formé de fournir les négociants, etc., du Royaume des registres légaux, je m'engage, si l'Assemblée nationale m'en accorde la faculté, de la faire jouir de quatre sols sur

ainsi qu'il résulte d'une lettre de Latouche de Tréville, alors chancelier du prince [1].

Il est peut-être curieux de donner quelques détails sur la famille de Dumouriez. Son grand-père, François Dumouriez Duperrier, directeur général des pompes pour les incendies, avait eu d'Anne Vaugé trois fils et une fille : 1° Antoine-Joseph Dumouriez Duperrier de la Geneste, écuyer, premier commis de M. le comte de Saint-Florentin ; 2° François-Nicolas Dumouriez Duperrier, écuyer, conseiller du Roi, trésorier de France au bureau des Finances de Montauban, ancien contrôleur général des Guerres, et directeur général des pompes pour les incendies, dont une des filles épousa le comte de Marguerye, sous-lieutenant des gardes de Mgr le comte d'Artois; 3° Antoine-François Dumouriez Duperrier, conseiller du Roi, commissaire ordinaire des Guerres au département de Cambray, père du général, de madame de Schomberg, femme du général de Schomberg, et d'une fille ursuline à Pontoise, puis abbesse de Fervacques ; 4° Marie-Anne Dumouriez Duperrier, qui épousa en premières noces Jean-Jacques-Léonor Legris, écuyer seigneur de la Potterie et de Pontatou, lieutenant général au bailliage de Pont-Audemer, et, en secondes noces, messire Emmanuel comte et marquis titulaire de Belloy.

Dumouriez portait, d'après son cachet, d'*azur à la bordure dentelée d'or, à la bande d'or surmontée d'une tête de lion, arrachée et couronnée de même.*

---

la livre sociale de cent sols, dans le bénéfice net de cette entreprise, lequel bénéfice sera déterminé à la fin de chaque année et communiqué aux intéressés.

« Fait à Paris, le 22 mai 1790.

« LE RICHE. »

Le même Le Riche assure pour les mêmes motifs à Dumouriez lui-même six sols sur la livre sociale de cent sols.

[1] « Paris, le 17 avril 1789.

« Je m'empresse, madame la baronne, d'avoir l'honneur de vous annoncer que Mgr le duc d'Orléans vient de vous accorder une pension de cinq cents livres, qui commencera à courir du 1ᵉʳ janvier de cette année. Je vous exprimerais difficilement combien je suis flatté d'avoir pu contribuer à obtenir cette grâce qui en devient une pour moi, puisqu'elle me procure l'occasion de vous offrir l'hommage du respect avec lequel je suis, madame la baronne, votre très-humble et très-obéissant serviteur.   Le comte DE LATOUCHE.

Madame la baronne D'ANGEL. »

V

LES DETTES DE MONTMORIN

On a bien voulu me communiquer, aux *Archives nationales,* les papiers séquestrés révolutionnairement de M. le comte de Montmorin (t. 427-428). Outre quelques pièces qui intéresseraient d'une façon particulière l'histoire de la diplomatie, des certificats de résidence délivrés par la section de la Croix-Rouge et des expéditions des décrets relatifs au ministre, j'y ai trouvé des détails qui me semblent intéressants, sur la fortune particulière et l'état de maison du ministre.

La fortune de M. de Montmorin consistait en sa terre de Gaillefontaine, estimée 1,250,000 livres (à quatre lieues S. E. de Neufchâtel, Seine-Inférieure); en sa terre de Theil (à six lieues de Sens, Yonne), rapportant 25,000 livres de rente; en diverses rentes, montant à 22,000 livres. Dès 1787, il avait à payer par an 70,260 livres de rente pour l'extinction de ses dettes.

En 1788, il s'en fallait de 1,645 livres que les revenus de ses terres et de ses pensions suffissassent à payer les rentes et intérêts de ses obligations. Son traitement, tout compris, montait à 298,000 livres. Or, la *bouche,* non compris le vin, avait coûté, pour onze mois de 1787, 175,680 livres, soit plus de 16,000 livres par mois. Il se consommait chez lui, par mois, entre quatre cents et cinq cents bouteilles de tous vins; le vin ordinaire à 20 sols, les autres de 40 sols à 8 et 10 livres, soit une moyenne d'au moins 40 sols.

La *bouche*, d'après un projet de budget, présenté par l'intendant du comte, ne pouvait aller, en 1788, à moins de 202,800 livres.

Les soixante domestiques coûtaient 52,835 livres (gages 38,244 livres, habillement 13,091 livres, chapeaux 1,500 livres).

Les vingt-quatre chevaux de l'écurie, qui exigeaient un personnel de : un piqueur, trois cochers, trois postillons et quatre palefreniers, coûtaient 24,000 livres de nourriture. Bourgeois, l'intendant, suppliait son maître, en 1789, de ne conserver que quatorze chevaux (neuf pour les voyages du ministre, quatre pour le service de madame la comtesse et un cheval de selle), et Montmorin était bien obligé de donner son assentiment au projet, car, à ce moment, il perdait 10,000 livres de traitement.

Le blanchissage, en 1787, s'élevait à 5,890 livres 13 sols 6 deniers.

Les mémoires des gens pour le service intérieur, ce qu'on appelle argent de poche, montaient à 11,334 livres 13 sols; il est vrai que, comme le disait Bourgeois, on abusait de la facilité de M. le comte. « En voici un exemple, ajoute-t-il. M. le comte a consenti que l'on fît faire une voiture pour les gens de la cuisine. Il entendait certainement qu'on lui demandait une espèce de fourgon ou guinguette qui aurait pu coûter 700 ou 800 livres, et l'on a fait faire une berline qui coûtera plus de mille écus. »

Même avec les réductions proposées, les dépenses s'élevaient à 297,680 livres, et il ne restait rien pour l'entretien de M. le comte, rien pour l'entretien de madame la comtesse, rien pour l'entretien du fils du ministre, rien pour l'hôtel de Paris, rien pour les achats et renouvellements nécessaires de linge, de mobilier, etc.

Aussi, d'après les comptes de Duruey, du 9 février 1788 au 9 avril 1789, les dépenses s'élevaient à 611,912 livres, les revenus à 399,412 livres ; soit, chez Duruey seul et pour quatorze mois, un déficit de 212,500 livres.

On ne s'enrichissait pas à servir le Roi !

VI

PROCÈS DE MADAME DE MONTMORIN

Dans le réquisitoire de Fouquier, tel qu'il est imprimé dans le *Bulletin du tribunal révolutionnaire,* se trouve une phrase incompréhensible que j'ai restituée d'après le dossier original, conservé aux Archives (armoire de fer). « La *fille* Montmorin, *femme La Luzerne,* a entretenu la correspondance la plus suivie avec son mari. Ses lettres existent, et *la femme La Luzerne convaincue de ce délit a cherché à prévenir le jugement que la loi doit porter contre elle.* » Les mots soulignés, omis dans l'imprimé, les mots *la fille,* remplacés par *la femme,* dénaturaient le sens de la phrase, qui ainsi reconstituée prend une assez grande importance en ce qu'elle semble indiquer que madame de La Luzerne aurait volontairement mis fin à ses jours.

D'ailleurs, le dossier offre peu d'intérêt : nulle pièce jointe, nulle correspondance saisie, un seul témoin entendu : la citoyenne Marie Bocage, femme Journaud, âgée de trente-trois ans, née à la Montagne du Bon-Air, domestique, demeurant audit lieu, connaissant la veuve de l'Aigle.

VII

LES GUILLOTINÉS DES AFFAIRES ÉTRANGÈRES

On a vu dans le courant de ce livre qu'un seul commis de l'ancienne administration avait été guillotiné : c'est Jean-Joseph de La Ville, âgé de quarante-huit ans, demeurant à Versailles. La Ville est compris dans une fournée de trente individus sur la dénonciation d'un nommé Godard, qui se dit employé aux Affaires étrangères et qui fut peut-être, depuis, chancelier à Charlestown et secrétaire de légation aux États-Unis. Fouquier-Tinville s'exprime ainsi dans son réquisitoire :

« La Ville, ex-commis des Affaires étrangères, a figuré au château à la scène des poignards, le 28 février. Il était un de ceux qui furent désarmés et conduits au corps de garde. On ne peut douter qu'il n'ait été de la journée du 10 août avec les assassins du peuple au château. Enfin, lors du jugement de Capet, il cherchait à lui faire des partisans en lisant publiquement et à haute voix les écrits des contre-révolutionnaires en faveur du tyran. »

Ces inculpations se trouvent confirmées par deux pièces. Dans la première, un nommé Favier atteste au Comité de surveillance de Versailles que six semaines environ avant le jugement de Capet, La Ville aurait lu au poste de la mairie, où il était de garde, le Mémoire de Necker pour justifier Capet, et aurait ensuite demandé ce qu'on en pensait.

La seconde pièce est ainsi conçue :

« L'un des chevaliers du poignard. Il fut un des acteurs de la soirée du 28 février. Ce fut Blanchet, son beau-frère, valet de chambre du tyran, qui l'introduisit dans le château des Tuileries par une porte dérobée. La Ville y fut désarmé et claqué comme tant d'autres au corps de garde. Il se réclama du citoyen Lehoc, l'un des commandants alors de la garde parisienne. Il se dit commis des Affaires étrangères. Lehoc, qui était premier commis, lui dit : Tais-toi, ta vie ne tient qu'à un fil. Gouvion fit sortir le nommé La Ville.

Ce fait peut être attesté par Godard, commis zélé, jacobin et patriote.

« *Signé :* Naudet, Tiercelin, François, Thiriot, Dérin, Jobart. »

La Ville fut naturellement condamné et exécuté le 25 messidor.

Quant à Duruey, banquier des Affaires étrangères, il n'est pas condamné pour ses opinions, mais pour ses correspondances avec les émigrés. On trouve, dans son dossier, une volumineuse correspondance relative à ses affaires. Fouquier ne fait dans son réquisitoire que l'allusion suivante aux rapports de Duruey avec la Cour :

« Duruey ne faisait que seconder les vues de l'infâme Capet, dont il avait été l'agent et le prête-nom pour les accaparements que cet infâme despote faisait avec les fonds qu'une nation généreuse lui avait prodigués comme chef du pouvoir exécutif et surtout pour le commerce des piastres, ainsi que cela est prouvé par les pièces trouvées dans l'armoire de fer et surtout celles numérotées 3, 4, 5 et 9, commerce dont l'objet était de discréditer les assignats par la hausse combinée du numéraire ; d'ailleurs, Duruey a encore été le correspondant et le complice de l'infâme prostituée Dubarry, pour ses trames et manœuvres liberticides auprès du despote anglais et de son exécrable ministre. »

Arrivons aux girondins.

Lebrun se présente d'abord. (Dossier W 1 *b*. 305-35.)

L'acte d'accusation contre Pierre-Marie-Henry Tondu, dit Lebrun, âgé de trente ans (une autre pièce dit trente-neuf ans), *né à Noyon, département de l'Oise, homme de lettres, imprimeur et ministre des Affaires étrangères,* est fondé sur sa fuite, « hommage tacite à la justice du décret du 5 septembre dernier qui le mettait en accusation ». Il a été arrêté le 3 nivôse, conduit à la conciergerie, interrogé. « Dudit interrogatoire, il résulte que Lebrun, averti par un des commis des Affaires étrangères (le citoyen Ysabeau), et cédant aux remords qui poursuivent toujours les coupables, a quitté son domicile connu pour se réfugier successivement dans diverses maisons, et est enfin passé dans celle dite d'Harcourt, rue de la Liberté, 117, tenue par le citoyen Desenne, traiteur. » Lebrun était dans cette maison depuis le 26 frimaire. Il y fut arrêté le 3 nivôse par Héron, agent du comité de sûreté générale, sur les indications fournies par le citoyen Arthur, fabricant de papier, rue des Piques. En même temps, on a saisi ses Mémoires justificatifs dont l'avant-propos seul était écrit (je donne plus loin cette curieuse pièce inédite), et l'on a arrêté le citoyen Donat, Liégeois, qui venait lui rendre visite.

Le tribunal qui juge Lebrun est présidé par Dumas. Il lui donne Tronson-Ducoudray pour défenseur. Parmi les témoins, on remarque d'abord les conventionnels : Cambon, Danton, Dubois-Crancé, Naur, Collet, puis Germain Truchon, âgé de cinquante ans, natif de Vincelle, département de l'Yonne, homme de lettres; Arthur, fabricant de papier; Piot, commissaire de la municipalité pour les papiers des émigrés; Desfieux (François), tenant magasin de vins de Bordeaux, rue des Filles Saint-Thomas ; Blache, dit Dunant, commissaire national; Jean-Pierre Mindouze (*sic*), cinquante-trois ans, ex-commis des Affaires étrangères.

Voici les points principaux du réquisitoire de Fouquier : Lebrun est l'âme du parti d'Orléans ; Lebrun n'a pas craint de laisser entrevoir à Pitt l'espoir d'un démembrement de la France ; Lebrun a trempé dans le complot qui tendait à ouvrir à Brunswick le chemin de Paris en quittant cette commune ; Lebrun a répandu des libelles pour flétrir la Révolution ; Lebrun est l'auteur du manifeste publié pour l'ouverture de l'Escaut : « ce manifeste déposera éternellement de son intelligence avec Pitt. Sans lui, en effet, Pitt manquait absolument de prétexte pour entraîner une nation, jusqu'alors juste, dans la coalition des tyrans. » Lebrun est l'ami de Dumouriez ; les revers en Belgique ont été causés par leur intelligence ; Lebrun a pris la fuite. Enfin, Lebrun a avoué lui-même, et Fouquier prend des armes dans ces mémoires justificatifs.

Parafé au désir de l'interrogatoire de ce jour, 4 nivôse.

LANNE, GOUJON, LEBRUN.

MÉMOIRES HISTORIQUES ET JUSTIFICATIFS

DE MON MINISTÈRE

COMMENCÉS D'ÉCRIRE LE 1er NIVOSE, L'AN 2e DE LA RÉPUBLIQUE

Numerate sex liberos, misericordia cum accusantibus erit.

TACITE.

AVANT-PROPOS

« Le moment de répondre aux graves et nombreuses imputations qui me sont faites est arrivé. Me voilà placé au point convenable de distance où il fallait que je fusse, et du lieu de la scène et des événements qui ont causé ma perte : assez éloigné déjà pour ne plus craindre que les premiers mouvements d'un cœur ulcéré par l'injustice me rendent moi-même injuste et répandent sur cet écrit le fiel de l'aigreur et de la haine ; mais assez rapproché encore pour en avoir conservé le souvenir et ce degré de sensibilité qui intéresse sans blesser. Rien ne pourrait donc excuser un plus long silence, il serait interprété défavorablement, et ma mémoire resterait flétrie à jamais de crimes odieux.

Je n'écris pas dans l'espoir de désarmer les ennemis que la vengeance, la jalousie, l'hypocrisie rancuneuse, le désespoir d'être deviné, le poids de la reconnaissance, le besoin d'un certificat de civisme, ont successivement déchaînés contre moi. J'ai moins encore l'ambition de jouer un nouveau rôle et de reparaître sur le grand théâtre du monde... Pour mon malheur, hélas! je n'ai pris qu'une part trop active aux affaires publiques et un vol trop élevé. Je pouvais rendre les mêmes services dans un poste plus obscur..... Je n'y trouvais pas moins la consolation de faire le bien. J'y trouvais de plus le calme et le bonheur. Mon destin en a décidé autrement ; je suis puni de ma témérité. J'en supporterai la peine avec résignation, courage et patience.

Mais si je dois à la patrie le sacrifice de ma vie, je ne dois à personne celui de ma gloire. J'ai des enfants que j'aime. Il faut au moins que je leur laisse un nom dont ils n'aient point à rougir... Grâce au ciel! ma vie, quoique agitée en tous sens, a été jusqu'ici exempte d'infamie, et les remords ne troublent point ma conscience. J'ai éprouvé plus qu'un autre peut-être toutes les chances de la fortune ; j'ai même essuyé déjà plusieurs catastrophes semblables à celle-ci ou plus ou moins désastreuses. Rarement j'en suis sorti sans devenir meilleur que je n'étais auparavant. Mon caractère naturellement trop confiant y gagnait plus d'énergie et de consistance ; mes idées, ou se rectifiaient, ou s'agrandissaient ; mon âme s'épurait de plus en plus de cette vieille rouille des préjugés dont, quoi qu'on fasse, il reste toujours quelques taches.

La crise actuelle, au lieu de m'aigrir contre ceux que je pourrais en croire les auteurs, n'arme ma raison que contre moi.

Je descends au fond de mon cœur ; je le sonde et je cherche si le mobile de mes actions a été toujours pur, si de petites passions particulières d'intérêt, d'amour-propre, de jalousie, de haine, de fausse considération, de pitié mal entendue, n'ont pas souvent refroidi en moi l'amour de la patrie, le zèle pour le bien général qui doit être la grande, l'unique passion des hommes en place.

Je fais la revue de mes pensées, je les analyse et j'examine si mes opinions n'ont jamais été influencées, si je ne me suis rendu qu'à l'évidence de la vérité, si je l'ai toujours cherchée de bonne foi et sans prévention, si, par paresse, par précipitation, par orgueil, par connaissance servile, ou tout autre motif plus coupable encore, je n'ai pas quelquefois écarté de moi le flambeau importun de la raison pour m'abandonner aveuglément aux illusions plus faciles de l'erreur et du mensonge.

Dirai-je que le résultat de ce scrupuleux examen a toujours été à mon avantage? Dirai-je qu'au milieu de tant d'intérêts qui se croisent, d'ambitions qui se heurtent, de partis qui rivalisent et se combattent, je suis toujours resté ferme et inébranlable, solidement attaché aux principes de la plus stricte justice; qu'assailli d'intrigues et d'intrigants, je n'ai jamais été leur dupe; qu'environné d'adulateurs, ma vanité a constamment résisté aux louanges empoisonnées que leur bouche distillait; qu'obsédé de sollicitations ou aimables, ou puissantes, ou fâcheuses, j'ai toujours donné la préférence au mérite modeste qui se cachait; que dans la corruption générale, enfin, je me suis conservé pur et libre de tout reproche?

Non; je ne le dirai pas : ce serait mentir à ma propre conscience, et je ne persuaderais personne.

Je le confesse donc : j'ai fait des fautes, et c'est par cet aveu que je commence ma justification. J'aurai le courage de les dévoiler dans le cours de ces Mémoires, comme j'aurai la force de les expier par un long repentir..... ou par la mort si elle est jugée utile à l'exemple public.

Eh quoi! ces fautes sont-elles donc si énormes qu'elles ne puissent s'effacer que par le dernier supplice?

Parce que des sophismes étayés de tout ce que l'éloquence a de plus séduisant, la sensibilité de plus touchant, le masque de l'équité et du patriotisme de plus spécieux, auraient pu égarer mon esprit et donner à mes opérations une fausse direction, s'ensuit-il que mon cœur a été corrompu, que l'erreur comme erreur lui a été chère, et que le mal qui a pu en résulter a été fait par moi sciemment, volontairement et à dessein?

Pour avoir eu des liaisons d'affaires, de circonstance ou même d'amitié avec des hommes qui machinaient dès lors dans le secret de leur âme, ou qui auraient conçu et fait éclater depuis d'infâmes trahisons, de noirs complots, de lâches conspirations contre la liberté générale, contre le salut de la patrie, contre l'unité et l'indivisibilité de la République, est-ce une conséquence nécessaire que je dois avoir été leur complice, avoir eu connaissance de leurs coupables trames, en avoir été l'appui, le défenseur et l'agent?

Supposez même que le meilleur discernement n'ait pas présidé à tous mes choix ; qu'en quelques occasions, je me sois laissé tromper par des fripons astucieux ; reprochez-moi de n'avoir pas toujours mis cette économie lente et vétilleuse dans la distribution des fonds qui m'étaient confiés pour les hasarder [1], selon ma conscience, au profit de la chose publique ; que je n'aie pas eu enfin dans certaines conjonctures difficiles la force de surmonter ou de briser tous les obstacles qui entravaient ma marche et de suivre la première impulsion de mon âme, malgré les contradictions et les clameurs de l'ignorance ou de l'esprit de parti..... faut-il en conclure que j'ai été un fonctionnaire public infidèle, prévaricateur, concussionnaire, ennemi de la liberté, traître à la patrie et conspirateur?.....

Ennemi de la liberté!... Juste ciel! moi qui combats et qui souffre pour elle depuis dix ans!

Conspirateur! Et pour qui, moi que tous les despotes ont proscrit et voué à la mort!

Traître à la patrie! Moi qui ne sais plus dans quel coin du monde reposer ma tête depuis que cette patrie si chère a cessé d'être pour moi un asile assuré!

Ah! je le dis avec la même franchise : non, non, je ne suis pas coupable de ces grands forfaits. Je le dis, parce que j'en ai le sentiment intime ; je le dis, parce que c'est la vérité.

Suis-je donc seul sujet à l'erreur? Suis-je le seul que l'intrigue ait circonvenu? suis-je le seul qui, dans cette longue convulsion, ait dû plusieurs fois changer le cortége de ses amis rétrogrades ou stationnaires, tandis que la Révolution avançait? Et où sont-ils, les hommes qui ont plus fait pour cette Révolution? Où sont-ils, ceux qui ont servi avec plus de fidélité et de persévérance sous les drapeaux de la liberté? Où sont ceux qui ont osé braver les tyrans jusque sur leur trône et leur annoncer des vérités terribles et dures dans un temps et des lieux où il y avait un vrai courage à les dire? Où sont enfin les administrateurs passés et présents qui, après avoir soumis leur vie politique et révolutionnaire à la même épreuve que je vais subir,

---

[1] C'est l'expression propre, lorsqu'il s'agit des dépenses secrètes dans un temps de révolution et de grande crise. Il se présente mille cas où il faut savoir risquer à propos des sommes même assez considérables, pour en épargner de beaucoup plus fortes, et ce qui est sans prix, le sang d'un grand nombre de citoyens.

peuvent se flatter d'en sortir avec une conscience moins chargée ? S'il en est un seul, qu'il m'attache au poteau et qu'il fasse précipiter sur ma tête le glaive de la justice nationale! »

Lebrun est guillotiné le 7 nivôse. Le 9, le tribunal ordonne la mise en liberté de Vermand, gendarme de la 33ᵉ division parisienne, détenu depuis le 7 septembre 1793, comme prévenu d'avoir favorisé son évasion.

On a vu que trois des chefs de bureau de Lebrun, Baudry, Jozeau et Maindouze, ont suivi leur ministre sur l'échafaud.

Je n'ai rien trouvé sur Baudry, en dehors du réquisitoire de Fouquier dans le volumineux dossier de l'affaire Roch Marcandier et autres. (*Archives nationales,* W 1 *b.* 413-130.) Encore Fouquier se contente de dire que « Baudry n'a cessé de se montrer l'ennemi du peuple et de la Révolution ». Il semble, d'après l'acte d'accusation, qu'il se trouve mêlé à l'affaire de ses deux coaccusés, Lecomte et Fielvat, « qui ont été dans leurs sections les chefs de la faction fédéraliste et ont exercé contre les patriotes tous les genres de vexations par lesquelles ils comptaient anéantir le gouvernement républicain pour rétablir la royauté; enfin, complices de Duchâtelet à qui ils ont procuré de faux certificats de résidence pour le soustraire aux peines de l'émigration et privé la nation de l'indemnité qui lui était due dans les biens de ce conspirateur ». Pour étayer cette accusation, diverses pièces se sont jointes au dossier; NULLE PART le nom de Baudry n'y est prononcé.

Au reste, l'affaire ne traîne pas : « Attendu que les condamnés se sont mal comportés pendant les débats et qu'il existe une loi qui autorise le tribunal à prononcer leur jugement en leur absence, le tribunal arrête que leur jugement sera prononcé en leur absence. »

La fournée est de trente individus.

Sur Jean-Pierre Maindouze, natif de Toulouse, j'ai trouvé quelques pièces qui me semblent jeter un jour particulier sur les relations des girondins entre eux. Maindouze, interrogé le 2 prairial par le comité révolutionnaire de la section Marat, sur ses rapports avec Pétion, raconte que Pétion lui amenait parfois Brissot à dîner, qu'il venait souvent avec Brissot, Gensonné et Grangeneuve faire chez lui des parties de billard. Il est entré aux Affaires étrangères parce que Dumouriez voulait s'entourer de jacobins; il a demandé à Lebrun de nommer son fils secrétaire de légation en Angleterre, et cela « *dans l'intention de lui donner un état* ». Maindouze déclare « qu'il était orfévre au commencement de la Révolution, et qu'il a continué cet état jusqu'à la fin de février 1793, où il a quitté tout à fait à cause de la mort de son beau-frère qui conduisait la boutique pendant que lui était aux Affaires étrangères ».

A cet aveu se rattache une dénonciation curieuse. Maindouze se serait arrangé avec la Montansier, qui, sur l'argent qui lui était donné pour ses représentations en Belgique, aurait remis une certaine somme avec laquelle Maindouze aurait acheté un collier à la femme de Lebrun.

Maindouze est encore dénoncé par le comité révolutionnaire de la section du Panthéon français qu'il avait habitée avant de venir sur la section Marat : « Le faut jacobin Maindouze, ennemis déclaré de l'ordre civil, n'a jamais pu concevoir cet article de la constitution : La force armée est esentiellement obéissante, ayant toujours manifesté des opinions contraires en faisant valoir l'esprit militaire jusqu'à dans le club électoral. »

Maindouze est encore dénoncé par les membres du comité de correspondance des jacobins : « C'est un intrigant factotum intendant de Lebrun. »

Deux témoins sont cités contre lui : les nommés Vicq et Filliol, graveurs. Les inculpations résumées plus haut sont les seules qui se trouvent dans le réquisitoire de Fouquier.

Maindouze est guillotiné le 14 prairial.

Quant à Jozeau, compris dans la troisième fournée de la conspiration de Saint-Lazare (8 thermidor), on ne se donne pas même la peine de faire un réquisitoire contre lui. Et pourtant un volumineux dossier de soixante pièces est joint au procès (W 1 b. 432). Il y a là ses cartes d'électeur, ses billets de garde, les quittances de ses dons patriotiques, l'arrêté qui l'a nommé le 22 septembre 1792 premier commis aux appointements de 8,000 francs ; l'arrêté de Deforgues qui le révoque, en date du 30 juillet 1793 ; il a préparé sa défense, et entre beaucoup d'autres projets de plaidoyer, je choisis celui-ci :

« *Abrégé de la vie privée révolutionnaire du citoyen Jozeau, électeur de Paris, section de Challier, ci-devant Beaurepaire, garçon, âgé de quarante-quatre ans, demeurant cloître Saint-Benoît, n° 347.*

Il s'était jeté dans le barreau par amour pour les restes de liberté et d'honneur qui y subsistaient encore à l'époque de 1776, et il est aujourd'hui défenseur populaire.

Dès 1787, il a écrit révolutionnairement contre le despotisme, et il en a été persécuté.

En 1788, il a écrit en faveur des grêlés pour les faire secourir, et y a réussi.

En avril 1789, lors des premières assemblées primaires, il a provoqué dans son district un arrêté contre l'injustice du gouvernement d'alors qui excluait des délibérations tous les citoyens payant capitation au-dessous de 6 livres. Les cinquante-neuf autres districts y ont applaudi, preuve que le citoyen respirait dès lors et pour ainsi dire par anticipation l'esprit d'égalité, de fraternité et de dévouement qui a germé depuis dans la cause des peuples contre la tyrannie, les priviléges et les inégalités de tout genre qui se manifestaient.

A la même époque, il a publié une série d'*idées civiques* qui s'est réalisée dans sa presque totalité par des décrets dans le cours de la Révolution. Le 13 juillet suivant, dès neuf heures du matin, il s'est rendu dans son district qui était celui des Mathurins; depuis ce moment-là jusqu'à celui-ci, il l'a suivi fidèlement sans aucune interruption.

Il fut un des deux cents premiers citoyens de son district qui, par deux fois, ce même jour-là, se transportèrent à la ville pour y demander des armes à Flesselles.

Le lendemain 14, après avoir enlevé militairement le poste du guet à pied de la place Saint-Michel et l'avoir amené avec ses armes jusque dans son district au grand applaudissement de tout le monde, il a présidé ses concitoyens à tous périls, pour le succès de la liberté, pendant le siége et la prise de la Bastille. Depuis, il n'a cessé d'en être le vice-président, le président, le commissaire, etc.; de sacrifier, en un mot, toutes ses veilles patriotiquement et gratuitement.

La nuit du même jour, 14 juillet, il alla, lui douzième, garder à tous périls encore la barrière d'Enfer, menacée d'invasion par les troupes qui cernaient Paris, et depuis ce temps-là il a toujours fait, le plus souvent en personne, son service militaire de citoyen, veillant pour la conservation de la liberté. Il était encore de garde sept jours avant son arrestation imméritée du 4 du 1er mois de l'ère nouveau.

Successivement, il est devenu, entre 1789 et 1793 inclusivement, électeur assesseur, conciliateur, défenseur d'office des accusés, accusateur public, secrétaire de la mairie, juré et chef de l'une des divisions du Département politique, le tout avec les suffrages, l'approbation ou la satisfaction de ses concitoyens auxquels il en a toujours fait part et de qui il a reçu des applaudissements suivis d'un arrêté flatteur, pour raison d'un discours qu'il fit devant eux sur l'hospitalité à donner à nos frères les fédérés de 1790, et sur l'importance d'un seul uniforme national dans les armées françaises. Son district dans un diplôme très-fraternel du 16 octobre 1789, qui lui accordait un congé dont il n'a profité qu'en octobre 1791, constate tous ces faits qui sont antérieurs au 16 octobre 1789, et les autres le sont par des pièces ultérieures.

Comme accusateur public, c'est lui qui a fait élargir les soixante ou quatre-vingts citoyens du faubourg Saint-Antoine que Lafayette et les municipaux d'alors avaient jetés dans les prisons de la Conciergerie sans examen et par suite de l'affaire du donjon de Vincennes.

Il a été de la Société des Jacobins dès 1790, et il s'y est uni plus étroitement que jamais lorsqu'elle a été persécutée, calomniée et presque dissoute par la scission qui eut lieu en 1790.

Il l'a défendue depuis, envers et contre tous, notamment dans le fameux placard jaune qu'il afficha pour elle en 1792 contre les calomnies aristocratiques d'alors.

Il fut un des fondateurs du club civique de sa section, affilié à cette grande société, et il en demeura toujours membre.

Il a passé trente heures sous les armes pour la révolution d'octobre 1789.

Il a passé cinq nuits consécutives, quoique malade, pour le succès de celle du 10 août, et il a opiné pour l'inclusion du ci-devant dans la tour du Temple.

Il avait écrit précédemment contre le véto, contre la liste civile, contre la nouvelle garde du Roi qui n'est plus, et contre l'altération des décrets constitutionnels.

Les 31 mai et 2 juin derniers, il a encore été sous les armes à l'occasion de la quatrième révolution.

Contributions patriotiques, dons volontaires, impositions, présents d'armes et d'équipement, preuves et actes de civisme, il a satisfait à tout et bien au delà de ses facultés avec un dévouement et un désintéressement manifestes.

Enfin, il n'a été ni feuillant, ni sainte-chapelliste, ni pétitionnaire, ni royaliste, ni fédéraliste; il n'a rien fait contre la République, une, fraternelle, indivisible; il a, au contraire, tout fait pour elle, il n'a désobligé personne, il a même servi toujours les patriotes et les probes, quand sa position le lui a permis : voilà son cœur et ses actions.....

Et comment aurait-il pensé ou agi autrement? Comment serait-il suspect à ses frères en Révolution? Indépendamment de ce qu'il éprouverait de persécutions capitales si la Révolution rétrogradait, l'estime de ses concitoyens lui a toujours suffi, et il n'a jamais appartenu qu'à la patrie.

Il n'est ni prêtre, ni noble, ni riche.

Il est né dans la classe respectable et modeste du ci-devant tiers état; il est fils d'un consolateur des habitants de la campagne; son père lui aidait de ses conseils et de sa plume dans l'assiette de leur taille et dans leurs intérêts champêtres; il est petit-fils d'un honnête boulanger de la commune, patriote de Chartres, qui apporta des subsistances à Paris dans les principaux moments de la disette.

Il n'a, enfin, que 197 livres 10 sous de rente dont il puisse disposer pour ses besoins, charges patrimoniales déduites.

Il ne possède au delà que son honnête industrie, sa probité connue et un simple mobilier avec le courage républicain de savoir se priver.

JOZEAU.

Paris, maison d'arrêt de Saint-Lazare, 30 ventôse
an II de la République une et indivisible. »

Est-ce que, le 8 thermidor, on s'inquiète de la libre défense des accusés ?

VIII

État des dépenses faites à l'occasion de la fête donnée par le ministre des Relations extérieures à madame Buonaparte, le 14 nivôse an VI, telles qu'elles ont été ordonnées à Bellanger, architecte, par le ministre.

OBSERVATIONS.

Nota. — Le ministre voudra bien observer que les différents délais occasionnés par le retard de l'arrivée de madame Buonaparte ont nécessité une dépense plus considérable pour les objets en location, etc.

SCAVOIR :

Observations		Demandes.	Règlements.
[1] Fleurs artificielles, 450 aunes à 8 s. par jour.. 180 l. P. 16 jours 2,880 Accordé à 4 s. par jour... 1,440 l.	Renié, menuisier..	4,200 liv.	2,800 liv.
	Morlot, peintre...	1,950	1,350
	[1] Nattier, fleurs artificielles....	2,880	1,440
	Boidot, vitrier-illuminateur....	896	780
[2] A fourni tant arbres qu'arbustes et fleurs, 930 pièces à 25 s. en les reprenant. Ces objets ont été déplantés quatre fois et sont restés quatre jours. Il demandait, eu égard au déchet, 1,500 livres, accordé 930 livres.	[2] Muller, jardinier-fleuriste.....	1,500	930
	Ganneron, chandelier.......	850	690
	Giroux, mouleur et sculpteur....	1,200	550
	Duvaux, maçon..	317 liv. 16 s.	290
	Leroux, terrassier.	338	240
	[3] Honoré, papetier.	325	280
[3] A refait à neuf les six encadrements des moulures du salon qui bordent la tapisserie.	Duvivier, serrurier.	557	350
	Valentin, lustrier du Directoire....	300	300
	Boucher et Tiphène, tapissiers - déco -		
		15,213 liv. 16 s.	10,000 liv

Nota.— L'inspecteur Sibille et les artistes chanteurs n'ont point été employés dans cet état.

On conserve dans la maison l'orchestre, les piédestaux, les gaines, le petit temple étrusque et le beau buste de Brutus.

	Demandes.	Règlements.
Report.	15,213 liv. 16 s.	10,000 liv.
rateurs	370	270
Pinson, machiniste-fourniture. . . .	330	200
Quatre commis sous-inspecteurs . . .	340	340
Rombeau et quatre hommes des menus.	250	225
Fourniture de cordages et réparation de treillages.	270	270
Transports de brancards et pourboires des chefs.	430	430
Ruggiery, artificier.	200	125
Flamand, imprimeur de caractères pour billets.	78	66
Despréaux (artistes chorégraphes et musiciens).	804	804 [1]
	18,385 liv. 16 s.	12,730 liv.

IX

RAPPORT DE LA SECTION

DE

L'INTÉRIEUR DU CONSEIL D'ÉTAT

A SA MAJESTÉ

—

M. D'HAUTERIVE RAPPORTEUR

Sire,

Peu de temps après le premier avènement de Votre Majesté, Elle agréa un plan d'organisation de Son ministère des Relations extérieures. Le projet donnait des motifs d'encouragement à une administration qui, sur ce point, diffère à son désavantage de toutes les autres, en ce que, sous le rapport de l'avancement, elle n'offre à l'émulation que la perspective de deux degrés à parcourir, et que sous celui de sa consistance elle ne présente aucune garantie à la durée et à la continuité des services.

Tel fut l'objet du règlement du 3 floréal, an VIII; il comprenait quatre sortes de règles : classification des agents, mode d'admission, mode de promotion, conditions pour la retraite.

Je dois le dire : aucune de ces règles n'a eu d'application générale, régulière et constante. La deuxième et la troisième n'ont jamais été réalisées. Mais aussi je ne crains pas d'avouer que jugeant de ces règles par les obstacles que leur exécution a rencontrés, et des obstacles par le caractère du temps où elles ont été établies, je trouve aujourd'hui que ces règles étaient prématurées.

Ce temps était celui où tout changeait, où un besoin, un désir, un espoir impatient d'améliorations se manifestaient de toutes parts; où enfin un principe secret et fécond d'organisation politique et sociale tendait, à l'insu même de ceux qu'il entraînait, à faire avancer l'esprit public par des routes imprévues vers un but alors indéterminé. Des règlements d'administration discutés à une telle époque ne devaient pas être adaptés aux circonstances changeantes du moment et ne pouvaient l'être aux circonstances inappréciables de l'avenir.

Si je cherchais la cause de l'inexécution du règlement du 3 floréal dans les imperfections que l'expérience y a fait découvrir, je dirais peut-être qu'il donnait trop de crédit aux impressions du temps et à des combinaisons de simple théorie; qu'il anticipait sur l'expérience de quelques années d'essais nécessaires à tenter; qu'il réduisait tous les titres d'aptitude à une simple mesure d'appréciation; qu'il confondait dans la même acception des services qui ne se ressemblaient même pas par leur durée, et que dans le choix des personnes et dans la distribution des faveurs, il gênait plus qu'il n'éclairait le discernement du prince. Je dirais surtout et je pense qu'il ne faut pas chercher une autre cause de l'inexécution de ce règlement, qu'il y a un principe qui est au-dessus de toutes les volontés, quelque constantes qu'elles puissent être ; que toute règle établie dans des temps de transition, de perfectionnement et d'espérances doit altérer à tous les progrès qui se font vers un état fixe et tomber ou être déjà tombée en désuétude au moment où tout ce qui tient au Gouvernement a pris une assiette invariable et un caractère définitif.

Je m'abstiens ici de toute application générale. Je dois me borner au sujet que Votre Majesté m'a prescrit de traiter, et je conviens, d'ailleurs, que ces observations ne sauraient s'appliquer à aucune institution, à aucune agence de la manière constante, rigoureuse et absolue dont elles s'appliquent à l'agence du ministère des Relations extérieures.

Ce ministère, en effet, par la nature de son service, et surtout par le genre de direction dont il a besoin, est dans une position tout à fait spéciale. Les autres ont des lois à faire exécuter ; le mode d'exécution qui est à leur usage est uniforme ; les obstacles qu'ils ont à vaincre sont toujours les mêmes ; les moyens de répression sont constamment à leur disposition ; et l'intervention immédiate du souverain n'est rigoureusement nécessaire que pour l'examen et la sanction de l'accomplissement de ses ordres.

Mais il n'en est point ainsi de l'administration des Relations extérieures. Ce ministère est entouré de dangers qui se multiplient et se reproduisent toujours sous des formes nouvelles et imprévues. Dépositaire des plus grands intérêts et chargé de les conserver et de les défendre, il faut qu'il trouve et qu'il combatte partout les ennemis inconnus qui cherchent, par tous les moyens possibles, à tromper sa sollicitude, à déguiser leur marche, à cacher leur existence et à lasser son énergie. Constamment exposé, soit à des discussions ouvertes, soit à des entreprises cachées, il n'y a pas un instant où il n'ait besoin de se mettre en rapport immédiat avec le discernement et la volonté du souverain.

Les administrations intérieures sont placées entre le prince et des préfets qui ont intérêt à obéir : l'administration politique est placée entre le prince et des gouvernements qui ont intérêt à tromper. Ce n'est pas une tutelle à exercer, c'est une guerre à soutenir ; ce sont les droits politiques de l'État toujours contestés, souvent compromis qu'il faut s'attacher à maintenir, et ces droits peuvent être violés de tant de manières, et, par l'enchaînement qui les lie, la tolérance d'une seule infraction peut entraîner de si graves conséquences que le souverain a le plus grand besoin de se tenir sur une défensive vigilante, assidue, infatigable, et doit mettre au premier rang de ses intérêts celui de donner à l'administration de ses affaires politiques une direction personnelle, immédiate et jamais interrompue.

On s'accorde généralement à donner le nom de cabinet au ministère qui, seul parmi tous les autres, est en droit et dans la nécessité d'être ainsi dirigé. Cette expression est pleine de justesse et de sens, si on la compare aux grands principes de l'administration ; elle est illusoire et presque ironique si on la vérifie par la politique et par la conduite du plus grand nombre des gouvernements. Les époques et les pays où son acception n'a pas été méconnue brillent d'un grand éclat dans l'histoire, et l'on peut compter dans les temps modernes deux ou trois souverains qui l'ont bien comprise et qui l'ont fait comprendre à leurs contemporains.

Mais dans aucun temps et dans aucun lieu, elle n'a été aussi exactement employée et aussi bien entendue qu'elle l'est aujourd'hui parmi nous ; et je pense qu'il me sera permis de dire que si, sous le règne de Votre Majesté, Son ministère politique a su acquérir quelques titres à Sa bienveillance et quelques droits à la considération publique, il les doit à l'avantage d'avoir bien saisi le sens de cette importante dénomination, d'avoir senti que sans le secours d'aucun principe, d'aucun système, elle renfermait et lui dévoilait les règles de sa conduite dans toutes les circonstances, et que si elle lui faisait une loi rigoureuse d'un zèle sans bornes, d'un dévouement sans réserve et d'une circonspection appliquée aux plus minutieux détails, elle lui offrait dans le recours à une dépendance perpétuelle et de tous les instants une solution à toutes les difficultés qui pouvaient embarrasser son service, un encouragement qui devait lui rendre heureux et facile l'accomplissement de tous ses devoirs, et enfin la garantie assurée de l'exécution de toutes les vues de Votre Majesté.

Telle est, dans le fait, dans l'esprit de l'institution et dans ses résultats effectifs, la véritable organisation actuelle du ministère des Relations extérieures. Elle n'est pas établie sur des règlements, et il est difficile qu'elle le soit. Mais l'attention toujours active et la volonté toujours présente du souverain y suppléent. Le ministre a appris par les résultats de ses travaux à se convaincre que l'impulsion qui le faisait agir et la direction à laquelle il obéissait suffisaient au grand objet pour lequel l'agence diplomatique est instituée. Les seuls vœux qui restent à former sont que cette organisation se maintienne, que l'esprit qui l'anime se perpétue dans une succession régulière et constante d'agents fidèles et dévoués, et, enfin, que le sort des agents actuels et l'instruction de ceux qui doivent les suivre soient assurés par des règles plus généralement et plus exactement exécutées que celles qui avaient ces deux objets en vue dans le règlement du 3 floréal an VIII.

Votre Majesté ne m'a autorisé à lui proposer qu'une seule de ces règles. Avant de la lui soumettre, j'aurai l'honneur de lui exposer un précis historique des usages anciennement établis, de leurs variations et de l'organisation du ministère dans les temps qui ont précédé la Révolution.

La tradition du Département sur ce point ne s'élève pas au delà du dix-septième siècle. Ce ne fut qu'en 1679 que le projet conçu d'abord par Henri IV et ensuite par Richelieu d'un dépôt de mémoires, de correspondances et d'actes publics, dont on voit un plan intéressant et un premier essai d'exécution dans les Mémoires de Sully, fut réalisé. Des recherches furent faites pour rassembler tous les actes, rapports, mémoires, épars dans les divers dépôts publics; des ordres furent adressés à toutes les familles des anciens agents politiques, pour rapporter aux Archives les recueils de correspondance officielle qui se trouvaient dans leurs successions, et il fut établi en maxime et en principe que les personnes attachées au ministère ne pourraient disposer d'aucune pièce relative au service, ces pièces devant être regardées comme la propriété exclusive de l'État.

Cet utile établissement indique quel était l'esprit de l'administration de ce temps, et l'on voit sans surprise, en étudiant la correspondance extérieure, qu'à cette époque un grand esprit d'ordre, de vigilance et d'activité animait toutes les parties de l'organisation diplomatique; que le Gouvernement donnait une attention particulière au choix de ces agents; que ce service était soumis à des règles très-rigoureuses; que le cabinet enfin recevait de toutes parts des informations périodiques sur tout ce qui pouvait intéresser l'État, et que des instructions appropriées aux circonstances étaient régulièrement adressées aux ministres par l'ordre direct du prince et souvent sous sa dictée. C'est dans ce temps que le système des légations, auparavant incomplet et incertain, se généralisa et prit une grande consistance. Les ambassades extraordinaires devinrent plus rares ; des légations permanentes furent établies près du plus grand nombre des gouvernements, et des secrétaires d'ambassade choisis et nommés par le Roi furent destinés à seconder le zèle des ministres et à les suppléer en cas d'absence.

A cette première institution, on en ajouta deux nouvelles : une classe d'élèves, sous la dénomination d'Académie diplomatique, fut établie dans l'intérieur du ministère des Affaires étrangères, et confiée à la direction du garde des Archives, qui eut la charge de les former et de les instruire ; une classe de conseillers d'ambassade fut attachée aux grandes légations. La dénomination de cette sorte d'agents indique le genre de leurs fonctions. Ils ajoutaient quelquefois à leur titre celui de secrétaires de légation. L'édit de formation leur attribue des priviléges considérables : ils avaient le droit de *committimus* et la qualité de commensaux de la maison du Roi. Le brevet de collation était à vie et, après vingt ans d'exercice, donnait tous les droits de la noblesse héréditaire.

Cependant, cette institution, malgré la réunion de tant d'avantages, ne put se soutenir. En 1720, la détresse de l'État détermina les ministres à la mettre au rang des ressources fiscales ; les emplois de conseillers d'ambassade furent érigés en charges vénales ; une finance fut attachée à l'avantage de les acquérir et, par cette disposition, ces charges, leurs fonctions et leurs priviléges furent assimilés à toutes celles qui bientôt, sous la régence, devaient être englouties dans le gouffre de la banqueroute de l'État.

Pendant cette époque de désordre, de misère et de licence, tous les établissements du règne précédent furent, ou négligés, ou abolis, ou dépravés. Le ministère des Affaires étrangères fut transformé en conseil et alternativement privé de direction ou livré à une direction corrompue. La faveur, que dans cette partie délicate de l'administration Louis XIV n'avait jamais écoutée, disposa des emplois. L'Académie diplomatique fut dispersée, et les charges de conseillers d'ambassade furent abolies.

Les déclamateurs du siècle dernier s'étaient fait la plus fausse idée de Louis XIV : sous le règne de ce prince, toutes les places, même les plus élevées dans l'ordre ecclésiastique et civil, étaient rigoureusement données à la concurrence des talents et des services sans aucun égard à la naissance, et rien n'était plus stable et plus régulier que l'ordre des avancements. Les listes des agents extérieurs de ce temps nous présentent des titulaires du même emploi pendant vingt-cinq années consécutives, et des retraites honorables terminent une suite de quarante, cinquante et jusqu'à soixante ans de service dans la même carrière. On n'y lit guère que des noms actuellement ennoblis par le dévouement et le mérite de ceux qui les portaient. Certainement Davaux, Lyonne, Colbert et Torcy furent plus illustres par leur propre renommée que par celle de leurs aïeux; et ce n'est pas dans les tables généalogiques qu'on trouvera les noms recommandables de Menager qui signa la paix d'Utrecht, de Verjus et Callières qui conclurent la paix de Riswick, et de Servien qui négocia et termina la mémorable paix de Westphalie.

Louis XIV faisait un grand cas de la noblesse; mais il estimait par-dessus tout celle qu'il conférait lui-même ou qu'il élevait ou agrandissait pour des services rendus à l'État. Sous son règne, tous les emplois, quand ils étaient honorablement remplis, conduisaient à la noblesse. Sous la régence et sous les règnes suivants, on suivit un ordre inverse. Ce fut la noblesse qui conduisit exclusivement aux emplois. Dès lors, tout principe d'émulation fut détruit.

Les gradations pour parvenir aux premiers postes furent inutiles. On ne se contenta pas d'éloigner du service les élèves et les conseillers d'ambassade formés sous le règne précédent; les secrétaires de légation cessèrent d'exercer une agence officielle; le ministère se départit de leur nomination; ils ne furent plus secrétaires de l'office, mais de l'ambassadeur, et plus d'une fois l'intérêt de l'État fut gravement compromis par cette multitude d'agents dégradés à leurs propres yeux, et qui, après avoir participé pendant quelques années à l'administration des affaires les plus importantes, furent ensuite par leur peu de considération personnelle, par l'incertitude de leur sort, par leur pauvreté même et souvent encore par leur vanité, exposés à divulguer des secrets auxquels une administration sans prévoyance les avait indiscrètement associés.

Dans toute administration bien ordonnée, on ne doit point tolérer que des personnes qui ne tiennent pas à la gloire de ses succès, par tous les moyens de leur considération personnelle, de leur fortune ou du sort de leur vie, participent de quelque manière que ce soit à sa gestion. Cette règle est plus indispensable dans l'administration politique que dans aucune autre; car, dans cette administration, le secret si nécessaire à ses plus importantes fonctions, le secret qui est souvent la sauvegarde des plus grands intérêts de l'État et la garantie du succès des desseins les plus importants du prince, est autant à la disposition des agents de la dernière classe que du prince lui-même, et c'est dans cette classe où il est exposé à plus de dangers. Il faut donc que tous les agents de cette administration soient liés à l'organisation par de fortes chaînes, et il n'en est pas de plus fortes que l'honneur. Il n'y a point de secret sans honneur ; il n'y a point d'honneur sans une louable ambition ; il n'y a point d'ambition sans carrière ; il n'y a point de carrière sans consistance.

Jamais ces maximes évidentes et incontestables n'ont été plus méconnues que lorsqu'on eut l'imprudence de laisser aux ambassadeurs le choix de leurs secrétaires, et lorsque ces agents inconnus au ministère furent admis par le fait d'une nomination privée à jouir des priviléges d'une agence officielle.

Cet état de choses dura jusqu'en 1768. A cette époque, le ministère nomma et breveta quelques secrétaires d'ambassade. En 1771, il revint à l'institution des conseillers d'ambassade, et quatorze agents de cette dénomination furent répartis dans les grandes légations. Mais en 1774 une décision du Roi les supprima.

Cette indifférence, ces variations indiquent dans le gouvernement de ce temps un état d'apathie systématique. L'institution de la diplomatie secrète, organisée pour l'information seule du Roi et à l'insu de ses ministres, en est un symptôme plus remarquable encore. Le Roi avait des agents qui rectifiaient ou constataient pour lui les informations de son ministère. Mais il n'en retirait pas d'autre avantage que celui de connaître toute l'imperfection de son agence accréditée. Il savait jusqu'à quel degré il était mal servi, et il est à croire que ses motifs dans l'intérêt qu'il mettait à cette institution n'avaient pas un autre objet. Quand on ne connaîtrait que ces causes de la déconsidération progressive du gouvernement français en Europe, sous les derniers règnes, et de l'affaiblissement de son influence dans toutes les autres cours, on en saurait assez pour se rendre raison d'abord de la décadence graduelle et ensuite de la destruction totale du système du droit public sur le continent.

Ce n'est pas que, même à la dernière période de la monarchie, le ministère des Affaires étrangères manquât plus qu'à aucune autre époque d'agents habiles et instruits : on y comptait un grand nombre d'hommes recommandables par leur expérience, leur caractère et leur capacité ; mais la direction étant malheureusement dépourvue de prévoyance, de discernement et d'énergie, le zèle et l'indolence, l'aptitude et l'incapacité, les talents et la médiocrité, conduisaient également à la même nullité de résultats. Les plus belles qualités ne produisaient à ceux qui en étaient doués qu'une considération toute personnelle, qui servait peu au succès même de leur gestion, qui ne servait de rien à la marche des agences collatérales, et qui, surtout, ne devenait ni une leçon, ni un motif d'encouragement pour les aspirants aux places, qui savaient fort bien qu'on pouvait les obtenir sans les mériter, pas plus que pour les agents des classes subordonnées, qui n'ignoraient pas qu'une barrière insurmontable s'était pour jamais élevée entre eux et les places supérieures.

C'est dans cet état que la Révolution a trouvé le ministère diplomatique. Il est inutile de dire ce qu'il est devenu pendant cette période. La Révolution a été une grande scène d'agitation, de violence et de désordre. Mais il faut dire aussi qu'elle a été un grand foyer d'énergie, qu'elle n'est plus, et qu'aucune de ses maximes ne lui a survécu. Au moment de la décadence de son régime, un gouvernement s'est élevé pour la dompter, pour mettre à profit les principes de force, de courage et d'émulation que l'effervescence révolutionnaire avait développés, pour lier et unir ces principes dans un système conservateur d'ordre, d'unité et de concentration. Dès lors, on dut prévoir que l'État se relèverait et s'agrandirait, que les institutions sociales reprendraient chacune le caractère qui leur est propre, et que le ministère diplomatique deviendrait ce qu'il a été si rarement et ce qu'il devait toujours être : au dehors, un ministère de dignité, de vigilance, de préservation ; au dedans, le domaine immédiat du discernement toujours actif et de la volonté toujours présente du souverain.

Ce dernier présage n'a pas été vain ; mais l'agence diplomatique ne pourra bien remplir sa destinée que quand un principe d'émulation proportionné à la tâche qui lui est imposée viendra garantir la durée des sentiments dont elle est animée. Les agents actuels sentent parfaitement que le ministère qu'ils ont à remplir se compose de plus de devoirs et oblige à plus d'efforts que celui de leurs devanciers Ils savent que les intérêts politiques de l'Empire français veulent être maintenus avec plus de zèle, de sagesse et d'énergie que les intérêts politiques du royaume de France. Ils sont tous, je ne crains pas de l'affirmer, pénétrés du sentiment de leurs devoirs, et il n'en est aucun qui ne soit dévoué à la gloire de Votre Majesté ; mais il manque à quelques-uns d'être personnellement connus d'Elle, et je dis beaucoup plus, quand je remarque qu'il manque à un grand nombre d'entre eux d'avoir eu l'avantage de L'approcher.

C'est principalement sur cette dernière observation que se fonde l'utilité de la règle d'admission que j'ai eu l'honneur de soumettre à

Votre Majesté. Le projet d'arrêté que je Lui propose par son ordre, en prescrivant qu'à l'avenir les places de secrétaires de légation seront exclusivement données à des auditeurs au conseil d'État, après un temps déterminé d'assistance et d'étude aux séances, indique en même temps quelle est la meilleure source des sentiments qui doivent sans cesse animer un agent diplomatique, quels sont les premiers devoirs auxquels il doit dévouer sa vie et quels motifs puissants d'émulation sont seuls capables de le soutenir dans la carrière honorable, mais délicate et pénible, qu'il est destiné à parcourir.

. . . .

L'admission exclusive des auditeurs du conseil d'État à la gestion des places secondaires du ministère des Relations extérieures présente de grands avantages. J'en ai indiqué un qui est inappréciable et auquel rien ne peut être comparé, et j'ai fait comprendre que de cet avantage dérive pour tout homme qui a juré de se dévouer tout entier au prince et à l'État, le premier de tous les titres d'aptitude au service et à toutes les occasions de services : la connaissance personnelle de son souverain. Je ne dirai pas quelles profondes et durables impressions s'attachent naturellement et irrésistiblement à cette connaissance. Il faut se taire sur de tels sentiments qui ne peuvent être convenablement exprimés que par le langage des actions uniformes et soutenues d'une vie honorable, laborieuse et dévouée.

Je puis m'expliquer avec moins de réserve sur un second titre d'aptitude que dans aucune autre position et par aucun autre moyen on ne peut aussi bien acquérir. Ici se discutent tous les intérêts du Gouvernement et de l'Empire. Ici se combinent tous les moyens d'entretenir sa force, d'assurer dans son sein le respect des lois, de maintenir sa sûreté intérieure, de préserver et d'améliorer les principes de sa puissance et les sources de sa prospérité. Il n'y a pas une discussion dont le résultat ne soit, pour ceux mêmes qui n'y portent que de l'attention, de recueillir sans efforts des vérités réduites à des termes faciles à comprendre ou des faits intéressants à retenir. L'esprit d'un jeune homme s'y dispose insensiblement à s'étendre, à s'élever et à s'agrandir. Son imagination y perd l'attrait des vaines théories. Son discernement s'y habitue à chercher et à saisir dans tous les objets ce qui est constant, ce qui est utile, ce qui est praticable; et comme ces discussions ne sont pas moins intéressantes qu'instructives, on peut être assuré que lorsque son devoir l'appellera à séjourner dans un pays étranger, il ne perdra son temps ni à des amusements frivoles, ni à des recherches et à des études sans méthode, dont les résultats sont quelquefois aussi stériles que les plus vains amusements. Il étudiera la législation, les finances, la police, le système militaire des pays où il résidera. Le goût si naturel des comparaisons entre les objets de ses études passées et de ses études récentes deviendra pour lui un motif constant de se perfectionner dans la connaissance, de se fortifier dans l'amour des intérêts de son pays, et soit qu'il persiste toute sa vie dans la carrière diplomatique, soit que Votre Majesté l'appelle à La servir dans l'intérieur de l'Empire, Elle trouvera toujours en lui le zèle éclairé d'un serviteur utile, l'expérience d'un homme instruit et les sentiments d'un bon Français.

X

Note sommaire sur l'organisation de l'administration centrale du ministère des Affaires étrangères depuis 1814 jusqu'en 1877.

Il m'a semblé que le travail que j'ai entrepris et qui a eu pour but de prouver que l'organisation donnée par l'ancien régime au Département, retrouvée et rétablie par Napoléon Ier, était la plus parfaite que le ministère pût recevoir, ne serait pas complet, si je n'indiquais brièvement quelles modifications y ont été introduites depuis soixante ans, comment les systèmes nouveaux, si bien étudiés qu'ils aient été, n'ont pas tardé à être reconnus insuffisants, comment on s'est hâté toujours de revenir à la vieille organisation. J'ai cru devoir noter en même temps de quels services accessoires l'accroissement presque inouï des relations de l'État et surtout des nationaux avec les États et les nationaux étrangers avait nécessité la création. Enfin, j'ai pensé qu'il serait intéressant pour le lecteur de se rendre compte des divers systèmes proposés dans des livres ou dans des brochures, et j'ai essayé de donner la liste des publications relatives à l'organisation du Département.

La première organisation postérieure à l'Empire est celle de Talleyrand, des 14 mai, 8 juin et 9 juin 1814. Elle débute ainsi :

« Le prince de Bénévent, ministre des Affaires étrangères, étant de nouveau placé à la tête d'un Département, auquel il n'a jamais cessé d'être attaché par ses souvenirs et par son affection pour les personnes qui le composent, et voulant lui donner la forme d'organisation la plus propre à lui assurer la considération qui lui est due, en même temps qu'à simplifier la marche des affaires et à y porter cette unité d'esprit qu'elles réclament... »

Dans ce but, les directions organisées précédemment sont maintenues. Un secrétariat est institué près du ministre. De plus, le ministre crée en faveur de La Besnardière et de Reinhard les deux places de directeur politique et de directeur des chancelleries. La *Direction des chancelleries* comprend la chancellerie proprement dite, c'est-à-dire le protocole, le dépôt des présents, etc., le secrétariat et le bureau des passe-ports et légalisations. La *Direction politique* comprend les deux directions politiques et la division des consulats.

Le 14 avril 1815, nouvelle organisation du duc de Vicence. Elle ne touche qu'aux deux directeurs qui sont remplacés par deux sous-secrétaires d'État, chargés de la direction générale sous les ordres du ministre. L'un des sous-secrétaires d'État, M. le baron Bignon, doit de plus rassembler toutes les pièces relatives aux négociations secrètes et patentes du règne de Napoléon. L'institution du sous-secrétariat d'État a été plusieurs fois remise en vigueur (1821).

Au retour des Bourbons, l'organisation de Talleyrand est reprise ; le 20 février 1819, elle est modifiée par la réunion en une seule main des deux directions de la politique et des chancelleries. Cette direction est érigée en 1821 en sous-secrétariat d'État et disparaît en 1822. Le 19 novembre 1823 intervient l'ordonnance relative aux pensions. (*Manuel des pensions*. Paris, Fain, 1841, in-8°, p. 107 et suiv.)

Le 3 août 1825, organisation du baron de Damas : une division politique, une division des archives et chancelleries, une division commerciale, un secrétariat. La division politique comprend les affaires politiques et le protocole. La division des archives : tout ce qui ne se rapporte pas directement à la politique, la garde et le classement des archives, le contentieux, les traductions, les achats de livres et de journaux, etc. La division commerciale : le personnel et l'établissement des agents commerciaux, les établissements religieux, les correspondances sur l'industrie, la navigation, la santé publique, etc. Le cabinet du ministre : le secrétariat, le chiffre, la comptabilité, l'arrivée et le départ des dépêches. Cette ordonnance est commentée par d'autres arrêtés, en date des 31 août, 12 décembre, 26 décembre 1825.

Le 23 août 1829, le prince de Polignac propose au Roi un nouveau système. Il en revient à cette organisation essayée à diverses reprises pendant la Révolution, et chaque fois condamnée par l'expérience : la fusion des bureaux politiques et commerciaux. Il établit donc deux directions chargées des affaires politiques, commerciales et particulières, et se partageant les pays suivant un ordre géographique : une division des archives chargée des archives, du protocole, des passe-ports et des légalisations ; un bureau de la comptabilité, et un cabinet du ministre.

Le 3 mars 1832, retour avec M. Sébastiani à l'organisation du baron de Damas : une direction politique, une direction commerciale et contentieuse, une direction des archives et de la chancellerie, un bureau de la comptabilité, un cabinet, comprenant le secrétariat et le chiffre.

Le 13 août 1844, intervient un règlement de M. Guizot, dont les lignes principales subsistent encore ; en même temps, on notera les modifications qu'y ont apportées les divers décrets intervenus postérieurement.

L'ordonnance du Roi, du 13 août 1844, portant organisation de l'administration centrale du ministère des Affaires étrangères, est motivée par l'article 7 de la loi du 24 juillet 1843, ainsi conçu : « Avant le 1er janvier 1845, l'organisation centrale de chaque ministère sera réglée par une ordonnance royale insérée au *Bulletin des Lois*. Aucune modification ne pourra être apportée que dans la même forme et avec la même publicité. »

L'ordonnance est divisée en dix-neuf articles.

Le premier article énonce les directions et les bureaux dont se compose le ministère. Ce sont :

Le Cabinet du ministre et le secrétariat.
La Direction politique.
La Direction commerciale.
Le Bureau des Affaires de l'Amérique et des Indes.
La Direction des archives et de la chancellerie.
Le Bureau du protocole.
Le Bureau du contentieux.
La Direction des fonds et de la comptabilité.

« Le *Cabinet du ministre* est chargé des travaux réservés, de la correspondance personnelle du ministre des audiences. » Il comprend, en 1844, le *Bureau du départ et l'arrivée de la correspondance,* et le *Bureau des traducteurs*. En 1852, outre le *Cabinet* proprement dit, on institue un *Secrétariat général* comprenant le *Bureau du départ* et le *Bureau du protocole*. Le *Secrétariat général* dure à peine une année, et ses attributions sont jointes à celles du *Cabinet*. Le *Bureau du protocole,* dont le chef a en 1853 rang de sous-directeur, en 1870 rang de directeur, est en 1872 séparé du *Cabinet,* perd le nom de bureau, et devient le *Protocole*. Il a pour chef un sous-directeur.

Le *Cabinet du ministre* a aujourd'hui pour attributions, d'après le décret du 26 décembre 1869 : « l'ouverture des dépêches, la correspondance personnelle du ministre, les audiences, les travaux réservés, le chiffre, le départ et l'arrivée de la correspondance et des courriers, la centralisation des états, notes et registres relatifs au personnel; la statistique, les traductions et les correspondances télégraphiques. »

Le *Protocole,* dont le service est réglé par l'article 7 de l'ordonnance de 1844 et l'article 3 du décret de 1869, « expédie les traités et les conventions, les pleins pouvoirs, les commissions, brevets, provisions, exequatur, les ratifications, les lettres de notification, de créance, de rappel et de récréance. Il instruit pour le ministre les questions relatives au cérémonial et au protocole, aux priviléges, immunités et franchises diplomatiques des ambassadeurs et des ministres étrangers. Il prépare les audiences diplomatiques. Il est chargé, en outre, de tout ce qui touche aux décorations étrangères et à la Légion d'honneur. » Ses attributions n'ont pas changé.

Pour la *Direction politique,* l'article 3 de l'ordonnance de 1844 et l'article 4 du décret de 1869 ont subi des modifications importantes par suite du décret du 1er février 1877; ces modifications n'attaquent point pourtant les grandes lignes de l'organisation primitive; elles sont communes à la *Direction des consulats* et à l'ancien *Bureau du contentieux* érigé en direction, et n'ont pour objet que « de relier plus étroitement le service diplomatique et le service consulaire, et d'assurer un complet accord de vues et d'action entre toutes les directions ».

La *Direction politique,* suivant l'ordonnance de 1844, « traite des affaires politiques proprement dites, de celles relatives à des intérêts privés qui ressortissent à des agents diplomatiques lorsqu'elles n'ont pas un caractère contentieux, des questions de limites et d'extraditions, des conventions de poste, etc. Le personnel des agents diplomatiques est compris dans ses attributions. »

La *Direction politique* ne comprenait, en 1844, que deux sous-directions, une du *Nord,* l'autre du *Midi.* L'ordonnance créait en effet deux bureaux : l'un pour les affaires politiques et commerciales de l'Amérique et des Indes, subordonné à la fois au directeur politique et au directeur commercial; l'autre pour les affaires contentieuses, les réclamations des Français contre les gouvernements étrangers, et des étrangers contre le gouvernement français, indépendant de la Direction politique.

Ces deux bureaux, après des vicissitudes diverses, ont été rattachés, soit pour une partie, soit pour la totalité de leurs attributions, à la direction politique. Le *Bureau de l'Amérique et des Indes,* créé en 1844, disparaît en 1848. Mais, après quelques tâtonnements, la multiplicité et l'importance des affaires à long terme qui intéressent la France en Amérique et dans l'extrême Orient ont exigé la création d'une sous-direction spécialement chargée de la correspondance et des travaux politiques concernant ces divers états.

Le *Bureau du contentieux*, rattaché d'abord aux *Consulats* en 1832, indépendant en 1844, et ayant, dès cette époque, un comité consultatif composé de membres des deux Chambres et du conseil d'État; adjoint, en 1852, à la *Direction des fonds;* subordonné, en 1853, à la *Direction politique* et même, en 1861, fondu avec la *sous-direction de l'Amérique et de l'Indo-Chine,* ne reprend son existence personnelle, comme sous-direction politique, qu'en 1864.

Le décret de 1869 accorde donc à la Direction politique quatre sous-directions au lieu de deux :

1° La sous-direction du Nord.
2° La sous-direction du Midi et de l'Orient.
3° La sous-direction de l'Amérique et de l'Indo-Chine.
4° La sous-direction du Contentieux.

Par suite du décret du 2 février 1877, « le service du contentieux comprend aujourd'hui le contentieux politique et le contentieux commercial, et est confié à un directeur adjoint travaillant avec le directeur des affaires politiques pour le contentieux politique, et avec le directeur des consulats pour le contentieux commercial ».

Le même décret a créé de plus, pour les motifs que nous avons indiqués plus haut, un *Comité des services extérieurs,* composé du directeur des affaires politiques, président, du directeur des consulats et du directeur-adjoint du contentieux. Le directeur des archives et le directeur des fonds y sont convoqués pour l'examen des affaires communes ressortissant à leurs services.

La *Direction commerciale*, chargée par l'ordonnance de 1844 « de traiter les affaires commerciales, de préparer les traités de commerce et de navigation [1], d'instruire les questions relatives à la protection du commerce français dans les pays étrangers et celles qui résultent des réclamations du commerce étranger envers le gouvernement français, a dans ses attributions le personnel des agents de tous grades du service consulaire, des chanceliers d'ambassade, de légation et de consulat, des drogmans et interprètes attachés aux postes diplomatiques ou consulaires de l'Orient et de l'extrême Orient ».

---

[1] Le décret de 1869 ajoute : « Les conventions consulaires et toutes celles qui se rattachent à la propriété littéraire, aux télégraphes, aux chemins de fer internationaux, etc. »

La *Direction des consulats*, par suite de la suppression du *Bureau de l'Amérique et des Indes*, a subi les mêmes modifications que la *Direction politique*. Elle comprend trois sous-directions, mais la répartition des divers États entre ces trois sous-directions n'est pas la même qu'entre les trois sous-directions similaires de la politique.

La première sous-direction est chargée du Nord.
La seconde, du Midi et de l'Amérique.
La troisième, de l'Orient et de l'Indo-Chine.

La *Direction des archives et de la chancellerie* est restée telle en 1869 qu'elle avait été organisée par l'ordonnance de 1844. Elle se compose de deux services absolument distincts.

1° Celui des *Archives*, formant une sous-direction, qui comprend : la conservation et le classement de toutes les correspondances et documents reçus et transmis par le ministère des Affaires étrangères ; la rédaction de la table analytique des correspondances diplomatiques, la collection et la garde des traités, conventions, protocoles, actes internationaux de toutes sortes ; celle des décrets et des décisions ministérielles, la bibliothèque, le dépôt des plans, relevés topographiques et documents relatifs aux limites du territoire, ainsi que des cartes géographiques à l'usage du ministère ; la recherche de tous les documents et renseignements réclamés soit pour le service du Département, soit pour tout autre service public ou privé.

A ces attributions, il faut joindre celles que lui ont assignées le décret du 20 février 1874 et le rapport approuvé du 20 juillet même année, par suite desquels le public peut être admis à prendre communication des documents conservés aux archives.

Le second service compris dans la direction, le *Bureau de la chancellerie*, a dans ses attributions la délivrance des passe-ports autres que ceux du cabinet, les légalisations et les visa et la perception des droits qui en résultent ; la transmission des actes judiciaires et des commissions rogatoires, la correspondance relative aux actes de l'état civil, les réclamations relatives à des affaires d'intérêt privé, les renseignements intéressant les Français à l'étranger ou les étrangers en France, l'application des traités en ce qui concerne les successions des Français décédés à l'étranger ou celle des étrangers décédés en France.

Les attributions de ce bureau n'ont point été modifiées. Il est le seul qui soit ouvert au public.

Enfin, la *Direction des fonds et de la comptabilité*, dont les services sont les mêmes qu'en 1844, exécute les travaux généraux et particuliers relatifs aux dépenses du ministère, correspond avec les agents politiques et commerciaux sur toutes les matières de comptabilité et sur tout ce qui s'y rapporte. Les dépenses secrètes, la liquidation des frais de service, des indemnités de voyages, des frais de courrier, les présents diplomatiques, les pensions, la préparation et la justification des budgets et des comptes du ministère, etc., font partie de ses attributions.

On voit par ce rapide exposé que, sauf les modifications indispensables qu'a entraînées l'augmentation des relations des Français avec l'étranger, et l'entrée dans le monde politique de puissances qui n'existaient point il y a soixante ans et avec lesquelles, aujourd'hui, les rapports sont constants, le système d'organisation est resté presque identique avec le système adopté par Talleyrand. Il serait facile de démontrer que les dépenses du département n'ont pas suivi la marche ascendante que semblait devoir imposer cette augmentation du travail courant; que les traitements des employés subalternes n'équivalent pas à la moitié du traitement des employés subalternes de 1789; que le département des Affaires étrangères, celui où l'on exige, et à juste raison, le plus de garanties morales des commis qu'on y admet, est celui aussi où l'avancement est le moins rapide et la rémunération le moins élevée; mais ces détails ne seraient point ici en leur lieu. On se convaincra mieux de la vanité des attaques dirigées contre le Département par la lecture des quelques ouvrages publiés pour proposer des modifications au système établi par l'ancien régime et conservé malgré tant de révolutions.

La liste est courte des livres écrits pour ou contre le ministère. On a publié dans les journaux un certain nombre d'articles sur cette question; le *Moniteur*, entre autres, a inséré, il y a quelques années, une étude remarquable sur les conditions d'admissibilité dans la carrière; mais je n'ai malheureusement pas conservé la date exacte de l'apparition de ces articles. Je me bornerai à indiquer les brochures :

Faits, calculs et observations sur la dépense d'une grande administration de l'État à toutes les époques depuis le règne de Louis XIV et inclusivement jusqu'en 1825, par M. le comte D'HAUTERIVE. Paris, Le Filleul, 1828, in-8°.

Questions diplomatiques et particulièrement des travaux et de l'organisation du ministère des Affaires étrangères, par M. DEFFAUDIS. Paris, 1849, in-8°.

Observations sur notre organisation diplomatique, par M. E. DE VAL-BEZEN. Paris, février 1842, in-8°.

Le Ministère des Affaires étrangères (sans nom d'auteur). Broch. in-8° carré. Paris, Plon, 1872.

Nos diplomates et notre diplomatie. Étude sur le ministère des Affaires étrangères, par M. HERBETTE. *Préface* de M. E. PICARD. *Appendice contenant le rapport de M. E. Arago au nom de la commission des services administratifs.* Paris, Le Chevalier, 1874, in-12.

Il sera utile enfin de consulter les divers rapports présentés par les commissions du budget, et le *Rapport présenté à l'Empereur sur les travaux du Département des Affaires étrangères pendant l'année* 1853. (Imprimerie impériale. Février 1854, in-4° de 13 pages.)

TABLE ALPHABÉTIQUE

DES NOMS CONTENUS DANS CET OUVRAGE

ABANCOURT (D'), 200, 210.
ABRANTÈS (Madame D'), 157.
ABRIAL, 484.
ACLOCQUE, 188.
ADANSON, 412.
ADET, 253.
ADHÉMAR, 394.
ADRIEN, 275.
AGASSE, 228, 237, 248, 333.
AIGLE (Madame DE L'), 226.
AIGREMONT (D'), 456.
AIGUILLON (D'), 13, 19, 45, 52, 76, 78, 144.
AILLON (D'), 118.
AITZEMA, 41.
ALBITTE, 112.
ALEX (l'abbé), 44.
ALEXANDRE, 286.
ALQUIER, 369.
ANDRÉ (D'), 81, 82, 91, 93, 95, 97, 101, 105.
ANDRÉ D'ARBELLES, 491.
ANDREZEL (D'), 52.
ANGELIS (Madame D'), 146.
ANQUETIL, 307, 340, 376, 378, 381, 476.
ANVILLE (D'). Voir BOURGUIGNON.
APPIA, 366, 388, 437.
ARAUJO, 429.
ARCAMBAL, 337.
ARCHIER, 112.
ARÉNA, 136, 177, 197, 275.
ARGENSON (D'), 3, 407.
ARNAULT, 428.
ARTAUD, 409, 460, 461, 467.

ARTOIS (le comte D'), 222.
ASNIÈRES DE LA CHATAIGNERAYE, 455.
AUBERT, 54.
AUBERT-DUBAYET, 174, 193.
AUBETERRE (D'), 59.
AUBIER, 188.
AUBRIÉ, 275.
AUBUSSON, 460.
AUDIFFRET, 336.
AUDOUIN, 276.
AUGUIS, 45, 413.
AUGUSTE III, 26.
AUGUSTE, dit CHAYOLLE, 314.
AURIC, 372.
AUSON, 105.
AY (D'), 25.
AZARA, 440.
AZÉMA, 112.
BABET, 91.
BACHELIER, 16, 17.
BACHER, 461.
BAERT, 112, 114.
BAILLY, 31, 54, 86, 100, 104, 276.
BALBO, 391.
BALDWIN, 337.
BALZAC, 480.
BAR, 275.
BARALLIER, 256, 285, 290, 293.
BARANTE, 221.
BARBAROUX, 273.
BARBÉ-MARBOIS, 140, 230, 357, 385, 386, 406, 408, 415.
BARBIÉ DU BOCAGE, 4, 485.
BARBRY, 317, 336, 367, 388, 406, 439.
BARENNES, 112.

BARÈRE, 104, 145, 156, 166, 249, 265, 273, 280, 281, 282, 284, 287, 296, 297, 298, 301, 302, 303, 310, 318, 320, 321, 327, 490.
BARNAVE, 75, 79, 82, 85, 104, 105, 220, 274, 311.
BARRAS, 235, 361, 404, 405, 427, 430, 445.
BARRIS, 112.
BARRY, 251.
BARTHEL, 330, 372, 437, 470, 471.
BARTHÉLEMY, 111, 122, 140, 346, 352, 353, 393 et suiv., 411, 435, 474.
BARTHÈS, 31.
BASCHET (Armand), 14.
BASSEVILLE, 39, 273, 277, 314.
BASSIGNY, 37, 150.
BAUD, 47, 150, 337, 364, 459.
BAUDET, 336, 367.
BAUDRY, 143, 165, 170, 237, 248, 249, 250, 251, 281, 283, 290, 314, 330, 369, 388, 459, 487, app.
BAUDUS, 485.
BAUMIER, 275.
BAVILLE, 185.
BAYEUX, 373.
BAYLE (Moïse), 345.
BAZIRE, 140, 218, 219, 288, 296.
BEAUFORT, 340, 343.
BEAUHARNAIS (DE), 78, 84, 95.
BEAUJOUR (Félix, dit), 307, 314, 315, 328.
BEAULIEU, 184, 248.
BEAUMARCHAIS, 197.
BEAUMETZ, 85.
BEAUMONT (DE), 60.
BEAUSSET (DE), 47, 52.
BECCARIA, 201.
BECHARD, 37, 150, 459.
BECQUEY, 130, 136, 139, 170.
BEDTINGER, 37, 150, 459.
BEERENBROEK, 424.
BELLE-ISLE (DE), 42.
BELLETÊTE, 412.
BELLEVILLE, 180, 273.
BELOT, 112.
BENEZECH, 411, 412.
BENKENDORFF, 370.
BENTABOLE, 246, 286.
BERCHINY, 298.
BÉRENGER, 140.
BERLIER, 377.
BERMONT, 316, 330, 459.
BERNAGE, 27, 33, 52, 150.

BERNARDIN DE SAINT-PIERRE, 29, 54, 148, 368.
BERNERY, 345.
BERNIS (le cardinal), 28, 87, 93, 327.
BERRUYER, 249.
BERTAULT, 17.
BERTHIER (Alexandre, prince de Wagram, 14, 425.
BERTHIER (J. B.), 14 et suiv.
BERTHOLONY, 118.
BERTRAND DE BOUCHEPORN, 167.
BERTRAND DE MOLLEVILLE, 118, 122, 124, 131, 198, 205, 217, 218, 219, 220, 221.
BÉRULLE (Madame DE), 61.
BESSON, 376, 377, 440, 485.
BETMETERDER, 354.
BEUGNOT, 130, 196.
BEURNONVILLE, 294.
BEUSCHER, 244, 246, 247, 313, 354, 374, 388, 437, 470, 471.
BEYLON, 394.
BEYS, 392.
BIAUZAT, 79, 97, 98.
BIDERMANN, 143, 168.
BIERRY, 317.
BIGNON, 290, 431, 433, 444, 476, 477.
BIGNY D'AISNAY, 57.
BIGOT DE SAINTE-CROIX, 126, 131, 140, 183, 200 et suiv., 220, 229, 230, 342.
BILLAUD-VARENNES, 255, 275, 282, 283, 302, 318, 320, 321.
BIRON, 75.
BISCHOFF, 25.
BISHOFFSWERDER, 102, 223.
BITON, 329.
BLARENBERGHE, 16, 17, 375.
BLANCHON, 112.
BLANQUET, 367.
BLONDEL, 52.
BLUMENDORF, 175.
BOCCARDI, 345.
BOGNE, 455.
BOISGELIN, 474.
BOISSONADE, 254, 315, 328.
BOISSY D'ANGLAS, 327, 342, 348, 351, 353, 404.
BOMBELLES, 87.
BONAPARTE, 213, 349, 357, 389, 390, 392, 393, 397, 404, 414, 424, 425, 426 et suiv. Voir NAPOLÉON.
BONAPARTE (Madame), 392, 427, 428.
BONAPARTE (Lucien), 430.

TABLE ALPHABÉTIQUE. 549

BONHOMME, 187, 251, 315, 330, 424.
BONNEAU, 167, 168, 255, 317, 337, 366, 388.
BONNE-CARRÈRE, 88, 90, 143, 146, 156 et suiv., 167, 169, 170, 175, 177, 178, 183, 189, 196, 198 et suiv., 202, 213, 238, 241.
BONNEMANT, 275.
BONNET, 43, 160, 237, 256, 337, 375, 376, 439, 459.
BONNEVILLE, 275.
BONNIER, 425.
BORDE (DE LA), 13.
BORGHÈSE (le prince), 485.
BOSSUET, 46.
BOUCHE, 105.
BOUCHER, 215.
BOUCHOTTE, 287, 294.
BOUDIER, 251.
BOUGAINVILLE, 188.
BOUIN, 276.
BOULANGER, 136, 139.
BOULOGNE (Madame), 274.
BOULOUVARD, 285, 293, 294, 316, 330, 333, 373, 387, 439, 442.
BOURDON, 257, 276, 314, 330, 348.
BOURDONNAYE, 249.
BOURGOING, 21, 58, 268, 353.
BOURIENNE, 443.
BOURGUIGNON D'ANVILLE, 43 et suiv.
BOURJOT, 437, 470, 471, 489, 490.
BOUSMARD (DE), 77.
BOUSSION, 97.
BOYER, 328.
BRAINVILLE, 228.
BREARD, 113, 280, 281, 321, 410.
BRENIER, 474.
BRESSON, 414, 445, 488, 489.
BRETEUIL (DE), 42, 45, 56, 61, 394.
BRETON, 367.
BREVET, 85.
BRICHE ou BRITCH, 114, 172.
BRIOT, 430.
BRISSAC, 233.
BRISSE, 113.
BRISSOT, 85, 101, 111, 113, 114, 128, 130, 131, 135 et suiv., 148, 156, 158 et suiv., 193, 194, 197, 199, 204, 205, 206, 212, 213, 214, 219, 222, 223, 265, 266, 271, 272, 273, 278, 279, 327.
BRIVAL, 413.
BROCHET, 276.
BROCHETON, 251.

BROGLIE, 28, 50, 75, 146, 242.
BRONGNIART, 69.
BROSSAUD, 354.
BROSSIER, 43, 322.
BRUGES (DE), 25.
BRUIX, 445.
BRUHL (le comte DE), 25.
BRULÉ, 367, 406, 438, 487.
BRUNE, 262, 440.
BRUNET DE PANAT, 455.
BRUNSWICK, 270.
BRUZEN DE LA MARTINIÈRE, 12.
BUACHE, 375, 439.
BUARD, 226.
BUCHEZ, 52.
BUCHOT (Philibert), 307, 311 et suiv.
BUSCHING, 349.
BUTET, 256, 330, 373, 438, 487.
BUZOT, 82, 89, 106, 124, 267.
CABRE (DE), 455.
CACAULT, 355.
CAHIER DE GERVILLE, 122, 137, 146.
CAILLARD, 237, 243, 252, 288, 314, 315, 330, 349, 354, 445, 474, 475, 476, 485.
CAILLE, 372, 373, 388.
CALLET, 119.
CALONNE, 61, 120, 245.
CALVET, 113.
CAMBACÉRÈS, 327, 340, 348, 351, 361, 377, 428.
CAMBON, 125, 135, 169, 189, 200, 203, 266, 280, 281, 310, 319.
CAMPO (DEL), 391.
CAMPY (Gambier), 24, 163, 164, 248, 313, 333, 367, 406, 437, 486.
CAMUS, 31, 95, 99, 110, 357, 384, 385.
CANCLAUX, 249.
CANESY. Voir Madame DE MONTMORIN.
CANTIN, 354.
CARAMAN, 329.
CARBONNIER, 34, 330, 370, 438, 471, 472.
CARDIN, 413.
CARDONNE, 27, 33, 165, 241, 369, 388, 412, 413.
CARLETTI, 348, 390.
CARNÉ, 409.
CARNOT, 113, 114, 301, 302, 307, 308, 309, 318, 321, 324, 326, 361, 379, 395, 405, 406.
CAROT, 188.
CARRA, 162, 218.
CARTEAUX, 180.

CARTIER, 113.
CASANOVA, 12, 13.
CASSAS, 410.
CASTEL, 22.
CASTELLANE, 87.
CASTELNAU, 222.
CATHERINE II, 7.
CAZALÈS, 78, 80, 84, 86, 104.
CAZE, 354.
CAZENOVE, 492.
CERUTTI, 215.
CETTO, 391.
CHABOT, 113 114, 134, 174, 175, 197, 218, 219, 220, 274.
CHABRILLAN, 415.
CHABROUD, 78, 92.
CHAILLOU, 455.
CHAMBON, 237, 276.
CHAMBONAS (LA GARDE DE), 181, 183 et suiv., 198, 204.
CHAMPAGNE, 284, 413.
CHAMPAGNY (duc DE CADORE), 312, 326, 468, 478.
CHAMPFORT, 54, 262.
CHAMPION, 203.
CHAMPION DE CICÉ, 86.
CHAMPION DE VILLENEUVE, 200, 212.
CHAPELIER, 79, 85, 90, 104, 105.
CHAPPER, 340, 343.
CHAPT DE RASTIGNAC, 228.
CHARLES III, 9.
CHARLES X, 23.
CHARLES II (duc DE DEUX-PONTS), 26.
CHARLIER, 348.
CHASLES, 271.
CHASSET, 86.
CHASTEAU (DE), 455.
CHATEAUBRIAND, 60.
CHATEAUNEUF, 245, 391.
CHATELET, 77, 82.
CHATRY-LAFOSSE, 392.
CHAUMETTE, 275.
CHAUVELIN, 164, 199, 202, 242, 243, 244, 245, 271, 272, 274, 282, 290, 403, 404.
CHAVIGNY, 28.
CHAYOLLE, 314, 412.
CHEMIN. Voir DEFORGUES.
CHENARD, 427.
CHÉNIER (André), 215, 365.
CHÉNIER, 403, 404, 426.
CHENUAT, 37, 54, 160, 161, 168, 255.
CHÉRIN, 49.
CHÉRON, 427.

CHÉZY, 413.
CHIMAY (la princesse DE), 220.
CHOISEUL, 14, 20, 24, 26, 36, 40, 45, 144, 148, 224, 376, 394, 410, 411.
CHOISEUL (baron DE), 200.
CHOISEUL-GOUFFIER, 63, 111, 121, 140, 267, 268, 355, 410, 490.
CHRESTIEN DE LA CROIX, 43, 322, 378, 393, 486.
CHRESTIN, 113, 197.
CIBON, 345.
CLAVELIN, 347.
CLAVIÈRE, 123, 124, 146, 168, 171, 177, 178, 213, 265, 275, 279, 281, 283.
CLÉMENCE (Henry), 262.
CLÉMENT (Dom), 31.
CLERMONT-TONNERRE, 49, 72, 77, 205.
CLOOTZ, 164, 173, 214, 237, 259, 260, 266, 299.
COATPONT, 257.
COCHON, 321.
COLAUD, 461.
COLBERT, 20, 360.
COLCHEN, 143, 167, 170, 237, 251, 307, 315, 320, 325, 338, 349 et suiv., 354, 376, 390.
COLLET, 113.
COLLOT D'HERBOIS, 158, 167, 170, 180, 251, 361, 302, 310, 318, 321.
COLMACHE, 399.
COMMAILLE, 254.
CONDÉ, 102, 463.
CONDORCET, 114, 128, 130, 146, 164, 173, 213, 259, 262, 265, 273.
CORANCEY, 39.
CORCHAUD, 276.
CORNIC, 342.
CORNILLOT, 24, 161, 163, 244, 248, 313, 333, 367, 406, 437, 486.
CORSINI (Néri), 391.
COURT DE GÉBELIN, 39.
COURTEILLES, 39.
COURTENVAUX, 298.
COURTOIS, 275.
COURVOISIER, 460.
COUTEAU, 487.
COUTHON, 301, 301, 310, 318, 321.
COUTURE, 367.
COZETTE, 16, 17.
CRILLON, 75, 145.
CROISSY, 25.
CROUVIZIER, 41, 160, 256
CUMONT-BOUINET, 225.

CUZACK (Mademoiselle DE), 186.
CUSSET, 275.
CUSTINE, 77, 253, 266, 276, 338.
DACIER, 495.
DAENDELS, 395.
DALBERG (duc de), 455.
DAMAS (DE), 196, 163, 402.
DAMBRUN, 37, 150.
DAMOUR, 487.
DANJOU, 276.
DANTON, 86, 165, 174, 214, 235, 237, 249, 260, 262, 263, 265, 277, 279, 280, 285, 286, 293, 295, 298, 302, 303, 311, 395, 403, 404.
DAOUST, 288.
DARBILLET, 163, 164.
DARLU, 118.
DARNAUDRYE, 276.
DASSIGNY, 140.
DAUNOU, 46, 328, 342, 367.
DAUPHIN (le), 209, 210, 211.
DAVERHOULT, 114, 130.
DAVID, 273, 360, 372, 407.
DEBRY (Jean), 206.
DECAISNE, 370.
DECAZES, 484.
DECRÈS, 460.
DEFERMON, 460.
DEFLANDRES, 118.
DEFORGUES, 261, 282, 285 et suiv., 310, 312, 313, 321, 323, 330, 331, 350, 375, 392, 442.
DEGELMAN, 406.
DELACROIX, 332, 335, 357 et suiv., 406, 414, 423, 429, 430, 439.
DELASSY, 354.
DELAUNAY, 113, 114, 298.
DELILLE, 54, 247, 410.
DELMAS, 198, 203, 280, 321, 410.
DENIZART, 4, 329.
DENNÉ, 277.
DENON, 52.
DEQUEUX, 256.
DERCHÉ, 329, 372, 439, 440.
DERUBÉIS, 316, 337.
DERVILLÉ, 313, 333, 366, 369, 388.
DESFIEUX, 158.
DESFORGES-BEAUMÉ, 336.
DESFORGES-PARNY, 331, 332, 373, 388, 407.
DESMAZIÈRES, 407.
DESMEUNIERS, 98, 103.
DESMOULINS (Camille), 73, 74, 85, 124, 157, 168, 163, 262, 295.

DESNAUX, 367, 406, 437, 459, 486.
DESPERRIÈRES, 118.
DESPORTES, 230.
DESPRÉAUX, 427.
DESPRÈS, 377, 427.
DESRENAUDES, 400, 403, 404.
DESROCHES, 118.
DESTOURNELLES, 315, 330.
DESTREM, 177, 424.
DETCHAUDY, 406.
DETTEMART-BASSE, 391.
DEVILLE DE NOAILLY, 25, 150.
DIDELOT, 23.
DIDEROT, 393.
DIDIER, 333.
DIETRICH, 126.
DIEZ, 488.
DILLON, 270.
DOLGOROUKI, 370.
DOLOMIEU, 440.
DORAT-CUBIÈRES, 300.
DORÉ, 276.
DORION, 437.
DORMESSON, 184.
DORSCH, 307, 338, 366.
DORSET (le duc DE), 67.
DRAKE, 371.
DROUET, 249, 283.
DROUIN, 113, 437, 470, 471.
DUAULT, 471.
DUBARRY (madame), 12.
DUBOIS, 5, 38.
DUBOIS-BELLEGARDE, 113.
DUBOIS-CRANCÉ, 81, 264, 265.
DUBOIS-DUBAIS, 113 114.
DUBOIS-THAINVILLE, 143, 163, 164, 216, 254.
DUBOST, 167, 248, 313.
DUBOUCHAGE, 183, 197, 198, 200, 210.
DUBUISSON, 280.
DUCHER, 237, 240, 241.
DUCLOS-DUFRESNOY, 68.
DUCLOS, 476.
DUCOS, 114, 135, 190, 197, 203, 273, 290, 329, 340, 341, 354.
DUCROC, 257, 328, 354.
DUCUING, 354.
DUFFORT, 286.
DUFOUR, 276.
DUGAZON, 257, 328, 428.
DUHAIL, 315.
DUHAUTOIRE, 338.
DUHEM, 199, 351.
DULAURE, 147.

Dumas (Matthieu), 41, 118, 130, 133, 137, 192, 197.
Dumey, 255, 336.
Dumolard, 114, 190.
Dumont, 199.
Dumouriez, 143 et suiv. à 181, 187, 197, 204, 214, 215, 230, 237, 241, 248, 254, 255, 256, 261, 262, 270, 274, 275, 278, 279, 283, 290, 330, 336, 337, 438, 447.
Dupaty, 201.
Dupérou, 307, 331, 332, 373.
Duperrier. Voir Dumouriez.
Duplain, 286.
Dupont, 3, 75, 77, 79, 333, 386, 390, 405.
Dupont (Mademoiselle), 130.
Duport, 94, 97.
Duport du Tertre, 86, 95, 122, 131, 220.
Duportail, 86, 121, 218, 220.
Dupoy, 314, 330, 373.
Duprat (le cardinal), 291.
Duquesnoy, 75, 79.
Durand, 40, 41.
Durant (André), 407, 439, 470.
Durant de Mareuil, 357, 369, 370, 439, 464, 469, 470.
Duranthon, 146, 180, 181, 184, 191, 192.
Durdent (de), 118.
Durfort, 88.
Durival (Jean), 36, 40, 54, 69, 149, 160, 447, 458.
Durival (C.), 36.
Durival (N. L.), 36.
Duroc, 314, 485.
Duroveray, 199, 262.
Durgey, 37, 68, 141, 168.
Duval (Amaury), 307, 314.
Duveyrier, 102.
Egalité (fils), 214.
Elbecq, 81.
Elisabeth (Madame), 210, 226, 227.
Emeric, 81, 82.
Enenon, 276.
Enghien (le duc d'), 371, 462.
Enguehart, 118.
Enguehart de Vaupré, 118.
Eon (la chev. d'), 50.
Ephraïm (le juif), 102, 217, 222, 223.
Erskine, 198.
Esbeck (baron d'), 179.
Eschassériaux, 113, 321.

Espagnac, 214:
Esprémesnil, 177.
Est (d'), 391.
Estourmel, 78.
Etienne, 24, 150.
Etourneau (l'), 283.
Eugène (S. A. le P.), 31, 463.
Exelmans, 370.
Fabre d'Eglantine, 262, 263, 295.
Fain, 344.
Fauchet, 111, 113, 114, 122, 124, 125, 127, 130, 131, 136, 140, 213, 218, 220, 276.
Faucheux, 244, 246, 247, 313.
Faure, 440.
Fauvel, 410.
Favart, 54.
Favier, 144, 146.
Felhémési. Voir Méhée.
Félix, 328.
Féraudel, 143, 163, 165, 254, 374, 406, 410, 411, 438, 487.
Fernan-Nunez, 347.
Féron, 275.
Févelat, 160, 215, 248, 249, 253, 255, 336.
Fitz Gérald (lady), 214.
Fitz James, 220.
Flassan, 307, 340, 341, 342, 369, 406, 477.
Fléchelle (de la), 408.
Fleurieu (de), 86.
Fleury (duc de), 317.
Fleury, 47, 286, 440.
Florent, 328, 340, 341, 367, 388.
Florent Guyot, 304.
Florian, 54.
Florida-Blanca, 100.
Flotte (de la), 37.
Folard, 456.
Follope, 226.
Fontaine, 376, 377.
Fontanges d'Auberoque, 185.
Fontenelle, 386.
Fontette (de), 68.
Fonton, 49, 412.
Forfaix, 204.
Forgues. Voir Deforgues.
Fornetti, 412.
Fouquier-Tinville, 224, 227, 311, 357.
Fourcade, 312, 317, 337, 373.
Fourcroy, 321, 410.
Fourier, 328.

TABLE ALPHABÉTIQUE.

FOURNIER, 24, 34, 167, 251, 256, 337, 364, 459.
FOURNIER L'AMÉRICAIN, 217, 231 et suiv.
FOX, 475.
FRANÇOIS DE NEUFCHATEAU, 395.
FRANKLIN, 334.
FRÉMONT, 251.
FRÉRON, 123, 124, 176, 177, 220, 262, 276.
FRÉRON (Mesdemoiselles), 54.
FRÉTEAU, 78, 80, 81, 82, 96, 97, 98, 101.
FROCHOT, 326.
GABRIAC (DE), 455.
GALISSONIÈRE (LA), 77.
GALLON-BOYER, 314, 343, 376, 377, 439, 459, 484.
GALZ-MALVIRADE, 455.
GAMET, 41, 160, 256, 337.
GANDOLPHE, 35, 54, 69, 140, 143, 149, 160, 166, 202, 217, 227.
GARAN, 169, 229, 430.
GARAT, 79, 106, 255, 271, 279, 331, 388, 457.
GARDANE, 494.
GARDEN, 414.
GASPARIN, 264, 265.
GASQ, 122.
GASTEBOIS, 354.
GAUCHEREL, 23.
GAULLARD DE SAUDRAY, 45.
GAUPIN, 277.
GAUTIER D'ECUROLLES, 118.
GAUTIER DE LA PEYRONNIE, 41, 160, 256.
GAUTIER, 44, 160.
GELLÉ, 251.
GENET, 42, 54, 259, 321, 324, 330, 345, 408, 410.
GENLIS (Madame DE), 214, 242. Voir SILLERY.
GENSONNÉ, 111, 113, 114, 129, 131, 135, 136, 140, 145, 146, 163, 192, 193, 197, 219, 222, 231, 232, 279.
GENTIL, 113, 174.
GENTON, 150.
GEOFFROY, 35, 54, 99, 140, 143, 166, 170, 255, 256, 337, 364, 376, 377.
GÉRANDO, 27.
GÉRARD (Alexandre), 21 et suiv., 30, 40, 43, 408, 484.
GÉRARD DE RAYNEVAL, 21 et suiv., 30, 34, 40, 42, 43, 50, 54, 69, 85, 109, 140, 143, 147, 148, 150, 170, 202, 243, 410, 445, 447, 456, 457, 483.

GÉRARD DE RAYNEVAL (famille), 23.
GERNLER, 458.
GINGUENÉ, 388.
GIRARDIN, 92, 114, 135, 207, 243, 427.
GIRAULT, 118.
GOBEL, 91, 102, 264.
GOETHE, 290, 443.
GOFFINET, 24, 167, 251, 315, 330, 367, 407, 438, 471, 472.
GOLTZ (le comte), 134.
GONCOURT (MM. DE), 393.
GONORD, 276.
GORANI, 262.
GORESSEAU, 354.
GORGOGLIONE, 391.
GORSAS, 176, 177.
GOSSEAUX, 113.
GOSSEC, 276.
GOSSUNI, 177.
GOUBAULT, 43, 378, 486.
GOUJON, 218, 255, 307, 310, 311, 352, 473.
GOUPIL DE PRÉFELN, 74, 75, 78, 95.
GOUPILLEAU, 113.
GOURDAN, 99.
GOUVERNEUR-MORRIS, 8, 118, 257, 260, 274, 287, 295, 320, 321, 345.
GOUVION, 181.
GOUY D'ARCY, 214.
GOWER (lord), 259.
GRAMONT, 474.
GRANDJEAN, 43.
GRANDJEAN DE FLÉVY, 374, 407.
GRANDMAISON, 276, 408, 439.
GRANIER DE CASSAGNAC, 224.
GRANGENEUVE, 113, 203.
GRANT, 123.
GRANT (Madame), 122.
GRAU, 123.
GRAVE (DE), 146, 171, 177.
GRAVIER. Voir VERGENNES.
GRÉGOIRE, 264, 265, 288, 296, 313.
GRENIER, 337, 367.
GRENVILLE (lord), 269, 272.
GRIMM, 122.
GROUVELLE, 214, 271, 282.
GUADET, 114, 129, 135, 136, 169, 172, 177, 178, 184, 191, 213.
GUÉRARD, 437, 470, 471.
GUERCHY (marquis DE), 179.
GUÉRIN, 276.
GUERMEUR, 286.
GUÉROULT, 368.
GUFFROY, 267.

TABLE ALPHABÉTIQUE.

GUICHERD, 255.
GOIFFREY, 14.
GUIGNARD. Voir DE SAINT-PRIEST.
GUILLAND DE LÉTANCHE, 113.
GUILLEMARDET, 406.
GUILLETTE, 337.
GUILLIARD, 237, 244, 246, 313.
GUILLOIS, 37, 150, 336, 374, 408, 439, 489.
GUILLON, 18.
GUINES (le comte), 47, 63.
GUINGUERLOT, 188.
GUIRAUDET, 365, 369, 388, 406.
GUSTAVE III, 393.
GUYÉTAND, 237, 244, 246, 247, 313, 333, 372, 438, 471, 472.
GUYOT, 4, 6.
GUYTON-MORVEAUX, 190, 192, 193, 197, 280, 281.
HAINAULT, 329.
HAL (Mademoiselle), 203.
HALÉ, 329.
HALLE, 354.
HAMMERVILLE, 316.
HAMONDE PACHA, 391.
HARANT, 251.
HARCOURT (le duc d'), 60.
HARDENBERG, 352, 353.
HARDY, 24, 150, 268.
HARTMANN, 278.
HAUSSMANN, 338.
HAUTECLAIR (madame DE), 44.
HAUTERIVE, 291, 344, 397, 400, 409, 410, 411, 437, 445, 447 et suiv.
HAVRINCOURT (le marquis d'), 179.
HÉBERT, 177, 212, 237, 276, 302, 362.
HECQUET, 407.
HÉDOUVILLE, 369.
HÉNAUT, 27.
HÉNIN DE CUVILLIERS, 246, 456.
HENNEBERG, 25.
HENNIN, 27 et suiv., 34, 49, 50, 51, 54, 69, 85, 106, 140, 143, 147, 148, 150, 170, 202, 385, 424, 445, 447, 456.
HENRI IV, 327.
HENRI DE PRUSSE (le prince), 393.
HÉRAULT DE SÉCHELLES, 111, 125, 130, 133, 158, 163, 198, 267, 286, 311, 365.
HERMAND (D'), 397, 408, 438, 486.
HERMANN, 307, 311.
HERNANDEZ DE LA MARQUITIÈRE, 43, 165, 262.

HÉRON, 283.
HERR, 458.
HOOD, 199.
HOPITAL (le marquis DE L'), 13.
HORTODE, 367.
HOURIER-ÉLOY, 368.
HOZIER, 22.
HUBERT, 366, 406.
HUCHON, 252, 253.
HUET, 41, 160, 256, 376.
HUET-FROBREVILLE, 113.
HUGOU DE BASSEVILLE, 162.
HUGUES, 408, 439.
HUGUET, 113.
HUMBERT, 285, 293, 320, 336.
HUMBERT (général), 367.
HUNOLSTEIN (D'), 252.
ISNARD, 125, 126, 129, 130, 135, 136, 138, 203, 213, 280.
JACOB, 438, 464, 471, 472.
JAMAIN, 439.
JAUBERT, 413, 460.
JAUCOURT, 113, 114, 136, 443.
JEAN DE BRY, 280, 327.
JOANNE, 333.
JOGUET, 23.
JOLY (DE), 192, 194, 200, 202, 210, 212.
JOLY, 237, 250, 251, 330, 369, 374, 388, 409, 411, 438, 487.
JORDAN (A.), 455.
JORDAN-DUPLESSIS, 455.
JORELLE, 376, 377, 485.
JORRY, 430.
JOSEAU, 237, 252, 283.
JOSEPH NAPOLÉON, 350.
JOSEPH II, 63, 132.
JOUBAIN DE DOIZU, 24.
JOUENNE, 373.
JOURDEUIL, 286.
JOVENEAU, 329, 354.
JUCLA, 329, 354, 373, 388, 439.
JUMILHAC (comte DE), 49, 72.
KAUNITZ (prince DE), 111, 133, 134, 145, 172, 280.
KELLERMANN, 267.
KÉRALIO, 163.
KERSAINT, 145, 169, 172, 274.
KIEFFER, 337, 338.
KIEMER (Marie), 290.
KLOPSTOCK, 259.
KOCH, 113, 114, 130, 131, 1 0, 58, 194, 199, 229, 230, 262.
KOCK (DE), 276.

Koenig, 391.
Korff (baronne de), 95, 99.
Kosciusko, 259.
Kounemann, 345.
Kriegelstein-Wandelbourg, 458.
Labbé, 275.
La Besnardière, 291, 367, 368, 406, 438, 455, 486, 487.
Laborde, 32.
Laborie, 340, 341, 342, 492.
La Bouchardie (Madame), 404.
La Carrière, 330.
Lacépède, 374.
Laclos, 157, 202, 214.
Lacombe Saint-Michel, 113, 264, 265, 434.
Lacoste, 146, 181, 197.
Lacroix, 113, 114, 126, 167, 169, 175, 199, 203, 218, 234, 235, 252, 263, 277, 280, 281, 295, 315, 330, 373.
Lacuée, 374.
Lafayette, 67, 74, 100, 161, 181, 183, 184, 186, 187, 191, 193, 194, 205, 206, 214, 215, 223, 248, 274, 275, 474.
Lafée, 366.
Laffon, 384.
La Fléchelle (de), 439, 489.
Lafond-Ladebat, 113, 189, 206.
Laforêt, 120, 320, 321, 397, 407, 408, 414, 423, 439, 455, 464, 488.
Lagarde, 34,0 341, 379.
La Harpe, 247, 342.
Lahousse, 140.
Lair, 300.
Lays, 275, 427.
Lajard, 181, 184, 188, 189, 197, 455.
Lajonchère, 484.
Lalande, 276.
Lallemand de Saint-Charles, 262.
Lallement, 456.
Lalligant-Morillon, 245.
Lally-Tollendal, 66, 205.
Laloi, 321.
Lalonde, 368.
La Luzerne, 408.
Lamare (de), 365.
La Marjellière, 320.
Lamarque, 170, 189.
La Mark, 89.
Lamartine, 397.
Lamballe (Madame de), 219.
Lambert (de), 123.
Lambert, 165.

Lameth, 73, 75, 78, 84, 95, 96, 159, 220, 274.
Lamoignon, 226.
Lamourette, 193.
Lamoussaye, 455.
Landrieux, 254.
Langé, 251.
Langlès, 375.
Langlois, 329.
Lanjuinais, 70, 106.
Laplanche, 313.
Laporte, 144, 146, 403, 413.
La Revellière-Lepaux, 361, 377, 405, 407, 416, 417, 426, 430.
Larivière, 136, 218, 219, 220.
La Rouarie, 245.
Larue, 220.
Lasource, 133, 169, 172, 181, 196, 217, 218, 222, 223, 224, 253, 264, 279.
Latoche, 316.
Latouche-Cheptel, 245.
La Tour (Corboz), 27, 37, 150, 459.
La Tour du Pin Gouvernet, 86, 88, 229.
Latour-Maubourg, 455.
Laubépin (de), 455, 474.
Laumond, 213.
Laureau, 199.
Lavalette, 414, 485, 489.
La Vauguyon, 315.
Laveau, 337, 354.
Lavertu (arène), 192.
Lavigne, 94.
Laville, 21, 156.
Laville de Mirmont, 27, 32, 150.
Lebartz, 24, 161, 163, 243, 244, 247, 313, 330, 364, 471, 486.
Lebas, 312, 326.
Leboeuf-Sourdeval, 226.
Lebon (Joseph), 362.
Lebrasseur, 283.
Le Breton, 314, 337.
Lebrun, 73, 109, 118, 367, 388, 426.
Lebrun (Civilis-Jemmapes), 278.
Lebrun (Madame), 284.
Lebrun-Tondu, 143, 161, 162, 163, 170, 176, 177, 214, 215, 234, 235, 237 et suiv., 291, 312, 330, 332, 336, 364, 369, 370, 384, 392, 410, 413, 474, 475.
Lecaron, 113.
Léchaudé, 244, 247, 317, 337.
Lechevalier, 410.

LECHEVALLIER, 490.
LECLERC, 286, 370.
LECOMTE, 255.
LECOUTEULX-CANTELEU, 408.
LECURET, 113.
LEDRAN, 25, 376.
LEFEBVRE (J. B.), 313.
LEFEBVRE, 333.
LEFEBVRE DE BÉHAINE (Édouard), 368.
LEFEBVRE (Édouard), 367, 368, 369, 388, 476, 477.
LEFEBVRE (Armand), 368, 369, 409, 477.
LEFEBVRE-VILLEBRUNE, 370, 387.
LEFEVRE, 17.
LEGENDRE, 276, 295, 404.
LEGENDRE, 45, 46, 49.
LEGENDRE DE COLLANDRE, 57.
LEGRIP, 372, 388.
LEDOC, 273.
LELORGNE D'IDEVILLE, 455.
LEMAÎTRE, 252, 253, 313, 328, 354.
LEMARCHAND, 315, 330.
LEMIERRE, 333.
LEMOINE, 35, 166, 256, 374, 388.
LEMONTEY, 113, 114, 127, 140, 476.
LE MORNARD, 307, 317, 337, 365.
LEMOYNE, 330.
LENFANT, 286.
LE NORMANN, 391.
LÉOPOLD II, 93.
LEPÉCHIN, 41.
LEPELLETIER SAINT-FARGEAU, 78, 89, 105.
LE PICART, 329, 354, 367.
LEPRIEUR, 45 et suiv., 256.
LEQUINIO, 113.
LEQUOY, 252, 253, 317, 333, 370.
LEROUX DE LA VILLE, 200.
LE ROY, 14, 15.
LE ROY DE FLACIS, 113.
LE ROYER, 252, 253, 317.
LESPINASSE-LANGEAC (Mademoiselle DE), 185.
LESSART, 95, 111, 122 et suiv., 149, 158, 193, 217, 229 et suiv., 243, 373, 410.
LESSEPS, 27, 32, 150.
LESUR, 491.
LE TELLIER, 20, 42, 161, 244, 245, 256, 313, 336.
LETOURNEUR, 199, 394.
LÉVIS (DE), 77.
LEWIS-GOLDSMITH, 123, 214, 457, 490.
LHÉRONDEL, 316.

LHOTE, 227.
LIÉBAUD, 328, 354.
LIGIER, 276.
LIMOELAN 245.
LINCH, 25.
LINDET, 281, 301, 302, 310, 318, 321.
LINDSAY, 22.
LIVRON, 337.
LOBJOY, 143, 154, 155.
LOCARD, 341, 354.
LOISELET, 254, 317, 337.
LOMBARD DE LANGRES, 226.
LOMÉNIE, 62, 226.
LOSS, 26.
LOUIS XV, 15, 29, 366.
LOUIS XVI, 2, 7, 22, 45, 56 et suiv., 195, 196, 205, 209, 210, 212, 220, 270, 271, 272, 277, 280, 290, 341, 351, 361, 390, 403, 446, 488.
LOUIS XVIII, 385, 390, 394, 443. Voir MONSIEUR.
LOUIS-PHILIPPE, 444, 473. Voir ÉGALITÉ.
LOUIS (Dauphin), 46.
LOUIS (l'abbé), 140.
LOUVET, 113, 168, 263, 274, 327.
LOYS, 94.
LUBEAU, 354.
LUCIA, 113.
LUCKNER, 174, 178.
LUZERNE (LA), 60, 63, 74, 86, 98, 226, 227, 244.
LYONNE, 291.
LYTTON BULWER, 397, 399.
MACAREL, 254, 291, 317, 336.
MACDONALD, 214.
MACKAU, 26, 140.
MADAULE, 336.
MADJET, 354, 366, 388.
MAHÉLIN, 408, 439, 461.
MAILLARD, 225, 277, 300.
MAILHE, 113, 114, 133, 135, 136, 139, 198.
MAINDOUZE, 143, 167, 168, 170, 190, 241, 255, 276, 283, 290, 291, 330, 354.
MAINTENON (Madame DE), 344.
MAISON, 237, 251.
MAISONNEUVE (DE), 140.
MALARTIC (DE), 455.
MALESHERBES, 62, 270, 365.
MALLARMÉ, 234.
MALLET, 53.
MALLET DU PAN, 117, 118, 435.
MALLET-TUDERT, 30.

TABLE ALPHABÉTIQUE.

Malmesbury, 391.
Malouet, 77, 117, 118, 217.
Mandat, 207, 209.
Mandelsloh, 391.
Mangourit, 307, 323, 324, 325, 381.
Manuel, 164.
Marand, 169.
Marat, 92, 124, 165, 212, 249, 252, 253, 263, 274, 275, 279, 280, 286, 411, 487.
Marcandier (Roch), 249.
Marchand, 313.
Marcilly (de), 188.
Maréchaux, 254.
Maret, 164, 178, 237, 242, 243, 245, 248, 271, 278, 282, 298, 377, 445, 460, 478, 379.
Margarot, 268.
Marie-Antoinette, 56, 111, 121, 132, 172, 179, 212, 283.
Marie-Josèphe de Saxe, 26.
Marie-Thérèse-Charlotte, 390.
Marigny (marquis de), 14.
Marquet de Montbreton, 455.
Marquésy, 435.
Marron, 307, 334, 335, 336, 369.
Marsieu (de), 455.
Martel, 177.
Martin, 166, 276.
Martineau, 83.
Marye, 30.
Masson, 489.
Mathias, 473.
Mathieu, 370, 437, 470.
Maubert (le P.), 46.
Maubreuil, 492.
Maudru, 297.
Maulde, 279.
Maulde (de), 179.
Maure, 258.
Maurin, 276, 317, 336.
Maury (l'abbé), 77.
Maussion, 455.
Mayer, 7 et suiv.
Mazarin, 338.
Megret de Serilly, 226, 227.
Méhée, 225, 235, 357, 370, 371, 387.
Mehemet Coggia, 391.
Méhul, 426.
Ménière, 347.
Menou, 76, 78, 81, 82, 84, 89, 93, 105.
Mercier, 296.
Mercy-Argenteau, 121, 347.
Meredieu. Voir Naillac.

Merlin, 200, 218, 219, 277, 320, 321, 327, 340, 348, 351, 361, 390, 410, 467.
Méroger, 27, 82, 150, 459.
Mesdames Tantes, 56, 58.
Meyer, 25, 391.
Michaud, 113, 307, 334, 335.
Michel, 199.
Micheli, 391.
Mignon, 24.
Millin de Grandmaison, 164.
Millon, 333.
Mimon, 354.
Minier, 354.
Miot, 285, 287, 294, 307, 312, 317, 320, 321, 324, 325 et suiv., 335, 337, 346 et suiv., 452.
Mirabeau, 2, 62, 69, 70, 74 et suiv., 89, 104, 119, 145, 146, 156, 157, 159, 199, 262, 311, 329, 335, 365, 366, 403.
Miranda, 333.
Miromesnil, 41.
Mitchell, 440.
Modène (comte de), 393.
Moellieu, 245, 246.
Molin, 367, 374, 408.
Mollien, 331, 332, 369, 370, 374, 417.
Momoro, 276.
Monge, 214, 260, 425.
Mongy (de), 41.
Monroe, 287, 345, 391.
Monsieur (comte de Provence), 11, 45, 46, 99, 201.
Montamant, 323.
Montboisier, 58.
Montcarel, 24, 150.
Montensier (la citoyenne), 275, 276.
Montesquiou, 77, 88, 263, 264, 265, 404.
Montesson (Madame de), 405.
Montezan, 140.
Montgon, 58.
Montlinot, 457.
Montlosier, 77, 94.
Montmorin, 39 et suiv., 42, 55 et suiv., 119, 124, 128, 131, 145, 148, 149, 154, 157, 159, 166, 179, 200, 205, 217 et suiv., 343, 364, 373, 421, 489.
Montmorin (Madame de), 56 et suiv., 221, 226, 227.
Montmorin Saint-Hérem (famille de), 56 et suiv.

MONTMORIN (le marquis DE), 222, 224.
MONTMORIN (A. H. C.), 60, 226, 227.
MONTUCLA, 32, 307, 340, 376, 378, 381.
MOREAU, 305, 389, 390, 459.
MOREAU (le jeune), 410.
MOREAU (père), 27, 33, 41.
MOREAU (fils), 27, 33, 150.
MOREAU (J. N.), 45 et suiv.
MORICEAU, 354, 373, 381, 388.
MORISSON, 113.
MOULIN, 388.
MOUNIER, 66.
MOURGUE, 178, 180, 181, 184, 237, 244, 245.
MOUSSARD, 367, 374, 406, 407, 437.
MOUSTIER, 111, 120, 140, 223, 268, 407.
MUGUET, 81, 98, 99.
MURAT, 486.
MUSQUIZ, 440.
MUTEL, 373, 388.
NAILLAC, 143, 178, 179, 180.
NAPOLÉON Ier, 46, 108, 144, 198, 242, 243, 305, 385, 394, 401, 432.
NAPOLÉON III, 120.
NARBONNE, 111, 122, 127, 130, 131, 132, 135, 231.
NATTIER, 427.
NECKER, 64 et suiv., 84, 118, 120, 122, 123, 127, 139.
NERCIAT (Andréa DE), 275, 392, 413.
NESLES (Madame DE), 221.
NEUILLY, 39.
NEUVILLE, 254, 314, 328, 354.
NICOLAS (dit Hubert), 366, 437.
NIVELET-DUMAS, 24, 34.
NIVELON (Madame), 17.
NOAILLES, 46, 73, 82, 91, 133, 129, 171, 172, 203, 229, 230.
NOBLAT, 71.
NOEL, 143, 163, 170, 176, 177, 237. 247, 262, 271, 282, 341, 344, 391, 392.
OBRECHT, 25.
OCARITZ, 270.
O'DUNN, 32.
OGIER (le président), 179.
OGNY (D'), 118.
O'KELLY, 140, 343.
OLASSEN, 41.
ORLÉANS (le duc D'), 85, 100, 175, 176, 177, 242, 311.
ORNANO (le comte D'), 49, 71, 256, 376, 439.

ORTIS, 413.
OSMOND (D'), 88, 140.
OSMOND, 472, 473, 489, 490.
OSSAT (D'), 291.
OTTO, 237, 243, 244, 307, 313, 320, 321, 325, 328, 455, 490.
OXENSTIERN, 118.
PACHE, 279.
PAGANEL, 357, 374, 406, 437, 440.
PAILLOT, 329, 354.
PALISSOT, 54.
PALLAS, 41.
PALOMBA, 354, 366, 439.
PAMÉLA, 242.
PANIS, 286.
PAPILLON, 374.
PAQUIN, 276.
PAREIN, 276.
PARGON, 315, 330, 366, 367, 406, 437.
PARIS, 274.
PASCAL, 160, 330.
PASTORET, 133.
PATOIS, 329, 354.
PATRIS, 329.
PAYAN, 312.
PAULIN-MAHON, 484.
PAYNE (Thomas), 272, 273, 392.
PELÉ, 489.
PELET DE LA LOZÈRE, 467.
PELLICOT, 229.
PELTIER, 221.
PEREYRA, 280.
PÉRIGORD-TALLEYRAND, 472.
PERRAULT, 118.
PERRAULT DE CHERIZEY, 118.
PERREAU, 329, 354.
PÉTION, 74, 78, 89, 138, 146, 168, 170, 174, 176, 190, 195, 207, 208, 219, 252, 255, 276.
PETRY, 320, 321.
PFEFFEL, 25 et suiv., 43, 69, 143, 168, 149, 150, 378, 385, 445, 457, 458.
PFEFFEL, fils, 26.
PHILIPPON (Manon). Voir ROLAND (Madame).
PICARD, 161, 163, 244, 337, 374, 408, 439, 489.
PICHON, 373, 438, 459, 460, 471, 472.
PICHOT, 409.
PIERD'HOUY, 366, 406, 437.
PIGNEAU DE BÉHAINE, 63, 368.
PIGNEUX, 318, 319, 330.
PIIS, 377.

Pitt, 242.
Place, 248, 313, 333.
Pléville-Pelay, 395.
Poirier (dom), 31.
Poisson, 41, 45, 160, 256, 337, 376, 377, 424.
Poissonier, 192.
Polignac (comtesse Diane), 53.
Polignac, 271, 460, 480.
Polvesen, 41.
Pomme (l'Américain), 344.
Pommereuil, 457.
Pontécoulant, 179.
Porée, 118.
Porte du Theil (de la), 11.
Portiez (de l'Oise), 338.
Poulet, 459.
Pourlier, 276, 388.
Pourvoyeur, 262.
Praslin (le duc de), 40, 77.
Prenchat, 457.
Prevost, 455.
Prieur, 106, 301, 302, 310, 318, 321, 351.
Proly, 214, 279.
Prost, 312.
Provence (comtesse de), 33. Voir Monsieur et Louis XVIII.
Puisieulx, 27.
Pyrot, 113.
Quatremère, 218.
Quatremère-Disjonval, 430.
Querlon, 507.
Quinette, 192.
Quinson, 141.
Quiret, 257, 313, 333, 473, 439, 487.
Quirini, 390, 391.
Rabaut, 101.
Raize, 412.
Ramel, 421.
Ramond, 113, 114, 126, 130, 140, 174, 191.
Rapinat, 255.
Raymond-Lebon, 341.
Raynal, 52.
Rayneval. Voir Gérard.
Reboul, 113.
Regnault, 78, 82, 95, 97, 100, 157, 275.
Rehausen, 391.
Reimarus, 431, 443.
Reinhard, 285, 290 et suiv., 314, 320, 325, 328, 354, 369, 397, 404, 431 et suiv., 464, 471.

Renard, 375.
Resnier, 276, 376, 377, 439, 464, 474.
Révillon, 367, 388.
Rewbell, 76, 78, 81, 91, 99, 270, 353, 361, 395, 405.
Reybaz, 199, 346.
Ribes (de), 168.
Ribes, 143, 175, 177.
Ricard, 84.
Richard, 323, 410.
Richelieu (le duc de), 23, 45, 214.
Richelieu (le cardinal), 117.
Ritter, 113.
Rivarol, 146, 215, 247, 471.
Richaud, 233.
Roberjot, 395.
Robert, 163.
Robespierre, 75, 78, 80, 89, 91, 92, 94, 97, 105, 106, 163, 168, 170, 196, 214, 279, 285, 293, 295, 296, 299, 302, 303, 304, 310, 311, 312, 318, 321, 330, 345, 373, 404.
Robespierre (jeune), 214.
Rochambeau, 174, 374.
Rochefort, 54.
Rochefoucauld-Liancourt (la), 67, 94, 205, 220, 248.
Rochon de Chabannes, 45 et suiv.
Rodolphe II, 458.
Roederer, 99, 207, 208, 209 et suiv., 377, 473, 489, 490.
Roger, 99.
Roger-Ducos, 348.
Rohan (le colonel), 126.
Rohan-Rochefort, 365.
Roland, 143, 146, 158, 165, 172, 177, 178, 180, 199, 213, 231 et suiv., 262, 276, 289, 388.
Roland (Madame), 156, 158, 159, 163, 171, 215, 274, 286.
Rolland, 276.
Romieu (de), 118.
Romme, 255.
Ropra, 354.
Rose, 257, 314, 330, 373.
Rosenstiel, 43, 161, 262, 316, 330, 355, 422, 438, 484.
Rottier, 367, 406, 437.
Rouhière, 161, 170, 214, 237, 254, 255, 290.
Rouillé, 28, 46.
Rouillon, 367.
Rouyer, 134.
Roux, 438.

TABLE ALPHABÉTIQUE.

Roux-Fazillac, 113.
Roux-Laborie. Voir Laborie.
Roux de Rochelle, 471, 472.
Rouzet, 348, 423.
Royou (l'abbé), 93.
Ruffier, 336.
Ruffin, 411.
Ruffo, 391.
Ruggieri, 427.
Ruhl, 113, 114, 140, 175, 200, 299.
Rulhière, 8, 45 et suiv.
Rumbolt, 443.
Rumigny, 455, 473.
Rutteau, 196.
Sabatier (Madame de), 185.
Sabatier de Cabre, 200.
Saint-Angel ou Angelis, 146.
Saint-Contest, 32, 41.
Saint-Étienne, 485.
Saint-Florentin, 185.
Sainte-Foy, 145, 146, 492.
Saint-Gentil, 188.
Saint-Huruge, 276.
Saint-Jean d'Angely, 495.
Saint-Julien, 141.
Saint-Just, 299, 301, 302, 310, 315, 318, 320, 321, 326, 327.
Saint-Lambert, 65.
Saint-Marsan, 369, 455.
Saint-Priest, 55, 63, 67, 86, 475.
Saint-Simon, 38, 185, 344.
Saint-Simon (Henri), 353.
Saladin, 191, 218.
Salverte, 237, 252, 253, 255.
Salignac, 474.
Sandoz-Rollin, 391.
Sartines, 45.
Satur, 367, 388.
Sautereau, 340, 343, 376, 378, 439, 485.
Sauvage, 406, 437, 487.
Schenck, 391.
Schérer, 39, 395.
Schiller, 259.
Schirmer, 113, 114.
Schlichtegroll, 27.
Schmutz, 376, 377, 378, 388.
Ségur, 63, 70, 71, 88, 111, 118, 120 et suiv., 140, 201, 229, 230.
Seignette, 406.
Seinpré (de), 118.
Sémonin, 39 et suiv., 140, 143, 148, 139, 150, 159, 170, 179, 255, 376.
Sémonville, 175, 179, 180, 267, 268, 279, 298, 305, 490.

Sénart, 235.
Septeuil (de), 188.
Sérent, 77.
Sergent, 246, 366.
Serrurier, 388.
Servan, 177, 178, 180, 213, 294.
Sicard, 237, 244, 245, 286, 313.
Siccard, 313.
Sieurac, 44.
Sieyès, 353, 377, 430, 435, 445, 475.
Sillery-Genlis, 78, 143, 153, 176, 177
Simolin, 95, 99.
Simon, 329, 354, 413.
Simonet, 329.
Sinetti, 77.
Sivry (de), 71.
Sorba, 39.
Sottin, 395.
Soubrany, 255.
Soulaire, 167, 168, 252, 315, 330, 372.
Soulavie, 301, 375.
Soulès, 276.
Spinola, 391.
Stael, 299.
Stael (Madame de), 111, 120, 122, 131, 138, 260, 352, 404, 405, 428.
Stanislas (roi), 36.
Stegleman (Madame de), 95, 99.
Steube, 391.
Stoertz, 458.
Strafford, 84.
Sudreau, 337.
Suget, 287.
Suleau, 203.
Sullivan, 366.
Sylvestre de Sacy, 31.
Taillevis, 275.
Talbot, 329.
Talleyrand, 68, 70, 140, 167, 176, 214, 229, 290, 291, 292, 305, 341, 368, 395 et suiv.
Talleyrand (famille de), 402.
Tallien, 168, 235, 364, 371.
Talmond, 415.
Talon, 214.
Tana, 57.
Tancoigne, 413.
Taneff, 227.
Taneffe, 227.
Tarbé, 123, 220.
Taschereau, 158, 214, 299.
Teallier, 113, 114.
Ternaux, 232, 280.
Terrasse, 337.

TABLE ALPHABÉTIQUE.

TERRIER DE MONTCIEL, 140, 194, 189, 193, 205.
TERRY, 366.
TESSIER, 27, 32, 44, 161, 484.
TÉTOT, 487.
THÉREMIN, 353, 406.
THEULE, 113.
THIARS (DE), 59.
THIBAUDEAU, 348, 358, 359, 360, 467.
THOMAS, 268.
THOMAS DE LA MARCHE, 286.
THOUART, 244, 247.
THUILLIER, 317.
THURIOT, 213, 218, 271, 321, 325, 340, 410.
TILLY, 180.
TIPPOO-SAHIB, 64.
TISSOT, 311.
TORCY, 38, 106, 338, 469.
TOURNÉ, 257.
TOURZEL (Madame DE), 210.
TOUSARD, 305.
TREILH-PARDAILHAN, 113, 114.
TREILHARD, 280, 281, 321, 327, 353, 395, 410, 413, 425, 430.
TRÉMARGAT (DE), 59.
TROTTER, 399.
TURGOT, 474.
TURSKI, 276.
TUTOT, 162.
UCHON. Voir VERGENNES.
USSON (D'), 201.
VADIER, 310.
VALDEC DE LESSART. Voir LESSART (DE).
VALENCE, 214.
VAN BERKEL, 391.
VANDERNOOT, 70, 74.
VANLOO, 17.
VAQUÉ, 161, 248.
VARLET, 205, 208.
VAUBLANC (fils), 118.
VAUBLANC (père), 118.
VAUBLANC (DE), 136, 138, 206, 207.
VAUCOCOUR (Mademoiselle DE), 179.
VAUGHAN, 22.
VAUGUYON (duc DE LA), 56, 65, 83, 150.
VEIRIEU, 113.

VENTURE, 314.
VÉRAC, 147, 475.
VERGENNES, 2 et suiv., 9, 12, 18, 22, 33, 35, 41, 43, 45, 56, 61, 119, 140, 156, 162, 166, 179, 242, 243, 316, 330, 333, 338, 343, 388, 393, 394, 410, 438, 469, 489.
VERGNIAUD, 111, 130, 136, 138, 174, 183, 192, 211, 212, 290.
VERNINAC DE SAINT-MAUR, 396.
VERRON, 177.
VIALLE, 275.
VIANELLI, 366.
VIARD, 274.
VIBRAYE, 88.
VICENCE (duc DE), 468, 476.
VICTOIRE (Madame), 46.
VIEILH DE BOISJOLIN, 237, 247, 248, 313, 333.
VIENNOT-VAUBLANC, 194.
VILLEMAREST, 484, 485, 489, 490.
VILLETTE (le marquis DE), 164, 246.
VILLOT-FRÉVILLE, 328.
VINCENT, 276.
VINFRAIS, 188.
VIRIEU (DE), 66, 77, 260.
VITRY, 160, 255, 336, 374, 378, 388, 408, 439, 489.
VOIDEL, 81.
VOLNEY, 307, 331.
VOLTAIRE, 28, 148.
WALEWSKI, 23.
WALKIERS, 274.
WALPOLE, 16.
WASHINGTON, 119, 259, 408.
WEISS, 391.
WEREL ou WERSEL, 316, 330, 373, 439.
WESTERMANN, 214, 274.
WHITEHILL, 123.
WICKHAM, 435.
WILDSECK, 372.
WILLOT, 198.
WIMPFEN, 362, 373, 443.
WSGAT, 364.
YRIARTE, 353.
YSABEAU, 161, 163, 237, 244, 283, 364, 365.

TABLE DES MATIÈRES

Introduction. 5

CHAPITRE PREMIER

LE MINISTÈRE DES AFFAIRES ÉTRANGÈRES EN 1787.

Mort de M. le comte de Vergennes. — Importance de la charge de secrétaire d'État pour les Affaires étrangères. — Titres, rang, fonctions, serment. — Admission dans les Conseils. — Costume. — Attributions intérieures et extérieures. — Traitement, pensions, grâces du Roi. — Présents des souverains. — La table du ministre. — Devoirs qu'impose la grandeur de sa charge. — Permanence de la direction politique assurée d'abord par les Rois Bourbons, puis par les premiers commis. — Les premiers commis. — Leurs places, leurs droits, leurs priviléges. — Organisation intérieure du ministère. — Où il est situé. — Bureaux politiques. — Appartements du ministre. — Petit hôtel du ministre. — Dépôt des archives. — Sa construction. — Sa description. — Objets d'art. — Ce qu'ils avaient coûté. — Berthier, gouverneur des hôtels de la Guerre, de la Marine et des Affaires étrangères. — Règlement qu'il fait imprimer. — Livrées des suisses. — Les bureaux pendant les voyages du Roi. — Les commis. — La première division. — Ses attributions. — Gérard de Rayneval, sa carrière, sa famille. — Employés de son bureau : Nivelet, Montcarel, Le Bartz, Goffinet, Campy, Hardy, Étienne, Cornillot, Fournier. — Le jurisconsulte du département : Pfeffel, père et fils. — Seconde division. — Hennin, premier commis. — Sa carrière. — Sa vie. — Ses œuvres. — Son traitement. — Son entrée à l'Académie. — Ses collections. — Bernardin de Saint-Pierre. — Employés du bureau : Michel Lesseps, sa carrière. — Méroger, Tessier, Bernage, Cardonne. — Secrétariat du ministre. — Gandolphe, Geoffroy, Lemoine. — Le bureau des fonds. — Ses attributions. — Durival, premier commis. — Employés du bureau. — Le banquier du ministère. — Le dépôt des archives. — La bibliothèque. — Le garde des archives : Claude-Gérard Sémonin, sa carrière. — Employés des archives : Huet-Poisson, Crouvizier, Huet, de Mongy, Gauthier de la Peyronnie, Gamet, Moreau père. — Le bureau des interprètes, Genet ; le bureau de la marine anglaise ; le bureau géographique. — D'Anville. — Les rédacteurs d'ouvrages politiques. — Rulhière. — Rochon de Chabannes. — Gaullard de Saudray, Moreau, Le Prieur, Legendre. — Budget du ministère en 1787. — Les pensions. — Le fonds de la Suisse. — Le fonds littéraire des Affaires étrangères. 1

CHAPITRE II

LE COMTE DE MONTMORIN, MINISTRE DES AFFAIRES ÉTRANGÈRES.
14 FÉVRIER 1787 ; 20 NOVEMBRE 1791.

L'héritage de M. de Vergennes. — Le comte de Montmorin, ministre des Affaires étrangères. — Sa carrière. — Effet que produit sa nomination. — Son rôle à l'Assemblée des notables. — Renvoi de Calonne et de Miromesnil. — Affaire de Hollande. — Occupations du ministre. — Politique intérieure. — Les États généraux. — Montmorin et Necker. — Coup d'Etat du 11 juillet 1789. — Montmorin remplacé par la Vauguyon. — Ministère de six jours. — Montmorin rappelé. — Le ministre commence à céder à l'Assemblée. — Les 5 et 6 octobre. — Le ministère installé à Paris, rue de Bourbon. — Ce que coûte le transport des bureaux. — Les ministres et l'Assemblée. — Mirabeau et Montmorin. — Immixtion graduelle de l'Assemblée dans les fonctions du pouvoir exécutif. — Confidences de Montmorin à M. de Ségur. — Réductions sur les traitements en 1790. — Accusations contre Montmorin. — Fixation du traitement du ministre. — Marche de l'Assemblée. — Affaire de Brabant. — Affaire d'Alger. — Question du droit de paix et de guerre. — Discussion. — Le Décret. — Importance du décret sur le droit de paix et de guerre. — Il a amené la chute de la royauté. — Communications directes des ambassadeurs avec l'Assemblée. — Affaire du passage des troupes autrichiennes. — Le Comité diplomatique. — Sa formation (29 juillet 1790). — Affaire d'Espagne. — Montmorin favori de l'Assemblée. — Émeutes contre les autres ministres. — Montmorin populaire. — Changement de ministère (24 décembre). — Serment des ambassadeurs. — Mirabeau, rapporteur du comité diplomatique. — Dangers extérieurs. — Mort de Mirabeau. — Discussion sur l'organisation du ministère. — La responsabilité. — Attaques à propos de nominations faites par le ministre. — Difficultés entre le ministre et l'Assemblée. — Bruits de la fuite du Roi. — Affaire de Porentruy. — Circulaire du 23 avril. — Effet produit par la circulaire. — Embarras du ministère. — Dénonciations contre Montmorin. — Fuite du Roi. — Émeute contre Montmorin. — Déclaration du Roi à sa sortie de Paris. — Mesures prises contre le ministre. — Gouvernement de l'interrègne. — Suspension du Roi. — Campagne des Girondins contre la paix. — Complications avec l'Allemagne, au sujet des émigrés. — L'Assemblée a hâte de se dissoudre. — Décret sur l'organisation du ministère. — Brevets de retenue. — Le ministère d'après la Constitution de 1791. . . . . : 55

CHAPITRE III

M. DE LESSART, MINISTRE DES AFFAIRES ÉTRANGÈRES.
NOVEMBRE 1791 ; 10 MARS 1792.

Ouverture de l'Assemblée législative. — Importance des questions diplomatiques dans la nouvelle Chambre. — Discours du Roi. — Commencement de la lutte contre le ministère. — Constitution du Comité diplomatique. — Dénonciations contre Montmorin. — Rapport sur la situation de la France vis-à-vis des puissances étrangères. — Effet produit par ce rapport et par la démission de Montmorin. — Successeurs présumés de Montmorin. — M. de Moustier. — M. de Ségur. — M. de Choiseul-Gouffier. — M. Barthélemy. — M. de Narbonne. — Nomination de M. de Lessart. — M. Valdec de Lessart. — Sa carrière antérieure. — Lessart, contrôleur général, ministre de l'intérieur. — Dénonciations de Fauchet contre lui. — Déclaration du 6 novembre. — Affaire des émigrés. — Projet de loi sur la responsabilité des ministres. — Déclaration du Roi sur les émigrés. — De Lessart chargé de l'intérim du ministère de la Guerre. — Sa réponse à Fauchet. — Exposé de la situation diplomatique par Brissot. — Déclaration aux puissances étrangères. — Fin de l'année 1791. — Détails sur l'intérieur du ministère et sur le personnel. — Déménagement des bureaux. — La Gironde veut la guerre. — Organisation de la Haute Cour nationale. — Discussion sur la guerre. — Discours de Brissot, de Dumas, de Vergniaud. — Dénonciations contre de Lessart. — Lutte entre Narbonne et lui. — Marie-Antoinette et de Lessart. — Lutte entre le ministre et le Comité diplomatique. — Rapport de Hérault sur la procédure à suivre contre les ministres en cas de mise en accusation. — Communication de pièces par de Lessart. — Effet produit par les dépêches du prince de Kaunitz. — Commencement de l'attaque de l'Assemblée contre de Lessart. — Narbonne renvoyé. — Brissot accuse de Lessart. — Il est aidé par Vergniaud. — De Lessart, décrété d'accusation, se livre; proteste devant l'Assemblée. — Responsabilité de la Gironde et de madame de Staël. — L'acte d'accusation contre de Lessart. — Adresse de Gensonné au Roi. 111

CHAPITRE IV

M. DUMOURIEZ, MINISTRE DES AFFAIRES ÉTRANGÈRES.
15 MARS — 13 JUIN 1792.

Effet produit par la mise en accusation de de Lessart. — Difficulté pour le Roi de trouver un ministre des Affaires étrangères dans la Gironde. — Charles-François Duperrier, dit Dumouriez. — Sa vie, ses liaisons. — Sa part dans le discours de Brissot. — Il refuse l'*intérim* des Affaires étrangères, il est nommé ministre. — Le ministère sans-culotte. — Réforme dans les bureaux. — Rayneval chassé. — Hennin chassé. — Pfeffel chassé. — Gandolphe chassé. — Sémonin reste aux archives. — Tous les employés du ministère chassés. — Organisation nouvelle. — Projets. — Mémoire lu aux Jacobins par Dumouriez. — Plans du *Moniteur*, de Sillery-Genlis, de Lobjoy, député de l'Aisne. — Réalisation par Dumouriez. — Bonnecarrère, directeur des Affaires étrangères. — Sa vie. — Rôle ignoré de cet homme. — Bureau des archives. — Bureau des fonds. — Bureau particulier. — Secrétariat. — Bureaux politiques. — Chefs et employés : Lebrun-Tondu, Noël, Dubois-Thainville, Féraudel, Baudry, Geffroy, Colchen, Mendouze. — Biderman, banquier du ministère. — Appréciation de l'organisation de Dumouriez. — Budget. — But de Dumouriez en entrant aux affaires. — Ses rapports avec le Roi, avec ses collègues, avec l'Assemblée. — Comment il fait déclarer la guerre. — L'affaire des six millions de fonds secrets. — Petites affaires traitées devant l'Assemblée. — Dénonciation de Ribes contre Dumouriez. — Dislocation du cabinet. — Affaire du camp de 20,000 hommes. — Lettre de Roland au Roi. — Détails sur la lutte de Dumouriez contre ses collègues. — Naillac, ministre des Affaires étrangères.

— Lettre que Dumouriez lui écrit. — Vie antérieure de M. de Naillac. — Il arrive quand la combinaison ministérielle a échoué. — Démission de Dumouriez. — Ses causes. 143

CHAPITRE V

LES DERNIERS MINISTRES DU ROI.

LE MARQUIS DE CHAMBONAS. — LE CHEVALIER BIGOT DE SAINTE-CROIX.
16 JUIN. — 10 AOUT 1792.

La lettre de Lafayette. — Le ministère lafayettiste. — Le marquis de Chambonas, ministre des Affaires étrangères. — Sa carrière antérieure. — Sa lettre à l'Assemblée. — Journée du 20 juin. — Conduite de Chambonas. — Faiblesse du ministre devant l'Assemblée. — Le personnel girondin au ministère. — Les ministres appelés à l'Assemblée. — Lafayette à Paris. — Son insuccès. — Vergniaud propose la mise en accusation du ministère. — Dénonciations contre Chambonas. — Excuses qu'il donne. — Démission en masse du ministère. — Journée du 14 juillet. — Dubouchage, ministre par intérim. — Bonne-Carrère, ministre en fait. — Bigot de Sainte-Croix, ministre des Affaires étrangères. — Sa carrière politique. — Son *Histoire de la conspiration du 10 août*. — Ses relations. — Communications de Bigot de Sainte-Croix avec l'Assemblée. — Préparatifs du 10 août. — Projet de fuite du Roi. — Pétitions sur la déchéance. — Vote de l'Assemblée sur la mise en accusation de Lafayette. — Effets de ce vote. — Préparatifs de défense du château. — La nuit du 10 août. — Rôle de Bigot de Sainte-Croix. — Le Roi à l'Assemblée. — Rapport de Vergniaud. — Proposition sur une nouvelle organisation du ministère. — Révocation de Bonne-Carrère. — Scrutin sur l'élection d'un ministre des Affaires étrangères. — Les employés du ministère au 10 août.   183

CHAPITRE VI

SEPTEMBRE.

M. de Montmorin depuis son départ du Ministère. — Son entrée dans le comité secret. — Part qu'il prend aux diverses tentatives de résistance. — Affaire du comité autrichien. — Pressentiments de Montmorin. — Son attitude au 20 juin. — Il est mis en accusation le 15 août. — S'échappe, est arrêté, amené à la barre de l'Assemblée. — Son interrogatoire. — Le juif Éphraïm. — Rapport de Lasource sur l'affaire de M. de Montmorin. — Montmorin à l'Abbaye. — Sa mort. Sa femme et son fils condamnés à mort. — Gandolphe à l'Abbaye. — Comment il échappe aux massacres. — De Lessart à Orléans. — Lente instruction de son procès. Pièces communiquées. — Décrets de l'Assemblée relatifs aux prisonniers d'Orléans et à la haute cour nationale. — Fournier l'Américain à Orléans. — Départ des prisonniers pour Paris. — Détails particuliers sur de Lessart. — Les prisonniers à Versailles. — Le massacre. — La cassette de de Lessart. .   217

TABLE DES MATIÈRES.

CHAPITRE VII

LEBRUN-TONDU, MINISTRE DES AFFAIRES ÉTRANGÈRES.
10 AOUT 1792. — 21 JUIN 1793.

Nouvelles théories diplomatiques. — Idées générales sur l'organisation du ministère. — Plan girondin. — Décrets d'organisation de la Convention. — Le citoyen Ducher. — Organisation pendant le ministère de Lebrun. — 1er bureau : Maret, Caillard, Otto. — Les nouveaux employés : Mourgue, Sicard, Guillard, Guyétaud. — 2e bureau : Noël, Vieilh de Boisjolin, Agasse. — 3e bureau : Baudry, Joly, Maison. — 4e bureau : Colchen. — 5e bureau : Joseau, Salverte. — Le bureau central : Ysabeau. — Secrétariat : Rouhière. — Bureau des fonds. — Le dépôt de Versailles : Bonnet. — Bureau des consulats. — Nombre croissant des employés. — Aspect des bureaux. — Mesures prises contre les employés. — Situation du ministre vis-à-vis de la Législative. — Compte rendu des relations de la France. — Départ des ambassadeurs. — Vexations contre ceux qui restent. — Le ministère et les massacres de septembre. — Influence d'Anacharsis Clootz. — Ouverture de la Convention. — Compte rendu de Lebrun. — Les fonds secrets. — Leur emploi. — La Révolution belge. — Avances faites à M. Danton. — Attitude de la Convention vis-à-vis des peuples envahis : Savoie, Porentruy, Nice, Genève, Francfort. — Décret proposé par Anacharsis Clootz. — Rapport de Chambon. — Les puissances neutres : Turquie, Espagne, Angleterre. — Les généraux traitent avec l'ennemi. — Dumouriez et la Prusse. — Procès du Roi. — Lebrun au Temple. — Rupture avec l'Angleterre. — Rupture avec les villes hanséatiques. — Rupture avec Rome. — Rupture avec Naples. — Rupture avec les États-Unis. — Responsabilité de Lebrun. — Attaques contre lui. — Les fonds secrets et les jacobins. — La guerre entre les girondins et les montagnards. — Trahison de Dumouriez. — Dumouriez et Lebrun. — Nuit du 9 mars. — Le Comité de salut public. — Le 31 mai. — Lebrun, accusé, reste ministre. — Procès de Lebrun. — Sa mort. 237

CHAPITRE VIII

DEFORGUES, MINISTRE DES AFFAIRES ÉTRANGÈRES.
21 JUIN 1793. — 13 GERMINAL AN II (2 AVRIL 1794).

Caractère de la révolution du 31 mai. — Les dantonistes dans les ministères. — Deforgues, ministre des Affaires étrangères. — Sa vie antérieure. — Sa participation aux massacres de septembre. — Nullité des relations extérieures. — Deforgues respecte les employés en place. — Il donne pour successeur à Baudry Reinhard ; à Maindouze, Humbert ; à Baralier, Boulouvard. Miot, secrétaire général du ministère. — Les dîners de Deforgues. — Robespierre. — Diplomatie de Robespierre. — Le ministère d'après la Constitution de 1793. — Le bureau des relations extérieures près le Comité de salut public. — Rapports de Deforgues avec la Convention. — Décrets rendus sans que le ministre soit entendu, ni consulté. — La diplomatie des canons. — Le gouvernement révolutionnaire. — Deforgues et le Comité de salut public. — Adjonction des douanes au ministère. — Résultats du commerce extérieur. — Le Comité de salut public seul gouvernant. — Emploi des fonds secrets par Deforgues. — Chute de Danton et de Deforgues. — Lettre de celui-ci à Robespierre. — Son élargissement après le 9 thermidor. — Ses destinées ultérieures. 285

CHAPITRE IX

LA COMMISSION DES RELATIONS EXTÉRIEURES.
13 GERMINAL AN II — 13 BRUMAIRE AN IV.
(2 *avril* 1794 — 4 *novembre* 1795).

I. — Rapport de Carnot sur l'organisation du Gouvernement révolutionnaire. — Les commissions exécutives. — Commission des Relations extérieures. — Difficulté d'appliquer le décret. — Goujon est nommé commissaire; remplacé par Herman, puis par Buchot. — Philibert Buchot. — Sa légende. — Sa vie réelle. — Organisation de la Commission. — Sa division en quatre bureaux politiques. — Amaury Duval. — Le baron de Beaujour. — Le bureau du contentieux politique et consulaire. — Les reliures du dépôt. — Le secrétariat. — Son importance. — Le surveillant des employés. — Situation des employés. — Actes du Comité de salut public. — Mandats d'arrêt contre les chefs de bureau. — Otto arrêté. — Le 9 thermidor. — Le nouveau Comité de salut public. — La commission s'installe rue du Bac. — Mangourit refuse d'être commissaire.

II. — Miot nommé en remplacement de Buchot. — Organisation des bureaux du Comité de salut public. — Organisation des bureaux de la commission. — Volney. — Dupérou. — Joseph Michaud. — Paul-Henri Marron. — Le Mornard, secrétaire général. — Dorsch, bibliothécaire. — Création des bureaux d'analyse. — Montucla. — Anquetil. — Flassan. — Rétablissement des relations politiques. — Actes de Miot. — Le premier traité. — Miot, ministre en Toscane. — Situation des employés.

III. — Colchen, commissaire. — Le Comité de salut public se fait concéder le droit absolu de conclure des traités. — Traités de Bâle. — Nullité de la commission. — Le 13 vendémiaire. 307

CHAPITRE X

CHARLES DELACROIX, MINISTRE DES RELATIONS EXTÉRIEURES.
13 BRUMAIRE AN IV — 30 MESSIDOR AN V.
(4 *novembre* 1795 — 18 *juillet* 1797).

La Constitution de l'an III et le Département. — Le droit de paix et de guerre. Le ministère. — Fonctions du ministre des Relations extérieures. — Son costume. — 13 vendémiaire. — Choix d'un ministre. — Charles Delacroix. — Ses votes. — Sa vie politique. — Organisation du ministère. — Les exclusions à la suite de vendémiaire. — Le secrétariat. — Divisions politiques. — Durant de Mareuil. — Méhée. — Contentieux. — Paganel. — Bureau des fonds: — Dépôt des archives. — Vol commis par un employé. — Opinions politiques des employés. — Mesures d'économie. — Situation des employés. — Leur traitement. — Budget du Département. — Discussion au conseil des Cinq-Cents et au conseil des Anciens. — Camus et Barbé-Marbois. — Réformes dans le ministère. — Bonaparte. — Traités signés par lui. — Delacroix et les Conseils. — Delacroix et les ambassadeurs étrangers. — Diplomatie de Charles Delacroix. — Ruptures avec diverses puissances. — L'ambassadeur turc. — Les ambassadeurs de France à l'étranger. — Incapacité de Delacroix. — Il quitte le ministère. 357

CHAPITRE XI

TALLEYRAND, REINHARD, MINISTRES DES RELATIONS EXTÉRIEURES.

30 MESSIDOR AN V — 1er FRIMAIRE AN VIII.

(18 *juillet* 1797 — 12 *novembre* 1799).

Charles-Maurice DE TALLEYRAND-PÉRIGORD. — Livres publiés sur lui. — Ses Œuvres. — Talleyrand et ses collaborateurs. — Sa vie antérieure. — Ses lectures à l'Académie. — Son entrée au ministère. — Organisation du Département. — Transport des Archives à l'hôtel Maurepas. — Le bureau des fonds, M. de La Forêt. — Le bureau des consulats. — D'Hermand. — D'Hauterive. — L'École des jeunes de langue. — L'hôtel du ministère. — Talleyrand, le Directoire et les employés. — Part du Directoire, part du ministre dans les arrêtés d'organisation. — Budget du ministère. — Talleyrand et Bonaparte. — La fête de l'hôtel des relations extérieures. — Politique du Directoire. — Talleyrand se retire. — REINHARD, son successeur. — Reinhard jugé par Talleyrand et par Bignon. — Lettres de Reinhard. — Attaques contre lui. — Réformes faites par lui. — Circulaire de Reinhard. — Talleyrand rentre au ministère. 397

CHAPITRE XII

TALLEYRAND, MINISTRE DES RELATIONS EXTÉRIEURES.

1er FRIMAIRE AN VIII (21 *novembre* 1799). — 17 JUIN 1807.

Talleyrand au 18 brumaire. — La Constitution de l'an VIII. — Réorganisation de l'administration diplomatique. — Première tentative. — Rapports de d'Hauterive. — Second arrêté. — Exécution de cet arrêté. — Grades et emplois. — Mode d'admission. — Essais divers. — Les auditeurs au Conseil d'État. — Les pensions et le mode de pensionnement. — Pensions accordées aux anciens employés : Hennin, Rayneval, Pfeffel. — Mode de destitution. — Part de Talleyrand dans la politique générale de Napoléon Ier. — Son influence. — Ses fêtes. — Organisation du ministère. — Personnel. — Les premiers commis. — M. d'Hauterive. — Traditions exposées par M. d'Hauterive et codifiées par lui. — Les vieux employés. — Leurs destinées ultérieures. — Les archives. —

Caillard. — M. d'Hauterive. — Opinions de M. d'Hauterive sur les communications de pièces. — Décrets de Napoléon sur les archives. — Publications du ministère. — D'Hauterive et Talleyrand. — Subordonnés de d'Hauterive. — Les consulats. — La division des fonds. — M. Bresson. — Secrétariat. — Le journal *l'Argus*. — Les collaborateurs secrets de M. de Talleyrand. — Budgets du ministère. — Hôtel projeté du ministère. — Conclusion. . . . 445

APPENDICES

I. État des tapisseries de la manufacture de Beauvais qui sont au dépôt des Affaires étrangères. 501

II. Budget des Affaires étrangères en 1787. 505

III. Traitements annuels sur le fonds littéraire. 507

IV. DUMOURIEZ et sa vie intime. 509

V. Les dettes de M. DE MONTMORIN. 511

VI. Procès de madame de Montmorin. 513

VII. Les guillotinés des Affaires étrangères *(De la Ville, Duruey, Lebrun-Tondu, Baudry, Maindouze, Jozeau)*. 515

VIII. État des dépenses faites à l'occasion de la fête donnée par le ministre des Relations extérieures à madame Bonaparte le 14 nivôse an VI. 527

IX. Rapport de la section de l'Intérieur du conseil d'État sur le mode de recrutement de la carrière diplomatique. M. d'Hauterive, rapporteur. 529

X. Note sommaire sur l'organisation de l'administration centrale du ministère des Affaires étrangères, depuis 1814 jusqu'en 1877. . . 539

PARIS. — TYPOGRAPHIE E. PLON ET Cⁱᵉ, 8, RUE GARANCIÈRE.